大陸関与と離脱の狭間で

On the Brink between
Continental Commitment and Disengagement

イギリス外交と第一次世界大戦後の西欧安全保障

Britain and West European Security
after the First World War

大久保 明 |著| Okubo Ward Akira

名古屋大学出版会

大陸関与と離脱の狭間で

目次

関連地図　iv
凡例　vi

序　章……………………………………………………………… I

第1章　西欧に関する戦後構想　一九一六〜一八年………………… 27
1　アスキス内閣による戦後構想策定の試み　27
2　ロイド・ジョージ内閣の講和準備（1）　一九一六年一二月〜一七年一二月　46
3　ロイド・ジョージ内閣の講和準備（2）　一九一七年一二月〜一八年一一月　63

第2章　パリ講和会議における西欧安全保障問題　一九一九年………… 99
1　国際連盟と対独軍備制限　99
2　ラインラント問題　118
3　英仏・米仏保障条約の形成　134
4　ベルギー問題　157
5　ヴェルサイユ条約の成立　178

第3章　フランスとベルギーへの保障の再検討　一九一九〜二〇年……… 193
1　イギリス政府による対仏コミットメントの再検討　193
2　一八三九年条約の修正交渉とベルギー保障案　202

3　仏白軍事協定交渉へのイギリスの参加問題　216

第4章　英仏・英白同盟交渉の挫折　一九二一〜二三年……233

1　英仏同盟構想に関するイギリスの政策検討　233
2　フランスの同盟提案　244
3　カンヌ会議における英仏・英白同盟交渉　253
4　同盟交渉の頓挫　262
5　ルール危機のもとでの西欧安全保障構想　286

第5章　ロカルノ条約の形成　一九二四〜二五年……303

1　マクドナルド労働党政権期の安全保障交渉　303
2　第二次ボールドウィン内閣による安全保障案の模索　326
3　イギリス政府によるドイツ提案の受諾過程　340
4　西欧相互保障協定の草案作成をめぐる国際交渉　366
5　ロカルノ条約の成立　389

終　章……401

あとがき　411
注　巻末38
参考文献　巻末14
略語表　巻末13
索引　巻末1

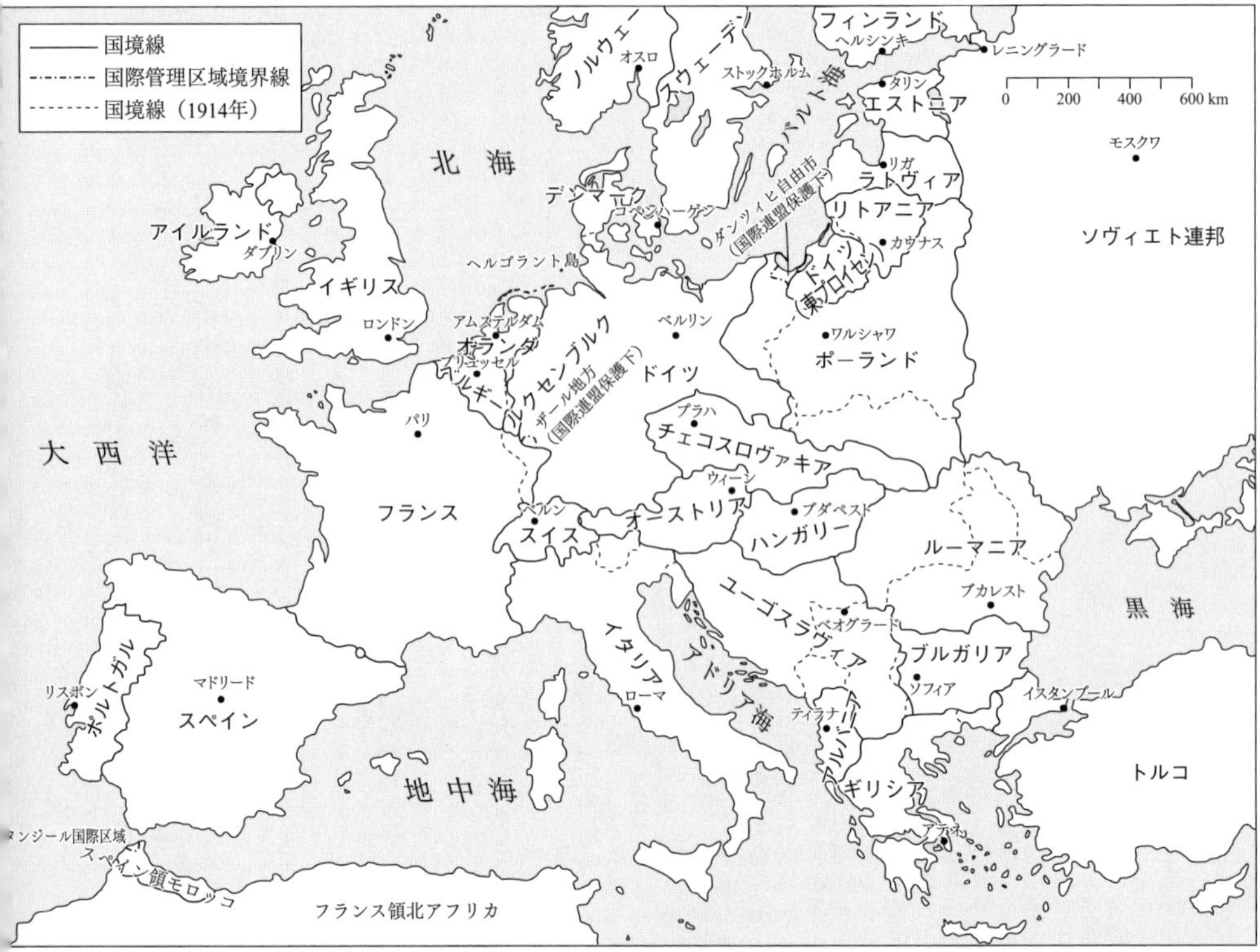

地図 1　ヨーロッパ広域地図（1925 年頃）

出所）Zara Steiner, *The Lights that Failed : European International History 1919–1933*（Oxford : Oxford University Press, 2005）, p. 3 より作成。

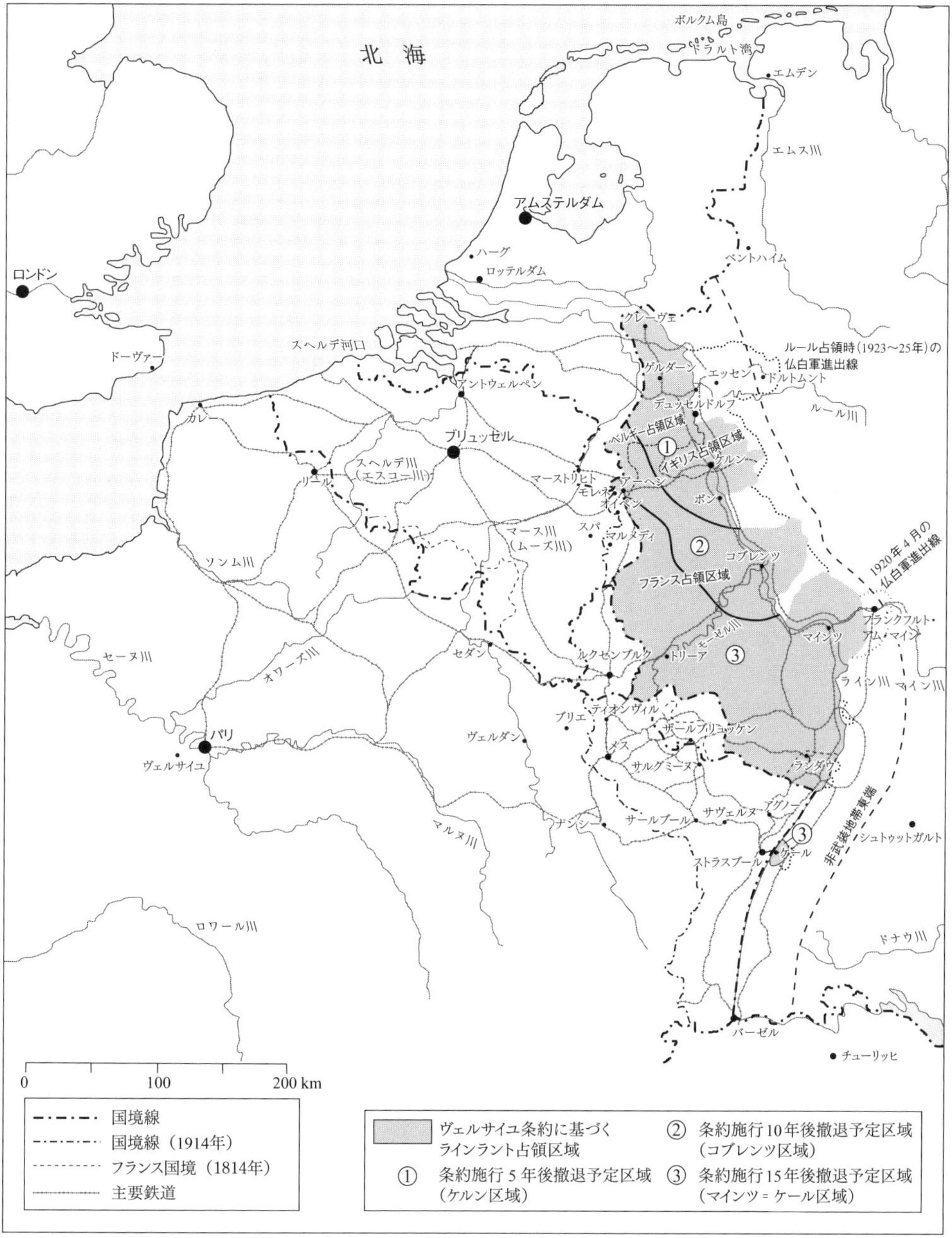

地図 2　西ヨーロッパ詳細地図（1925 年頃）

出所）Steiner, *Lights that Failed*, pp. 47, 224 ; David Stevenson, *French War Aims against Germany, 1914–1919* (Oxford : Clarendon Press, 1982), p. 217 ; Conan Fischer, *The Ruhr Crisis, 1923–1924* (Oxford : Oxford University Press), pp. x–xiii ; Elspeth Y. O'Riordan, *Britain and the Ruhr Crisis* (Basingstoke : Palgrave, 2001), p. 42 ; 'Lange-Diercke Sächsischer Schulatlas, Deutschland Staaten', Wikimedia Commons, https://commons.wikimedia.org/wiki/File:Lange_diercke_sachsen_deutschland_staaten.jpg (accessed, 30.3.2018) ; 'Karte der Reichs-Eisenbahnen in Elsaß -Lothringen und der Wilhelm-Luxemburg-Eisenbahnen 1914', Gallica, Bibliothèque nationale de France, http://gallica.bnf.fr/ark:/12148/btv1b10223992w/f1.item (accessed, 30.3.2018) より作成。

凡例

一、本書に登場する人物名の表記は、原則としてその人物が文章に初登場する時点における名称を記し、授爵や陞爵等による称号の変更を含め、索引に欧文を付記した。

一、二重姓については、原語でハイフンを用いて姓を繋いでいる場合には和文では「＝」で繋ぎ、原語がハイフンを用いずにスペースで区切っている場合には和文では「・」を用いた。したがって、Headlam-Morley はヘッドラム＝モーリーと表記し、Lloyd George はロイド・ジョージと表記した。

一、注における日付表記は「日．月．年」の順にピリオドで区切る方式を採用した。文書が作成された年月のみが明らかとなっている稀なケースの場合には「月．年」を表記した。文書作成日が不明の場合には n. d.と記した。

一、欧語の引用符はイギリス式に統一した。すなわち、シングルクォート「‘ ’」を基本とし、引用文中の引用においてダブルクォート「“ ”」を用いる方式である。

一、本書において「連合国」とは、Allied Powers の訳語であり、第一次世界大戦において「中央同盟国（Central Powers）」と戦った国々の総称を指す。「協商国（Entente Powers）」とも呼ばれた。Associated Power を名乗ったアメリカ合衆国を含めた正式名称は「同盟および連合国（Allied and Associated Powers）」である。しかし本書では、アメリカの参加の如何を問わず、「連合国」という表記に統一した。

一、断りのない限り、強調の傍点は引用者によるものである。

序章

（1）問題の所在——ヴェルサイユ体制の脆弱性とイギリスの「大陸関与」

本書は、第一次世界大戦後の西ヨーロッパにおける安全保障の模索について、イギリスの政策を中心に検討するものである。[1] 四年三カ月に及び、世界各地から約七〇〇〇万人が兵員として動員され、一〇〇〇万人を超える人命が失われた大戦争が終わった後、戦勝国を中心とする国々は、再びそのような惨禍に見舞われることのないように、平和を保障するための諸制度を構築することを目指した。しかし、結果として彼らが作り出した平和は二〇年と経たずに崩壊した。第一次世界大戦後に構築された国際秩序がいかにして脆弱化し、イギリスはその過程にどう関与したのか、この疑問が本書に通底する問題意識である。

一九一九年にパリに集った世界各国の代表たちは、数カ月に及ぶ議論を経たうえでいくつかの講和条約を起草した。その中心となった条約は、連合国とドイツとの間で結ばれたヴェルサイユ条約であり、同条約に基づく戦後体制は通例「ヴェルサイユ体制」と呼ばれる。ヴェルサイユ条約は、ドイツに多額の賠償と厳しい軍備制限を課し、「民族自決」を謳いながら多くのドイツ人を他国の主権下に編入した。こうしたことから、同条約は「過酷」で「懲罰的」な講和として広く認知されている。同時代の認識においても、その後の時代の通史的認識においても、ヴェルサイユ体制の脆弱性は、講和条約の内在的欠陥に求められることが一般化している。一九一九年のヴェルサイユ条約が一九三九年の第二次世界大戦勃発の直接的原因となったかのように単線的に繋げる傾向があるのだ。このような認識の原点の一つとして挙げられるのは、イギリスの著名な経済学者ジョン・メイナード・ケインズが一九一九年末に出版した『講和の経済的帰結』という書物である。そのなかでケインズは、ヴェルサイユ条約を「カルタゴの講和（Carthaginian peace）」と呼び、ヨーロッパを破滅へと導くものだと批判した。[2] ケインズの批判は現在でも広く踏襲されている。近年に発表された歴史研究においても、戦間期ヨーロッパ秩序が不安定なものとなった主たる原因を、ヴェルサイユ条約の内在的欠陥に求めるものは少なくない。[3]

一方で、両大戦間期に関する主要国の政府文書が機密解除され、実証研究が本格化した一九七〇年代以降、このような見方を修正する研究が発表され始めた。そうした研究によれば、ヴェルサイユ条約はいくつかの欠点を含みながらも、機能しうる戦後秩序を築いていたのだという。それはドイツの軍備制限やラインラント非武装化といった措置を生み出し、戦争再発の可能性を減じさせる仕組みを持っていた。そして一九一四年以前の地図と比較すれば、ヨーロッパの「民族《ネイション》」分布にいっそう配慮した国境線も策定した。賠償関連条項に代表される、ドイツにとって明らかに不利な条項についても、敗戦国は一定期間の後に国際連盟への加盟が想定されていたことから、国際連盟の機構を通じて条約の不備を平和的に解消する道筋も用意されていた。したがって、第一次世界大戦後の国際秩序の成否は、講和条約そのものではなく、その後の政策決定者たちが条約体制をいかに運用するのかにかかっていたと、近年の研究は説くのである。[4] これは留意すべき指摘である。本書はこうした比較的新しい実証研究の成果を踏まえ、ヴェルサイユ条約の成立過程を第一次世界大戦中の戦後構想に遡って検討したうえで、一九二〇年代の政策決定者たちが講和条約の平和維持機能を運用する過程についても追っていく。

第一次世界大戦直後の時代は、安全保障の歴史における画期でもあった。同大戦以前の時代においては、各国が自らの国防に有利な国境線を設定し、脅威に対抗する軍事同盟を締結するという、勢力均衡の考えに基づいて自国の安全を確保するのが通例であった。しかし、第一次世界大戦の惨禍を受けて、戦争の原因は、特定の国々が軍事同盟を結び、勢力圏分割と軍拡競争を招くことにあるとする、勢力均衡批判の言説が台頭した。そして戦争を克服するためには、世界のすべての諸国を包含する国際連盟を結成し、加盟国が相互に安全を保障し合うという、集団安全保障の考えが浮上し、実施に移されるのである。しかし、国際政治学者の中西寛が論じるように、教科書的な理解とは異なり、勢力均衡体制から集団安全保障体制への転換は、一昼夜にして行われたものでもなければ、完全なものでもなかった。パリ講和会議とその後の国際交渉において、軍事同盟などに基づく旧来的な安全保障観と、国際連盟に基づく新たな安全保障観は併存していたのである。[5] さらに、一九二〇年代前半期のイギリス、フランス、ベルギー間の交渉では、新旧の安全保障観を組み合わせた重層的な枠組みも検討されていた。こうした観点を踏まえれば、E・H・カーに代表される、ヴェルサイユ体制の脆弱性を国際連盟に基づく集団安全保障体制の内在的欠陥に求める批判も修正が必要である。[6] なぜならば、第一次世界大戦後に構築された安全保障枠組みは、カーが説くほどには国際連盟に依存する「ユートピア的」なものではなかった。ヴェルサイユ体制下の安全保障論は、カーの言うところの「理想」と「現実」の両側面を内包していたのである。ヴェルサイユ体制が脆弱化した要因に迫るためには、別の視角から検討してみる必要がある。

そこで本書はイギリスに着目する。イギリスは、フランスやアメリカと並び、パリ講和会議を主導した国家の一つであった。イギリスはまた、パリ講和会議から一世紀を遡るウィーン会議においても主導的役割を果たし、「ヨーロッパ協調」を構成する列強の一角として、一九世紀を通してヨーロッパの平和維持に関わった国でもあった。第一次世界大戦の結果、かつて「ヨーロッパ協調」の中核を成した列強のうち、オーストリア＝ハンガリーは解体され、ロシアは革命と内戦の混乱に陥り、ドイツは敗戦国として一定期間列強の座から排除された。これにより、ヨーロッパ国際政治の舞台におけるイギリスの相対的影響力は大きく高まった。新興大国アメリカが、一九二〇年に講和条約の批准を拒否してヴェルサイユ体制から身を引くと、イギリスの存在感と責任はさらに増すこととなった。第一次世界大戦後のヨーロッパにおける平和の維持は、結局のところ英仏二国の肩にかかっていたと言っても過言ではない。[7] ヴェルサイユ体制が安定的に運用されるためには、イギリスの積極的関与が不可欠であった。

一方、島国であり、世界中に植民地を有する帝国でもあったイギリスは、自らをヨーロッパに属する国とは必ずしも捉えていなかった。イギリス政府のもとで第一次世界大戦後の講和に関わった歴史学者のロバート・シートン＝ワトソンによれば、イギリスの対外政策は、ヨーロッパに片足を置きながら、同時にそこから切り離された「ハイブリッド」な地理的特徴を反映し、「孤立」と「関与」という二面性を有するものであったという[8]。政治学者のマーティン・シーデルは、シートン＝ワトソンの表現を援用し、イギリスの「半ば切り離された（semi-detached）」地理的特徴がイギリスの平和主義運動に与えた影響に関する興味深い議論を行っている。シーデルによれば、イギリスはヨーロッパ大陸で発生する大戦争に引きずり込まれる恐れが生じる程度には大陸に近接していながら、国家安全保障に常に気を揉む必要がない程度には距離を隔てていた。この近接すれども合一はしないという絶妙な距離感が、戦争の撲滅を志向する誘因をイギリス人に与えつつ、その野心的な目標が達成可能だと信じる理想主義の性格を付与したのだという[9]。このようなイギリスの「ハイブリッド」な地理的性質は、イギリスの安全保障政策にも多大な影響を与えた。

イギリスのヨーロッパ大陸に対する外交姿勢が、その歴史を通じて「孤立」と「関与」の間を揺れ動くアンビヴァレントなものであったということは、多くのイギリス史研究者が指摘するところである[10]。一九世紀後半には、イギリスのヨーロッパ政策の振り子は「孤立」の方向に振れていたと一般的に理解されている。イギリス史を専門とする歴史学者の君塚直隆によれば、一八五〇年代までイギリスはヨーロッパの諸事件に積極的に関与していたものの、一八六〇年代に転換が起こったのだという。一八六〇年代から七〇年代にかけて、一方ではヨーロッパ大陸において、ウィーン体制に代わってビスマルク侯率いるドイツ帝国を中心とする新たな国際体系が生起した。他方ではイギリス国内において、議会改革や財政改革を求める声に対処するために政治が内向きとなり、さらには、ヨーロッパ関与に積極的であったパーマストン子爵から、それに消極的な第一四代ダービー伯、そしてその息子のスタンリー卿へとイギリスの外交指導者の世代交代が行われたことが、その転換の大きなきっかけだったという[11]。こうして一八六〇年代以降、一九〇〇年代初頭まで、イギリスはヨーロッパの政治情勢から距離を置き、アフリカ、アジアへとその関心を移していった。一八六六年夏、中欧で普墺戦争が勃発した際、ベンジャミン・ディズレーリ蔵相は、不干渉政策を次のように説明する演説を行った。

ヨーロッパ情勢に対するあらゆる不必要な干渉へのイングランドの自制は、その国力の衰退ではなく、力の増加に起因しています。イングランドはもはや単なるヨーロッパの列強ではありません。それは、最果ての大洋にまで広がる偉大なる海洋帝国の首都であります。イングランドが大陸ヨーロッパ情勢への干渉を控えるのは、イングランドが無関心の状態へと逃避したというわけではありません。イングランドは、その立場ゆえの必然性がそれを求めるときには、昔日のように干渉する準備と意志を有しています。実に、イングランドほど干渉する列強は他にありません。イングランドはアジアに干渉します。なぜなら、イングランドはヨーロッパの列強というよりは実のところアジアの列強だからです(12)。

「栄光ある孤立」のドクトリンがあるとすれば、これはそれを象徴する発言の一つであろう(13)。ここに表れているように、イギリスの一九世紀後半の「孤立」とは自国に閉じこもる政策を意味しない。それは、ヨーロッパ情勢から距離を置くことで、「帝国」の領域において積極的な政策を展開することを含意していた。そして、そのような帝国政策を推進することができるのも、あくまでヨーロッパ大陸の情勢が安定しており、イギリス本国が脅かされていないことが重要な前提だと認識されていた。それゆえにディズレーリは、イギリスの利益が脅かされれば躊躇なく干渉すると念を押したのである(14)。一九世紀末の自由党を指導したローズベリ伯もまた、ヨーロッパに勢力均衡が維持されてはじめてイギリスの帝国政策は機能しうると信じていたという(15)。一九世紀後半のイギリスの外交指導者たちに共通する特徴は、ヨーロッパにおけるいずれかの勢力に一方的に加担しないことを意識していた点にある。彼らの言うところの勢力均衡政策とは、自由裁量を維持できる程度の関与にとどめることが前提となっていたのである。これは、いわば受動的な勢力均衡政策と言える[16]。

ところが、一八九〇年代後半からイギリスは「孤立」政策を徐々に見直し始めた。歴史学者のジョージ・モンガーによれば、その大きなきっかけとなったのは、①一八九一～九四年における露仏同盟の成立と、②一八九〇年代に列強間の植民地と海軍をめぐる競争が激化したことにあった。露仏同盟によってイギリスの帝国政策の最大の競争相手であった二国が手を結ぶこととなり、さらにはドイツやアメリカが海軍拡張を推し進めたことにより、イギリスは「孤立」を継続することに限界を感じたのであった[17]。一八九八年から一九〇一年にかけてイギリス政府はドイツに接近するオプションを検討した。しかし、ドイツが独墺伊三国同盟へのイギリスの正式参加を望んだのに対し、イギリスは極東や中央アジアにおいてロシアに対抗する限定的協定を望んでいたため、英独の思惑は一致しなかった[18]。イギリス政府は、そのような狙いを達成するためには日本との同盟のほうが有益だと考えるに至った[19]。また、ドイツに接近しすぎることでロシアおよびフランスとの関係改善の機会を失うことを恐れた。実際に、一九〇二年頃から英仏は植民地問題に関する交渉を進展させ、一九〇四年に英仏協商を締結するに至り、一九〇七年にはロシアとも協商を締結した。これらの協商は、当初イギリスにとっては、あくまでも植民地競争を終結させることを目的とした協定であり、ヨーロッパにおいてフランスとロシアを支援する義務を負うことを想定したものではなかった[20]。

しかし、第一次モロッコ危機が発生した一九〇五年頃から、イギリス政府の一部において、ヨーロッパでフランスと安全保障協力を進める必要性が認識され始めた。英仏協商に楔を打ち込もうとする「ドイツの挑戦」という認識が、そのきっかけであった。ヨーロッパの勢力均衡を維持するためには、イギリスがより能動的な政策を遂行しなければならない、とする考えが台頭し始めたのである。

一九〇七年の新年にイギリス外務省西方局のエア・クロウ首席事務官が提出した有名な覚書は、そのような新たな思潮の典型であった。ドイツで生まれ育ったクロウは、外務省随一のドイツ専門家として知られた。同僚や知人にその能力と人格を高く評価された人物でもあった。[21] 彼は一九一二年に事務次官補、一九二〇年に事務次官に昇進し、第一次世界大戦後の秩序作りに深く関わることとなる。

一九〇七年のクロウの覚書によれば、「強いドイツの存在そのもの、そしてその健全な活動が、世界に祝福されるべきものであることは疑いようがなかった」。しかし、ドイツが「世界強国」となることを目指し、イギリス帝国に挑戦するようであれば、イギリスはそれに対抗する必要があるのだという。クロウの覚書の主要部分は、ドイツが植民地獲得に乗り出した一八八〇年代以来、イギリスに対して行ってきたとされる「敵対的」政策と、それに対するイギリスの「譲歩に次ぐ譲歩」を説明するものとなっていた。クロウの提言は、ドイツとの友好関係を維持するよう努める一方で、モロッコ危機でイギリスが示した断固とした対応に倣い、イギリスの利益を損ねるような一方的な譲歩をやめるべきだ、というものであった。そして、クロウが述べるところのイギリスの利益のなかには、世界中のイギリスの支配地を守ることだけではなく、イギリスの「長年の政策（secular policy）」とされたヨーロッパの勢力均衡を維持することも含まれていた。クロウの覚書の目的は、ドイツが勢力均衡への挑戦者だということを明示することにあった。[22]

クロウの認識は、当時のイギリス外務省において広く共有されたものであった。イギリスの歴史学者トマス・オッテによれば、「外務省の精神（Foreign Office mind）」、[23] すなわちイギリスの外務当局者の集合的世界認識は、一九〇〇年以降の数年間に大きな変革を遂げた。その理由の一つは、一九〇六年までに行われた外務省改革[24]によって、外務官僚の職務がより専門化し、外務大臣に助言を行う機能が効率化したことにあり、いま一つは、外務官僚の世代交代が行われたことにあったという。[25]

オッテ、そして同じく歴史学者のキース・ニールソンは、外務官僚の世代ごとの世界認識の差に注目する分析を行っている。ニールソンは、一八三〇年代から四〇年代に生まれ、一九世紀後半に高位の官職に就いた「ヴィクトリア朝の世代（Victorians）」と、一八五〇年代から六〇年代に生まれ、二〇世紀初頭に台頭した「エドワード朝の世代（Edwardians）」を区別する。「ヴィクトリア朝の世代」がクリミア戦争を世界認識の原体験とし、ロシアとフランスを主たる脅威と認識したのに対して、「エドワード朝の世代」の原体験は一八九〇年代以降のドイツの「世界政策」にあり、ドイツに強い警戒感を抱いたのだという。その「エドワード朝の世代」がイギリスの政策決定を指導する立場に立ったのが、一九〇〇年代であった。クロウは一八六四年生まれ、一九〇五年以降の自由党政権の外相を担ったエドワード・グレイは一八六二年の生まれである。この世代が、第一次世界大戦への参戦へと至るイギリス外交の舵取りを担ったのである。(26) 本書が主たる分析対象とする第一次世界大戦直後の時代においても、政府の最高位の役職に就いていたのは、主として「エドワード朝の世代」の人々であった。

しかし、一九〇〇年代にイギリス政府がヨーロッパ大陸への安全保障上の「関与」に向かって政策の舵を切り始めた際にも、「関与」の対象とされる地域は限られていた。帝国の連絡路たる地中海を別とすれば、イギリスの主たる関心は西ヨーロッパに向けられた。イギリスは伝統的に、現在のオランダ、ベルギー、ルクセンブルクにあたる「低地諸国（Low Countries）」と呼ばれてきた地域の安全保障に特別な関心を持ってきたとされる。この地域、特に「英仏海峡沿いの港湾（Channel Ports）」が「敵対的な勢力」の影響下に入れば、ヨーロッパ大陸との通商が遮断され、さらにはイギリス本土侵略の危険が生じると捉えられた。(27) 二〇世紀前半に航空技術が発展すると、英仏海峡の対岸からの空爆という新たな脅威が生じたため、この地域への関心はさらに高まることとなる。(28)

一七世紀後半から一九世紀にかけての大半の時期を通して、ここで言う「敵対的な勢力」とは、事実上フランスを指していた。特に一六八九年から一八一五年にかけての期間は「第二次百年戦争」と呼ばれることもあるほどに、英仏は頻繁に戦火を交える仇敵同士の関係にあった。(29) ドイツがそのような脅威と認識され始めたのは一九世紀後半以降のことに過ぎない。(30)

第一次モロッコ危機をきっかけにドイツが脅威と認識されると、イギリスはフランスとの防衛協力を模索し始める。一九〇五年末には極秘の軍事協議が開始された。イギリス陸軍は、ドイツの西方攻勢が起きた場合に備えて、フランスとベルギーに展開するための海外派遣軍を編成した。[31] さらに、第二次モロッコ危機後の一九一二年、英仏は非公式の海軍合意を結んだ。フランス艦隊を地中海に集中展開させる代わりに、イギリス艦隊がフランス北岸を含む北海を担当するという合意内容であった。[32] これらの協議は、すべて非公式の対話という体裁をとり、正式な防衛協定とすることは意図的に避けられた。それでも、これらの協議を通してイギリスはフランスの防衛に一定程度関与することとなり、一九一四年八月初頭にイギリス政府が第一次世界大戦への参戦を決断する一因となった。[33] 第一次世界大戦前の一連の英仏協議は、イギリス政府にとっての本土防衛の「前線」と認識された地域が、低地諸国からフランスへと延伸されたことを示していた。フランスは「脅威」から「防衛の対象」へと変わっていったのである。

一九一八年一一月の休戦以降、情勢は再び転換していくこととなる。ドイツが敗戦し、休戦協定に基づいて外洋艦隊を手放したことを受けて、ドイツに対するイギリス人の脅威認識は急速に低下していった。ドイツが民主政体に移行し、軍事力の大部分を失った一方で、連合国は軍事力を維持し、ドイツに対する海上封鎖を継続するとともに、休戦協定に基づいてドイツ領土の一部を軍事占領している状況であった。こうしたなかでイギリスでは、戦時下の検閲や自粛によって封じ込められていた親独的な言説や平和主義運動が、連合国の戦時プロパガンダに対する反発の勢いを借りて一気に展開された。[34] イギリスの知識階級にはもともと親独的傾向があり、第一次世界大戦後には、ドイツ新体制を平和と進歩の象徴とみなし、その一方でフランスを軍国主義的な反動の象徴とみなす傾向が強まった。[35] 平和主義陣営からの圧力は、イギリスの政策決定にも影響を与え、戦時同盟国フランスと安全保障協力を進めるよりも、ドイツとの和解を促進する傾向が高まることとなる。

その一方で、イギリスの陸軍首脳部や保守党右派の一部には、戦時下に培われたフランスとの盟友意識を保持する勢力があった。彼らは、ドイツの潜在的脅威に対抗するために、フランスとの防衛協力を促進する必要があると主張した。彼らはライン川を英仏共同の防衛線に設定した。それを象徴する言葉として、「イギリスの真の戦略的国境はライン川である（The true strategic frontier of Great Britain is the Rhine）」というものがある。これは一九二五年二月にイギリスの陸軍参謀本部が用いた表現である。参謀本部は、イギリス、フランス、ベルギーによる軍事同盟の必要性を強調するためにそのような表現を用いたのであった。[36] この文句は、両大戦間期に数度にわたって首相を務めたスタンリー・ボールドウィンが、一九三四年に次のように言い換えて述べたことで有名となった。「旧き国境は消えた。イングランドの防衛を考えるとき、もはやドーヴァーの崖のことを考えはしない。ライン川について考えるのだ。そこにわれわれの国境はある」。[37] このようにイギリスの政官界と軍の一部は、第一次世界大戦を経て、イギリス本土防衛の「前線」がライン川にまで延伸されたと認識したのであった。

ライン川周辺地域の安全保障にコミットするという意識は、一九二五年にロカルノ条約として結晶化することとなる。ロカルノ条約の中心条約である「ドイツ、ベルギー、フランス、イギリス、イタリア間の相互保障条約」、いわゆる「ライン協定」により、イギリス政府は、フランスおよびベルギーとドイツとの間の国境と、ヴェルサイユ条約の定めたラインラント非武装規定を保障した。本論で明らかとなるように、イギリス政府はこの「関与」を限定的なものにとどめることを強く意識していた。それでも、この条約に調印したことで、ライン川周辺地域の現状を変更する動きには、武力を用いて介入する意志を示したことは確かであった。ロカルノ条約は、一九一九年の講和が積み残したとされた、西欧安全保障[38]の不備という問題に一つの解答を提供するものであった。そのため本書は、ロカルノ条約の調印をもって叙述の終点とする。

ライン川以東の国際政治情勢は本書の分析の射程からは外れることとなる。言うまでもなく、ポーランドとドイツとの間の国境問題やロシア内戦の帰結、その他の数多の問題を包含しない限り、第一次世界大戦後のヨーロッパ国際関係に関する総合的な分析を行うことはできない。ロシア史を専門とする歴史学者ドミニク・リーベンは、ヴェルサイユ体制の根本的な欠陥は、ヨーロッパ東方の二大国であるドイツとロシアを秩序作りから排除したことにあった、と説いている。[39] 本書の議論はこれを否定するものではない。本書はあくまでも、当該期ヨーロッパの数多の問題から、西欧、特にライン川周辺地域の安全保障を強化する試みに着目するものである。イギリスやフランスをはじめとする西欧戦勝諸国は、第一次世界大戦後に中欧からロシアに至る広大な地域が革命の混乱に揺れるなかで、低地諸国から独仏国境にかけての地域の安定化にまず取り組んだのである。同地域が第一次世界大戦の帰趨を決する主戦場（西部戦線）になったことに鑑みても、彼らがその地域における安全の確保に注力したことに不思議はない。西欧の安定化が、ヨーロッパ全域、ひいては世界に平和をもたらす嚆矢になると考えられていたのである。それゆえ本書は、イギリス、フランス、ベルギー、ドイツを中心とした西欧地域の安全保障問題に分析の焦点を絞る。

イギリスの軍事史家マイケル・ハワードは、イギリスの「孤立」政策の対概念として、イギリスがヨーロッパ大陸の安全保障問題に積極的に関わる政策を「大陸関与（Continental Commitment）」と呼んだ。ハワードによれば、中世における低地諸国への関与から、二〇世紀中葉以降のＮＡＴＯ（北大西洋条約機構）への関与に至るまで、イギリスには一貫した「大陸関与」の伝統があるのだという。ハワードは、両大戦間期においてイギリスがこの「伝統」から逸脱する不干渉政策を推進したことが、ヨーロッパの平和を脅かす大きな要因になったと説く。ハワードによれば、ヨーロッパの平和を維持するためにはイギリスの「大陸関与」が必要であった[40]。

一方で、ポール・ケネディーやポール・シュローダーといった歴史学者は、イギリスには紛争への関与を避け、交渉によって不平の解消を図るという意味における「宥和」政策の伝統があると説いている。彼らの説に基づけば、イギリスが両大戦間期においてフランスをはじめとする連合国との軍事協力を推進せず、ドイツとの交渉を通じた和解を目指したことは、イギリスにとって「自然」な選択だったということになる[41]。

こうしたイギリス外交の大きな潮流を論じる諸説は、概論の段階にとどまっており、一次史料に基づく精査を待っている段階にある。両大戦間期におけるイギリスの宥和的外交姿勢を自然なものと捉えるべきか、特異なものと捉えるべきか、結論は出ていない。本書は、第一次世界大戦後のイギリスの「大陸関与」に関する実証研究を目指すものである。

(2) 先行研究

ここで先行研究についてふり返っておこう。まず、第一次世界大戦後のヨーロッパ国際関係史研究の一般的傾向として、それが賠償と経済再建の問題を中心に据えて論じられてきたということが指摘できる。一九二〇年代前半期において、賠償、戦債、金融の問題は、第一次世界大戦後のヨーロッパを再建するうえでの一大課題であり、研究者の関心が集中したことはある意味で当然のことであった。また、一九二〇年代に関する実証研究が一気に進展した一九七〇年代から八〇年代にかけての時代は、国際関係史の分野において、経済や金融問題に焦点を当てるアプローチが台頭した時期と重なっていた。そのため、多くの有能な若手研究者が経済と金融の国際関係史に挑戦し、数多くの画期的な研究成果が生み出された。[42]

その反面、当該期ヨーロッパの安全保障に関する研究は、相対的な「空白」地帯として残されることとなった。ただし、フランスの安全保障政策に限って言えば、優れた実証研究がなされている。[43] 日本においても濱口學らによる先駆的研究がなされているし、[44] 近年においても、ピーター・ジャクソンら英語圏の研究者によって同分野の研究は精力的に進められており、[45] フランスについてはこの「空白」がほぼ埋められたといっても過言ではない。一方でイギリスのヨーロッパ安全保障政策に関しては、数少ない例外的な研究に頼らざるをえない状況が続いている。

ハワードの説いたイギリスの「大陸関与」の問題は、イギリスとヨーロッパの関係を考察する切り口として一定の関心を集めてきた。[46] しかし、両大戦間期、とりわけ第一次世界大戦直後の時期におけるイギリスの「大陸関与」を実証的に分析した研究は少ない。コレリ・バーネット、ポール・ケネディー、ブライアン・ボンドによる研究がその例外である。[47] しかし、これらは両大戦間期全体を俯瞰する研究であるがゆえに、一九一六年から二五年にかけて、第一次世界大戦後のイギリスの大陸政策が形成される過程への分析は不足している。そして、いずれも焦点は軍事政策に当てられており、外務省が中心を担ったイギリスの安全保障政策の国際的側面を掘り下げてはいない。

一九二〇年代のイギリスの国際安全保障政策を論じたものとしては、一九七八年にアン・オードが発表した研究が依然として最も優れている[48]。同研究は、英仏独の未公刊史料を用い、一九二一年から二六年にかけての英仏独を中心とする安全保障交渉、さらには国際連盟における集団安全保障交渉、そしてイギリスの帝国防衛政策を実証的に描き出している。一方で、第一次世界大戦後半期からパリ講和会議にかけて、イギリスの戦後政策が形成された肝心な時期を扱っていない。また、他国の動向をも含めた国際交渉に主眼を置いた研究であり、イギリスの政策決定者の意図や政策決定過程を深く分析しているわけではない。

一方、一九二五年のロカルノ条約交渉に関するイギリス外交史研究は充実している。とりわけ、リチャード・グレイソンによる研究は、一九二四年から二九年にかけて外相を務めたオースティン・チェンバレンに焦点を当て、ヨーロッパに対する安全保障上の関与の問題を詳細に論じている[49]。そして、ロカルノ条約の前史に当たる安全保障交渉に関しても、優れた研究が多数発表されている。しかし、これらの既存研究は、①一九一九年の英仏・米仏保障条約交渉[50]、②一九二〇年の仏白軍事協定交渉[51]、③一九二二年の英仏・英白同盟交渉[52]、④一九二五年のロカルノ条約交渉[53]を論じる研究に分断されてしまっていることに問題がある。したがって、西欧に関する一連の安全保障交渉を一貫した枠組みのもとに整理した研究は少ないのが現状である。

未公刊の博士論文では、マイケル・ラファンによるものが、（前述したオードの文献とともに）本書の直接的な先行研究に当たる[54]。この論文は、一九一九年の英仏保障条約交渉からロカルノ条約までのイギリスの対仏・対独政策と安全保障政策を追った実証研究である。しかし、「フランスの安全保障問題」への対応に焦点を絞っている。本書は、より分析対象を広げ、ベルギーや国際連盟をも含め、西欧安全保障をより総合的な視点から描く。またラファンは、ヴェルサイユ条約を「病理」に喩え、ロカルノ条約をその「治療剤」に準えるなど、本書とは結論を異にする[55]。

両大戦間期のイギリス外交に関する通史的研究としては、F・S・ノースエッジ、W・N・メドリコット、ポール・ドーアによるものがある。[56] 第一次世界大戦直後のイギリスのヨーロッパ政策は、財政、経済、金融、軍縮など、様々な角度から実証的な研究がなされている。[57] この時代の英仏関係や英独関係を扱った研究も豊富である。[58] 第一次世界大戦中のイギリスの政策や戦争目的を扱った研究としては、V・H・ロスウェルとデイヴィッド・フレンチの研究が包括的である。[59] パリ講和会議におけるイギリス外交に関しては、ハロルド・ネルソン、マイケル・ドクリル、ダグラス・グールド、アントニー・レンティン、エリック・ゴールドスティンの研究が優れている。[60] また、大臣から外務官僚まで、イギリスの個々の政策決定者に焦点を当てた研究も数多く発表されている。[61] 日本においても、吉川宏、亀井紘、細谷雄一、藤山一樹らによって当該期イギリスのヨーロッパ政策に関する研究がなされている。[62] 本書はこれらの先行研究に多くを負っている。

しかし、こうした先行研究に共通する課題を挙げることも可能である。それは、当該期のイギリス外交に関する研究の主たる成果が一九八〇年代までに発表されたこともあり、それ以降に広く知られるようになったフランス外交に関する修正的研究の成果がほとんど反映されていないという問題である。一九二〇年代に関するイギリス外交史研究の大部分は、依然としてケインズら同時代のイギリス人の認識を踏襲し、ヨーロッパの平和の阻害要因はヴェルサイユ条約と、それに基づくフランスの対独「強硬」政策にあるという前提を出発点としている。その結果、ドイツとの和解のためにフランスと一定の距離を置こうとするイギリスの政策が無批判に賢明な政策と受け取られている傾向がある。しかし、当該期フランスに関する一九七〇年代以降の研究は、パリ講和会議におけるフランスの賠償政策がケインズら同時代の英米人の認識よりも穏健だったこと、そして第一次世界大戦後のフランスがドイツとの関係改善を早くから追求していたことを明らかにしているのである。[63] 歴史学者のロバート・ボイスが指摘するように、既存研究はイギリスの行動に合理的な解釈を与えようとするあまり、第一次世界大戦後のイギリス政府がヨーロッパ大陸の安全保障から距離を置こうとした不可解さを説明しきれていないのである。[64]

また既存研究の多くは、「民族自決」、国際連盟、全般的軍縮など、第一次世界大戦後の時代の特色である、いわゆるウィルソン主義的な国際秩序観を過度に重視する傾向がある。第一次世界大戦後のイギリスが、国際連盟に基づく集団安全保障体制の構築に力を注いだことは確かである。[65] 一方で、第一次世界大戦の直後に、フランスやベルギーと従来型の軍事同盟を結ぶべきだと主張した勢力がイギリスにあったことは、あまり知られていない。本書は、当該期イギリスのヨーロッパ安全保障政策研究の文脈で十分に触れられてこなかった親仏派の安全保障観にも注目する。さらに、第三の道とも言える、一九世紀の「ヨーロッパ協調」を模したロカルノ条約型の地域的安全保障の構想がイギリスにおいて発展していく経緯にも光を当てたい。

（3）本書の目的と構成

以上のような問題意識と先行研究の不足点を念頭に置いたうえで、本書は、第一次世界大戦後半期からロカルノ条約調印に至るまでのイギリスの西欧安全保障政策の推移を一次史料に基づいて分析し、叙述する。そうすることで、当該期のヨーロッパが抱えた安全保障問題をイギリスの政策決定者がどう認識し、それにどう対処しようとしたのかを明らかにすることが本書の目的である。

その際に、イギリスの政策決定者たちが、どの程度の「大陸関与」を必要と認識し、そして、どのような枠組みを通して関与しようとしていたのかを明らかにすることが鍵となる。関与の枠組みとは、軍事同盟ないしは国際連盟など、いかなる安全保障モデルに基づいて関与しようと考えたのか、という問題である。

当該期に浮上した安全保障モデルは四つの系統に整理することができる。第一は、戦略的国境（strategic frontiers）に基づく安全保障である。自国の領土を拡張し、戦略資源や人口を増やし、防衛に適した地形に沿う国境線を設定することを通じて、自国の安全の確保を追求する構想である。それは基本的には他国との協調を前提としない、ユニラテラル（単独主義的）なアプローチである。これはパリ講和会議において主としてフランスとベルギーが推進した政策であった。

第二は、軍事同盟に基づく安全保障であり、共通の仮想敵を有する二、三の国家が相互防衛を約する協定を結ぶことによって安全を確保しようという構想である。第一次世界大戦後の世界においては、軍事同盟の存在が大戦勃発の原因になったという考えが広く流布したため、同盟政策は世論の批判の対象となった。それでも、一九一九年六月の英仏・米仏保障条約、一九二〇年九月の仏白軍事協定、一九二一年二月のフランス＝ポーランド同盟、一九二二年に交渉された英仏白三国同盟案などに見られるように、戦勝国の政策決定者の間では依然として有力視されたアプローチであった。第一と第二のアプローチはともに、特定の仮想敵に対する勢力優越ないしは勢力均衡を構築することを目指すものであった。

第三は、地域的安全保障と呼ばれる制度であり、地域の国々が相互に安全保障を約束するというマルチラテラル（多国間主義的）なアプローチである。この制度を研究した国際政治学者の植田隆子によれば、それは「勢力均衡と集団安全保障という二つの対峙する原理の接点に位置するもの」だという。両大戦間期においてそれは、国際連盟の存在を前提とし、国際連盟に基づく「一般的安全保障」を支えるサブ・システムとして構想されたものであった。[66]本書が対象とする西欧地域においてそれは、一九世紀の「ヨーロッパ協調」を再建する構想としても捉えられた。ナポレオン戦争後にヨーロッパ列強が会議による紛争の解決を目指した体制を作り上げたように、第一次世界大戦後のヨーロッパにおいて「ヨーロッパ協調」の再建を目指すべきだとする構想である。第一と第二のアプローチがドイツという特定の仮想敵を設定する対抗的な枠組みであるのに対して、「ヨーロッパ協調」はドイツをとり込むことを目指した点に大きな特徴があった。これは一九二五年のロカルノ条約の成立をもって現実のものとなる。

第四は、国際連盟に基づく安全保障であり、第一次世界大戦後に追求されたなかで最も特徴的な構想である。それは、世界のすべての国々が合意する規約に基づく普遍的国際機構を打ち立て、国際紛争を平和的に調停することを目指した。そして、万が一規約に違反する国が現れた場合には、他のすべての連盟加盟国が違反国に制裁を加えるという、集団安全保障の理論を、初めて現実の国際政治の世界で実施に移したものであった。それはまた、常設国際司法裁判所や仲裁裁判の制度と連動し、規約に基づいて国際紛争の解決を図るという意味において、法的な色彩の強い安全保障枠組みであった。

これら四つの系統は必ずしも相互排他的ではなく、共存可能であった。軍事同盟と国際連盟、ないし勢力均衡と集団安全保障は、それぞれ対立的な概念と捉えられる傾向がある。本書の登場人物のなかにもそのような捉え方をする者は多い。しかし、そうではなく共存可能だと考える者も本書には登場する。第一次世界大戦後に構想されたほとんどの地域的安全保障条約は、条文のなかで国際連盟に言及しており、連盟との共存を前提としていた。そこから発展し、複数の安全保障モデルを組み合わせることによって、全体としてより強固な国際秩序を構築しようるという考え方さえも、一九二〇年代前半にはすでに生まれていたのである。本書は、このような安全保障の制度的発展にイギリス政府がどのように関わったのかについても検討を加えたい。

本書は以下のような章構成をとる。第1章では、第一次世界大戦のさなかのイギリスの戦後秩序構想を追っていく。まず、自由党のハーバート・ヘンリー・アスキス率いる内閣が策定した戦争目的を分析する。そして一九一六年末までに、「民族自決」に基づくヨーロッパ国境の再画定、国際連盟の設立、勢力均衡の維持といった、イギリス政府の大まかな戦後秩序像が浮上し始めていたことを明らかにする。次に、一九一六年一二月に成立したデイヴィッド・ロイド・ジョージ連立内閣の戦後構想の発展過程を追っていく。ここでは、イギリス政府内の講和準備を検討する一方で、連合国が戦争目的の折衷を試みる過程にも着目する。連合国は、「民族自決」をヨーロッパ講和の基本方針とし、また国際連盟を立ち上げることに合意したものの、ヨーロッパ国境の具体的策定作業は講和会議に持ち越されることとなった。

第2章では、一九一九年のパリ講和会議におけるイギリス外交を扱う。連合国が講和会議で議論した数多くの問題のなかでも、国際連盟、ラインラント、英仏・米仏保障条約、ベルギーに焦点を当て、交渉の経緯とイギリスの政策を叙述する。さらに、ヴェルサイユ条約の調印に至る過程を追ったうえで、同条約の特徴や、同時代のイギリス人がヴェルサイユ条約に抱いた認識を分析する。

第3章では、ヴェルサイユ条約が調印された直後から一九二〇年にかけての西欧安全保障交渉を見ていく。まず、イギリス政府の財政緊縮策によって陸軍の規模がどの程度削減されたのかを確認したうえで、アメリカ議会がヴェルサイユ条約と米仏保障条約を批准しなかったことを受けて、イギリスがフランスへの保障の約束を再検討する過程を明らかにする。次に、ヴェルサイユ条約が解決できなかった課題の一つであるベルギーの安全保障問題に関するイギリスの政策を追う。そして、イギリス政府がなぜベルギーへの保障供与に踏み込めなかったのかを明らかにする。

第4章では、一九二一年から二三年にかけて行われたイギリス、フランス、ベルギーによる同盟交渉を扱う。まず、一九二一年においてイギリス政府内で行われた英仏同盟に関する検討内容を明らかにする。次いで、一九二二年一月のカンヌ会議の前後に行われた同盟交渉の過程を追う。さらに、イギリス政府が英仏・英白同盟交渉から撤退していく過程を追い、その理由を解明する。そして、ルール危機の際のイギリス保守党政権の安全保障政策を扱う。この章では、英仏同盟の調印を求めたイギリスの保守系親仏勢力のロビー活動にも焦点を当て、安全保障政策をめぐる政権内部の意見対立を明らかにする。

第5章では、ロカルノ条約の成立へと至るイギリス外交を扱う。まず、ラムゼイ・マクドナルド労働党政権期の安全保障政策の特徴を示し、国際連盟規約の補完を目的としたジュネーヴ議定書の構想が発展していく過程を明らかにする。次に、第二次ボールドウィン保守党政権が、ジュネーヴ議定書を代替する構想として、地域的安全保障協定の可能性を模索し始める過程を描く。そして、「ヨーロッパ協調」の復興という発想に着目し、ドイツによる安全保障提案をイギリス政府が受諾するに至った経緯と理由を明らかにする。さらに、ロカルノ条約の調印へと至る政府間交渉を追い、最後にイギリス外交の観点から見たロカルノ条約の意義と限界について考察する。

（4）史料について――イギリスの対外政策決定過程に照らして

ここで、本書が依拠した史料について、一九一六～二五年当時のイギリスの対外政策決定過程に照らして説明しておこう。

周知のように、イギリスは議院内閣制をとり、首相を首班とする内閣が対外政策に関する最終決定を下した。内閣の下にはいくつかの閣僚委員会が組織され、内閣の政策決定を補佐した。外交・防衛政策に関しては、一九〇二年に組織された帝国防衛委員会が重要な役割を演じ、外務省、大蔵省、商務院、植民地省、陸軍省、海軍省など、外交・防衛政策に関連する政府機関の重要な提言は、内閣と帝国防衛委員会に集約され、閣僚の合議による最終決定が下された。

まず、閣議の記録に関して説明する。本書が対象とする時期において、イギリスの閣議録は速記録のような詳細な記録を残していない。その代わりに、閣議の概要（主要な発言が間接引用の形で記録されている場合が多い）と結論を簡潔にまとめた文書が作成されていた。このような議事要旨ですら、第一次世界大戦中の一九一六年一二月になってはじめて作成されるようになったのであり、それ以前の時代の閣議の内容は、閣僚の個人文書や首相が君主に上奏する書簡などから把握する必要がある。閣議の記録がとられる契機となったのは、一九一六年一二月にロイド・ジョージを首班とする連立内閣が成立し、戦時内閣と呼ばれる組織が立ち上げられたことによる。戦時内閣とは、戦時の意思決定を効率化するために、少数の閣僚（五名程度）によって構成された最高決定機関であり、ロイド・ジョージ首相の肝いりで組織された。戦時内閣は、一九一六年以前のアスキス政権下に組織された戦争評議会（War Council）と戦争委員会（War Committee）の書記機能を継承し、議事の記録がとられることとなった。そして、帝国防衛委員会および戦争委員会の書記官を歴任したモーリス・ハンキーが、一九一六年一二月にイギリスの初代内閣書記官長（Cabinet Secretary）に就任し、戦時内閣の書記を担当した。

戦時内閣は一九一九年一一月に平時の内閣に移行した。その際に戦時内閣下の書記機能が維持され、閣議の記録も継続された。戦時内閣下の記録は「閣議議事録（Cabinet Minutes）」と呼ばれ、一九一九年一一月以降の平時内閣の記録は「閣議結論（Cabinet Conclusions）」と銘打たれた。本書では便宜上、両者をともに「閣議録」と呼ぶこととする。ハンキーは、個々の閣僚の発言を記録するのではなく、閣議の結論と、その結論に至った議論の要約をまとめる方式を採用した。これは、閣僚個々人の発言の外部流出を防ぐためであった。一方でこの方式は絶対ではなく、個々の閣僚の発言を記録する必要性がある場合や、要旨をまとめる時間的余裕がない場合には、より詳細な議事録が残されることもあった。[67]

以上のように、当該期の閣議録は閣議の議論を簡潔にまとめ、その結論を記録したものであり、すべての閣僚の発言が記録されているわけではない。そのため、閣議の議論をより詳細に知るためには、閣議の出席者が残した個人的記録に当たる必要がある。その代表的なものは、一九一六年から三八年までの間、一貫して内閣書記官長を務めたハンキーの日記であり、彼の書簡や覚書とともにケンブリッジ大学チャーチル資料館（Churchill Archives Centre）に収められている。[68]また、歴史学者スティーヴン・ロスキルによるハンキーの詳細な伝記が、ハンキー日記から多くの記述を引用している。[69]そして、ハンキーの右腕として長きにわたり副書記官長を務めたトマス・ジョーンズの日記も出版されており、[70]直接引用を交えた閣議の詳細な記録が散見される。一方で、本書が分析対象とする時期の英閣僚でまとまった日記を残している者は少ないが、第一次世界大戦の後半に内閣書記官を務め、一九二二年秋以降に海相や植民地相を歴任したレオ・エイメリーの日記が有用である。[71]

当該期イギリスの対外政策の形成過程を見るうえで、閣議に次いで重要となるのが帝国防衛委員会である。帝国防衛委員会は、一九〇二年から〇四年にかけて、アーサー・バルフォア政権のもとで立ち上げられた外交・防衛政策に関する首相の諮問機関である。一八九九〜一九〇二年の南アフリカ戦争の教訓を受けて、文民閣僚と陸海軍の総参謀長が共同で長期的防衛戦略を立案・検討することを目的として設立された。首相が委員長を務め、外務、財務、植民地、陸軍、海軍などの各大臣に加え、陸海空軍の最高位の武官や、主要各省の事務次官も出席した。帝国防衛委員会のもとで、本土防衛小委員会（Home Defence Sub-Committee）、参謀総長小委員会（Chiefs of Staff Sub-Committee）など、常設、臨時、各種の小委員会が組織された。帝国防衛委員会は、その立ち上げから一九一五年二月までの間に一三二回の公式会合を開き、五年間の休止を挟んだ後の一九二〇年六月に活動を再開し、以後月に二、三回のペースで公式会合を開いた。閣議録とは対照的に、帝国防衛委員会の議事録は詳細であり、各発言者の発言内容が間接引用の形式で記録されている。[72]

イギリスでは、一九世紀前半にカースルレイ子爵、ジョージ・カニング、パーマストンといった有力な政治家が相次いで外務大臣職に就いて以来、対外政策の決定に際して外相の意向を特別に重視する慣習ができた。[73] そして、外務大臣を補佐するために、外務省本省の政策立案機能も早くから整備されていった。[74] 一方で、外相の権限は保証されたものではなく、あくまでもそのポストに就く人物の政治力と、政府首班であり閣僚の任命権を有する首相との個人的関係に依存するものであった。[75] 外相は、首相と内閣の信任を得られなければ無力に等しかった。そして、本書が分析する時期の半分以上を占めるロイド・ジョージ内閣期においては、外相と外務省の影響力に陰りが見られたことが指摘されている。[76]

一九一六年一二月に首相に就任したロイド・ジョージは、既存の官僚機構を好まず、側近に頼る「首脳外交」を好む人物だったと言われる。[77] ロイド・ジョージは、首相就任直後に内閣府（Cabinet Office）を新設し、内閣書記機能を強化した。さらに、自らの秘書官専用の事務所をダウニング街一〇番の首相官邸の庭園に建設した。この事務所とそこに所属した秘書たちは「ガーデン・サバーブ」と呼ばれ、ロイド・ジョージ首相のブレーンとして機能した。[78] 側近たちのなかでも、対外政策の分野でとりわけ影響力を発揮したのは、私設秘書を務めたフィリップ・カーと内閣書記官長ハンキーであった。

ハンキーは、「ガーデン・サバーブ」の一員ではなく、新設された内閣府の事務方の長としてロイド・ジョージに抜擢された人物であった。ロイド・ジョージの信任厚く、閣議と帝国防衛委員会、両方の書記を務めただけでなく、ロイド・ジョージが出席したほとんどの国際会議の書記を任せられた。重要な情報に触れる機会の多かったハンキーは、外交・防衛政策に関する助言を首相に行うことも多かった。

一方のカーは、スコットランドの名門貴族ロジアン侯爵家の出身であり、また『ラウンド・テーブル』と呼ばれるイギリス帝国の振興を図る雑誌の編集長を務めていた。私設秘書としてカーは、首相に提出される外交関係の覚書のほぼすべてに目を通し、首相に代わって覚書の内容に判断を下すことも多かったという。[79] カーは多くの政策文書も執筆しており、一九二一年に退職するまで、ロイド・ジョージの事実上の対外政策補佐官であったといっても過言ではない。一九二一年以降、翌年のロイド・ジョージの退陣まで、その職務はエドワード・グリッグに継承されたが、グリッグもまた『ラウンド・テーブル』誌の副編集長経験者であった。こうした側近たちの覚書や首相との往復書簡の多くが、イギリス議会文書館（Parliamentary Archives）所蔵のロイド・ジョージ文書に残されている。

さらに、ロイド・ジョージの私設秘書にして愛人のフランシス・スティーヴンソンの日記も、歴史学者のA・J・P・テイラーによって編纂されて出版されており、ロイド・ジョージの思考を知ることのできる貴重な史料となっている。[80]

一方で、ロイド・ジョージの首脳外交に反感を抱いた者も少なくなかった。たとえば、一九一九年一〇月から二四年一月まで外務大臣を務めたカーズン侯爵は、「ハンキーとカーは、イギリスを支配し、ヨーロッパ大陸の対外政策を管理する、ないし管理しようとしている秘密結社」のようだと批判した。[81] 一九二二年秋にロイド・ジョージ率いる連立内閣が崩壊し、アンドリュー・ボナー・ロウ率いる保守党単独政権が成立すると、「ガーデン・サバーブ」は早期に解体された。[82] それでも、ロイド・ジョージ内閣期に作られた内閣書記機能は維持され、ハンキーをはじめとする内閣書記官は一定の影響力を維持し続けた。

カーやグリッグを重用したロイド・ジョージに限らず、第一次世界大戦期の歴代内閣はイギリス帝国の求心力を維持することに大きな関心を払った。とりわけ、カナダ、オーストラリア、ニュージーランド、南アフリカといった自治領との関係に気が配られた。第一次世界大戦中にロイド・ジョージは、自治領の代表が参加する帝国戦時内閣を立ち上げ、自治領をイギリスの政策決定に直接参加させた。戦後も、日英同盟の解消問題、英仏同盟構想、ロカルノ条約といった重要な対外政策関連事項に関しては、自治領の意見を仰ぐことが慣例となった。自治領の意向は、植民地省と植民地大臣を通じて閣議や帝国防衛委員会に反映された。一九二五年六月には、自治領との意思疎通を専門とする自治領大臣のポストが新設された。さらに、数年に一度、自治領の首脳はロンドンに招かれ、イギリス本国の内閣とともに帝国会議を開催し、対外政策や帝国政策に関して広く議論した[83]。

このように、イギリスの対外政策決定には様々なアクターが関与し、ロイド・ジョージ内閣期には官邸主導の意思決定も目立った。それでも、両大戦間期において、対外政策に関する大局的な分析を行った政策文書の多くは外務省で作成されていた[84]。西欧安全保障に関する政策検討も例外ではなく、外務省が立案の中心を担っていた。したがって本書は、外務省文書の分析に重きを置いている。以下、当該期のイギリス外務省の政務関係部局の機構と政策決定プロセス、そして主要な史料に関して簡単に説明したい。

イギリス外務省の政策立案過程を見るうえでの中心史料は、イギリス国立公文書館所蔵のＦＯ３７１と呼ばれる一般政務文書のシリーズである。外務省では、一九〇六年までに行われた改革により、次のような意思決定プロセスが整備された。まず、外務省に到着する公電や書簡は一括して「中央登録室（Central Registry）」と呼ばれる部署に集められた。そして、ノンキャリアの二種事務官（Second Division Clerk）が到着書簡を分類したうえで、関係文書とともに「ジャケット」と呼ばれる表紙を持つファイルにまとめ、到着書簡の内容を要約してジャケットに記した。ジャケット付きのファイルは、該当する部局の首席事務官（Senior Clerk）のもとに届けられた。各部局には、首席事務官の他に三名から五名程度のキャリアの一種事務官（First Division Clerk）が配属されていた。首席事務官は、中央登録室から上がってきたファイルを部下の事務官に分配した。事務官はファイルに目を通し、必要に応じて案件に関する意見や、なされるべき処理に関する提言をジャケットに書き込み、上司に返却した。重要な案件に関しては、首席事務官がさらに自分の提言を書き込んだうえで担当の事務次官補（Assistant Under-Secretary）に上げ、それでも処理しきれない最重要の案件のみが、事務次官（Permanent Under-Secretary）、そして外務大臣のデスクに上った。こうして、重要書類のジャケットには、下は事務官（Junior Clerk）や次席事務官（Assistant Clerk）クラスの若手キャリア官僚から、上は外相まで、登ってきた階級の順に、場合によっては数頁にわたるコメントが書き込まれることとなった。ジャケットに書き込まれたコメントは「ミニッツ」と呼ばれ、外務省内部の政策検討の過程を知りえる中心的史料である。[85] 事務官クラスの若手でも政策提言を行うことができ、それが文書の形で残されている点において、当時のイギリス外務省に特徴的であった。このようなミニッツの添付された当該期の政務関係文書がFO371にまとめられている。

イギリス外務省の政務関係の部局は、第一次世界大戦を挟んでめまぐるしく再編成された。戦前期には、①フランス、ドイツ、オーストリア＝ハンガリー、イタリア、ベルギー、オランダ、スペイン、ポルトガル、スカンディナヴィア諸国など、ほとんどのヨーロッパ諸国を担当した「西方局（Western Department）」、②ロシア、トルコ（オスマン帝国）、バルカン諸国、中東諸国を担当した「東方局（Eastern Department）」、③南北アメリカ大陸諸国を担当した「アメリカ局（American Department）」、④アフリカの列強植民地およびリベリアを担当した「アフリカ局（African Department）」〔一九一四年に解体、西方局とアメリカ局に業務移行〕、⑤日本、中国、シャム（タイ）を担当した「極東局（Far Eastern Department）」、という地域部局に分割されていた。[86]

大戦が勃発すると、西方局と東方局が合併され、戦時下の主要な政務は「戦争局（War Department）」という部局のもとに集約された。同局の首席事務官は一九三〇年代に駐フランス大使となるジョージ・クラークが務め、後に駐ベルギー大使となるランスロット・オリファントが次席事務官を務めた。そして、後に著述家として有名になるハロルド・ニコルソンや、一九三〇年代に北方局（後述）長となるローレンス・コリアーが同局に所属した。[87]

戦時下の外務省では、戦争局の他にも海上封鎖に関連する業務を行った「戦時禁制品局（Contraband Department）」

が立ち上げられ、クロウ事務次官補をはじめとする優秀な外務官僚が配属された。そして一九一八年には、歴史学者や新聞記者といった外部の人材を積極的に登用した「政治情報局（Political Intelligence Department）」が外務省に組織され、講和会議に向けた政策立案を行った。

政治情報局の中軸を担ったのは同局の副局長を務めた歴史学者のジェームズ・ヘッドラム＝モーリーであった。一八六三年生まれのヘッドラム＝モーリーは、グレイやクロウと同世代であった。ヘッドラム＝モーリーは、イートン校で学んだ後にケンブリッジ大学で歴史と古典を修め、その後ドイツに留学し、そこでドイツ人女性と結婚した。彼は一八九〇年代にロンドンの女学校で古典期ギリシア史の担当教員を務めた後に、教育院（Board of Education：日本の文部省に相当）で勤務し、教育行政に携わった。第一次世界大戦が勃発すると、ヘッドラム＝モーリーはイギリスの戦時プロパガンダを統括したウェリントン・ハウスで勤務し、第一次世界大戦に関連する様々な書物やパンフレットを発表した。そして一九一八年には外務省に移籍し、講和と戦後秩序に関する多くの優れた覚書を発表するのである。(88)

戦争が終わると、講和会議に出席するイギリス全権を補佐するために、外務省の機能の半分がパリに移動することとなった。外務大臣と事務次官の他、三名いた次官補のうちの二名が代表団に参加し、政務を担当する事務官や政治情報局の局員を中心とする大勢の外務省関係者が海を渡った。そして、パリのマジェスティック、アストリア両ホテルを拠点に、独自の公電登録機能を有したいわば「第二の外務省」が臨時に設けられた。(89)そのため、パリ講和会議に関する外務省政務記録はＦＯ６０８という別の分類のもとに整理、保管されている。

イギリス外務省がようやく平時体制に移行するのは一九二〇年の中頃のことであった。一九一九年から二〇年にかけて、戦争局や海上封鎖に関連する部局は解体され、政務関係部局は再び担当地域ごとに分割されることとなった。(90)新たな編成は、①フランス、ベルギー、オランダ、スペイン、ポルトガルなどの西欧諸国の他、国際連盟を担当する「西方局」、②ドイツ、イタリア、オーストリア、ハンガリー、チェコスロヴァキア、ユーゴスラヴィア(91)など、中東欧・バルカン諸国を担当する「中欧局（Central〔European〕Department）」[92]、③ロシア（ソ連）、ポーランド、スカンディナヴィア諸国を担当する「北方局（Northern Department）」、④トルコ、ペルシア（イラン）、エジプトなど中東諸国を担当する「東方局」、⑤南北アメリカ大陸諸国およびアビシニア（エチオピア）、リベリアを担当する「アメリカ・アフリカ局（American and African Department）」、⑥戦前と同様の「極東局」、という六つの地域部局体制となった。

戦前の編成と比較すると、ヨーロッパを担当する部局が細分化されたことで、ヨーロッパ問題に割かれる人員が増強された。また、一九二二年に参事官（Assistant Secretary/Counselor）の位を持つ局長（Departmental Head）のポストが新設された[93]。これにより、事務次官補は各地域局を監督する業務から解放され、事務次官とともに政務を統括する職務に専念できるようになった[94]。

一方で、第一次世界大戦後における大蔵省からの予算削減圧力を受けて、整理された部局もあった。講和会議に向けた情報収集と分析を担当した政治情報局は一九二〇年に解体され、数名の局員だけが外務省に残ることができた[95]。ヘッドラム＝モーリーは歴史顧問（Historical Advisor）という新設の役職を与えられ、外務省に残留した。大戦後においても各地域局に所属したキャリア官僚は五名から一〇名程度であり、少数精鋭の体制は戦前とほぼ変わらなかった。

本書は、第一次世界大戦から講和会議にかけての戦争局と政治情報局、そして大戦後の西方局と中欧局を主たる分析対象とする。その際、外務省の一般政務文書に加えて、イギリス各地の資料館に収蔵されている外務省関係者の個人文書も活用した。また、フランスをはじめとする関係国の史料を適宜用いることで、イギリス側の史料に現れないイギリスの外交官たちの言説を広く収集することを試みた。

第1章　西欧に関する戦後構想　一九一六〜一八年

1　アスキス内閣による戦後構想策定の試み

(1) イギリスの参戦経緯と初期戦争目的

一九一四年八月四日深夜、イギリス政府はドイツに宣戦布告し、同年六月二八日のオーストリア＝ハンガリー帝国皇位継承者の暗殺が引き金となったヨーロッパ大戦の交戦国となった。イギリス政府がドイツに通知したところによれば、ドイツがベルギーの中立を侵犯したことが、開戦に踏み切った直接的理由であった。イギリスの最後通牒を受けて、ドイツ帝国宰相テオバルト・フォン・ベートマン・ホルヴェークが、「紙切れ」一つのために英独が開戦するというのか、と駐独英大使に述べたとされるのは有名な話である。[1] その「紙切れ」というのが、イギリスも保障国に名を連ねた、ベルギーの領土と中立について規定した一八三九年四月一九日のロンドン条約（以下一八三九年条約と略記する）であった。[2] イギリスは、一八七〇年に勃発した普仏戦争の際にもベルギーの中立を保障する条約を普仏両国と締結し、ベルギーの独立を擁護した。[3] そして一九一四年のイギリス政府も、ベルギーの中立侵犯を看過するつもりはなかった。開戦後にイギリス政府が戦争目的を説明する際には、ベルギーの独立回復という目的を筆頭に挙げることが通例となった。[4]

一方で、一九一四年の状況下においては、仮にドイツがベルギーを侵略しなかったとしても、イギリスが局外中立を維持した可能性は低かった。序章でも触れたように、一九〇五年頃から英仏の陸軍参謀は、有事におけるイギリス陸軍の大陸派兵に関する交渉を進め、イギリスは六個師団からなる海外派遣軍を準備していた。また一九一二年には、フランス艦隊を地中海に集中展開させ、イギリス艦隊を北海沿岸部に集中展開させる内容の海軍合意を取り交わしていた。イギリス政府はこの合意がイギリスの軍事介入を約束するものではないとする立場をとっていたが、七月危機に際してフランスのポール・カンボン駐英大使は、この海軍合意に基づいてイギリス政府にフランスを援助するよう求めた(5)。

アーサー・ニコルソン（ハロルド・ニコルソンの父親）外務事務次官や、エア・クロウ次官補をはじめとするイギリス外務省高官は、ベルギーの中立侵犯の如何を問わず、フランスを援助するよう外相に助言した。クロウは、フランスとの軍事合意はイギリスを厳密には拘束していないものの、英仏協商の存在によってフランスとの間に「道義的な絆」が形成されており、これを尊重するべきだと主張した。クロウはまた、イギリスが中立を維持すれば、戦争がどのような帰結を迎えようと、イギリスは窮地に立たされるだろうと警告した。独墺同盟が勝てば、ドイツがフランスと低地諸国を席巻し、英仏海峡沿いの港湾を手中に収めることとなる。他方で露仏同盟が勝ったとしても、危機に際して両国を見捨てたイギリスと友好関係を継続するとは考えられず、インドや地中海におけるイギリスの権益が脅威にさらされることになる。クロウはこのような論理を用い、イギリスの利益は露仏同盟と密接に結びついているのだと説明した(6)。

自由党政権のエドワード・グレイ外相は当初、明確な立場をとることを避け、国際会議の開催を呼びかけて紛争を平和的に解決する努力を続けた。しかし、それが不可能だと分かるとクロウの論理に依拠するようになった(7)。野党保守党もまた、フランスを援助する軍事介入を求め、自由党政権に圧力をかけた(8)。そして、イギリスの参戦を決定づけた八月二日の閣議においてグレイは、アスキス首相、一九〇五年から一二年にかけて陸相として英仏の軍事協力を促進した大法官のホールデン子爵、ウィンストン・チャーチル海相の支援を得て、不干渉論を説く多数派閣僚の反対を押し切った。そして、①ドイツ艦隊の英仏海峡進入と、②ドイツのベルギー中立侵犯のいずれの場合をも開戦事由（*casus belli*）とすることを内閣に合意させ、翌三日にその旨を議会に報告した[9]。これにより、イギリスの参戦は不可避となった。グレイが八月四日に駐英アメリカ大使に説明したところによれば、ドイツがフランス、ベルギー、オランダを含む西欧全域を支配下に置けば、イギリスは「一等国」としての地位を維持しえないがゆえに、開戦を決意したのだという[10]。このように、イギリス政府の開戦決定は、イギリスの利益に基づいて、フランスとベルギーの独立を擁護するという政策的判断に基づいてなされたのであった。

大戦初期にイギリス政府が掲げた戦争目的も、イギリスの開戦理由を踏襲した内容となった。一九一四年一一月にアスキス首相は、ギルドホールで行った演説において、戦争目的を四点に整理した。①「ベルギーが完全に回復し」、②「フランスが侵略の脅威から適切に保障され」、③ヨーロッパの小国の権利が確立され、④「プロイセンの軍事的支配」が打倒されるまで、戦争を継続するとアスキスは宣言した[11]。それ以後もイギリス政府は、ベルギーの独立回復という目的を筆頭に挙げることが多かった[12]。

イギリス政府は、大戦の最初の二年間を通じて、戦後構想に関する具体的な政策検討を避けた。大戦が長期化する公算が高まるにつれて、講和問題を早期に検討しても無意味だとする見解が支配的となったからである。一九一四年一二月にニコルソン外務事務次官は、「われわれが講和条件を命令（dictate）できる状況になるまでは、講和に関するいかなる考察も不要であり、ドイツが今までよりもはるかに重い敗北を喫し、より弱体化するまで、われわれがそのような状況にいることはないだろう」と述べた[13]。イギリスの政策決定者たちは、戦争目的に関する詳細な言及は、士気を鼓舞する効果よりも、世論を分裂させる悪影響のほうが大きいと見積もった[14]。イギリス政府は、講和問題の検討を当面は棚上げし、まずは戦況を好転させることにエネルギーを注いだのである。

戦後構想の検討を保留したイギリス政府は、フランス、ロシアなど既存の同盟国との連帯の強化と、新たな同盟国の獲得に注力した。一九一四年九月四日にイギリス政府は、フランスおよびロシアと、①単独講和の禁止と、②講和条件を将来協議することを約束する「ロンドン宣言」を締結した。これにより英仏露三国協商は、事実上の戦時同盟へと発展した。ひるがえってそれは、協商国の結束を高める一方で、イギリスをして同盟国の戦争目的にも配慮する必要性を生じせしめた。イギリス政府は、戦争を有利に遂行するためには、戦後講和における敵国領の割譲を事前に約束する秘密協定を締結することも厭わなかった。英仏露の間でオスマン帝国の分割を約したサイクス＝ピコ協定がその典型例である。[15] こうした秘密協定によって連合国が強化された反面、イギリスは後の講和会議でとりうる政策の幅を自ら狭めることとなった。このような機会主義を特徴とする戦時外交をイギリス政府は一九一七年まで続けた。しかし、一九一七年一一月にロシアのボリシェヴィキ政権が秘密協定の内容を暴露すると、イギリス政府は国内外から厳しい批判を受けることとなる。[16] そしてそれ以降は、アメリカ合衆国のウッドロウ・ウィルソン大統領の戦後構想と競うように、戦争目的の理念的側面をいっそう強調する方向へと重心を移していくのである。[17]

（2）一九一六年におけるイギリス政府の戦後構想検討の背景

イギリス政府がヨーロッパに関する戦後構想の検討を開始するのは、一九一六年夏以降のことであった。[18] その背景には、一九一六年五月にサイクス＝ピコ協定が調印されるなど、オスマン帝国領の戦後処理に関する連合国間交渉が大きく動いたこと、そして同年夏に連合国が西部戦線で大攻勢（ソンム攻勢）に打って出たことにより早期講和の可能性が意識されたこと、さらにはベルギーとフランスの西欧に関する戦後構想がイギリス政府に伝達されたことが関係していた。ここでは、ベルギーとフランスの戦争目的を確認し、それがどのようにイギリス政府に伝達されたのかを見ていきたい。

一九一四年一〇月までに国土の大部分をドイツに占領されたベルギー政府にとり、最低限の戦争目的は、国土の回復と賠償の獲得であった。一九一六年二月の「サン＝タドレス宣言」によって、イギリス、フランス、ロシアは、ベルギーの国土回復と賠償獲得にコミットした[19]。しかし、ベルギー政府の戦争目的はそれにとどまらなかった。ベルギー政府では、それまでベルギーの安全を維持してきたと信じられていた、一八三九年条約に基づく中立保障がドイツに侵犯され、国土が蹂躙されたことを受けて、中立保障体制に基づく安全保障政策を根本から問い直す気運が生じた。ベルギー政府は、中立保障に基づく安全保障から、防衛に適した領土の獲得を主眼とする戦略的国境に基づく安全保障への転換を模索し始めていた。一九一五年の段階でベルギー政府はすでに、次のような領土の獲得目標を構想していた。①ルクセンブルク大公国の併合、②スヘルデ川の現状変更（河口南岸に位置するオランダ領ゼーウス＝フラーンデレンの獲得）、③オランダ領リンブルフ（オランダ南東端の州であり、州都はマーストリヒト）の獲得、④マルメディなどドイツ領内のワロン人居住地区の獲得、である[20]。②と③は、第一次世界大戦に参加していない中立国オランダに対する要求であった。すなわちベルギー政府は、一八三九年条約に基づく中立保障体制だけではなく、同条約の領土的現状をも変更することを望んでいた。その際に、フリースラントやエムス川左岸地帯など、オランダに隣接するドイツ領土をオランダに割譲させることを交換条件とすれば、オランダはベルギーへの領土割譲に合意するだろうと、ベルギーの政策決定者は見積もった[21]。彼らは、機能不全に陥ったと認識された一八三九年条約を代替する安全保障枠組みを得るために、より有利な国境線を確保することを目指した。そして、中立を解消したうえで、イギリス、フランス、ロシアと正式な軍事同盟を締結することや、フランス政府と同様に、ドイツ西部のラインラントを緩衝国として独立させる構想さえもベルギー政府内で考慮されていた[22]。

一九一六年五月、ベルギーのポール・イマンス駐英公使は、スヘルデ川とルクセンブルク大公国に関する戦争目的を説明する覚書をグレイ外相に手交した。しかしグレイは、他の連合国と協議するまではベルギーの戦争目的にコミットできないと返答した[23]。そしてイギリス外務省は、スヘルデ川の問題を検討した結果、ベルギーの要求に一定の正当性を認めながらも、中立国であるオランダから領土や権利を奪うことは困難だという認識を示した[24]。

七月には、ベルギーのベイアンス外相が渡英し、ベルギーの中立解消、スヘルデ川の現状変更、ルクセンブルク大公国との合併という戦争目的をグレイに説明した。ベイアンスは、戦後にベルギーは中立を放棄する意向だと伝えた。そして、一八三九年条約に基づく中立保障の代替として、連合国側の大国（イギリス、フランス、ロシア、イタリア）によるベルギーの独立と領土保全の保障を求めた[25]。グレイは、ベルギーの戦争目的にコミットすることを避けながらも、連合国が勝利した場合には、ベルギーとルクセンブルクの独立と領土保全を保障し、将来のドイツによる攻撃からの「障壁（barrier）」とするべきだ、という考えをベイアンスに表明した[26]。

一九一六年夏には、フランス政府も自らの戦争目的をイギリス政府に打診した。ヨーロッパに関するフランスの主要な領土的戦争目的は、アルザス＝ロレーヌ（エルザス＝ロートリンゲン）の獲得とドイツの再度の侵略を防ぐための「保障（garantie）」を獲得することであった。フランス政府は一九一五年にはすでに、一八七〇年国境に基づくアルザス＝ロレーヌを獲得するだけではなく、豊かな炭田を有するザール地方の要部を含む一八一四年国境（ナポレオンのエルバ島からの帰還前に合意された第一次パリ条約に基づく国境線）ないしは一七九〇年国境（フランス革命戦争前の国境線）を回復し、さらにはルクセンブルク大公国とラインラントを何らかの形で自国の影響下に収めることも検討していた[27]。一九一六年八月にフランスのカンボン大使はグレイと会談し、フランス政府がアルザス＝ロレーヌだけではなく、ラインラントに関する現状変更を検討している旨を伝えた[28]。

一九一六年六月にインド総督から外務省に復帰し、ニコルソンの後継の事務次官となったハーディング卿は、イギリス政府が戦後構想に関する検討をほとんど進めていないことに危機感を覚え、その早期検討を促した。彼は、フランスが包括的な戦争目的を策定しつつあると認識していた。また連合国のソンム攻勢を受けて、講和が早期に訪れる可能性を意識していた[29]。八月八日にグレイ外相は、敵国の海外領土に関する戦争目的を省庁間で検討する委員会を組織するべきだと政府に提言した[30]。アスキス首相は外相の提言を支持し、八月二七日に元駐オスマン帝国大使のルイス・マレットを委員長とする小委員会が帝国防衛委員会のもとに組織された[31]。さらに、外務省、ハンキー内閣書記官長、ウィリアム・ロバートソン陸軍参謀総長らの後押しを受けて、八月三〇日の内閣戦争委員会においてアスキスは、講和に関する諸問題の検討を開始するように主要閣僚と関係省庁に要請した[32]。これを受けて、関係各省は戦後構想に関する覚書を提出することとなった。

（3）パジェットとティレルによる外務省覚書

外務省では、ラルフ・パジェット次官補と、長年にわたってグレイ外相の首席秘書官を務め、その影響力から外務省の「灰色の枢機卿」と呼ばれることもあったウィリアム・ティレルが、「ヨーロッパの領土解決に関する基礎提案」と題する包括的な覚書を作成した[33]。

彼らの覚書の特徴は、戦後ヨーロッパの国境線は「民族原則」に基づいて取り決められるべきだと謳った点にある。パジェットとティレルは、敵国を含めたすべての諸国に禍根を残さない講和を構築してはじめて、持続的な平和はもたらされると説いた。その一方で、彼らによれば、「民族原則」のみに依拠することもまた不適当だという。イギリスは同盟国とすでに締結した秘密協定によって拘束されており、同盟国が「民族原則」と矛盾する講和要求を行った場合には、イギリスの利益を考慮して柔軟に対処する必要があった。そして、「民族原則」を極限まで追求すれば、ヨーロッパの平和を将来脅かしかねない国家を強化することにもつながりかねなかった。彼らはこのように警告し、「民族原則」を基盤としながらも、イギリスの利益と勢力均衡に配慮するべきだと主張していたのであった。

覚書は続いて、各国、各地域に関する講和構想を具体的に論じた。ここでは、ドイツの周辺地域、とりわけベルギー、フランス、ポーランドに関連する提言を見ていきたい。

ベルギーに関してはまず、一九一六年二月の「サン＝タドレス宣言」に基づき、ベルギーの政治的、経済的独立の回復と、被害に対する賠償を獲得することにイギリスがコミットしていることを確認した。パジェットとティレルはそのうえで、ドイツがベルギー沿岸部を勢力下に収めるのを防ぐことは、戦前と同様にイギリスの「死活的利益（vital interest）」であり続ける、と説いた。彼らは、大戦の勃発はベルギーの中立保障という従来の枠組みが機能しえないことを証明したというベルギー政府の認識を共有した。そして、ベルギーの中立保障に替わって、イギリス、フランス、ベルギーが「恒久的同盟（permanent alliance）」を締結するべきだと提言した。彼らによれば、この政策はイギリスを大陸にコミットさせ、軍事的負担が増えるという批判にさらされる恐れがあったものの、ドイツによるベルギー侵略を防ぐことがイギリスの「死活的利益」であり、ベルギーが自国を防衛する能力を持たない限り、他の選択肢はない、というのであった。

ルクセンブルクに関しても、パジェットとティレルは中立保障体制の不備を論じた。彼らは、ルクセンブルクの中立を規定した一八六七年のロンドン条約を破棄し、ルクセンブルクはベルギーに編入されるべきだと論じた。この点についても、彼らはベルギー政府の要望を後押しするべきだと考えたのであった。

スヘルデ川の現状変更についても、パジェットとティレルはベルギー政府の認識を共有した。彼らは、英仏白三国同盟が有効に機能するには、戦時にベルギーを援助するためにスヘルデ川を航行してアントウェルペンに急行できる仕組みを整備するべきであり、そのためにはオランダがスヘルデ川に有する主権を制約するべきだと論じた。そして、オランダをそれに合意させる対価として、オランダの東方植民地（東インド諸島）を保障することを提案した。

アルザス＝ロレーヌに関してパジェットとティレルは、フランスの認識を判断基準とするべきだと論じた。すなわち彼らは、フランスがアルザス＝ロレーヌに加えて、戦略的理由から国境のさらなる東方伸長を望むのであれば、現地住民の意向が汲み取られている限り、イギリスとしてはそれに反対するべきではない、と提言した。ただし、フランスが一定以上のドイツ領土の併合を試みる場合には、可能な限りそれを咎めるべきだと注釈した。ここに、連合国の戦略的利害を「民族原則」といかに整合させるのかというジレンマが表れており、後の講和会議で深刻な問題として立ちはだかることになる。

さらにパジェットとティレルは、終戦時の軍事的状況がそれを可能とするのであれば、オーストリア＝ハンガリー帝国は「民族原則」にしたがって解体されるべきだと論じた。その前提に立ったうえで彼らは、ドイツ領内のポーランド語話者が多数を占める諸地域をも合併したポーランド国民国家を樹立するべきだと提言した。この覚書が書かれた当時、ロシア帝国が健在だったことから、独立後のポーランドの地位は未知数であった。パジェットとティレルは、ロシアの強大化によって勢力均衡を脅かさないために、ポーランドを可能な限りロシアの影響圏から切り離すべきだと考えた。彼らによれば、イギリスとフランスの観点に立てば、「民族的願望（national aspirations）」が満たされ、安定した強国となったポーランドは、ヨーロッパにおけるロシアの優越と、ドイツの近東への浸透を防ぐ「障壁」となることが期待されるのであった。

パジェットとティレルは、彼らの構想を一世紀遡るウィーン会議と比較して次のように述べた。

　ウィーン会議は、フランスに対する勢力均衡を、フランスの侵略に対する手ごわい障壁になるだろうと期待された諸王国の樹立によって成し遂げようと試みた。しかし、これらの王国はそのような期待を満たしえなかった。なぜなら、それらは人工的であり、王国を構成する国民に満足と繁栄をもたらさなかったからである。われわれが提案する解決は、この点に関してより有利なものとなっている。それは、ウィーン条約の諸条項によって獲得されたものと比べ、より確固とした永続的な基盤に立脚している。

すなわち彼らは、「民族原則」をはじめとする新たな理念の導入によって、ウィーン会議を超克するべきだと説いていたのである。

パジェットとティレルが採用を促した理念には、「民族原則」の他に、全般的軍縮、仲裁条約[35]、そして国際連盟の樹立があった。彼らによれば、ヨーロッパにおける持続的な平和の実現はイギリスの利益であり、それを実現する最も直接的方法は、軍拡競争を止めることであった。そのための最も効果的な方法は、「一般的仲裁条約（general arbitration treaties)」を結ぶ（すなわち、仲裁裁判によって国際紛争を平和的に解決する枠組みを構築する）ことによって、各国陸海軍の軍備削減を可能にすることだという。そして、国際法を強制する機能を有した「国際連盟(League of Nations)」の設立もまた、その方法の一つだと論じた。パジェットとティレルは、軍国主義を誇りとするドイツや、孤立主義的なアメリカが賛同するかは不透明だとしながらも、軍縮と法の支配の確立を実現しない限り、満足のいくヨーロッパ秩序は構築しえない、と説いた。[36]

このように、パジェット＝ティレル覚書は、国益や勢力均衡といった旧来の外交理念と、「民族自決」、仲裁、軍縮、国際連盟といった新しい外交理念を組み合わせた戦後秩序を謳った。この覚書をはじめとする当時のイギリスの政策決定者の主張には、「民族自決」がもたらすと期待された秩序安定化の効果について、後の歴史から見れば過度に楽観的だと批判される考えが散見される。とはいえ、当時のイギリスの政策決定者の多くが抱いていたあるべき戦後ヨーロッパの姿が、この覚書に描き出されていた。ロイド・ジョージは、一九三〇年代後半に書かれた講和会議に関する回顧録のなかで、この外務省覚書が「民族自決」、国際連盟、軍縮の理念の促進を謳ったイギリス政府で最初の公文書だと紹介し、高く評価した。[37]

（4）ロバート・セシル外務政務次官およびクロウ事務次官補の覚書

この時期に作成された講和問題と戦後構想に関する覚書のなかで、パジェットとティレルの覚書と並んで興味深いものは、外務政務次官ロバート・セシル卿による国際連盟に関する試論、そしてそれに対するクロウ外務次官補の長文のコメントである。一九世紀末の保守党を指導した第三代ソールズベリ侯爵の三男であったロバート・セシル[38]は、イギリス保守政治の中枢に位置しながらも、両大戦間期における著名な国際協調主義の唱道者、国際連盟の擁護者となり、一九三七年にはその功績が認められてノーベル平和賞を受賞する。そのようなキャリアを歩み出す画期となる覚書を、彼は一九一六年秋に起草したのであった。[39]

セシルは、領土の画定に「民族原則」を適用しただけでは平和は担保しえないと説き、国際紛争を平和的に解決する仕組みを創設する必要性を訴えた。それには二つの方法、①仲裁、そして②列国による会議、すなわち「ヨーロッパ協調」があるとした。セシルは、仲裁や会議の決定に従わない国に対する制裁の問題が最大の課題だと指摘した。海上封鎖相を兼任していたセシルは、軍事力による制裁を規定しただけでは、実力の拮抗する二つ以上の勢力にヨーロッパを分断してしまう恐れがあるため、海上封鎖や金融、貿易に関する制裁がより効果的だと指摘した。彼によれば、もし一九一四年七月に協商国がドイツとオーストリア＝ハンガリーに対して、国際会議の開催に同意しなければ貿易と金融に関する取引を断絶すると宣言していれば、戦争は避けられたかもしれないという。そして、アメリカをこの宣言に加えることができていれば、効果は大幅に高まったという。セシルは、戦争を防止する仕組みを作るためには、領土に関する「理性的な」取り決めを達成したうえで、列国が領土取り決めを一定期間にわたって保障する合意と、軍縮に関する合意を講和条約に含めるべきだと提言した。セシルは、講和条約に付帯させる保障合意に関する具体的な条文案まで作成した。その条文案は、講和条約の締約国は、講和条約の領土取り決めが五年間変更されないことに合意し、五年の期限が過ぎるときに領土の再画定を議論する会議を開催することに合意すると規定した。また、講和条約の条文の解釈に関して締約国間で意見の相違が生じた場合にも、国際会議に問題を付託し、会議が結論に達するまで個別の行動をとらないことに合意する。さらに、締約国は講和条約を軍事的に保障し、もしいずれかの国家が国際会議に応じず、講和会議に違反した場合には、締約国は違反国との貿易と金融の交流を断絶し、違反国に対する経済封鎖を実施することと定める、という内容であった(40)。これは国際連盟の原型となる構想の一つであった。

セシルは、クロウ次官補から自らの構想に関する批判的助言を受けた。外務省の戦時禁制品局を監督したクロウは、海上封鎖相を兼任したセシルと緊密に連携する立場にあり、両者は交友を深めた(41)。クロウはまず、セシルの提起する会議体制の構成国は、講和条約の締約国（すなわち大戦の交戦国）だけではなく、スペイン、オランダ、スカンディナヴィア諸国、スイスといった中立国を含めるべきであり、そうして初めて違反国に対する強制措置を効果的に実行しうると述べた。そして、国際会議が常設される本部が必要であった。

しかし、クロウによれば、このような常設会議を立ち上げたとしても、それはかつての「ヨーロッパ協調」の欠点ばかりを集約したものになる恐れがあるという。まず、すべての国家による防御的連合を築き上げることがそもそも可能なのか、という問題があった。仮にそのような連合を樹立できたとしても、連合の規約が破られない保証はなかった。そして、セシルの提案するような制裁の枠組みを整備したとしても、制裁の威力はあくまでも諸国家（制裁する側とされる側）の勢力図次第で決まる相対的な要素に規定され、効果は保証されなかった。クロウによれば、すべての諸国を統合しうるのは、「道義的な力」にほかならなかった。連合の成否は、維持されるべき現状が、望ましく正当であるという信念に依存しているのだという。逆に言えば、領土的現状が正当でないとする認識がひとたび普及すれば、現状を維持しようという諸国家の連帯は必然的に弱まり、現状維持を望む保守的グループから、現状の修正を望む革新的グループが離脱する現象が起こるのであった。現状修正派が「力の優越（preponderance of force）」を達成してしまえば、残りの世界が現状修正に能動的に抵抗する可能性は低かった。たとえば、将来ドイツとロシアが同盟を組んで現状に挑戦した場合に、オーストリア、セルビア、ルーマニア、スウェーデン、デンマーク、オランダ、スイスといった周辺諸国が、強大な隣国に経済制裁を実行するとは考えにくかった。クロウによれば、連合の成否は、結局は過去と同様に「勢力均衡」によって決するというのであった。セシルの覚書は、海上封鎖や経済制裁の有効性を強調することで問題の本質を曖昧にしていたが、クロウによれば、制裁による強制とは究極的には武力の行使を意味するものにほかならなかった。この問題を正視しなければ、平和維持体制の骨組みは、最初の試練に直面した時に砂上の楼閣のように崩れ去るだろう、とクロウは警告した。

クロウは一方で、セシルの提起する会議体制が戦争に対する絶対的な保障にはなりえないとしても、戦争が勃発する可能性を減じさせる効果は期待できると考えた。クロウによれば、会議体制が有効な枠組みとして機能するためには、必要以上に野心的な目標を設定せず、会議体制の主たる任務を領土取り決めの「守護者」としての役割に限定することが望ましかった。したがって、会議体制は仲裁裁判のような性質を有するべきではなかった。議論は多数決ではなく、過去の外交慣習を踏襲して全会一致で決するべきであった。そうしなければ、多数決の結果を不服とする少数派が武力行使に打って出る恐れがあった。そして、イギリスの海上優越に不利な決定が多数決によってなされる可能性を考慮しなければならなかった。

では、会議体制はいかにして紛争を予防するのか。クロウによれば、それは現状に挑戦する勢力が、戦争に打って出たとしても勝ち目はないと計算するような状況を創出することによってしか達成しえなかった。戦争を予防するためには、結局は過去と同様に、現状維持勢力が、現状打破勢力に対する「勢力優越（preponderance of power）」を随時確保する必要があった。会議体制の役割は、紛争の解決を強制するのではなく、諸国家による平和維持のための協調政策を奨励し、和解と妥協を促すことに見出されるべきだという。そして、武力を行使する前に、紛争を国際会議に付託し、交渉による平和的解決を模索することを国際社会のルールとする方向に近づけることができれば、その慣習に違反する国家に対して、他の諸国家が連合する誘因を高めることができ、平和の維持という会議体制の目的に近づくことができるのだという。クロウ曰く、平和を保障する機関としての会議体制の成否は、諸国家による共同体が「正義」の防衛のために軍事力を結集できるか否かにかかっていた。

最後にクロウは、全般的軍縮の問題に関する批判的考察を行った。クロウによれば、全般的軍縮の最も根源的な問題は、各国の保有できる軍備を規定した時点における諸国家の軍事的優劣を永続化し、したがって国家間のヒエラルキーを固定化してしまうことにあった。軍備制限に関する如何なる制度設計を試みようと、諸国家の人口、地理、歴史的条件の違いによって、各国に許可される軍備量に格差が生じることは必然であった。そして、目下の大戦に敗北した勢力が、戦勝した勢力よりも厳しい軍備制限を課されることは容易に想像できた。敗北した側が、敗戦の結果を受けた軍備の格差、国家間のヒエラルキーを、将来にわたって神聖な合意だと認め続けるとは考えにくかった。クロウは、こうした難問に答えが見出されるまで、イギリスは軍縮問題に関する提起を差し控えるべきだと提言した(42)。

クロウの助言は、イギリス政府の国際連盟構想を、仲裁、制裁、軍縮に基づく大がかりな制度ではなく、非拘束的な会議を主体とする緩やかな制度を目指す方向へと傾ける効果を発揮することとなる。

(5) ロバートソン陸軍参謀総長の覚書

ロバートソン参謀総長は、次の三つの講和原則を掲げた。①ヨーロッパにおける勢力均衡の維持、②イギリスの海洋覇権の維持、③低地諸国における弱小国の維持、である。ロバートソンによれば、ヨーロッパにおける勢力均衡を維持するためには、「強い中欧国家が不可欠」であり、それは必然的に「チュートン系」の国家、すなわちドイツでなければならなかった。なぜなら、「スラヴ国家」の場合には、ロシアに傾くことが予想され、勢力均衡が破壊されるからだという。一方で、ドイツは海洋におけるイギリスの競争相手であった。したがって、陸において比較的強大で、海において弱小なドイツの存続が、イギリス帝国の利益なのだという。

ドイツ西部国境に関してロバートソンは、アルザス＝ロレーヌに関するフランスの要求と、ルクセンブルク大公国およびスヘルデ川に関するベルギーの要求を受け入れるべきだと提言した。ベルギーはルクセンブルク大公国を併合し、さらにスヘルデ川南岸のオランダ領ゼーウス＝フラーンデレンを獲得し、アントウェルペンへの自由航行権を得るべきだとした。そしてオランダへの補償として、東フリースラントなど隣接するドイツ領を割譲する可能性を指摘した。

ドイツ東部国境に関しては、ポーランド国家の樹立を前提としながらも、東プロイセンを残りのドイツから切り離すことには懐疑的な認識を示した(43)。

ロバートソンは、直後に提出した別の覚書において、自らの主張を次のように端的にまとめた。「現在のヨーロッパ列強の勢力図が、過去のものと比べてより永続的になるということはない。数年後にはイギリスが、強力で友好的なドイツの存在に死活的利益を見出すという状況が生起することも十分に考えられる」[44]。すなわち、英仏露三国協商はあくまで一時的な連合であり、それが解体された時にイギリスは中欧に強力なドイツを必要とする、という主張であった。

このように、外務省が「民族原則」に基づくスラヴ諸国家の擁立を推奨したのとは対照的に、ロバートソン参謀総長は、強国ドイツの存続がヨーロッパ勢力均衡にとって不可欠になると論じたのであった。

ロバートソンの主張に対して、外務省は次のように反論した。マレット、ティレル、そしてクラーク戦争局首席事務官による外務省覚書は、勢力均衡が「人工的な取り決め」に過ぎないと批判した。マレットらによれば、一世紀前のウィーン会議のように敗戦国に寛大さを示すことではなく、むしろドイツを弱体化させることが望ましい政策であった。イギリスにとり、ロシアとの友好関係こそが平和と安全の鍵なのだという。ドイツを弱体化させることで、ロシアの視点から見た同盟国候補としてのドイツの価値を減じせしめ、さらにドイツの世界政策にも終止符を打つことができるというのであった。イギリスはヨーロッパに野心を持たない海洋帝国としての立場を維持し、ドイツは海洋への野心を捨て、ヨーロッパに注力する。そうすることによって生じる「利益の調和」こそが、最も確実な平和の保障なのだという。外務省の覚書は、連合国に優位な終戦を迎えられた暁には、ベルギーとオランダの独立と安全を保護する措置を講じることにも言及していた[45]。

(6) バルフォア海相およびジェリコー第一海軍卿の覚書

一九一五年五月に保守党が自由党との連立与党に参画した際に、チャーチルの後を継いで海相に就任したバルフォアは、一九一六年一〇月に「ヨーロッパにおける講和」と題する覚書を提出した。彼もまた、外務省と同様に、「民族原則」を基盤とする戦後構想を描いた。

バルフォアによれば、イギリスの根本的な戦争目的は「持続的な平和」の実現にあった。そのためには、①中央同盟国が「侵略的政策」を行えないようにその国力を弱体化させ、②諸国家が「侵略的政策」を採用する誘因が低くなるように「民族原則」に基づいてヨーロッパ地図を書き換える必要があるのだという。そして、「民族原則」の適用によって、ベルギーの独立回復、フランスのアルザス＝ロレーヌ獲得、ポーランドの自治、イタリアの国土拡大、大セルビア、大ルーマニアの実現という連合国共通の目的が達成されると、バルフォアは説いた。バルフォアはそれに加えてボヘミアも独立を達成するべきだと述べた。一方でポーランドに関しては、一八世紀以前のポーランド王国を単純に復活させるようでは、再びドイツとロシアの支配権争いを惹起し、ヨーロッパ紛争の火種となりかねないと警告した。また、緩衝国ポーランドの樹立によってドイツがロシアの圧力から解放されれば、ドイツの野心は西方に向けられるかもしれず、西欧の不利益になると論じた。そのためバルフォアは、ポーランドがロシア帝国内の自治領となるべきだと提言した。

バルフォアはまた、ドイツ帝国の「非ドイツ人領域」の大部分を切り離すことは望ましいとしながらも、ドイツ自体は解体してはならないことを強調した。そして、ドイツに軍備制限を課すといった内政干渉は避けるべきだと説いた。バルフォアによれば、連合国が推進するべき政策は、「ドイツ人のためのドイツ」を作ること、すなわちドイツを国民国家へと変身させることにあった。

バルフォアは、ドイツの弱体化によって勢力均衡が脅かされるとする説を退けた。彼によれば、連合国がいかに中央同盟国から領土を奪ったとしても、ドイツがフランスに対して人口比で優勢な状況は変わらないことは明らかであった。そして、戦後のヨーロッパが、戦前のように武装した陣営同士が対峙する様相を呈するのであれば、平和の維持は防御同盟に依存することとなり、その場合には英仏協商を維持しなければならない、と説いた(46)。

ジョン・ジェリコー第一海軍卿（海軍軍人の最高位）の覚書は、イギリス海軍の観点から見た望ましい講和を描いた。ジェリコーは、終戦時の状況がそれを許せば、ドイツ海軍を「二等国」の水準にまで制限するのが望ましいと述べた。そして、ドイツが戦前の水準の海軍を保有する正当性を減じさせ、イギリスにとって潜在的に敵対的な海軍基地を除去するために、ドイツはすべての海外領土を失うべきだとした。

北海近海に関連する個別的問題としては、まず、ドイツ北西部の沖合に位置し、ドイツの海軍基地を有するヘルゴラント島について、イギリスが自ら同島を獲得して駐留するか、ないしは同島の要塞設備を解体したうえで「弱小な中立国」であるデンマークかオランダに移譲するという選択肢を提示した。続いてキール運河に関しては、デンマークがシュレスヴィヒおよびホルシュタインの全域を確保することが最も確実な解決策だとしながらも、それは「民族誌的（ethnographical）」観点を考慮すれば実現困難であるため、キール運河の国際化が望ましいと説いた。また、安全保障を目的として、キール運河の両端を戦後の一定期間にわたってイギリスとロシアが占領する案を提起した。

ベルギーに関してジェリコーは、従来の中立保障に代わって、英仏白三国による「恒久的同盟」によってベルギーの独立を守るという外務省の提案を議論の前提とした。そして、イギリスがベルギーを効果的に防衛するためには、イギリス軍艦がアントウェルペンまで自由に航行できる体制を整える必要があり、そのためにはオランダの主権下にあるスヘルデ川南岸（ゼーウス＝フラーンデレン）をベルギーに割譲させ、スヘルデ川をベルギー＝オランダ国境とするべきだと論じた。オランダへの補償についてジェリコーは、外務省が提案したオランダの東方植民地をイギリスが保障するという案は、イギリスが多大な責務を負うことになるとして反対した。ジェリコーは、オランダ＝ドイツ国境の東方伸張によって補償するべきだと説いた。ジェリコーはその一方で、ゼーウス＝フラーンデレンの帰属問題は、同地の住民が「フラマン系」か「オランダ系」かによって大きく左右されると注釈した(47)。

このようにジェリコーは、西欧の安全保障問題に関して、概ね外務省の提案を踏襲し、ドイツの力の抑制と「民族原則」への配慮を両輪とする構想を提示した。

あった。

（7）一九一六年一二月の政変

以上のように、アスキス政権の末期にイギリス政府は将来の講和に向けた試験的な検討を行った。「民族自決」や国際連盟など、イギリスが一九一九年の講和会議で実際に推進することとなる政策が、すでに萌芽していたのであった。

一九一六年一〇月末にハンキー内閣書記官長は、内閣に提出された覚書を総括し、イギリスの戦争目的を次のように整理した。①ベルギーがドイツの占領と支配から解放されること、②ドイツがフランスから撤兵し、アルザス＝ロレーヌ（少なくともその内フランス人が多数を占める地域）がフランスに帰属すること、③ロシアに受け入れられる形でポーランドの帰属が決定されること、④ロシアがコンスタンチノープルを確保し、連合国のオスマン帝国に対する他の要求も満たされること、⑤イタリアとルーマニアが、参戦時の秘密協定に基づいて領土を拡張すること、⑥セルビアが再建されること、であった。ハンキーによれば、内閣は戦争目的をそれ以上に具体化することは当面できないと判断した[48]。

ロイド・ジョージによれば、一九一六年後半における内閣の結論は、連合国が中央同盟国に対する優越を確立するまで、戦争を継続するというものであった。そして政府の関心は、連合国を勝利へと導く戦争指導体制をいかにして構築するのか、という問題に移っていき、ロイド・ジョージが新たな指導者として浮上することとなる[49]。

一九一六年の秋が深まると、アスキスの戦争指導に対する閣内外からの批判が高まった。ロイド・ジョージは、一〇人を超える構成員を有した戦争委員会の意思決定の非効率性を批判し、陸相である彼自身を議長とする三、四名の閣僚からなる少人数の委員会へと改革するべきだと主張した。そして一一月に保守党党首のボナー・ロウ植民地相をはじめとする数名の保守党有力者と戦争指導の問題を協議し、彼らの賛同を得た。一方で、セシル外務政務次官、カーズン王璽尚書、インド相のオースティン・チェンバレンといった幾人かの保守党有力閣僚は、自由党のなかでも急進派として知られていたロイド・ジョージを信頼せず、彼に戦争指導を任せることを不安視した。しかし、彼らもアスキス政権の現状に満足していたわけではなかった。一二月初頭にロイド・ジョージは、戦争指導権の彼自身への移譲を骨子とする戦争委員会の改革案をアスキスに提示した。自由党閣僚の多数派の後押しを受けたアスキスが、首相である自分の参加しない戦争委員会の結成を認めることはできないとしてこれを断ると、ロイド・ジョージは閣僚を辞任した。ボナー・ロウは、反ロイド・ジョージ派の保守党閣僚を説得し、保守党閣僚の全員が辞任する旨をアスキスに通告した。これを受けて、アスキスは内閣総辞職を余儀なくされた。国王ジョージ五世は、議会の第一党であった自由党党首の辞任を受けて、第二党の党首であったボナー・ロウに組閣の大命を下した。しかし、ボナー・ロウはアスキスが入閣しなければ政権は担当できないと進言した。他方でアスキスは首相以外の役職で入閣することを辞退した。結果として国王は、バルフォアやボナー・ロウの助言を受けて、ロイド・ジョージに組閣を命じた。かくしてロイド・ジョージは、彼の指導を選んだ一握りの自由党閣僚、内閣の主要ポストのほとんどを占めることとなった保守党閣僚、そして数名の労働党閣僚からなる連立内閣を発足させたのであった(50)。グレイ外相もアスキスとともに下野し、バルフォアが新たな外相に就任した。

一九一六年一二月の政変の帰結の一つは自由党の衰退であった。自由党議員の多数派はアスキスとともに下野することを選び、それ以後一九二三年まで、自由党はアスキス派とロイド・ジョージ派に分裂し、内閣と議会における保守党の優位が確立した。保守党優位の連立政権におけるロイド・ジョージの立場は、決して強固なものではないように当初は思われた。しかし、以下で見ていくように、ロイド・ジョージは強力な政治手腕を発揮し、第一次世界大戦から戦後復興という困難な時代において、連立政権を六年間にわたって指導していくこととなる。

2 ロイド・ジョージ内閣の講和準備（1） 一九一六年一二月～一七年一二月

（1） 中央同盟国とアメリカの和平提案への対応

組閣に成功したロイド・ジョージは、アスキスを辞任に追い込んだそもそもの理由であった戦争指導体制の改革に早速取り組んだ。ロイド・ジョージは五名の閣僚からなる戦時内閣を編成した。その構成員にはロイド・ジョージの他に、新政権の枢密院議長となったカーズン、蔵相に就任したボナー・ロウ、そして、植民地行政の分野で活躍した保守党の有力者ミルナー子爵および労働党から入閣したアーサー・ヘンダーソンが無任所相として加わった。後には、南アフリカ連邦のヤン・スマッツ防衛相やオースティン・チェンバレンが戦時内閣のメンバーとなるなど人員の入れ替わりもあったが、構成員が七名を超えることはなかった。その他の閣僚は、関係する事案が話し合われる際に必要に応じて戦時内閣の会合に招集され、少人数による意思決定の効率化が図られた。また序章でも述べたように、ハンキーを内閣書記官長に抜擢し、内閣の書記機能を拡充した。

新設された戦時内閣が真っ先に対応を迫られたのは、一二月中旬に打診された中央同盟国の和平提案と、それに続くアメリカの講和条件開示要請であった。中央同盟国は、一二月初頭にルーマニアの首都ブカレストを陥落させたことを受けて、当時中立を維持していたアメリカの仲介を通して連合国に和平交渉の開始を打診した。一二月一二日にベートマン・ホルヴェークは、その旨をドイツ議会に表明し、同日に宰相によって署名された和平提案が駐独アメリカ大使館に提出された。中央同盟国の和平提案は具体的な講和条件については一切言及していなかった。アメリカのウィルソン大統領は和平提案に関心を示し、一二月一八日にすべての交戦国に対して、その講和条件を明らかにするように求める覚書を送付した。(51) この和平提案への対応を通じて、英仏間で互いの戦争目的を折衷する試みがなされることとなる。

一二月一六日にイギリス戦時内閣は、ドイツの和平提案は「政治的術策」に過ぎないとの認識で合意し、フランスとともに対応を協議することを決定した。[52] そして一八日には、連合国共同の返答文を作成し、アメリカ政府に提出する方針を定めた。[53] 翌一九日にロイド・ジョージは、ドイツの和平提案に対する政府の方針を庶民院に表明した。ロイド・ジョージは、①中央同盟国が占領した地域の「回復（restitution）」、②被害の「賠償（reparation）」、③将来の侵略に対する「保障（guarantees）」が確保されるまで、連合国は戦争を継続すると訴えた。[54]

一二月二三日にはフランス政府による回答文の草案がイギリス政府のもとに届いた。フランスの回答文は、ドイツの和平提案を拒絶しながらも、国際連盟の設立に賛同する旨を表明することでウィルソン大統領にアピールする内容となっていた。そしてロイド・ジョージが議会で宣言したように、「回復」、「賠償」、「保障」という戦争目的が達成されない講和には合意できないとも謳われていた。戦時内閣は、フランスの草案を連合国回答文の原案とすることに合意した。[55]

一二月二六日から二八日にかけて英仏両政府はロンドンで会談し、回答文について議論した。議論の焦点は、どの程度詳細に連合国の講和条件を明示するのかという問題についてであった。フランス政府は、詳細な講和条件には言及せず、アメリカ世論に訴える内容にするべきだと説いた。一方でイギリス政府は、具体的な講和条件に踏み込むべきだと主張した。バルフォア外相は、ウィルソン大統領が世界規模の「普遍的平和」の構築を追求している一方で、ヨーロッパ大戦の帰趨には二次的な関心しか有していないことを批判した。バルフォアによれば、戦前の原状への復帰は望ましくなく、連合国が勝利しなければ「普遍的平和」は達成できないのだということを、アメリカに理解させる必要があるのだという。そのため、アルザス＝ロレーヌがフランスに復帰し、イタリアが「未回収のイタリア」を回収し、セルビアとルーマニアが「民族性《ナショナリティ》」に基づく国境線を獲得し、ポーランド人の希求を満足させ、キリスト教徒を「トルコの圧政」から解放しなければ、新しい時代は切り開けないのだと、アメリカを説得する回答文を作成するべきだと説いた。[56]

その結果、戦争目的に抽象的に言及したドイツへの回答文と、より具体的に言及したアメリカへの回答文がそれぞれ起草された[57]。対独回答文は、中央同盟国側の主張する開戦経緯と戦況の認識に反論したうえで、次の戦争目的が確保されるまで講和は不可能だと説いた。①「侵された権利と自由に対する賠償」、②「民族原則と小国の自由な存立の承認」、③「長年にわたって諸国家に脅威を与えた原因を永久に取り除き、世界の安全保障にとって唯一確実な保障を提供できるような規則」の確立である。

そして対米回答文では、「世界中に平和と正義を保証するための国際連盟」の設立を支持する旨を謳ったうえで、次のような戦争目的を列挙した。

①「被った損害に見合った補償と賠償」
②「ベルギー、セルビア、モンテネグロの回復と賠償」
③「フランス、ロシア、ルーマニアの侵略された領土からの撤退、そして正当な賠償」
④「民族原則と大小を問わない諸民族の安全保障に基づき、永続的な規則によって保証される〔体制への〕ヨーロッパの再編成」
⑤「挑発によらない攻撃に対して陸海国境を保護する仕組み（sauvegardes）」の確立
⑥「かつて連合国から力によって奪われた地方の回復」
⑦「イタリア、そしてスラヴおよびルーマニアの外国支配からの解放」
⑧「トルコの血まみれの圧政に服従させられている人々の解放」
⑨「ヨーロッパ文明にとってまったく異質なオスマン帝国のアジアへの締め出し」

回答文にはその一方で、ドイツ人が滅亡するまで戦うことが連合国の目的では決してない、とする文言も挿入された[58]。

連合国の対米回答文は、それまで連合国が行ったなかで戦争目的を最も詳細に説明した声明となった。その内容は、将来の侵略に対する安全保障、「国境を保護する仕組み」の確立というフランスの要望をとり入れながらも、「民族原則」の実現というバルフォアの構想を色濃く反映したものであった。バルフォアは、アメリカ政府に向けた補足的覚書を自ら執筆し、英仏会談の合意を得て送付した。そのなかでバルフォアは、侵略行為の不当性を示すためには連合国が勝利し、国際法を執行するための国際組織を樹立する必要がある、と説いた[59]。ここにおいて、「民族原則」の実施、安全保障の確立、国際法の執行機関の設立という、連合国の主要な戦後構想が表れてくるのである。

連合国の対独回答文は一二月二九日に、そして対米回答文は一九一七年一月一〇日にアメリカ政府に手交され、新聞に公表された。連合国の表明した戦争目的は中央同盟国のそれよりもはるかに具体的であったため、アメリカ政府に好印象を与えたという[60]。そして、和平提案の頓挫を受けてドイツが一九一七年二月に無制限潜水艦作戦を再開したことにより、アメリカはいっそう連合国側に傾倒し、四月六日にドイツに宣戦布告するに至った。

(2) フランスとベルギーによる戦争目的の打診

一九一七年一月一〇日の対米回答文で示された連合国の戦争目的は公表を前提としたものであり、各国の戦争目的の全貌を明らかにしたものではなかった。ラインラントに対するフランス政府の構想や、オランダに対するベルギー政府の領土要求は反映されていなかった。フランスとベルギーは、未公表の戦争目的に関してイギリスの理解を得る必要があった。

対米回答文を送付した直後にフランスのアリスティード・ブリアン首相は、フランスの未公表の戦争目的に関して、イギリス政府に非公式に打診するようカンボン大使に指示した。ブリアンがカンボンに送った覚書によれば、アルザス＝ロレーヌの「回復」は、新たな領土獲得と捉えられてはならず、現地住民の意向を無視して奪い取られた領土を取り戻すに過ぎないのだということを、イギリスに理解させる必要があるという。そして、一八一五年の「切断された」状態ではなく、一七九〇年以前の国境に基づいて返還されるべきだという。すなわちそれは、豊富な鉱物資源を有するザール地方を獲得することを意味した。ブリアンはさらに、フランス国内にはライン左岸地帯の獲得を望む声があることに言及した。しかし、フランスが同地をも「奪回」すれば、征服したように捉えられてしまう恐れがあった。ブリアンによれば、重要なのはライン左岸を併合することではなく、フランスとヨーロッパの「保障」となるような枠組みを構築することであった。「ドイツはライン川を一歩たりとも越えてはならない」というのがフランス政府の見解であり、同地の中立化および暫定的占領に関して、連合国と解決策を協議する必要があるのだという。この協議に際しては、最も直接的に関係する国であるフランスの主張が重みを持つべきだとブリアンは述べた[61]。カンボンはバルフォア外相への打診は急を要さないと判断し、ブリアンの覚書を七月まで寝かせることにした[62]。

その間にフランス政府はロシアに使節団を送り、カンボンへの指示とほぼ同内容の戦争目的をロシア政府に打診した。そして二月一四日、フランスとロシアはドイツ西部国境の処理に関して合意に達し、それに関する秘密書簡を交換した。フランスは「最低でも」ザール地方を含む一七九〇年国境を回復し、ライン左岸は非武装中立国としてドイツから分離独立し、同地は講和条約の履行が完了するまでフランスによって占領される、という合意内容であった[63]。しかし、その後の情勢の急変動により、この合意は意味を失うこととなる。三月にはロシアで革命が発生し、帝政が倒れた。そして四月には、領土拡張主義と秘密協定に批判的なアメリカが大戦に参戦し、連合国の戦争目的の調整が複雑化することとなる。さらに、フランスによる同年春のニヴェル攻勢が失敗に終わり、フランス陸軍内で反乱が多発するなど、アメリカの参戦にもかかわらず一九一七年の戦況は総じて連合国側の不利に展開した。

一方で、一九一六年一二月から一七年初夏にかけて、オーストリア皇帝カール一世の義理の兄であり、ベルギー陸軍の将校であったシクストゥス・フォン・ブルボン＝パルマを仲介者とするオーストリア＝ハンガリーの和平工作がフランスに対して行われた。一九一七年四月一一日にフォークストンで行われた英仏首脳会談で、ブリアンの後を継いだフランスのアレクサンドル・リボー首相がこの和平工作について説明すると、ロイド・ジョージは大きな関心を示した。結果的には、イタリアが獲得領土に関する妥協を拒んだため、シクストゥスの和平工作は実を結ばなかったが、ロイド・ジョージはその後もオーストリア＝ハンガリーとの単独和平の可能性に期待を抱き続けたという[64]。

フォークストン会談の際にリボーは、フランスの未公表の戦争目的についてもロイド・ジョージに説明していた。ロイド・ジョージはリボーの説明で浮上した点を次のようにメモした。「アルザス＝ロレーヌ」、「フランス革命時の国境線」、「賠償」そして「ライン左岸における保障（guarantees）の獲得」、と[65]。この会談の際のロイド・ジョージの主たる関心はオーストリア＝ハンガリーの単独和平提案にあったとはいえ、彼は一九一七年四月の段階でライン左岸に対するフランスの構想を把握したのであった。

フランスのラインラント政策に対するイギリス政府の反応を初めて明確に確認できるのは、一九一七年七月のことである。七月二日にカンボン大使は、一月に送付されたブリアンの覚書をバルフォア外相に提示し、フランスの戦争目的を説明した。バルフォアが受けた印象は否定的なものであった。彼はそれを「幾分野蛮な計画」だと形容した。そして、それを「促すようなことを一切述べず」、カンボン大使自身も同案を支持しているとは思えない、と報告書に記した。バルフォアはカンボン大使に対しては、アルザス＝ロレーヌのフランスへの復帰に関しては個人的に支持するものの、連合国は領土の配分を現地住民の要望に沿う形で行う意向をすでに繰り返し宣言しているため、その原則に反する要求は後に困難を招くだろうと警告した[66]。このようにバルフォアは、「民族自決」原則に抵触するという観点から、フランスの東方拡張政策に否定的な印象を抱いたのであった。

同七月二日、ベルギーのイマンス公使も、スヘルデ川の現状変更の必要性をバルフォアに訴え、ベルギー政府の覚書を手交した[67]。さらに七月一七日、エムス河口（ドラルト湾）におけるドイツ＝オランダ国境の現状変更の可能性に関する記事がイギリスの高級紙『タイムズ』に掲載され、外務省の関心を集めた。戦争局のクラーク首席事務官は、講和会議においてオランダからスヘルデ川の現状変更を引き出す材料になりうると指摘した。ハーディング外務事務次官が軍の情報部の意見を仰ぐと、海軍情報部長は、エムス河口の国境線はオランダの主張通りドラルト湾の中央部を通るべきだと進言した[68]。そして、七月二五日と二六日にパリで開かれた連合国会議において、ベルギーのシャルル・ド・ブロックヴィル首相は、一八三九年条約を修正する必要性に言及し、イギリス、フランス、ロシアの代表とベルギーの代表による代替条約の検討を開始するべきだと説いた[69]。一〇月には、ベルギー外務省の高官が、ベルギーの戦後の地位に関する連合国の理解を早期に得るべきだと進言する覚書を作成した。覚書は、フランスおよびイギリスと軍事協定を締結することが、ベルギーの中立解消のための不可欠の条件だと結論した[70]。しかし、連合国はベルギーの戦後の地位の問題に高い関心を示さず、一八三九年条約の修正交渉が大戦中に行われることはなかった。

イギリス政府がフランスやベルギーの拡張主義的な戦争目的を容易に支持しなかった背景には、イギリス国内の平和主義運動の圧力があった。一九一七年七月一一日に労働党のヘイスティングス・リース＝スミス議員は、ベルギーがヨーロッパで領土を獲得する秘密合意の存否について庶民院で質問した。そのような合意は実際に存在しなかったため、バルフォア外相はこれを否定した[71]。一一月六日にリース＝スミスは、あらゆる「帝国主義的執着」に反対する旨を宣言し、フランスがライン左岸を獲得する連合国の秘密合意があるのではないかと政府に質問した。バルフォアは、議員の指摘がまったくの「でっち上げ」だと強く否定した[72]。ところが、その一週間後にリース＝スミスがフランスとロシアの間でライン左岸に関する秘密合意が交わされたのではないかと尋ねると、一九一七年二月に実際にそのような秘密書簡の交換が行われていたことから、イギリス政府もこの事実を認めざるをえなかった[73]。

一一月後半にロシアのボリシェヴィキ政府の暴露によって連合国の様々な秘密協定が明るみに出ると、イギリス政府への風当たりはさらに強まった[74]。労働党や自由党議員の一部は、バルフォアの「でっち上げ」発言を批判し、イギリス政府がドイツ領土の処理に関する露仏秘密合意を支持したのかどうかを問いただした[75]。翌年に入っても追及は続き、労働党のアーサー・ポンソンビー議員が露仏秘密合意にイギリス政府代表が立ち会ったのではないかと質問した。イギリス政府はこうした追及を否定した[76]。

このように、イギリス政府がフランスやベルギーの拡張主義的な戦争目的を公式に承認するようなことがあれば、野党から厳しく批判されることは明らかであった。一九一七年を通して、イギリス政府は一九一七年一月一〇日の対米回答文以上に踏み込んだ戦争目的を公表することはなかった。

(3) 帝国戦時内閣による戦後構想の検討

一方で、その間にイギリス政府内部では戦後構想の検討が一定程度進められた。検討の中心を担ったのは戦時内閣と、一九一七年三月に発足した帝国戦時内閣であった。ロイド・ジョージは、戦時内閣のミルナー卿の助言を受けて、政権発足直後の一九一六年一二月一九日に、近く自治領諸国の代表をロンドンに招いて政策を協議する意向を議会に表明した。そして戦時内閣は、自治領とインドの代表を戦時内閣の特別会合に招き、戦争の遂行に関してだけではなく、講和条件や戦後の問題に関しても協議することを決定した。この決定の背景には、イギリス本国政府がフランスやベルギーとの誓約を果たすために自治領の利益を犠牲にするのではないかという自治領側の不安を鎮め、帝国の一体性を高める狙いがあった[77]。

一九一七年二月一〇日にハンキー内閣書記官長は、帝国戦時内閣の議題を準備する覚書のなかで、戦後秩序の大きな問題を考察する必要性に触れた。すなわち、①「平和を強制する連盟」のような国際機関を作るのか、②一八一五年に組織された「ヨーロッパ協調」のような組織を目指すのか、③「勢力均衡」に基づく政策を追求するのか、という問題であった。ハンキーは、イギリス政府がこのような戦後政策の大きな方向性について依然として議論を深められていないことに懸念を表明した[78]。

三月二〇日、帝国戦時内閣の初会合が開かれた。イギリス本国からは戦時内閣のメンバーの他に、バルフォア外相、保守党の有力政治家であったウォルター・ロング植民地相、チェンバレン・インド相が出席した。自治領からは、カナダのロバート・ボーデン首相、ニュージーランドのウィリアム・メイシー首相、南アフリカのスマッツ防衛相、そしてニューファンドランドのエドワード・モリス首相が出席した。インドはイギリス本国政府のインド相が代表するものとされたが、ビカネールの藩王ガンガ・シンとインド国民会議の有力者であったサティエンドラ・シンハがインド相の補佐役として出席した。オーストラリアは一九一七年の会合には代表を送らず、翌一九一八年に初めて代表を派遣した。

初会合でロイド・ジョージは、帝国戦時内閣の第一の目的は講和条件に関して率直に議論することだと述べた。そして、彼の考える最低限の目標として、①中央同盟国が占領中の国々（フランス、ベルギー、ロシア、セルビア、ルーマニア、モンテネグロ）から撤兵し、これらの国々が独立を回復すること、②ポーランドの「抑圧された人民に自由を与えること、③これらの国々の被害が賠償されること、④ヨーロッパの地図を「民族的権利」の承認という原則に基づいて策定し直すこと、を挙げた。そして、これに次ぐ目標として、⑤侵略国家に制裁と懲罰を加える「平和の連盟」を組織すること、⑥「ヨーロッパの民主化」、⑦オスマン帝国の解体、⑧イギリス経済と産業の繁栄、⑨イギリス帝国の連帯の強化、といった構想を挙げた。ロイド・ジョージは、ここではドイツ植民地の処分問題には踏み込まなかった。[79] しかし、自治領の代表たちの主たる関心は、ヨーロッパ問題ではなく、ドイツ植民地の獲得にあった。スマッツらは、ヨーロッパの国境問題はイギリス帝国の利益と関係性が薄いと指摘し、帝国の安全保障を第一に考えて講和準備を進めるべきだと指摘した。一方で他の出席者からは、ドイツの攻撃能力はヨーロッパの戦後処理によって大きく左右されるため、帝国の安全保障とヨーロッパ問題は密接に関連している、との反論も表明された。[80]

四月一一日、ハンキーとともに帝国戦時内閣の書記を務めたエイメリーが、戦後構想に関する興味深い覚書を提出した。エイメリーは、イギリスの政策目標は、小ピットが一世紀前に述べたように「安全保障」の一言に集約されると説いた。[81] エイメリーは「安全保障」を、「イギリスの諸制度の平和的発展を可能とする外的条件を維持すること」と定義した。そしてイギリスの対外政策は、ヨーロッパにおける覇権国の出現を防ぐことを目的とする「勢力均衡」政策と、広大な帝国を維持し、その資源と経済力を活用する「シー・パワー」としての政策、この両方が不可分に結びつくことによって成り立っている、と説明した。エイメリーによれば、イギリスがヨーロッパと無関係でいることは不可能であった。そしてエイメリーは、イギリス、フランス、ベルギーの参加する、ベルギー東部国境の防衛に関する「軍事条約」の必要性を説いた。エイメリー曰く、戦争遂行のために莫大な資源の動員を必要とする時代にあって、小国が単独で自国を防衛することはもはや不可能であり、連合を組むことが不可欠であった。エイメリーはさらに、連合国の最大獲得目標のリストの第一番目に、ベルギーの解放、賠償、そしてルクセンブルク併合によるベルギーの領域的拡大を挙げ、第二番目にフランスのアルザス＝ロレーヌ回復を挙げた。リストはその他にイタリア、ルーマニア、ポーランド、チェコスロヴァキア、シュレスヴィヒ＝ホルシュタインなどに関する戦争目的を合計九項目挙げていた。エイメリーによれば、その意義は、ヨーロッパの地図を「民族誌に基づく境界線」に沿う形に再編成することで、ドイツに対する効果的な「障壁」を構築することにあった。しかし、エイメリーは「民族誌」に基づいて境界を引くことの難しさに自覚的であった。彼は「障壁」の構築という「勢力均衡」政策に連なる論理にいっそう重きを置いていた。[82]

四月一二日に帝国戦時内閣は、講和条件の検討を目的とする二つの小委員会を組織した。[83] 第一の小委員会は、領土に関する検討を担当した。カーズンを委員長とし、セシル、ロング、チェンバレン、メイシー、スマッツらが参加した。第二の小委員会は、経済など領土以外の問題を担当した。ミルナーを委員長とし、ヘンダーソン、ロング、ボーデン、スマッツ、クロウ外務次官補らが参加した。前日のエイメリーの覚書が参考資料として両委員長に配布された。[84]

ミルナー委員会は四月二四日に報告書を提出した。報告書には、関税や賠償に関する項目の他に、国際連盟構想に関する項目が設けられた。連盟構想に関する議論は、一九一六年に提出されたセシルとクロウの覚書をもとに進められた。[85] 委員会は、「あまりに包括的」ないし「野心的な」構想に基づく国際連盟はかえって国際平和に悪影響を与えかねないと結論した。委員会は、その代わりに、列国間の会議によって国家間の紛争を調停する仕組みを打ち立てるべきだと説いた。そして、戦争が終結する前に連合国、とりわけアメリカとその構想に関して議論するべきだと進言した。[86]

帝国戦時内閣は四月二六日と五月一日にこの報告書を議論した。議事録から判断する限り、帝国戦時内閣は国際連盟と軍縮の問題に最も多くの関心を割いたようである。ロイド・ジョージは、ミルナー委員会が軍縮の問題をまったく扱っておらず、国際連盟の構想に「冷や水を浴びせた」と批判した。そして、大戦後に国際連盟を樹立し、全般的軍縮を推進する政策をとらなければ、国民の大きな失望を招くことになると警告した。セシルは、国際連盟については、イギリス帝国の権利が訴訟の対象となる恐れのある仲裁裁判に基づく仕組みを作るのではなく、あくまで会議による紛争の解決に主眼を置いた枠組みを作るべきだと説いた。ミルナーはこれに同意し、紛争解決のための会議への参加を義務化し、違反した場合にはすべての諸国が違反国に宣戦布告するというシンプルな制度を目指すべきだと説いた。セシルは、一九一六年秋に起草した国際会議に関する条文案を帝国戦時内閣で読み上げた。国際紛争を会議によって解決する仕組みを義務化し、違反した国には経済制裁を科すという構想である。スマッツは、制裁の具体的内容は後日詳しい検討が必要となるものの、制裁が必要だという原則には合意するべきだと述べた。帝国戦時内閣はこれに合意した。すなわちイギリス政府は、国際紛争を会議によって解決し、会議の決定を制裁によって強制する枠組みを構築する、という大きな方向性をここで定めたのであった。

一方で、軍縮については帝国戦時内閣の意見が分かれた。セシルは、全般的軍縮の問題点を論じたクロウ外務次官補の覚書に説得させられた旨を説明した。そして、諸国家に共通の軍備削減基準を設ける困難や、軍縮を強制する難しさ、そしてイギリスとアメリカの海上優越が平和を保障する最大の要であるにもかかわらず、それを他国のメンバーが参加する国際機関によって削減させられる危険性が指摘された。一方でロイド・ジョージは、クロウの覚書には同意できないと反論した。彼は、目下の大戦は、高度に専門化された巨大な軍隊が、自らの実力を試したいがために世論を喚起したゆえに起こったのだと述べ、全般的軍縮の必要性を擁護した。労働党党首ヘンダーソンも軍縮の実現に強い信念を抱いている旨を表明したものの、まずは国際連盟の実現を目指したうえで、軍縮政策はその後の国際関係の様相を確認した後で推進するべきだと提言した。その他の参加者は総じて全般的軍縮の構想に懐疑的であった。チェンバレンは、軍縮の抜け道の危険性を指摘し、イギリス世論は自国政府に軍縮の徹底を望むであろうが、ドイツのような国の世論はむしろ自国が軍縮を巧みに回避することを支持するだろうと指摘した。カナダ首相ボーデンの提言を受けて、帝国戦時内閣は、国際連盟構想と同様に軍縮の問題についてもアメリカと協議するべきだと合意した(87)。

領土問題を扱ったカーズン委員会の報告書は、マレット委員会の報告書を参考に、主としてアフリカ、中東、極東、太平洋における敵国領の処理問題を扱ったが、ヨーロッパに関しても所見を述べていた。報告書はヨーロッパに関する最低限の講和目標として次の点を挙げた。①ベルギーの独立と繁栄の回復（これはイギリス本国の安全保障に密接に関係する問題だと記された）、②セルビア、モンテネグロ、ルーマニアの独立の回復、③アルザス＝ロレーヌ、ポーランド、オーストリア＝ハンガリーの帰趨に関しては、中央同盟国の軍事力を削ぐ必要性に配慮しながらも、当該住民の意向を可能な限り反映した解決を模索する、④連合国が完全な軍事的成功を収めたとしても、「敵国の国民的存立」を破壊し、再度の戦争につながる反感を生み出すような政策を遂行してはならない、⑤ドイツの中東地域への浸透を防げるような「障壁」を東欧・バルカン地域に形成する、⑥ギリシアがフランスの影響下に入ることを防ぎ、地中海におけるイギリスの地位を維持する、という内容であった。

このように、カーズン委員会の報告書は、それまでに外務省等が示した方針と同様に、「民族原則」の適用と中央同盟国の力の抑制を両輪とするヨーロッパの領土的解決を構想した。そして④において明確に見られるように、敵国をあまりに弱体化させることによって将来の紛争の火種を作ることを戒める内容となっていた。これは、一九一六年秋のロバートソン参謀総長の覚書と同様であった。

ベルギーに関してカーズン委員会は、ベルギーの独立回復という開戦以来唱えられてきた戦争目的に言及するにとどまった。フランスに関しては、アルザス＝ロレーヌの獲得も住民の意向次第とされ、イギリスの最低限の講和目的に明記されなかった。それどころか、報告書の結論部では、仮にフランスがアルザス＝ロレーヌを回復したとしても、それを「民族性」や歴史性の観点から正当化するべきではなく、イギリスがドイツの海外領土を得ることの交換条件だという立場をとるべきだと進言した。つまり、フランスがアルザス＝ロレーヌを得るのであれば、ドイツの海外領土の大部分をイギリス帝国が得るのは正当だという論理を組み立てるべきだと提言したのであった。総じてカーズン委員会の報告書は、イギリス帝国がより多くの植民地を獲得することに主眼を置いたものであり、戦後のヨーロッパにいかにして安定的な平和を構築するのかという観点は欠けていた(88)。

帝国戦時内閣は五月一日にこの報告書を議論した。ロイド・ジョージは、カーズン委員会の報告書が連合国の完全勝利のみを前提にし、ドイツがヨーロッパにおいて連合国の領土を支配下に置いた状態のまま和平交渉に入った場合を想定していないことを批判した。ロイド・ジョージは、もしそのような状況で和平を議論する場合には、連合国の犠牲のもとにイギリス帝国だけが領土を拡大するわけにはいかないのではないかと指摘した。そして、ロシアにおいて「無併合」を説く勢力が台頭しつつあるなかで、イギリスが広大な領土の併合を伴う講和目標を掲げたのでは和平交渉が困難となる恐れがある、と述べた。またヘンダーソンは、労働党はいかなる領土の併合にも反対の立場だと表明した。一方で他の出席者は総じてカーズン委員会の報告書を支持し、イギリス帝国によるドイツ海外領土、そしてメソポタミア（イラク）をはじめとするオスマン帝国領の併合を望ましいものと捉えた。カーズン委員会の委員を務めたチェンバレンは、将来における潜水艦、無線、航空機の技術革新を考慮すれば、ドイツの手に海外領土を残すことは危険だという認識のもとで、委員会は結論を導いたと説明した。彼はまた、フランスがアルザス＝ロレーヌを獲得しておきながら、アフリカでイギリス帝国と同様の取り分を主張することが不当であるように、イギリスが獲得する海外領土の規模もまた、連合国がヨーロッパにおいて獲得する領土の規模に一定程度左右されるだろうと述べた。結果として帝国戦時内閣は、ロイド・ジョージの提言を受けて、カーズン委員会の報告書をあくまで一つの指針として捉え、講和会議では同盟国の要求を踏まえたうえで柔軟な判断を行うことを合意した。

帝国戦時内閣は、ミルナー、カーズン両委員会の報告書を踏まえたイギリス帝国の根本的な政策目標を、次の三点に整理した。①ヨーロッパおよび外洋における自由と「公権（public right）」を再建し、ヨーロッパの国境線を現地住民の意向に従って画定し、オスマン帝国の「抑圧された諸民族」を解放すること、②イギリス帝国およびそれを構成する諸国民の安全と統一性を確保すること、③平和を永続させるための措置を同盟国との協調のもとで策定すること、である(89)。このように、一九一七年における帝国戦時内閣の検討は、イギリス政府がそれまでにも唱えてきた一般的原則を確認するにとどまり、ヨーロッパの戦後秩序に関する具体的構想には踏み込まなかった。帝国戦時内閣はその後一年余り休会することとなる。

帝国防衛に主眼を置いたカーズン委員会の報告書に、労働党のヘンダーソンが無併合主義の立場から反発したことに見られるように、戦争目的の策定は、イデオロギー対立を潜在的に内包し、連立内閣の分裂を招きかねないデリケートな問題であった。そのためロイド・ジョージは、国内で論争の種になりかねない領土併合や安全保障に関連する構想は可能な限り隠匿し、公的にはあくまでも理念的な目標を喧伝することに気を配った(90)。

（4）一九一七年秋の和平提案と最高戦争評議会の設立

一九一七年においても、連合国が互いの戦後構想に関して意見交換を行うことは稀であった。その年の戦局は、連合国にとって総じて不利に推移し、戦争終結の見通しが立たなかった。春には西部戦線における攻勢の失敗をきっかけに、フランス軍内で反乱や士気の乱れが多発した。東部戦線の状況はより危機的となり、ロシアでは三月と一一月に相次いで革命が発生し、戦争を離脱する公算が高まった。秋には、イタリア軍がカポレットの戦いで大敗北を喫した。四月のアメリカ参戦は連合国にとって数少ない好転要因であったが、まとまった数の米兵が前線に到着するまでにはかなりの時間を要した。[91] このような戦況に鑑み、一九一七年末にロイド・ジョージは、一九一八年は防御戦略に徹し、最終勝利は一九一九年に持ち越す方針を定めた。[92]

連合国が戦後構想の調整を遅らせたもう一つの理由は、互いの戦争目的をめぐって対立が生じ、空中分解するのを恐れたことにある。一九一七年五月にロシア臨時政府は、戦争目的に関する連合国会議を開くことを提案したが、イギリス政府は難色を示した。バルフォアは、戦争目的に関する連合国間の交渉は「関係の調和を乱し、戦争努力を継続する動機を弱めるかもしれない」とフランスのカンボン大使に述べた。[93] アメリカ政府もまた、戦争目的の交渉は凍結したほうが賢明だという方針をイギリス政府と共有した。[94] 七月にイギリス戦時内閣は、「現在の戦局に鑑み、戦争目的に関する議論は可能な限り延期することが望ましい」と決定した。[95]

一九一七年に浮上した新たな和平提案も、戦争目的をめぐる新たな動きにはつながらなかった。一九一七年八月には、ローマ教皇ベネディクトゥス一五世による和平提案がなされた。教皇の和平提案は、戦前の原状への復帰を柱とし、軍縮の推進、国際紛争を仲裁する制度の確立、戦争被害の「相互宥恕」、現地住民の意向に基づく領土問題の解決などを謳ったものであった。原状復帰提案の要は、ドイツがベルギーとフランスから撤兵する代わりに、連合国がドイツに植民地を返還する、という構想にあった。[96] しかし、イギリス政府は教皇の和平提案を推進しようとはしなかった。八月二〇日の戦時内閣では、「相互宥恕」を原則とする講和は受け入れられず、ドイツが連合国と同様の講和原則を抱いているとは考えられない、とする意見が表明された。そして、連合国は一九一七年一月の対米回答文のなかですでに戦争目的を表明しており、中央同盟国側が戦争目的を表明するまでは和平を検討することはできないと、教皇側に返答することを決めた。その際に、ベルギーの独立が回復され、その被害が賠償され、再度の戦争が起こらないための「保障」の提案が中央同盟国側によって示されない限り、和平は望み薄だと強調された。[97]

その後、スペイン外務省やドイツのベルギー占領当局といった交渉ルートを通じて、ドイツがベルギーとアルザス＝ロレーヌの放棄を前提とする和平を検討しているとする情報が英仏政府にもたらされた。イギリス戦時内閣は九月二四日と二七日にこの問題を議論した。議論の焦点はロシアであった。ドイツが西方において妥協を提案しているということは、東方においてそれを補塡する領土を求めるであろうことが予見された。ロイド・ジョージは、ロシアの犠牲のもとでの和平に前向きであった。ロイド・ジョージは、ロシアが戦争を離脱した場合に連合国が勝利できる可能性に疑念を表明した。そして、ロシアが離脱した場合に残った連合国がその領土のために戦い続けるのは不当であり、「ロシアがペナルティーを支払うべきだ」と主張した。ロイド・ジョージは、ドイツがクールラントとリトアニアを併合することを容認するべきだとし、そうすればイギリス帝国とドイツ帝国という「二つの偉大な帝国」が戦争から浮上するだろう、と説いた。

しかし、他の閣僚はロイド・ジョージの主張に反対であった。ミルナーは、ドイツの東方拡張を認めれば、ドイツは開戦時よりも強大化することとなり、一〇年後には再度戦争が起こるだろうと述べた。バルフォアも、和平によってドイツが戦前よりも強化されるのだと知れば、イギリス国民は戦う意志を継続させるだろうと述べた。労働党から入閣したジョージ・バーンズ無任所相もこれに同意した。カーズンは、ドイツは東方に領土を獲得するだけではなく、ロシアを隷属させることにもなるだろうと指摘した。ボナー・ロウは、戦争を継続できる根拠があるのであれば、そうするべきだろうと述べた。すなわちロイド・ジョージ以外のほとんどの閣僚は、ロシアの犠牲のもとでの講和は、ドイツにヨーロッパ大陸の覇権を認めることになってしまうため、徹底抗戦しなければならないと主張したのであった。[98]

これを受けてイギリス政府は、連合国と協議したうえで、「イギリス政府は今後も和平に関してドイツ政府が発するいかなる交信をも受けとり、連合国と協議する用意がある」という内容の短い返信をドイツ政府に送った。ドイツ側はこれに返答しなかった。そして、一〇月九日にリヒャルト・フォン・キュールマン独外相が、アルザス＝ロレーヌの放棄を絶対的に否定する内容の演説を行った。その二日後にロイド・ジョージは、キュールマンの演説に言及したうえで、イギリスはフランスがアルザス＝ロレーヌを回復するまで戦い続けるだろうと宣言した。こうしてローマ教皇の提案に始まった一九一七年秋の和平交渉は幕を下ろしたのであった。(99)

一九一七年秋は、連合国が戦争指導の統合を進めた時期でもあった。戦局の危機が指揮系統を統合させる気運を生んだ。(100)一九一七年七月、英仏米伊の陸軍幹部が会議を行い、ロシアが離脱した場合の対策を協議した。イギリスからはロバートソン陸軍参謀総長が参加した。会議は、ロシア離脱後に予想されるドイツの西方攻勢に備えて、西部戦線における連合国の指揮系統を統合する組織を樹立することを政府に提案した。(101)ロイド・ジョージも指揮系統の統合に賛成であった。しかし彼は、西部戦線に注力するロバートソンの戦略に批判的であり、指揮系統の統合は全戦線をまたいで行い、政治家が主導するべきだと考えた。八月の休暇中にロイド・ジョージは、ロバートソン、その後任の参謀総長となるヘンリー・ウィルソン、フィリップ・カー、ハンキー、ミルナー、そしてフランスの閣僚らと協議し、その方針を固めた。(102)九月初頭にロイド・ジョージは、戦時内閣の承認を得たうえで、戦争指導を集約する連合国評議会を設立することをウィルソン大統領に提案した。(103)一〇月中旬に、チェカーズ（イギリス首相の別邸）でフランス政府関係者との会談が行われ、ロイド・ジョージは連合国評議会の設立を正式に提案した。フランス側はこれに合意し、一〇月末には新組織の構成に関する議論が開始された。(104)

一一月七日、英仏伊はヴェルサイユを本拠とする「最高戦争評議会」を樹立した。最高戦争評議会は、主要連合国の首脳、政府の代表者もう一名、軍の代表者一名、計三名ずつによって構成された。イギリスからはロイド・ジョージの他に、ミルナーとヘンリー・ウィルソンがメンバーとなった。最高戦争評議会の任務は、戦争の全般的遂行を監督し、軍事行動を調整し、各国政府に提案を行うことだと定められた[105]。一一月一九日にロイド・ジョージは、常設の評議会を設置すると庶民院に説明した[106]。翌年三月にドイツの春季攻勢が開始されると、連合国は指揮系統のいっそうの統一を図るべく、フランス陸軍のフェルディナン・フォッシュ大将（翌年、元帥に昇進）を連合国軍総司令官に任命し、西部戦線の指揮を一手に掌握することとなった[107]。

以上のように、一九一七年のイギリス政府は、戦局の悪化を受けて、戦後構想の策定を当面延期する判断を下した。イギリス政府の戦争目的は、一九一七年一月に連合国が対米回答文などで示してきた内容を維持した。その核心は、ベルギーの独立回復、被害の賠償、再度の戦争を防ぐ何らかの「保障」体制の確立であった。その一方でイギリス政府は、フランスやベルギーが打診したラインラントなどに関する拡張主義的な戦争目的にはコミットしなかった。イギリス政府の姿勢は、一九一七年秋に行われた水面下の和平交渉においても確認された。戦局の悪化はまた、連合国の戦争指導体制の統合という結果をもたらした。最高戦争評議会は、連合国の政策を調整する枠組みとして、終戦後も数年間にわたって機能していくこととなる。

3　ロイド・ジョージ内閣の講和準備（2）　一九一七年一二月〜一八年一二月

（1）ロイド・ジョージのカクストン・ホール演説とウィルソンの「一四カ条」

一九一七年末における時局の推移を受けて、イギリス政府は戦争目的をあらためて公的に表明せざるをえない状況に直面する。一一月八日、ロシアの政権を奪取したボリシェヴィキによる政府は、「平和に関する布告」を発表し、無賠償・無併合に基づく講和をすべての交戦国に呼びかけた。そして、連合国がそれまでに結んだ秘密条約を暴露し、その「帝国主義的」な戦争目的を修正するよう呼びかけた[108]。イギリス国内においても、開戦から三年以上が経過しながら大戦が一向に終局する気配を見せないなか、厭戦気運が高まっていた。一一月二九日、保守党の重鎮で元外相のランズダウン侯が、連合国の戦争目的を緩和し、中央同盟国との早期講和を目指すべきだとする内容の書簡を英紙に公開した。ランズダウンは、戦後の安全保障は、仲裁と制裁のメカニズムを確立する「国際条約」によって担保されるべきだと主張した。ランズダウンの行動は平和主義陣営に支持された一方で、徹底抗戦派から非難された。[109] 一二月一五日には、ロシアのボリシェヴィキ政府が中央同盟国と休戦協定を調印し、翌週に講和交渉を開始した。一九一八年三月に調印されるブレスト＝リトフスク講和条約は、ロシア側が求めた無賠償・無併合の講和とは程遠い内容となるものの、一九一七年一二月の段階においては中央同盟国側も、寛大な講和を説く平和攻勢を行っていた。一二月二五日にオーストリア＝ハンガリー外相ツェルニン伯は、ボリシェヴィキ政府の講和原則に支持を表明し、同原則に基づきすべての交戦国が和平に向けた交渉を開始するべきだと宣言した。この宣言は独墺の軍部から批判を受けるものの、[110] イギリス政府の関心を引くところとなった。一二月二七日と二八日にイギリス戦時内閣はツェルニンの宣言を議論し、同宣言は無視しえず、これに応答する必要があると合意した。[111]

一九一七年一二月、イギリスでは左派を中心に戦争目的の明確化を求める動きが広がっていた。一二月二八日にイギリス労働党は、「反帝国主義」に基づく戦争目的プログラムを発表した。労働党は、戦争目的の筆頭に「世界を民主主義にとって安全なものとする」という言葉を掲げた。この言葉は、ウィルソン大統領が一九一七年四月の参戦演説で使用した表現と同じものであった。労働党は、このスローガンのもとで、あらゆる形態の「帝国主義」の放棄、秘密外交の廃止、民主的な立法府による外交の統制、すべての国々における徴兵制と軍需産業の解体、すべての国々が参加する超国家的な国際連盟の設立、そして、その国際連盟のもとに「国際高等裁判所」と「国際立法府」を設置する必要性を訴えた。領土変更に関しては、この戦争を征服戦争としてはならないと述べ、現地住民の意向を反映した解決を模索するべきだと主張した。西欧の具体的な領土問題に関しては、ベルギーの独立の回復および被害の賠償と、アルザス＝ロレーヌの帰属を現地の住民の意志に委ねることを謳った。[112]

こうした国内外からの圧力を受けて、一二月三一日にイギリス戦時内閣は戦争目的に関する公的声明を発表することを決定した。戦時内閣の議事録によれば、この声明を行う意図は、中央同盟国とロシア・ボリシェヴィキ政府の平和攻勢に対抗することにあった。ゆえに戦時内閣は、イギリスが「帝国主義的な」目的のために戦争を継続しているのではなく、「寛容で理性的な」講和を目指しているのだと、連合国のみならず敵国の民主派勢力に対しても示す必要があると合意した。戦時内閣は、連合国共同で声明文を作成するという案も検討したものの、共同での起草作業は困難であり、イギリスの独自性も発揮できないため、効果的でないとして却下した。戦時内閣はさらに、独露が講和交渉を開始している現状に鑑み、それまでのような一般的原則の確認にとどまるのではなく、より具体的な声明を発表するべきだと合意した。西欧に関しては、ベルギーの独立回復だけではなく、アルザス＝ロレーヌのフランスへの復帰にも言及することが決定された。声明文の草案は、ロイド・ジョージ、セシル、スマッツが作成することになった[113]。

一九一八年一月三日、セシルとスマッツが戦争目的に関する声明の草稿を提出した。両者ともに、「条約の神聖(sanctity of treaties)」、「民族自決」、国際連盟に重きを置いていた。それまでのイギリス政府の声明と同様に、両者は個別的な戦争目的の第一番目にベルギーの完全なる独立の回復と被害の賠償を掲げた。そして、フランスのアルザス＝ロレーヌに対する「正当な要求の達成」も目標に挙げた。また、ロシアが連合国を事実上離脱していたことから、十月革命以前とは異なりポーランドの独立に明確に言及した[114]。ロイド・ジョージは両者の草稿を擦り合わせて、フィリップ・カー秘書官の協力のもとで声明の最終稿を練り上げた[115]。

当時の戦況は連合国側に不利と認識されており、ロイド・ジョージはフランス側の士気を維持することに気を配る必要があった。他方で、ドイツの平和攻勢に対抗し、各国の民主的勢力にアピールするために、戦争目的を可能な限り宥和的で進歩的なものとすることも強く意識され、困難な舵取りが要求された。こうした背景から、ロイド・ジョージはアルザス＝ロレーヌに関する戦争目的の表現に工夫を加えた。ロイド・ジョージはまず、「達成」

ないし「回復」という表現を、「再考」へと弱めた。その一方で、フランスを「最後まで支援する（stand by [...] to the death)」という強い表現を加えた。よって最終草稿は、「われわれは、一八七一年の大いなる過ちを再考するという要求においてフランスの民主主義を最後まで支援する」という文面となった(116)。こうすることで、フランスを支持する強い意志を示しつつ、アルザス＝ロレーヌの復帰に完全にコミットすることを避けたのである。

戦時内閣は、いくつかの文言を改めたうえでロイド・ジョージの草稿を承認した。修正点の一つは、「民族自決」の適用範囲に関してであった。戦時内閣は、「民族自決」がすべての民族に対して無差別に適用されるのではなく、ヨーロッパの戦後処理にのみ適用されることを明確にするべきだと合意した。なおロイド・ジョージは、自らの演説草稿に関して、閣外にいるアスキスおよびグレイ、そしてフランス政府の支持もすでに獲得したことを閣議で明らかにした(117)。

一月五日にロイド・ジョージは、カクストン・ホールに集った労働組合団体の前で、イギリスの戦争目的に関する演説を行った。その場が選ばれた背景には、議会が閉会中であったことと、「人的資源の危機」（兵員不足）が叫ばれるなか、労働組合にいっそうの戦争協力を促す狙いがあった(118)。カクストン・ホール演説は、大戦中にイギリス政府が公的に発表した戦争目的に関する声明のうち、最も包括的で有名なものとなった。

声明のなかでロイド・ジョージは次のように述べた。

ウィーン条約の時代はとうに過ぎました。われわれはもはや、ヨーロッパ文明の将来を、特定の王朝や国家の利益の確保のために詭弁や説得を用いて邁進する少数の交渉者に任せはしません。新しいヨーロッパの講和は、理性と正義に基づいてなされるべきであり、そうしてはじめて安定が確保されるのです。したがってわれわれは、被統治者の同意に基づく統治が、この戦争の領土的解決の基盤となるべきだと考えています。（強調は原文）(119)

このようにロイド・ジョージは、「民族自決」に基づく講和を実現することで、一九世紀のウィーン体制よりも優れた体制を築くことができると宣言したのであった。彼はまた、連合国がドイツの破壊や解体を目指していないことを明言した。ロイド・ジョージは、ドイツが民主的な体制に移行することが望ましいが、それはドイツ国民が自ら決定すべきことだと述べた。

ロイド・ジョージは、個別的戦争目的の筆頭に、ベルギーの独立回復とその被害の賠償を挙げた。そして第二番目として、アルザス＝ロレーヌの「再考」に関するフランスの要求を、「最後まで支援する」と表明した。

その他の戦争目的は、比較的穏健な内容となっていた。オーストリア＝ハンガリーに関しては、その解体を望まない旨を述べ、帝国を構成する諸民族の自治権拡大の必要性に触れるにとどまった。これは、ロイド・ジョージがオーストリア＝ハンガリーとの個別講和の可能性を依然として意識していたためである[120]。ロシア問題に関しては、事態の推移を見守るという主旨の内容を述べるにとどまった。その一方で、「独立したポーランド」の樹立は、「西欧の安定にとって喫緊の必要性」を有する、と言明した。この記述のもとになったセシルの草稿は、「東欧の安定にとって喫緊の必要性」と記していた[121]。「東欧」を「西欧」に変更したことにより、独立したポーランドが、ドイツに対抗するためのロシアに代わる提携相手国として、西ヨーロッパの安定にとっても重要な役割を帯びるのだという認識が示されることとなった。

その一方でロイド・ジョージは、「民族原則」に基づくイタリアとルーマニアの「正当な要求」の達成にも支援を表明した。そして、連合国の被害が賠償される必要性についても明言した。さらに、将来の戦争の再発を防ぐ仕組みとしての世界的軍縮の推進と、国際紛争の平和的解決を目的とする「何らかの国際機関」を設立する必要性を謳った。

演説の結論として、①「民族自決」の実現、②「条約の神聖」の確立、③「国際機関」の設立を、イギリスが追求する三大目標に掲げた[122]。

ロイド・ジョージのカクストン・ホール演説の三日後の一月八日、ウィルソン大統領もまたアメリカの戦争目的に関する重要な演説を行った。いわゆる「一四カ条の平和原則」(以下、「一四カ条」と略記する) が発表された演説である。その内容はロイド・ジョージの演説と相当程度類似していたが、英米政府が事前に内容を調整したわけではなかった。一月五日にロイド・ジョージの演説原稿を受けとったウィルソン大統領は、それが彼の用意した演説原稿とあまりに似通っていたことに衝撃を受けるほどであったという。[123] 実際のところ「一四カ条」の中身は、連合国が一九一七年一月の対米回答文などにおいて公言してきた戦争目的と乖離するものではなかった。ゆえに、「一四カ条」演説は一九一八年一月に発表された当初は特段注目されなかった。一九一八年秋の休戦交渉の過程で、ドイツ側が「一四カ条」を講和の前提とすることを申し入れたことによってはじめて、それは重要な文書として記憶されることになるのである。[124] 「一四カ条」の要旨を列記すれば次のようになる。

第一条　秘密外交の廃止
第二条　海洋の自由
第三条　経済障壁の撤廃
第四条　国家軍備の縮小
第五条　現地住民の利益に配慮した植民地の処理
第六条　(中央同盟国の〔以下同じ〕) ロシアからの撤兵
第七条　ベルギーからの撤兵、ベルギーが「回復される」こと
第八条　フランスからの撤兵、被占領地域の「回復」、一八七一年にアルザス゠ロレーヌに関してなされた「過ち」が「正される」こと
第九条　イタリア国境の「民族性」に基づく修正
第一〇条　オーストリア゠ハンガリーを構成する諸民族の自治権強化

第一二条　ルーマニア、セルビア、モンテネグロからの撤兵、被占領地の「回復」
第一三条　オスマン帝国支配下の諸民族の自治権強化、ダーダネルス海峡の自由化
第一三条　ポーランドの独立
第一四条　「政治的独立と領土保全の相互保障を、大国と小国の区別なく、提供することを目的とした具体的な規約のもとに、諸国家の一般的連合が結成される必要がある」[125]

最後の条項は、言うまでもなく国際連盟案について述べたものである。これを含めてウィルソンの「一四カ条」は、イギリス政府の戦後構想をなぞるものであった[126]。演説のなかでウィルソン大統領はロイド・ジョージのカクストン・ホール演説に言及し、賛辞を贈った。一月一八日に行った演説でロイド・ジョージも、ウィルソン大統領の平和原則はイギリス政府のものと本質的に同じだと表明した[127]。英米両国は講和に関する根本原則を大部分共有していた。

一方で、ヨーロッパ大陸の連合国首脳は英米の声明から一定の距離を保った。フランス首相ジョルジュ・クレマンソーは、英米両首脳がアルザス＝ロレーヌに言及したことに満足する一方で、国際連盟構想には懐疑的であった。一月末にオランダの記者から国際連盟案に関する感想を尋ねられたクレマンソーは、「あなたはそれを信じますか、暴力の上に構築されたこの世界において」と述べ、フランスの払った犠牲に見合った講和を追求する姿勢を表明した[128]。ベルギー政府もまた、ウィルソン大統領がベルギーの「回復」に言及したことを歓迎しながらも、自国の戦争目的を英米流の理想主義に適合させようとはしなかった[129]。

一九一八年二月初頭の最高戦争評議会において、クレマンソーとイタリア外相ソンニーノ男爵は、英米の戦争目的声明に不満を漏らした。彼らは、「民族自決」に基づく国境再画定のような曖昧な表現ではなく、より踏み込んだ声明を発表するべきだと主張した。クレマンソーは、アルザス＝ロレーヌのフランスへの「再統合」に加えて、

国際連盟のすべての加盟国が「より強固な保障（garanties plus solides）」を得るべきだという文言の含まれた草案を最高戦争評議会に提出した。[130]

しかし、ロイド・ジョージは仏伊の提案に反対した。ロイド・ジョージは、彼自身とウィルソン大統領の理想主義的な演説によって中央同盟国の士気は低下していると述べ、目下の状況でより踏み込んだ戦争目的を表明するべきではないと反論した。ロイド・ジョージによれば、連合国の戦争目的に関する公式な共同声明を発表すれば、それは拘束力を持ってしまうため、最大限の戦争目的を含めなければならなかった。その一方で、単なる演説は拘束力を持たないというのであった。そのうえでロイド・ジョージは、平和への道を阻害しているのはドイツの軍閥であり、ドイツが民主化することで平和は訪れるとして、一般のドイツ国民に訴えかけることが重要だと説いた。ソンニーノはこれに納得せず、外部からの説法はむしろ敵国民の愛国心を刺激するだけだと反論した。ミルナー卿はソンニーノの意見に賛意を表明しながらも、ロイド・ジョージの案に同意するよう促した。結果としてロイド・ジョージの主張が通り、より具体的な戦争目的の発表は控えられることとなった。[131]

イギリス政府が具体的な戦争目的の発表を回避した背景には、国内政治的要因もあった。イギリス議会では、フランスやイタリアの拡張主義的な戦争目的に対する批判が続いていた。一九一八年五月、自由党のウォルター・ランシマン議員は、一九一七年におけるオーストリア＝ハンガリーとの和平交渉が破綻したのは、フランスが一八七〇年国境に基づくアルザス＝ロレーヌにとどまらず、一八一四年国境ないしは一七九〇年国境までをも求めたからではないのか、という内容の議会質問を行った。これに対してバルフォア外相は次のように答弁した。一八七〇年国境を越える領土の獲得は、決して連合国の戦争目的ではない。フランスとロシアの間でいかなる合意が交わされていようと、国際的な影響はなく、少なくともイギリス政府がそのような目標を後押しすることは決してない。この問題はわれわれの「思考様式」からかけ離れており、真剣に考慮する価値はなく、フランス政府の固定方針だとも思えない、と。[132]

このようにイギリス政府は、議会の追及に対して、併合主義と受け取られかねない目標から可能な限り距離を置いたのであった。フランス政府の側でも、英米のウィルソン主義的傾向が高まったことを受けて、それに逆行すると受け取られかねない政策の発信にいっそう慎重となり、ラインラント政策に関してイギリスに打診するのを休戦後まで控えることになる。(133) 結果として、連合国の戦後構想を調整する交渉は先延ばしされることとなった。

(2) 国際連盟構想——フィリモア委員会からスマッツ・プランへ

戦後構想に関する連合国間の調整を先延ばしにしたイギリス政府であったが、政府内部においては一九一八年の前半期から戦後構想の策定作業が本格化していった。イギリス政府がまず力を入れたのは、カクストン・ホール演説においてもイギリスの三大目標に掲げられた国際連盟の創設に関してであった。

一月中旬にハンキー内閣書記官長は、国際連盟案に関する覚書をまとめ、首相と戦時内閣に提出した。ハンキーは、前年末に設立されたばかりの連合国最高戦争評議会を、戦後は敵国と中立国も招き入れ、平和維持を目的とする常設国際会議機関へと発展させていく構想を描いた。(134) 外務省においても、外務政務次官のセシル卿が連盟案の早期検討を促していた。(135)

彼らの後押しを受けて、国際連盟案に関して検討する専門家委員会が一月に外務省の管轄下に組織された。元高等法院判事のウォルター・フィリモア枢密顧問官が委員長に任命された。委員には、歴史学界からチューダー史の専門家アルバート・ポラード、海軍史の専門家ジュリアン・コーベット、近代ヨーロッパ政治外交史の専門家ジョン・ホランド・ローズ、そして外務省からクロウ事務次官補、ティレル政治情報局長、セシル・ハースト法律顧問が選ばれた。委員会の目的は、法的、歴史的側面から国際紛争の平和的解決のための国際連盟の可能性を検討し、そのような組織の実用性に関して報告することであった。(136)

フィリモア委員会は一月三〇日に初会合を開いた。まずハンキーの覚書が議論された。委員たちは、連合国の戦時協力のための組織である最高戦争評議会が、国際連盟へと発展しうるというハンキーの構想に懐疑的であった。他方で、行政府を備えた国家間の連邦や超国家的組織の設立といった過大な構想も退けられた。委員会は、戦争を「阻止」ないし「緩和」、「制限」するための「諸国家による何らかの連合体を組織すること」に議論を絞ることに決めた。また委員会は、国際紛争を司法的解決に適するものと、適さないものとに分けて考える原則も採用した。当時の平和理論においては、すべての国際紛争を当事国の意志に関わりなく司法的解決に委ねるべきだという、「強制仲裁」の考え方が一定の支持を集めていた。しかし、フィリモア委員会はこの考えを退け、司法的解決はあくまで任意とし、国家が司法的解決を望まない場合には、国際会議という外交手段をもって紛争を解決する方式を採用した。(137)

二月中旬に開かれた第三回および第四回会合では、仲裁手続きに強制力を持たせるための制裁措置に関する議論が行われた。とりわけ、制裁は経済領域に限定されるべきか、それとも武力行使をも可能とするべきか、そして武力制裁の行使は自動的であるべきか、国際会議がその都度決定するべきか、これらの点が問題となった。委員会は、規約違反国に対してすべての加盟国が自動的に武力制裁を行うべきだという、踏み込んだ判断を行った。すなわち、後に集団安全保障と呼ばれるようになる制度の採用を支持したのである。(138)

フィリモア委員会は三月二〇日に中間報告を提出した。委員会はまず、国家主権を過度に制限する「ヨーロッパ連合（European Confederation）」のような構想は追求しない考えを明らかにした。委員会はその代わりに、平和を相互に保障することを目的とする多国間の「同盟」を基礎とする枠組みを提唱した。その「同盟」とともに、常設的な国際会議と仲裁裁判所が設置され、これらの機関は「規約」に従って運用されるものとされた。

委員会の報告書には、全一八条から成る規約草案も含まれていた。冒頭の二条項は、集団安全保障に基づく戦争防止の仕組みを謳っており、その要旨は次の通りであった。

第一条　同盟の加盟国は、仲裁裁判ないし国際会議に紛争解決を委託せずに他の加盟国と戦争を開始しないことを集団的かつ個別的に誓約する。

第二条　もし特定の同盟国が規約に違反した場合、「その事実をもって他のすべての同盟諸国と戦争状態に陥る」。後者の同盟諸国は、陸軍、海軍、金融、経済、あらゆる手段を用いて相互に援助し合うことを集団的かつ個別的に誓約する。

第三条以下では、国際会議や仲裁裁判の具体的機能や手順を定めた[139]。フィリモア委員会の条文案は、一九一九年に成立する国際連盟規約の原型となる。セシルは、フィリモア委員会の報告書を「この国で得られる最良の専門的見解」だと高く評価した[140]。

フィリモア委員会はまた、将来の講和会議の前に、連合国間で国際連盟案に関する合意を達成するべきだと提言した。これを受けてクロウは、連合国に中間報告書を送付し、協議を開始するよう促した[141]。五月に戦時内閣は、報告書をウィルソン大統領とイギリス自治領に送付するよう指示した。しかし、その頃にはドイツの春季攻勢が本格化していた。カーズン卿は、終戦の見通しが立つまで国際連盟に関する議論は「机上の空論」だと述べた。戦時内閣は連盟案の具体化に慎重だった[142]。

フィリモア委員会は七月三日に最終報告書を提出した。中間報告が規約草案を提起したのに対し、最終報告は連盟構想の歴史的系譜を詳細に振り返る内容となっていた。報告書の後半部は、ナポレオン戦争後の講和において、当時のイギリス外相カースルレイ子爵が推進した大国間会議体制、「ヨーロッパ協調」に着目した。報告書は、「ヨーロッパ協調」は多くの紛争の抑制に成功したものの、「協調」内部に不和があった場合には機能しえなかったと分析した。そして、将来の国際連盟が成功するためには、構成国の世論が武力による紛争の解決を非難する点で一致し、さらに、構成国がそのような世論が政策に反映される民主的政体である点でも一致する必要があると論じた。

報告書は、この点を踏まえて、連合国が共通の目的を前に団結しているうちに、すなわち戦争が終わる前に、国際連盟の設立に向けて動き出すべきだと進言した(143)。

フィリモア委員会の最終報告書は、中間報告書とともにアメリカ、フランス、イタリア、日本の政府にそれぞれ送付された(144)。セシルは、これらの国々との間で連盟構想を検討する会議を開催するべきだと進言した(145)。そしてセシルは、帝国戦時内閣でこの件を取り上げるようロイド・ジョージに求めた(146)。また議会においても、フィリモア委員会の報告書を公開し、国際連盟に関する議論を開始するべきだとする意見が表明された(147)。貴族院でも、一九二四年の第一次労働党政権に参画することとなるパーマー卿が、国際連盟に関する議論を開始する動議を三月の段階で提出していた。自由党の元大法官ロアバーン伯やランズダウン元外相がこれを支持したものの、戦局が落ち着くまで討議は延期となっていた(148)。

七月初頭には、フランス政府の報告書がイギリス政府に提出された。フランス政府の報告書は、一九一七年夏にリボー政権のもとで結成された省庁間委員会が約九カ月の議論を経て作成したものであった。レオン・ブルジョワ元首相が委員長を務め、元外相で歴史家のガブリエル・アノトー、外務省のジュール・カンボン事務総長、後に駐白、駐独大使を歴任するピエール・ド・マルジェリー、アンリ・フロマジョー法律顧問、さらには法学界や陸海軍の代表が参加した。ブルジョワ委員会の提起した国際連盟案の概要は、常設の国際会議と国際仲裁裁判所を打ち立て、国際法違反を犯した国に対して外交、司法、経済、軍事的な制裁を科すというものであった。この点ではイギリスの構想とあまり変わらなかった。フランス案がイギリス案と大きく異なったのは、軍事的制裁を執行するための「国際部隊（Force internationale）」の創設を謳った点にあった。国際部隊は、連盟加盟国が拠出する兵力によって構成され、「常設国際参謀本部（Service permanent d'État-Major international）」を持つものとされた。「常設国際参謀本部」の任務は、国際軍事作戦の指揮の他に、加盟各国の軍を定期的に視察し、兵力や編制に関する改善点を国際連盟に報告することも含まれていた。そして連盟は、国際参謀本部の報告に基づく軍備の改善を加盟国に要求することができると定められた。[149]

当該期のフランス外交に詳しいピーター・ジャクソンによれば、国家主権の問題は、ブルジョワ委員会の内部でも物議を醸したようである。外務官僚を中心とする、国際法に懐疑的で伝統的な勢力均衡を重視するグループは、西欧とアメリカが戦後に緊密な同盟を結ぶことが安全保障への確かな道だと主張した。一方で、ブルジョワを筆頭とする、国際法を重視するグループは、連合国の合同は、それに対立する陣営の勃興を招くこととなり、その対立がひいては戦争の原因となる。そのため、敵国をも内包した、法に基づく体制が望ましいと反論した。そして、後者のグループが勝った結果、国家主権が相当程度抑制される国際主義的色彩の強い構想になったのだという。ジャクソンは、第一次世界大戦後のフランスの対外政策の特徴を、国際協調と国際法を重視し、軍事力の行使も辞さずに国際法を執行していくアプローチに見出しており、これを「法的国際主義（juridical internationalism）」と呼んでいる。ブルジョワ委員会の報告書は、そのような「法的国際主義」を象徴するものであったという。[150]

イギリス政府の連盟構想支持者たちは、このような軍事力による法の強制を根幹に据えるフランスのアプローチに違和感を示した。イギリス人の多くは、国際連盟による軍縮の推進こそが平和への鍵だと考え、フランス案はこれに逆行するものだと捉えた。また、彼らは国際法の執行をフランスの連盟推進者ほど厳格に捉えておらず、イギリスの国益や国家主権を害するほど強力な法体系に縛られる仕組みを作るつもりはなかった。もっとも、こうした懸念が高まるのは終戦後のことであり、国際連盟をめぐる英仏の対立が戦時中に顕在化することはなかった。セシルは、フランスの構想には「あまり感心しない」とアメリカ側に伝えた。[151] 一方でフィリモア委員会は、国際部隊の創設に関しては難色を示したものの、総論としてはフランス政府の報告書に親和性を認め、連盟案に関してフランスと合意を形成できるだろうと報告した。[152]

フィリモア委員会やブルジョワ委員会の報告書に比する提案が大戦中にアメリカ政府からなされることはなかった。[153] アメリカからは、ウィルソン大統領がフィリモア委員会の報告書の検討を終えておらず、イギリス政府が報告書の提言に拘束されることを懸念している、とする報告が届いた。[154] すなわち、アメリカ政府は連盟案の検討の先延ばしを望んだのであった。

八月一三日に帝国戦時内閣はフィリモア委員会の報告書を議論した。セシルは、連盟に関する議論を喚起するために委員会の報告書を公表するべきだと論じた。しかし、一時帰国してこの会合に参加していた駐米イギリス大使のレディング伯は、ウィルソン大統領がそれを望んでいないことを説明した。曰く、ウィルソン大統領は、連盟案に関する自らの考えがまとまる前に、イギリス政府がフィリモア委員会の構想にコミットしてしまうことを懸念しているのだという。オーストラリアのビリー・ヒューズ首相も、帝国戦時内閣が連盟案に関する政策を定めるまでは、具体的プランの公表は控えるべきだと述べた。ロイド・ジョージも公表は時期尚早だと同意した。そして、勝利こそが国際連盟の唯一確実な基盤であり、戦争の終わりは未だ見えないと述べた。[155]

しかし実際には、八月八日のアミアンの戦いを発端として、戦局は連合国有利に大きく転換し始めていた。終戦の時は、当時の政策決定者たちが認識したよりもはるかに近づいていたのである。休戦への道のりは、九月二九日のブルガリア降伏をきっかけに、一〇月四日にドイツ政府がアメリカ政府に休戦を申し入れたことで一気に動き出す。[156] 連合国の政策決定者たちからすれば、八月には終戦の糸口さえ見出せない状況だったにもかかわらず、その三カ月後には休戦協定が結ばれ、復員を求める世論の圧力を背景に、早期の講和会議開催に向かう形に、状況が急転換するのである。そのため連合国は、戦後構想を十分に検討できず、連合国間での調整もほとんどなされないまま、一一月一一日の休戦日を迎えることになる。戦後構想の策定と連合国間の調整作業は、休戦後に急ピッチで行われることとなる。

イギリスが内閣レベルで連盟案を包括的に議論するのは一九一八年一二月二四日のことであった。その日の帝国戦時内閣は、一二月一六日にスマッツが提出し、『国際連盟——実践的提案』というタイトルで出版もされた覚書をもとに議論を進めた。この覚書のなかでスマッツは、イギリス帝国を国際連盟の原型として捉え、連盟は諸国民の自治を推進する国際共同体となるべきだと論じた。このようなコンテクストのもとで、スマッツは委任統治制度に関する先駆的提案を行った。そして、講和会議が第一に成すべきことは国際連盟の設立であり、講和会議は国際連盟の第一回目の予備的会合として捉えられるべきだと説いた。連盟の組織案としては、総会、理事会、仲裁裁判所からなる枠組みを提唱した。連盟の執行機関たる理事会は、ヴェルサイユの最高戦争評議会をモデルに、大国の首脳と外相によって構成されるとしながらも、中小国にも交代制に基づく参加権を付与するべきだとした。常任理事国としては、イギリス、フランス、イタリア、アメリカ、日本を挙げた。ドイツも、「安定的な民主的政府」を確立しさえすれば直ちに常任理事国として迎えられるとした。平和維持の手段としては、軍縮の推進に重きを置きながらも、フィリモア委員会の説いた集団安全保障の仕組みも取り入れた。規約違反国は、他のすべての連盟加盟国と交戦状態に陥り、制裁を受けると定められた。しかしスマッツは、加盟国が違反国に経済制裁を科す義務を明記しながらも、武力制裁の行使は自動化せず、時の連盟理事会が判断すると規定した(157)。

二四日の帝国戦時内閣で、ロイド・ジョージとセシルがスマッツの覚書に賛辞を贈った。一方で、連盟理事会に大きな権限を持たせることや制裁の原則に対しては異論も表明された。ボナー・ロウ、オースティン・チェンバレン、ヒューズは、理事会が国家主権を超越して制裁の行使を命令できる制度を問題視した。イギリスの閣僚たちの多くは、国家主権を制限するような強い連盟の構想に反対し、連盟はあくまでも強制力を有さない会議体として組織されるべきだと考えたのであった。またチャーチルは、大国が連帯している限りにおいて連盟は機能するだろうが、大国間に齟齬が生じた場合には機能不全に陥るだろうと指摘した。そして、連盟は国防の代替とはなりえないと述べた。チャーチルは、フランス、アメリカ、イギリスが「完全かつ親密な合意」を結ぶことが、連盟を樹立するための基盤となるだろうと説いた。すなわち、連盟を下支えする大国間同盟という発想である。このように、大国間の連帯という伝統的な安全保障論と国際連盟の両立を説く考えも表明された。連盟に移譲する権能に関する意見の相違はあったものの、帝国戦時内閣は講和会議で国際連盟を打ち立てることには合意した(158)。

（3）外務省歴史課の「講和ハンドブック」

講和の国際連盟以外の側面に関しても、イギリス政府は一九一八年の前半期から準備を本格化させた。一九一八年二月、海軍省情報部内に組織された「情報部二七課（ＩＤ２７）」、通称「歴史課（Historical Section）」が外務省に移転された。同課は、外務省図書室との協力のもとで、講和会議に向けた歴史的、地理的知識の集積を行った。そして、彼らの努力は「講和ハンドブック」と呼ばれる全一七四巻の冊子へとまとめられた。これらは、翌年の講和会議でイギリス帝国代表団内に配布され、代表団の参考資料となった。ハンドブックは、たとえば「スヘルデ川（no. 25）」や「アルザス＝ロレーヌ（no. 28）」といった地理的テーマから、フィリモア卿が担当した「普遍的平和を促進し維持するための構想（no. 162）」のように国際連盟案、国際法を扱うものまで多岐にわたった[159]。

講和ハンドブックのなかで最も有名な巻は、ケンブリッジ大学の歴史学者チャールズ・ウェブスターによる「ウィーン会議（no. 165a）」であろう[160]。ウェブスターは、大戦時には陸軍省に所属していたが、一九一八年五月から八月にかけて臨時に外務省歴史課に協力し、このハンドブックを作成した。そして、一九一八年一一月から翌年の講和会議まで、陸軍省と外務省の連絡将校を務めることとなる[161]。ウェブスターはハンドブックの序文の草稿に次のように記した。ウィーン会議の歴史が現代にもし何か教訓を与えるのであれば、「それは肯定的というよりは否定的に捉えられるべきものであろう」。そして、ウィーン会議における「政治的手腕の誤り」に注意を促し、今日それを避けることができれば、本書の目的は達成されると述べている[162]。同書の結論部では、ウィーン会議の指導者たちが「ヨーロッパ協調」のもとに長期の平和を築いた点を高く評価する一方で、「正統性」の名のもとに小国の自治要求を抑圧したことや、「息継ぎの平和」にとどまらない「普遍的平和」を追求しなかったことを批判した。ウェブスターによれば、ウィーン会議の指導者たちは「視野が狭く」、「あまりに妥協的であり」、「信念と勇気が不足している」というのであった[163]。このように、一九一八年当時のウェブスターは、ウィーン会議の成果を決して高くは評価していなかった。ここに示されたウェブスターのウィーン会議観は、「進歩」という尺度で歴史を評価している点において、後に「ホイッグ史観」として批判される立場をとっていた[164]。

このような考え方は、同時代のイギリス人歴史学者の間で広く共有された立場であった[165]。ウェブスターの数年前にケンブリッジ大学に学び、大戦時に陸軍省で勤務した歴史学者ハロルド・テンパレイもまた、同様の進歩的思想を抱いていた[166]。一九一七年一二月に彼は、ボリシェヴィキによって暴露されたフランスのラインラント分離独立案をはじめとする戦争目的を「きわめてショーヴィニスティック」だと批判した。そして、「われわれの秘密外交は悪だ」と述べ、勝利と国際連盟の実現は一体不可分のものであることを認め、その旨を一般大衆に訴えるべきだと主張した[167]。

一九一八年の初めにテンパレイは、上司の陸軍情報部次長ジョージ・コックリル准将とともに、イギリスの戦争目的に関する陸軍将兵向けのパンフレットを作成した。テンパレイによればその目的は、「補償」、「民主主義と国際連盟による安全保障」、「民族自決」という講和の大原則を、陸軍将兵に「一〇分間の講義で」理解させるためであった[168]。国際平和を達成するためには、「民族自決」と国際連盟の実現を通じて国際関係を民主化する必要がある、という考え方は、一九一八年には知識階級を中心とするイギリス社会の広い層に浸透していた[169]。このような思想的背景のもとで、イギリス政府は安全保障政策を練っていくのである。

（4）陸軍情報部二課e室

テンパレイとウェブスターの所属した陸軍情報部二課e室（MI2〔e〕）は、将来の講和に向けて歴史、政治、民族問題に関する調査を行っていた。同室には、ケンブリッジ大学のジェームズ・バトラーやオックスフォード大学のチャールズ・クラットウェルといった歴史学者が参加し、講和会議が始まるまでに三五通の覚書を提出した。覚書の多くはヨーロッパの領土問題に関するテーマが占め、そのなかで西欧に関連するものは六通あった[170]。

西欧に関する覚書は、後に第一次世界大戦史に関する詳細な研究書[171]を著すこととなるクラットウェルが担当した[172]。

クラットウェルは、一九一八年五月に提出したアルザス＝ロレーヌに関する覚書において、一八七〇～七一年の独仏戦争の際にビスマルクらドイツの指導者が同地の併合を望んだのは、「民族性」のためではなく、安全保障のためだったと論じた。[173] そして、同年一〇月に提出した別の覚書では、フランスがアルザス＝ロレーヌを獲得する防衛上の利点を次のように説明した。国境線の北方延伸によってフランスは、ブリエの鉄鉱床をはじめとするロレーヌの戦略資源、およびメス＝サールブール＝サヴェルヌ線をはじめとする同地の戦略鉄道を活用するための縦深を確保できる。フランスがアルザス＝ロレーヌを獲得することで、ライン川やヴォージュ山脈を防衛に活用し、防衛線を縮小できるのに対して、ドイツ側の防衛線はルクセンブルク国境からスイス国境へと至る約三五〇キロメートルの線へと拡張し、脆弱となる。そして、アルザス＝ロレーヌにフランスの突出部が形成されることで、ドイツは一九一四年と同様の形でベルギー方面に侵攻すれば南方が脅かされることになるため、西方攻勢が困難になる、という分析であった。[174] 一方で、クラットウェルはラインラントに関するフランスの構想には一切触れておらず、アルザス＝ロレーヌ国境も一八七〇年国境を前提にしていた。このことから、休戦以前の段階においてイギリスの政府関係者は、フランスの戦後構想について詳しい情報を有していなかったことがうかがわれる。

対照的に、ベルギーの獲得目標はイギリスの分析に組み込まれていた。一九一八年一一月の休戦直後に書かれた覚書のなかで、クラットウェルはベルギーの構想を次のように整理した。まず、ベルギー政府がすでにイギリス政府に伝達していた戦争目的として、①中立の解消、②ルクセンブルク大公国の獲得、③スヘルデ川の航行権の開放、を挙げた。続いて、非公式の戦争目的として、重要度の順に、①スヘルデ川河口のオランダ領土の獲得、②蘭領リンブルフの獲得、③マルメディなどドイツ領のワロン人居住地域の獲得、④ドイツ西部アイフェル地域の獲得、を挙げた。この覚書はイギリス外務省の文書やベルギー関係者の出版物の情報をもとに作成されていた。[175] このことから、ベルギーの獲得目標に関するかなり正確な情報がイギリス政府内で共有されていたと考えられる。

クラットウェルは、ルクセンブルク大公国について、同国がそもそも一八一五年にフランスを封じ込めるために作られた「人工の産物」であり、一八三〇年代のベルギー独立の際には、ルクセンブルク住民の意志に鑑みればベルギーに帰属すべきだったのにもかかわらず、オランダとの外交交渉の妥結のために人工的に維持された国家だとみなした。その一方で、その後八〇年の歴史のなかでルクセンブルクの住民は一種の「独立主義」を持つに至り、彼らは第一次世界大戦前の原状への復帰を望むと予想された。ただし、ベルギーないしフランスとの関税同盟の締結と、フランスへの鉄道管理権の移設には反対しないだろう、と分析した。(176)

(5) 政治情報局を中心とする外務省の講和準備

外務省は、一九一八年一月から三月にかけて、ハーディング事務次官の肝いりで政治情報局と呼ばれる新しい部局を組織した。ティレルが局長に抜擢され、省内や軍部からもたらされる情報を整理し、分析することとなった。同局の構成員は、一九一七年に政府の戦時プロパガンダを担当する独立機関として組織された情報局から引き抜かれた。そのなかには、外務省政治情報局の副局長となるヘッドラム＝モーリーの他に、シートン＝ワトソン、ルイス・ネイミア、アーノルド・トインビーといった、著名な歴史学者となる人物たちや、後に外務省のキャリア官僚として活躍するアレン・リーパー、レジノルド・リーパー兄弟が含まれていた。彼らは主に東欧、バルカン、ロシア、中東地域を担当した。一方でドイツを含む西欧地域については、文芸批評家のジョン・ベイリーがフランスを担当し、ケンブリッジ大学出身のJ・C・パウエルと外交官のアレタス・エイカーズ＝ダグラスがベルギーとルクセンブルクを担当した。そして、ヘッドラム＝モーリー副局長、新聞記者のジョージ・ソーンダース、古代史学者エドウィン・ベヴァンがドイツを担当した。オランダについては、スヘルデ川に関する覚書が作成され、その覚書を担当したのは、当時若手の外務官僚だったE・H・カーであった。休戦後に彼らは政治情報局内の西欧課に編成され、クロウ次官補の指導を仰ぐこととなる。(177)

彼ら政治情報局のメンバーの多くは、いわゆる「新しいヨーロッパ」と呼ばれる運動に関与していた。「新しいヨーロッパ」とは、ヨーロッパを「民族自決」原則に基づいて再構成するべきだと主張し東欧の民族運動を支援したイギリス知識人のグループである。政治情報局を研究した外交史家ゴールドスティンによれば、彼らは対外政策におけるグラッドストン的リベラリズムの伝統の継承者であった[178]。シートン゠ワトソンが編集者を務めた雑誌『新しいヨーロッパ(*The New Europe*)』がその活動の中心を成した。ヘッドラム゠モーリー、ネイミア、トインビー、リーパー兄弟、パウエルらは『新しいヨーロッパ』誌に論考を寄稿していた[179]。ウェブスターやテンパレイと同様に、外務省政治情報局の関係者の多くも、国際政治に関する進歩的理念を共有していた。ハロルド・ニコルソン事務官は、パリ講和会議が始まる頃にイギリスの若手官僚のほとんどがウィルソン大統領の理想を共有していたと回顧している[180]。

政治情報局は、講和会議が始まるまでに二〇〇通を超える覚書を作成した。そのうち、フランス、ベルギー、ルクセンブルク、ドイツに関するものは合計四〇通程度あった。そのほとんどは、当該国の国内政治情勢に関する報告書であり、外交・安全保障に関する分析を行うものは数えるほどしか作られなかった。後者についても、休戦の見通しが立って以降に書かれたものがほとんどである[181]。

「戦後ベルギーの国際的地位」と題する一一月四日付の覚書は、次のような提言を行った。ベルギーの中立保障は有効な安全保障措置ではなく、講和会議でイギリスはその解消に努めるべきである。一方で、ベルギーの指導者の一部が主張するように、ベルギー、フランス、イギリスが同盟を結べば、ヨーロッパの分断を招いてしまい、イギリスの最大の戦争目的である「国際関係の『文明化』」を達成できなくなってしまう。もしわれわれが講和会議で、旧来の勢力均衡と少なくとも同じくらい有効に小国を保護する能力を有する国際機関を作ることができれば、「民族自決」原則を忠実に守ることができ、ベルギー国民自身にベルギーの将来を決定させることができる。昨今のドイツにおける出来事は、国際連盟の設立によって、「中立保障、同盟、再保障条約といった不完全なデバイスの老齢退職(superannuation)」が近づきつつあることを期待させる、と[182]。このように、この政治情報局覚書は、中立保障や同盟に基づく安全保障を明確に否定し、国際連盟に基づく新たな国際秩序の創出を促した。同覚書は内閣に提出された[183]。

一一月一五日、外務省政治情報局は講和会議の準備に向けて編成を整えた。新たな編成は、①西欧、②北欧（ロシアを含む）、③南東欧、④中東、⑤アフリカ、⑥極東、⑦植民地、⑧国際連盟、⑨経済と労働問題、以上九課からなる体制となった。西欧課の長にはクロウ、補佐にエイカーズ＝ダグラス、ドイツ担当にヘッドラム＝モーリーとソーンダース、フランス担当にベイリー、ベルギー担当にパウエルが配属された。国際連盟課には、外交官のユースタス・パーシー卿と歴史学者のアルフレッド・ジマーンが加わった。政治情報局員の任務は、講和に関連する情報を取りまとめた覚書を作成することであった。覚書の構成は、①領土、②対外関係、③国内情勢、④通商、⑤国際的河川や港湾、⑥植民地、⑦軍事、を扱うものとした。歴史課の作成する講和ハンドブックを参照することも推奨された[184]。そのうえで、各課の覚書を統合した外務省覚書を作成し、内閣の講和準備の統括役に任命されたスマッツに提出することとなった。

外務省覚書全体の序論とヨーロッパに関する章の序論をヘッドラム＝モーリーが担当した。全体の序論においてヘッドラム＝モーリーは、講和においてイギリス政府が念頭に置くべき二つの指針を提示した。①「一四カ条」と、②イギリスとイギリス帝国の利益、である。ヘッドラム＝モーリーは、「一四カ条」のなかでも国際連盟構想をとりわけ重視し、連盟の成立を前提に講和準備を行うべきだとした。一方で、国際連盟が将来なんらかの理由で失敗する場合に備え、イギリスの国家安全保障を担保する「保障」を疎かにしてはならないとも警告している[185]。ここで言う「保障」とは、後述する覚書から明らかなように、フランスとの安全保障協力や、ベルギーの独立保障を指している。すなわち、国際連盟というまったく新しい国際機関の設立と、従来的な国家安全保障を両輪とする秩序作りを目指す方針がここに示されていた。

続いて、ヨーロッパに関する序論においてヘッドラム＝モーリーは、ヨーロッパの講和に関する総合的所見をまとめた。覚書はまず、大陸ヨーロッパにおいてイギリスが追求する利益は、「平和と秩序、そして自由貿易」だと確認した。その一方で、①勢力均衡と、②英仏海峡対岸部の安全保障という、イギリスがヨーロッパにおいて伝統的に追求してきた二つの政策をないがしろにはできない、と述べた。ヘッドラム＝モーリーの定義では、勢力均衡政策とは、ヨーロッパ大陸においてイギリスを脅かす覇権国ないし国家連合の出現を防ぐ政策を指した。そして、「民族自決」という新たな潮流は、ヨーロッパ諸国の独立を強固にすると期待されることから、イギリスの伝統的政策と調和する、と論じた。また、英仏海峡対岸の安全保障についても、オランダとベルギーが、フランスやドイツの支配下に置かれないことが肝要であり、それらの小国の独立を国際連盟が保障することが望ましい、と説いた。[186]このように、ヘッドラム＝モーリーは、イギリスの伝統的安全保障政策であった勢力均衡と英仏海峡対岸の保障は、ウィルソン主義と矛盾せず、むしろ「民族自決」原則と国際連盟の実現によって補完されるのだと論じていた。これは、いわゆる「新外交」と「旧外交」が二項対立のように捉えられた時代にあって、独創性の高い発想であった。

国際連盟に対するヘッドラム＝モーリーの強い期待は、ベルギーに関する序論的覚書にも表れている。この覚書は、一八三九年条約に基づくベルギーの中立保障体制が解消された場合、将来のベルギーの安全は国際連盟が担うべきだと明言した。ただし、もし国際連盟が設立されなかった場合には、ベルギー、フランス、イギリスによる「正式な同盟」が必要となるかもしれない、とも述べた。

同覚書は、ベルギーの個別的領土要求に関しても所見を記している。まず、ルクセンブルク大公国に関しては、現地住民が望めばベルギーによる併合も可能だが、そうでなくともベルギーはルクセンブルク大公国と関税同盟を結び同地の鉄道管理権を獲得するべきだ、とする立場をとった。[187]そして、フランスが同様の要求をしたとしても、イギリスはベルギーを支持するべきだと説いた。さらに、ドイツ領マルメディ周辺地域に対するベルギーの要求も支持した。[188]一方で、オランダ領のスヘルデ川南岸（ゼーウス＝フラーンデレン）とリンブルフに関しては、ベルギーの要求を支持しなかった。[189]

オランダへの領土要求に対しては、クロウ次官補とハーディング次官がともに強い懸念を表明していた。クロウは、「われわれがヨーロッパの古い国境の切り分けを望んでいるように見られてはならない」と警告した。[191] クロウは別の機会にも、オランダ人が住む土地をベルギーに一方的に割譲する行為は実現困難であり、時代錯誤でもあると批判していた。「それは一八一五年に列強が好んで実践した領土取り決めの手法へと立ち戻ることになる」と。[192] このようにイギリス外務省は、ベルギーの中立解消やルクセンブルクとの合同には好意的であった一方で、オランダ領の併合を伴う処置に懐疑的であった。

一方でスイスについては、同国が国際連盟に入ったとしても永世中立を維持するべきだとする意見が外務省の主流であった。中立と集団安全保障は必ずしも矛盾するものではないとも考えられていたのである。[193]

海軍省も、スヘルデ川に対するベルギーの要求に懐疑的であった。海軍省は、ベルギーが将来敵国となる可能性も考慮すれば、イギリス本土に近接するスヘルデ川を軍事利用できる国は少なければ少ないほど良いと考えた。ゆえに、戦前の原状と同様に、オランダのみがその権利を有するほうが望ましいと説いたのであった。[194]

流動する国際情勢のなか、ベルギーがいつまでも友邦であるとは限らないとする考えは、スヘルデ川に関するE・H・カーの覚書にも示されていた。「国家間同盟ほど不確定で流動的なものはないということを、われわれは常に念頭に置く必要があるのだ」と。[195] このような不安は、イギリス政府がベルギーやフランスに特別な軍事的便宜を図ることを躊躇する一因となる。そして、国際連盟の設立によって国際情勢の流動性に歯止めをかけるべきだとする主張の背景の一つでもあった。

政治情報局は、休戦後の講和準備期間に国際連盟に関する覚書をいくつか作成した。その一つ、パーシー卿による覚書は次のように論じた。国際連盟は、まず連合国のみの会議で合意を達成し、連合国のみによって発足させる。敵国やロシアは、政情が安定化し次第連盟に加盟する。そしてイギリスは他国とともに、その海陸兵力と経済力のすべてをもって、講和条約と連盟加盟国の独立と領土保全を保障するべきである。そして、この保障は、(列強によるルクセンブルク保障のような）単なる集団的保障ではなく、集団的かつ個別的保障であるべきである。また、日英同盟のような軍事同盟も、条約内容が連盟に登録され、連盟の主旨に沿うものであれば許容される、と。その他の点については、フィリモア委員会の報告書を踏襲した。ジマーンによる覚書も、大国（英仏伊日米、そして政情が安定し次第、独露）主導の理事会と事務局を中心とする連盟像を描いた。そして、連盟は少数民族の保護等に関しても、国家主権に抵触しない範囲にとどめるべきだとした。また、ジマーンとパーシーは両者とも連盟規約自体に軍縮に関する要件を組み込むことには反対した。軍縮の定義は困難であり、加盟国が負う義務は明確に定められるものにとどめるべきという理由からであった。一方でジマーンは、ウィルソン大統領やパーシーとは異なり、講和条約の規定する現状を軍事的に保障することには慎重であった。固定的な国境は存在せず、将来の現状変更の余地を残すべきだという意見であった[196]。

外務省上層部も、国際連盟が過剰な権限を持つことを警戒した。たとえばクロウ次官補は、国際連盟が国際軍を有する「超国家的行政機関」になることには反対であった[197]。クロウは、国際連盟があまりに大きな権力を持てば、イギリスの国益を害する恐れがあると警告した。そして、講和会議でイギリス代表団がウィルソン大統領の構想に不用意にコミットしないよう細心の注意を払うべきだと説いた。クロウによれば、ヘッドラム＝モーリーもこの見解を支持していた。また、ハーディング次官も「この新しいシステムが将来多くの失望を生まないかと心配している」と述べた[198]。外務省は、ジマーンの覚書をもとに提言をまとめ、一二月一七日にセシルが戦時内閣に提出した。それは、大国間の会議に主軸を置く連盟構想であり、領土の保障や制裁を重視するものではなかった。この覚書は後に「セシル・プラン」と呼ばれることとなる[199]。

政治情報局はまた、対ドイツ講和全体に関する総合所見を論じる覚書も作成した。この覚書はヘッドラム＝モーリーがクロウの助力を得て作成したものであった。覚書はまず、休戦交渉の結果を受けた連合国に課せられた義務について次のように説明した。休戦協定が連合国側に圧倒的に有利な内容となったため、ドイツは連合国側の要求を無条件で受け入れねばならない特殊な状況にある。その一方で、ドイツとの休戦合意は「一四カ条」をはじめとするウィルソン大統領の声明を講和の基礎とすることを条件としていたため、連合国はこの合意に拘束されている。このような束縛はわれわれにとって不都合であり、政治的な観点から言えば、戦争を継続して無条件降伏を勝ち取ったほうが良かったであろう。しかし、これはすでに済んだことであり、この合意の履行にはイギリスと連合国の名誉がかかっている、と。

覚書は続いて、個別問題を「領土」、「通商」、「賠償と処罰」という項目を設定して論じた。ドイツに割譲を求める領土については、①一八七〇年国境に基づくアルザス＝ロレーヌと、②ポーランド人居住地区に限定するべきだとした。①については、普仏戦争の結果を受けたドイツへの割譲という「暴力行為」を無効とし、フランスはドイツに対して強化されるべきだが、この問題が二度と両国の争いの種とならないような最終的解決となることを目指すべきだと説明した。そして、アルザス＝ロレーヌとポーランドに関する要求を「予備的講和」においてまずドイツに合意させ、その後ドイツも加わる「講和本会議」で「民族自決」原則に基づくその他の領土調停を交渉する、という段取りを提案した。ヘッドラム＝モーリーによれば、ドイツは連合国と同様にウィルソン大統領の声明に拘束されている以上、「民族自決」原則を実施する義務があった。具体的には、①シュレスヴィヒ、②メーメル、③オーストリア＝ハンガリー領内のドイツ人地域[200]、④マルメディなど独白国境沿いの一部地域を「民族自決」原則に基づく裁定の対象として挙げた。また、ドイツはルクセンブルクのドイツ関税同盟からの離脱を承認し、同地の鉄道管理権を放棄するべきだとした。

ヘッドラム＝モーリーは、賠償の政治的帰結に関して次のような興味深い分析を行った。賠償総額は、フランスとベルギーの被害補償だけでも巨額になるだろう。そして、ドイツ人は一体となって賠償支払いに抵抗するであろうから、ヨーロッパ全体が長期にわたって不安定化するであろう。そのため長期的に見れば、賠償によって得られる利益よりも高いコストを支払うこととなりかねない、と。ヘッドラム＝モーリーは、政治的観点から見れば、ドイツが賠償の大部分を可能な限り早期に支払うことが望ましく、その一環としてフランスにザール地方の炭田の所有権を譲渡するべきだと提案した(201)。

このようにヘッドラム＝モーリーは、ウィルソン声明に可能な限り忠実な講和を追求するべきだと提言した。しかし、ウィルソン声明に忠実であることは、ドイツに寛大な講和を望むことを必ずしも意味しなかった。ウィルソン声明は賠償を否定しておらず、休戦交渉の過程で連合国の賠償請求権は明示的に確認されていた(202)。また「民族自決」に基づく講和という原則についても、講和会議の裁量次第でドイツが多くの領土を失う可能性がもとから内包されていた。

政治情報局は、フランスの講和要求に関しては多くの労力を割かなかった。同局が戦時内閣と講和会議イギリス全権団に向けて作成した覚書のうち、フランスの対独要求に関するものは二通しか作られなかった。全体で七一通の覚書のうちの二通に過ぎず、たとえばベルギーとルクセンブルクに関するものが四通、スイスに関するものが六通作成されたことと比較して目立って少なかった。そして、そのどちらも独仏国境やラインラントに関する政治的問題を正面から扱っていない(203)。

同局でフランスを担当したベイリーは、「ドイツおよびオーストリアのドイツ人地域の将来に対するフランスの態度――民族原則の影響を中心に」というタイトルの覚書を作成した。標題の通り、これは主としてドイツとオーストリアの合併（アンシュルス）問題に対するフランスの認識を扱っていた。ベイリーは、「民族自決」原則をどこまで厳密に適用するのかという重大な疑問を提起した。ベイリーは、もしアンシュルスが達成されれば、ドイツの人口と国力は戦前よりもむしろ増加し、独仏の人口比は八〇〇〇万対四〇〇〇万となる、というフランス側の懸念を説明し、それに理解を示した。そして、それに対するフランス側が構想する対処策としてのラインラント政策に言及した。ベイリーは、フランスによる同地の併合案ないし分離独立案もまた、「民族自決」原則と整合せず、将来の争いの種になるとの理由から「取り上げるに足らない」と批判した。ベイリーの結論は次の通りであった。

「民族自決」原則には限度がある。過度に強大なドイツは、フランスとイギリスのみならずヨーロッパ全体の脅威であるため、何らかの外交的手法でアンシュルスを抑制するべきである。しかし、フランスが主張するようにアンシュルスを明示的に禁止すれば、われわれの原則に背くばかりか、八〇〇〇万人のドイツ人に禍根を残すこととなるだろう、と。そしてハーディングも、「フランスの恐怖心は理解できる」としながらも、講和条約にアンシュルスを禁止する条文を含めるべきではない、とコメントした[204]。ベイリーの覚書は省内の配布にとどまり、内閣には配布されなかった[205]。

もう一通は、外務省の「戦時貿易情報局（War Trade Intelligence Department）」のヘンリー・デイヴィス副局長が担当した「ロレーヌ＝ザール炭田に対するフランスの要求」と題する簡潔な覚書であった。デイヴィスは、ドイツがザール炭田を失ったとしても経済的影響は限定的だが、石炭輸入国であるフランスにとってザール炭田の獲得は大きな意味がある、と分析した。その一方で、ほぼすべての住民がドイツ語話者である同地をフランスが獲得すれば、「深刻な人種問題」を抱えることになると警告した。この覚書は内閣に配布された[206]。

（6）独仏国境に関する陸軍参謀本部の所見と外務省の反応

独仏国境に関する検討を主に担当したのは陸軍であった。前述したように、陸軍情報部はフランスのアルザス＝ロレーヌ獲得の軍事的帰結に関する覚書をすでに作成していた。一二月一六日にバルフォア外相は、「将来のロレーヌにおける独仏国境」を歴史的、戦略的、経済的観点から検討するようにウィルソン参謀総長に依頼した[207]。

ロバートソンの後任の参謀総長となったウィルソンは、イギリス陸軍随一の英才にして親仏派として知られた人物であった。フランス語に堪能であったウィルソンは、フランス陸軍トップのフォッシュ元帥と親しい関係にあった。彼は、第一次世界大戦前には作戦部長としてイギリス海外派遣軍の編成を後押しするなど、イギリス陸軍の「大陸関与」に積極的であった[208]。

ウィルソン参謀総長は一九一九年一月二日に「将来の独仏国境」と題する覚書を完成させた。ウィルソンは、東部国境に関するフランスの要求を相当程度支持した。フランスは一八七〇年国境に基づくアルザス＝ロレーヌのみならず、ザール地方も併合し、そしてルクセンブルク、ベルギー、オランダと防御同盟で結ばれるべきだと主張した。一方でウィルソンは、ランダウ周辺部（一八一四年国境に含まれる）の併合とラインラントの分離独立には反対した。ザール地方に関しては、フランスの主張は歴史と民族分布の観点から見れば正当性が低いものの、戦略と経済の観点から見た場合にアルザス＝ロレーヌを北方に拡張する妥当性を認めた。戦略的には、国境が北方に延伸することで、国境付近の重要な鉄道路線であるティオンヴィル＝サルグミーヌ＝アグノー線を防衛する縦深が確保でき、さらにはルクセンブルク大公国と一続きの防衛線を構築することができた。そして経済的観点からは、フランスがロレーヌの鉄鉱床の全域を得るのであるから、近接するザール炭田を獲得することに合理性が認められるとした。

続いてラインラントについては、同地が独仏間の広大な緩衝地帯となることに有用性を認めた。一方で、同地が完全な独立国となれば、フランスの強い影響下に置かれる恐れがあるため、ラインラントはドイツとの政治的、経済的統一を保つべきだと論じた。その代わりに、ラインラントを完全に非武装化し、あらゆる要塞、軍事設備の建設と徴兵を禁止するべきだとした。ウィルソンは、これを成し遂げてなおフランスの防衛線の左翼に不安があることを指摘した。それとフランスの人口がドイツと比較して圧倒的に少ないことに鑑み、フランスは、ルクセンブルク、ベルギー、オランダと防御同盟を結ぶべきだと繰り返した(209)。このようにウィルソン参謀総長は、独仏国境に関して、戦略的国境と軍事同盟を組み合わせた安全保障システムを構築するべきだと説いていた。

ウィルソンはさらに、この覚書を添付した書簡のなかで次のように提言した。世界の多くの地域と同様に、独仏国境の問題は、民族分布に基づく論理と、軍事・安全保障・防衛に基づく論理が鋭く相克する構図となっている。そのため、フランスはウィルソン大統領の反対に遭うだろう。われわれとしては、もしこの問題でフランスを援助するのであれば、サイクス＝ピコ協定の修正など他の問題でフランスから対価を引き出すべきだ、と。またウィルソンは、書簡の最後でフランス、ルクセンブルク、ベルギー、オランダ間の同盟の必要性について念を押した。彼はこの考えをバルフォアに口頭でも伝えた[210]。

ウィルソンはこの覚書を一月二日に送付したのであるが、これが担当の外務官僚たちの手に渡ったのは一月一五日のことであり、その頃には彼らはすでにパリにいた。パリでクロウ次官補は、参謀本部覚書に関する所見をまとめるようヘッドラム＝モーリーに指示した。ヘッドラム＝モーリーによれば、問題の核心は、政治的判断と戦略的判断のどちらを重視するかであった。ウィーン会議は戦略的判断を重視し、フランスを取り囲む緩衝地帯を作り上げた。しかし、ネーデルラント連合王国は、かつてはハプスブルク帝国領だった南部地域（後のベルギー）の政治的特殊性を無視して作り上げられたため、その領土的現状は長続きしなかった。ヘッドラム＝モーリーはこのように述べ、新たな講和においては政治的判断を重視するべきだと説いた。ゆえにラインラントを独立した緩衝国とする案は、ウィルソン参謀総長が述べたように却下するべきだとした。ラインラントの非武装化についても、その案はドイツが統一された強国であり続けるという前提に立てば合理的な政策かもしれないが、もしこのままドイツ国内の混乱が続くようであれば、かつてドイツが分断されていた時代のように、それに乗じてフランスが同地を侵略する誘因となりかねない、と警告した。また、ザール地方については、同地の併合は「一四カ条」と矛盾するため、炭田の所有権を移転するにとどめるべきだと提案した。

ヘッドラム＝モーリーはさらに、フランスと低地諸国の防御同盟案に関する興味深い論理を展開した。彼はまず、参謀本部が国際連盟案に言及しなかったことを批判した。彼の考えでは、イギリス政府は、フランスと低地諸国の間の「部分的同盟」ではなく、すべての諸国が参加する「全般的相互保障」を追求するべきだと訴えた。そのうえで、もし国際政治がその「旧い姿勢」を維持するようであれば、「次善」の策として、ドイツに対するフランス、ベルギー、イギリス間の恒久的同盟をもって代えればよい、と説いた。すなわち彼は、国際連盟構想に基づく安全保障システムの構築を最優先とし、それがうまくいかない時の予備的構想として、勢力均衡の発想に基づく同盟の構想をとどめておくべきだと考えたのである。(211)

クロウは、ヘッドラム＝モーリーの意見に総じて賛成すると表明したものの、目下の状況下でイギリス政府が独仏国境の問題に関する政策を固定するのは時期尚早だと述べた。(212) すなわち、イギリス代表団は当該問題に関するフランスとアメリカの出方を見極めるべきだという判断であった。ウィルソン参謀総長の覚書は、ヘッドラム＝モーリーの所見を添付したうえで、ハンキーを通じて首相に送付された。(213)

このように、外務省はフランスの要求にかなり懐疑的であった。陸軍参謀本部は、戦略的国境と軍事同盟を組み合わせることによって安全保障を確保するべきだと考えていた。一方で外務省は、ザール炭田の移譲を除けば、フランスの要求はすべて「一四カ条」に抵触するため実現困難だと考えた。また、国際連盟案が成就すれば、それによって十分な安全保障が確保されるため、従来のような軍事同盟は不要になるとする考えが主流となっていた。

(7) 講和会議前夜の連合国間交渉

戦後構想に関する相互調整を長らく延期してきた連合国であったが、一九一八年秋に終戦の見通しが立つと、講和会議で獲得する目標に関する打診を開始した。最初に動いたのはベルギー政府であった。

九月一八日にイマンス外相は、ベルギーの戦争目的を説明する覚書を英仏伊の政府に在外公館を通して送付し、(214) 二三日に駐英公使モンシュール男爵がバルフォア外相に手交した。覚書は次のような内容であった。一九一四年のドイツの行動によって、一八三九年以来の中立保障体制が「幻想」に過ぎなかったことが今や明らかとなった。したがって一八三九年条約に基づく原状への復帰は不可能である。ベルギーは、自国を守るために、「強制された中立（neutralité obligatoire）」の解消と、完全な政治的、軍事的、経済的独立の達成を望む。そのうえで、「追加の保障（garanties additionnelles）」を要求する権利を留保する。「追加の保障」を要求するか否かは、講和の際の状況によって決定される。たとえば、ヨーロッパの領土変更や国際連盟の設立によって将来の戦争勃発の危険性が低減するような状況が生起すれば、ベルギーはそれを歓迎するだろう、と。

バルフォアはこの覚書を読み終えると、「追加の保障」とは具体的に何を意味するのかとモンシュールに尋ねた。しかしモンシュールは、本国政府が「保障」の問題を検討中であり、講和会議がヨーロッパ地図をどのように書き換えるのかによっても状況は変わると述べるにとどまった[215]。ベルギー政府は、「追加の保障」という婉曲的な表現を用い、オランダからの領土割譲を伴う戦略的国境の要求、もしくは連合国との軍事同盟の締結を求める余地を残したのであった。

一〇月半ばまでにフランス政府は、ベルギーの中立解消のみならず、スヘルデ川の現状変更やドイツ領内のワロン人地域の獲得に関するベルギーの要望にも支持を与えた[216]。一方でイギリス政府は、一カ月後にベルギー側が催促するまで回答を保留した。そして一〇月三一日に送付した回答文も、ベルギーが独立した平等な立場から国際連盟に加盟することを歓迎する、と述べるにとどまった。この回答の原案は、外務省政治情報局で国際連盟を担当したパーシー卿が作成した[217]。イギリス政府は、中立保障を解消したベルギーの安全は国際連盟によって十分に保障されるとする立場をとり、「追加の保障」を検討することを避けたのである。

ベルギーが中立保障に替わる保障手段を求めたことは、複数の外交ルートを通じてイギリス政府に伝えられた。しかしイギリス政府は、ベルギーが強制された中立から脱却することに賛同する一方で、安全保障に関する言及を避け、ベルギーは国際連盟からの保護を受けられるだろうと示唆するにとどまった[218]。

外務省も、ベルギーに「追加の保障」は不要だと考えた。先述のようにクロウ次官補は、オランダ人が住む土地のベルギーへの割譲は時代錯誤の解決策だと批判していた。一方でクロウは、戦時におけるスヘルデ川の軍事利用に関するベルギーの要求は、ベルギーの安全保障を高めるために一考の価値があり、領土併合を伴わなくとも実現することは可能だと論じた。その選択肢として、①個別の条約でその権利を保障するか、②国際連盟による解決、を挙げた。②国際連盟による解決とは、国際連盟の樹立によって、規約違反国に対して全世界が参戦する体制が整えば、将来の戦争から「中立」という概念はなくなり、戦時におけるオランダの中立によってスヘルデ川の軍事利用が妨げられることもなくなる、という議論であった。この見解はハースト外務省法律顧問とセシル外務政務次官にも支持された。セシルは、「国際連盟がもたらす帰結の一つは、中立の排除である」と述べた[219]。

ここにおいても、当時のイギリスの外務官僚が国際連盟を戦後秩序の中心に据えていたことが見て取れる。クロウのような熟練の外務官僚も、ウィーン会議のような列強主導の領土分割を否定し、「民族自決」と国際連盟を前提とする国際秩序観をかなりの程度共有していたのである。

ベルギーが一九一八年九月から動き始めたのとは対照的に、フランスは独仏国境に関する戦争目的を休戦が成立するまでイギリスに公式に打診しなかった。それでもイギリス外務省は、フランスの新聞論説などから、フランス世論の一部がラインラントのドイツからの分離を望んでいることを把握していた。たとえば、一九一八年五月一九日付のフランスの有力紙『ル・タン』が、一面のトップ記事でライン左岸の問題を扱ったことなどが、大使館を通して本国に報告されている。その記事は次のように訴えていた。今日のドイツが西方を脅かすことを可能とした遠因は、一世紀前のウィーン会議でライン左岸がプロイセンの手に渡ったことにある。ドイツの脅威を前に、英仏の利益は一致するはずである。イギリスはウィーン会議時と一八七一年に判断を誤った。「イギリスが多くの若者を失った今となっても、目を開かぬ者がいるだろうか」と[220]。さらに、五月二二日付の『ル・タン』と二三日付の『フィガロ』紙には、フランスがザール地方やランダウを含む国境線を要求する歴史的正当性を説く記事が掲載され、これらも英本国に報告された[221]。

こうした情報は外務省政治情報局と陸軍情報部に配布され、バルフォアやロイド・ジョージにも伝わった[222]。しかし、イギリス政府関係者はフランスのラインラント構想を歓迎しなかった。バルフォアは、フランスはアルザス゠ロレーヌを得るにもかかわらず、それ以上を望む態度は「本物の強欲」だと述べるなど、仏案に批判的であった[223]。

セシルもまた、仏案は多大な困難をもたらすだろうと警鐘を鳴らした[224]。

フランス政府は、一二月初頭にロンドンで行われた英仏首脳会談の際に、ラインラント政策の詳細をイギリス側に説明した。会談の冒頭でラインラント問題を切り出したのはロイド・ジョージであった。彼は、賠償など、履行に長い時間のかかる講和条件をドイツが履行する「担保」として、ライン左岸を長期にわたり占領する必要があるのではないかとフォッシュ元帥に尋ねた。

フォッシュは、ロイド・ジョージの質問に肯定的に答えたうえで、ラインラントをドイツから切り離さなければならない軍事的理由を説明した。フォッシュによれば、ドイツの国力との均衡を達成するためには、ラインラントを分離独立させたうえで、そのラインラント独立国と、フランス、ベルギー、ルクセンブルク、そして可能であればイギリスが、恒久的な同盟を結ぶ必要があるのだという。彼曰く、一九一四年の再現を防ぐ唯一の方法は、ライン川をドイツに対する防御線とし、その西方に位置する英仏白をはじめとする諸国が将来にわたり連帯し続けることであった。四年三カ月にわたる総力戦を指揮したフォッシュの念頭にあったのは、動員可能な人的資源の計算であった。すなわち、講和条約で想定される人口喪失を経てなお六〇〇〇万人を下らない人口を維持する（オーストリア＝ハンガリー領内のドイツ人を含めれば約八〇〇〇万人）ドイツに対抗しうる防御策をいかに構築するかという問題であった（当時のフランスの人口はアルザス＝ロレーヌを加えても四〇〇〇万人弱であった）。彼の考え方はウィルソン主義の対極にあった[225]。

ロイド・ジョージはフォッシュの説明に否定的な印象を持った。彼は、ラインラントの分離政策は「逆側に新しいアルザス＝ロレーヌ」を作ることを意味し、復讐戦の火種となる恐れがあると警告した。以後この言葉は、彼がフランスのラインラント政策を批判する際の常套句となる。ボナー・ロウも、イギリスのアイルランドにおける苦い経験を引き合いに出し、フランス案に否定的なコメントをした。フォッシュは同問題に関する覚書をイギリス側に提出し、英仏会談は終幕した[226]。

このように、フランスのラインラント政策に対するイギリス政府首脳の反応は否定的であった。ロイド・ジョージはあくまで賠償獲得の担保という観点からのラインラント占領に一定の興味を示したに過ぎなかった。会談の冒頭でロイド・ジョージがフランスに歩み寄るような姿勢を見せたのも、直前の非公式会談でクレマンソーがサイクス＝ピコ協定をイギリス有利に修正（モスルとエルサレムをイギリスに移譲）する譲歩を示したことが影響したものと考えられる。[227]

イギリス陸軍参謀本部はフランスのラインラント政策に比較的理解を示していた。ウィルソン参謀総長はフォッシュの懸念を共有し、ドイツに対するフランスの国力の劣勢を打開する必要を認めた。しかしウィルソンは、その目的はラインラントを非武装化しさえすれば十分に達成可能であり、分離独立は必要ないと考えていた。ウィルソンは、分離独立という構想に対して、「フォッシュは行き過ぎだ」と感じざるをえなかった。[228]

一方、ウィルソンのような親仏派とは対照的に、イギリス政府関係者の多くはフランスに疑念を抱いていた。帝国戦時内閣の要請を受けたスマッツは、講和に際してイギリスがとるべき政策の大枠に関する覚書を一二月初頭に提出した。スマッツは、イギリスの将来の提携相手国としてアメリカとフランスを比較し、アメリカに接近するべきだと説いた。スマッツ曰く、フランスは一八七〇年にドイツに敗れるまで、一貫して野心的、好戦的、帝国主義的な「悪い隣国」であったという。戦勝をきっかけとしてフランスはその「傲慢な外交」を復活させ、ドイツを従属的な地位に陥れ、将来にわたる平和と国際協力を不可能にするだろう、とスマッツは警告した。スマッツは、講和会議のはじめからアメリカに接近し、英米の構想に基づく国際連盟を速やかに樹立するべきだと提言した。[229]

しかし皮肉なことに、一一月のアメリカ議会選挙の結果、ウィルソン大統領の連盟構想に批判的な野党共和党が上下両院で多数を握ることとなった。そのためイギリスでは、連盟案がアメリカ議会に潰されるのではないかという不安の声が出始めていた。[230] こうした背景もあってか、スマッツの覚書に対してクロウ外務次官補は、「われわれの友アメリカが遠くに住んでいる一方で、フランスは玄関先に位置していることを思い出す必要がある」と述べ、隣国フランスとの協調関係を保つ重要性を指摘した。[231]

一二月一四日にはイギリスで一九一〇年以来の総選挙が行われ、連立与党が大勝を収めた。庶民院七〇七議席中、保守党が三八二議席を獲得し（連立政権非公認五〇名を含む）、ロイド・ジョージ率いる連立派自由党が一二七議席と続いた。アスキス率いる非連立派自由党は三六議席へと縮小された。自由党は両派合わせても改選前から一〇〇議席以上を失う結果となり、党勢の急速な衰退が始まることとなった。一方で労働党は六一議席を獲得し（連立派四名、非連立派五七名）、改選前から一九議席を積み増す結果となり、党勢を拡大させた。選挙の最大の勝者は保守党であり、改選前から一〇〇議席以上を積み増した。保守党は政治的実権を握ったのであったが、ロイド・ジョージとの同盟関係を一九二二年まで継続させた。[232]連立政権は、このように強固な勢力基盤を築いたうえでパリ講和会議に参加するのであった。

一九一八年一二月の選挙戦は、連立政権がドイツに対し厳しい講和を約束するレトリックを用いたことで悪名高い。事実、ロイド・ジョージを含む多くの連立派候補がそのような発言を行った。その一方で、政権首脳部はそうした発言に政策を拘束されないようにも配慮していた。彼らは、ドイツから可能な限りの賠償を引き出すと言明すると同時に、ドイツの支払い能力に限りがあることにも言及していた。[233]ロイド・ジョージとボナー・ロウの連名で発表された連立政権の選挙マニフェストは、ドイツについても賠償についても言及していない。それは、「公正で永続的な講和」を追求し、新たな戦争の勃発を防ぐ「新しいヨーロッパ」を築き、国際連盟を設立させると謳っていた。その他の記述はイギリス国内の戦後再建に重きが置かれていた。[234]一一月中旬にロイド・ジョージは、自由党員に対する演説において、普仏戦争後の講和との対比のもとで、新たな講和は抑制的で慎重なものでなければならず、ドイツには節度をもって接しなければならないと説いていた。ドイツに対する賠償請求や戦犯の訴追要求は、ドイツが戦争を引き起こしたという前提のもとで、「正義の講和」がなされなければならないという論理の一環として語られた。ロイド・ジョージにとって、ドイツに節度をもって接することと、その「罪」を厳しく追及することの間に矛盾は存在しなかった[235]。

一二月後半、ヨーロッパに到着したウィルソン大統領がイギリスを訪問し、英米首脳会談が行われた。議事録をとらない非公式の会談となったものの、一二月三〇日の帝国戦時内閣でロイド・ジョージは会談の内容を詳細に報告した。ロイド・ジョージによれば、ウィルソン大統領は国際連盟の設立に強い意欲を示した一方で、他の事項にはあまり関心がないように感じられたという。国際連盟の中身に関しても、スマッツやセシルの説いたイギリス側の構想を共有していたという。ウィルソン大統領が望んだのは、講和会議が国際連盟の議論を最優先することであった。ロイド・ジョージはこれに同意を示した。また英米首脳は、全般的軍縮の先駆けとして、ドイツとその同盟国の軍備を厳しく制限するという方針にも合意した[236]。

以上のように、第一次世界大戦後の国際秩序構想に関するイギリス政府の検討は一九一六年から徐々に開始され、一九一八年に入ってから本格化した。政府の戦争目的を公言する際には、ベルギーの独立回復が常に筆頭に挙げられ、大戦終盤にはフランスのアルザス＝ロレーヌ獲得も支持した。「民族自決」の実現や国際連盟の設立といった目標は、すでに一九一七年には掲げられていた。「民族自決」と国際連盟は、イギリス政府内部の検討においても、戦後構想の指針として採用された。一九一六年の外務省覚書は、イギリス、フランス、ベルギーが「恒久的同盟」を結ぶべきだと提案したが、このような見解は一九一八年には下火となり、国際連盟の樹立によって十分な安全保障が確保されるとする考えが主流となった。フランスとベルギーは、一九一六年頃から戦略的国境の考えに基づく安全保障構想をイギリスに打診していたものの、イギリス政府はそれに総じて否定的であった。終戦の糸口が休戦の直前まで見出されなかったため、連合国は大戦中に互いの戦後構想を調整する機会を設けることができなかった。休戦後に連合国は予備的交渉を行ったものの、合意形成は講和会議に持ち越されることとなった。

第2章　パリ講和会議における西欧安全保障問題　一九一九年

1　国際連盟と対独軍備制限

(1)「予備的講和会議」の始動

一九一九年一月一二日、パリにおいて連合国の予備交渉が開始された。英仏米伊の首脳が集った初日の会合では、各国の全権の人数など、講和会議の構成に関する議論がなされた。その際に、まず連合国間の「予備的講和会議(preliminary Peace Conference)」を開催した後で、「通常の講和本会議(regular Peace Congress)」を開催するという方針が採用された(1)。これは、まずヨーロッパの領土問題などの重要案件について連合国が合意し、その後に敵国と中立国を招いて国際連盟の成立に向けた議論を開始するべきだという英仏外務当局の提言に基づいていた(2)。しかしウィルソン大統領は、連合国による「予備的講和会議」の段階から国際連盟の創設を最優先に議論すべきだと反論した(3)。そして、一月一三日の会合において、①国際連盟、②賠償、③新興国、④国境および領土変更、⑤植民地という検討すべき課題の優先順位を提示し、ロイド・ジョージ首相とクレマンソー首相はこれに同意した(4)。その結果、「予備的講和会議」が戦後秩序を実質的に決する場となり、敵国の参加する「本会議」は著しく形骸化することとなった。さらに、英仏米伊日五カ国の代表が参加する「十人評議会(5)」が講和会議の最高意思決定機関となり、その他の国々の代表が参加する「総会（Plenary Session）」は、十人評議会の決定を追認する役割を担うにとどまることとなった。すなわち、戦勝五大国が講和会議を主導することが決定されたのである。

一月一八日、二〇カ国以上の連合諸国の代表が集うなかで第一回総会が開催され、パリ講和会議（当初は「予備的講和会議」と呼ばれた）が公式に開会した。レイモン・ポアンカレ仏大統領による開会演説においても、新たなる戦争に対する「最高度の保障」となる国際連盟の設立が、連合国共通の目的である旨が宣言された。(6) 一月二二日に十人評議会は、連盟規約を起草する委員会を組織することに合意し、次の三項目からなる国際連盟に関する決議案を採択した。①「国際協力を促進し、合意された国際的義務の履行を保証し、戦争に対するセーフガードを提供する」ことを目的とする国際連盟の設立が講和の維持のために必要である。②連盟は講和条約と一体を成すべきであり、「その目的を促進すると信頼できるすべての文明国」に対して開かれるべきである。③連盟加盟国は定期的に国際会議に集うべきであり、そして会議の合間に連盟の業務を遂行するための常設の機関と事務局を設けるべきである、と。(7)

この決議案は一月二五日の第二回総会で議論され、ウィルソン大統領をはじめとする各国の代表が国際連盟構想について演説した。ロイド・ジョージは、フランスの戦争被害地域を訪問した感想を語ったうえで、今後は国際紛争を解決する手段としての戦争を認めず、戦争に代わる紛争の解決手段として国際連盟を設立する必要性を説いた。ベルギーをはじめとする中小国の代表は、中小国に割り当てられた委員の少なさに不満を表明したものの、十人評議会の決議案に基づいて国際連盟委員会を立ち上げることを受け入れた。(8)

（2）英米の連盟構想の折衷

国際連盟委員会の発足に先がけて、英米代表団は両国の連盟構想を擦り合わせるための交渉を行っていた。イギリス代表団の国際連盟担当部を指導したロバート・セシル卿は一月八日、ウィルソン大統領の腹心であったエドワード・マンデル・ハウスと会談した。そこでセシルは、アメリカ代表団が強制仲裁による紛争解決という構想を持っていることを知り、懸念を抱いた。強制仲裁とは、すべての紛争を当事国の任意ではなく、強制によって司法的解決を行う考え方のことを指した。それは、政治的問題については外交交渉を通じた仲裁が望ましいと考えたイギリス政府にとり、受け入れがたい構想であった。総じて言えば、英米の連盟構想には相違点よりも共通点のほうが多かった。しかし、仲裁という連盟の中心的任務に関する見解の相違が発覚したため、セシルとハウスは、他の連合国との議論に入る前に英米両国が連盟案に関する政策を一致させる必要性について合意したのであった(9)。

セシルはまず、強制仲裁に関する所見を覚書にまとめるようエア・クロウ外務次官補に依頼した。クロウが翌九日に提出した覚書は、強制仲裁という司法的解決策は、国家の「死活的利益」や「名誉」が関わる係争の場合には適さないと論じるものであった。クロウによれば、「死活的利益」とは、国家の存立ないしは歴史的に確立された立場を脅かす問題を指し、アメリカのモンロー・ドクトリンを例に挙げた。このような問題を仲裁にかけたとしても、当事国には妥協の余地が一切ないため、効果的な紛争解決策とは考えにくいというのであった。公平な司法的仲裁者を見つけることの難しさも、大きな課題として指摘された。司法的仲裁を適用するケースは然るべく限定し、国益に直結する紛争に関しては外交交渉によって解決するのが望ましいというのがクロウの見解であった。クロウの考えでは、アメリカ上院で国際連盟に否定的な見解が唱えられていることに鑑みても、強制仲裁を内包する野心的な連盟案を推進することは賢明ではなかった。「当面の緊急課題は国際連盟を機能しうる形で始動させることだ」とクロウは提言した(10)。

続いてセシルは、イギリス代表団の国際連盟担当部に所属したユースタス・パーシー卿やフィリップ・ベーカーとともに、国際連盟の規約草案を作成した。規約草案は、それまでのイギリス政府内で発展した構想を踏襲し、総会、理事会、事務局という三つの組織からなる連盟を提案した。組織の実権を握るのは理事会であった。理事会は、「国際連盟が成功裏に機能することを請け合い」、講和条約によって承認される新興国を監督し、新興国の間の紛争を調停する役割を担うと定められた。理事会の構成国は、イギリス、アメリカ、フランス、イタリア、日本と定められた。すなわち、理事会は戦勝五大国によって構成されるものとされた。その他の理事国も随時受け入れると記されていたものの、イギリス代表団のイメージが大国主導の連盟にあったことは明らかである。戦争勃発を抑制するメカニズムとしては、国際司法裁判所ないし連盟理事会を通じた仲裁によって紛争を解決する制度を作り、違反国には厳しい制裁を科すことを提案した。国際司法裁判所による仲裁は強制ではなく当事国の任意とされ、当事国が司法的解決を望まない場合は連盟理事会が国際会議を開催して仲裁を図ると規定された。そして、仲裁規定に違反して戦争を始めた国は、「その事実をもって、他のすべての連盟加盟国と戦争状態に陥る」と定められた。集団安全保障の仕組みである。

ここまではフィリモア委員会の報告書などですでに提起されていた内容であったが、この新たな覚書において追加された構想もあった。連盟加盟国の領土保全を保障する条項である。ウィルソン大統領の「一四カ条」では、国際連盟の目的は「国の大小を問わず、その政治的独立と領土保全に関する相互保障を与える」ことだと明示されていた。ウィルソン大統領がその後イギリス側に提出した連盟規約草案においても、この原則に基づく条項が設けられていた。[11] イギリス代表団は、ウィルソン大統領の考えを汲み入れ、次のような条項案を提示した。

〔連盟規約の締約国は〕すべての連盟加盟国の領土保全を尊重し、外国の侵略から保護することを約束し、そして本講和条約によって樹立される、ないしそれと同日に存在する領土的現状を、他国が力によって変更せんとする試みを防ぐことに同意する。

すなわち、これは連盟加盟国が世界広域の領土的現状を保障するという野心的な取り組みであった。この構想は、最終的に連盟規約第一〇条として具現化することとなる。セシルは、この草案がイギリスの連盟案の論拠となりうると付言し、一月二〇日にイギリス帝国代表団に配布した。[12]

セシルは南アフリカ代表のスマッツとともに一月一九日にウィルソン大統領と会談し、英米双方の連盟規約草案を交換した。セシルとスマッツは、その場でウィルソンの規約草案を詳細に吟味した。セシルは、ウィルソンの連盟構想がフィリモア委員会案とスマッツ案を組み合わせた内容だという印象を受けた。アメリカ側の最新の構想はイギリス側のそれと相当程度近似しており、イギリス側が懸念を示していた強制仲裁の制度を埋め込むことも断念されていた。セシルによれば、ウィルソンはアメリカ国内世論の動向を常に気にかけ、英米が協働する連盟案は少なくとも名目上は彼自身の構想であるように見せる必要性を語ったという。セシルは、ウィルソンが他人の成果を自らのものにしようとする「うぬぼれ屋」だと感じ、その人格に良い印象を持たなかった(13)。しかし、英米の連盟案が統合に向けて大きく動いたことは確かであった。

一月二一日にセシルは、アメリカ代表の法律専門家デイヴィッド・ハンター・ミラーと連盟規約の共同草案の作成に向けた交渉を開始した。ウィルソン大統領の要望を受けて、イギリス側はウィルソン大統領の草稿を英米共同草案の下地とすることを受け入れていた。ミラーは、イギリス案に対して二点の異論を唱えた。第一は、領土保全に関する保障に付随して、イギリス案には、領土的現状に不都合が生じた場合に連盟がその修正を勧告できるとする条項が含まれていたことについてである。ミラーは、このような条項があった場合には、東欧などで領土修正を求める扇動活動に法的正当性を与えてしまうため、危険だと主張した。第二は、規約違反国に対してすべての連盟加盟国が自動的に参戦するという、集団安全保障の条文に関してである。ミラーは、開戦の決断は民主的手法によって決定するべき事項であり、アメリカ国内世論に鑑みても、事前に開戦にコミットするような条項には反対であると主張した。両者は協議の末、一点目については領土問題に限定しない現状修正条項を挿入するという妥協案を見出した。二点目については、規約違反が起こった場合に、加盟国は違反国と断交する義務を負うにとどめ、連盟理事会が決定を下すまでは軍事行動に移らない、という案に着地した。セシルがウィルソン草案に表明した異論も二点であった。第一は、アメリカ案が連盟理事会には大国のみならず、中小国も持ち回り制によって参加できるものとしていたことについてである。セシルは、理事会は大国のみによって構成されるべきだと主張した。第二は、アメリカ案が連盟総会を加盟各国の大使ないし公使による会合の場と捉えていたことについてである。セシルは、それでは他国に外交使節を派遣していないイギリス自治領諸国とインドの代表が出席できないと反論した。アメリカ側は譲歩的に対応し、セシルの要望を受け入れた。イギリスは、大国のみによる理事会と、自治領諸国およびインドの連盟加盟に関するアメリカの合意を得たのであった。一月二七日にセシルとミラーは、一部の留保事項（委任統治の問題など）を除いて合意に達し、ウィルソン草案を修正する英米共同草案（セシル＝ミラー草案）を脱稿するに至った(14)。

一月二九日にセシルは、英米共同草案をロイド・ジョージに提出し、他の連合国との交渉をこの草案に基づいて進める許可を求めた。しかし、ロイド・ジョージの周辺ではセシルとスマッツに連盟交渉を委ねることへの懸念が表明され始めていた。イギリス秘密情報部（ＳＩＳ）のアメリカ支部を担当し、大戦から講和会議にかけて英米政府首脳の重要なパイプ役を務めたウィリアム・ワイズマン(15)は、そのような懸念を表明した一人であった。ワイズマンは、セシルが政府の許容範囲を逸脱し、イギリスの対外戦略を損ないかねない方向に進んでいるのではないかと警鐘を鳴らした。そして、連合国との議論に入る前に、セシルとスマッツがロイド・ジョージと議論する機会を作るようにフィリップ・カー秘書官を通して働きかけた。ロイド・ジョージは、それまでロシア内戦の和平提案をめぐる問題に忙殺され、セシルに意見を求められても国際連盟の問題に関心を示していなかった(16)。しかし、一月の終わり頃から十人評議会において植民地と委任統治の問題が議論され始め、ロイド・ジョージも連盟案に関する政策を取りまとめる必要性を認識した。ロイド・ジョージはワイズマンの助言を受け入れ、セシルとスマッツと会合を開くことに同意した(17)。

一月三一日に開かれたその会合においてロイド・ジョージは、セシルがアメリカ側と大筋合意した連盟案に難色を示し、国家主権にいっそう重きを置いた連盟像を提示した。ロイド・ジョージは、最高戦争評議会をモデルとする大国間の協議を主体とする組織を立ち上げるべきだと主張した。具体的には、連盟が領土的現状の保障を担うという条項や、規約違反国に武力制裁を加える構想を批判した。後者についてロイド・ジョージは、開戦という重要な決定は時の政府と議会が判断すべき事項であって、制裁の行使を事前に約束する制度は機能しえないと説明した。彼は、保障や制裁といった強制力に裏打ちされた組織ではなく、あくまで世界の国々が協議する場を作ることによって平和を維持するべきだと説いたのであった。また、連盟規約を講和条約と一体のものとするというウィルソン大統領の考えにも反対し、講和を締結した後であらためて連盟の立ち上げに関する交渉を開始するべきだと説いた。これらの主張は、秘書官カーの助言に基づいていた[18]。

セシルは首相の発言に衝撃を受けた。このような主張をウィルソン大統領に伝えれば、連盟に関するそれまでの英米の歩み寄りが水泡に帰すことは明らかであった。セシルによれば、ロイド・ジョージは英米共同草案をはじめとするセシルが提出した連盟関係の文書に目を通してさえいなかったという。そのためセシルは、側近の助言に影響されたものとみなしたロイド・ジョージの主張を差し置いて、ミラーと合意した線に基づいてウィルソン大統領との交渉を継続することを決意した[19]。

ロイド・ジョージとの会合の後にセシルとスマッツは、ウィルソン大統領、ハウス、ミラーと会談した。セシルはロイド・ジョージが直前に述べた異論には触れず、英米会談はハウス曰く「きわめて上首尾」のものとなった。英米は、セシルとミラーの合意に基づく連盟案を推進することで合意に達し、ミラーとイギリス外務省のハースト法律顧問が正式な規約草案を起草することとなった[20]。

ハーストとミラーは二月一日から協議を開始し、翌二日に共同草案を完成させた。この草案は「ハースト＝ミラー草案」と呼ばれ、その後の国際連盟委員会における交渉のベースとなった。「ハースト＝ミラー草案」は、総会、理事会、事務局という三つの母体を有する連盟と、仲裁裁判を行う常設国際司法裁判所の立ち上げを想定した。連盟の執行部を司る理事会の構成国は、イギリスの要求通り、アメリカ、イギリス、フランス、イタリア、日本という戦勝五大国に限定した。その他の諸国については、その国の利害に関係する問題が議論される時々に応じて理事会に招集されることと定めた。国家間に紛争が起こった場合には、理事会ないし常設国際司法裁判所が仲裁すると定めた。そして、この規定に違反して武力を行使した国は「その事実をもって、他のすべての連盟加盟国に対して戦争行為に及んだとみなされる」こととなり、連盟加盟国は違反国に対して速やかに経済制裁を実施することと規定した。ただし武力制裁については、理事会が必要な措置を「提案する」と定めるにとどまり、違反国への武力制裁を義務化はしなかった。連盟加盟国の領土保全を保障する条項も挿入された。さらに、加盟国が「国内の安全および国際義務を協働して執行するために支障のない最低限度まで」軍備を縮小するという、全般的軍縮の原則に関する条項も挿入された。[21] 連盟規約の骨格がここに完成したのであった。

ロイド・ジョージ首相の周辺では「ハースト＝ミラー草案」への批判が唱えられた。ハンキー内閣書記官長は、目下の案に基づく連盟は「必然的に破綻するだろう」と警告し、最高戦争評議会を範とする大国間の協議を主体とする組織とするべきだと主張した。しかしセシルは、共通の敵が存在する戦時とは異なり、平時においてはより強固な組織を作らなければ諸国家の求心力を維持しえないと反論した。そして、効率的に組織化された事務局を有し、また戦時下の連合国による組織よりも「はるかに多様」な機能を有する連盟を作るべきだと説いた。他方でロイド・ジョージ本人は、講和会議が直面していた他の問題（ロシアの代表権問題など）に気を取られ、連盟への関心は低いままであった。二月四日にセシルはスマッツとともにロイド・ジョージと会談し、連盟案に触れたものの、セシル曰くロイド・ジョージは関心を示さなかったという。結果としてセシルは、ハンキーらの懐疑論を退け、「ハースト＝ミラー草案」をイギリスの連盟政策の指針とすることに成功したのであった。[22]

（3）国際連盟委員会

二月三日、アメリカ代表団が滞在したオテル・ド・クリヨンで国際連盟委員会が発足した。委員会のイギリス代表はセシルとスマッツが務めた。議長はウィルソン大統領が務め、ハウスもアメリカ代表として出席した。フランスからはレオン・ブルジョワと法律家のフェルディナン・ラルノード、イタリアからはヴィットリオ・オルランド首相とヴィットリオ・シャロヤ上院議員、日本からは講和会議次席全権の牧野伸顕と駐英大使の珍田捨巳が参加した。中小国からは、ベルギー、ブラジル、中国、ポルトガル、セルビア、これら諸国に加えて第四回会合からは、ギリシア、ポーランド、ルーマニア、チェコスロヴァキアの代表が一名ずつ出席した。ベルギーの代表はイマンス外相が務めた。三日の初会合では、「ハースト＝ミラー草案」を委員会の協議の土台とすることが合意された(23)。

二月四日の第二回会合および五日の第三回会合では、連盟理事会の構成国の問題が主に議論された。ベルギーをはじめとする中小国の代表たちは、理事会の席を五大国が独占するという英米案に強く反対し、主権の平等性に基づいて中小国にも代表権を認めるように求めた。これに対してセシルとウィルソンは、連盟理事会は全会一致による意思決定を前提とするため構成員を少数に限定する必要があり、連盟を軍事的、経済的に支えていくのが大国である以上、理事会は大国のみによって構成されるべきだと反論した。一方で、ブルジョワとオルランドは中小国の代表権を認めるべきだという立場をとった。結果として中小国の主張は認められ、五大国の他に四カ国の連盟加盟国を非常任理事国として理事会に交代制で迎え入れることになった。セシルは、五大国のみによって構成される理事会のほうが「はるかに機能的な行政機関」になると抵抗したものの、フランスとイタリアを味方につけた中小国の主張に押し切られる形となった(24)。

二月六日の第四回会合では、連盟加盟国の領土保全と独立の保障に関する条項が議論された。ロイド・ジョージらがこの条項に難色を示したことを踏まえて、委員会でセシルとスマッツは当該条項の削除を求めた。セシルは、領土保全の保障は究極的には戦争を意味し、過度な義務を加盟国に負わせることとなり、連盟規約に場合によっては履行しえない条項が含まれてしまうと批判した。しかし、アメリカ、フランス、イタリア、そして中小国の代表が揃って領土保障条項を擁護したことを受けて、文面をいくらか変更したうえで当該条項は存置されることとなった。最終的には連盟規約第一〇条として、次のような保障規定が設けられた。「連盟加盟国は、連盟加盟各国の領土保全および現在の政治的独立を尊重し、外部の侵略に対しこれを擁護することを約す。かかる侵略の場合、またはその脅威もしくは危険ある場合においては、連盟理事会は本条の義務を履行すべき手段を提案する」。

セシルはこの条項に不満であり、イギリス本国と自治領との関係の争点になりかねないと懸念した。なぜならセシル曰く、自治領諸国は「ボヘミア、ないしその類の場所の領土保全のために戦うという考えに理解を示さない」からだという。一方でセシルは、連盟理事会が保障義務の履行手段を提案するという、当該条項の後段部分を挿入したことにより、保障規定をいくらか和らげることができたと評価した。事実、保障義務の履行に際して連盟理事会の判断を仰ぐというプロセスを加えることで、理事会は全会一致をもって意志決定を行うがゆえに、保障供与に際してイギリスは理事国として事実上の拒否権を確保することとなった。このように、保障の行使に際しては理事会の通過という高いハードルが設けられたのであった。領土保障条項の挿入に積極的であった諸国も、条項が実際に行使される可能性は想定せず、条項が存在することによる（力による現状修正を抑止するという）「精神的、そして政治的効果」に期待する傾向が強かった。セシルはまた、領土保障に関して譲歩する代わりに、現状の平和的変更が可能であることを明確化するために、既存条約の修正に関する条項を挿入することに成功した。それは最終的に連盟規約第一九条となり、次のように定められた。「連盟総会は、適用不能となった条約の再審議、またはその継続の結果世界の平和を危険にさらしかねない国際状態の審議を随時連盟加盟国に助言することができる」。すなわち、講和条約の定める領土的現状が侵略から保障される一方で、交渉を通じて現状を平和的に変更できる制度が整えられたのであった[25]。

続いて、紛争の平和的解決と制裁の問題が議論された。委員会の出席者たちは、国際紛争を常設国際司法裁判所ないし連盟理事会が仲裁する制度を確立し、その制度に違反した国に対して加盟国が団結して制裁を加えるという「ハースト＝ミラー草案」の示した原則に合意した。意見がまず分かれたのは、連盟理事会の仲裁勧告にどの程度の法的拘束力を付与するのかという点に関してであった。「ハースト＝ミラー草案」では、紛争の当事国を除く連盟理事国が全会一致のもとで紛争の仲裁を勧告した場合には、加盟国は武力を行使できないと定めるにとどまっていた。ベルギーのイマンス外相は、連盟理事会が全会一致のもとで仲裁勧告を行った場合には、加盟国がその勧告を履行する義務を負い、紛争当事国を除く連盟理事国が多数決による仲裁勧告を行った場合にも、武力行使の禁止義務が有効となるよう修正を求めた。すなわち、連盟規約を強制仲裁の原則に基づく制度へと近づけんとする修正要求であった。フランス、セルビア、ギリシアの代表がベルギーの要望を支持した一方で、英米はそれに強硬に反対した。結果として、ベルギーの修正案は却下され、英米の支持する任意仲裁の原則が維持された。

ベルギー代表は、制裁に関しても独自の修正要求を行った。「ハースト＝ミラー草案」では、加盟国が仲裁規定に違反して武力行使を行った場合にのみ制裁が行使されると定めていたが、ベルギー代表は、仲裁の手続きを規定するその他の条項、そして領土保障条項への違反も制裁の適用事例とするように求めたのである。しかし、制裁が行使される事例を限定したかった英米はこれに反対し、「ハースト＝ミラー草案」の方針がひとまず維持された。(26)

英米案に対する最も本質的な異論を唱えたのはフランス代表であった。フランス代表は、「ハースト＝ミラー草案」が議論の土台として認められた第一回会合において、自らの連盟案に関する覚書を提出していた。この覚書は一九一八年のブルジョワ委員会の提言に基づいており、国際連盟の決定を執行するための「国際部隊」の創設を謳ったことにその最大の特徴があった。「国際部隊」は、連盟加盟各国から拠出される兵力によって構成され、加盟各国が派遣する将校によって構成される常設の参謀本部を有するとした。「国際部隊」の目的は、連盟および常設国際司法裁判所の決定を執行し、武力紛争が発生した場合に連盟に対抗する勢力を撃退することと規定された。(27)英米案が連盟と国際司法の決定を執行する手段を曖昧にしていたのに対して、フランス案は「国際部隊」がその軍事力を背景に国際法を執行・強制していくのだという「法的国際主義」の考えを明確に説いていた。(28)

二月一一日の第八回会合において、ブルジョワはフランスの修正要求を発表した。ブルジョワはまず、ベルギーの修正要求を引き継いで、仲裁規定を制裁によって裏付ける原則を明確にするよう文言の修正を求めた。そして第二に、制裁の適用事例を、最終的に連盟規約第八条となる世界的軍縮の推進に関する条項に、連盟理事会が「兵員と軍備の国際管理」に関する制度を樹立し、常設の「国際部隊」を組織するという一文の追加を求めた。第三の修正点は、連盟への新規加盟にいっそう高いハードルを設けることであった。連盟の軍縮規定を遵守し、国際的義務を遵守することに関する「効果的な保証」を提供した場合にのみ、加盟を認めるという修正を求めた。このハードルが暗にドイツを対象としていたことは明らかであった。第一と第三の修正点は原則として認められ、いくらか緩められたうえで連盟規約に反映された。フランスの修正要求の結果として、制裁に関する連盟規約第一六条は、当初「ハースト＝ミラー草案」では仲裁が行われるまでの武力行使の禁止を定める第一二条のみを適用対象としていたのに対して、具体的な仲裁規定を定める第一三条と第一五条の違反に際しても制裁が適用されることとなった。すなわち、仲裁規定を制裁によって裏付けるという原則がより明確になった。そして、連盟規約第一条にフランスの求めた新規加盟条件が挿入された。

論争となったのは「国際部隊」の創設に関してであった。英米はこの修正案に強く反対した。ウィルソンは、「国際部隊」の創設は国家主権を侵害し、合衆国憲法とも相いれないと主張した。そして、フランスの提案は「国家的軍国主義を国際的軍国主義によって置き換える」構想とも受け取れると批判した。セシルも、「国際部隊」に関する提案は英米の構想から乖離すると述べ、妥協案として、「陸海軍の問題に関して国際連盟に助言する常設委員会を設置する」という文言を規約に追加することを提案した。

フランス代表も簡単には諦めなかった。ブルジョワは、世界規模で法の支配と安全を確立するためには、軍事に関する主権の制限は不可欠だと述べ、英米の主張こそが国際連盟の根本原則と矛盾していると反論した。しかしウィルソンは、連盟加盟国が相互の善意を信頼することが世界平和への唯一の道だと述べ、軍縮の推進という原則を認めること以上の主権の制限には反対した。セシルも、フランスの提案は国際連盟構想そのものを破壊するものだと厳しく批判した。アメリカはその気になればヨーロッパ情勢に背を向けることも可能なのであり、ヨーロッパ大陸に死活的利益を有するイギリスに関しても、その議論は一定程度当てはまる。ゆえに、国際連盟を通した援助は英米からフランスへの「プレゼント」なのだと、セシルは述べた。そして、より多くを得られないがゆえにこの贈り物を拒否するというのであれば、フランスは世界に同盟国を持たずに孤立するだろうと脅迫するように述べた。二月一三日の第一〇回会合において「国際部隊」設立に関するフランス提案は否決され、セシルの妥協案が採用された。[29]

その結果、連盟規約第九条として軍事問題の助言に関する常設委員会の設置が盛り込まれた。この条項に基づいて、連盟は「陸海空軍の問題に関する常設諮問委員会」と「軍備縮小のための臨時混成委員会」を組織し、世界的軍縮に向けた検討を開始することとなる。皮肉なことに、フランス案は強力な法執行機関の整備と軍縮を両輪として推進する計画であったにもかかわらず、軍縮の部分だけが採用される結果となったのである。

結果として、連盟委員会のまとめ上げた規約草案は、その大部分がイギリスの構想に基づくものとなった。それは、国際紛争の平和的解決、全般的軍縮、連盟加盟国の領土的現状の保障という、世界規模の安全保障措置を盛り込んだ内容となっていた。その一方で、それらの措置が破られた場合に、制裁を行使する判断の大部分が加盟国の裁量に委ねられ、安全保障措置の実施を強制するメカニズムを欠いた制度となった。二月一四日にウィルソン大統領は、委員会の規約草案を講和会議総会に発表した。[30] 全二六条からなるその草案は、その後いくらか修正を加えられた後に、国際連盟規約としてヴェルサイユ条約に挿入されることとなる。

(4) ドイツに対する軍備制限

イギリス政府は、世界規模の全般的軍縮という理念に支持を表明する一方で、講和会議においてより大きな関心を払ったのは、敗戦国ドイツの軍備制限であった。その背景には、イギリスの脅威となるドイツの軍事力（特に海軍力）を無力化したいという思惑だけではなく、ヨーロッパ大陸に駐留するイギリス軍兵員を速やかに復員させる狙いがあった。ロイド・ジョージ首相は、ヨーロッパ大陸に長期にわたって徴兵軍を維持する財政的、国内政治的悪影響を懸念し、閣内でも早期復員をとりわけ強く主張した。バルフォア外相もまた、ヨーロッパ大陸から兵員を引き揚げ、一刻も早く「常態」に復帰するべきだと考えていた。閣内には、一九一九年一月に陸相に就任したウィンストン・チャーチルのように、講和会議の決定が執行されるまでの間、ヨーロッパに相当規模の徴兵軍を維持するべきだという考えを説く者もあった。ウィルソン参謀総長も同じ意見であった。しかし、復員を求める国内世論および兵員からの圧力は日に日に高まり、徴兵軍を維持することは政治的に困難になっていった。講和会議のイギリス代表団は、このような圧力を背景に、ヨーロッパに大規模な兵力を駐留させる必要性を根本から取り除くために、ドイツの軍備制限を強く推し進めていくのであった[31]。

一月二一日の十人評議会でバルフォアは、講和会議が国際連盟の問題に加えて、軍縮の問題、とりわけドイツの軍備制限の問題について早期に議論を開始するべきだと説いた。その際にバルフォアは、軍縮の問題が「戦略的国境」の問題とも密接に関係していると述べた。「戦略的国境」とは言うまでもなくラインラントに関するフランスの要求のことを指しており、ドイツの軍備を制限すればフランスのラインラント構想も不要になるというイギリス政府の思惑が表れていた[32]。一月二三日の会合でロイド・ジョージは、イギリスが徴兵制度を維持する政治的困難について率直に表明し、連合国はドイツの軍事力の「大幅な縮小」を求めるべきだと主張した。そして、ドイツの軍備制限に関する交渉を速やかに開始するよう求めた[33]。これを受けて、最高戦争評議会（十人評議会に連合国軍幹部が出席する形で開催された）はドイツの軍備制限に関する検討を開始することとなった。

一月二四日に最高戦争評議会（十人評議会）は、連合国とドイツの兵力数の問題を議論した。まず、フォッシュらフランス陸軍の幹部が、ドイツ軍が依然として相当数の兵力（六〇～七〇万人規模）を維持していると考えられることから、連合国側は少なくとも一八二万人規模の兵力を講和が調印されるまで西部戦線に維持する必要があると報告した。各国の負担する前線兵力の内訳は、フランスが九〇万人、イギリスが三五万人、アメリカが四五万人、ベルギーが一二万人であった。ロイド・ジョージは、前線に三五万の兵力が必要だということは、後衛を含めて七〇〜八〇万規模の人員が必要になると述べ、これに難色を示した。代替案として、休戦協定の次回更新時に（休戦協定の期限は短く設定され、数週間ごとに更新された）、ドイツの軍備削減を更新条件に加えたらどうかと提案した。ロイド・ジョージはまた、クルップ社のものをはじめとするドイツ軍需工場の解体についても言及した。フォッシュは、そのような条件を提示したとしてもドイツは受け入れざるをえないであろうが、軍備削減の履行を確認することは困難を極めると反論した。フォッシュの意見に賛成した。しかしロイド・ジョージは、フォッシュの議論はつまるところ、ドイツを永遠に信頼できず、したがって連合国は占領軍を永遠に維持しなければならない、ということを意味すると述べ、不満を表明した。ドイツが合意を履行するという善意を信頼するのか、それとも万が一の時のための「保障」を維持するべきなのか、講和締結後も続くこととなる英仏の対独安全保障政策の相克がここに顕在化したのである(34)。

最高戦争評議会は、ドイツの軍備制限の問題の検討を委員会に委託した。戦時中にフランスの軍需大臣を務めたルイ・ルシュールが議長を務め、英仏米伊の軍幹部が出席した。ルシュール委員会は三回の会合を経て報告書をまとめ、ドイツに兵力と軍備の削減を求めることを提言する一方で、ドイツが条件を履行する「保障」の確保が必要だと主張した。「保障」の具体的内容は、ドイツの軍備削減を連合国が監督する枠組みを打ち立て、さらにはドイツ産業力の基盤であるルール工業地帯を軍事占領することであった(35)。

二月七日に最高戦争評議会はルシュール委員会の報告書を議論した。ウィルソン大統領が報告書に強い不満を唱えた。彼によれば、休戦協定を更新する度に新しい条件を加えるのは「スポーツマンらしからぬ」というのであった。ロイド・ジョージは、休戦協定に新たな条件を加えることがスポーツマン精神に反するとは思わないと述べながらも、ドイツの軍備削減が長期間を要することに鑑み、条件は休戦協定ではなく講和条約に書き入れたほうが賢明かもしれないと述べた。これを機に英米は、ドイツの軍備制限は休戦協定ではなく講和条約によって規定するべきだという考えを共有する。ルシュール委員会の提示した「保障」措置、すなわちドイツ軍備の監督およびルール占領は、一九二〇年代前半期を通してドイツをめぐる英仏関係の一大争点となっていくのであるが、ロイド・ジョージはこの時はそれを特別に問題視することはなかった(36)。

二月一二日の最高戦争評議会においてバルフォアは、講和条約のなかでドイツの軍備制限に関する最終的な条件を示すべきであり、休戦協定を更新する度に新たな条件を加えるべきではないと主張した。ウィルソン大統領もこの主張を後押しした。クレマンソーは、休戦協定の履行強制を通じてドイツに圧力をかける必要性を論じたものの、英米の提案をしぶしぶ受け入れた。その結果最高戦争評議会は、休戦協定を無期限とし、フォッシュを議長とする委員会を立ち上げ、講和条約に加えるドイツの軍備制限条項の検討開始を決定した(37)。

フォッシュ委員会は三月三日の最高戦争評議会で報告書を読み上げた。報告書は、ドイツ陸軍を歩兵一五個師団、騎兵五個師団、約二〇万人の兵力に制限し、軍備制限条項の履行を監督する組織を立ち上げることを提言した。ドイツ参謀本部は解体されることとした。徴募制度については、兵役一年間の徴兵制とするべきだとした(38)。これは、ドイツ陸軍にいっそう厳しい数的制限を課したうえで徴兵制を維持させようとしたフォッシュと、ドイツ軍を志願制に移行させたうえで、東欧の「ボリシェヴィズムの脅威」に対抗しうるだけの兵力を存置させようとしたイギリス陸軍幹部との間の妥協案であった(39)。イギリス政府関係者の多くは、平時における徴兵制が平和を脅かす要因となっていると考え、徴兵制の廃止を主張していた(40)。一九一八年末にロイド・ジョージは、「私は徴兵制を軍国主義の主因と見なす」と選挙演説のなかで述べていた(41)。そのため、イギリス代表団はドイツの徴兵制維持を原則とするフォッシュ委員会の報告書に不満であった(42)。

三月六日の最高戦争評議会でロイド・ジョージは徴兵制の維持に反論を唱えた。彼は、毎年二〇万人もの若者を兵役に就かせれば、二〇年間で四〇〇万人もの訓練を受けた兵役経験者を生み出すこととなり、かえってドイツの脅威を増大させることになると主張した。そして、「講和締結後にフランスがライン川を挟んでそのような脅威に直面した状況に置かれることがあれば残念だ」と述べた。このようにロイド・ジョージは、フランスの安全保障という論理を巧みに活用し、ドイツ軍の志願制移行に関してフランスの説得を試みたのである。フォッシュは、ロイド・ジョージが示した数の論理を認めながらも、軍の質は徴兵される一般兵員ではなく、軍幹部の質によって決まると反論した。それゆえに、ドイツ参謀本部の廃止を提言したのだと説明した。そして、もしドイツが相当規模の職業軍人からなる軍を保有することとなれば、将来の再軍備の中核を担う強力な軍幹部の養成を可能にしてしまうだろうと警告した(43)。

ロイド・ジョージは、フォッシュを迂回してまずクレマンソーを説得することを試みた。三月七日にロイド・ジョージは、クレマンソーおよびハウスと非公式の三者会談を行い、フォッシュ委員会の提言の代替として次の案を提示した。①ドイツ陸軍は完全なる志願制によって組織される。②兵員の服務期間は最低一二年間とする。③ドイツ陸軍の兵員は最大で二五万人（一五個歩兵師団および五個騎兵師団）とする。クレマンソーは、兵員の最大数を二〇万人とし、騎兵師団を三個師団に減らすことを条件に、ロイド・ジョージの提言を受諾した(44)。クレマンソーの説得に成功したロイド・ジョージは、その日の午後の最高戦争評議会に上記の修正案を提示した。フランス軍幹部は反対を唱えたものの、クレマンソーがそれを承認した以上しぶしぶながら受け入れざるをえなかった(45)。ロイド・ジョージは、彼が平和のために不可欠だと考える徴兵制の廃止という原則を押し通すことに成功したのであった。彼はその日、自分が提案したことはヨーロッパ全土における徴兵制廃止の嚆矢になると、愛人のフランシス・スティーヴンソンに満足気に語った(46)。

この決定を受けて、フォッシュ委員会は対独軍備制限条項を再検討し、その結果を三月一〇日の最高戦争評議会に報告した。委員会の草案は、ドイツ陸軍を志願制へと移行させ、その兵員は一四万人（一一個歩兵師団、三個騎兵師団）を上限とすると定めた。しかしフォッシュは、ドイツ軍を志願制へと移行させるのであれば、兵員は一四万人でも多すぎると述べ、一〇万人に制限するべきだと説いた。フォッシュは、ドイツ陸軍を国内の治安維持を目的とする軍隊と捉えるのであれば、一〇万人の兵力で十分だと説明した。クレマンソーは、英米が軍を引き揚げた後にフランスが単独でドイツと相対することになるため、フォッシュの提言する一〇万人という上限を受け入れるよう求めた。占領軍の早期引き揚げを望むロイド・ジョージにとり、クレマンソーの主張は渡りに船であった。フランスが単独で引き受けられる程度にまでドイツ軍を縮小させれば、イギリスがヨーロッパ大陸に軍を維持する必要性はなくなるのであった。ロイド・ジョージはそのような主旨の発言を行い、フランスの要望を受け入れた。

一方でバルフォアは、一〇万人という上限はドイツに厳しすぎるのではないかと反論した。講和会議は依然として全般的軍縮について議論しておらず、ドイツと国境を接するフランス、ポーランド、チェコスロヴァキアといった国々が自由に軍事力を保有できる以上、ドイツの軍事力だけを一方的に厳しく制限するのであれば、ドイツを侵略から保障する枠組みを作るべきだと提言した。しかし、バルフォアの提言は受け入れられず、最高戦争評議会はドイツ陸軍の兵員の上限を一〇万人とすることを決定した[47]。

ここに、ドイツ軍備に関する基本的原則が定まったのであった。ウィルソン参謀総長が日記に記したように、イギリスは志願制への移行という原則について承認を得る代わりに兵員の規模について妥協し、フランスは一〇万人という兵員の規模について承認を得る代わりに徴兵制の維持という原則について妥協する結果になった[48]。

三月一七日に最高戦争評議会は対独軍備制限条項を承認した。それによると、ドイツ陸軍は志願制による一〇万人（七個歩兵師団および三個騎兵師団）の兵員に制限されると規定された。ドイツ参謀本部は解体され、保有軍備についても厳格な制限が課された。ラインラントの非武装化に関する条項も設けられた。ドイツ海軍は、前弩級戦艦六隻、軽巡六隻、駆逐艦一二隻、魚雷艇一二隻に制限され、兵員一万五〇〇〇人を上限とした。そして、ドイツは空軍力の保有を禁止された。さらに、連合国がこれら諸規定の履行状況に関して監督する組織[49]を立ち上げることについても定めた[50]。軍備制限条項は、ヴェルサイユ条約第五編（第一五九～二一三条）に収められることとなる。また第五編の前文に、ドイツの軍縮が世界のすべての国々による全般的軍縮の第一歩になるのだと掲げることで、ドイツだけに一方的に軍縮を強制する不公正さの印象を和らげようと試みられた[51]。これらの条項を通じて連合国は、ドイツ軍に攻勢能力を保有させず、国内の治安維持を主目的とする軍隊へと改編させることを狙ったのであった。

こうして講和会議は、国際連盟とドイツの軍備制限に関する条項を三月中旬までに概ね完成させた。もとより連盟と軍縮による安全保障に重きを置いていたイギリス代表団首脳部は、これによりヨーロッパに十分な安全保障がもたらされると考えたのであったが、フランス政府はそうは考えなかった。彼らはラインラントに戦略的国境を設定することにより、追加の保障を得ようと試みるのである。こうして講和会議の焦点は、国際連盟という世界規模の安全保障に関する議論から、各地域に根差した問題に関する議論へと移っていく。

イギリス代表団においても、国際連盟によって十分な安全が確保されるという考えに異論を唱える少数派がいた。ウィルソン参謀総長がその代表格であった。ウィルソンは、軍事同盟による安全保障が最も確実だと唱えた。彼は、チャーチルに宛てた三月一八日付の書簡のなかで、国際連盟は「永続戦争へと確実に至る道」だと批判した。ウィルソン曰く、国際連盟が加盟国に軍事同盟の締結を禁じるようなことがあれば、イギリスがその制約に縛られている間に、ドイツはロシアと日本に接近し、英仏との間に溝が形成されるというのであった。ウィルソンは、イギリスがフランスおよびドイツと同盟を締結することが（ロシアと日本が仮想敵とされた）、イギリスにとって最も確実な平和の保障になると説いた。チャーチルもまた、イギリス、フランス、ドイツが同盟を締結するべきだとウィルソンに述べた[52]。軍事同盟という考え方が時代錯誤だと広く信じられ、政治的なタブーとされた当時のイギリスの時代状況にあって、戦時同盟国フランスのみならず、数カ月前まで戦火を交えていたドイツとも平時における長期的な同盟を結ぶべきだという大胆な構想であった。ドイツを含む同盟を結ぶという考え方がイギリス政府に現実的な選択肢として認識されるのは、一九二五年におけるロカルノ条約交渉の開始を待たなければならなかった。しかし、フランスと同盟を結ぶという考えは、パリ講和会議の際にフランスのラインラント構想への代替策として浮上することとなる。

2 ラインラント問題

(1) フォッシュの覚書とロイド・ジョージ

一九一九年一月一〇日にフランス政府は、ラインラントの戦略的国境に関するフォッシュ元帥の覚書を連合国政府に送付した。フォッシュは、独仏の人口比の問題に焦点を当て、ドイツの潜在的国力がフランスのそれを大きく凌駕していることを強調した。フォッシュ曰く、フランスの人口にベルギー、ルクセンブルク、アルザス＝ロレーヌの人口を足したとしても四九〇〇万人程度であり、講和を経ても六〇〇〇万人を超える人口を維持すると想定されるドイツに対して劣勢であった。そして、有事の際に、海を隔てたイギリスとアメリカの援軍がフランスに駆けつけるまでに、かなりの時間を要することは明らかであった。フォッシュはこのように分析したうえで、ライン川を「民主国家からなる国際連盟」の共通の防衛線とするべきだと説いた。その具体的方法として、①ライン左岸と右岸の一定区画の非武装化、②ライン左岸の連合国軍による占領、③ライン左岸と他の西欧諸国間の関税同盟の結成を挙げた。そして、「民族自決」原則に則り、ライン左岸を新たな自治国に編成することにも言及した。(53)

このようにフォッシュの覚書は、国際連盟や「民族自決」原則という理念に言及しながらも、実質的には、戦略的国境の設定と連合国の結束を維持することによって、ドイツに対する勢力均衡を達成することを目的としていた。この計画に関する説明をフォッシュ本人から受けたセシルは、ラインラントには多くのドイツ人が暮らしていることを指摘し、「とても深刻な困難」を伴うだろう、との感想を抱いた。(54)

フォッシュはラインラント構想を公にすることを厭わなかった。彼は一月一六日にアメリカ陸軍に随行する記者団に次のように説いた。「文明を防衛する自然国境はライン川にある。〔……〕ライン川はすべての連合国の共通の障壁である」と。(55) またクレマンソーの側近アンドレ・タルデューは、クレマンソーの命を受けて、フォッシュの主張を歴史的、政治的観点から補強する三つの覚書を一月二〇日に完成させ、イギリス側に提出した。覚書はそれぞれ、「『自由の境界』としてのライン川の国際的役割」、「ライン左岸のラインラント諸国の地位」、「ドイツの侵略時におけるライン左岸の軍事的役割」と題すものであった。(56)

こうしてラインラントに対するフランスの政策が明らかになっていくにつれて、イギリス側は警戒心を強めていった。一月二一日にロイド・ジョージは、保守党党首ボナー・ロウおよびイギリス陸海軍幹部と会食した。フランスがラインラントを欲している、と問いかけられたロイド・ジョージは、次のように答えた。

至極自然なことだ。彼ら〔フランス人〕は興奮し、攻撃的になっている。彼らはドイツ人〔による攻撃〕から脱した。彼らは敵を倒したのだ。彼らの悪夢は終わったのだ。今、彼らは気持ちのうえでとても帝国主義的になっており、大規模な陸軍を維持しようとしているのだと私は考える。老フォッシュは国際連盟など信じていない。彼は、彼の愛してやまない祖国が永久に安全で堅固であることを確実としたいのだ。そして、ドイツ人が〔フランスに〕もたらした大損害に目を向ければ、フォッシュを責めることなどできはしない。(57)

ロイド・ジョージは、この数日前にフランス北東部の大戦によって荒廃した地域を視察したばかりであり、フランスが自国の将来にわたる安全確保のために躍起になっていることに一定の理解を示した。その一方で、ラインラントに対するフランスの構想を「興奮」した「帝国主義的」な感情によるものだと形容するなど、決して肯定的には捉えなかった。

(2) ラインラントとザール地方に関する初期交渉

英米代表団は、国際連盟問題で築かれた両国の協力関係を継続させ、独仏国境の問題に関する非公式協議を一月末から二月初頭にかけて行った。この非公式協議でイギリスを代表したクロウ外務次官補は、英米の合意内容をまとめた覚書を二月六日にロイド・ジョージに提出した。[58] クロウの覚書はフランスの主張にかなり譲歩的な内容であった。この頃はまだ、後にドイツと直接交渉を行うことが前提とされていたため、連合国はドイツに提示する最大限の講和目的をまずは策定することを目指していたのである。クロウの覚書は、ランダウ突出部の併合に難色を示す一方で、ザール地方についてはその全域をフランスが獲得することが妥当だと提言した。一八一四年国境、一七九〇年国境のいずれにもザール地方の全域は含まれていないため、これはフランス自らの要求よりも広大な領土の獲得を認めることを意味していた。ただし、同地割譲の対価をドイツの賠償債務から差し引くことが条件とされた。フランスのザール地方獲得を正当化する理由としては、①大戦時にフランスの炭坑がドイツから受けた損害、②ザールの炭田とブリエの鉄鉱床がドイツの攻勢を支えたこと、③炭田に十分な安全保障を提供する国境線であること、が挙げられた。覚書はラインラントの問題には触れなかった。[59] クロウは、ロイド・ジョージの「至急の要請」を受け、六日の早朝にこの覚書を提出した。[60]

ロイド・ジョージが急いだのは、その日にクレマンソーとの会談が予定されていたからであった。その会談のなかでクレマンソーは、独仏国境に関するフランスの要求をロイド・ジョージに説明した。構想の内容は、フランスがザール地方の南半分とランダウ突出部を含む一八一四年国境を回復し、ザール地方の残りの部分を共和国として独立させたうえでフランスの影響下に置き、さらにはラインラントを分離独立させ、恒久的に軍事占領する、というものであった。[61]

翌日にクレマンソーがポアンカレ大統領に報告した内容によれば、この会談でロイド・ジョージは譲歩的反応を示したという。彼はラインラントの長期間の占領に難色を示した一方で、同地の分離独立には反対せず、ザール地方については炭田全域の併合を促したという。クレマンソーは次のように説明した。

〔ラインラントに関して〕イギリスとアメリカは二、三年の占領しか検討していません。私は永遠にと言いました。彼らはわれわれにすべての負担を負わせたいのです。〔……〕ザールについて、ロイド・ジョージは、炭坑を有するあらゆる場所の地表と地底の併合を私に自ら助言しました。これ〔ザールに関する交渉〕はうまく行きました。彼は「なぜ小さな〔ザール〕共和国なのですか。併合なさい、そのほうが良いでしょう」と私に述べました。〔……〕ライン左岸について、彼は〔ラインラント〕共和国を承諾しました。共和国に兵役はなく、ドイツ関税同盟から切り離されますが、右岸と交渉をする可能性はあります。(62)

ロイド・ジョージがこのような譲歩的姿勢を示した背景には、直前にクロウから受け取った覚書の影響があった。ザールに関するロイド・ジョージの発言内容は、覚書の提言をそのまま踏襲していた。(63) 三月になってロイド・ジョージがラインラント問題に関して非妥協的態度をとり始めると、クレマンソーはロイド・ジョージが一度交わした合意を反故にしていると厳しく非難した。(64)

一方でイギリス代表団のなかでは、フランスにザール地方の全域を併合させるのではなく、あくまで炭田の所有権移譲にとどめるべきだとする意見が主流であった。ラインラントについても、同地を分離独立させるのではなく、非武装化させれば十分だという意見のほうが多数派であった。六日の晩にロイド・ジョージの秘書官カーは、ヘッドラム＝モーリーにザール炭田の問題を調査するように依頼した。ヘッドラム＝モーリーは、フランスがザール炭田を獲得しながら、同地を併合しないで済むような枠組みを考案しようと試み、七日にハースト外務省法律顧問に助言を求めた。ハーストへの書簡のなかでヘッドラム＝モーリーは、ザール地方の処理方法に関してフランスに納得してもらうためには、ライン左岸を非武装化する必要があるだろう、と述べている。(65)

フランスが独仏国境の安全保障問題に講和会議の焦点を絞ろうとしたのに対して、イギリスとアメリカは戦勝国の政策に対する国際世論の反応をより意識する傾向があった。二月九日にバルフォアは、ウィルソン大統領の腹心ハウスと会談し、ラインラント共和国の問題について討議した。ハウスは、ラインラント共和国の樹立が「民族自決」原則に違反するのだということを、フランスは理解していないようだと批判した。そして、もし連合国がドイツを公平に扱わなければ、ライン川以東のすべての諸国が西側列強に敵愾心を抱くことになりかねず、ドイツはその状況を利用し、アングロ＝サクソンが世界制覇の尖兵としてフランスを利用しているというプロパガンダを拡散するだろう、と警告した。ハウスの述べたことにバルフォアは賛同した。(66)

二月中旬から三月中旬にかけて、三大国（英仏米）の首脳が相次いで講和会議を一時的に離脱したことを受けて、(67)パリ講和会議の首脳外交は小休止を迎えた。一方で各国の外交官や専門家はその間も討議を継続した。この時期に講和会議の主戦場は十人評議会から、大国首脳の側近同士の非公式会談および専門家主体の小委員会へと移行するのである。講和条約の起草作業もこの頃に本格化し始める。

二月一九日にバルフォアとハウスはラインラント問題を再び議論した。ハウスは、ラインラントをドイツの主権下に存置するための妥協案として、ドイツが講和条約の定める義務を履行し終えるまでであれば、フランスによるライン川橋頭堡の占領を許容する意向を示した。(68)二三日にはハウスとタルデューが会談し、ラインラント問題を議論した。そのなかでタルデューは、独立したラインラント共和国を永遠にドイツから切り離すのではなく、五年から一〇年以上後に国際連盟が戦争防止機関として十分に機能していることが確認されれば、現地住民が自らの帰属を決定できるようにすると述べ、英米の立場に歩み寄った。ハウスは、それであれば「民族自決」原則との矛盾は解消されると考え、満足したようである。(69)

二月一九日にウィルソン参謀総長は、講和に関連する領土変更についての総合的覚書を提出した。そのなかでウィルソンは、フランスとベルギー両国の東部国境に関する要求は、両国の攻撃力を高めることにはならない一方で、両国の防御力を高めることになるため、原則としては支持するべきだと主張した。そして、自らの一月二日付の覚書を踏襲し、フランスによるザール地方の領有はブリエの鉄鉱床の有効活用に必要な石炭を提供するだけではなく、前線の幅を広げることなく縦深を確保することができ、新たな国境付近を東西に走る鉄道路線（ティオンヴィル＝サルグミーヌ＝アグノー線）を活用できるようになるため、フランスの防衛に貢献すると論じた。一方で、ライン川を防衛線にするというフランス側の要求は支持しなかった。ウィルソンはその代わりに、ライン左岸のドイツ領土を非武装化し、フランスとベルギーは互いの兵力を両国の防衛に活用できるように軍事同盟を締結するべきだと説いた[70]。ウィルソンは、フランスとベルギーの防衛力を高める必要性を強調しながらも、ドイツを一定以上弱体化させてしまうと、今度はフランスが東進する誘因になりかねないことも懸念していた[71]。ウィルソンは、フランスによるザール地方の併合とラインラントの非武装化を支持したものの、ラインラントの分離独立には反対したのであった。

二月下旬に入るとザール地方に関する英米の方針は概ね定まっていった。二月二一日に英米の専門家がドイツの領土変更に関する討議を行った。イギリス代表団からは、外務省のヘッドラム＝モーリーとエイカーズ＝ダグラス、そして陸軍の情報将校ジェームズ・コーンウォール中佐らが参加し、そしてアメリカ代表からは、地理学者のイザイア・ボウマン、歴史学者のチャールズ・ハスキンズとチャールズ・シーモアらが参加した。彼らは、ライン左岸が非武装化されるのであれば、フランスが一八七〇年国境を超える領土を獲得する安全保障上の正当な理由はないと合意した。ただし、賠償の一部としてのフランスがザール炭田の所有権を得ることは正当だと判断した。さらに、ザール地方はフランスの経済圏に入りながらも、独仏両国から政治的に独立した自治体を形成し、独立したザール共和国とドイツとの境界線は炭田の安全保障に鑑みて余裕のある距離に設定するべきだと合意した[72]。すなわち英米の専門家は、主として戦略的な考慮から、ザール地方については、同地の自治を条件に、一八七〇年国境どころか一八一四年国境をも超える領土をドイツから切り離す方針であった[73]。これが実際にヴェルサイユ条約に組み込まれることとなるザール自治制度の起源である。

（3）タルデュー覚書とイギリス代表団の反応

二月二五日にタルデューは、ラインラント構想に関する新たな覚書をバルフォアに手交した。この覚書は、クレマンソー首相、ポアンカレ大統領、フォッシュ元帥の承認を得たうえで手交されたものであり、その主張は三つの要点にまとめられる。①ドイツの西部国境はライン川とする。②ライン川の橋梁を連合国の部隊によって占領する。③これらの措置はいかなる国を利する併合も伴わない。この覚書は、それまでフランス政府がイギリスに説明してきた内容と比較して、ドイツを封じ込めるために連合国が戦後も長期にわたって協力する必要性を強調していた。フランス政府は、ラインラント政策はフランスの独善的なものではなく、「西洋民主主義諸国（démocraties d'occident）」の防衛のために必要なのだと述べて正当化を試みた。そして、ドイツがポーランドやチェコスロヴァキアを攻撃した場合に、それらの新興国を救援するためにも、ライン川に連合国の部隊を配置しなければならないと説明した。フランス政府によれば、ドイツに対する軍備制限と国際連盟だけでは十分な安全は確保されなかった。そして、ドイツはその気になればいつでも再軍備が可能であり、また攻撃が起こった場合に連盟規約に基づく制裁措置の発動は時間がかかりすぎるのだという。したがって、国際連盟の「補足的保障（garantie supplémentaire）」として、連合国の部隊によってライン川橋梁を防衛するという「物理的保障（garantie d'ordre physique）」が必要なのだという。このようにフランス政府は、ドイツをライン川の東部に封じ込めることで有利な戦略的国境を確保し、さらにはライン川に国際部隊を駐留させることによって、英米と長期にわたる軍事的パートナーシップを維持しようと試みたのである。これらは、ドイツの潜在的国力に対するフランスの劣勢という認識に起因した政策であった。[74]

二月二五日付の覚書のなかでバルフォアは、タルデューから受け取った覚書を「優れた文書」だと表現した。そして、タルデューとの意見交換を受けて、フランス側に譲歩の意志を感じたという。バルフォアは、次のような妥協点を見出せるのではないかと述べた。ライン左岸の分離独立と、連合国によるライン橋梁の占領は、あくまでドイツが国際社会の信頼を取り戻し、国際連盟への加盟が許可されるまでの「保護観察期間（probationary period）」に維持される暫定的な措置となる。この期間が終わったときにライン左岸で住民投票を行い、同地の最終的帰属を決定する。さしあたり英米両国は、国際連盟が平和を確立するまでの期間、ドイツの侵略からフランスとベルギー、および英仏海峡沿いの港湾を守ることにだけ関心を払う、と。[75] 最後の点は、次節で論じる英仏・米仏保障条約案を予見させる内容であり、有事の際に英米がフランスの援助に駆けつける合意を結ぶという発想が、バルフォアとタルデューの会談のなかから生まれた可能性を示唆している。

一方で、バルフォアにタルデュー覚書に関する意見を求められた陸軍情報部長ウィリアム・スウェイツ少将はより懐疑的であった。彼は、タルデュー覚書がライン川の戦略上の意義を過大評価し、さらにはドイツの将来の国力を過大に見積もっていると批判した。彼は、河川を抑えたからといって敵の攻撃を押しとどめることはできないと指摘した。また、連合国によるライン川橋頭堡の長期的占領計画や、チェコスロヴァキアやポーランドを救援する攻勢作戦（強調は原文）が示唆されていることも問題視した。スウェイツは、タルデュー覚書はフランスのショーヴィニストの偏見によって歪められた構想だと断じ、それを実施に移せばドイツとの関係を悪化させる「毒の刺」となるだろう、と警告した。

スウェイツはその代わりに次のような構想を提案した。①ドイツの兵力と軍備の制限、②軍需資源の開発に対する制限、③ロレーヌとシレジア（シュレージエン）の炭坑と鉄鉱床の剝奪、④ドイツの海軍力と空軍力の制限、⑤ライン左岸の軍事的中立化であった。[76] すなわちスウェイツは、ドイツの軍事力を制限し、資源産出地の一部を割譲させ、ライン左岸を非武装化すれば、フランスの安全は十分に確保されると認識し、緩衝国の設立や軍事占領は不合理だと主張したのであった。

講和会議で外務官僚とともにヨーロッパの国境策定に協力した陸軍情報将校のコーンウォール中佐は、ライン左岸の中立化構想は「併合のカモフラージュ」に過ぎないと批判した。[77]
ウィルソン参謀総長もタルデュー覚書に批判的であった。彼はそれを「子供じみた」構想だと批判し、軍事的に実現不可能だと評価した[78]。さらに、その頃ドイツの現状視察に派遣されたイギリス軍人らの報告によって、ドイツの窮状がイギリス政府に伝わり、政府関係者はドイツを経済的に援助する必要性を議論していた[79]。ウィルソン参謀総長も、困窮したドイツがボリシェヴィズムに傾倒する可能性を恐れていた。彼は三月三日に国王ジョージ五世に謁見した際に、ドイツが「完全に崩壊しつつある」ことへの懸念を伝えた[80]。

外務省関係者の多くもフランスのラインラント構想には批判的であった。政治情報局のドイツ専門家ソーンダースは、フランスの保護下に置かれるラインラント国家という構想は「醜悪」だと批判した。そして、もし講和会議でフランスの主張が通れば、「一九二五年から三〇年にかけての国際連盟理事会はやることが山積みになるだろう、東欧における恒常的な国境修正に加えて！」と述べ、将来の条約修正が必然的になると予想した[81]。ヘッドラム＝モーリーは、ドイツの代表と直接交渉をしないという方針を含め、ドイツに対する連合国の政策全体がフランスの意見に翻弄されていると批判した。ヘッドラム＝モーリーはまた、ヨーロッパの国境問題が現地住民の意向を仰ぐことなくパリの会議室で決せられていく事態を受けて、「民族自決はすっかり流行遅れとなった（Self-determination is quite *démodé*）」と評した[82]。「民族自決」や公開外交によってウィーン会議を超克するという「新しいヨーロッパ」の目標は、講和会議の序盤からすでに大きな壁にぶつかっていた。

（4）ラインラント問題に関するイギリス内閣の討議

ロンドンに一時的に戻っていたロイド・ジョージは、二月二八日と三月四日にラインラントの問題を閣議にかけた。閣僚たちにはタルデューとフォッシュの覚書が配布された。チャーチル陸相は、「フォッシュ元帥の提案する措置は、賢明なものと判明するかもしれない」と述べるなど、比較的好意的であった。チャーチルは、同問題に関してはフランスに可能な限り協力的な姿勢をとるべきだと進言した。その理由は、①イギリスの東方（旧オスマン帝国領）政策[83]への協力をフランスから引き出すため、そして、②ドイツに対して「慈悲的な」政策を採択させるためであった。チャーチルはそれに加えて、もし英仏海峡トンネルの建設についてフランスの希望を満たすことができれば、フランスの安心感（sense of security）を高めることができるかもしれないとも述べた。一方で彼は、アメリカの参加がイギリスの支持の条件となると述べ、アメリカの意向が明らかになるまではイギリスも判断を保留するべきだと提案した。

ロイド・ジョージは、チャーチルの意見に賛意を示しながらも、占領軍への兵力拠出の問題を指摘し、ラインラントの分離はドイツに禍根を残しかねないことに懸念を表明した。バルフォアがパリにいる間の外相代理を務めたカーズンは、モロッコ問題などを含めたより広範な問題を解決する合意をフランスと結ぶべきではないかと提案した。また、ドイツの攻撃を防ぐ手段はライン川橋頭堡の占領以外にもあるのではないかと疑問を提起した。その一方で、ドイツに兵器の製造禁止などの軍備制限を課したとしても、査察は困難を極めるだろうとも述べた。カーズンの疑問に対してオースティン・チェンバレン蔵相は、フォッシュ元帥は他の策も検討したうえでラインラント構想を提起したのだろうと指摘した。

ロイド・ジョージは、軍備制限に対するカーズンの懐疑論に賛同しなかった。彼はイギリス情報部がドイツの再軍備を探知し、それを阻止することは難しくないと反論し、またドイツが再軍備を試みた場合にはアメリカが阻止するために介入するに違いないと述べた。すなわちロイド・ジョージは、ドイツの軍備制限によって十分な安全が確保されると考えていた。

これに対してチャーチルは次のような異論を唱えた。ドイツが再軍備を開始するとすれば、連合国が仲違いをし始めたときを狙うだろう。残念ながらその公算はある。アメリカ共和党はヨーロッパから距離を置こうとしている。そして早く講和を結ばなければ、ドイツとロシアが結託する恐れがある、と。ロング海相も、ロシアでは親独感情が醸成されており、独露の同盟の種はすでに蒔かれ始めていると警告した。そして、ドイツへの軍備制限の有効性に関しては、カーズンと同様に疑念を表明した(84)。

閣議の書記を務めたトマス・ジョーンズの日記によれば、この日の閣議で目立った論点は、西欧においてフランスを可能な限り満足させる代わりに、東方でイギリスが得たいものを得るという、チャーチルとカーズンの主張であったという。一方でフランスのラインラント分離独立構想に関しては、ラインラントを緩衝国として独立させたとしても、同国が将来ドイツに再接近することを防ぐのは困難であり、またそれ以前にウィルソン大統領が講和会議でフランスのラインラント構想に反対を唱えるだろう、という見解を出席者は概ね共有したという(85)。

三月四日に内閣はラインラント問題を再度議論した。カーズンは、フランス政府の覚書を検討したうえで、次のような結論に達したと報告した。まずザール地方については、賠償の一部として同地のフランスへの移譲を支持できるとした。一方でその他のライン左岸地域については、フランスの覚書が緩衝国の詳細に触れていないことを批判し、またライン川の橋頭堡に恒久的に部隊を維持することは「容認しえない」と述べた。そして独立したラインラント緩衝国は、いずれドイツと再合併するか、フランスに併合されるか、いずれかの道筋を辿るだろう、と警告した。その一方でカーズンは、イギリスの国益の観点から総合的に検討すると、フランスの関心を植民地事業からそらす効果が期待されるため、ヨーロッパにおけるフランスの要求を支持するべきだと提案した。

フランスの構想を最も強く支持したのはチャーチルであった。彼は、まず英仏二国が双方の利益に関する合意を結び、そのうえで両国が協力してウィルソン大統領を説得するべきだと述べた。ラインラントについては、同地を非武装化させたうえで、フランスが十分な規模の部隊を橋頭堡に駐留させるべきだと述べた。チャーチルはフランスの提案を後押しするよう内閣の説得を試みた。なお、カーズンがラインラント緩衝国の主権はドイツに属するのか、中立国とするのか、周辺国が共同統治するのかと問うと、チャーチルは自治政府とするべきだと答えた。

ウィルソン参謀総長は、フォッシュ元帥がライン川橋頭堡の恒久的占領に強いこだわりを抱いている旨を説明した。そして、元帥にイギリスが駐留軍を長期にわたって派遣できる公算はきわめて低いと伝えたところ、フランスとベルギーの二カ国だけになったとしても駐留軍を維持すると述べたという。

王璽尚書のボナー・ロウは、フランスが永遠に占領を続けることは困難だと述べた。ロイド・ジョージは同意し、イギリスは①ドイツの軍備制限と、②国際連盟による安全保障に頼るつもりだと、フォッシュ元帥に伝える意向を示した。チェンバレンは、イギリス政府としてはライン駐留軍に兵を派遣できるのは賠償の支払い期限までが限度だろう、と述べた。ウィルソン参謀総長は、橋頭堡のみを占領するのは現実的ではなく、兵站線を確保するために結局はライン左岸の緩衝国全域を占領することとなり、占領に参加するのであればイギリスは五個師団以上拠出しなければならないだろうと述べた。

一方でウィルソンは、ラインラントの非武装化には大きな軍事的意味があると説いた。もし同地を非武装化すれば、ドイツ軍がフランス国境への配備を整えるまでに三週間は要するだろうと説明した。すなわちウィルソンは、それまでも覚書などで主張してきたように、ラインラントの非武装化には賛成する一方で、同地を緩衝国とすることには反対であった。

議論のなかでカーズンは、一九一八年一二月一三日付のダービー（第一七代伯爵）駐仏大使の書簡から、クレマンソーが、列強の保障下に置かれる緩衝国を擁立することによってフランスの東部国境を守ることを望んでいる、とする一文を引用した。これを受けてロイド・ジョージは、「もしアメリカとわれわれがフランスを侵略から保障すれば、フランスは満足するだろう」と述べた。これは、次節で扱う英仏・米仏保障条約構想の端緒となる発言である。英米がフランスの安全を保障する合意を結ぶという発想が、この閣議で萌芽したのである。しかしながらロイド・ジョージは、同盟を嫌うウィルソン大統領がこの案に賛同する可能性は低いだろうと表明した。

閣議の終盤でチャーチルは、フランスとの友好関係を維持するために、フランスの提案を支持するよう訴えた。そして、もしフランスの提案を拒絶するのであれば、拒否権はイギリスではなくアメリカに発動させるべきだと提案した。すなわち、英仏関係の悪化を防ぐために、イギリスが直接手を汚さずにアメリカに反対の先陣を切らせるべきだという提言であった。カーズンはこの提案に賛成した。閣議は明確な結論に達することなく終わりを迎えた。[86]

チャーチルは、閣議で訴えた内容をあらためて書簡にまとめてロイド・ジョージに送付した。彼の主張の要点は、独仏国境の処理と東方の処理をリンクさせ、英仏双方が利益を得られる合意をクレマンソーと結ぶべきだ、というものであった(87)。チャーチルはさらに、三月三日に議会で行った陸軍予算に関する演説において、休戦協定に基づいてラインラントに駐留するイギリス軍を当面の間維持することに理解を求めた。彼は、ドイツが講和に合意するだけでは十分でなく、ドイツが講和条約を履行するまで占領を続けるべきだと訴えた。そして、ラインラント占領軍は講和条約をドイツに強制する圧力になるうえ、東欧の新興国の存立を保障する手段にもなると説き、フランスの主張を後押ししたのであった(88)。

二日間の閣議を通した議論を整理すると、一方でフランスのラインラント政策を支持したチャーチルと、それに懐疑を唱えたロイド・ジョージという構図が浮上する。閣議の議論はこの二人が主導した。そこに、チェンバレン蔵相とロング海相がフランスの構想に比較的親和的な意見を加え、反対にボナー・ロウはロイド・ジョージと同様に懐疑を唱えた。カーズン外相代理は、当初はフランス案を概ね支持しながら後には懐疑論を唱えるなど、立場を明確にしなかった。ウィルソン参謀総長は、ラインラントの非武装化は支持しながらも、橋頭堡の軍事占領には一貫して懐疑的であった。

ここで注目すべきは、フランスのラインラント構想への賛成派も反対派も、ウィルソン参謀総長を除けば、自らの主張の論拠をヨーロッパの安全保障そのものには置いていない点にある。たとえばチャーチルは、他の政策領域(東方政策)への協力をフランスから引き出すために、フランスの計画に協力するべきだと述べていたのであって、フランスのラインラント政策がイギリスやヨーロッパの安全に貢献するとは一言も述べていなかった。彼らの主たる関心はヨーロッパではなく、東方にあった。

植民地問題に関してフランスと包括的合意を結ぶという構想は、チェンバレン蔵相と外務省のロバート・ヴァンシタートによって掘り下げて検討された。彼らは、西欧におけるフランスの講和要求への協力と、イギリスのフランスに対する金融支援を梃子に、オマーン、イエメン、インド、ニューファンドランドなどにおけるフランスの条約権を放棄させる好機だと提案した。ヴァンシタートは、こうした問題を今片付けなければ、将来にわたってフランスとの間で摩擦の種を残すこととなると警告した。ハーディング外務事務次官もこの案を支持し、すぐにロンドンで交渉を開始するべきだと提案した。しかしロイド・ジョージは、東方問題とヨーロッパ問題をリンクさせるべきではないと述べ、これを却下した(89)。

イギリス内閣はロイド・ジョージに意見を提供するにとどまり、講和会議全権の裁量権を制約するような決定は下さなかった。そのためロイド・ジョージはパリに戻ると、自らの信念に基づいてフランスのラインラント政策にいっそう強く反対していくこととなる。ただし彼には、フランスの構想を断念させるための秘策があった。英米による対仏保障の構想である。

ロイド・ジョージは、国際連盟と軍縮を中心とする安全保障観を抱いていた。その彼が、英米による対仏保障条約の構想を説いたことには大きな意味があった。軍事同盟に類する保障条約が、国際連盟と矛盾しないという前提に立たなければ、そのような発想が出てくるはずがないからである。ロイド・ジョージは、ウィルソン大統領の同盟嫌いについて言及しながらも、彼自身は地域的な保障条約に意義を見出していた。国際連盟、軍縮、そして保障条約を組み合わせることによって、将来ドイツとの関係に禍根を残しかねないラインラント政策を推進せずとも、平和は確保しうると、ロイド・ジョージは考えたのであった。

(5) 英仏対立の先鋭化

パリに戻ったロイド・ジョージは、三月七日にクレマンソーおよびハウスと会談し、ラインラント問題を議論した。ハウスはフランスに譲歩的であった。彼はドイツが講和条約を履行し終えるまで「民族自決」原則の適用を延期するという方法を用いれば、ウィルソン原則と矛盾しない形でフランスのラインラント政策を実行に移せるかもしれないと述べた。しかし、クレマンソーは「民族自決」原則そのものを批判し、ラインラントの分離独立に期限を設けるつもりはないと反論した。ロイド・ジョージは、ライン川橋頭堡を半永久的に占領する計画に懸念を抱いている旨を説明し、そのような計画にイギリスが参加することは考えられないと表明した。それに対してクレマンソーは、フランスが駐留兵力の三分の二を負担することも可能だと反論した。ロイド・ジョージがラインラント占領へのアメリカの参加の可能性をハウスに尋ねると、ハウスはその可能性を疑問視したものの、ウィルソン大統領に掛け合うことを約束した。[90] このようにロイド・ジョージは、チャーチルらの提案したように独仏国境問題に関してフランスに譲歩するのではなく、アメリカと協力しながらフランスに圧力をかける方針をとったのであった。

この三者会談の後、領土問題に関する非公式の小委員会が組織された。フィリップ・カーがイギリス代表を務め、フランス代表はタルデュー、アメリカ代表は哲学者のシドニー・メゼスが担当した。[91] 小委員会は三月一一日と一二日の二日間にわたってドイツ西部国境の問題を議論した。その際にロイド・ジョージは、イギリス政府の反対の意志をタルデューに明確に伝えるようカーに指示した。[92] カー自身もフランスの交渉姿勢を「きわめて理不尽」だと述べるなど不満を抱いており、[93] タルデューとの対決姿勢を鮮明にした。カーは、ドイツの軍事的境界線をライン川の東方に引くことには異存がないと表明したものの、ラインラントに長期にわたって占領軍を維持することに強い反対を唱えた。タルデューは、イギリスに求める拠出兵力は一個旅団ないし一個師団程度であり、イギリスが占領に参加しているという「精神的効果」を重視しているのだと説明した。しかしカーは、仮に小規模な拠出兵力であったとしても、イギリス世論にはヨーロッパ大陸に軍事的に関与することへ根強い反感があると述べ、占領を実施すればイギリス国内および占領下のドイツ住民によるプロパガンダ攻勢にさらされるだろうと警告した。そしてカーはロイド・ジョージと相談したうえで、イギリスはラインラントの分離独立と占領に反対する旨を明言した。またイギリス帝国自治領諸国もこの見解を共有していると伝えた。

これに対してタルデューは、再び戦争が起こった場合にフランスの国土が戦場とならない保証を要求する権利がフランスにはあると述べ、ラインラントを分離独立させないのであれば、フランスはトリーアの南方からランダウの北方に至る「戦略的国境」を獲得しなければならないと述べた。タルデューは、このような国境線を設定すれば一三〇万人ものドイツ人がフランスに併合されることとなり、彼個人としてはこれに強く反対しているものの、もしラインラント分離独立が否定されるのであれば、フランスは一九一四年の再現を防ぐためにこのような国境線を要求しなければならないと表明した。そして、目下フランスにおいて穏健な講和を提供できるのはクレマンソーだけなのだと忠告した。カーとメゼスは、ラインラントの住民がドイツからの独立を望んで歓迎するというフランス側の議論の前提を疑問視した。カーは、ラインラントを独立させた後に、ドイツとの再統合を求める現地住民の運動が起こった場合に、イギリスと自治領諸国ではそのような運動に共感を示す者が出てくるだろうと述べた。タルデューは、連合国には分離独立を要求する権利があるものの、現地住民が望まない限り、ドイツとの離別を永続化することはできないと認めた。タルデューは、戦争再発の可能性に対する安全措置として一定期間ラインラントをドイツから切り離し、そして一定期間の後に、独立国として国際連盟に加盟するのか、ドイツと再統合するのかを現地住民が選択する考えを表明した。

カーがタルデューとの対決色を前面に出したのに対して、アメリカ代表のメゼスは比較的譲歩的であった。メゼスは、アメリカは「ドイツ本土」の占領には合意できず、またいかなる連合国占領も一時的なものにとどまるべきだと述べたものの、「フランスの望む安全保障を提供するためにアメリカは可能な限りのことをしたい」と表明した。そして彼は、ウィルソン大統領が「フランスにとても共感しており、その提案にとても興味を抱いている」とするハウスの言葉を伝えた。

二日間の会合の終盤でタルデューは、イギリスとフランスの間に根本的な考え方の違いが明らかとなって残念だと表明した。彼は、「海洋国家」であるイギリスには、八〇〇〇万人のドイツ人と国境を接するフランスの懸念は理解しがたいだろうと述べた。そして、フランスとしてはドイツから割譲する領土を最小限にとどめることに留意しており、そのためにラインラントを分離独立させる構想を提案しているのだと述べた。

これに対してカーは次のような代案を提起した。彼はまず、ドイツ陸軍の兵員を一〇万人に制限し、ライン左岸の軍事利用を禁止すれば十分な安全が確保されるのではないか、と説いた。そして、「ドイツがその義務を破った場合には、フランスは直ちにドイツ領内へ軍を進軍させることができ、イギリスは三週間以内に戦場に到着し、アメリカは二カ月以内に到着する」と述べた。カーによれば、「問題の本質は、講和の軍事規定をドイツが遵守することを連合国ないしは国際連盟が要求すること」であり、「それが遵守されている限りフランスに危険は及ばない」のであった。すなわちカーは、国際連盟の枠組みのもとで、危機に際してイギリスとアメリカがフランスのために来援する合意を形成することを提案したのであった。

しかし、タルデューは説得されなかった。彼は、英米の援軍が海を越えて到着するまでに時間がかかり、そして四〇〇万人の兵役完了者を有するドイツが再軍備することは容易だと指摘した。そして、連合国がライン川橋頭堡を確保していない限り、フランスは安心することができないと述べた。

結局、小委員会は見解を一致させることができず物別れに終わった。会合の後でカーは、「タルデュー提案には最後まで抵抗するべきだ」とロイド・ジョージに進言した。[94] このように、ロイド・ジョージとカーはフランスのラインラント政策への対決姿勢を鮮明にしたのであった。

3　英仏・米仏保障条約の形成

(1) 保障条約案の提示

アメリカの譲歩的姿勢に危機感を抱いたロイド・ジョージは、フランスのラインラント構想に対する強い不信をアメリカに早急に伝え、その代案としての保障条約の構想を持ちかけた。三月一二日にロイド・ジョージはハウスと対談し、フランスのラインラント構想には同意できず、「他の方面から彼ら［フランス］に保護を与える」構想を語った。ロイド・ジョージはその例として、①英仏海峡トンネルの建設によってイギリス軍が四八時間以内にフランスに到着できる体制を整え、②フランスが侵略を受けた場合にイギリスが直ちに救援に向かう約束を交わす、という考えを示した。一方でロイド・ジョージは、ライン川橋頭堡に占領軍を無期限に維持するつもりはないと明言した。ロイド・ジョージとハウスは、そのようなことをすれば将来の戦争の火種となる、という認識を共有した(95)。すなわちロイド・ジョージは、有事の際にフランスを救援する約束を交わすことと引き換えに、フランスのラインラント構想を断念させようと考えたのであった。

三月一四日、ウィルソン大統領がアメリカからパリに戻ったその日の正午、ロイド・ジョージはウィルソン大統領と会談した。ウィルソン大統領は、ラインラントをめぐる交渉の行き詰まりに気を揉んでいると述べ、アメリカとしては四〇〇〇万人の人口を有するフランスに対して六五〇〇万人の人口を有するドイツがライン川の両岸を手中に収める状況を看過できない、と説いた。ウィルソンがロイド・ジョージに対案はあるのかと問うと、ロイド・ジョージは、イギリスとアメリカが共同でフランスの安全を保障する構想を提案した。ロイド・ジョージの当初の懸念とは裏腹に、ウィルソンはこれに賛意を示した。そして同日午後三時から五時にかけて行われたクレマンソーを加えた三者会談で、保障条約の構想をクレマンソーに提示したのである(96)。

その晩にクレマンソー、タルデュー、ルシュールは、英米の提案を議論した。クレマンソーは、孤立主義的伝統を有する英米が公式の防御同盟に相当する提案をしてきたことを「大きな驚きをもって」受けとめた。そしてフランスは、単独でライン左岸に立つか、それを諦めて英米と同盟を結ぶかという選択を迫られていると述べた。三人は議論の末、英米の提案は受け入れるべきであり、フランスの人々も好感を抱くだろうと結論した。クレマンソーとルシュールはとりわけ、イギリス軍がより早くフランスに来援できるように、英仏海峡トンネルの建設を推進する意向だとロイド・ジョージが述べたことに「心動かされた」という。翌日、ステファン・ピション外相が加わり四人でさらなる議論が行われた。ルシュールは英米案を支持し、ラインラント構想の部分的妥協を提案した。彼は、フランスにはラインラントの恒久占領に必要な大規模な陸軍力を維持する余裕はなく、占領による経済的損失によりドイツとの国力差はさらに開く恐れがあると警告した。クレマンソーはルシュールの意見を支持した。そして一五日の晩にタルデューとピションは英米への返答文を起草することとなった(97)。

フランスの返答文は、英米の提案する軍事的保障に「高い価値」を認め、「喜んで受け入れる意思がある」とした。その一方で、保障内容の明確化と、ライン川防衛線という「物理的保障」の存置を望んだ。フランス側の具体的な提案内容は次の通りであった。まず、ドイツが講和条約に違反してフランスを攻撃した場合に、イギリスとアメリカがフランスに即座の軍事的援助を与えることを大前提としたうえで、①講和条約は連合国によるラインラント占領の期限と撤退条件を〔金融関連条項に関連して〔原文注記〕〕定める。②ドイツは、ライン左岸と右岸から東へ五〇キロメートルの地点まで、一切の軍事的活動を禁じられる。③イギリス、アメリカ、フランスは、常設される査察機関を通して、ドイツが②の定める地帯における義務を履行している確証を得る権利を有する（この権利が付与されなければ②は無価値である〔原文注記〕）。④イギリス、アメリカ、フランスは、②の定める地帯へのドイツ軍のいかなる侵入も、未遂の侵入も、「侵略行為」とみなすことに合意する。⑤イギリスとアメリカは、査察機関がドイツによる②ないし講和条約の軍事関連の他の規定に対する違反を認めた場合、フランスがライン川防衛線と右岸の橋頭堡を占領する権利を認める（もしフランスが恒久占領を放棄するのであれば、フランスは少なくとも、ドイツの講和条約違反から生じる戦争の危険に対処するために、唯一の優れた防御地点であるライン川に部隊を展開できなければならない〔原文注記〕）。⑥イギリスとアメリカは、フランスの一八一四年国境を承認し、さらに賠償の一部としてのザール炭田の占領権を認める。さらに、付記として、フランス政府は、「フランスに対する侵略行為」という表現は、ベルギーに対するあらゆる侵略を含意するとみなす、とも記された(98)。

すなわちフランス政府は、明確に定義された英米の軍事的保障の約束を得られれば、ラインラントにおける緩衝国家の樹立を断念し、ライン川橋頭堡の占領期間も有限とする譲歩を示したのであった。フランス側がここに列記した諸条件は、一八一四年国境の承認を除いて、ほぼすべてがヴェルサイユ条約に埋め込まれることとなる。それゆえ、これは両大戦間期の西欧安全保障の根幹を規定する重要な覚書である。しかし、イギリス側はこれを簡単には受諾せず、ラインラント問題に関する交渉は以後一カ月以上続くこととなる。

イギリス代表団の首脳部はフランスの返答文に満足せず、フランスのラインラント政策への不信を強めていった。バルフォアは、ライン左岸に対するフランスの計画は、ドイツが復讐戦を挑んでくるという悲観的予測に基づいており、軍備制限と国際連盟が失敗に終わることを前提としていると批判した。彼は、ドイツが再び攻撃を仕掛けるとすれば、より脆弱な東欧を狙うだろうと分析した。そして、戦争を防ぐ抜本的な解決策は、国際連盟による「世界の国家間システムの変革」にあるにもかかわらず、フランスはその試みを軽んじていると説いた。そのうえで、フランスの懸念は「正しいかもしれない。しかしそうだとすれば、ライン川国境線の操作程度では、フランスは東方の強大な隣国に接し、変動する外交情勢と不確定な同盟の前に恐れおののく二等国以上の地位になれないことは確実である」と、痛烈に批判した。[99]

バルフォアはさらに、ワイズマンにフランスの返答に関する助言を求めた。ワイズマンは、国際連盟の枠組みの外でフランスと安全保障条約を結べば、それは国際連盟の権威を弱めることになると述べ、否定的であった。ワイズマンは、まず講和条約によってラインラントを非武装化したうえで、その後開催される国際連盟第一回理事会において、非武装規定が破られた場合にはイギリスとアメリカが直ちにフランスを軍事的に援助するという趣旨の決議を可決すれば、フランスは満足するだろうと提言した。[100] すなわち、英米の対仏保障を国際連盟の枠組みのなかに位置づけるべきだとという意見であった。

一方でアメリカはイギリスよりも一足先にフランスと保障条約の内容に関する交渉を始めていた。三月二〇日にハウスは保障条約の草案を自ら起草し、クレマンソーの賛同を得た。条約草案の内容は次の通りであった。

ドイツが一九一四年にベルギーとフランスを攻撃することによって世界にもたらした大惨事に鑑み、そしてそのような人類にとっての惨禍の再発を可能な限り防ぐために、ドイツが締約国のうちの一国ないし複数国に対して、挑発によらない不当な攻撃（unprovoked and unwarranted attack）をいかなる時であっても行った場合には、即座の軍事、金融、経済、そして精神的援助を相互に提供することを、われわれはここに相互に誓う。

ハウスは当初、「不当な攻撃」を「不当な侵略（invasion）」としていたのであったが、クレマンソーがより広く解釈できる「攻撃」という言葉を望んだことを受けて、これを変更した。ハウスによれば、クレマンソーはハウス草稿に大いに満足したという。[101] そして、三月二七日までにロイド・ジョージとバルフォアもこの草稿に合意した。[102]

ハウスの条約草案の特徴は保障の相互性にあった。すなわち、英米がフランスの安全を一方的に保障する片務的条約ではなく、英米仏三国が互いの安全を相互に保障し合う双務的内容となっており、正式な同盟条約の性質を帯びていた。またハウス草案の文面を見る限り、同盟の締約国は英仏米三国に限定されておらず、草案中にベルギーの国名が挙げられていること、そして前述したフランスの返答文もベルギーに言及していることに鑑みれば、ベルギーが同盟条約の締約国となる可能性も意識されていたものと考えられる。

一方でウィルソン大統領は、ラインラントの分離独立をフランスに断念させるために英米仏三国同盟案に賛同したものの、同盟案は国際連盟規約第一〇条（加盟国の領土的現状の保障に関する規定）ですでにカバーされていることとの重複に過ぎないと考え、特段重視していない旨をセシルに語った。[103] ウィルソン大統領は、側近のハウスほどには英米仏三国同盟案に関心を有しておらず、国際連盟によって十分な安全が確保されると考えていた。ロイド・ジョージもこの認識を共有していた。彼が「北大西洋同盟」の構想を提案したのも、その構想自体に安全保障上の意義を見出したというよりは、あくまでフランスのラインラント構想を断念させるための交渉材料としての意義を見出したからに過ぎなかった。

(2)「フォンテーヌブロー覚書」

三月後半になると、多くのイギリス政府関係者が講和の行く末に深刻な疑念を表明し始め、講和の方向性を変えなければならないという気運がイギリス全権団内で醸成された。ヘッドラム＝モーリーは、一方でドイツには裁かれなければならない「罪」があるとしながらも、他方で休戦以来の連合国の政策は、ドイツに抗議する正当性を与えかねないものだと批判した。彼は、フランス政府の講和要求やイギリス政府が敵国への海上封鎖を維持していることを問題視した。そして、敗戦によるドイツの体制転換は信頼に値するものだと評価し、もはやドイツの国力と組織力を恐れる理由はなくなったのだと説いた。(104) 別の機会にヘッドラム＝モーリーは、フランスにはヨーロッパ大陸を統制するだけの国力はなく、新しいヨーロッパには秩序立ったドイツの存在が必要となると説いた。そのため、経済と賠償関連の条項はドイツの経済再建を妨げるほど過酷なものであってはならないと訴えた。(105) 政治情報局のジマーンは、ヨーロッパ情勢は「悪夢」のような状況に陥っていると述べ、もしウィルソン大統領の講和原則が守られないのであれば、職を辞して政府批判を行うつもりだとヘッドラム＝モーリーに伝えた。(106) セシル卿も、「世界が足元から崩壊していく」感覚をハウスと共有し、一刻も早い講和の締結と経済再建の必要性に関して同意した。(107)

ハンキー書記官長もヨーロッパの行く末に危機感を抱いていた。首相宛の書簡のなかでハンキーは、ボリシェヴィズムの拡散は「ヨーロッパ文明を破滅させる」という強い危機感を表明した。ハンキーによれば、講和条約はボリシェヴィズムに対抗する障壁を打ち立てなければならないにもかかわらず、「前哨線」に位置する国家がポーランド、チェコスロヴァキア、フィンランドといった新興国では脆弱すぎるというのであった。ハンキーは、中東欧においてはドイツ人だけが「堅牢、愛国的、信頼に足り、高度に組織化された民族」であり、彼らをボリシェヴィズムに対抗する「物理的障壁」としなければならないと説いた。そして、このような論理に立脚すれば、ドイツに対する厳しい軍備制限、東プロイセンの飛び地化、ライン左岸の分離独立、戦犯の訴追、巨額の賠償請求といったドイツを弱体化させる措置の累積的影響は、まったく逆効果だと批判した。ハンキーは、一方では「ドイツの犯した罪の巨大さ」をドイツ国民に自覚させなければならないと唱えながらも、目下の状況においては正義よりも優先するべき政策があると論じた。そして、ドイツと将来協力する余地を残せるように、講和条約が復讐心に基づくものだと誤解されないようにあらゆる努力を惜しむべきではない、と首相に進言した。ハンキーによれば、カー秘書官とウィルソン参謀総長も同様の懸念を表明していたという。[108]

こうした懸念の声を受けてロイド・ジョージは、イギリスの講和戦略を再検討することを決意した。ロイド・ジョージは、週末にフォンテーヌブローに赴き、講和の問題について「かつてないほどハードな四八時間の考察」を行う計画を報道官のジョージ・リデルに語った。リデルは、「講和と無秩序の競争になりそうですね」と返答した。[109]この会話が行われた頃、ハンガリーではクン・ベーラ率いる共産主義革命が起こっていた。そのため、イギリスの政策決定者たちはボリシェヴィズムの拡散にいっそうの危機感を抱くこととなった。三月後半以降、イギリスの政策決定者たちは「講和と無秩序との競争」ということを強く意識し始めており、ドイツに受容可能な講和を一刻も早く提出しなければならないという焦りを感じ始めていたのであった。

三月二二日土曜日にロイド・ジョージは、一握りの信頼する側近とともにフォンテーヌブローを訪れた。ロイド・ジョージに同行したのは、ハンキー書記官長、ウィルソン参謀総長、エドウィン・モンタギュー・インド相、カー秘書官、A・J・シルヴェスター秘書官であった。

フォンテーヌブロー会談では、参加者が連合国、敵国、中立国の立場に分かれてプレゼンテーションを行うという変わった催しが行われた。まずウィルソン参謀総長が持論である国際連盟批判を行ったうえで、ドイツ将校に扮して次のように説いた。ドイツの立場に身を置いた場合、「この狂った、腐った国際連盟というもの」に参加したり、連合国の「壊滅的な講和条件」に調印したりするだろうか。そんなことをせずに、ロシアと手を結ぶだろうと。

そしてウィルソンはフランス女性の役に転じ、フランスがいかに立腹しているのか、未来をいかに恐れているのかについて語った。続いてハンキーがイギリス帝国の観点から、そしてモンタギューが中立国の観点から講和の諸問題を論じた。ロイド・ジョージは皆の意見を聞いたうえで、晩に秘書官とともに覚書を作成し、翌日に一同に読み上げ、議論が行われた。これをもとに、カーとハンキーが手を加えたものが「フォンテーヌブロー覚書」と呼ばれる有名な文書となった(110)。

ハンキーの記録によれば、両日の議論では次のような点が挙げられた。まず、イギリス帝国の利益の観点からは、①ドイツの海軍力を厳しく制限すること、②ドイツの陸軍力の制限がすべての諸国の陸軍力削減につながること、③イギリス帝国がドイツから大きな額の賠償を得ること、④イギリス帝国がパレスチナ、メソポタミア、東アフリカ、南西アフリカ、南太平洋諸島の委任統治国となること、である。

そして、目指すべきドイツ講和の大方針としては、ドイツがボリシェヴィキと提携することがないように、ドイツ政府が受け入れることのできる講和を作ることが大前提に掲げられた。具体的講和条件としては、①ドイツから他国に編入されるドイツ人を最小限にとどめること、②ラインラントの分離独立は認めず、フランスによるザール地方の領有も一〇年間にとどめること、③「ドイツの侵略が起こった場合にフランスを即座に援助するイギリス帝国とアメリカによる共同保障（Joint guarantee）」、「イギリス政府は、もしフランスが協力するのであれば、英仏海峡トンネルの建設を約束する」、④資源などの市場へのドイツの自由アクセス、連合国によるドイツの経済支援、⑤ドイツがその能力の許す最大限の賠償を支払うこと、などが挙げられた(111)。

ハンキーは後年、フォンテーヌブロー会談の最大の目的は、フランスに対する英米共同保障について検討することだったと回顧している(112)。またウィルソン参謀総長の記録によれば、英仏海峡トンネルの建設は、保障条約の有用性を高めるという意図のもとで言及されたという(113)。

三月二五日に完成した「フォンテーヌブロー覚書」のもともとのタイトルは、「講和会議が最終的に講和条件を起草する前に考慮すべきこと」であった。覚書はまず、一八七一年の普仏戦争後の講和を例にとり、「三〇年続く平和を作ることは比較的容易」だが、戦争を直接経験した世代がいなくなった後にまで続く平和を構築することは、より困難だと述べた。それを成し遂げるためには、敗者に禍根を残さない講和を作らなければならない、というのが覚書の主旨であった。そして、連合国は財政的理由からドイツを占領できず、海上封鎖の継続はドイツの混乱に拍車をかけるであろうことから、講和条約の調印と履行を強制するのは困難であり、ゆえにドイツ政府が自ら望んで履行できるような講和条約であるべきだと説いた。「フォンテーヌブロー覚書」はその一方で、ドイツの「戦争責任」を追及し、多額の賠償を請求する方針も明示した。

「フォンテーヌブロー覚書」は、次のような講和の三大目標を掲げた。①「ドイツの開戦責任と戦争の遂行方法に関する責任」を考慮し、連合国にとって正当な講和であること、②責任あるドイツ政府が履行できるという確信を持ったうえで調印できる講和であること、③将来の戦争の火種を含まず、ボリシェヴィズムに代わる選択肢となる講和であること、である。

安全保障に関連する問題については、まず、連合国はドイツに一方的に軍縮を迫るだけではなく、国際連盟の傘下のもとで連合国も陸海の軍縮を行うべきだと論じた。そして、ドイツをボリシェヴィズムに靡かせないために、ドイツを国際連盟に早期に加盟させるべきだと説いた。

最も重要な点は、イギリスとアメリカがフランスの安全を保障するという提案を、「フォンテーヌブロー覚書」が再確認したことであった。「国際連盟の権威と有効性が証明される時まで、イギリス帝国と合衆国は、新たなドイツの侵略の可能性に対する保障を、フランスに与えるべきだと信じる」という文言が挿入された。

領土問題については、ドイツから他国に編入されるドイツ人を最小限にとどめるという原則を確認したうえで、次のような講和の素案を提起した。まず、①ポーランドと、②ボヘミアの国境線について、当時講和会議が定めつつあった境界線をドイツ有利に再調整するべきだと提起した。③ラインラントに関しては、ラインラントをドイツから切り離さないと明記する一方で、同地は非武装化されると定めた。そして、フランスとの保障条約の具体的内容について次のように記した。「国際連盟理事会の同意に依らずしてドイツがライン川を越えて進軍した場合には、イギリス帝国とアメリカ合衆国は、両国の全力をもってフランスの援助に駆けつけることを約す。この合意は、国際連盟が適切な安全保障となることを自ら証明するまで存続する」と。その他に西欧に関連する規定は次の通りであった。④ドイツはフランスにアルザス＝ロレーヌを割譲する。⑤ドイツはフランスに一八一四年国境に基づく領土を割譲する。もしくは別の選択肢として、ザール地方の炭田を一〇年間使用する権利を与える。⑥ドイツはルクセンブルクとの関税同盟を解消する。⑦ドイツはマルメディとモレネをベルギーに割譲する。さらに、⑧ヘルゴラント島と⑨シュレスヴィヒに関しても触れたうえで、⑩ドイツがすべての海外植民地を明け渡すことにも言及した。[114]

以上のように、ラインラントは非武装化されると規定されたものの、その分離独立と同地の占領は否定された。その代わりに、イギリスとアメリカがドイツの侵略からフランスを保障するという内容の条約草案が具体的に明示された。そのうえ、条約の発動要件（*casus foederis*）に関わる「ドイツの侵略」の定義には、ドイツのフランス本土侵攻だけではなく、ドイツ軍のライン左岸への侵入も含まれた。その一方で、「フォンテーヌブロー覚書」は英仏海峡トンネルの構想には言及しなかった。

「フォンテーヌブロー覚書」は多くの矛盾を抱えた文書であった。まず、ドイツとの和解の重要性を謳った割には、ドイツにかなり厳しい講和条件が依然として列挙されていた。当時多くのドイツ人が自衛戦争を戦ったと信じていたことに鑑みれば、「戦争責任」を追及して多額の賠償を請求することと、ドイツ人に受け入れやすい講和を目指すことは、そもそも矛盾していた。[115] また、「フォンテーヌブロー覚書」には、イギリス帝国はドイツが支払う賠償総額の三〇％を獲得し、[116] 旧ドイツ植民地の大半を手中に収めることが明記された。それは、イギリス帝国の獲得分はそのままに、フランスやポーランドに一方的な妥協を求めることで、ドイツの懐柔を試みる計画だという批判を免れえない。[117] 実際にセシル卿は「フォンテーヌブロー覚書」をそのように批判した。[118]

しかし、この覚書の最大の意義は、フランスに妥協を迫る対価として、イギリスがフランスの安全を保障する意志を再確認したことにある。ロイド・ジョージはアメリカの参加を望ましいと考えていたが、アメリカ議会が参加を拒絶したとしても、一九一九年三月当時はイギリス単独でもフランスを保障する心積もりであったと考えられる。(119)彼は、フランスへのコミットメントは戦前にフランスに与えていた保障の延長に過ぎないとボナー・ロウに説明していた。(120)ロイド・ジョージは、保障条約と引き換えに、ドイツにいっそう受け入れやすい講和をフランスから引き出す決意を固めたのであった。安全保障の提供と引き換えにフランスの対独政策の軟化を求めるという政策は、その後一九二〇年代前半期を通してイギリス政府が数度にわたって試みることとなる政策の原型となる。

三月二六日、南アフリカ代表のスマッツが講和会議の現状を厳しく批判する書簡をロイド・ジョージに送った。スマッツは、「パリ講和会議が歴史上の大失敗の一つとなるかもしれない」ことに危惧を表明した。そして、目下作成過程にある講和は「実行不可能な講和」であり、ドイツは受け入れないであろうし、受け入れたとしても「まったく不安定」な講和となるだろう、と警告した。スマッツは、ダンツィヒなどドイツ東部国境に関する措置や、フランスのザールやラインラントに対する要求を槍玉に挙げた。そして、「一四カ条」の精神に立ち返り、対ドイツの「宥和」によって、ドイツをボリシェヴィズムに対する「防塁」とするべきだと提言した。(121)ロイド・ジョージは翌日の「四人評議会（Council of Four：次項参照）」でこの書簡を読み上げたことから、内容に共感したものと考えられる。

フォンテーヌブロー会談以降のロイド・ジョージの基本政策は、「無秩序との競争」と「対ドイツの宥和」という二点に集約しうる。とりわけ後者については、パリ講和会議以降も長きにわたって、イギリスのヨーロッパ政策の通奏低音として響き渡ることとなる。そしてイギリスの対仏政策も、「対ドイツの宥和」というパラダイムのもとで思考されることが多くなる。フランスの「強硬な」対独政策がドイツの離反を招かないように、いかにしてフランスの対独警戒心を緩和するのかという問題が、イギリスのヨーロッパ安全保障政策の一大課題となっていく。

ロイド・ジョージが一九一九年三月にフランスに保障条約を提示したのも、このような問題意識に基づく行動であった。

(3) 四人評議会の立ち上げ

二月後半以降、講和会議における重要問題は、総会や十人評議会といった公式の場ではなく、大国の首脳とその側近の間の非公式会談で議論されることが多くなった。ラインラント問題に関してイギリスの外務官僚たちは蚊帳の外に置かれていた[122]。三月に入ると、講和会議の進捗を早めるためにも、大国の首脳が少人数で直接交渉するのが最も効率的な方法だと認識され始めた。そして、非公式会談を講和会議の最高決定機関の地位に引き上げる気運が生じた。こうした経緯を経て、三月中旬にウィルソン大統領がパリに戻ってから早々に四人評議会が立ち上げられた。三月下旬以降、講和会議の最も重要な問題は、英仏米伊四カ国の首脳が密室で決定することとなった[123]。

三月二七日に四人評議会は「フォンテーヌブロー覚書」に関して討議した。クレマンソーは同覚書を次のように批判した。「ロイド・ジョージ氏はドイツが講和条約の調印を拒否する帰結を過度に恐れている」。ドイツに禍根を与えてはならないという原則は共有するが、「この部屋でわれわれが公平だと見出すことが、ドイツ人によってそう受け取られるとは限らない」。ドイツ人と論争するには力の後ろ盾が必要だ。国際連盟が規約に定められた軍事的制裁を加える能力がないことが判明した場合には、フランスが自ら制裁を加えなければならない。ドイツ海軍は無力化され、イギリスとアメリカは海によって守られている。しかし、国境を接するフランスはそうではないのだ、と。

これに対してロイド・ジョージは、スマッツの書簡を読み上げ、将来の戦争の火種を残さない講和の必要性を説いた。そして、ドイツによる侵略が起きた場合には、イギリスが全力でフランスを援助する約束を結ぶ準備があることを再び表明した。ウィルソン大統領も、保障を提供する意志を表明した。また、ライン左岸に加えて右岸五〇キロメートルまでの地帯を非武装化することにも合意した[124]。

三月三一日に四人評議会はラインラント占領について議論した。ここでクレマンソーは、同地の占領をドイツの賠償支払いの保証と位置づける考えを表明した。クレマンソーは、占領は賠償支払いの終了まで続ける必要はなく、期間を限定し、段階的に撤兵する考えを明らかにした。これに対してロイド・ジョージは、ドイツの領土を占領するためにイギリス世論が徴兵制の維持に納得するとは思えないと述べ、否定的な反応を示した[125]。

その日の午後の会合にはフォッシュ元帥が呼ばれ、ライン川を「戦略的国境」とし、同地を占領する必要性をあらためて説明した。ロイド・ジョージは二つの問いをフォッシュに投げかけた。①もし一九一四年のドイツに、フランスとベルギーを援助するためにイギリスだけではなくアメリカも駆けつけるという認識があった場合に、開戦を助言する将軍が果たしていたかどうか、そして、②講和条約によって兵力を大幅に制限されるドイツ陸軍に、そのような助言を行う将軍が出てくるだろうか、と。最初の質問にフォッシュは、もし一九一四年にロシアがいなかったと仮定した場合、ドイツ参謀本部は、英軍の到着前にムーズ（マース）とセーヌはおろかロワール川まで仏軍を押し戻し、米軍の到着前に英仏両軍を撃破できると計算しただろう、と答えた。二つ目の質問に対しては、連合国がいくらドイツに軍備制限条項の履行を迫ったとしても、ドイツがその気になれば規定を迂回することは可能であり、そうすればやはり英米軍の到着前に仏軍を撃破可能という計算は成り立ちうる、と回答した。これに対してロイド・ジョージは、ドイツが連合国に察知されずに一九一四年当時の規模まで再軍備することなど不可能だと反論した。また、英仏海峡トンネルを建設すれば英軍の輸送速度を倍増できるのではないかとウィルソン参謀総長に質問した。ウィルソン参謀総長は、総動員に際してのフランスの鉄道の混雑状況にもよると答えたが、トンネル輸送は海上輸送に加えて有力な選択肢となりうるとも述べた[126]。

三月三一日にクレマンソーは、「フォンテーヌブロー覚書」に対する返答文をロイド・ジョージに手交した。クレマンソーは、「フォンテーヌブロー覚書」がヨーロッパの領土問題に関する講和条件の緩和にしか言及していないことを批判し、ドイツをもし「宥和する」のであれば、ドイツの「世界強国」としての自負心に鑑みて、植民地、海軍、貿易に関する講和条件を緩めるべきだと反論した。また、ボリシェヴィズムの拡散を防ぐのであれば、ポーランドとチェコスロヴァキアをはじめとする東欧の新興国を強化することも大切だと指摘した。そして、戦後における連合国とドイツの関係よりも、戦後における連合国同士の関係のほうがより重要だと主張した。[127]

　これに対する回答でロイド・ジョージは、クレマンソーが保障条約提案に触れていないことを指摘した。そして、「巻き込まれるような同盟（entangling alliances）を嫌うイングランド世論の一大勢力」に言及したうえで、もしフランスが保障条約を欲しないのであれば、「この問題に関する私の意見を覆さざるをえない」と述べた。すなわち、イギリスの保障を欲するのであれば、ドイツの国境問題について妥協せよと迫ったわけである。ロイド・ジョージはさらに、「フォンテーヌブロー覚書」においては選択肢の一つとして提示していた、フランスが一八一四年国境を獲得する案を一方的に撤回した。[128] 英仏の溝は深まるばかりであった。

（4）ザール地方をめぐる交渉の妥結

　三月二八日に四人評議会はザール地方とランダウ突出部の問題を議論した。ロイド・ジョージは、前述した二月二一日付の英米専門家委員会の報告書を引用し、ランダウ突出部のフランス編入には反対し、ザール地方については自治を行う独立国とするべきだと提案した。また、一八七〇年国境を超過する領土の併合は、休戦交渉に際してのドイツとの合意内容（すなわち、「一四カ条」に基づく講和）に抵触すると指摘した。[129]

　ロイド・ジョージは、ザール地方の帰属問題の検討を外務省のヘッドラム＝モーリーに依頼した。[130] ヘッドラム＝モーリーは、フランス代表団のタルデュー、およびアメリカ代表団のハスキンズと協議を重ねた。その結果三人は、ザール地方一帯をドイツの主権下に存置しながらも、同地はフランスの関税圏に入り、すべての炭坑の所有権をフランスが握る、という枠組みを練り上げ、仮合意に達した。[131] しかし、ヘッドラム＝モーリーはザール地方の政治的支配権もフランスが握らない限りこの枠組みは機能しないだろうと警告し、クロウ次官補も同意した。[132]

四月八日の四人評議会でロイド・ジョージは、ヘッドラム＝モーリーの助言を引用し、ザール地方の主権をドイツに残したままでは枠組みはうまく機能しないと述べ、「ルクセンブルクのような」自治国を樹立するべきだと提言した。そして、このザール自治国は国際連盟の監督下に置かれ、フランスとの間で関税同盟を結び、ルクセンブルクのような緩衝国家の役割を果たしうる、と説明した。ロイド・ジョージは、ダンツィヒとフィウメにも同様の枠組みを採用することを提案した。[133] しかし、ウィルソン大統領は独立国を恣意的に擁立することに反対し、ザール地方を国際連盟の監督下に置き、同地の最終的帰属を一五年後に住民投票で決する案を提示した。[134] クレマンソーは、住民投票までの一五年間のザール地方の施政権がドイツから国際連盟に移されることを確認し、四月一〇日にアメリカの提案を受諾した。[135]

（5）ラインラントと保障条約をめぐる交渉の妥結

フランスは、ラインラント問題に関して、まずアメリカを説得することに焦点を絞った。四月の前半にタルデューはハウスと非公式に会談し、意見を擦り合わせた。[136] ハウスによれば、イギリス代表団のティレル外務省政治情報局長もこの動きを後押ししたという。ティレルは、四月四日にクレマンソーと面会し、ロイド・ジョージを迂回してまずはアメリカ側との合意を模索するように助言したという。[137] そのような発言を行うまでに、イギリスの外務官僚たちはロイド・ジョージの首脳外交に不満を抱いていた。[138]

米仏は四月中旬にラインラントと保障条約に関して合意に達する。四月一四日、ロイド・ジョージが議会対策のために一時帰国した好機を利用し、クレマンソーは切り札となる譲歩をハウスに持ちかけたのであった。[139] クレマンソーは、アメリカの保障を得る代わりに、講和条約でラインラントの分離独立を定めることは諦め、同地の占領計画も一五年間の計画に縮小する妥協案を提示した。ラインラントを三区画に分け、ケルン周辺の北部区画から順に五年ごとに三段階に分けて撤兵する計画である。クレマンソーは、それは本来望んだ構想ではなかったが、アメリカの保障を得られるのであれば十分な安全保障になると判断し、フォッシュ元帥ら軍部の反対論を退ける意志を示したという[140]。翌日にハウスは、クレマンソーの妥協案に同意するようウィルソン大統領を促した。ウィルソンは一五年間の占領案に対して「しかめ面」を見せたというが、ハウスの説得によってフランス妥協案を全面的に受け入れた。ハウスは、この「良い知らせ」を持って直ちにクレマンソーのもとを訪れた。クレマンソーはハウスを抱きしめて感謝を表明したという[141]。

その間、ロイド・ジョージは自らの外交に対する議会の反発に対応するためにロンドンに戻っていた。三月末に「フォンテーヌブロー覚書」の要旨が公表され、イギリスの保守系新聞や保守党議員はその内容に強く反発した。彼らは、ロイド・ジョージが賠償に関する選挙公約に違反し、戦時同盟国フランスにも背を向け、ドイツに譲歩しようとしていると批判し、不信を表明した[142]。四月八日には、二〇〇人を超える保守党議員が、ドイツに対するロイド・ジョージの譲歩的姿勢に抗議する連名の公開書簡を送付した[143]。四月一六日にロイド・ジョージは庶民院で演説し、政府への批判は誤解に基づくものだと反論した。政府は賠償やフランスの安全保障を確保する重要性を忘れてはいないのだと。一方でロイド・ジョージは、講和は「厳格」であるべきだが、それは「報復的」であってはならないと説いた。また、急いで作成された講和条約には誤りもあるかもしれないが、国際連盟という機構を打ち立てることにより、将来そうした誤りを修正することができるのだと論じた[144]。このようにロイド・ジョージは、「フォンテーヌブロー覚書」の立脚する「厳しくも正当な講和」の精神を議会に説いたのであった。そして彼は、側近の一人が「彼の最良の演説の一つ」と評したこの演説をきっかけに、議会の信任を固めることに成功した[145]。

しかし、パリに戻り、フランスがラインラント問題に関してアメリカと合意に達したことを知ったロイド・ジョージは、ウィルソン大統領が「降伏」したことに怒りを禁じえなかった。アメリカと協力してフランスの対ドイツ要求を軟化させようという彼の思惑が崩れたからである。ロイド・ジョージは後年、この時米仏が合意したライン

ラントに関する取り決めが、将来にわたって対ドイツの「宥和」を困難にする原因を作ったと回顧している。(146)

四月二〇日に米仏は、講和条約のラインラントに関連する条文案と保障条約の条文案について合意に達した。まず、ライン右岸から東方五〇キロメートルの線以西の地域において、ドイツは要塞建設や徴兵を含むあらゆる軍事行動を禁じられることとされた。そして、この規定に対する違反は、講和条約の締約国に対する「敵対行為」であり、「世界の平和を乱すことを計画した」ものとみなされると定められた。これが、ヴェルサイユ条約第四二～四四条の原型となる。

続いて、ラインラントの占領に関する規定は、講和条約のなかの「条約履行の保証に関する条文」という箇所に挿入されることとなった。すなわち、ライン左岸および右岸橋頭堡の占領は、ドイツが講和条約を履行するための保証措置だと位置づけられたのである。そして、占領は国際部隊によってなされると合意された。ドイツが講和条約を履行した場合には、講和条約の施行から五年後にまずラインラント北部のケルン周辺区画から撤兵し、一〇年後に中部のコブレンツ周辺区画、そして一五年後に南部のマインツおよびケール周辺区画から撤兵することと定められた。また、ドイツが一五年以内に講和条約の定める義務を完遂した場合には、国際部隊は直ちに撤兵すると規定された。一方で、講和会議の設立する賠償委員会がドイツの条約不履行を認定した場合には、上記区画の一部ないし全部を国際部隊が直ちに再占領することと規定された。(147) これが、ヴェルサイユ条約第四二八～四三二条の原型となる。

フランス政府は、履行保証とラインラント占領をリンクさせることで、占領の法的正当性を高め、またドイツが条約不履行を起こした場合に、占領を永続できる可能性を残そうと試みたのであった。(148) また、ラインラントの占領を国際部隊が担うという取り決めにより、後述する保障条約に加えて、英米がヨーロッパ大陸に軍事的に関与する約束を一つ余分に結ぶことをも意味した。(149) さらにフランス政府は、撤兵を北部から開始し、ラインラント南部（プファルツ地方）に最後まで占領軍を維持することは、講和に基づく秩序を維持するために不可欠だと認識していた。

ドイツが東方の隣国であるポーランドやチェコスロヴァキアを脅かした場合に、連合国軍がプファルツ地方からマイン川渓谷をボヘミア方面に東進し、東欧諸国と戦線を接続し、ドイツを南北に分断する作戦が考慮されていたためである。(150)

二〇日に米仏が合意した保障条約草案は、それまで議論されてきた英米仏三国間の一つの協定ではなく、米仏二国間、英仏二国間でそれぞれ調印される二つの協定という形態に変更された。これは、アメリカの外交官ヘンリー・ホワイトが、「巻き込まれるような同盟」に対するアメリカ世論の反対を少しでも抑えるために、三国協定よりは二国協定のほうが良いとウィルソン大統領に助言したためであった。(151) 米仏保障条約の草案は次のような三条項からなった。①締約国は、講和条約の該当条項〔ラインラント非武装規定〕に対するドイツの違反は、「敵対行為」であり、「世界の平和を乱すことを計画した」ものとみなす。②ドイツがフランスに対して挑発によらない侵略行為に及んだ場合には、アメリカは直ちにフランスの援助に駆けつける。③この合意は、国際連盟理事会の認可を必要とし、連盟が十分な保護を提供すると締約国が承認するまで継続する。(152) ①の規定により、講和条約のラインラント非武装規定に対するドイツの違反は、保障条約の発動要件となることが明確に定められた。つまり、ドイツ軍が挑発されていないにもかかわらずライン川から東へ五〇キロメートルの地点に一歩でも足を踏み入れたら、アメリカは直ちにフランスの救援に向かう義務が発生することとなる。また、③の規定により、連盟が「十分な保護」を提供していると締約国であるフランス自らが承認するまで、保障条約は無期限に維持可能だと解釈できた。(153)

以上のような米仏間の合意内容を、ロイド・ジョージは四月二二日の四人評議会で既成事実として突きつけられることとなった。ロイド・ジョージは、ラインラントの非武装規定については速やかに承認したが、同地の占領に関する取り決めには強く反発した。彼は、イギリス軍をドイツ領内に一五年間も駐留させることは困難だと抗議した。それに対してクレマンソーは、連合国の参加する国際部隊であるという体裁が重要なのであり、「一個大隊と旗」さえ拠出してくれれば良いのだと述べた。ロイド・ジョージは、一五年間が絶対的期限なのかを尋ねた。クレマンソーは、もし国際連盟がドイツの条約不履行を認めた場合には、占領の延長も再開もありうると答えた。ロイド・ジョージはこれを承認した。続いて、米仏保障条約の草案がロイド・ジョージに渡された。ウィルソン大統領は、英米仏三国協定は「賢明でなく」、米仏間、英仏間の二つの協定が望ましいと説明した。ロイド・ジョージは草案を読んだうえでこれに合意し、後でバルフォア外相もこれを承認した。(154) こうして、ラインラントと保障条約をめぐる交渉は大筋で妥結したのであった。

一方でフランス政府は、英米の議会が保障条約を批准しない可能性に早くも懸念を抱き、その対策を講じた。(155) 四月二五日の四人評議会でクレマンソーは、三日前に合意された「条約を履行するための保証に関する条文」すなわちラインラントの占領に関する規定のなかの一五年後の撤兵に関する取り決めの末尾に、次のような一文を付け加えることを提案した。「もしその時〔一五年後の撤兵時〕に挑発によらないドイツの侵略に対する保障が十分だと現在の連合国が認めない場合には、ドイツは連合国が必要としうる類似の保障を受諾することに同意する」。つまり、占領が終了する時に、英米の保障条約が有効でなく、国際連盟の保障も不十分だとフランスが判断すれば、ドイツは占領の延長に限定されない大きな制約を課されることになりかねない文言であった。(156) ロイド・ジョージはその意図を見抜き、「とても危険」な文言だと述べ、すぐには承認せず、問題を検証することを約束した。(157)

四月三〇日、ハンキー書記官長と通訳のポール・マントゥーが退席を命じられた秘密協議で、ロイド・ジョージ、クレマンソー、ウィルソンは、次の文言に合意した。

もしその時〔一五年後の撤兵時〕に挑発によらないドイツの侵略に対する保障が十分だと連合国が認めない場合には、占領軍の撤兵は必要な保障を確保するという目的を達成するために必要と認識される範囲で延期しうる。(158)

これにより、先のフランス側の提案と比較して、英米の保障条約が無効となった場合にフランスが単独でとりうる行動は、占領の延長に制限された。そのうえ、歴史学者のハロルド・ネルソンが論じるように、後段からドイツという主語を取り除いたことにより、「必要な保障」をドイツだけでなく、英米が提供する可能性にも門戸を開いた。これにより、一九二五年のロカルノ条約や一九二八年のケロッグ＝ブリアン条約のような保障をもって占領を代替する選択肢も生まれることから、より柔軟な枠組みを用意したと評価できる。[159] 三〇日に合意された文言は、ヴェルサイユ条約第四二九条の末尾に挿入されることとなる。

フランス政府関係者のなかには、クレマンソーが英米に妥協したことを批判する者もおり、彼らは英米に再考を促した。四月一九日付のイギリスの『デイリー・メール』紙へのインタビューでフォッシュ元帥は次のように訴えた。われわれは天然の障壁であるライン川に居座る必要がある。ドイツが再び攻めてくるとき、ロシアはもはやわれわれの味方ではなく、英米軍は大洋の彼方に駐留しているだろう。「そして次回は、覚えておきたまえ、ドイツ人は間違いを犯さない。彼らは北フランスへと突破し、英仏海峡の港湾を確保するだろう、対イングランド作戦の基地とするために」と述べ、警鐘を鳴らした。[160] また、四月二八日にポアンカレ大統領は、ラインラントの占領をドイツが賠償を完済するまで、すなわち三〇年以上先まで継続するべきだと訴える書簡を著し、クレマンソーを通じて英米の首脳に送付した。[161]

ロイド・ジョージはラインラント問題の再考を拒否した。彼はその理由を次のように説明した。ラインラントの占領を無期限にすれば、新たなヨーロッパ戦争に繫がりかねない「重大な挑発行為（serious provocation）」と受け取られるだろう。むしろドイツの人々に対しては、再び「軍国主義的野心の道」を歩まない限り、ドイツ領土の占領は一定期間で終わるのだというメッセージを明確に伝える必要がある。そして、占領に関して合意された取り決めは、イギリス議会が受け入れられる限度であると考える、と。[162] すなわちロイド・ジョージは、イギリスはすでに限界までフランスの要求に譲歩したのであり、占領期間の延長はイギリス議会に受け入れられないばかりか、ヨーロッパの平和を害すると述べて反対したのであった。ここで、占領の延長が「重大な挑発行為」にあたると表現されているることは意味深長である。なぜなら、英米の保障条約は「挑発によらない（unprovoked）」ドイツの侵略を発動要件としていたからである。「重大な挑発行為」という表現の選択には、もしイギリス政府がラインラント占領の延長をドイツに対する「重大な挑発行為」だと解釈すれば、フランスを救援する義務から免れるのだ、という圧力が含意されていた。この返答文が送付されたのは五月六日のことであり、その前日にイギリス代表団はまさにその点を含めて保障条約の問題を議論していた。

五月五日にイギリス帝国代表団会議はラインラントと保障条約に関する英仏米三大国首脳の合意内容を議論した。ロイド・ジョージは、イギリス本国と自治領の代表に、ラインラントをめぐる交渉に関連して、フランスをドイツの攻撃から保障する約束を交わす必要が生じ、ウィルソン大統領も同様の保障条約を結ぶことに合意したことを説明した。その一方で、アメリカ上院が批准を拒否することを危惧していると表明した。

保障条約に対する自治領の反応は分かれた。オーストラリアのヒューズ首相とニュージーランドのメイシー首相が好意的な反応を示す一方で、カナダのボーデン首相と南アフリカのルイス・ボータ首相は懐疑的であった。ボーデンは、そのようなコミットメントをカナダ人は望まないだろうと述べた。ボータは、フランス人の多くは「永続的軍国主義」に染まっており、将来ドイツに対して「挑発的な態度」をとるであろうことから、そのようなコミットメントは「とても危険なこと」だと警告した。

バーンズ無任所相が国際連盟規約に基づく保障とは別個の保障条約が必要な理由を尋ねたところ、ロイド・ジョージは、一九一四年のような事態が再現した場合、国際連盟が動き出す前にドイツ軍がパリに到着する恐れがあるからだと説明した。ボーデンとボータは、それでは国際連盟の有効性に疑念が生じかねないと述べ、不快感を示した。そして、ロイド・ジョージが四月二〇日付の米仏保障条約草案を読み上げると、ボーデンは同草案の規定ではフランスが望む限り保障条約は無期限だと指摘した。

こうした批判に対してボナー・ロウは、「挑発によらない侵略」という言葉によってイギリスは守られているのだと説明した。「侵略が挑発によるものであるか否かは、どんな場合にもわれわれ自身が最終的に判断するのだ」と。[163]

同日にバルフォアとロイド・ジョージは、保障条約の締結をフランスに正式に約束する文書を作成した。まず前文にあたる部分において、ラインラントの非武装化と国際連盟に言及し、これだけではフランスの安全を十分に確保できないという認識を示したうえで、次のような条約についてイギリス議会の認可を求めることに合意する、と述べた。

①イギリス政府は、ドイツによるフランスに対する「挑発によらない侵略行動」が起こった場合に、直ちにフランスの援助に駆けつけることを約束する。

②この条約は、合衆国が結んだものと同様の条項からなり、「後者〔米仏保障条約〕が批准されたときに施行される（will come into force when the latter is ratified）」。

③この条約は、国際連盟理事会によって連盟規約と矛盾のないことを承認される必要があり、そして、「締約国のうちの一国の申請により、連盟自体が十分な保護を与えうると連盟理事会が合意するまで有効に存続する」。

④イギリス帝国の自治領は、自治領の議会が当該条約を批准しない限り、当該条約の課す義務を負わない。[164]

この文書は、フランスとそれまでに合意した内容からいくつかの変更が加えられていた。加えられた主な変更は三つあり、すべて同日の帝国代表団会議で表明された懸念と関連していた。まず、ボーデンとボータが保障条約案に疑念を表明したことを受けて、自治領の免責を規定した。そして、条約の有効期限の指標となる連盟の保障能力を判断する主体が、締約国から連盟理事会へと変更された。したがって、フランスの判断次第で条約が無期限になるというイギリス側から見た場合の欠点が修正された。だが後の経緯に鑑みて最も重要な変更は、アメリカ議会が米仏保障条約を批准しなければ英仏保障条約も無効になるという規定である。これにより、英仏・米仏保障条約は不可分のものとなり、アメリカ議会が批准を拒否した場合に、イギリスがフランスを単独で保障する義務から免れることとなった。ロイド・ジョージは、保障条約のアイデアを表明した当初からアメリカの参加の実現性を疑問視しており、バルフォアは対米関係を重視していた。彼らは、当日表明された一部の自治領の消極的姿勢にも影響を受け、このような「保険」をかけたのではないかと考えられる。[165]

翌六日午前、英仏米三大国首脳は保障条約を議論した。その日の午後の総会で、ドイツとの「予備的講和条約」の全容が連合国各国全権に発表されることとなっていた。フランスは英米の保障条約を「予備的講和条約」と同時に発表することを望んだため、総会で発表する内容を調整する必要があった。三大国首脳には、クレマンソーに宛てられたロイド・ジョージとバルフォアの書簡と、タルデューの用意した覚書が配布されていた。タルデューの覚書は、四月二〇日付の米仏保障条約草案をベースに、講和条約のラインラント非武装規定に対するドイツの違反が、保障条約の発動要件に当たるということが、より明示的に記されていた。ウィルソン大統領はこれを不服とした。非武装地帯でドイツが鉄道を敷設するといったグレーゾーンに当たる事態がアメリカの介入の発動要件と解釈されては困ると訴え、イギリス側の書簡を基準とするべきだと述べた。結果として、総会では細かい条項には言及せず、保障条約の概要のみを発表することが決まった。そして、英米が保障条約の約束についてフランスに提出する正式な書簡は、イギリス側の書簡を基準とすることが合意された。なお、フランス側はイギリスが新たに加えたアメリカ議会の批准という条件について何も指摘しなかった。[166]

午後の総会の後、英米首脳はそれぞれ一通ずつ、フランスと保障条約を結ぶ旨を記した署名入りの書簡をクレマンソーに手交した。[167]その日の晩にウィルソン大統領は、部下の法律専門家にこう語った。「ロイド・ジョージはアメリカによる批准に関する一文をイギリスの書状にひそかに挿入していた (had slipped in)」。そして、「クレマンソーはそれに気づかなかったようだ」、と。[168]

こうしてロイド・ジョージは、あくまでアメリカが協働する場合にのみフランスを保障するという枠組みを作り上げ、イギリスが単独でフランスを保障するリスクを回避した。そして、一五年間の占領案を認めざるをえなかったものの、保障条約を対価としてラインラントに対するフランスの計画を縮小させたのであった。

4　ベルギー問題

(1)　講和会議初期の交渉

パリ講和会議の開会から早々にベルギー代表団は、一八三九年条約の改正に向けた交渉を開始するようフランスとイギリスに働きかけた。ベルギー全権のイマンス外相は、一八三九年条約の改正問題を同条約の保障国である英仏と協議することを望み、まずはフランス代表に接近した。一九一九年一月二〇日にイマンスはピションと会談した。ピションは、アメリカとオランダとも協議することを勧めた。一方でクレマンソーは、ベルギー側の提案する交渉手順に賛意を示した。翌日、イマンスはフォッシュと会談し、リンブルフの「開かれた扉」（すなわちドイツの進撃路となりうる脆弱な地帯）を閉じなければならないと説明した。フォッシュはこれを肯定しながらも、「ベルギーおよびフランスには一つの国境しかない。それはライン川である」と説いた。イマンスが数百万人ものドイツ人を併合するつもりなのかと問うと、フォッシュはそれを否定し、あくまで軍事占領によって「ライン川を守る必要があるのだ（il faut garder le Rhin）」と説明した。イマンスが英米の意向について尋ねると、フォッシュは「彼らがそれを望まないのであれば、どうしろというのか、われわれは単独でとどまるのだ」と説いた[169]。このように、フランスはベルギーの要求に一定の配慮をしながらも、その主たる思惑はベルギーを自らのラインライト構想に組み込むことにあった[170]。

翌二二日、イマンスはイギリスのクロウ外務次官補と会談し、一八三九年条約の修正問題を議論した。クロウは、一八三九年条約を代替する新たな安全保障枠組みは、①「領土的力（force territoriale）」、②同盟、③国際連盟のいずれかによって見出されるだろうと述べた。クロウは、国際連盟による安全保障の有用性を強調した。クロウによれば、オランダがスヘルデ川の主権を容易に手放すとは考えられないことから、ベルギーが望むスヘルデ川の戦時航行権を確保できる可能性は低かった。しかし、国際連盟が機能すればこの問題は解消されるというのであった。なぜなら、もし第三国が戦争を起こした場合、集団安全保障の論理に基づいてオランダは、ベルギーを含むすべての連盟加盟国とともに当該の第三国と開戦しているはずであるから、スヘルデ川はイギリスやベルギーの軍艦に開かれることになる。そして、もしオランダが第三国の側に立ってベルギーに開戦するようなことがあれば、イギリスはベルギーの救援のために武力をもってスヘルデ川に侵入するだろうと説明した。すなわち、国際連盟に基づく集団安全保障体制が原則通りに機能すれば、すべての加盟国に制裁参加義務が生じることから、中立という概念そのものがなくなるというのであった。そして、中立国オランダがスヘルデ川やリンブルフをはじめとする戦略的要衝を抑えていることがベルギーの防衛の妨げとなる、というベルギー政府のオランダに対する領土要求の根拠自体が消滅すると、クロウは説いていたのである。クロウはまた、ピションと同様に、一八三九年条約に関する交渉にアメリカを参加させるべきだと述べた。クロウは、アメリカは国際連盟を通じたベルギーの安全保障に貢献するのであるから、アメリカを交渉に加えることはベルギー自身の利益となると説いた。しかしイマンスは、クロウの説明に納得せず、イギリスは「幻想」を語る一方でベルギーの要求にほとんど関心を抱いていないとの印象を受けたという[171]。

同二二日にベルギー政府は、自らの講和要求を説明する覚書をイギリス代表団に手交した。ベルギー政府の主な要求は次の通りであった。①イギリス、フランス、ベルギー、オランダの合意のもとでの一八三九年条約の大幅な修正、②「強制された中立」の破棄（完全な対外主権の確立）、③スヘルデ川下流域における主権の確立（ゼーウス＝

フラーンデレンの獲得)、④オランダ領リンブルフの獲得（オランダにはドイツ＝オランダ国境をオランダ有利に修正することによって補償)、⑤ルクセンブルク大公国の現状変更、⑥ドイツ＝ベルギー国境の修正（マルメディ、モレネ等の獲得)、である。[172] ベルギーはまさに、有利な国境を獲得するという「領土的力」の政策によって安全保障を確保しようとしていた。

クロウの報告を受けたバルフォアの秘書官エリック・ドラモンドは、イギリス、フランス、ベルギーの三カ国だけで、講和会議の頭越しに議論するのは適切ではないと進言した。バルフォアもこれに同意し、講和会議が判断するべき問題だと述べた。[173]

二四日にはハーディング外務次官がイマンスと会談し、ベルギー問題も他の問題と同様に十人評議会が議論するべき問題だと認識している旨を伝えた。ハーディングは、アメリカを交渉から除外するのは賢明ではなく、アメリカは十人評議会以外の枠組みにリソースを割く余裕がないと説明した。そして、仮に十人評議会でアメリカがベルギーの要求に反対したとしても、日本とイタリアはベルギーの要求に親和的だと推測されるため、多数の支持を確保できると述べて説得を試みた。ハーディングはまた、スヘルデ川の航行権に関する現状変更は容易だが、左岸(ゼーウス＝フラーンデレン）の割譲は困難だという認識を示し、オランダと良好な関係を保つことはベルギー自身の利益のはずだと述べた。さらにリンブルフについては、ライン左岸に「非武装化された国家」を樹立することが検討されており、これが実現すればベルギーとオランダ両国の安全も確保される。よってベルギーがリンブルフを獲得する必要はなくなるのだと示唆した。イマンスは、もしライン左岸の緩衝国がフランスの影響下に置かれ、さらにルクセンブルクもフランスの手に渡るようなことがあれば、ベルギーはフランスに包囲されることとなり、独立が危険にさらされると訴えた。ハーディングはこの懸念に理解を示し、「ここだけの話（De vous à moi)」だと前置きしたうえで、イギリスとしては、ルクセンブルクをベルギーの影響下に置くことができるよう後押しするつもりだと明かした。イマンスはこれに感謝を表明しながらも、イギリスは総じてオランダ贔屓だという感想を抱いた。[174]

結局ベルギーはイギリスの提案を受け入れ、英仏白三国による交渉を断念し、自国の要求を十人評議会に提起することに合意した[175]。

(2) 十人評議会におけるベルギーの要求表明とイギリスの反応

一九一九年二月一一日、イマンスは十人評議会にベルギーの講和要求を公式に表明した。ベルギーの表明した要求は、一月二二日にイギリスに手交された覚書で示された内容と大筋同様であった。イマンスは、オランダを召喚したうえで一八三九年条約の修正に関する交渉を開始し、その交渉においてベルギーの主張を支持するよう五大国の代表に求めた。ウィルソン大統領は、ベルギーの要求に理解を示しながらも、オランダの領土を割譲させるのは難しいのではないかと述べた。バルフォアも同様の認識を示した。これに対してイマンスは、エムデンやボルクム島を含む東フリースラントや、ベントハイムといったオランダに隣接するドイツの領土を割譲することをもってオランダに補償することを提案した。イマンスはこの構想を「民族誌」と安全保障の観点から正当化しようと試みた。彼は、同地に居住するフリージア人はオランダ北部と同一の民族だと論じた。そして、オランダがエムス河口を支配下に置くことはオランダのみならず連合国の安全保障上の利益になると説いた。十人評議会は、ベルギーの要求を精査するために、五大国の代表による専門家委員会を立ち上げることを決定した[176]。

イギリス政府は、ベルギーの対蘭領土要求には大戦中から一貫して懐疑的であった。オランダ政府が十人評議会でイマンスの表明した内容に強い憤りを表明したことによってイギリス政府の懐疑は裏付けられた。レネケ・デ・マレース・ファン・スウィンデレン駐英オランダ公使は、オランダ政府が領土の割譲に合意することは「断固としてないだろう」と強く否定した[177]。またイギリスの在外公館は、オランダの政府関係者がベルギーの主張するドイツ領割譲という補償案には合意しない方針で一致している、という情報をイギリス政府に伝えていた[178]。

バルフォアは、オランダの懸念に配慮し、ベルギーに関する専門家委員会のアジェンダから、オランダ＝ベルギー国境の修正問題を除外した。バルフォアの草案に基づいて十人評議会が決議した専門家委員会への指示文は、①マルメディ、および②モレネのベルギーへの譲渡、そして、③スヘルデ河口およびリンブルフに対するベルギーの領土要求の補償として、ドイツ＝オランダ国境をオランダ有利に修正する可能性を検討すること、と定めた。③に見られるように、委員会の役目はあくまでオランダへの補償の可能性について検討することであって、スヘルデ河口とリンブルフの問題自体は、言及されながらも検討の対象とは明記されなかった。[179]この不明瞭な指示は専門家委員会の議事に混乱を生じさせることとなる。

イギリスの政策決定者のなかには、ベルギーの講和要求に比較的好意的な者もいた。本章第二節で扱ったクロウ外務次官補がアメリカ代表との協議を経てロイド・ジョージに提出した二月五日付覚書は、ベルギーの中立破棄とルクセンブルクとの合併を推奨した。そのうえ、ベルギーの蘭領リンブルフ獲得も「一般的便宜性と歴史的、民族誌的、戦略的理由から」、「強く支持されるべき」要求だと説いた。この覚書によれば、リンブルフが現状のままでは、アントウェルペンからライン川への輸送路に支障をきたし、マース川の防衛にも不都合が生じるというのであった。さらに、戦時中にオランダがリンブルフ地域においては厳格な中立政策をまっとうせず、ドイツ軍の輸送の便宜を図ったことはベルギーの要求に正当性を与えるものだとした。こうしたことから、同地のベルギーへの割譲をオランダに同意させる手段を検討するべきだと進言した。一方で、スヘルデ河口の左岸地帯（ゼーウス＝フラーンデレン）に関しては、同地が一六四八年以来オランダの主権下にあり、住民もオランダに帰属意識を抱いているため、ベルギーの要求を支持するべきではないと進言した。しかし、スヘルデ川の航行権については、河口の主権をオランダ一国が握っている現状を改めるべきだとした。また、マルメディなどドイツ領土に対するベルギーの要求は、「民族誌」ないし戦略的理由から正当化できる場合には支持するべきだと説いた。[180]

一方でイギリス代表団においてはベルギーの要求への懐疑も根強かった。ウィルソン参謀総長は、ベルギーがリンブルフを獲得することで防衛力が強化されるよりも、同地が中立国オランダにとどまったほうが、ドイツが中立国への攻撃を躊躇することが期待できるため、ドイツの西方攻勢を抑止する効果は高いと分析した。また、スヘルデ河口に関しても、オランダは右岸のフリシンゲンの要塞設備や機雷を用いて河口を閉鎖することが可能であり、ベルギーが左岸を手中に収めたとしても戦略的効果は限定的だと分析した。その一方でウィルソンは、ドイツの主権下にあるエムス河口をオランダに割譲させる案には好意的であった。そうすることでオランダからベルギーへの代価を引き出しうるかもしれず、なおかつエムデンにおけるドイツの海軍基地の脅威をなくすことができるというのであった。(181)

多くのイギリスの政策決定者は、ベルギーの中立解消、ルクセンブルクとの合併、ドイツ＝ベルギー国境の修正には合意できたとしても、オランダからベルギーへの領土割譲にはきわめて懐疑的であった。ヘッドラム＝モーリーは、ベルギーの要求に一定の正当性を認めながらも、ベルギーの示した領土割譲に対する考え方を次のように批判した。

> 一国の領土を切り離し、補償という名目だけのために別の国の領土を与えるという考えは、ウィーン会議の時代に支配的だった思考様式であり、それ以降は基本的に否定されている。このような考え方の拒絶によってこそ、パリ講和会議はウィーン会議に対する優越を証明するのだ。(182)

さらに外務省の別の覚書も、オランダがエムス河口を獲得することで達成されるいかなる利益も、ドイツが抱くと予想される大きな不満というデメリットには釣り合わないと論じた。(183)そしてバルフォアは、イギリス代表団は「正義」という指針に基づいてベルギーの講和要求を判断するだろう、とオランダ公使に伝えた。(184)

二月二四日にバルフォアはファン・スウィンデレン公使とパリで会談した。公使は、オランダ政府は自国の領土に影響が及ばない限り、一八三九年条約の修正に協力する意向だと伝えた。しかし、自国領土の割譲には一歩たりとも譲歩しないと念を押した。それに対してバルフォアは、あくまで個人的な見解だと前置きしながら、「講和会議は中立国の領土に干渉するべきではない」と述べ、領土の移譲が現地住民の意向に反する場合はなおさらだとする考えを表明した。そして、講和会議がオランダの直接的利害に関わる問題を扱う場合には、当然オランダに意見を述べる機会が与えられるべきだと述べた[185]。

(3) ベルギー委員会

二月二五日、ベルギー問題の専門家委員会[186]が初会合を開いた。委員会は、イギリス、フランス、アメリカ、イタリア、日本の委員によって構成された。委員長はフランスのタルデュー、副委員長はイギリスのクロウが務め、ヘッドラム＝モーリーもイギリス代表として参加した。初会合では十人評議会が与えた指示の曖昧さが問題となった。マルメディとモレネのベルギーへの譲渡を検討することは明確であったが、オランダ＝ベルギー国境の修正問題を議論せずに、オランダへの補償だけを議論することの困難が指摘された[187]。

タルデューは二月二六日の十人評議会に出席し、指示の明確化を求めた。バルフォアは、オランダ公使の表明した懸念を紹介したうえで、講和会議は友好的な中立国の領土を他国に譲渡することを検討するべきではない、と説いた。また、ドイツ＝オランダ国境の修正という補償案についても、是非の判断はオランダ政府が下すべきであり、ベルギー委員会はあくまで補償対象となりうるドイツ領土に関する情報を収集するにとどまるべきだと述べた。これに対してタルデューは、ベルギーの主張の根本は、機能不全に陥った一八三九年条約体制に代わる新たなレジームを創出することにあり、五大国がこれを承認しない限り、ベルギー問題の議論は一歩も進まないと反論した。これを受けて十人評議会は、一八三九年条約の修正を検討する許可をベルギー委員会に与えた[188]。

タルデューは一八三九年条約の修正に関する委員会報告書の草案を準備し、三月一日にベルギー委員会で読み上げた。タルデューの草案は、一八三九年条約は列国の共同提案を経て全面的に修正されるべきであり、修正交渉にはオランダも招かれるべきだと説いた。そして、修正の基本的目的は、「一八三九年条約がベルギーおよび一般的平和に及ぼした様々な危険を除去すること」だと記した。オランダがベルギーの中立解消以外の修正に応じることはないだろうという懐疑論も表明されたものの、各国の代表はタルデューの草案を総じて支持した。[189]

一方、三月四日の会合でアメリカ代表ハスキンズは、一八三九年条約に基づく中立保障が解消されるのであれば、他の方面からベルギーに保護を与えねばならないと述べた。そして、国際連盟が保護の提供者となるのだということを、委員会の報告書に明記することを提案した。しかし、タルデューとクロウはこれに賛同しなかった。タルデューは、国際連盟による安全保障という概念そのものの有効性を疑問視した。クロウは、ベルギーの議論が安全保障の不足という論理に立脚している以上、国際連盟による保障に言及すれば、オランダがベルギーの領土要求を拒否する口実となってしまうと述べた。結果として、報告書は国際連盟に言及するだけにとどめ、一八三九年条約に基づく保障を国際連盟によって置き換えるとは明記しないことが決まった。[190]

十人評議会は三月八日にベルギー委員会の報告書を承認した。[191] そして、三月一三日に英仏の外相はその旨をオランダ政府に連絡し、オランダ政府を一八三九年条約の修正交渉に正式に招待した。[192]

その間にベルギー委員会はドイツ＝ベルギー国境の問題に焦点を当てた。三月六日の会合でフランス代表は、ベルギーおよびフランス軍部の提言をもとに、ワロン人が多く居住すると言われていたマルメディとモレネだけでなく、ドイツ人が多数派を占めるオイペンに関しても、戦略的理由からベルギーに割譲されるべきだと主張した。これに対してハスキンズとクロウは、ベルギーの安全はライン左岸の現状変更によって確保される見通しがある以上、ドイツ＝ベルギー国境を策定するうえでは、戦略よりも「民族誌」の観点が重みを持つべきだと述べ、オイペンに関してはドイツ主権下にとどまるべきだと反論した。しかし、イタリアと日本の代表がタルデューの主張を支持したこともあり、一二日に英米は反対を撤回した。そして、現地住民が賛否を表明する機会を設けることを条件に、英米代表はマルメディおよびオイペンのベルギー編入に同意した。[193] そして三月末までに講和会議の領土問題中央委員会は、ドイツ＝ベルギー国境の変更に関するベルギー委員会の提言を全会一致で承認した。[194]

ところがその後、マルメディおよびオイペンの行政区画と、ドイツの他の行政区画の間を縫うように通過する鉄道路線（フェン鉄道：Vennbahn）の存在が問題となった。四月五日にベルギー委員会がこの問題を議論した際、日本とイタリアの代表は当該鉄道路線が通過する領域をすべてベルギーに編入するべきだと主張したのに対して、イギリスとアメリカの代表は「民族誌」の観点からこれに反対した。[195] フェン鉄道の問題は結局パリ講和会議では解決せず、一九二二年一一月のアーヘン議定書によって、鉄道周辺の広域な領土編入を伴わずにベルギーが鉄道の所有・管理権を得る枠組みが締結されるまで待たなければならなかった。[196]

続いてベルギー委員会はオランダへの補償問題を議論した。三月八日の会合でクロウは、ベルギーの主張する補償案に支持を表明し、ベルギーがスヘルデ河口で得る現状変更の対価として、エムス河口付近の国境をオランダ有利に修正するべきだと述べた。また、ベルギーの主張によれば二四万人のオランダ語話者が居住するというドイツ領ライン下流域のゲルダーン並びにクレーヴェ地域については、国境の変更を問う住民投票を実施するべきだと提案した。一方でヘッドラム＝モーリーは、同地域ではドイツ語が一般的に話されていると反論した。これに対してフランスの外務官僚ジュール・ラロシュは、オランダへの補償という論理に基づく国境変更であることに鑑みれば、「民族誌」の観点よりも、戦略、経済、政治の観点が重視されるべきだと反論した。イタリア代表はラロシュの主張に賛同した。結果として委員会は、オランダへの領土補償の構想を後押しすることに決め、その趣旨に基づく草案をヘッドラム＝モーリーが起草した。

ヘッドラム＝モーリーの草案は、主として「民族誌」の観点からエムス河口とゲルダーン、クレーヴェ地域の現状変更を正当化した。そして、オランダが補償に合意した場合に、ドイツからオランダへの領土編入を可能とするために、講和条約にその旨をドイツに約束させる条項を挿入する必要性を説いた。委員会は三月一〇日にこの草案を承認した。[197]

（4）英白間の溝の深まり

専門家委員会がベルギーに比較的親和的な報告書を作成したのとは対照的に、イギリス代表団首脳部はベルギーの要求に苛立ちを募らせていた。三月八日にイマンスはバルフォアと会談し、バルフォアが「講和会議は中立国の領土に口出しするべきではない」とオランダ公使に述べたことについて抗議した。バルフォアは、オランダ公使への発言の事実を認め、一八三九年条約は修正されるべきだと考えていると伝えた。イマンスは、ベルギーの要求は自国とイギリス双方の安全保障に寄与するものだと述べ、イギリスがオランダに影響力を行使するように促した。イマンスはさらに、オランダに抵抗を促すような発言をバルフォアは慎むべきであったと批判した。これに対して、イマンス曰く「普段はにこやかで超然とした」バルフォアが、動揺した様子を見せたという。バルフォアとイマンスは二人とも、会談が「冷たく物別れに終わった」と報告している。[198]これをきっかけにベルギーに対するバルフォアの態度は硬化していく。

ロイド・ジョージとその側近たちもベルギーの要求に対して冷淡であった。三月二三日にフォンテーヌブロー会談では、「ベルギーのオランダに対する要求は、スヘルデ川を国際化する可能性を除いて、無視する」という意見が表明されていた。[199]「フォンテーヌブロー覚書」はベルギー＝オランダ国境の問題には一切触れていない。イギリス政府はオランダからベルギーへの領土編入を認めるつもりはなかった。

このような事態の展開にヘッドラム＝モーリーは危惧を表明した。彼は、イギリス政府のベルギーに対する態度は「温かみと誠意を欠いている」と批判した。そして、もしベルギーに歩み寄る姿勢を見せなければ、ベルギーはフランスの影響圏に引き込まれることとなり、イギリスはあらゆる小国からの信頼を失うだろうと警告した。ヘッドラム＝モーリーは、イギリス政府がオランダ＝ベルギー国境の見直しを支持しないのであれば、ルクセンブルクに関する要求については、ベルギーを強く支持する姿勢を打ち出すべきだと提言した。そうすることで、ベルギーもイギリスの助言を聞き入れるようになり、ベルギー自身が不利益を被るオランダとの係争を鎮めることができるだろう、と説いた。

ハーディングは、イギリス政府がベルギーを十分に支援していないとするヘッドラム＝モーリーの認識を共有していなかったが、ルクセンブルクに関する提言には同意した。彼曰く、ベルギーはルクセンブルクを獲得する必要があった。そうしなければ、講和会議からベルギーは何も得られないまま帰ることになってしまうからであった。

クロウは、ルクセンブルク問題の障害となっているのは、イギリスではなくフランスだと述べた。クロウは、フランスがベルギーのルクセンブルク獲得を認めることを、ザール地方とラインラントに関するフランスの要求をイギリスが支持する条件とするべきだと提言した。すなわち、ラインラント問題とルクセンブルク問題の交渉をリンクさせるべきだという提言であった。ハーディングはクロウの提言を支持し、バルフォアの目にも触れていた(200)。

しかし、この提言がなされた頃にはラインラント問題を含む講和会議の重要議案はすでに四人評議会の密室で議論される段階に入っており、外務官僚の助言がロイド・ジョージのもとに届いた形跡はない。

三月二六日にイマンスはハーディングのもとを訪れ、ルクセンブルク政府との合併に向けた交渉を開始した旨を通達した。この会談の際にイマンスは、イギリス政府のベルギーに対する共感が薄れていることに失望している旨をハーディングに伝えた。そして、イギリス代表と接する機会が少なく、ロイド・ジョージとはパリに来て以来一度も会えていないことに不満を表明した。

イマンスとハーディングはラインラント問題についても議論した。イマンスは、イギリスがラインラントに長期間駐留するつもりなのかと質問した。ハーディングが「一年もいないだろう」と返答すると、イマンスは、そうであるならば、自衛のための兵力を拠出できるラインラント独立国を樹立する必要性を説いた。イマンスはさらに、フランスとの軍事協定と対をなす、ベルギーとイギリスとの間の軍事協定という構想にも言及した。これに対してハーディングは回避的な対応をとり、議会が賛同しなければイギリス政府はそのような協定を結ぶことはできない、と述べるにとどまった(201)。

ハーディングの報告を受けたバルフォアは、「イマンス氏〔の態度〕は時として耐えがたい」と述べ、不満を露わにした。[202] バルフォアは別の機会にも、「イマンス氏には、他の良い子供と同じように、会ってはやるべきだが話を聞く必要はない」とロイド・ジョージに述べていた。[203] さらに、イギリス側の事務的ミスによって、イギリス海軍の覚書が意図せずしてベルギー代表団の手に渡る事件が発生し、ベルギー政府はイギリス海軍がスヘルデ河口の現状変更に反対している事実を知ることとなった。[204] このように、一九一九年三月に英白関係は冷却化の一途を辿った。

（5）四人評議会とベルギー問題

四人評議会がベルギー問題を協議し始めたのは三月三一日のことであった。その日の協議に招待されたイマンスはまず、ベルギーが賠償の優先獲得権を得る正当性を説いた。続いて、ベルギー政府が大戦中から繰り返し表明している一八三九年条約の修正要求に関して、イギリスとフランスから未だ正式な返答を受けておらず、ベルギーは大きな不満を抱いている旨を表明した。イマンスの批判的態度はロイド・ジョージの反感を買うこととなった。ロイド・ジョージは、ベルギーの解放のためにイギリス帝国は多大な犠牲を払ったと述べ、ベルギー代表にそのような発言をする権利はないと反論した。そして、「このような態度でわれわれに話すのであれば、われわれはあなたの言うことをもはや聞くことはないでしょう」と警告した。ロイド・ジョージはさらに、ベルギーが賠償の優先獲得権を得ることにも否定的な考えを示した。ウィルソン大統領もまた、ベルギーがオランダ領土を獲得するという理由のために、ドイツの領土を戦争に参加もしていないオランダに割譲することが、どうして行えるのか理解できないと述べた。[205]

窮地に追い込まれたイマンスは、ベルギー国王アルベール一世の援助を要請した。ベルギー国王が相手となれば、列国の首脳といえども真摯に耳を傾けざるをえないと判断したのである。その見通しは正鵠を射ていた。アルベール王は四月初頭にパリを訪れ、五大国の全権代表と相次いで会談することができた。[206] アルベール王は、ベルギーがオランダの領土を併合するつもりはない旨を明言した。ロイド・ジョージはこれに安堵を示した。そしてバルフォアは、イギリス政府はルクセンブルクとベルギーの合併を支持する考えだとアルベール王に伝えた[207]。

四月四日にアルベール王はイマンスとともに四人評議会に出席し、次のような要求を表明した。①賠償の優先獲得権を得ること、②マルメディおよびオイペンを獲得すること、③スヘルデ川の現状が変更されること、④オランダがリンブルフを防衛できる確証を示すこと、⑤ベルギーがルクセンブルクとの「親善（rapprochement）」を果たすこと、である。このようにアルベール王は、オランダ領土の獲得には言及せず、連合国に歩み寄る姿勢を見せた。

ロイド・ジョージは、オランダ領土の併合を伴わない限り、ベルギーがスヘルデ川の自由航行権を獲得することを支持する考えを述べた。また、リンブルフの防衛に関しても何らかの現状変更が必要だと認めた。一方でクレマンソーは、ベルギーにルクセンブルクを与えることに抵抗を示し、ルクセンブルク問題の解決は現地住民の意向を汲んで行うべきだと反論した。ここでロイド・ジョージは、ルクセンブルク問題についてベルギーを明示的に後押しするようなことはせず、中立を保った[208]。

その晩にアルベール王はハーディングと会談し、ベルギーとルクセンブルクの合併を後押しするように、バルフォア外相にロイド・ジョージを説得して欲しいと要望した。アルベール王は、ベルギーが講和会議で少なくともルクセンブルクを獲得しなければ、現政府のみならず王制の存続さえも危機に瀕すると訴えた。さらに、イギリス海軍のスヘルデ川の現状変更に対する否定的な見解を心得ていると前置きしたうえで、領土の変更を伴わずに、平時および戦時におけるスヘルデ川の自由航行権を確立する枠組みの構築を望む旨を述べた。この会談の記録はロイド・ジョージのもとに送付された[209]。

四月初旬にルクセンブルク大公国政府が住民投票の準備を進めていることが判明し、ベルギー政府は焦りを募らせていた。その半年後に実際に行われた住民投票の結果が示すように、ルクセンブルクの帰属を問う住民投票が行われれば、フランスと比較して経済規模の小さなベルギーに不利な結果が出る可能性が高かった。四月七日にイマンスは、ルクセンブルク問題に関するイギリスの協力を仰ぐためにバルフォアに面会しようとしたが、バルフォアが体調不良を理由に面会を断ったため、代わりにクロウと会談した。イマンスは、フランス政府がルクセンブルクの住民投票の背景にはフランスの圧力があると述べ、住民投票を防ぐためにイギリスとアメリカに介入するよう求めた。イマンスは、アメリカ代表団のハウスがベルギーの訴えに共感を示しており、バルフォアが同意すれば行動に移せる見込みだと伝えた。

クロウはイマンスに協力することを決め、会談の後にバルフォアとロイド・ジョージに次のように進言した。①フランスがルクセンブルクをベルギーに明け渡すことを、目下討議されているザール地方の処理に関するイギリスの協力の条件にするとクレマンソーに伝える。②イマンス氏の要望に沿う書簡をアメリカとともにルクセンブルク政府に送り、その旨をフランスとイタリアの首脳に連絡するべきだ、と。バルフォアはクロウの見解に同意した。バルフォアは、「フランスがアルザス＝ロレーヌとザールの石炭を得ながら、ベルギーが何も得られないのはきわめて不公平であり、長期的に見ればきわめて不都合である」（強調は原文）とコメントした。そして、緊急を要する旨をジャケットに記載してロイド・ジョージに送付した。[210]

数日後にイマンスがクロウに同様の要望を伝えると、クロウはベルギー側の要請に応えるようにあらためて首脳部に進言した。そして、イギリス政府がベルギーとルクセンブルクの経済統合を支持する旨をイマンスとハウスに伝える書簡の草案まで起草した。しかし、この書簡が送付されることはなかった。ロイド・ジョージがベルギーの一連の要請に目を通した記録はない。結果として、ザール問題とルクセンブルク問題をリンクするべきだというクロウの提言は実施されず、フランスはルクセンブルク問題に関する条件を課されることなく、ザール炭田に関する権利を獲得することとなった。[211]

イマンスがロイド・ジョージとバルフォアに面会することができたのは四月一三日のことであった。そして四月一五日にバルフォアが四人評議会に出席し、ルクセンブルクに住民投票を差し止めるように圧力をかけることを四大国首脳に求めた。クレマンソーは、ルクセンブルク市民が望むのであればフランスと合併する選択肢を残したいと訴えたが、住民投票を当面の間差し止めることには合意した。この決定を受けて、ルクセンブルク政府は住民投票の実施を延期することとなった[212]。

四月一六日に四人評議会はベルギー委員会の報告書を討議した。ウィルソン大統領、クレマンソー、オルランド、バルフォア、イマンスの他、ベルギー委員会のタルデュー、クロウ、ハスキンズが出席した。まずタルデューは、ドイツ＝ベルギー国境の変更に関する委員会の検討結果を発表した。そしてイマンスは、鉄道路線の便宜のために約四〇〇〇人のドイツ人が含まれる鉄道周辺の領土をベルギーに編入することを望む旨を補足した。しかし、ウィルソン大統領とバルフォアは、ベルギーがオイペンに居住するドイツ人に加えて、比較的少数とはいえ鉄道周辺のドイツ人をも編入すれば、将来の係争の火種になりかねないと述べて懸念を表明した。

四人評議会は一八三九年条約の修正に伴うオランダへの補償問題についても討議した。四月中旬の段階で、オランダも参加する一八三九年条約の修正交渉が対ドイツ講和条約草案の完成に間に合わない可能性がすでに濃厚となっていた。そのためイマンスは、講和条約にある条項を挿入する必要性を訴えた。その条項とは、一八三九年条約の修正交渉が妥結し、オランダへの補償が必要となった場合に備え、ドイツ＝オランダ国境の変更をドイツが予め承認するという趣旨の条項であった。しかしウィルソン大統領は、一八三九年条約に基づくオランダとベルギーの関係の現状変更という、大戦と直接関係のない交渉に講和会議が関与し、あまつさえ現状変更の対価をドイツが支払うというのは、「過大な要求に思える」と述べてこれに反対した。バルフォアもウィルソンの見解を支持した。

イマンスの退席後にバルフォアは、この問題に関するベルギーの態度は「いつも少々厚かましかった」と批判した。そして四人評議会は、フェン鉄道の周辺領土をベルギーに編入する修正案と、ドイツ＝オランダ国境が変更される可能性をドイツに予め承認させる修正案を両方とも却下した[213]。後者の決定により、一八三九年条約に基づくオランダ＝ベルギー間の現状が、ベルギーの希望に基づいて変更される公算は、オランダとの交渉が始まる前からきわめて低くなった。

結果として、五月七日に連合国の講和条約草案がドイツ全権に手交された時、ベルギーの要求はほとんど達成されないままであった。

(6) 七カ国交渉の開始

四月四日、オランダ政府はパリに代表を派遣する旨を通知した。三月一三日に英仏外相がオランダを修正交渉に招待した後、イマンスの要望を受けてイギリスが催促の連絡をしてからようやくオランダは招待を受諾したのであった。[214] オランダのヘルマン・ファン・カルネベーク外相がパリを訪れ、五大国の外相ならびにイマンスと協議することが決まった。[215] しかし、五大国の外相は対ドイツ講和条約草案の作成作業に忙殺され、一八三九年条約の修正交渉の開始は五月一九日まで待たねばならなかった。[216]

五月初旬にベルギー代表団は、七カ国交渉を開始する前に交渉戦略を協議することをイギリス側に求めた。その際にベルギー側は、一八三九年条約に基づく保障体制が一九一四年に破綻した以上、同条約に基づく現状を変更してベルギーを強化する必要があると訴え、イギリス側の協力を仰いだ。外交官のエイカーズ＝ダグラスはこの訴えに共感を示した。彼は、「われわれが何も負っていないオランダ」よりも、「われわれが負うところのある同盟国」であるベルギーの要望を聞き入れ、事前協議を行うべきではないかと進言した。しかしクロウは、オランダ側が領土的現状の変更に絶対的に反対している以上、それを追求するのは無益であり、ベルギー側はオランダ領土の併合を伴わない要求を策定するべきだと述べた。[217] 結果としてイギリスはベルギーと事前調整せず、ベルギー＝オランダ間の係争に中立の立場を示したまま、七カ国交渉が始まることとなった。

五月一九日、五大国の外相が集う五人評議会にファン・カルネベークとイマンスが招待され、一八三九年条約の修正交渉が開始された。まずフランスのピション外相が、三月八日に十人評議会が裁可した一八三九年条約の全面的修正を後押しするベルギー委員会の報告書を読み上げた。そしてイマンスは、大戦末期にオランダが撤退中のドイツ軍の蘭領リンブルフ通行を許可した事例を示し、オランダが中立を守る保証はないため、「ベルギーの脆弱な点」を強化しなければならないと訴えた。これに対してファン・カルネベークは、一八三九年条約を修正する必要性に同意しながらも、領土的現状の変更を議論しないことが、オランダの交渉参加の条件だと述べた。そして、オランダ政府はいかなる状況においても領土的譲歩を考慮することはできないと明言した。その一方で、オランダ政府はベルギーの中立脱却に反対しないと述べた。

翌二〇日の会合でイマンスは、中立保障が失われた以上、スヘルデ河口とリンブルフにおけるベルギーの防衛能力を強化しなければならないと述べ、次のような要求を読み上げた。①スヘルデ河口に関する自由航行権と軍事利用権の確立、②スヘルデ川とライン川を接続するアントウェルペン＝ムールデイク運河の建設、③蘭領リンブルフにおいて「ベルギーを同地の地理的特性から生じる危険から保障するレジーム」の設立、そしてライン川＝ムーズ川（マース川）＝スヘルデ川を繋ぐ水路の建設、④バールレ＝ヘルトフにおける複雑に入り組んだ国境線から生じる困難を解消する措置を講ずること、である。すなわちベルギーは、ゼーウス＝フラーンデレンや蘭領リンブルフを併合する方針を事実上放棄し、オランダ領の併合を伴わない範囲での保障措置の確立を求めたのである。これに対してファン・カルネベークは、中立保障に代わる安全保障は国際連盟が提供するべきだと主張し、領土問題を中立問題とリンクさせるベルギー側の論法に異議を述べた。その一方で、ベルギー側の要求を精査することを約束した。[218]

七カ国交渉は二週間の休止を挟んで六月三日に再開された。ファン・カルネベークは、ベルギーの要求のうち、主権の移譲を伴うものについては交渉に応じられないとあらためて明言し、運河の建設などそれ以外の要求についてはオランダとベルギーの二国間交渉で解決するべきだと主張した。そして二国間交渉を経たうえで、問題が残れば、それは国際連盟が解決するべき課題となると説いた。

これに対してイマンスは、修正交渉から領土と軍事に関する問題を除外してしまえば、一八三九年条約体制を事実上維持することになってしまうと述べ、ファン・カルネベークの回答に「失望」を表明した。そして、五大国が一八三九年条約を修正する必要性を認めていることを指摘し、ベルギーのみならずヨーロッパ全体の安全のために、ベルギーの防衛がオランダの政策判断に依存している状態から脱却しなければならないと主張した。イマンスはさらに、「オランダにはヨーロッパの一般的平和の促進に貢献する道義的義務がある」と述べた。そして、目下の問題は一八三九年の時と同様に全ヨーロッパの利益に関わるものであると述べ、一八三九年条約の修正は「列国による集合的作品」となるべきだと訴えた。

六月四日には五大国の代表だけが参加する会合が開かれ、オランダとベルギーの主張を吟味したうえで、裁定が下された。タルデューは、オランダとベルギーの見解の相違を、①交渉に列国が参加するのか否か、そして②一八三九年条約をどの程度見直すのかという二点に整理した。一点目については、ベルギーの主張するように列国も交渉に参加するべきだと提案した。他方で二点目については、オランダの主張を支持し、一八三九年条約の修正交渉から領土的問題を排除するべきだと提案した。バルフォアはこの提案を支持し、オランダが領土的現状の変更に絶対的に反対している以上、列国がそれを強制することもできないため、領土の問題を交渉することは無益だと述べた。アメリカのロバート・ランシング国務長官は、バルフォア以上にオランダ寄りの立場をとり、オランダの主権下にある河川の航行権にさえも手を加えるべきではないと主張した。また、目下の問題はオランダとベルギー二国間の交渉で解決するべきであり、五大国は関与するべきではないと説いた。これには、フランスとイタリアの代表のみならずバルフォアも違和感を表明した。バルフォアは、スヘルデ川をベルギーが自由に利用し、戦時には連合国の艦艇が通行できるようにすることは、オランダの主権の侵害とは言えないと反論した。結果として五大国は、一八三九年条約を修正する必要性をあらためて表明し、アメリカ、イギリス、フランス、イタリア、日本、ベルギー、オランダの代表が参加する委員会を立ち上げ、「領土的主権の譲渡と国際的隷属の創出のいずれをも伴わない」

範囲で修正の内容を検討することが決定された[219]。「国際的隷属」という言葉はランシングの意向を受けて挿入された。これによってオランダは、ベルギーの要求がたとえ領土的現状の変更を伴わない内容であったとしても、オランダの主権を侵害すると解釈できる内容であれば、「国際的隷属」という言葉を盾に、ベルギーの要求を拒否する正当性が与えられることとなった[220]。

このように五大国は、一八三九年条約の修正交渉に関与する意向を示す一方で、オランダの主権を尊重し、一八三九年条約の修正が及びうる範囲を狭く限定したのであった。これにより、一八三九年条約の修正交渉がベルギーにとって意味のある成果を生み出す可能性はきわめて低くなった。

ベルギー政府は五大国の決定に落胆したものの、七カ国による委員会に参加する旨を六月一四日に表明した[221]。オランダの新聞は五大国の決定をファン・カルネベークの外交的勝利だと喧伝した。オランダ国内の反応に関する報告を受けてエイカーズ＝ダグラスは、オランダ世論は五大国が同盟国であるベルギーを後押しすると見込んでいただろうから、彼らの歓喜は当然だとコメントした。クロウは、連合国がランシングの主張を受け入れてオランダに「隷属」を強いると判断できる要求を排除したため、ベルギーがまったく何も得られない公算が高まったとコメントした[222]。

六月一九日にオランダ政府も七カ国による委員会に参加する旨を表明した。これを受け、五人評議会は七カ国から二名ずつの代表によって構成される委員会を早期に組織することを決定した。「一四人委員会」と呼ばれることとなるこの委員会の活動については次章で扱う[223]。

(7)　ベルギーを対象とする保障条約という構想の萌芽

後年にイマンスは、安全保障の問題は第一次世界大戦後のベルギーの対外政策における最大の関心事であったと回顧した。ベルギーは当初、領土の拡張によって安全保障を確保しようと試みたが、イギリスをはじめとする列国の反対によってそれが困難と分かると、別の手段を講じる必要に迫られた。国際連盟は、平和を保障する機関へと発展することが期待されたものの、一九一九年の段階ではその実効性は未知であった。これを受けてベルギーは、戦時同盟国であり、一八三九年条約の保障国でもあった西欧の二大国、フランスとイギリスに接近し、両国と安全保障協定を結ぶ方向へと徐々に政策の舵を切っていくのである(224)。

イギリス、フランス、ベルギーの三カ国による安全保障協定という構想は、西欧の安全保障問題への一つの処方箋として、一九二〇年代前半期を通して繰り返し議論されることとなる枠組みである。この構想の起源を辿れば、少なくとも第一次世界大戦中のイギリスの政策文書にはすでに登場していた。一九一六年に外務省のパジェットとティレルが提出した覚書は、英仏白三国による軍事同盟の必要性を説いていた。イギリスではその一方で、とりわけ一九一八年以降、軍事同盟は戦争の原因を作る時代遅れの危険な制度だという認識が台頭し、すべての国家が参加する国際連盟を立ち上げるべきだという気運が高まった。そのため、一九一八年から一九年にかけてのイギリス政府では、軍事同盟による安全保障という考え方は、ウィルソン参謀総長をはじめとする少数の例外を除けば、下火となった。

同盟に基づく安全保障という考え方が再び注目されるきっかけとなったのは、皮肉にも同盟という手法に決して好意的ではなかったロイド・ジョージとウィルソン大統領が、一九一九年三月に英仏・米仏保障条約の提案を行ったことにあった。ロイド・ジョージの提案は、フランスの安全保障に貢献する意志の表れというよりは、フランスのラインラント政策を断念させるための外交的術策としての側面が強かった。それでも、保障条約は有事の際の速やかな軍事的援助を約束する条項を含んでおり、同盟と定義しうる条約であった。

英仏・米仏保障条約の構想が浮上した際、ベルギーはこの条約にどのように関与すると想定されていたのだろうか。三月一七日にフランス政府が英米に手交した返答文の付記には、英米の保障提案が述べるところの「フランスに対する侵略行為」には、ベルギーに対するあらゆる侵略を含意するとみなす、と記されていた。アメリカ政府も、三月の段階ではベルギーが保障の対象になりうると想定していた[225]。しかし、当該期のベルギーの外交文書を詳細に検討したサリー・マークスによれば、英仏米がベルギー側と保障条約を議論した形跡はなく、五月初頭までベルギー政府は保障条約の存在自体を知らされていなかったという[226]。一方で、前述したように、三月二六日にイマンスは、仏白軍事協定と対をなす英白軍事協定という構想をイギリスのハーディング外務次官にほのめかしていた。マークスが正しいとすれば、イマンスは独自の発想に基づいてフランス、ベルギー、イギリス間の軍事協定に言及したことになる。いずれにせよ、ハーディングは軍事協定案に否定的な反応を示し、ベルギー側はそれ以降しばらくイギリスに軍事協定に関する打診を行わなかった。ベルギーを対象とする保障条約という考えは、一九一九年五月から六月にかけて、フランスとベルギーとの間の議論から浮上していくこととなる。

五月六日の講和会議総会で英米の対仏保障条約の存在が明らかにされた直後に、クレマンソーとタルデューは、英米の保障条約の適用範囲にベルギーを含め、さらにフランスもベルギーの保障国となる意向があることをベルギー政府に打診した。ベルギー政府は当初、賠償問題などにおいて対価を求められることを懸念し、また、フランス政府にはベルギーと二国間の軍事協定を結ぶ別の意図があるのではないかと疑い、協議を避けた。しかし、対ドイツ講和条約の条文が確定し、ベルギーが妥協を強いられる可能性が低減し、また一八三九年条約の修正交渉が行き詰まり、ベルギーが希望する形式の安全保障を得られなくなる公算が高まると、ベルギー政府は保障条約に活路を見出し始めた。そして六月二四日にイマンスは、一八三九年条約を置き換える新条約に、イギリス、アメリカ、フランスがベルギーを保障する取り決めを含めることを、フランス政府に提案するのであった[227]。しかし、フランス政府がベルギーとの二国間の軍事協定に実際に関心を有していることが分かると、ベルギー政府はフランスの一方的な影響下に入ってしまうことを懸念し、イギリスに対しても保障の確保に向けた働きかけを開始した[228]。

一九一九年七月以降にベルギー政府は、一八三九年条約に基づく中立保障を代替する安全保障枠組みとして、イギリスとフランスとの安全保障協定の締結を求めていくこととなる。これについては次章で論じる。

以上のように、ベルギーの安全保障の模索はヴェルサイユ条約の調印によっては達成されず、その後の交渉に持ち越されることとなった。ヴェルサイユ条約は、一八三九年条約の無効をドイツに承認させるにとどまり（第三一条）、それを代替する枠組みは形成されなかった。ベルギーが講和から得られたものは、マルメディおよびオイペンなど二次的な目標にとどまった。

5　ヴェルサイユ条約の成立

(1) ドイツ全権への「予備的講和条約」の手交

一九一九年五月七日、連合国の手による「予備的講和条約」がドイツ全権ブロックドルフ＝ランツァウ伯に手交された。連合国はドイツ全権団に口頭で直接交渉する権利を与えず、一五日以内（ドイツ側の要望を受けて七日間延長される）に書面で所見を述べるよう要求した。(229) すなわち、「予備的講和会議」の後で行われるはずであった「講和本会議」は、書面による交渉という異例の形態をとることとなった。(230)

五月九日にドイツ全権団は、最初の所見として、連合国の講和条件は休戦交渉時に合意された理念を放棄しており、根本的な改訂を施さなければ受諾できないと訴える書簡を提出した。(231) しかし連合国は、講和の「根本的条件」の変更には応じられないと退け、ドイツの提案は「実践的性質」のものにとどめるよう求めた。(232) 以降、ドイツ全権団は連合国の講和条件に関する覚書を次々と提出し、連合国はその都度文書で応答した。そして五月二九日にドイツは包括的な反対提案を提出することとなる。(233)

三月に「フォンテーヌブロー覚書」を作成して以来、対ドイツ宥和を志向していたロイド・ジョージであったが、五月七日以降、その対独政策は一時的に強硬姿勢へと回帰した。そのきっかけは、「予備的講和条約」を手交する際のドイツ全権の態度に不快感を抱いたためである。ブロックドルフ＝ランツァウの外交姿勢に対しては、少なからぬイギリス代表団員が嫌悪感を表明していた[234]。ロイド・ジョージは、ドイツ全権の態度を「横柄」だと批判し、戦時中にさえ感じたことのない怒りを覚えたと述べ、フランス人のドイツ人に対する憎しみに初めて共感したと表明するほどであった[235]。

五月九日に四人評議会は、ドイツが調印を拒否した場合の対応について話し合った。ロイド・ジョージは、ブロックドルフ＝ランツァウの態度はドイツがユンカー支配を脱せられていない証拠だと述べた。ドイツが調印を拒否した場合には、「ユンカーを粉砕する」ために、ベルリンを軍事占領するべきだと主張した[236]。翌日、フォッシュ元帥は連合国軍の歩兵四〇個師団、騎兵五個師団がライン方面からベルリンに侵攻できる体制を整えている旨を報告した[237]。四月のバイエルン革命まで拡大傾向にあった中欧における共産主義革命の気運は、五月に入って鎮静化の兆候を見せていた。ロイド・ジョージは、ドイツが調印を拒否すれば戦闘再開もやむをえないと考えるに至っていた。

一部の外務省高官もドイツに妥協するべきではないとする考えを説いた。クロウ次官補は、連合国の講和条件を履行不可能だとするドイツ政府関係者の訴えは[238]、連合国から妥協を引き出すために計算された発言だと批判した。そして、彼らがアメリカのウィルソン大統領を持ち上げるのも、ウィルソン原則に基づく講和を結ぶことができれば、比較的少ない物資的損失のもとで、ヨーロッパにおける優勢的地位を短期間で回復できるからにほかならないと分析した。彼の意見では、「そのような期待の実現を許すような講和条件の譲歩を行えば、連合国は犯罪的に愚かということになる」のであった。ハーディング次官も、「連合国の任務は、このようなドイツの人々に新しい精神が生まれるまで、可能な限り長期にわたってドイツを抑えつけることである、それができるならば」、と述べて同意を示した。クロウはそのうえで、ドイツが調印を拒否した結果、ドイツ領内で戦争が行われれば、ドイツは「破壊的戦争がフランスにとって何を意味したのか」を初めて理解し、それ以上の損失を避けるために連合国の講和条件を受け入れるだろうと進言した[239]。しかし、こうした主張はイギリス政府内では少数派であった。

チャーチル陸相は、ドイツが調印を拒否して連合国がドイツ全土を占領しなければならない事態を避けるべきだとロイド・ジョージに訴えた。チャーチルは次のように論じた。イギリス軍は動員の段階的解除と士気の低下により弱体化している。ドイツ国内の食糧難も深刻であり、このような状況で出口のない占領政策を実施すれば、イギリスの国力を大幅に消耗することとなる。そうなれば、ドイツへの過酷な講和条件の強制を望む現在のイギリスの多数派世論もすぐに手のひらを返すだろう。また、インド、エジプト、中東の統治も手薄となる。それゆえ、イギリスはドイツの反対提案に真摯に対応し、調印を促すべきである。

イギリス帝国は現在とても良好な立場にあり、われわれはその立場を固定し承認する講和を必要としています。ラテンの野心と憎悪（Latin ambitions and hatreds）を後追いするあまり、われわれの優位が大部分失われてしまうような新たな状況を作り出してしまわないよう、気をつけようではありませんか。(240)

すなわちチャーチルは、イギリスの国力損耗を回避し、帝国の優越を維持する観点から、ラテン諸国、すなわちフランスやイタリアの犠牲のもとで、ドイツと妥協するべきだと説いていた。

その間、ドイツ代表団は連合国の講和条件の各項目に関する所見を続々と提出していた。五月一三日には領土の処遇に関する覚書、一六日にザール地方に関する覚書が連合国のもとに届いた。ドイツは、連合国が一部で「民族自決」原則に違反する国境画定を行ったことに異議を唱え、ザール地方、アルザス＝ロレーヌ、オイペン、マルメディ、モレネ、シレジア、ポーゼン、東西プロイセン、シュレスヴィヒなど、領土関連のほとんどの条項に抗議した。四人評議会は、二九日にドイツが包括的な反対提案を提出するまで、こうした訴えにほとんど譲歩する姿勢を見せなかったが、ザール地方については一部修正に応じた。同地に関する条文のなかに、もし一五年後の住民投票の際に住民がドイツを帰属先に選んだとしても、ドイツが同地の炭坑の対価をフランスに金で支払わなければ、ザール地方がフランスに帰属すると解釈できる条項があるというドイツの指摘を受け入れ、その部分の記述をドイツの有利に改めた。すなわち、一五年後の住民投票で住民がドイツを選べば、ザール地方はドイツに帰属することが明確化された(241)。

（2）連合国草案に対するイギリスの反感

イギリス帝国代表団では、連合国側の講和条件に嫌悪を表し、ドイツの訴えに共感する声も多かった。南アフリカ代表のスマッツは、連合国の講和条件に強い憤りを表明し、修正を訴える書簡をロイド・ジョージに複数回にわたって送付した。スマッツが特に問題視したのは、①長期にわたるラインラントの軍事占領と、②ドイツ人居住地域を含んだポーランドであった。スマッツは、講和条約はヨーロッパの新たな火種となり、フランスを保障する約束を結んだことで、イギリス帝国はいつでも戦争に巻き込まれてしまうと警鐘を鳴らした(242)。スマッツと南アフリカ首相ボータは、ロイド・ジョージにドイツと直接交渉して譲歩するよう夕食の席で促した。しかしロイド・ジョージは説得されず、「ネジを少し緩める」と言及するにとどまった(243)。講和会議でスマッツと懇意となった経済学者ケインズは、連合国の講和条件にスマッツに勝るとも劣らない不快感を表した。ケインズは、「私がドイツの立場にいれば、そのような講和に調印するくらいなら死を選ぶだろう」と述べた。そして、講和会議の「邪悪と愚行」に加担した自らの責任に言及し、五月中に大蔵省に辞表を提出した。辞任に際してケインズは、ロイド・ジョージ首相がフランスとともにヨーロッパを破滅に導こうとしていると批判し、ドイツと交渉して大幅な譲歩を行うようチェンバレン蔵相に助言した(244)。六月にスマッツは、講和会議の不正義を告発する啓蒙書の出版をケインズに勧めた(245)。それが『講和の経済的帰結』として同年末に出版されることとなる。

イギリス外務省のハロルド・ニコルソンもケインズに共感し、講和はドイツが調印するはずのない「腐った」ものだと表現し、嫌悪感を示した(246)。ヘッドラム＝モーリーは、上シレジアの問題を除けば、連合国の講和条件は国境画定に関しては「公正」だとしたものの、経済、賠償関連条項は大問題だと批判した。そして、講和条件の累積的影響はドイツに深刻な不利益をもたらし、将来の条約修正は不可避となるだろうと述べた。[247] また、ヘッドラム＝モーリーは、ドイツの人々は民主改革を行えば比較的寛大な講和を得られると期待していたにもかかわらず、連合国の講和条件が約束と違うものだと認識していると分析した。その結果、イギリスが後押しするべきドイツの民主勢力の信頼が失墜し、軍事的、政治的反動の気運が高まる危険性が増していると警告した。[248]

ベルリンに駐在するイギリスの軍事使節団は、ドイツの新聞が一様に連合国の講和条件を厳しく批判しているという情報をイギリス政府に伝えていた。軍事使節団は、ドイツ政府は現状のままでは連合国の講和条件に調印しないと述べているが、ドイツ世論に申し訳の立つ程度の譲歩を連合国側が示せば、ドイツ政府は調印するだろうと分析した。[249]

イギリス本国では、進歩系の新聞や運動家が連合国の講和条件を攻撃した。『オブザーバー』紙の編集長ジェームズ・ガーヴィンは、五月一一日付の社説で、「条約の全体は――国際連盟規約という救いを包含したことを除けば――ヨーロッパ中の土地に火種をばらまいた」と述べ、痛烈な批判を展開した。ガーヴィンは、ラインラントの占領計画は「まったくの軍国主義」だと批判し、英語圏の民主主義諸国がこうした措置のために動員され、戦うことは二度とないだろうと宣言した。[250] イギリス外務省においてもガーヴィンの論評は関心を集めた。[251]『マンチェスター・ガーディアン』紙の編集長C・P・スコットも三月初頭からザールとライン左岸におけるフランスの政策に懸念を表明していた。そして、三月後半以降にロイド・ジョージがウィルソン主義に基づく「正しい政策」のために戦っていると認識すると、これを後押しした。[252] スマッツは、講和条約の「反動的」条項を攻撃したガーヴィンとスコットの「素晴らしい勇気」に感謝を表明した。[253] フェビアン協会のビアトリス・ウェブは、連合国の講和条件を「厳格で残忍」だと非難した。彼女は、フランスとイタリアの政策を批判しながらも、それ以上にイギリスの植民地拡張政策に「嫌悪」を表明した。そして、ドイツは専制と軍国主義を放棄したにもかかわらず、ほとんど得るものがなく、ドイツの降伏条件であったはずのウィルソン大統領の「一四カ条」も反故にされてしまったと批判した。[254]

労働党と民主統制連合も、講和条件が「帝国主義的」であり、勢力均衡を蘇らせるものだと批判するキャンペーンを展開した。[255]歴史学者のA・J・P・テイラーによれば、ロイド・ジョージは、講和会議およびイギリス国内における自身と保守勢力との戦いに利用するために、このような左派の立場からの条約批判を自ら積極的に後押ししたという。[256]

五月二九日にドイツ全権は大部の反対提案を提出した。この反対提案書は多くのイギリス政府関係者に高く評価され、彼らがドイツへの宥和をさらに推し進めるきっかけとなる。ドイツの反対提案書はまず、休戦交渉の過程で講和は「一四カ条」をはじめとするウィルソン大統領の諸声明に基づくことがドイツと連合国双方によって合意されたにもかかわらず、連合国の講和条件はそうした諸原則に著しく違反していると批判した。そして、それは約束された「正義の講和」ではなく「力の講和」だと非難した。とりわけ、「民族自決」原則に反する国境画定、国際連盟からの排除、厳しい経済関連条項は前代未聞であり、ドイツを破滅に導くと訴えた。領土の問題に関しては、「民族自決」原則の普遍的適用を求め、上シレジアやアルザス＝ロレーヌなどにおける住民投票の実施を求め、また植民地の処分は協議のうえで決するよう求めた。一方で賠償については、いわゆる「戦争責任」を規定した第二三一条に異議を唱えながらも、総額一〇〇〇億金マルクを上限とする賠償を支払う意向を表明するなど、譲歩を示した。ラインラントの占領については、まず安全保障の手段としての同地の占領は、軍備制限を課されたドイツが再び侵略戦争を行うなど有りえないためまったく不要であり、賠償支払いの保証としても占領費用がかさむために逆効果だと述べ、六カ月で撤兵するよう求めた。[257]

三〇日にイギリス帝国代表団はドイツの反対提案について議論した。スマッツは、「一四カ条」に基づく講和を作るのは連合国の義務だと述べ、ドイツの主張をほとんど全面的に擁護した。それに対してバルフォアとヒューズは、「一四カ条」に厳格に拘束されるという解釈は奇妙だと反論した。ロイド・ジョージは、ドイツが特にポーランドとの国境の問題について優れた議論を展開していると評価した。また、ラインラント占領軍のコストは賠償総額から天引きされることから、占領費用は実質的に連合国が支払うことになるということも注目に値すると述べた。バーンズ、セシル、ミルナーは賠償の低減を勧めたが、ロイド・ジョージはドイツの提案する総額一〇〇〇億金マルクでは不足だと述べ、ヒューズとメイシーとともに高額な賠償獲得にこだわった[258]。

この会議の後にウィルソン参謀総長は次のような感想を記録した。会議出席者の感触は「ドイツは優れた主張をまとめ上げた」というものであった。「政治家たちはひどい混乱状態だ」。「ドイツ人は私の予想通りのことをした」。すなわち、「彼らはわれわれの講和条件に抜け穴を見つけ、一四カ条に基づき、われわれのものよりはるかに首尾一貫した自分たちの講和条件一式を提出したのだ」と[259]。その晩、リデルと夕食をともにしたロイド・ジョージは、ドイツの主張に「いくらかの根拠」を認め、シレジアの処遇に関してドイツに譲歩する意向を示したという[260]。

翌三一日、ウィルソン参謀総長は軍事的観点からドイツの反対提案を検討する覚書を提出した。ウィルソンは、ドイツの国内情勢に関する情報と併せて検討した結果、三つの予想に基づく選択肢を提示した。①現在のドイツ政府が調印を拒否し、後継政府が調印するものの、あくまで受動的抵抗によって履行を回避することを最初から強く意識して調印する。②現在のドイツ政府が調印を拒否し、連合国による強制措置の発動により、やがては調印するものの、連合国の講和条件の不正義と履行の不可能性に抗議しながら調印する。③現在のドイツ政府が、相当の譲歩によって修正された講和条約に調印する。ウィルソンは、③の選択肢を推奨した。彼曰く、強制力の行使には長期にわたる軍事的コミットメントが必要となるため、望ましくなく、ドイツの政府と国民が自ら履行する意志を持つことのできる講和条約になるよう修正するべきであった。譲歩するべき講和条件には次の点を挙げた。ドイツが陸軍を削減する期間に余裕を設け、ヨーロッパ情勢が安定化するまでは陸軍の許可兵力を二〇万人に倍増させる。領土についても、優先度順に、上シレジアにおける住民投票、その他のポーランド国境に関する条件の一部変更、ザール地方の条件変更、メーメルにおける住民投票、アルザス＝ロレーヌのフランス割譲に際してドイツに経済的対価を付与、シュレスヴィヒに関する条件緩和を掲げた。また、ドイツの国際連盟への早期参加も軍事的観点からは望ましいと提案した。ドイツ西部国境に関しては、ドイツはそれほど修正しなくとも受け入れるだろうと分析した。その一方で、イギリスの軍事的コミットメントを削減するためにも、ラインラントの占領は二年以内に終わらせるべきだと説いた。そして、「過去の歴史、特に一八一五〜一八年におけるフランス占領は、外国を占領することの弊害を明確に示している」と述べた。ウィルソンはこの覚書のなかで、ドイツによる「将来の侵略を防ぐためのしかるべき注意」の必要性にも言及していた。しかし全体としては、イギリスの負担を軽減するために、ヨーロッパの安定化をドイツへの宥和によって実現することを推奨していた(261)。

三一日の晩、ロイド・ジョージは本国から招集した閣僚たちと夕食をともにし、その後三時間にわたって連合国の講和条件とドイツの反対提案を議論した。チェンバレン蔵相、バルフォア外相、バーカンヘッド大法官、チャーチル陸相、モンタギュー・インド相、ハーバート・フィッシャー教育院総裁、バーンズ無任所相、ウィルソン参謀総長、ハンキー内閣書記官長、カー首相秘書官、ロバート・セシル卿が参加した。この会合の様子を日記に記録したウィルソンとセシルはともに、連合国の講和条件の全体を一同が「満場一致」で批判したことに驚きを表明した。セシルによれば、彼自身の他にチャーチル、フィッシャー、バーンズが講和条件の緩和を最も熱心に説いたという。具体的な修正項目としては、上シレジア、ポーランド回廊、ザール地方、ラインラント占領に関する条件変更、ドイツの国際連盟への早期参加、賠償総額を一〇〇〇億金マルク程度に限定することなどが挙がった。しかし、ロイド・ジョージは上シレジア以外の点については修正する意欲をあまり見せなかった(262)。

六月一日、イギリス帝国代表団は上記の本国の閣僚たちを交えてドイツの反対提案に関する議論を再開した。ロイド・ジョージはまず、ドイツに譲歩する形で講和条約草案を修正することを支持するかを出席者に尋ねた。これに、出席者の全員が肯定的に答えた。スマッツは、条約草案がそのまま通れば、イギリス帝国だけでなく、世界の大惨事となるだろうと警告し、ドイツの「理に適った」批判にならい、一九一八年にイギリス政府も裏書きしたウィルソン主義に基づく講和へと修正するべきだと主張した。スマッツはとりわけラインラントの一五年間の占領計画に強い異議を唱え、同地の非武装化と保障条約によってフランスの安全は十分に確保されるはずだと論じた。また、「ポーランドは歴史的失敗であり、失敗であり続けるだろう」と述べ、ドイツの東部国境をドイツ有利に修正するよう求めた。チャーチルは、それとは異なる視点からスマッツの主張に同意した。チャーチルは、ドイツが調印を拒否すれば、連合国は軍事行動に出ねばならず、重大な軍事的、政治的困難に直面することとなるという、厳しい現実を直視するように求めた。彼曰く、そうならないように、ドイツと直接交渉を行い、「妥協の講和」を模索するべきなのであった。チャーチルは、この策を選んだ場合にはフランスとの関係悪化は必至だと認めたが、二つの選択肢を比べた場合、「妥協の講和」のほうがましなのだと論じた。ミルナーは、一八一五年にイギリスがプロイセンの過酷な対仏講和要求を阻止したように、今イギリスはフランスを抑制するべきだと述べた。

歴史学者のマイケル・フライは、講和条約に対するイギリス人の批判を、講和条約がイギリスの利益に合致しないとして批判した「戦術的修正主義」と、倫理的に間違っていると批判した「イデオロギー的修正主義」に分類して整理した。[263] チャーチルは前者の立場を、スマッツは後者の視点を代表していた。いずれの立場も、講和条約草案をそのままドイツに提出するべきではないという認識を共有していた。

チェンバレンもまた、スマッツとチャーチルに同意し、ラインラントの占領に「不安」を表明し、またドイツは総額一〇〇〇億金マルク以上の賠償は払えないと述べた。バーンズとモンタギューも同様の意見を述べた。

一方でバルフォアは、連合国の講和草案を弁護する少数派の役目を担った。彼は、「一四カ条」は休戦交渉の特殊な経緯で合意された中身の曖昧な原則であり、ドイツと連合国間の法的拘束力を有する協定と捉えることはできないと論じた。またバルフォアは、修正派がドイツの改心を議論の前提としておきながら、ポーランドを「それなりの文明国」とさえ扱わないのは不当だと批判し、上シレジアに関連する条項を修正すればドイツ東部国境の取り決めは十分に正当化できると説いた。

最後にロイド・ジョージは、一同が「敗れた敵」への公正な対応を情熱的に嘆願したことに敬意を表明し、次の点についてドイツに譲歩するよう四人評議会に働きかけると述べた。①ドイツ東部国境（主として上シレジア）、②国際連盟へのドイツの早期参加、③ラインラント占領、④賠償、であった。②についてロイド・ジョージは、ドイツが国際連盟の発足当初から参加すれば、連合国同士の意見対立に乗じられる危険性があるため、二年程度の間を置いて、それもドイツが講和条約を履行していると確認できてから参加を認めるべきだと説明した。③については、占領自体に反対を述べるにとどまり、具体的な修正案には言及しなかった。ロイド・ジョージは、これらの譲歩を採用しない限りドイツへの強制力の行使には参加しないと宣言することでフランスに圧力をかける意向を示した。ただし、バルフォアの強い要望もあり、イギリス全権が自由裁量のもとで交渉する権利を確保した。(264)

このようにイギリス本国の閣僚たちは、連合国草案を過酷だと認識し、一様にドイツへの譲歩を説いた。その一方で、交渉の最前線にいたバルフォアとロイド・ジョージは、修正をフランスに迫る困難を理解しており、交渉の裁量権を主張することで代表団会議の意向に拘束されることを回避した。

（3）ヴェルサイユ条約と英仏・米仏保障条約の調印

六月二日の四人評議会でロイド・ジョージは、イギリス帝国代表団の意向をウィルソンとクレマンソーに伝えた。クレマンソーは、フランス世論や軍部が許さないと述べ、譲歩に強く反対した。とりわけラインラント占領に関しては、それがなければドイツに講和条約の履行を強制する手段がなくなると反論した。ロイド・ジョージは、イギリスの閣僚たちが一五年間の占領にそれほどまでに強い反感を抱くとは考えなかったと述べた。そして、閣僚のなかには一五年間の占領をフランスに与えるのであれば、イギリスの保障供与を再考するべきだという見解も示されたと伝えた。しかしクレマンソーは、ラインラントの取り決めに関しては一切譲歩できないと断言した。(265)ウィルソンも、すでに合意された草案を再交渉するつもりはなかった。(266)結局、ロイド・ジョージがウィルソンとクレマンソーから引き出せた譲歩は、上シレジアの帰属を住民投票で決するように修正するという一点に限られた。(267)

六月三日にドイツ代表団は、フランスがラインラントにおける分離独立運動を煽動しているとする内容の覚書を提出した[268]。イギリス外務省もこのような動向に警戒感を抱いていた。クロウは、ラインラントの独立は、将来ドイツの領土回復運動の標的となるだろうと述べ、これに反対した。一方で、ラインラントをプロイセンから独立させながら、ドイツを構成する領邦の一つとして留めることを提案した。そのような線に沿ったドイツ諸邦の再編成が行われれば、ハノーファーなどの領邦としての復活も期待され、プロイセンの弱体化という連合国の政策に合致する、とクロウは説いた。ハーディング次官もこの提案を支持した[269]。しかし、ラインラントに関する四人評議会の立場が決してしまっていた以上、時宜を逸した提案であった。

六月一三日の四人評議会には、ロイド・ジョージとともに戦時内閣のボナー・ロウとバーンズが参加し、ラインラント問題に関する最後の交渉が行われた。ボナー・ロウは、一五年間という占領期間に合理性を見出せないと批判した。一五年後のドイツが国力を回復した時に撤兵するというのでは無意味だと指摘した。それはドイツに理解されず、困難と危険を招くだけだと説いた。バーンズは、ラインラント占領はフランスの目的にとって逆効果であり、むしろドイツに対する共感を呼び起こすこととなるだろうと指摘した。ボナー・ロウは、三年後に占領について再検討するという内容の修正案を提案した。しかしクレマンソーは、一五年間が最大限の譲歩であり、それ以上の譲歩はできないと明言した。その期間までにドイツが講和条約を履行する意志を示し、必要な保障を提供すれば、早期撤兵できるが、再考の期日を事前に設定することはできないと述べた。クレマンソーは、島国であるイギリスが海という防壁に守られている一方で、フランスは大陸国であり、戦略的国境を獲得できなかったことにより、その国境線は防衛に適さないものとなったと指摘した。クレマンソー曰く、フランス人は安全保障を欲しており、ラインラントという防壁は欠かせないというのであった。これを受けてイギリス政府は説得を断念し、一五年間の占領案をあらためて承認した[270]。

六月二七日、ロイド・ジョージはクレマンソーに英仏保障条約の最終草案を手交した。その内容は、五月六日にロイド・ジョージとバルフォアがクレマンソーに提出した文書に示された条文とほぼ同内容であったが、重要な変更が一点加えられていた。米仏保障条約の批准が英仏保障条約の施行の条件になると定めた第二条の末尾には、米仏保障条約が「批准されたときにのみ施行される」と記されており、「のみ（only）」を挿入することで両条約はさらに密接に結びつけられた[271]。クレマンソーは、その帰結を十分に考慮せずにこの草案を了承した[272]。よってイギリスは、アメリカが条約を批准したときに「のみ」フランスをドイツの侵略から保障する義務を負い、単独でフランスを保障する条約上の義務を免れることとなった。翌二八日の午前に英仏・米仏保障条約はそれぞれ調印された[273]。

その日の午後、ヴェルサイユ宮殿の鏡の間で連合国とドイツとの間の講和条約が調印された。調印しなければ進攻を開始するという連合国の脅迫の前に、ドイツ政府は不本意な講和に調印せざるをえなかった。ドイツ政府は、調印に応じる旨を連合国に伝える際に、「これらの講和条件は前例のない不正義を象徴するものだという信念を決して放棄するものではない」と書き添えていた[274]。以降ドイツでは、ヴェルサイユ条約は和議ではなく「命令（Diktat）」だと非難され、履行への抵抗と修正の要求が唱えられることとなる[275]。

多くのイギリス政府関係者もまた、ドイツと同様の感想を抱いた。前述のようにケインズは、スマッツの後押しを受け[276]、講和条約を厳しく批判する論稿の執筆に着手した。ケインズは同年中に『講和の経済的帰結』を書き上げ、ヴェルサイユ条約を「カルタゴの講和」と呼び、ヨーロッパを破滅に導くだろうと厳しく批判した[277]。ハロルド・ニコルソンもスマッツやケインズに同意し、講和は「懲罰的」だと批判した[278]。ヘッドラム＝モーリーは、個別的条項には擁護すべきものが多いものの、すべての条項を総合するとドイツに厳しすぎると判断した。しかし、国際連盟が有効に機能するようになれば、連盟が講和の不備を補えるだろうと考えた[279]。

ヘッドラム＝モーリーが指摘し、またデイヴィッド・スティーヴンソンをはじめとする近年の歴史研究者が指摘するように、ヴェルサイユ条約には評価されるべき側面があった。ドイツに課された軍縮義務とラインラントの非武装化により、ドイツが隣国に復讐戦を挑むことは限りなく困難となった[280]。また、ヴェルサイユ条約の事実上の付属条約である英仏・米仏保障条約は、有事の際の英米の大陸コミットメントを約束するものであり、さらなる安全をもたらしうるものであった。そして国際連盟規約により、加盟国の領土保全が保証され、規約違反に対しては制裁が科されることが約された。すなわちヴェルサイユ条約には、戦略的国境、同盟、国際連盟という三種類の安全保障メカニズムが内包されていたのである。この枠組みが維持されていれば、再度の大戦勃発は抑止されただろう。一方で、賠償関連条項やドイツ系住民の他国編入など、ヴェルサイユ条約には欠陥もあった。実際、同時代の条約批判の多くは賠償関連条項に向けられていた。しかし、国際連盟の仲裁プロセスを通して、そうした欠陥は後に平和的に修正することも可能であった。ドイツやオーストリアといった敗戦国も、一定期間を経た後に国際連盟に加盟することが前提とされていた。ヘッドラム゠モーリーは、ヴェルサイユ条約の調印の際の感想を述べるなかで、ドイツとの講和という側面が強調されるあまり、それが国際連盟規約という画期的な文書の調印式でもあったということが忘れられてしまったと述べている。[281]大国が協力し、国際連盟を機能させることができたなら、戦争に彩られた国際政治の様相を転換させることも、まったくありえないことではなかった。条約調印後にクレマンソーがフランス議会に対して述べたように、条約体制の成否は、後の政治家たちがそれをどう運用するのかにかかっていた。[282]スティーヴンソンは、ドイツに対する金融面での寛大さと、安全保障面での厳格さを両立させることが、最良の運用方法だったであろうと論じている。[283]本書もこの評価を共有する。

講和会議においてイギリスは、フランスやベルギーほどには安全保障に関心を示さなかった。ドイツが敗戦し、革命期の混乱に陥っていたことを受けて、イギリスのドイツに対する脅威認識は急速に減退した。ロイド・ジョージが「フォンテーヌブロー覚書」を記した一九一九年三月に至ると、イギリス代表団の関心は、ドイツを将来にわたって抑え込むことよりも、ドイツをいかに安定化させ、ヨーロッパ経済復興を牽引するのかという問題に移っていた。この観点からすれば、ライン川に戦略的国境を築き、ラインラントを分離独立させ、同地を占領するというフランスの政策は、ドイツとの間に摩擦を招く誤った政策だと認識された。一八三九年条約を代替する安全保障が必要だというベルギーの主張に対しても、イギリス代表団の反応は冷たかった。イギリス政府の安全保障政策は、大戦末期の講和準備の過程でも示されていたように、国際連盟と軍縮を中心とするものであった。イギリス代表団は、国際連盟を樹立し、ドイツの軍備を制限すれば、十分な安全がもたらされると主張した。しかし、フランスがラインラント政策に固執すると、事実上の「北大西洋同盟」に相当する英仏・米仏保障条約という代案を提起した。この条約はロイド・ジョージとバルフォアが立案に深く関与したものであった。結果として、ヴェルサイユ条約は、国際連盟に象徴される英米流の理想主義と、ラインラントに関する取り決めに象徴されるフランス流の現実主義の両側面を内包することとなった。

安全保障の観点からすれば、パリ講和会議で築かれた基礎的枠組みを、どのように維持・発展させていくのかが、調印後の交渉の焦点となるべきであった。しかし、以下の章で見ていくように、そのような建設的な議論は長らく行われず、事態はむしろ一九一九年に築かれた枠組みを解体する方向へと動いていく。

第3章　フランスとベルギーへの保障の再検討　一九一九〜二〇年

1　イギリス政府による対仏コミットメントの再検討

（1）「一〇年ルール」に基づく大幅な軍縮

第一次世界大戦はイギリスの財政を大きく圧迫した。一九一四年八月の開戦時に常備兵力二四万七〇〇〇人を擁したイギリス陸軍は、大戦を通して本国から約五〇〇万人を動員し、帝国全体の動員数は総計約八六五万人に達した。[1]イギリス本国の戦死者は約七二万人を数え、帝国全体では約九二万人が犠牲となった。イギリスが費やした戦費は九〇億ポンドに達した。大戦前の国家予算五〇年分に相当する規模である。一九一四年に六億五〇〇〇万ポンドだった政府債務は、一九一九年には七二億八〇〇〇万ポンドに膨れ上がり、そのうち一三億六五〇〇万ポンドが対外債務であった。[2]一九一三年度のイギリスの政府歳入は一億九八〇〇万ポンド、歳出は一億九七五〇万ポンドであったのに対し、一九一九年度には歳入一三億四〇〇〇万ポンド、歳出一六億六六〇〇万ポンドにまで拡大した。[3]

戦争が終わると、イギリス政府は緊縮政策による予算均衡化と債務圧縮を急いだ。軍事費が支出削減の最大の標的となった。防衛予算を国家安全保障に必要な最低水準まで削減するべきだという認識が政府内で広く共有されていた。

イギリス政府は、一九一九年八月一五日の閣議において、イギリスの平時防衛予算の目標を定めた。その際に、「イギリス帝国が今後一〇年間いかなる大戦争にも関与せず、そのための派遣軍を必要としない」という想定のもとで予算を策定するという大前提が設定された。これは後に「一〇年ルール」と呼ばれ、第一次世界大戦後のイギリス防衛予算の指針となる。「一〇年ルール」は一九三二年まで維持されることとなる(4)。

八月一五日の閣議は、防衛予算の具体的数値目標も設定した。海軍予算は、一九一九年度予算(一億五七五〇万ポンド)の約三八%にあたる六〇〇〇万ポンドを上限目標とすることが定められた。陸軍と空軍の合計予算は、一九一九年度予算(四億五九〇〇万ポンド)の約一六%にあたる七五〇〇万ポンドを上限目標とすることと定められた。内閣は、陸軍と空軍に期待される機能は、「インド、エジプト、新たな委任統治領、そしてイギリス支配下の(自治されていない)領土に駐屯すること」だと決定した(5)。すなわちイギリス軍は、ヨーロッパ大戦を戦う組織から、大戦前のように帝国防衛を主任務とする組織へ転換されることとなった。

閣議が定めた予算目標は一九二三年度には達成された。その年度の予算は、海軍五八〇〇万ポンド、陸軍五二〇〇万ポンド、空軍一二〇〇万ポンドとなった。一九一九年に主力艦艇五八隻(総排水量一二二万トン)を保有した海軍は、同二二隻(同五八万トン)にまで削減された。最大の削減を強いられたのは陸軍であった。陸軍将兵は一九一九年の一〇六万人から、一九二三年には常備兵力二〇万五〇〇〇人へと削減された。陸軍の規模は大戦前と比較しても縮小したのである(6)。この水準は一九三〇年代半ばまで維持された。

第一次世界大戦の緒戦で重要な役割を演じたイギリス海外派遣軍も、大幅な縮小を余儀なくされた。一九一四年の大戦勃発時にイギリス陸軍は、六個歩兵師団と一七個騎兵連隊を即応的に、七個目の歩兵師団を数週間でヨーロッパ大陸に展開できる体制を整えていた。計一八万二〇〇〇人の兵力規模である。一九二二年二月に内閣は、大規模戦争が当面起こらないという前提のもとで、小規模戦争の勃発に備えた即応戦力として、五個歩兵師団、一個騎兵師団、そして第二線級部隊として国防義勇軍一四個師団を動員後に編成できる状態を整えるよう陸軍に指示した。

しかし陸軍は、軍縮の結果、即応可能な海外派遣軍として二個歩兵師団、一個騎兵旅団、計五万一〇〇〇人しか編成できないと報告した[7]。これは大戦前の三分の一以下の規模に過ぎなかった

一九二三年のイギリス常備陸軍は、一三五個歩兵大隊、二二個騎兵連隊で編成されていた。最大の海外駐屯先はインドであり、四五個歩兵大隊、八個騎兵連隊が駐屯した。他に、中東などに二四個歩兵大隊、四個騎兵連隊が配備され、ラインラントに八個歩兵大隊、一個騎兵連隊、アイルランドに五個歩兵大隊が駐屯した。本国には五三個歩兵大隊、九個騎兵連隊が残ることとなった。そのなかから、本国の治安維持や兵站を担当する部隊を一定数残したうえで、海外派遣軍を編成しなければならなかった[8]。

イギリス陸軍には、海外駐屯部隊を定期的に交代できるように、本国駐屯部隊を海外駐屯部隊の同数以上に保つ原則があった。この原則は、設定時のグラッドストン政権の陸相の名を冠して「カードウェル制度（Cardwell system）」と呼ばれた。しかし第一次世界大戦後には、ラインラントやトルコに駐屯する部隊を書類上本国駐屯扱いにすることで、同数以上の原則は辛うじて保たれているに過ぎなかった[9]。したがって、帝国ないしヨーロッパで緊急事態が発生した場合に、イギリス陸軍が数週間以内に派遣できる兵力は、二個歩兵師団と一個騎兵旅団に限られた。この低水準は実に一九三八年末まで維持された[10]。

「カードウェル制度」が示すように、少なくとも一九世紀以来、イギリスの平時常備陸軍の規模は、帝国防衛を基準に策定され、ヨーロッパにおける脅威を基準にしたことはなかった。第一次世界大戦前に編成された海外派遣軍も、海外駐屯部隊の交代要員として本国に残る部隊のなかから、ヨーロッパ派遣に備えて特別編成したものに過ぎなかった。ウィルソン参謀総長が述べるに、海外派遣軍を編成するに際して、本国に駐屯する部隊の編成と配備にはある程度の自由が効いたが、その規模と質は海外領土の駐屯兵力を基準に定められていたのである。すなわち、仮にヨーロッパで何らかの脅威が生じたとしても、帝国防衛を基準とする陸軍軍政の原則そのものを変更しない限り、本国部隊を拡大・充実させる根拠にはならなかった[11]。

このようにイギリス政府は、ドイツとの講和が結ばれるや直ちに、財政と軍事の両面で「常態」への復帰を試みた。このような傾向は対外政策の領域においても見られることとなる。

(2) イギリス議会におけるヴェルサイユ条約と英仏保障条約に関する討論

一九一九年七月三日にロイド・ジョージ首相は、ヴェルサイユ条約の批准を支持するよう求める演説を庶民院で行った。イギリスの政治制度では、条約の批准権は君主が有していたが、議会で討議の機会を設けることが慣例化していた。[12] ロイド・ジョージは、ヴェルサイユ条約を「厳しくも正当な条約」だと説明した。彼は、ヴェルサイユ条約に「劣悪な条項」が含まれていることを認めた。その一方で、大戦勃発の責任はドイツにあったという前提のもと、ドイツに厳しい講和を課すことは「正当」だと論じた。ロイド・ジョージ曰く、講和の厳格さは「復讐」を意図したものではなく、むしろそれを「思いとどまらせること」を意図しているのだという。すなわち、冒険的政策を推進するリスクをドイツに思い知らせる必要があるのだとロイド・ジョージは説いた。そして、①ドイツの軍備制限、②英仏・米仏保障条約、③ラインラント駐留軍、④国際連盟によって平和は保障されると説明した。

議会からは、英仏・米仏保障条約が「国際連盟に対する信頼の欠如を示している」という批判が叫ばれた。これに対してロイド・ジョージは、侵略を即座に制止する能力を有する強国の後押しがない限り、国際連盟は無価値の「紙切れ」になると述べ、保障条約を擁護した。また、ドイツをすぐに国際連盟に加盟させない理由を関して彼は、戦後処理が完了しない段階でドイツを連盟の議場に参加させれば、ドイツに外交的「陰謀」を講じさせる隙を与えてしまうことになると説明した。「軍国主義」と決別したことを立証してはじめてドイツは国際連盟に加盟できるのだと、ロイド・ジョージは説いた。[13]

一九一九年七月二一日にイギリス庶民院は、ヴェルサイユ条約と英仏保障条約を討議し、批准に関連する法案を採決した。自由党と労働党の議員、そしてロバート・セシル卿は、講和条約の特定条項（賠償関連条項、ポーランド回廊、ザール地方やラインラント占領に関する取り決めなど）を批判した。一方で一九一九年当時の議員たちには、大戦の主たる責任はドイツにあったと信じるコンセンサスがあり、ドイツに厳しい講和を課すことは「正当」だと認識されていた。たとえば、労働党の有力議員ジョン・クラインズは、「彼ら〔ドイツ人〕の罪はあまりに巨大であり、罰は当然厳しいものでなければならない」と述べた。しかしそれと同時に、敵国にも受け入れられる講和を追求するステーツマンシップを示さなければならない、という議論を展開した。[14] これは「フォンテーヌブロー覚書」の立脚した論理と同じであり、当時イギリスの有力者の多くが共有した認識であった。また、講和の特定条項を批判した議員たちも、そうした過ちを将来国際連盟が修正する機能を有している点を評価し、総じて講和条約の批准を支持した。

一方で英仏保障条約は、国際連盟の権威に疑いを挟むという観点から批判の対象となった。自由党議員ジェームズ・ホッジは、ラインラントの軍事占領や英米の対仏保障は、イギリス政府が国際連盟に信を置いていない証拠であり、国際連盟のなかにアメリカ、フランス、イギリスによる「新たな三国同盟」を作り出そうとしているのではないか、と批判した。そして、そのような同盟への参加は「自由党の政策のあらゆる伝統に反する」と訴えた。これに対してロイド・ジョージは、国際連盟はまだ「実験段階」にあり、一八七〇年と一九一四年の再現を恐れるフランスの不安は理解できるものだと反論した。そして、国際条約に違反した場合には、国際世論だけでなく、武力によってでも制裁を受けるのだということを示す意味において、保障条約は国際連盟が成功する可能性を高めることにもなるのだと説いた。また、挑発によらない侵略からフランスを救援することにはイギリス人の九九％が賛成し、一九一四年に英米の保障条約が存在していれば、大戦は起こらなかっただろう、とも述べた。

日をまたいで午前三時半まで議論が行われたうえで採決が取られ、ヴェルサイユ条約は賛成一六三票対反対四票、英仏保障条約は全会一致で可決された。[15] 一部の自由党、労働党議員の反対はあったものの、当時両条約は総じて広い支持を集めたのであった。[16] 両条約は七月末に国王ジョージ五世によって裁可された。一〇月にはフランス議会も両条約を批准した[17]。

（3）アメリカの「条約闘争」とグレイの渡米

イギリス政府は、野党共和党が多数を占めるアメリカ議会がヴェルサイユ条約と保障条約を簡単に批准する状況にはないことを心得ていた。一九一九年七月初頭、アメリカに戻ったワイズマンSISアメリカ支部長は現地の情勢に関して次のような報告を本国政府に送った。アメリカの人々は講和条約の詳細には関心を示しておらず、民主党議員のごく一部が講和条約を過酷だと批判しているに過ぎない。共和党は国際連盟に攻撃の焦点を絞っている。共和党内にはヨーロッパへの関与に絶対的に反対するグループや、連盟規約の修正を望むグループがいるものの、多数派はまだ態度を決めていない。アメリカ世論は国際連盟に大きな反発は示しておらず、ウィルソン大統領は条約を修正せずに上院を批准へと導けるものと信じている。一方で、米仏保障条約はほとんど関心を集めておらず、共和党はより容易にこの条約を退けることができる、と[18]。後世の歴史学者によれば、実際にはヘンリー・カボット・ロッジ上院外交委員長をはじめとする多くの共和党議員が米仏保障条約には比較的好意的であった[19]。しかし、ウィルソン大統領は、米仏保障条約を日陰に置きながら国際連盟を前面に出す交渉を行い、連盟に批判的な多くの共和党議員の反発を招いた[20]。

一九一九年五月以来、イギリスの駐米大使のポストは空席となっていた。イギリス政府は、講和条約批准の問題だけでなく、海軍軍備やアイルランドの問題に関してもアメリカと緊密な連携をとる重要な局面にあると認識し、有力者の派遣を望んでいた。そして、グレイ前外相に白羽の矢が立つこととなった。グレイは数カ月程度の短い任期となることを条件に、政府の要望を受諾した。グレイの外相時代に秘書官を務めたティレルもグレイに帯同することとなった[21]。八月一三日、グレイがアメリカに派遣される旨が庶民院に発表され[22]、グレイは九月末にアメリカに到着した。しかし、ちょうどその頃ウィルソン大統領は脳梗塞に襲われて健康状態を著しく悪化させ、グレイは大統領と面会することさえできなかった[23]。

九月から一一月にかけて、ロッジら共和党の穏健派は国際連盟規約の一部と山東半島に関する規定などを留保することを条件に、ヴェルサイユ条約の批准に合意する方針を定め、民主党の一部勢力もこれに賛同した。しかし、病床のウィルソン大統領が無修正の条約批准に固執した結果、ロッジらは条約批准に必要な上院の三分の二の票を集めることができなかった。一一月一九日、上院はヴェルサイユ条約の批准を否決した[24]。

ヴェルサイユ条約の否決を受け、米仏保障条約も批准されない可能性が高まった。一一月二三日にグレイは、アメリカ人の間では「米仏条約は死んだ」という見解が一般的だと本国に報告した。ハーディング外務次官は、米仏条約が撤回されればドイツは歓喜するだろうとコメントした[25]。グレイは、条約体制からアメリカが離脱すれば、フランスが追加の保障を得るためにヴェルサイユ条約の修正を求める可能性もあり、大きな混乱をもたらしかねないことを危惧した。そのため、仮にアメリカがヴェルサイユ条約の批准を拒絶したとしても、米仏保障条約だけでも批准することが有益だと考えた。グレイはこの点に関する本国政府の見解を問い合わせた。

バルフォアの後継の外相に就任していたカーズンは、当面の間はヴェルサイユ条約の批准問題に注力するべきであり、米仏保障条約を前面に出すべきではないと指示した。また、グレイの分析とは対照的に、英米の保障条約の施行を延期することには有益な側面もあるのだと説明した。フランスを牽制することで、フランスがドイツに対してより穏健な政策をとるように促す効果があるかもしれない、と[26]。すなわち、イギリス政府は米仏保障条約を後押しするようなことはせず、引き続きアメリカ議会の動向を見極めることに徹する方針を示したのであった。グレイは、自身がアメリカにとどまる意味がもはやなくなったと進言し、一月に帰国した[27]。

アメリカ上院の決定の影響はヨーロッパに直ちに及んだ。アメリカの条約体制離脱が濃厚となったことを受け、ドイツ政府は講和条件の緩和を求めた。アメリカが講和条約を批准しなければ条約の文面に矛盾が生じると主張し、修正が必要だと迫ったのである。アメリカ政府が一二月初頭に代表団をパリ講和会議から引き揚げる方針を示すと、ドイツ政府の態度はさらに硬化し、戦犯訴追に関する条項などの破棄を求めた。パリ講和会議のイギリス首席全権となったエア・クロウは、フランス政府と協議したうえで、武力による威嚇をもって圧力をかけなければドイツ政府は講和条約の批准書交換に応じないだろうと本国に進言した。[28] イギリス政府は、武力行使に強い懸念を表明しながらも、ドイツに批准を迫る方法を他に見出せず、この進言を受け入れた。[29] ドイツは連合国の圧力に屈し、ヴェルサイユ条約は修正されないまま一九二〇年一月一〇日に発効した。[30]

アメリカ上院がヴェルサイユ条約と米仏保障条約を批准することは結局なかった。ロッジら一部の共和党議員は、国際連盟に関する記述の削除を条件に、米仏保障条約の批准を採決にかけるつもりであったが、民主党は同条約を連盟と切り離して扱うことに関心を示さなかった。[31] 駐米フランス大使ジュール・ジュスランは、米仏保障条約だけでも批准するようにアメリカ政府と議員に働きかけたが、効果はなかった。[32] 米仏保障条約は上院の議題にさえ上がらず、採決もされなかった。[33] 上院は一九二〇年三月一九日の最終採決でもヴェルサイユ条約の批准を否決した。一九二一年八月にアメリカとドイツは個別の講和条約をベルリンで締結した。[34]

(4) 未発効に終わった英仏保障条約

英仏両政府は一九一九年一一月二〇日に英仏保障条約の批准書を交換した。一〇月末に外相に就任したカーズンは、批准書を交換するタイミングについてクロウに一任した。クロウは、フランス政府と協議したうえで、アメリカ政府の離脱の懸念が高まるなかで、イギリスの善意を明示してフランスに安心感を与えるべきだと考え、早期の批准書交換に踏み切った。[35] しかし、米仏保障条約の批准を条件とした第二条の規定により、英仏保障条約は施行されないまま宙吊りの状態となった。[36]

一一月二一日のイギリス議会では、英仏保障条約の状況に関する質問がなされた。保守党のサミュエル・ホーア議員と自由党のジョセフ・ケンワージー議員が、アメリカ議会の批准失敗を受けて英仏保障条約は有効性を失ったのかと質問した。これに対して連立政権の幹部ボナー・ロウは、当該条約に基づいてイギリス政府が負う義務は、「アメリカ政府が同じ義務を負うことを条件とする」と答弁した[37]。すなわちイギリス政府は当面の間、英仏保障条約を施行するつもりはなかった。

一方でイギリス国内では、アメリカ議会の結論を待たずに英仏保障条約を批准するべきだとする意見も説かれた。一二日の『タイムズ』紙の社説は、ボナー・ロウの議会答弁は無味乾燥であり、フランス国民の心情を軽視した内容だと厳しく批判した。この社説は、アメリカ議会の決定の如何を問わず、イギリス政府は英仏保障条約に規定された義務を遵守する旨を宣言するべきだと説いた。そして、「名誉の最も単純な命令、そして自己利益の最も初歩的な考慮は、それ以外の方針を不可能とする」と言い切った[38]。

一二月初頭にフランスの『ル・マタン』紙は、英仏両政府が英仏保障条約からアメリカ議会の批准を必要とする条項を外すことを目指した交渉を進めていると報道した[39]。これは誤報であった。ロイター通信は「権威筋」の情報に基づいてこの報道を直ちに否定し、一〇日にはボナー・ロウも庶民院でこの報道を否定した。そのうえボナー・ロウは、庶民院に検討する機会が与えられるまで、政府はこの国を新たな義務にコミットさせることはないと答弁した[40]。しかし、ダービー大使が仏紙の報道について報告する際に述べたように、フランス政府が英米の保障条約を得るために英米に妥協したのだと自国議会に説明していた以上、保障条約が無効になればフランス政府が微妙な立場に立たされることは必至であった。ダービーの報告に対して外務省のミニッツには、保障条約に対するアメリカ議会の最終判断が不透明である以上、フランス側からアプローチがない限り、イギリス政府が現段階で行動を起こすべきではないと記された[41]。実際にイギリス政府がとった方針はこのミニッツの指摘した通りのものとなった。

一二月一八日の庶民院で自由党のドナルド・マクリーン議員が、アメリカの判断にかかわらず英仏保障条約を施行する意志があるのかをロイド・ジョージに問うた。ロイド・ジョージは、アメリカが条約を批准しないことはまだ確定しておらず、アメリカの不参加を前提とした議論を進めることはできないと述べたうえで、次のように答弁した。もしイギリスが単独でフランスの安全を保障するのであれば、それは「とても重い義務」であり、イギリスがその昔ヨーロッパ大陸の領土を失った時以来の「新たな出発」となるだろう。一八三九年条約に基づくベルギー保障のように複数国による保障とは異なり、単独の保障となる。われわれが最終的判断を下す際には、こうしたことも考慮に入れるだろう、と。[42] フランスの主要紙は、アメリカの態度が不透明であることからデリケートな問題であることは認めながらも、ロイド・ジョージがフランスの単独保障にいっそう踏み込まなかったことに不満を表明した。『フィガロ』紙は、フランスが講和会議でフォッシュ元帥の推奨した防衛構想を、英米の保障と引き換えに妥協したことを思い出すように促した。『ル・タン』紙は、英仏保障条約を双務的な条約とし、イギリスがフランスを保障する代わりに、フランスもまたイギリスの安全を保障するだろうと説いた。こうした報道はダービー大使の報告を通じてイギリス外務省、内閣、国王、陸海軍情報部に伝えられた。[43] しかし、イギリス政府は英仏保障条約に関する政策判断を先延ばしにした。

2　一八三九年条約の修正交渉とベルギー保障案

（1）交渉妥結の切り札としてのベルギー保障案の浮上

イギリス政府は、ベルギーの安全保障に関しても様子見の態度をとることとなる。一九一九年七月末、一八三九年条約の改正を検討する七カ国（英仏米伊日白蘭）による委員会がパリで発足した。各国二名の代表によって構成されたことから、「一四人委員会」と呼ばれた。委員会のイギリス代表は、陸軍の運輸専門家ヘンリー・マンス准将と、外務省のチャールズ・タフトンが務めた。

オランダからの領土獲得の望みが事実上絶たれた後も、ベルギーは一八三九年条約の改正を精力的に追求した。

委員会においてベルギーは、河川や運河に対する商業的権利などの他に、中立からの脱却と、スヘルデ河口の軍事利用権や蘭領リンブルフの共同防衛権などを求めた。オランダは、通商に関連するいくつかの問題では譲歩を示し、ベルギーの中立脱却も承認した。しかし、政治と軍事に関わる問題では譲らず、交渉は早々に暗礁に乗り上げた(44)。そして、ベルギーの安全保障を別の側面から模索する必要性が高まっていった。

前章でも触れたように、英仏・米仏保障条約が調印される以前から、同条約をベルギーにも適用する構想があった。一八三九年条約の修正交渉が難航するにつれて、ベルギー政府には英仏から条約による保障を求める誘因が強まった。一方で、イギリス政府は、一九一九年八月にベルギー公使館を大使館に格上げするなど、ベルギーに外交的配慮を示しながらも、同国と安全保障協定を結ぶことにはきわめて慎重であった。

一九一九年七月頃からベルギー政府は、保障条約に関する打診をイギリスに行い始めた。七月二六日、一四人委員会の委員となったベルギーの外交官ピエール・オーツは、講和会議イギリス代表団のクロウ外務次官補と会談し、ベルギーの安全保障を確保するための協力を求めた。オーツは、一四人委員会のイギリス側の人選を批判し、一四人委員会の主目的は運河など運輸に関する問題ではなく、新たなドイツの侵略の危険からいかにベルギーを防衛するのかという問題だと説いた。クロウが具体的な提案内容を尋ねると、オーツは、ベルギー政府が英仏・米仏保障条約と同様の保障を望んでいる旨を表明した。これに対してクロウは、一四人委員会にはそのような合意を議論する権限はないと述べた。オーツは、別の選択肢ないし保障条約を補足する取り決めとして、リンブルフの共同防衛に関する条約をオランダと結ぶことを挙げた。クロウがオランダはそのような取り決めに合意しないだろうと述べると、オーツは、列国、とりわけイギリスが、その影響力を行使し、オランダに受け入れを迫るべきだと説いた。そして、一四人委員会が国防に関する問題でベルギーを満足させない限り、会議を脱退するように本国から指示されている旨を表明した。この会談に関する報告書の末尾に、クロウは次のような提言を記した。ベルギーの国防問題は一八三九年条約の修正に必然的に付随する問題であるゆえ、一四人委員会の議論から排除する必要はないかもしれないが、当面はベルギーに共感を示すにとどめ、事態を静観するべきだと。[45]

八月二五日、ベルギーのイマンス外相とクレマンソーがパリで会談し、ルクセンブルク問題と安全保障協定の問題を議論した。ルクセンブルク問題についてクレマンソーは、ルクセンブルクとベルギーの経済的統合を承認する代わりに、ルクセンブルクの鉄道（ギヨーム＝ルクサンブール鉄道網）の管理権はフランスが握るべきだと提案した。同席したフランス外務省高官のフィリップ・ベルトロは、フランスは戦略的理由からルクセンブルクの鉄道を必要としていると説明した。イマンスは、ルクセンブルクと経済統合を遂げる合意を得たことに安堵したが、鉄道を簡単には手放さなかった。そして、安全保障協定の問題へと話題を移し、英仏・米仏保障条約のような形の保障を、英仏米三国から確保したい旨を表明した。これに対してクレマンソーは、まずフランスとベルギーの二国間で軍事協定を結ぶべきだと説いた。[46]

一方でベルギー政府は、イギリスを協定交渉に直ちに関与させようと試みた。九月初頭にイマンスは、フランス政府との会談について駐白イギリス大使フランシス・ヴィラーズに連絡した。そして、イギリスもフランス、ベルギー間の防御同盟交渉に参加し、将来的にベルギーに安全保障を提供する意志の有無について本国政府に問い合わせるよう求めた。ヴィラーズの報告はカーズンの目に届き、陸海軍情報部にも写しが送られた。[47]

陸軍情報部長スウェイツ少将は、イギリス政府の交渉参加に異議がないばかりか、交渉内容を把握することは「明らかな利益となる」と進言した。ただし、交渉への参加は、イギリスがベルギーと同盟を結ぶ、ないし同国に安全保障を提供することを意味しないと、ベルギー側に明示するべきだと補足した。[48]

一週間後に駐英ベルギー大使モンシュールがカーズンと面会し、交渉への参加を再び求めた。カーズンは、ヴィラーズの報告を目にしていたにもかかわらず、「その構想は初耳だ」と述べ、詳細に検討するまでは確たる意見を表明することはできないと断った。そのうえで、仮にイギリス政府がベルギーを保障する構想に共感を抱いたとしても、イギリス議会と世論は、フランスに与えた保障を拡大することには懐疑を示すだろうと述べ、イギリスの保障供与には期待しないよう促した[49]。

カーズンは、フランスとベルギーが同盟交渉を進めているという情報の信憑性について、パリのイギリス大使館に問い合わせた。ジョージ・グレアム参事官は、フランス人のなかには、ベルギーのみならずイタリアとも防御同盟を締結するべきだと説く者もいると報告した。その背景は、彼らがヴェルサイユ条約と英米の保障条約だけでは十分な安全保障が提供されていないと考えているからだと説明した。一方でグレアムは、講和によってフランスの国力が増大したのに対して、ドイツは弱体化したのであり、フランス人はいずれ自国が「大陸唯一の大国」であることに気づき、不安は取り除かれるだろうと分析した。また、そうなったときに野心的な政治家がフランスを指導すれば、フランスは再びヨーロッパの覇権を目指すかもしれないと警告した。そして、一部のフランス人は、懸案のベルギー、イタリアとの同盟からイギリスを排除したほうが、フランスの優越を確保するうえで有益と判断するかもしれない、と結論した。ハーディングはこの報告を「興味深い」と評価し、カーズンはそれに「そして、有能な」という言葉を書き足した[50]。このように、第一次世界大戦後のイギリス政府関係者はフランスを潜在的な脅威と認識し、その政策に不信を抱いていた。

九月二〇日、モンシュール大使がルクセンブルク鉄道に対するフランスの要求に不安を抱いている旨をイギリスに伝え、支援を求めた。これにより、イギリス政府関係者はフランスに対する不信が証明されたと認識した[51]。しかし、ハーディングとカーズンは、ルクセンブルク鉄道の問題でベルギーを支援しようとはしなかった。フランス＝ベルギー間の「デリケートな問題」には不介入の立場をとることにした[52]。九月二八日、ベルギーはさらなる後退を余儀なくされた。同年春以来延期されていたルクセンブルクの住民投票が行われたのである。ベルギーの不利が事前に予想されていたとはいえ、フランスとの経済統合を約六万人のルクセンブルク市民が支持したのに対して、ベルギーとの経済統合は約二万二〇〇〇人の支持にとどまった[53]。

その頃一四人委員会では、一八三九年条約の修正条約に、オランダとベルギーの共同防衛に関する取り決めを挿入するか否かが議論されていた。取り決めは次の三項目からなった。①オランダが国際連盟に参加する。②オランダがリンブルフを含む自国領土の侵犯を開戦事由にあたると宣言する。③蘭領リンブルフが攻撃された場合にオランダは同地を防衛すると約束する。一〇月三日にクロウは、この取り決め案を本省に報告した。そして、オランダとベルギーの共同防衛に関する交渉が妥結する可能性のあるうちは、ベルギーと英仏米間の安全保障条約に関する議論を延期するべきだと進言した(54)。

一方でその間にベルギーは、保障条約に関する打診をイギリスに続けた。一〇月七日にイマンスは、近いうちに保障条約に関してイギリス政府に正式に要請するつもりだとブリュッセルのイギリス大使館に通知した。その際に彼は、ベルギーはドイツの侵略に対してフランス以上に無防備であり、英仏保障条約のような合意をベルギーも締結できればより安心できる、と説明した(55)。また、ヴィラーズ駐白大使は、ベルギー政府はフランスの影響下に入ることを懸念し、イギリス政府の回答が得られるまで、フランスとの同盟交渉を見合わせているようだと報告した(56)。

(2) 一八三九年条約の修正条約草案

一四人委員会の交渉は一九一九年一〇月までに完全に暗礁に乗り上げた。ベルギー側は、安全保障に関する合意が得られるまで、経済問題は議論しないとする立場をとり、オランダ側は安全保障に関するベルギー側の要求を受け入れるつもりはなかった。

膠着を打破するために、委員会のフランス代表ラロシュは、イギリス代表タフトンの協力を得て、安全保障に主眼を置いた一八三九年条約の修正条約草案を起草した。一〇月一三日にクロウはこの草案を本省に送付した。条約草案は次のような内容であった。修正条約の前文は、一九一四年の出来事は、一八三九年条約に基づく中立保障体制が「一般的平和(Paix générale)」を維持するのに有効な枠組みではなかったことを証明したと宣言した。そして、ベルギー領土の防衛は、依然として「一般的平和」の維持にとって「第一義的関心事」だとする認識を示したうえで、一八三九年条約を置き換える条約が必要だと述べた。オランダは国際連盟に加盟し、自国領土に対するあらゆる侵犯を開戦事由だと認識する、という文言も前文に盛り込まれた。修正条約の締約国としては、一四人委員会に参加する七カ国、すなわちベルギー、オランダ、アメリカ、イギリス、フランス、イタリア、日本が想定された。

修正条約草案は全四条からなった。保障内容を規定した第一条を要約すれば次のようになる。

ベルギーとオランダは、各々の領土の防衛が一般的平和の関心事であると確認し、各々の国境が侵略された場合には、全力をもって防戦し、国際連盟の加盟国であるこの条約の他の締約国〔英仏米伊日〕の軍と協力することを宣言する。

締約国は、国際連盟規約の遵守を望むため、「国際連盟理事会の賛助のもとで」、「必要な合意」の締結をもって、可能な限り早期にこの条約の効力が発揮されることに合意する。

すなわち、前段の共同防衛に関する宣言は、後段の記述にあるように、あくまで国際連盟で「必要な合意」が締結されてはじめて有効となる仕組みとなっていた。第二条は、新条約が締結されることを受けて、アメリカ、イギリス、フランス、イタリア、日本が、一八三九年条約の無効を承認する旨を規定した。第三条は、ドイツ、オーストリア、ハンガリーに対して、一八三九年条約の無効と修正条約の承認を謳った講和条約の該当条項（ヴェルサイユ条約の場合は第三一条）を遵守するよう求める通知を行うと定めた。第四条は、締約国がロシア政府を承認した後、ロシアに修正条約の承認を求めるという内容であった。(57)

ベルギー政府は、国際連盟が「必要な合意」を結ぶまで共同防衛の取り決めが発効しないという、第一条後段の内容に不満であった。そのためベルギー政府は、連盟による保障が得られるまでの間、一八三九年条約に準じた保障を継続するよう英仏に求めた。ただしベルギーは、その場合にも中立は脱却すると表明した。ベルギー政府は、英仏の保障が得られれば、オランダ政府と速やかに合意を達成できるだろうと英仏政府に伝えた。(58)フランス政府は、ベルギーの保障延長に合意する用意がある旨を速やかに表明した[59]。またクロウによれば、オランダ政府も修正条約草案に合意する兆候を見せていた[60]。

これを受けて、一八三九年条約の修正交渉の成否は、イギリス政府の一存に委ねられることとなった。タフトンとクロウは、同問題に関する立場を速やかに明らかにするよう政府に求めた[61]。これを受けてカーズンは問題を閣議に上げることを決心した。

(3) ベルギー保障案に関するイギリス内閣の判断

一一月一〇日にカーズンは、ベルギー保障問題に関する詳細な覚書を内閣に提出した。覚書は外務省戦争局のチャールズ・ハワード・スミス事務官が起草し、カーズンが署名した。カーズンの覚書は次のような考察を展開した。①英仏がベルギーに保障を与えなければ、オランダ、ベルギー間の交渉は決裂する可能性が高い。②アメリカがベルギー保障に参加する見通しは低い。③ベルギー保障に対して、イギリス議会と世論は不満を表明するかもしれないが、暫定的な保障であれば受け入れるかもしれない。一方で、英仏によるベルギーの恒久的な保障は、「あまりの重責」であるため推奨できない。カーズンはこのように述べたうえで、国際連盟がベルギーの保障を担えるようになるまで、ただし最大五年間の期限を設けたうえで、ベルギーを保障する条約を締結するべきだと結論した[62]。

カーズンの覚書は一一月一八日の閣僚会議で取り上げられた。閣僚会議には、ロイド・ジョージ首相、ボナー・ロウ王璽尚書、バルフォア枢密院議長、カーズン外相、チャーチル陸相、ロング海相ら主要な閣僚が出席した。カーズンは、「三年ないし五年」の期限を設けた保障をベルギーに提供するべきだと提言した。しかし、他の閣僚は懐疑的であった。ベルギーの保障を検討する前に、アメリカ議会の成り行き次第ではフランスに対する保障も再検討しなければならない、といった意見や、五年間の期限を設けたとしても、五年後にその責務から解放される保証はない、といった意見が表明された。閣僚会議は、対仏保障に関するアメリカ政府の態度についてグレイ大使に照会し、その報告を待ってからベルギー保障問題に結論を出すことに合意した[63]。これに対してグレイは、前述したように、アメリカ人の間では「米仏条約は死んだ」という見解が一般的だと報告したのであった[64]。カーズンは、グレイの報告を待たずに、クロウに次のように指示した。アメリカ議会が米仏保障条約を批准する可能性は低いため、ベルギー保障問題は当面見合わせるべきだと[65]。

カンボン大使から一八日の閣僚会議に関する報告を受けたフランス政府は、危機感を抱き、イギリス政府に再考を迫った。フランス政府は次のような論理を用いてイギリス政府の説得を試みた。もしベルギーの要望を拒絶し、一八三九年条約の修正交渉が破綻すれば、一八三九年条約は維持され、英仏によるベルギー保障はいずれにせよ継続することになる。そのため、ベルギーは英仏に新しい義務を求めているわけではないのだと[66]。

これを受けてハーディングは、次の点を法律顧問に質問した。①一八三九年条約に基づくベルギー保障は依然として有効か。②保障国五国のうちの三国が保障の誓約を維持できなかった場合、残りの二国は、かつて五国で分担されていた責務をすべて負うことになるのか。これにハースト法律顧問は、次のように回答した。①イギリスとベルギーの間において、一八三九年条約に基づくベルギーの領土保全に関する保障は依然として有効である。②同条約は「個別的かつ集団的」に保障されたため、他の締約国が条約を遵守したか否かに関わりなく義務は継続する、と。一方で、一八三九年条約に基づく保障は、ベルギーの中立義務を含む、条約全体に対する保障であった。したがって、もし一八三九年条約に基づく保障が維持されれば、ベルギーの中立義務もまた維持されることになる。ハーストは、そうなった場合には国際連盟の加盟国としてのベルギーの地位に混乱が生じかねない、とカーズンに報告した[67]。

フランス大使館のカンボン大使とエメ・ド・フルリオー参事官は、数度にわたってイギリス外務省を訪れ、オランダ政府が修正条約に調印する意向を示していることを伝え、イギリス政府がベルギーに暫定保障を与えることを躊躇していることへの説明を求めた[68]。ベルギー大使館も、暫定的保障を要請する旨の覚書をイギリス外務省に提出した[69]。一一月二六日にクロウは、一八三九年条約の修正交渉が決裂する責任をイギリス政府が負わされかねないと述べ、暫定的保障をベルギーに与えるべきだとカーズンに進言した。その際にクロウは、次のような条文を修正条約に挿入することでベルギー側の要望を満たすことを提案した。

国際連盟が〔修正条約〕第一条に基づく決定を下すまで、ただしこの条約の批准から五年間を超えない範囲で、イギリスとフランスは、一八三九年四月一九日の諸条約に基づいてベルギーに与えられた保障を、ベルギーの独立およびその領土保全に関する保障に限って、維持することに合意する[70]。

ハーディングも、次のようなまったく異なる論理から、暫定的保障の供与に賛成した。曰く、ベルギーとオランダが合意を達成すれば、一八三九年条約に基づく保障は破棄される。これは保障の責務を減らしたいイギリスにとって利益であるため、暫定的保障を供与するべきである。そして、国際連盟が新たな保障を可能な限り速やかに供与することで、暫定的保障も失効するのだ、と[71]。すなわちハーディングは、一八三九年条約に基づく保障義務から脱するために、暫定的保障を供与するべきだと説いたのであった。

こうした提言を受けてカーズンは、再び内閣に覚書を提出することを決意した。覚書の原型はハワード・スミスとハーディングが準備し、カーズンが大幅に手を加えたうえで一二月一日に内閣に提出された。カーズンはまず、①ベルギーに暫定的保障を与えることでイギリスは新たな責務を負うわけではなく、②オランダとベルギーは一八三九年条約の修正について合意に達している旨を説明した。そして、英仏が暫定的保障を供与することが交渉妥結の鍵になっていることに鑑み、イギリス政府はベルギーの要望に応えるべきだと提言した。カーズンは、英仏がベルギーに与える暫定的保障は、一八三九年条約の保障と比較すれば、ベルギーに中立義務が課されないという違いがあることにも触れた。しかしカーズンによれば、英仏による暫定的保障は国際連盟が新たな保障を供与するまでの期限付きのものであり、ベルギーとの関係悪化を避けるためにも、ベルギーに中立堅持を求めるべきではなかった。アメリカ議会が米仏保障条約に関して最終的な結論に達するには数カ月を要するかもしれないため、これを待つことは困難であった。したがって、オランダ＝ベルギー間の交渉が決裂する責任を負わされないためにも、暫定的保障をベルギーに与えるべきだとカーズンは提言した。[72]

一二月二日の閣僚会議はカーズンの覚書とベルギー保障問題について議論した。前回の閣僚会議に出席した主要な閣僚に加えて、この会議にはオースティン・チェンバレン蔵相も出席した。閣僚会議では、中立解消と英仏の保障を両取りしようというベルギー政府への不満や、三年ないし五年の期限を設けたとしても、期限終了後も結局は保障を継続させられるのではないかという懸念が表明された。その一方で、次のように保障供与を後押しする意見も聞かれた。「ベルギーの保全は長期にわたってこの国の利益であった」。ベルギーが脅かされれば、保障協定の有無を問わず、イギリスは介入しなければならない。イギリス世論は、一九一四年にそうであったように、結んだ誓約を守るためにヨーロッパに介入するのであれば、それを支持するだろう、と。この発言は、一九二〇年に再びベルギー保障問題が議論された際にチェンバレンが行う主張と酷似しており、彼によって説かれた可能性が高い。しかし、閣僚会議の結論は、ベルギーに五年間の暫定的保障を供与する条件として、その保障が有効な間、ベルギーは中立を維持する、というものであった。[73] すなわち、イギリスの暫定的保障には、中立の維持という条件が課されることとなった。カーズンがベルギー大使に内々に伝えたところによれば、ロイド・ジョージ、ボナー・ロウ、バルフォアが懐疑論の急先鋒を務め、保障を提供する場合には、中立の維持という対価を得ることにこだわったのだという。[74]

ベルギーに有効な安全保障を提供するという観点から見れば、中立の維持を条件に課すというイギリス政府の判断にはいくつかの根本的な問題があった。第一に、ベルギー政府が中立の解消を大戦中から一貫して強く求めていたことに鑑みれば、それはベルギー政府が拒絶する可能性のきわめて高い条件であった。第二に、中立の維持は、ラインラント占領や国際連盟の参加国としてのベルギーの法的立場に混乱を招く恐れがあった。すなわち、中立国がドイツ領土を軍事占領し、国際連盟規約が定める制裁規定を遂行できるのかという問題があった[75]。第三に、五年間という期限の設定は、もし五年以内に国際連盟がベルギーに新たな保障を供与できなければ、ベルギーは保障を失うことを意味していた。

一四人委員会でベルギーを代表したオーツが第三の点に懸念を表明すると、タフトンは、国際連盟が保障供与に失敗した場合にイギリスが無期限にベルギーを保障しないで済むように、イギリス政府は期限を設けたのだと説明した。オーツは、この発言によって、イギリス政府が国際連盟に基づく保障を自ら提案しておきながら、連盟が実際に保障を提供できるかどうかについては懐疑的であることが明らかになった、と指摘した[76]。このように、イギリス政府の主たる関心は対外コミットメントの抑制にあったのであり、ベルギーの安全保障を強化することへの関心は低かった。

（4）交渉決裂

イギリス内閣の決定はベルギーとフランスに衝撃を与えた。パリに派遣されたベルギーの外交官は、連合国がたとえ五年間であったとしてもベルギーに中立を維持するよう求めれば、ベルギー国民は大反発するだろうと警告した。ヴィラーズ駐白大使は、ベルギー政府が「中立保障」を受け入れることは困難だと進言した[77]。一二月五日にはフランスのカンボン大使がイギリス外務省を訪れ、ベルギー代表団とフランス政府はイギリス内閣の決定に「とても動揺している」と伝えた[78]。

一二月にはフランスの新聞が西欧の安全保障問題に関心を寄せていた。『エコー・ド・パリ』紙でペルティナクスというペンネームを用いて外交問題時評を担当したアンドレ・ジェローは、一二月七日に次のような論説を発表した。彼は、終戦から一年を経てベルギーの孤立が深まっていることに危惧を表明し、イギリス内閣がベルギー保障に厳しい条件を課したことを批判した。そして、英仏は新たな中立レジームを作るのではなく、ドイツに対する防衛網にベルギーを引き込むべきだと論じた。さらに、国際連盟の運動家であるロバート・セシル卿が、英仏米間のいかなる同盟にも反対する旨を表明したことに言及し、主要連合国でそのような傾向が続くようであれば、ヴェルサイユ条約は「紙切れ」になるだろうと警告した[79]。また、一二月一〇日の『ル・マタン』紙は、クレマンソーが近く訪英する予定であったことに関連して、イギリス、フランス、ベルギーの間で強固な軍事協定を結び、イタリアの参加も促すべきだと説いた[80]。こうした論説はダービー大使の報告を通じてイギリス外務省に伝えられていた。ダービーは、アメリカ議会が米仏保障条約を批准しない公算が高まったことを受けて、フランスでは追加の対独軍事合意を結ぶ気運が高まっていると報告した[81]。

一二月一一日から一三日にかけてロンドンで行われた英仏首脳会談において、ベルギー保障問題が議題に上った。その際にロイド・ジョージは、ベルギーに保障を供与するからには、ベルギーが「非中立的な行動」をとらないことを約束する主旨の「互恵条項」を条約に挿入する必要がある、とクレマンソーに説明した[82]。つまり、ロイド・ジョージは保障には対価が必要だと述べたのである。

その頃、イギリスの外交官は交渉の妥結に向けた努力を続けていた。クロウは、ベルギーがドイツ領土の占領と国際連盟に参加している以上、一九一四年以前と同様の意味での「中立」に復帰できるはずはなく、内閣は「中立」の意味を誤解しているのではないかと指摘した。そして、内閣の意味する「中立」とは、「ベルギー政府がベルギー領の防衛のための場合を除いては戦争をしないこと」だと解釈し、交渉を継続した[83]。ヴィラーズ駐白大使もクロウの動きを支援した[84]。一二月一一日にクロウは、次のような条文であれば、イギリス、ベルギー双方の政府が満足できるのではないかと提案した。

イギリスとフランスは、ベルギー政府が常に断固として実践してきた平和的政策を信頼し、国際連盟理事会の決定が下されるまで、ベルギーの独立と、挑発によらない、そして正当化されえない攻撃に対して、その領土の保全と不可侵の保障を継続する。

もしこの条約の発効から五年以内に、国際連盟理事会が〔修正条約〕第一条に規定された決定を行わなかった場合には、イギリスとフランスは、ベルギー政府とこの問題に関して新たに意見交換する。

この規定であれば、ベルギーが平和的政策を追求し、挑発によらない攻撃を受けた場合に限ってベルギーを保障することとなり、五年後に立場を再検討することもできる、とクロウは説明した。

しかしハーディングとカーズンは、これでは内閣の要求を満たさないと述べた。カーズンは、五年後にベルギーと意見交換するという記述を削除し、ベルギー政府が「伝統的中立的政策」を維持することを保障供与の条件とする一文を加えるように指示した。(85)

クロウは、「中立」や「中立性」といった言葉を使えば、中立の解消と完全な主権の確立を望むベルギー政府は絶対に受け入れないだろうと返答した。そして、「伝統的中立的政策」という文言を、「伝統的平和的政策」に置き換えてはどうかと提案した。(86) カンボン大使もクロウと並行して同様の働きかけを行った。(87) しかし、イギリス政府は「中立」という文言の挿入にこだわり、クロウとフランス政府の提案を拒絶した。(88)

イギリス政府は、「中立」という文言になぜこだわったのだろうか。イギリス政府は、ベルギーを一方的に保障するわけにはいかず、何らかの「互恵条項」が必要だと説明した。しかし、それがなぜなのかを明確には説明しなかった。歴史学者マークスが指摘するように、イギリス内閣は長年の思考の習慣から、ベルギーの中立と保障は一対のものだと思い込んでいたと考えることもできる。(89) 一一月一八日と一二月一日の閣僚会議は、確かに「領土保全の保障」と「中立の保障」をあたかも交換可能な概念であるかのように扱っていた。一方でそもそも、アメリカ議会の状況を受けて、対仏保障を再検討していた当時のイギリス政府において、新たなコミットメントを引き受けるような気運はなかった。そのうえイギリス政府は、ベルギーの地理的位置に鑑みて、ベルギーを保障することはフランスを事実上保障するに等しいと認識していた[90]。そのため、対仏保障を再検討している間は、ベルギー保障に関する議論を保留するべきだという意見が支配的となった。その一方で、一八三九年条約の修正交渉を妥結させる鍵であった暫定的保障をただ拒否したのであれば、交渉決裂の主たる責任をイギリス政府が負わされることになりかねなかった。ゆえに、交渉決裂の責任の所在を曖昧にしながらも、ベルギーへの保障供与を避ける手段として、ベルギー側が拒絶する公算の大きい「中立」の文言を挿入する誘因があったと考えられる。

ハーディングは、この政策がベルギーの対仏接近を招くことさえも見据えていた。彼は一二月八日頃に次のように述べている。「もちろん、われわれの態度によっておそらくベルギーがフランスに身を委ねることになるという事実を直視しなければならない。そしてわれわれはそのことから経済的に苦しむであろう。しかし、それだけのことだ」と[91]。すなわち、ベルギーの対仏接近は、イギリスがベルギー保障を回避するために支払いうる妥当なコストだと計算したのであった。

一二月三一日、カーズンはベルギー大使モンシュールと数週間ぶりに会談した。カーズンは、イギリス政府が暫定的保障にベルギーの中立維持という代価を求める理由を説明した。代価のないままに「深刻な責務」を引き受けたと議会から批判されることを懸念したためだ、と。そして、バルフォアとロイド・ジョージがそのように強く主張していると補足した。モンシュールは、ベルギー政府は中立の誓約を行うくらいなら、領土保障に見切りをつけるつもりだと表明した。これを受けてカーズンは、ベルギー政府が保障を断念したのだと理解した[92]。

ベルギー政府は、五年間の期限付き保障を得るために、中立による主権の制限という代価を支払うのは、高すぎる買い物だと判断した[93]。一九二〇年一月八日にイマンスは、中立の解消と完全な独立を望み、それが達成されないのであれば暫定保障をもはや求めないとイギリス政府に表明した。ハーディングは、「われわれにとっては望ましい逃げ道だ」とミニッツ欄に記入した[94]。一方でイマンスが同じ内容を駐白フランス大使マルジェリーに通知すると、マルジェリーは、ベルギー＝フランス二国間の軍事協定に向けた交渉を直ちに始めるべきだと返答した[95]。

一四人委員会は、一八三九年条約の修正条約を調印できないまま一九二〇年三月に解散した。それ以降、ベルギー＝オランダ二国間で運河など経済的問題に関する交渉が継続された。一九二五年四月には修正条約が調印されたが、オランダ議会が条約の批准を拒否したことで白紙となった。その後も二国間交渉は続いたものの、両大戦間期を通じて一八三九年条約の領土関連条項が修正されることはなかった。ベルギーの安全保障問題は、一九二五年のロカルノ条約でようやく対処され、一九二六年五月には英仏白蘭四カ国によってベルギーの中立規定の無効化が確認された。(96)

3 仏白軍事協定交渉へのイギリスの参加問題

(1) 仏白軍事協定交渉の開始とイギリスへの参加要請

一九一九年半ば以降、オランダから領土を獲得できる可能性が遠のくと、ベルギー政府はイギリス、フランス、そして可能であればアメリカとも安全保障条約を結ぶことを望んだ。ベルギーは、フランスの一方的影響下に入ることを懸念していた。しかし、同年末までにアメリカの保障はおろか、イギリスの保障も満足に得られないと分かると、フランスに歩み寄らざるをえない状況に陥った。(97)そして、フランスとベルギーは一九二〇年一月に軍事協定の締結に向けた交渉を開始した。

一九二〇年一月二〇日、フランスにアレクサンドル・ミルランを首班とする「国民連合（Bloc national）」内閣が誕生した。ミルランは首相と外相を兼任し、対外政策に関するフランスの最大の目標として安全保障の強化を掲げた。ミルランはその方法として、ヴェルサイユ条約の執行、戦時同盟の維持、中小国と新たな合意を結ぶことを挙げた。(98)

一月二八日にミルランは早速、ポアンカレ大統領およびフォッシュ元帥とともにベルギーのイープルを訪問し、そこでアルベール王、レオン・ドラクロワ首相、イマンス外相と会談した。会談の最大の議題は「軍事協定（accord militaire）」の問題であった。まず、イギリスの消極的姿勢が議論された。ドラクロワは、イギリス世論が軍事協定を支持していないことを指摘し、ポアンカレは英仏保障条約が未発効となっていることに言及した。フォッシュは、イギリスの躊躇はその地理的状況に起因していると述べ、まずはドイツの脅威に直接さらされているベルギーとフランスが合意に達せねばならないと説いた。フォッシュによれば、仏白両国はライン川の防衛に関する合意を目指すべきであった。ドラクロワは、リンブルフがオランダ領にとどまっていては、補給線が分断されてライン下流域を防衛できない、と訴えたが、ポアンカレとイマンスは、オランダを説得することはきわめて困難だと述べた。フォッシュは、ベルギー、フランス、イギリスが合意を結んでから、オランダに対処すればよいと述べた。結果として、①会談についてイギリスに連絡し、軍事協定交渉に招待することと、②フランスとベルギーの軍部が直ちに交渉を開始することが決定された[99]。

イマンスは一月三一日と二月二日にイギリスのヴィラーズ大使と会談し、フランスとベルギーが軍事協定に向けた交渉を開始したことを報告し、軍事協定交渉にイギリス政府を招待する旨を表明した[100]。フランス政府も駐英大使館を通じてイギリス政府に働きかけ、フォッシュ元帥とベルギー陸軍参謀総長の協議に、イギリスも軍部の代表を派遣するよう求めた[101]。

フランスとベルギーの提案について、カーズンから意見を問われたウィルソン参謀総長は、内閣が許可すれば軍事協定交渉に自ら出席する意向を表明した。ウィルソンは、大戦前に行われていた英仏軍事協議のように、イギリスのコミットメントを明示せずに交渉を進めることは可能だと補足した。外務省のなかにも、ウィルソンと同様の見解を述べる事務官がいた。一方でカーズンは、次のように述べてこれに反対した。前年末のベルギーの失敗した試みに引き続いて、今度はフランスがわれわれを新たな防御的取り決めに引き込もうと試みている。イギリスの将官が交渉に参加すれば、結局は譲歩を強いられるだろう。仏白が合意に達すれば、その情報は自ずと伝わってくるだろう、と。カーズンはこの件について、ロイド・ジョージ首相、チャーチル陸相、ウィルソン参謀総長に諮った。ウィルソン参謀総長の意見は前述した通りであった。一方でチャーチルはカーズンと同意見であった。チャーチルは、英仏保障条約の状況が明確化するまで、新たなコミットメントを引き受けるべきではないとする、前年末の閣僚会議の認識を共有した。そして、このような交渉にすぐに参加する必要はなく、今後も一、二年は急ぐことはないだろう、と述べた。ロイド・ジョージも同じ意見であった。また、チャーチルは、次回からこうした文書をウィルソン参謀総長に見せる前にまず自分に見せるようにカーズンに要望した。[102] よって、イギリス政府は当面は態度を保留することにしたのであった。

二月二三日の庶民院でチャーチルは、一九二〇年度の陸軍予算に関する演説を行った。そして、徴兵制を廃止し、常備兵力を約二二万人に削減する方針を表明した。その際にチャーチルは、イギリスがフランスとベルギーの防衛にコミットする可能性に触れた。それはチャーチルによれば、大戦前には考えられなかった「まったく新たな義務」であり、目下の陸軍予算案はそれに対応できるものではなかった。そして、イギリスの友邦であるフランスとベルギーが大規模な徴兵軍を維持していることから、「西欧に差し迫った危険はない」とする認識を示した。[103]

一方で別の機会にチャーチルは、フランスおよびベルギーと安全保障協定を締結する可能性を見据え、それに対応できる国防義勇軍を整備する必要性に言及していた。その際にチャーチルは、イギリス帝国の防衛に加えて、フランスとベルギーに対する義務をまっとうできるような国防義勇軍を整えなければならない、と説いていた。[104] チャーチルは必ずしも「大陸関与」に無関心ではなかったのである。

ウィルソン参謀総長は、三月一五日から一六日にかけてマインツで行われた連合国の軍事演習に参加し、その報告書のなかで、フランスおよびベルギーと正式な軍事同盟を締結する必要性をあらためて説いた。ウィルソンによれば軍事演習の結果は、動員解除によって弱体化したラインラント駐留軍が相手であれば、ドイツ軍がライン川の防衛線を突破し、左岸で作戦を展開することは十分に可能だというものであった。そしてウィルソンは、この演習とラインラントにおける一〇日間の視察から受けた印象を次のように報告した。①ドイツは、連合国軍がもはや圧倒的戦力を有していないことに気づいており、その戦力の脆弱性を「軍人の目」で冷静に見極めている。②ドイツは、ラインラント駐留軍が攻勢を行う能力をもはや有しておらず、ゆえに連合国首脳の意志をドイツに強制する状況にないことに気づいている。③ベルギー軍の士気の低さは、戦闘が勃発した際の不確定要素となる。④軍事の観点から見れば、ライン下流域に展開する部隊が背後に不確定要素を抱えることとなるため、オランダが中立のままでいることは望ましくない、と。この分析を踏まえたウィルソンの提言は、イギリス、フランス、ベルギーの間で「緊密な攻守同盟（a close offensive and defensive Alliance）」を締結し、そして、有事の際の共同防衛に関する合意をオランダと結ぶ、というものであった。この報告書はチャーチルによって内閣に配布された。[105]

　このような考えはウィルソン参謀総長だけのものではなかった。ベルギーの駐英大使館付駐在武官の報告によれば、イギリス陸軍参謀本部に所属する将校の多くが、フランスとベルギーとの軍事協定交渉に参加することを支持していたという。作戦課所属のとある英軍将官は、英仏保障条約だけではドイツに対する安全保障枠組みとして不十分であり、フランス、ベルギー、オランダの前線が単一のものであるという認識に基づき、それらの国々とイギリスが共同防衛を協議できる枠組みを作るべきだと、駐在武官に語ったという。[106]このように、軍事協定交渉への参加を支持する声は、陸軍参謀本部においてある程度広く共有された見解だったようである。

　一方で、フランスとベルギーの軍事協定交渉は、ルクセンブルク問題が足かせとなり、三月までに暗礁に乗り上げていた。[107]ルクセンブルク鉄道の管理権をめぐるフランスの要求に不信を抱いたベルギー政府は、イギリスの関与を再び強く求めた。ヴィラーズ大使がこの動きを支援した。

　三月二〇日にイマンスは、ルクセンブルク問題が解決するまで、フランスとの軍事協定交渉を停止させている旨をヴィラーズ大使に連絡した。そして、ベルギー政府は自国の独立を守るために、フランスとイギリス両国を頼りにしているのだと述べ、軍事協定交渉へのイギリスの参加をあらためて求めた。イマンスは、軍事協定のような「厄介な取り決め」を結ぶことへのイギリス世論の反感に理解を示しながらも、一九一四年のような事態が再び起こる場合に備えて、西欧の防衛に向けた準備を整えなければならないと説いた。そしてその際には、三五万人の兵力を投入できるベルギーの存在を計算に入れるべきだと述べた。ヴィラーズは、この会談の報告書を送信した二日後に、カーズンに「特別な留意」を求める書簡を再度送付した。ヴィラーズは、ベルギー政府がイギリスの交渉参加を「きわめて強く望んでいる」こと、「厄介な」協定ではなく、大戦前に行われていた英仏軍事協議に準ずる合意でよいこと、（フランスと比較して）イギリスの「公平無私な」支援を求めていることを伝えた。そして、フランスのベルギーに対する影響力が増しているなか、イギリス政府がベルギーの要請に共感を示すことができれば、大きな効果があるだろうと述べ、本国政府の説得を試みた。ヴィラーズはイマンスと二四日にも会談し、カーズンにさらなる長文の書簡を送った。それまでの主張を再度述べたうえで、ベルギー政府が自国の安全保障に対するイギリス政府の無関心に深刻な懸念を抱いている旨を伝えた。[108]

ヴィラーズの三通の書簡は外務省に一定の反応を呼び起こしたが、総じて懐疑論が支配的であった。本省に戻っていたタフトンは、今後一五年間はベルギーが東方から侵略されるようなことはないであろうから、ベルギーと軍事協議を直ちに開始する理由はなく、ベルギー世論を宥める程度の意味しかない、と説いた。ハーディングは、ベルギーを防衛する合意を結べば、将来にわたる行動の自由を束縛することとなり、イギリス世論は憤慨するだろう、と述べた。カーズンはヴィラーズの書簡の写しをチャーチルに送付した。[109]

ところが、四月初頭に英仏関係を揺るがす事件が起こったことにより、イギリスは軍事協定交渉への参加にいっそう及び腰となる。フランス軍がヴェルサイユ条約の定めた占領区域外のドイツ都市を占領するのである。

（2）フランスとベルギーによるドイツ都市の保障占領と英仏協商の動揺

一九二〇年四月六日、フランス軍はマインツ橋頭堡を越えてドイツ政府の管理する地域に進軍し、フランクフルト・アム・マインを含む五つのドイツ都市を新たに占領した。その背景は次のように複雑なものであった。三月一三日にベルリンで発生した右派クーデタ、カップ一揆は、ルール地方における左派の蜂起を惹起した。ドイツ・ヴァイマール政府は、左派蜂起を鎮圧するために、ヴェルサイユ条約の規定する非武装地帯の内部にその大部分が位置するルール地方への派兵許可を連合国に求めた。イギリス政府はそれを承認する意向であった。一方でフランス政府は、ドイツ軍がルール地方に進軍するのであれば、早期撤兵を確実にするために、連合国軍が他のドイツ都市を、ドイツ軍のルール派兵期間に合わせて保障占領するべきだと説いた。イギリス政府はフランスの提案に強く反対した。しかし、四月初頭にドイツ政府がルール地方に派兵したことを受けて、フランスはイギリス政府の反対を押し切ってマイン川下流域を保障占領するのである[110]。

この事件によってイギリス政府関係者はフランスに対する不信感を募らせた。チャーチルは、フランスの行動を「敗者に対する傲慢」だと批判し、ハンキー内閣書記官長は、フランスの行動によってドイツとの新たな戦争に引きずり込まれる危険性が明示された、と述べた[111]。ロイド・ジョージも彼らの懸念を共有し、四月八日の閣議において強い語調でフランスの行動を非難した[112]。

一方で外務省のクロウ次官補は、フランスの行動を問題視しながらも、フランスと良好な関係を維持することがイギリスにとってかけがえのない利益であることを強調した。そして、この危機にフランスと友好的に接することで恩を売り、フランスとの関係を改善する機会としてこの事件を逆に利用するべきだと説いた。しかし、カーズンは、クロウの主張に理を認めながらも、このような「目に余る事態」が発生した以上、フランスとすぐに関係改善する気にはなれないと反論した。そして、イギリスのフランスに対する保障、ないし英仏によるベルギーの保障といった構想の実現は、フランスの行動によって「ほとんど不可能になった」と述べた[113]。

四月八日にはベルギー政府がフランスと協調して保障占領に参加することを決定し、イギリスの批判の矛先はベルギーにも向けられることとなった。イギリス政府はベルギーの行動に「驚きと遺憾」を表明し、フランス政府の「悪い前例」に追随して連合国の連帯を乱したと非難した[114]。

しかし、イギリス政府はこの事件のために英仏協商を犠牲にするつもりはなかった。カーズンはフランスのカンボン大使と次の認識を共有した。「〔英仏〕同盟は、このような事件でさえ恒久的には揺るがせられないほどの安定した基盤に立脚し、あまりに重要な利益を包含している」のだと[115]。そしてイギリス内閣も、「ドイツやその他の地域で直面する深刻な問題を解決するために」、フランスと「親密で友好的な合意を保つ必要性」を確認し、その旨を四月一二日に議会で表明した[116]。

四月一九日に開幕した連合国サン・レモ会議において、英仏の連帯は再確認された。両国はオスマン帝国の戦後処理をめぐる広範な問題で合意に達し、ドイツのヴェルサイユ条約違反の問題についても歩み寄りを見せた。ミルランは、ドイツ軍がルール地方から撤兵すれば、フランス軍もフランクフルト・アム・マインをはじめとするドイツ都市から撤兵すると約束した。そして、五月に実際に同地から撤兵した。ロイド・ジョージは、ドイツの条約不履行に対しては、さらなるドイツ領土の占領という手段を行使してでもヴェルサイユ条約を執行していく、とする文言を含む共同声明文を発表することに合意した[117]。これは一九二一年三月にイギリスが、賠償関連条項の履行を強制するために、フランスおよびベルギーとともにデュッセルドルフをはじめとするドイツ都市の制裁占領に参加する道を切り開くこととなる。ハンキーは、サン・レモで「英仏協商は完全に再興された」と日記に綴った[118]。

しかし、イギリス政府は、フランス、ベルギーと安全保障協定を締結することには依然として慎重であった。サン・レモ会議の際にイマンスはカーズンと対談し、仏白軍事協定交渉にイギリスが参加することを望む旨を直接伝えた。イマンスは、ベルギーの安全保障は、フランスだけではなくイギリスにとっても重要なはずであり、ベルギーはイギリスの「東方の前哨と盾」となりうる、軍事協定は仏白二国間では不完全なものとなり、イギリスの参加を必要としている、と述べて説得を試みた。一方でカーズンは、フランスとベルギーによるドイツ都市の占領という行動が、いかにイギリス政府の両国に対する信頼を傷つけたのかを長々と説明した。そして、軍事協定への参加問題をイギリス内閣に持ちかけるには時宜を得ない、と述べてイマンスの要望を退けたのであった[119]。四月に起こった仏白軍によるドイツ都市の保障占領は、フランスやベルギーと公式な軍事協定を結ぶ危険性を証明するものとして、イギリス政府に強い印象を残した。軍事協定を結べば、仏白の軍事行動に引きずり込まれる可能性が懸念されたのである。

一方で、ベルギー政府からの一連の要望についてカーズンから報告を受けたチャーチルは、軍事協定交渉への参加問題を帝国防衛委員会で早期に議論するべきだと提言した。これを受けてカーズンは関連する外務省文書を帝国防衛委員会に提出した[120]。当時、ハンキー書記官長らが中心となり、一九一五年以来活動を休止していた帝国防衛委員会を、大戦前のようにイギリスの防衛政策形成の中軸を担う機関へと復活させる努力がなされていた。そして、一九二〇年六月に帝国防衛委員会は五年ぶりの公式会合を開くこととなる[121]。

(3) 仏白交渉の進展とイギリス政府への再打診

四月の保障占領で築かれた連帯をきっかけに仏白関係は強化された。五月に両国はルクセンブルク問題で合意に到達し、軍事協定締結への道が開かれた。ベルギーがルクセンブルク大公国と経済統合を果たし、さらに同国の西部と北部の鉄道の管理権を獲得し、フランスが南部と東部の鉄道管理権を得るという合意内容であった。フランス政府はこの内容をルクセンブルク政府に伝達し、ベルギーとの経済統合に関する条約が翌一九二一年七月に締結された[122]。

ルクセンブルク問題の妥結後、フォッシュは軍事協定の草案をベルギー政府に提出した。協定草案は全三条項からなった。第一条は、①仏白両軍がラインラント占領軍に拠出する兵力の分担、②ドイツの脅威ないし侵略が発生した場合に仏白両国が増員する師団数、③ドイツが総動員をかけた場合に仏白両国が動員する師団数、さらには配備する火砲や航空機の数までをも両国で協議して決定すると謳った。第二条は、ラインラントの占領が段階的に解除されるにあたって、仏白両国が防衛体制をどのように変化させていくのかについて定めた。第三条は、仏白両軍の参謀本部が年次協議を行うと定めた[123]。

上記の草案は、フランス陸軍が一九二〇年に作成中であった「P計画（Plan P）」という暫定動員計画に基づいていた。この計画は、ドイツに対する二種類の軍事行動を想定し、いずれの計画にもベルギー軍の参加が想定されていた。第一は、ドイツがヴェルサイユ条約の特定条項の履行を拒否した場合に、ラインラント駐留軍を増強することによって対処することを想定したものであった。第二は、より深刻な事態として、ドイツが軍縮を拒否し、その潜在的な軍事力を再編成した場合の対処計画であった。一九二〇年当時のフランス陸軍の推計では、その場合にドイツは、共和国軍、旧軍、保安警察（Sicherheitspolizei）などから七五個師団を編成し、そのうちの四〇から六〇個師団を東部戦線、すなわち対ポーランド、チェコスロヴァキア戦線に投入すると想定していた。このような事態に対して「P計画」は、フランス軍が攻勢に出ることでドイツの行動を止めることを狙ったものであった。具体的には、フランス軍が速やかにルール地方とマイン渓谷を占領することでドイツの工業力を麻痺させ、さらにマイン渓谷を通ってチェコスロヴァキアと戦線を接続し、ドイツを南北に分断することが計画されていた。「P計画」は、このような攻勢作戦を行うためには、フランスが一カ月で動員できる八四個師団に加えて、ベルギーの一二個師団の活用が不可欠だという認識のもと、仏白軍が協働する計画となっていた[124]。

ベルギー政府は、フランスとの詰めの交渉に入る前に、イギリスの参加を再び促した[125]。五月末にベルギー陸軍参謀総長アンリ・マグリンス中将は、フランスとベルギーがいかなる軍事計画を立てようと、イギリスが協力しない限りは不十分なものにとどまると、イギリスの駐在武官に述べた。この駐在武官の報告書を転送する書簡のなかでヴィラーズ大使は、ベルギーの政府と国民はフランスに一方的にコミットすることを望んでおらず、フランスとの交渉が迫るなか、イギリスの交渉参加をいっそう強く望んでいる旨を報告した[126]。六月二日にはベルギーのモンシュール大使がカーズン外相と会談し、ベルギー政府の要望を伝達した。モンシュールは、大戦前にイギリスの駐在武官がベルギー陸軍との軍事協議を提案したことに言及し[127]、ベルギー政府は当時中立を理由にその提案を断ったものの、戦争が始まると政府はその判断を後悔したと述べた。そして、もし大戦前にイギリス、フランス、ベルギーの間で共同防衛計画が練られていたら、緒戦の情勢はかなり異なるものとなっていただろうと述べた。モンシュールによれば、カーズンはこの説明に納得する反応を示したという。モンシュールはさらに、目下検討されている軍事協議は、そのような不幸の再来を防ぐという観点から行われており、なにか重大な妥協を強いるような性質のものではない、と説いた。そして、協議にイギリスの将校を派遣するようにあらためて勧めた。カーズンは、ベルギー政府の招待を陸軍省と内閣の同僚に伝達することを約束した[128]。

六月中旬にイギリス陸軍の最高機関である陸軍評議会（Army Council）は、内閣が許可するのであれば、軍事協議に将官を派遣する意向を表明した。これを受けてカーズンは、帝国防衛委員会にさらなる関連文書を提出し、早期に議論がなされるよう働きかけた[129]。

六月二二日、連合国ブローニュ会議の際にイマンスは、イギリス随員のクロウ次官補に、英白が軍事協議を進めることの重要性について、カーズンの関心を促すようにあらためて要望した。イマンスはさらに、オランダ領リンブルフの共同防衛に関する合意を達成するために、イギリスとフランスが共同してオランダに圧力をかけるべきだと提案した。クロウは、これらの要望を内閣に提出すると述べたが、オランダが中立政策を維持する強固な意志を示していることに鑑みて、イギリス政府が後者の提案を引き受ける公算は小さいと述べた。クロウの報告書を受けとったハーディング事務次官は、イマンスが軍事協議にイギリスが参加することをあらためて求めたことについては、帝国防衛委員会で取り上げるべきだと述べた。一方でリンブルフ問題については、駐ハーグ公使ロナルド・グレアムとも相談した結果、オランダとの関係を不必要に悪化させないために、触れないほうがよいと判断した[130]。イマンスはまた、ブローニュ会議の際にダービー駐仏大使とも会談し、イギリスの軍事協議参加を求めた。ダービーは、軍事協議参加を支持し、ロイド・ジョージに個人的に持ちかけると約束した。[131]

(4) イギリス内閣の討議――チェンバレン覚書と有力閣僚の反論

年初以来の度重なる要望を受けて、イギリス内閣は六月末にようやく仏白軍事協定への参加問題を議論した。軍事協定の問題は当初六月二九日の帝国防衛委員会会合で議論されることになっていたが、ロイド・ジョージが閣議での議論を望んだため、翌三〇日の閣議の議題に組み込まれた。[132] その理由は明らかでないが、帝国防衛委員会には陸海空三軍の参謀総長をはじめとする現役軍人と関係省庁の事務次官が出席するのに対して、閣議には通常、文民の閣僚しか出席しないことから、閣僚だけで議論することを望んだのかもしれない。また、オースティン・チェンバレン蔵相が二九日の帝国防衛委員会会合を欠席し、三〇日の閣議には出席していることから、チェンバレンが出席できる日程を調整する意図があったのかもしれない。チェンバレンは、仏白軍事協定の参加問題に関する自らの所見を記した興味深い覚書を提出している。この覚書は、彼が一九二四年秋に外相となった後に推進する政策を予見させる内容となっているため、ここで詳細に見ておきたい。

「われわれとベルギーの将来の関係」と題された覚書のなかでチェンバレンは、イギリスは単に軍事協議に参加するだけではなく、フランスおよびベルギーと正式な安全保障協定を結ぶべきだと提言した。チェンバレンの論旨は次のようなものであった。大戦前に行われていたフランスとの軍事協議は、イギリスが明確な参戦義務を負わないように配慮されていたが、結局はイギリスを「道義的に」コミットさせることになった。だが、これはイギリスの利益に鑑みて避けられないことであった。

低地諸国の独立はイギリスの長年の政策目的であり、それが今日のわれわれにとって、歴史上のいかなる時代と比較しても、変わらず重要であることは明らかである。実際のところ、近代における戦争形態の発展は、その〔低地諸国の独立の〕死活的重要性を増大させ、今後さらに増大させる可能性が高い。ドイツがベルギーとオランダを支配し、ないしフランスを圧倒することを座視するわけにはいかないと、ひとたび認めるのであれば、イギリスの政策のこのような死活的目的が、公的な条約によって神聖化されそして守られたほうが、はるかによいのではないか。

チェンバレンはこのように述べて、軍事協議に参加するだけでは不十分だと説いた。そして、「同盟」という言葉は使わなかったものの、それに類する条約をベルギーおよびフランスと締結するべきだと唱えたのであった。チェンバレンによれば、そのような条約には次のような効用があるという。まず、条約の存在が周知されれば、侵略を抑制する効果が期待される。それ以上に重要なこととして、低地諸国の独立を守ることを「条約の義務」とすることで、イギリス国民自身がイギリスの政策を理解し、戦争の際には一致団結することが期待される。さらに、条約はイギリスの対外政策の「道しるべ」となり、イギリスの維持すべき軍事力の指標となるのであった。すなわちチェンバレンは、①侵略の抑止、②国民の啓蒙、③対外政策と軍備の指標、という三つの効用を挙げたのであった[133]。

しかし、内閣の有力者の多くは、ベルギーとフランスとの軍事同盟はおろか、軍事協議にイギリスの将校を派遣することにも反対であった。六月三〇日の閣議では、カーズンがチェンバレンを部分的に支持する立場をとり、ベルギーに対するフランスの影響力が増大していることに鑑み、ベルギー政府の提案を受け入れて軍事協議に参加するべきだと説いた。ただしカーズンは、軍事協議に参加したとしても、それが同盟や保障条約を結ぶことを意味するわけではないと念を押した。一方でボナー・ロウは、「ドイツはもはや脅威ではない」にもかかわらず、まるで戦前に回帰するような軍事協議を行えば、庶民院で国際連盟を蔑ろにしていると批判されるだろうと警告した。さらに、「一九一四年以前の四〇年間、フランスこそが脅威だったではないか」と述べ、チェンバレンの主張を批判した。

他方でチャーチルは、チェンバレンの論旨に賛成しながらも、「今がその時ではない」と述べた。チャーチルによれば、フランスとベルギーの安全を保障することは、イギリスがその両国に提供できる「唯一最大の贈り物」であり、いくつかの条件が満たされない限り、安易に提供してはならなかった。その条件とは、ヨーロッパ内外におけるフランスとの懸案についての「完全な解決案」をまずは合意することであった。最も重要な条件は、「ドイツの復興に対してフランスとベルギーが理性的な態度をとること」であった。チャーチル曰く、「フランス、ドイツ、イギリスを結びつけることができれば、不可能なことは何もなかった」。そうすれば、「ヨーロッパとロシアを再建できる」、というのであった。チャーチルは、そのような構想にフランスを協力させるために、イギリスが持てる最大の交渉カードである安全保障条約を温存するべきだと説いたのであった。

バルフォアは、次のように述べて軍事協定の参加に反対した。「〔英仏海峡の〕沿岸部はわれわれの利益であるため、このような合意を結ぶ必要がいずれ来るとは考えている。しかし、なぜ今急いで参加する必要があるのだ。〔……〕今の段階でドイツの脅威に関する軍事的協議を行うことはグロテスクだ。急ぐ必要はない」。すなわち、チェンバレンが主張したように「低地諸国の独立」がイギリスの利益だとは認めたものの、脅威がない以上、軍事協議を行う理由がない、と説いたのであった。

ロイド・ジョージも、次のような反対論を唱えた。ドイツは軍縮されて脅威ではなくなったのであり、したがってその侵略を防ぐために軍事協議を行うべきだというベルギーの主張は「あまりにばかげている」。むしろイギリスに脅威を与えうる国はフランスだけとなった。フランスはドイツの支配を目論んでおり、軍事協議を望むのも「ドイツをいじめるため」である。フランスとベルギーの安全を保障するのであれば、なにか見返りを得るべきである。一八三九年条約の場合には、ベルギーが中立を維持するという条件が伴っていた。しかし、その条件がなければ、ベルギーがフランスと手を結んでドイツを侵略することを防ぐ手立ては何もない、と。

このように、ロイド・ジョージ、ボナー・ロウ、バルフォアは、ドイツがもはや軍事的脅威ではなくなったと認識する一方で、フランスの政策に強い不信を表明し、安全保障協定ないし軍事協議のいずれも当面の間は不要だと論じた。チャーチルは、フランス、ベルギーと安全保障協定を結ぶことに原則として賛成であったが、フランスの対独政策の穏健化をやはり推進の条件とした。さらに、フランスとドイツ両国が参加する合意の効用に言及するなど、先駆的な主張を行った。閣議の結論は、「脅威は深刻ではなく、〔軍事〕協議は時期尚早である」という一言にまとめられた。[134]

(5) イギリス不在の軍事協定調印

七月一二日、第一次世界大戦後にドイツ政府と連合国政府がはじめて直接交渉を行ったスパ会議の裏側で、英白首脳が軍事協定の問題について会話を交わした。ベルギーのドラクロワ首相は、軍事協議への参加の意思をロイド・ジョージに尋ねた。その際に、同盟のような書面の条約を求めているわけではなく、あくまで将来のドイツの攻撃に備えて英仏白三国の陸軍参謀が協議を行うことを求めているに過ぎないと念を押した。ロイド・ジョージは、当該問題について閣議で議論した結果、そのような軍事協議を行えば結局は「道義的義務」を負うこととなり、書面の条約と同様にイギリスをコミットさせてしまうという意見が支配的だったと述べた。そして、そもそもドイツには二〇年間は連合国に新しい戦争を挑む国力はないことから、軍事協議は時期尚早だという結論に達したと伝えた。ロイド・ジョージによれば、イギリス政府がむしろ懸念しているのは、その二〇年の間に連合国が、革命の鎮圧やヴェルサイユ条約の強制執行といった理由で、ドイツに武力介入することであった。そのような介入こそがヨーロッパを崩壊へと導きうる最大の脅威なのだという。そして、ドイツに介入する場合には、あくまで他のあらゆる手段を尽くした後に、連合国の協調のもとで慎重に判断しなければならないと説いた。ロイド・ジョージはこう述べて、四月にフランスとベルギーがドイツ都市の保障占領に踏み切ったことを暗に批判した。[135] その四日後、ベルギー政府はフランスと二国間で軍事協定を締結することを決定し、七月末には両国の参謀総長が草案に合意した。[136]
八月六日、イギリスの陸軍参謀本部はヨーロッパ安全保障に関する覚書を提出した。「軍事的観点から見たドイツ情勢」と題するこの覚書は、当時のポーランド＝ソヴィエト戦争の情勢を反映して「ボリシェヴィキの脅威」を過剰に見積もってはいるものの、ドイツとの和解の必要性と、フランスおよびベルギーと防御同盟を締結する必要性を接合して論じる画期的なものであった。その一方で、後に外務官僚によって批判されるように、イギリス軍部の覚書としては異例なほど政治の領域に深く踏み込んだ分析を試みていた。参謀本部は、ドイツの人々が過酷で不公正だとみなすヴェルサイユ条約を、とりわけその軍備制限に関連する条項を、連合国が厳格に執行していけば、ドイツがロシアと手を組む誘因がますます増加するため、危険だと論じた。参謀本部によれば、「ドイツの軍事的脅威は依然として存在するかもしれないが、それは将来のものであり、当面の危機ではなかった。ボリシェヴィキの危機こそが当面のものであり、より強大であり、われわれが先に対処しなければならず、そうしなければわれわれがつぶされる」危機であった。参謀本部はそのような情勢認識のもと、ドイツの軍備制限を、その「危機」に対処できるように一定程度緩めるべきだと推奨した。そして、ドイツの人々に希望を与えるために、連合国はドイツを経済的に援助し、「ヨーロッパ諸国家の家族」に再び受け入れるべきだと説いた。参謀本部は、ドイツを弱体化させようというフランスとベルギーの政策が、ドイツとの和解の最大の弊害となっていると分析した。そのため、両国にドイツとの和解を推進させるために、イギリスはフランスおよびベルギーと防御同盟を速やかに締結し、将来におけるドイツの侵略に対する安全保障を両国に与えるべきだと主張した。参謀本部によれば、フランスおよびベルギーと防御同盟を締結することは、イギリスの軍事的コミットメントを増加させることを意味しなかった。なぜなら、ドイツがロシアの後ろ盾を得て、ないし得ずに、フランスとベルギーを侵略した場合には、イギリスはいずれにせよ、一九一四年のように、「自衛の論理に基づいて」、フランスとベルギーを救援しなければならないからだという。参謀本部はさらに、イギリスとフランス、ベルギーとの関係が終戦後に悪化したのは、仏白両国が他の連合国によって「見捨てられている」と感じているからだと分析した。そして、イギリスが防御同盟を提供することで、仏白両国との関係は改善し、世界各地における両国との緊張が緩和することで、イギリスの軍事コミットメントと軍事費の削減にもつながることが期待される、と論じた。(137)

この覚書はチャーチルによって内閣に提出されたが、閣議で議論された形跡はない。カーズンによれば、「これは内閣に配布されながらもまったく関心を集めない類の配布物」であった。外務省中欧局のシドニー・ウォーターロウ首席事務官は、フランスとベルギーの恐怖心が、ドイツとの和解政策の推進を阻む最大の要因だという参謀本部の分析に同意した。その一方で、イギリスが仏白両国と防御同盟を締結することが最良の解決策かどうかには議論の余地が残る、と述べた。(138)クロウ次官補は、軍部の覚書が政策的な分析を行っていることを問題視した。そして、「軍部が政治的助言者の役割を演じている」、「われわれの軍部による対外政策の領域への侵害」だと批判した。クロウは、政策的な分析は内閣ないし外務省の領分だと考え、次章で論じるように、外務省内の政策検討を指導していくこととなる。

一九二〇年九月七日に仏白軍事協定は調印された。しかし、イギリスの参加を欠いたこの協定は、多くのベルギー国民、とりわけフラマン系の人々にとっては、フランスへの従属の象徴とみなされ、不人気なものであり続けた。(139)仏白軍事協定は、一八三九年条約を代替する安全保障枠組みとはなりえない不十分な合意であった。

一九二〇年一一月にはベルギーに新内閣が誕生し、外相がイマンスからアンリ・ジャスパールに交代した。ジャスパールは自国議会に対して、仏白軍事協定にイギリスを招き入れ、「三国協商（Une entente à trois）」を結成することに意欲を表明した。そして、イギリスの新たな駐白大使となったジョージ・グレアムに対しては、イギリスとベルギー二国間の協定という可能性も含めて、イギリス政府と安全保障に関する交渉を再開することを望む旨を明らかにした。しかしグレアム大使は、当面は時宜を得ないと判断し、イギリス政府に公式な申し入れを行わないようジャスパールに助言した。グレアムの報告を受けたカーズンは、「ドラクロワ氏の失敗したことに自分が成功すると信じているのであれば、ジャスパール氏はとても不案内に違いない」とコメントした。[140] このように、イギリス政府がフランスおよびベルギーと安全保障に関する合意を結ぶという構想は、内閣が一九二〇年六月末に「時期尚早」という結論を下したことにより、一旦終幕を迎えることとなった。イギリス政府は、当分の間ベルギーやフランスとの安全保障合意を模索するつもりなかった。

第4章　英仏・英白同盟交渉の挫折　一九二一〜二三年

1　英仏同盟構想に関するイギリスの政策検討

（1）ヨーロッパ大陸不干渉論と英仏同盟推進論

大戦後のイギリスでは、ヨーロッパ大陸への干渉を可能な限り回避するという一九世紀以来の政策が再興しつつあった。一九二〇年九月、ロイド・ジョージ首相の私設秘書官フィリップ・カーは、イギリスの対外政策に関する覚書を作成した。カーによればイギリスは、アイルランド、エジプト、メソポタミア、インド、そして国内の労働争議など、様々な内的問題を抱えており、ヨーロッパに関与する余裕はなかった。イギリス国民には、ヨーロッパ大陸に領土を失って以来、自国が危険にさらされていない限り、ヨーロッパ大陸への干渉を避ける「本能」が備わっているという。カーは、「その本能は理にかなっている」と述べ、ヨーロッパの問題は国際連盟に任せ、イギリスは内的問題に専念するべきだと論じた。さらに、ヨーロッパを不安定化させている最大の要因は、ヴェルサイユ条約と同条約の履行をドイツに執拗に迫るフランスの政策だと批判した。カーによれば、イギリス世論はヴェルサイユ条約の執行のためにドイツと戦争する危険を冒すつもりはなかった[1]。

一方、イギリスはヨーロッパの安全保障問題に関与し、とりわけフランスとの間で何らかの安全保障協定を締結すべきだという意見も、継続して表明された。たとえば、一九二〇年一一月に駐仏大使を辞したダービーは、英仏同盟の締結を後押しした。ダービーは帰国後に最初に行った演説で次のように訴えた。イギリスには、一〇年前に回帰してヨーロッパに対する不干渉政策を推進するべきだという意見がある。イギリスは一〇〇年前にも侵略と戦い、その後孤立政策に回帰した。しかし、「一九二〇年は一八一五年ではない」。イギリスは他のヨーロッパ諸国とともにヨーロッパの平和を維持する責任を負っている。もし大戦前に英仏が単なる「合意」ではなく、「同盟」を結んでいれば、ドイツを抑止し、大戦の勃発を回避しえたかもしれない。英仏が同盟を結べば、次なる世界大の惨禍の再発を阻止できると信じる。フランスは、イギリスの一部勢力が喧伝するような「軍国主義国」では決してない。フランス国民はイギリス国民と同様に、もしくはそれ以上に、平和を望んでいるのだ、と。(2)

一九二〇年末から二一年初頭にかけてイギリス外務省では、新たに駐仏大使としてフランスに赴任することとなったハーディング、事務次官に就任したクロウ、ティレル次官補、カーズン外相の秘書官を務めたヴァンシタートによって、英仏関係に関する議論が行われた。クロウによれば、ここに名を挙げた四名（その全員が外務事務次官の地位に昇ることとなる）は、フランスに対する総合的政策の指針をイギリス政府は策定する必要があり、フランスにとって鍵となるのは「ラインにおける安全保障の問題」だという認識を共有した。(3)

彼らの議論の結果は、一九二一年二月にクロウの手で覚書にまとめられ、カーズンに提出された。この覚書は、前章で扱った一九二〇年八月の陸軍参謀本部の覚書に対する外務省の回答と言える内容となっていた。クロウは、セーヴル条約（一九二〇年八月に調印された連合国・オスマン帝国間の講和条約）の執行やドイツの賠償に関する議論が予定されるロンドン会議が差し迫るなか、ドイツ問題をめぐって英仏が決定的に仲違いする恐れがあると警告した。そして、英仏協商を強化する必要性について次のように論じた。イギリスはヨーロッパに固定的な友好国を持たず、対米関係も不安定であり、ボリシェヴィキの脅威にもさらされている。英仏の連帯を強化できれば、ヨーロッパのみならず、中東や極東の情勢も安定化し、イギリスの利益となる。フランスの最大の関心はドイツ問題にあり、ドイツの復活を恐れている。ライン川に防衛線を設けようというフランスの試みは、このような恐怖心を背景としている。パリ講和会議でイギリスとアメリカは、フランスに保障条約を提供したが、アメリカがこの合意を批准しなかったことにより、英仏保障条約も未発効のままとなっている。イギリス政府は、アメリカの批准を待たずに、英仏保障条約に準ずる新たな安全保障合意をフランスと結ぶことが望ましい。そうすれば、ドイツ問題のみならず、イギリスが特殊な利益を有する東方問題においても、フランスははるかに穏健な政策をとるようになるだろう、と。クロウによれば、このような英仏合意は、国内世論から広い支持を得られる公算も大きかった。ノースクリフ卿の所有する保守系新聞（『タイムズ』や『デイリー・メール』など）はもともと英仏同盟構想に親和的であり、その他の新聞も、ドイツに対していっそう穏健な政策がとられる期待から、また、東方においてイギリスの利益が確保されることから、英仏の連帯を支持するはずだという。最後にクロウは、カーズンに対して、この政策に同意するのであれば、内閣に働きかけるよう要望した(4)。カーズンや内閣がこの覚書に直ちに興味を示した形跡はない。しかし、クロウの提唱した政策、すなわちイギリスがフランスに安全保障を提供し、ドイツと東方の問題におけるフランスの協力を引き出すという政策は、一年近く後にロイド・ジョージとカーズンによって実際に試みられることとなる。

（2）一九二一年初夏における英仏同盟に関する水面下の駆け引き

一九二〇年六月に仏白軍事協定交渉への参加拒否を決定して以来、英仏同盟の問題が閣議ではじめて取り上げられたのは一九二一年四月から五月にかけてのことであった。まず、四月一九日の閣議で賠償問題が議論された際に、ルール地方の占領を主張するフランスを抑えるためにイギリス政府ができることとして、フランスに安全保障協定を提供する案が言及された(5)。

そして五月初頭、英仏同盟の締結を後押しする保守系の『モーニング・ポスト』紙の編集長、ハウエル・グウィンの邸宅で晩餐会が開かれた。出席者のなかには、ダービー卿、ティレル外務次官補、そして一九二一年春の内閣改造で王璽尚書に就任したオースティン・チェンバレンの姿があった。その晩餐会で英仏同盟案が議論され、数日後にチェンバレンは同盟案に好意的な意見をダービーに表明したという(6)。

五月二四日の閣議では、英仏同盟の問題が本格的に議論された。まず、上シレジアの住民投票に関する問題が議論されるなかで、英仏関係が悪化していることへの懸念が出席者の間で共有された。そして、議論は英仏同盟の是非へと発展していった。その際に、パリ講和会議で議論された保障条約の草案や、「フォンテーヌブロー覚書」の該当箇所が閣議で読み上げられた。議論を主導したのは、新たに植民地相となったチャーチルであった。チャーチルは、フランスに安全保障条約を提供することでフランスのドイツに対する恐怖心を取り除き、他方でドイツにも「公正な扱い」を保証し、イギリス、フランス、ドイツ三国の関係を正常化するべきだと主張した。そして、一九二〇年六月の閣議に提出されたチェンバレンの覚書に言及し、イギリスは「名誉にかけてフランスを援助しなければならない」立場にあるにもかかわらず、公式な合意を締結しない不利益を論じた。チャーチルによれば、先の大戦で多くのイギリス人がフランスの地で戦死したことに鑑みて、イギリス世論の趨勢としては、仮にフランスがドイツに強硬策に及んだとしても、フランスとの事実上の同盟関係を解消することには反対論が強いと予想された。そうであるならば、先にフランスに安全保障条約を提供することによって、フランスの対独政策を穏健化させる必要があり、そうすることによってドイツとの関係も改善するとチャーチルは論じていたのであった。

その後の議論では、保障供与に前向きな意見も表明されたものの、反対論も根強かった。反対派は、英仏安全保障協定案がフランスに歓迎される保証はなく、それがフランスの「反英政策」を改める根拠もなく、イギリス本国と自治領の世論が反対すると論じた。また、パリ講和会議以来二年間、フランス政府の側から英仏安全保障協定に関して明白な提案がなされていないことも、反対の根拠とされた。この議論に関して閣議録に発言者として名前が挙げられているのはチャーチルだけであり、他の発言者の名前は伏せられている。この閣議にはチャーチルの他に、ロイド・ジョージ首相、カーズン外相、チェンバレン王璽尚書、バルフォア枢相、バーカンヘッド大法官、ラミング・ワージントン＝エヴァンズ陸相、ボールドウィン商務院総裁、さらにはウィルソン参謀総長らが出席していた。グウィン邸の晩餐会、そして一九二〇年六月の覚書を考慮に入れれば、チェンバレンはここでチャーチルと協働して同盟推進論を説いた可能性が高いと考えられる。

閣議の結論は次のような玉虫色の文言となった。

ドイツによる、挑発によらない攻撃が起こった場合の軍事的援助の相互的保障に関するフランス政府の意見を、場合によってはきわめて非公式な形で試験的な打診を行うことを除けば、行動を起こすには機が熟していない。[7]

これは、英仏同盟推進派と反対派の意見を擦り合わせた作文だと捉えるべきだろう。基本的にはイギリス政府から行動を起こすべきではないという判断がなされた一方で、推進派はフランス側に「非公式」かつ「試験的」な打診を行う許可を内閣から得たのであった。また、その試験的な申し出の内容が、「相互的」な保障となっていることも注目に値する。すなわち、一九一九年の英仏保障条約のように、イギリスがフランスに一方的に安全保障を提供する片務的条約ではなく、フランスもイギリスに安全保障を提供する双務的条約を目指す意向が、ここに閣議の文書としてはじめて表れているのである。

イギリス内閣の英仏同盟推進派による水面下の打診は速やかに行われたと見られ、フランス側はこれに応えた。閣議からほどなく、フランスの有力政治家やパリの主要紙、そしてイギリスの保守系新聞が英仏同盟の締結を後押しする論稿を発表した。フランスのポアンカレ元大統領は、六月一日に発売された『両世界評論』誌に掲載された論稿において、英仏間に横たわる懸案を解消し、英仏協商を強化するべきだと訴えた。その際にポアンカレは、イギリスにはダービー卿のように英仏同盟の締結を主張する声があるにもかかわらず、イギリス内閣はそうした意見を聞き入れていない、と批判した。[8]また同日、フランスのルイ・バルトゥー陸相も英仏協商を同盟へと発展させたい考えをイギリスの外交官に説いた。[9] イギリスのハーディング駐仏大使は、こうした発言は「イギリス内閣のメンバー」が英仏協商の強化に関する議論を開始するべきだと打診したことに促されたものだと述べている。[10] さらに、三日の『タイムズ』紙の社説は、平和の基盤を強化するために、英仏協商を強化し、アメリカの批准を待たずに一九一九年の英仏保障条約を発効させるべきだと説いた。[11] そして、『デイリー・メール』紙と『デイリー・テレグラフ』紙も英仏同盟案に好意的な論説を展開した。[12] これに仏紙も呼応し、一九一九年の英仏保障条約のような片務的で限定的な協定ではなく、双務的な正式な同盟を結ぶべきだと論じた。[13]

こうした論説がイギリスの内閣関係者の打診に端を発していたことを裏付ける文書がある。ポール・カンボンの後を継いで駐英フランス大使となったサン＝トレール伯は、イギリスの閣僚から得たと考えられる次のような情報を六月七日にブリアン首相兼外相に報告した。

英仏間の困難の全般的な解消と両国が公式な同盟を締結する問題は、ロンドンの新聞によってのみ最近検討されたわけではありません。イギリス内閣がそれについて三回にわたって議論をしたことを、確かな筋から知らされました。彼は、そのような交渉の基本方針に好意を表明したものの、最初の討議では五人の閣僚に反対され、二回目の討議では四人、そして三回目の討議では二人に反対されました。このように減ったとはいえ、反対派は依然として強力です。なぜなら、それは首相と外務大臣によって代表されているからです。[14]

ロイド・ジョージとカーズンが残る反対派であるという情報は、『モーニング・ポスト』紙のグウィンにも伝わっていた。[15] 後にサン＝トレールはブリアンに宛てた秘密書簡のなかで、ダービー卿、グウィン、『タイムズ』紙のヘンリー・ウィッカム・スティード編集長とともに、現役閣僚のなかではただ一人チェンバレンを「フランスの友人たち（amis de la France）」として名指ししている。[16] サン＝トレールは、チェンバレンが青年時代にパリに留学した際の学友であった。[17] そして、五月後半にチェンバレンはサン＝トレールと少なくとも一度会談していた。[18] いずれにせよ、英仏同盟構想を支持する閣僚が、英仏の新聞世論の喚起を目的として、英仏同盟構想の打診と並行して内閣の反対派の情報をリークしたことは確かだと考えられる。ここにカーズンの名前が挙がったことを一つのきっかけとして、キース・ウィルソンの研究が鮮やかに描き出しているように、サン＝トレール大使、グウィン、ダービー、そして外務省のティレル次官補ら親仏勢力の手によって、カーズンを外相の座から引きずり下ろそうという「陰謀」が始動していくこととなる。[19]

一方でロイド・ジョージとカーズンに限らず、イギリス政府関係者の多くは英仏同盟の推進に慎重であった。ハーディング駐仏大使は、英仏同盟の締結に一分の理を認めたものの、その条件として、英仏間の懸案が取り除かれ、フランスがイギリスに友好的な姿勢をとる必要があると述べた。そして、フランスの新聞が、一九一九年の英仏保障条約のような限定的な合意ではなく、より包括的な同盟を求める論陣を張ると、ハーディングはフランスが本気で協定を欲しているとは思えないと述べて、これを批判した。[20] クロウ事務次官は、英仏同盟の締結を支持する旨をあらためて表明したものの、あくまで世界における英仏の懸案の解決とセットで同盟は締結されるべきだと説き、フランス紙が主張するような条件に基づく同盟を推奨することには「躊躇する」と述べた。[21] 六月一〇日にはダービー卿が、英仏同盟の推進についてロイド・ジョージに直接働きかけた。ロイド・ジョージは、閣内で意見の相違のある問題であり、検討には時間が必要だと述べ、自分は中庸の立場だと返答するにとどまった。[22]

ベルギーに対する反応も依然として冷淡であった。六月二日にベルギーのジャスパール外相は、英仏両国と親密な関係を維持する意向を議会に表明し、「純粋に防御的な性質の英白軍事協商」の必要性を説いた。この発言に関する報告を受けてイギリス外務省西方局のイヴォンヌ・カークパトリック事務官は、「ジャスパール氏はいまだに同盟を追い求めている」とコメントし、ロナルド・キャンベル首席事務官は、「彼〔ジャスパール〕、ないし彼の前任者は、それ〔同盟〕を期待するべきではないとはっきりと伝えられているはずだ」とミニッツに綴った。[23]

それでも、一九二一年五月から六月にかけて、ダービー、チャーチル、チェンバレンといった政治家や、新聞の活動の結果、同盟の可能性を検討するべきだという圧力がイギリス政府にかかったことは確かであった。その結果イギリス政府は、六月から八月にかけて開催されるイギリス帝国会議において、英仏同盟の問題を自治領諸国の代表とともに検討することとなった。

(3) 一九二一年夏のイギリス帝国会議と英仏同盟案

一九二一年六月二〇日、イギリス帝国会議が開会し、パリ講和会議以来二年ぶりにイギリス自治領の首脳、インドの代表、本国の主要閣僚が一堂に会した。会議の議題は多岐にわたったが、英仏同盟の議論にもかなりの時間が割かれた。

まず、ボータの後を継いで南アフリカの首相となっていたスマッツは、冒頭演説で英仏同盟案を牽制するような発言を行った。スマッツは、世界的軍縮の推進と国際連盟の後押しがイギリス帝国の対外政策の基本理念であるべきだと唱えた。そして、イギリス帝国は「排他的同盟」を一切結ぶべきではなく、世界の友好関係を促進するべきであり、とりわけ対米関係を重視するべきだと述べた。彼によれば、世界の力の重心はヨーロッパから太平洋へと移行しており、イギリス帝国は政策上の関心をヨーロッパから切り離す必要があった。そして、「大陸コミットメント」、「ヨーロッパへの巻き込まれ」を最小限にとどめ、ヨーロッパ諸国間の係争に対しては「公平な」態度をとるべきだと訴えた。

オーストラリアのヒューズ首相は、スマッツの同盟不要論に異議を唱えた。ヒューズによれば、一九一九年に結ばれた英仏保障条約は法的には無効状態であったとしても、イギリス帝国には有事の際にフランスを援助する「道義的義務」があることには疑いがない、という。ヒューズは、英仏保障条約には「公平、公正に立ち振る舞うというわれわれの評判」がかかっていると述べた。そして、イギリス帝国が大戦に独力で勝利できたわけではないということを忘れるべきではない、と訴えた。(24) カーズンもまた、スマッツの唱えるような「美辞麗句」だけでは平和はもたらしえないと述べ、平和維持のためには戦勝国の連帯が必要だと唱えた。カーズンによれば、「栄光ある孤立政策はもはや不可能であり」、イギリスをヨーロッパ政治から切り離すことはできなかった。そして、フランスとイギリスの「連合」はヨーロッパ大陸の平和の要だと述べた。その一方でカーズンは、一九二〇年春におけるフランクフルトをはじめとするドイツ都市の占領の事案などを例示し、フランスの政策への不信感も表明した。そして、同盟には相手国の政策を抑制する効果があると述べ、イギリスは「その襟首を片手で摑みながら」フランスとの協調体制を継続するべきだと論じた(25)。

この議論を受けて、帝国会議の書記を務めたハンキー内閣書記官長は、英仏関係に関する覚書を作成してロイド・ジョージに提出した。ハンキーは、英仏同盟の締結に懐疑的であった。彼は同盟推進派の論理に疑念を表明した。つまり、同盟締結によってフランスが友好姿勢に転じ、ヨーロッパや中東の諸問題がイギリス有利の解決を迎えるという論理である。ハンキーによれば、もし低地諸国がドイツに攻撃されれば、同盟の有無を問わず、イギリスは国益に基づきフランスを援助せざるをえないことをフランスは承知しているはずであり、それを明文化するためだけにフランスが高い代償を払うとは彼には信じられなかった。そして、同盟が結ばれながらフランスが政策を転換しなければ、イギリスはフランスが推進する「きわめて不快な」政策に参与するか、同盟を破棄するかというジレンマに絶えずさらされることになるだろう、と警鐘を鳴らした(26)。

カーズンに助言を求められたハーディング駐仏大使も、慎重論を唱えた。ハーディングによれば、フランス世論はルール地方の占領に躍起になっており、政権基盤が不安定なブリアンはいつルール占領に乗り出してもおかしくなかった。ハーディングは、英仏同盟が結ばれれば、ルール占領を抑止するどころかそれを誘発する恐れがあるため、現状では結ばないほうが賢明だと助言した(27)。

この助言を受けて、カーズンは英仏同盟に反対する立場を鮮明にした。カーズンは、英仏同盟を結んだとしても、フランスの政策が穏健化するとは思えないと表明した。その根拠として、ブリアン内閣がポアンカレ率いる右派から攻撃されて倒閣の危機に瀕していることを挙げた。ポアンカレはルール占領を積極的に主張しており、彼が首相になればルール占領が現実となる公算が高まる、とカーズンは述べた。そして、もしその時英仏が同盟で結ばれていたら、「われわれはポアンカレ氏の戦車の車輪を走って追いかけることになる」。すなわち、フランス右派のルール占領政策に追随し、ヨーロッパの平和を脅かすことになると警告した。そしてそれは、ドイツが政治的、経済的安定を取り戻し、ヨーロッパの一員に復帰する機会を提供するというイギリスの政策目標に、カーズン曰く矛盾するのであった。(28)

スマッツはこれに賛意を示し、英仏同盟への反対を「明言する」意向を表明した。そして、ヨーロッパの勢力均衡は危険なほどフランスの側に傾いていると述べ、イギリスはコミットメントを避けて中立の立場を維持するべきだと説いた。さらに、イギリス帝国の貿易相手国として、フランスよりもドイツのほうが重要だと述べた。カナダのアーサー・ミーエン首相、インドを代表したカッチ藩王ケンガルジー三世、そしてロイド・ジョージがこの立場を支持した。ロイド・ジョージは、フランス側から公式の申し出がないことと、同盟を提供したからといってフランスの政策が穏健化するとは限らないことから、イギリスの側から同盟を提案するには時宜を得ない、と説いた。(29)

一方でオーストラリアのヒューズ首相は、カーズンの提唱する政策を支持しないと述べ、イギリス帝国はフランスを挑発によらない侵略から保障するべきだと反論した。そして、オーストラリア首相として、英仏同盟が具現化した場合には、これに調印する意向を表明した。ニュージーランドのメイシー首相も、フランスとの関係を脅かすことはイギリス帝国の利益にならないと述べ、英仏同盟の締結を支持した。メイシーは、ヴェルサイユ条約調印日にクレマンソー首相と交わしたという会話に言及した。メイシーがクレマンソーに別れの挨拶をした際に、クレマンソーはこう述べたという。「あなたが去る前に、あなたがここ〔パリ講和会議〕でなさったことに感謝を申し上げます。そして、あなたの国の勇敢な若者たちがフランスのためにしたことに感謝を伝えて下さい。フランスは忘れないでしょう」と。これにメイシーは「ニュージーランドも忘れないでしょう」と返答したという。メイシーはこれを「約束」と捉え、フランスに一度与えた保障を撤回するつもりはない、と表明した。メイシーはさらに、同盟に調印する自治領とそうしない自治領に分かれることは危険だと述べ、国王が決断した戦争には帝国が一体となって参戦する原則を維持するべきだと述べた(30)。

チャーチルも英仏同盟への賛成を明言した。チャーチルによれば、イギリスの政策目標であるヨーロッパに現存する敵意と憎悪の融和を達成するためには、まずフランスに安全保障を与えることで、その恐怖心を取り除く必要があった。そもそも、パリ講和会議において、ライン川を戦略的国境に設定するというフランスの政策に妥協を強いる対価として、英米の保障をフランスに提供した経緯に鑑みて、イギリスがフランスに義務を負っていることは明らかであった。そして、フランスの立場からすれば、ライン川に戦略的国境を敷けず、アメリカのみならずイギリスの保障も無効となり、人口に勝るドイツが復活を遂げているとなれば、フランスが不安を抱くことに無理はなかった。講和以来のドイツに対するフランスの非妥協的姿勢も、この恐怖に裏付けられていたという。そして、イギリスがフランスの安全保障に公式に関与する合意を結ばないままでは、フランスがイギリスの助言を聞き入れる公算は小さかった。チャーチルはこう述べたうえで、イギリス帝国は挑発によらない侵略からフランスを保障する合意を結ぶべきだと説いた。そうすることによってはじめてドイツとの関係を改善する機会が生まれ、「ヨーロッパという家族の融和と強化と再建（the appeasement and consolidation and reconstruction of the European family）」というイギリスの政策目標を達成できるのだと、チャーチルは訴えた(31)。

カーズンは、英仏同盟に原則として反対ではないものの、イギリスが自らイニシアチブをとることに反対なのだと補足した。つまり、もし自ら英仏同盟を提案し、フランスに拒絶されれば、「とても悔しい、屈辱的な立場」に立たされるというのであった。ゆえに、「私の態度は彼ら［フランス］の態度によって決定される」のだとカーズンは述べた(32)。

このように、英仏同盟案に対するイギリス帝国代表たちの見解は分かれた。一方では、チャーチル、ヒューズ、メイシーが英仏同盟案に支持を表明し、他方ではカーズン、スマッツ、ロイド・ジョージらによって懐疑論が説かれた。帝国会議は意見を聴取するにとどまり、結論は出さなかった。しかし、イギリス側からは英仏同盟に関して当面イニシアチブをとらないことについては、一定の合意が見られた。

一九二一年秋、英仏関係は下降線を辿った。一〇月にフランス政府はイギリスの頭越しにトルコのアンカラ政府と停戦合意（アンカラ条約）を結び、反アンカラ政府路線をとるイギリス政府を苛立たせた[33]。また、一一月から始まったワシントン会議において、潜水艦全廃を望むイギリスと、潜水艦を必要視するフランスは激しく衝突した[34]（いずれもこの後、問題になっていく）。時を同じくして、イギリスでは英仏の空軍力格差に対する脅威認識が高まっていた[35]。こうした事態の推移を受けて、閣内の勢力均衡は協定懐疑論へと傾いていった[36]。

2 フランスの同盟提案

（1）サン＝トレールの同盟提案

一九二二年初頭のカンヌ会議で頂点を迎える英仏同盟交渉は、一九二一年一二月にフランスのサン＝トレール大使とブリアン首相の行った同盟提案に端を発する。そして、フランスがその申し出を行う直前に、チャーチルは興味深い書簡をロイド・ジョージに送っていた。

一一月二八日に首相に宛てた書簡においてチャーチルは、軍縮問題に関する帝国防衛委員会の討議において議長を務めていることに関連して、英仏関係に関する自らの基本的見解を明言しておきたいと述べた。チャーチルは、イギリス政府がフランスとの関係を軽視していることに不満を表明した。そして、フランスに保障を提供するという約束を守ることは、アメリカの参加の如何を問わず、英仏関係だけではなく、英独関係の基盤となる、という考えをあらためて表明した。また、帝国会議においてオーストラリアとニュージーランドの首相も同様の見解を表明したことを想起するよう求めた。チャーチルは、フランスに一方的に軍備の削減を求めるのではなく、潜水艦をはじめとする軍備の削減を、英仏同盟の条件とすることを提案した。そして、イギリス、フランス、ドイツの三国による中欧の経済的復興を目的とする合意を目指すべきだと提言した[37]。

一二月五日、サン＝トレール大使はカーズンに包括的な防御同盟の構想を提示した。サン＝トレールは、一九一九年の英仏保障条約のような片務的条約はフランスにとって「屈辱的」だと述べ、イギリスと対等の義務を負う双務的条約を求めた。また、「挑発によらない侵略」という文言は、有事の際にその解釈をめぐって対立する恐れがあるため、「挑発によらない」という限定句を外すべきだと提案した。そして、それだけでは十分ではなく、発動要件を二段階に分けて設定するべきだと論じた。第一は「直接的侵略」であり、英仏いずれかの領土が直接侵略を受けた場合に相互援助の義務が生じた。第二は「間接的侵略」であり、ポーランドなど英仏の安全に関わる第三国に対するドイツやロシアの攻撃といったケースが該当し、その場合にも英仏が共同で対処できる条項を設けるべきだとした。サン＝トレールはこれを「二段階同盟（alliance à deux degrés）」と呼び、それに国際連盟の援助を加えたものが、フランスがイギリスから獲得しうる最大限の保障だと、ブリアンへの報告の書簡で述べた。そして、一九一九年の英仏保障条約のような枠組みを獲得するにとどまれば、フランスに「誤った安心感」を与える一方で、イギリスにさらにドイツに接近する考えを与えかねないため、危険だとブリアンに警告した。カーズンがそのような同盟はフランスの一方的な利益となり、イギリスには得るものがないのではないかと述べると、サン＝トレールは同盟が結ばれた場合の利点として、次のようなことを挙げた。①フランスはその軍備を徐々に縮小させる。②フランスはドイツの国際連盟への即時参加を支持する。③同盟はドイツの侵略を抑止し、ヨーロッパを安定化させる。④フランスは、イギリスおよびドイツとともに、ロシアの再建に協力する。しかし、カーズンは慎重な姿勢を崩さなかった。彼は、イギリス議会と世論はあらゆる同盟の締結に消極的であり、エジプトやモロッコにおける英仏間の懸案も未解決だと述べ、消極的に応じた。そして、そのような重大な提案はフランス政府の正式な後押しが確認できない限り、イギリス政府としては検討することができないと伝えた(38)。

一二月七日にハーディング駐仏大使は、この提案がフランス政府の裁可を得たものなのかをブリアンに尋ねた。ブリアンはこれを否定する一方で、そのような提案が自分になされれば、歓迎するだろう、とも述べた。クロウ外務事務次官は、ブリアン自身が否定したものの、やはり同盟案について探りを入れる許可をサン＝トレールに与えたのではないかと推測した。そして、ブリアンがいずれこの件に関するイギリス政府の見解を求めてくるのではないかと予想した。クロウは、ブリアンが提案から距離を置いているのは、イギリス世論の、同盟による「巻き込まれ」に対する懐疑的姿勢に鑑みて、同盟交渉を成功させる自信がないからではないかと分析した(39)。

一二月一二日には、自由党のジョン・シーリー元陸相による英仏保障条約に関する投書が『タイムズ』紙に掲載された。シーリーは、英仏関係の現状に憂慮を示し、『タイムズ』紙の力を借りて英仏保障条約を発効させるよう首相に要請したい旨を表明した。そして、パリ講和会議において、フランスが英米の保障獲得の対価としてライン川に戦略的国境を設ける構想を断念し、それにもかかわらず保障条約が無効となった経緯を説明した。フランスの立場に身を置けば、このような経緯は「裏切られた」と捉えても仕方のないものだと、シーリーは説いた。そして、アメリカが保障条約を批准しなかったことは、英仏保障条約の条文に厳密に照らせばイギリスの義務を解除することを意味する一方で、フランスが得られる保障が当初の想定から半減したことも意味し、名誉の観点からすれば、イギリスはそれまで以上に保障の約束を果たす義務を負っているのだ、と論じた。シーリーは、イギリスが英仏保障条約の発効を遅らせたことは、英仏関係を傷つけただけではなく、軍縮と世界平和の見込みにも大きな害を及ぼしたと述べ、政府を厳しく批判した。そして、フランスへの保障の提供を材料に、フランスから妥協を引き出し、フランスの政策に注文をつけるような取引を持ちかけるやり方は、道義的に間違っているだけでなく、賢明ですらないと述べ、政府を牽制した。すなわちシーリーは、フランスに約束した保障条約を無条件で直ちに提供するよう訴えていたのである。[40] この投書は駐英フランス大使館の目にとまり、ブリアンに転送された。[41]

しかし、イギリス内閣は依然として英仏同盟案に懐疑的であった。一二月一六日の閣議において、英仏防御同盟が締結されれば、フランスは軍縮に前向きになるだろう、という提案がなされた。これに対して、フランス政府はそのような同盟に反対している、という懐疑論が説かれた。さらに、もしブリアンがドイツの賠償不履行に際してルール地方の占領を試みた場合には、「英仏協商の終了と孤立をもってフランスを脅迫する」という方策さえもが提起された。また、ブリアンの国内政治基盤が不安定であることに鑑み、政権を引き継ぐと見込まれるポアンカレと交渉したほうがよい、という見解も表明された。[42]

このような背景のもとで、ブリアンは一二月一八日から二二日にかけて訪英した際に、英仏同盟をイギリス政府に正式に提案するのであった。

(2) ブリアンの同盟提案

一二月二一日にロンドンで行われた英仏首脳会談において、ブリアンは英仏同盟の概要を説明した。この会談にはオースティン・チェンバレンも同席した。ブリアンから同盟構想を説明する許可を求められたロイド・ジョージは、歓迎すると表明し、カーズンとサン＝トレールの会談内容についても把握していると述べた。そして、一九一九年の英仏保障条約を超える内容の同盟を望んでいるのかと尋ねた。ブリアンは、英仏両国があらゆる問題において緊密に連携し、世界各地に両国が有する利益を相互に保障し、それらが脅かされた場合には相互を援助するような広範な同盟が念頭にあると返答した。それに対してロイド・ジョージは、イギリス世論にはそのような広範な取り決めを結ぶ準備ができていないと述べる一方で、ドイツの西部国境に関しては、侵略に対する完全な保障をフランスに与えることは可能だと表明した。ロイド・ジョージによれば、イギリス国民は、ポーランド、ダンツィヒ、上シレジアといったドイツの東部国境の問題にほとんど関心がなく、同地の係争に巻き込まれることを忌避しているという。ブリアンは、イギリス世論の懸念に理解を表明しながらも、フランスの観点からすれば、軍縮を進めるためにも、英仏同盟の締結が望ましいと述べた。そして、ドイツなど他国が合意に参加する可能性も排除しないと述べ、一二月一三日にワシントン会議で締結されたばかりの英米仏日四カ国条約を範とする、現状維持を目的とし、軍事的義務を伴わない、緩やかな多国間協定の構想を披瀝した。ただし、そのような多国間条約の「中軸」には、英仏間の完全な同盟が存在しなければならない、とブリアンは説いた。すなわち、英仏同盟とヨーロッパ多国間協定という二重の協定による安全保障枠組み、サン＝トレールの表現を用いれば「二段階同盟」の構想を、ブリアンは提示したのであった。

ブリアンによれば、このような構想の目的は、英仏の緊密な連帯を核に、その周囲にヨーロッパの平和を維持する構造を樹立することにあった。英仏が平和と秩序の維持のために結束する姿勢を強く示せば、ドイツは現状への挑戦を諦め、英仏と協同する道に利益を見出すだろう。それは、ドイツの民主的政府を「諸国家の共同体」へ復帰させることを促し、ヨーロッパを長期にわたって安定化させるだろう、とブリアンは説いた。ロイド・ジョージはこの説明に感心し、「とても良いアイデアだ」と述べた。そして、ドイツとロシアの結託こそが平和への脅威だという認識を表明し、これらの諸国を友好的合意へと導くことが重要だと述べた。そして、一月初旬に予定される連合国カンヌ会議において、英仏同盟構想の議論を継続することに合意した(43)。

ロイド・ジョージがブリアンの多国間協定の構想に関心を示した背景には、この頃彼自身が抱いていた構想と共通点があったからである。その構想とは、ドイツとソヴィエト・ロシアを含むヨーロッパの主要国が集う経済会議を開催することであり、一九二二年四月にジェノヴァ会議として結実する構想であった。この経済会議を通じて、東欧とロシアの市場を開放し、ヨーロッパの自由貿易が戦前の繁栄を取り戻し、さらにはドイツの輸出が拡大することで賠償支払いが円滑化することが期待された。一方で、ドイツとソヴィエト・ロシアに強い不信を抱き、ポーランドなど東欧諸国との関係強化に取り組んでいたフランスは、ロイド・ジョージの親独、親ソヴィエト政策を警戒していた。そのためロイド・ジョージは、自身の計画へのフランスの協力を獲得する必要があり、その対価として西欧に限定された同盟条約をフランスに提供してもよいと考えていたのであった。ロイド・ジョージが一二月のロンドン会談と翌年一月のカンヌ会議に臨んだ心境はそこにあった(44)。

一方で、一二月二一日にブリアンから別途この構想に関する説明を受けたカーズンは、ロイド・ジョージよりも消極的な反応を示した。カーズンは、ハーディングに宛てた書簡のなかで、ブリアンとサン＝トレールの包括的同盟案は、ドイツを無力化するというフランスの目論みだけに立脚したものだと批判した。そして、ロイド・ジョージとも議論した結果、①ブリアンの国内政治的立場、②フランスの態度、③イギリス世論の反応への懸念といった理由から、目下の状況は同盟締結に適さない、という見解で一致したという。それでも、ブリアンが同盟を公式に提案した手前、無視するわけにもいかないため、カーズンはカンヌ会議の交渉に向けた覚書を準備している旨をハーディングに伝えた。その覚書の内容が否定的であれば、ロイド・ジョージはカンヌでブリアンに同盟が時宜を得ない理由を説明するためにそれを用い、肯定的であれば、カーズンは交渉を支援するためにカンヌに向かうつもりだという。カーズンは、前者の可能性のほうが高いと述べた。またカーズンは、ドイツとソヴィエト・ロシアを招いた経済会議の開催というロイド・ジョージの構想には共感せず、失敗する公算が大きいと述べた。ゆえに、その事前交渉が行われるカンヌ会議に赴くことに気乗りがしないとハーディングに表明した。この頃のカーズンの主たる関心は東方問題にあり、希土戦争の和平とセーヴル条約の修正を議論する国際会議の開催を目指していた(45)。カーズンは、同盟の供与を通じてトルコ和平問題に関してフランスからどの程度の協力を引き出せるのか、という点に主たる関心を抱いていたのである。

(3) イギリス外務省による検討

一二月末にイギリス外務省はブリアンの同盟提案を総合的に検討した。一二月二六日にクロウ事務次官は手稿四三頁にも及ぶ詳細な覚書を提出し、それをもとにしてカーズン自らが政策覚書を執筆した。クロウが英仏同盟の締結を論理的に後押ししたことを受けて、カーズンが当初は否定的になる可能性が高いと考えた英仏同盟に関するイギリスの政策覚書は、条件付きの賛成という色彩のものとなった。まずは、クロウの覚書から詳細に見ていきたい。

クロウは、いくつかの条件が満たされるのであれば、英仏同盟の締結は前向きに検討されるべきだと進言した。彼の議論は次の通りであった。フランスが同盟を望む理由は明白であり、ドイツの復讐戦に対する保障を確保することであった。ゆえに、イギリスは同盟提供の対価をフランスから求めることもできる。しかし、だからといってイギリスが望むままの対価を要求してもよいと考えるのは間違っている。まず、パリ講和会議において、フランスがライン川に戦略的国境を設ける構想を断念したのは、英米がドイツの侵略からフランスを保障する約束をしたからにほかならず、その約束を果たす道義的義務が依然としてある。そして、そのような道義的考慮を別にしても、英仏同盟はイギリスにとって政治的利点がある。第一に、事実上ヨーロッパただ二つの大国といえる英仏が同盟を結び、そのことを公表すれば、他国の挑戦を寄せつけず、平和を保障する最も有効な手立てとなる。第二に、フランスの安全保障上の懸念を払拭することで、フランスのドイツに対する強硬な政策を転換させ、ドイツの経済的復活を要とするヨーロッパ経済復興への協力を期待できる。第三に、安全保障を得たフランスが軍縮を推進し、それによってフランスの軍事介入の脅威が減退したドイツも講和条約の軍縮関連条項の履行に前向きとなり、世界の国々に対しても「軍事的冒険」の放棄を促す「道徳的効果」が期待される。さらには、イギリス世論をしてフランスへの信頼を回復させることにつながる。一方、同盟を結ぶリスクとしては、自国の直接的国益が関与しない問題に端を発する紛争（たとえば、ポーランドとドイツ、ロシアの係争）に、イギリスが武力介入する義務が生じる点があった。このリスクを最小化するためには、一九一九年の英仏保障条約のように、同盟の適用対象をドイツによるフランスの侵略に限定することが望ましかった。そして、そのような英仏同盟を中軸に、ワシントン会議で調印された四カ国条約をモデルとする、ドイツも参加する地域的な「協議機関」を立ち上げ、国際連盟規約のもとで世界の平和維持を図るという、ブリアンの提唱した構想に基づく枠組みを構築することができれば、ドイツやロシアの侵略的意図を抑制し、フランスをしてドイツの経済復興と軍縮によりいっそう協力させることができる。ゆえにイギリス政府はブリアンと協力し、このような枠組みの形成を目指すべきだと、クロウは結論した。クロウが覚書を提出する際にカーズンに向けて添付したメモには、この覚書が彼の長期にわたる考察を反映したものだと記された。(46)

同じ頃、フランス外務省ではラロシュ政務通商局次長、ジャック・セドゥ通商課長、アンリ・フロマジョー法律顧問といった、後にロカルノ条約の起草に貢献することとなる面々が同盟案の検討を重ねていた。フランス外務省は、①フランスとイギリスが互いの領土を相互保障する「協商」（事実上の軍事同盟）と、②フランス、イギリス、ドイツ、イタリアなどの諸国が参加するヨーロッパの平和維持を目的とする緩やかな協商、という二重の枠組みを形成する必要があると考えていた。セドゥによれば、ドイツを含む多国間協商の構想は、ナポレオン戦争後の一八一八年のアーヘン会議において、フランスがヨーロッパの平和維持を目的とする会議体制へと招かれたことに倣う試みであった。そしてラロシュによれば、英仏が将来の紛争に対処する方法について予め合意に達していない限り、このような多国間協商は機能しえなかった。したがって、英仏同盟は多国間協商の「不可欠の前提」であった。すなわち、歴史学者のサリー・マークスが述べるように、当時のフランスの政策決定者は、後にロカルノ条約として結実するような、英仏同盟という「中軸」を欠いた、緩やかな多国間の枠組みだけが成立してしまうことを恐れていたのであった。彼らは、イギリスがフランスとドイツとの間の「仲裁者」の役割を演じることを危険だと感じ、またそのような条約がフランスとヨーロッパの人々に「誤った安心感」を与えてしまうことに危機感を抱いていたのであった。(47)

フランスに帰国したブリアンは、ハーディング大使にも同盟構想を説明した。ブリアンは、英仏同盟とヨーロッパ多国間協定が成立することによって、フランスの陸軍力とイギリスの海軍力が国際連盟の「俗権（le bras séculier）」を担い、国際連盟が有効に機能するようになる、という構想を描いた。しかし、ハーディングは感心しなかった。彼は、一九一九年の英仏保障条約よりも広範な内容の同盟には「全面的に反対だ」と述べた。そして、タンジール問題[48]、潜水艦問題、一九二〇年春のフランクフルト占領といった事例を引き合いに出し、フランスの「きわめて帝国主義的傾向」は、ヨーロッパの平和、とりわけイギリスを脅かすものだと批判した。また、広範な同盟を結べば、ドイツやロシアの侵略からポーランドを防衛するために介入する義務が生じるかもしれず、その反面、イギリスが同盟から得られる利益は不透明だという。ブリアンは、イギリスがヨーロッパ外で危機を迎えた場合にも派兵する意欲を示したが、ハーディングによれば、インドにセネガル兵を派遣されたとしても現地住民の不興を買うだけであり、フランスの援助は不要だという。ハーディングはこうした見解を綴った私信を一二月二六日にカーズンに送付した[49]。このようにハーディングの助言は、クロウの提言と真っ向から対立する内容となっていた。

同二六日、ロイド・ジョージはカンヌ会議に向かう途中、パリのリヨン駅でブリアンと短時間会談した。会談の通訳を務めたハーディングによると、ロイド・ジョージは、ブリアンに次のように述べたという。イギリス国民はヨーロッパ大陸の係争に介入することを望んでおらず、開戦事由の明確でない広範な同盟は結べない。しかし、フランスを侵略から守ることに限定した条約であれば、アスキス派自由党と労働党の反対を押し切り、議会と世論を説得できる、と。これを聞いたハーディングは、ロイド・ジョージがブリアンの同盟構想には乗り気でないと知って「とても安堵した」とカーズンに連絡した。そして、イギリスの国益に反するような同盟が万が一にも結ばれないように、カーズンに是非ともカンヌに赴くよう求めた[50]。

一二月二八日、カーズンは英仏同盟に関する政策覚書を提出した。内容の大部分はクロウ覚書に基づいていたものの、ハーディングの助言の影響を受けてか、カーズン覚書はフランスへの不信がより強調され、同盟の利点への言及も控えめとなり、クロウ覚書のようなブリアン提案への共感は見られなかった。カーズンも、英仏同盟は一九一九年の保障条約のように適用範囲をドイツによるフランスへの侵略に限定するべきだと考えた。しかし、クロウとは異なり、カーズンは東方問題（トルコ和平問題）とタンジール問題の解決を同盟締結の前提条件とすることを明示した。そして「見返りに確信が持てるまで、われわれの側から譲歩をしてはならない」と述べて覚書を結んだ[51]。すなわちカーズンは、ロイド・ジョージやハーディングと同様に、適応対象の限定された英仏同盟を、英仏間の様々な懸案の解決という高値でフランスに売ることに利益を見出したのであった[52]。これが、同盟交渉に臨むイギリス政府の基本的立場となった。

なお、イギリス政府は同盟構想におけるベルギーの位置づけに関しては、一二月の段階ではほとんど検討していなかった。一二月にベルギーの新たな首相となったジョルジュ・テュニスは、仏白軍事協定が「他の友好国」との同様の合意への序章となることを望むと議会演説で述べた。これに対して、キャンベル首席事務官が「彼らは『ノー』を受けとることができないようだ」と報告書にコメントするなど、イギリス外務省西方局の反応は依然として冷たかった[53]。カンヌ会議においてベルギー政府は同盟交渉への参加をあらためて求めることとなる。

3　カンヌ会議における英仏・英白同盟交渉

(1)　ロイド・ジョージの四条件

一九二二年一月四日、カンヌでの同盟交渉が始まった。その前日に『デイリー・メール』紙のヨーロッパ大陸版はブリアンのインタビュー記事を掲載していた。そのなかでブリアンは、全体の枠組みの中核となる強固な英仏同盟をまず成立させ、次いで太平洋に関する四カ国条約を範とするヨーロッパ多国間協定を成立させる構想をあらためて説いていた[54]。しかし、四日の交渉でロイド・ジョージは多国間協定には言及しなかった。その一方で、いくつかの問題でフランスがイギリスに便宜を図ることを条件に、限定的な英仏同盟を結ぶことは可能だとブリアンに表明した。ロイド・ジョージ曰く、「攻守同盟」を目指せば、イギリス議会のみならず政府内からも批判されることになる一方で、フランスをドイツの侵略から保障することに限定した協定であれば、自治領諸国を含む幅広い支持が期待されるというのであった。ブリアンがポーランドやチェコスロヴァキアの安全保障に言及すると、ロイド・ジョージは、そのような国々を防衛する責務を内包するような同盟にイギリス世論は賛同しないと反論した。ブリアンが保障供与の条件を問うと、ロイド・ジョージは、①東方問題、②タンジール問題、③潜水艦問題、④ヨーロッパ経済復興への協力、これら四つの懸案事項の解決を掲げた。これらの条件を一方的に羅列することにロイド・ジョージ自身いくらかの違和感を覚えたのか、「無遠慮に」挙げていくことに異存はないか途中でブリアンに確認したほどであった[55]。

同日、ロイド・ジョージはイタリアのイヴァノエ・ボノーミ首相と会談し、フランスが中欧とロシアの経済再建に協力することを条件に、ドイツの侵略に対する保障をフランスに提供するつもりだと伝えた。それは同盟を結ぶということかとボノーミが確認するとロイド・ジョージは否定し、イタリアを排除してフランスだけと「排他的同盟」を結ぶつもりはない、と述べた[56]。すなわちロイド・ジョージは、保障条約と同盟条約との間に区別を設けており、前者であれば推進可能だと考えていた。

その晩にロイド・ジョージは、私設秘書グリッグの手を借りて、自らの考えを覚書にまとめた。ロイド・ジョージは、イギリスが必要としているのは平和と海外市場の再建だと述べ、ヨーロッパ復興に着手する経済会議を開催する意義を説いた。そして、イギリスには、ドイツによる、挑発によらない侵略からフランスを保障する約束を交わす用意がある、と表明した。しかし、英仏協商を「完全な協商」へと発展させるためには、英仏間の懸案を取り除かなければならないと述べ、同日の会談で挙げた四つの案件を解決する必要性をやはり明示したのであった[57]。

(2) 英仏交渉の進展

翌日の会談でブリアンは、第四の条件、すなわちヨーロッパ経済復興会議への協力には完全な賛意を表明した。

そして、自らのヨーロッパ多国間協定案と、ロシアとドイツを招いた経済会議を開催するというロイド・ジョージの構想を調和させ、ロシアとドイツおのおのが、ポーランド、バルト諸国、チェコスロヴァキアといった近隣諸国との間で不可侵協定を結ぶ構想を説いた。ロイド・ジョージが、ドイツとロシアが国際連盟に加盟すれば同じ効果を得られるのではないかと尋ねると、ブリアンは、論理的にはその通りだが、新たな合意を結ぶのも有益だと回答した(58)。

ロイド・ジョージは、ブリアンの不可侵協定案を受け入れた。そして、自らの構想であるヨーロッパ経済復興会議の目標のなかに、「すべての諸国〔すなわち会議に招待される旧敗戦国とロシアを含めたヨーロッパ諸国〕は隣国に対する侵略を慎む取り決めに参加する」という項目を設けた。ロイド・ジョージは、この文言を含むヨーロッパ経済復興会議の開催に関する決議案を、六日に開かれたカンヌ会議最初の全体会合に提出した。決議案は、出席したイギリス、フランス、イタリア、日本、ベルギーの代表によって承認された。全ヨーロッパ不可侵協定という目標は決議案の第六条に挿入されたため、以下「カンヌ決議第六条」と呼ぶこととする(59)。

一月八日にブリアンは、同盟構想に関する覚書をロイド・ジョージに手交した。ブリアンは次のような英仏同盟を求めた。①一九一九年の英仏保障条約のような片務的条約ではなく、双務的な防御同盟であること、②同盟の発動要件には、両国に対するドイツの直接的侵略だけではなく、ヴェルサイユ条約に基づく軍備制限、とりわけ同条約第四二〜四四条（ラインラント非武装化関連条項）に対するドイツの違反も含めること、③英仏両軍の参謀が、両国の保有すべき陸海空戦力を定期的に協議することを定める条項を設けること、である。そのうえでブリアンは、ジェノヴァで開催されることが決定したヨーロッパ経済復興会議において、カンヌ決議第六条に示されているようなヨーロッパ多国間協定を実現するべきだと説いた。そして、「フランスとイギリスの緊密な結合を土台とする広大な協商体系」こそが、英仏両国の利益に資する、一般的平和を保障する最良の枠組みだと論じたのであった(60)。

その晩、ロイド・ジョージとブリアンはこの覚書について議論した。ロイド・ジョージは、ブリアンの提案は依然として軍事同盟と呼ぶべき性質のものだと批判した。そして、ドイツの再度の侵略に対する保障をフランスに供与することはできるが、「未知のコミットメント」を含む全面的な軍事同盟はイギリス世論に受け入れられない、と述べた。これに対してブリアンは、同提案は攻勢同盟を意味するものではなく、ドイツからの攻撃に限定した純粋に防御的内容を意図していると反論した。そして、ブリアンがヨーロッパ多国間協商に関して意見を問うと、ロイド・ジョージは、イギリスはヨーロッパの一般的平和、とりわけ東欧を保障するような合意を結ぶことはできない、と述べた。ブリアンは、ヨーロッパ多国間協商は軍事的コミットメントを伴うものではなく、カンヌ決議第六条に示された内容を、太平洋に関する四カ国条約に類する協定へと発展させる構想だと説明した。そして、まず英仏同盟を結び、続いて全ヨーロッパ協商を結べば、国際連盟という「道義」の体系と共存する、「政治」の体系が成立することとなり、戦争を防止する強力なシステムを作ることができる、と説いた。ロイド・ジョージは、英仏協定の草案を一両日中に提出すると述べた。[61]

一月九日にイギリス代表団は条約草案を完成させ、内閣の承認を得るために本国に送付した。草案は全六条からなった。第一条は、「ドイツによるフランスの国土に対する、挑発によらない直接的侵略が起こった場合には、イギリスはその陸海空戦力を用い、直ちにフランスの援助に向かう」と定めた。そして第二条は、「ドイツによるベルギーに対するいかなる侵略が起こった場合にも、締約国〔英仏〕はベルギーの中立を守る対策を協議する」と規定した。第三条と四条は、ヴェルサイユ条約第四二〜四四条への違反など、ドイツが講和条約と矛盾する軍事的措置を講じた場合、ないし講和条約の解釈に相違が生じた場合には、英仏は「協議する」と定めた。第五条はイギリス帝国自治領の免責を規定し、第六条は条約の有効期間を一〇年と設定した。また、本国宛電文の末尾には、東方問題など英仏の懸案が解決しない限り条約は調印されない、と付記された。[62]

同日にロイド・ジョージはイタリアのボノーミ首相と会談し、英仏協定の草案を見せた。ロイド・ジョージは、協定草案はフランスを侵略から保障する合意に過ぎず、同盟ではないと述べた。そして、ブリアンは同盟を望んだものの、ロイド・ジョージの考えでは、それはイギリス国民には受け入れがたい責務を含んでいた。また、「同盟が結ばれれば、イタリア、そしてことによると他国も参加することとなり、メッテルニヒの神聖同盟のような様相を呈してしまう」ことを懸念して、保障条約にとどめたのだという。その代わりに、カンヌ決議第六条に基づく「平和のためのヨーロッパ協定」を目指しており、そのような「国際協力の計画」に協力するよう求めた。ボノーミは、軍事同盟を忌避するイタリアの民主派世論は、侵略に対する保障の考えに同調するだろう、と返答した。(63)

(3) ベルギーの交渉参加

翌一〇日には、ベルギー政府もカンヌでの同盟交渉に関与し始める。その日の午前、ベルギー側の要請を受けてカーズンはジャスパール外相と会談した。ジャスパールは英仏同盟交渉に関する情報を求めていた。カーズンは英仏協定草案を見せた。ジャスパールは、草案の第二条に関して、ベルギーが侵略された場合に英仏が「協議する」としか定めていない点を指摘し、イギリスがベルギーにフランスと同等の保障を供与しない理由を尋ねた。また、条文に「中立」という言葉が用いられていることも問題視した。これに対してカーズンは、①交渉中の条約は英仏二国間の協定であり、一九一九年にすでに結ばれた英仏保障条約の復活を目指しているに過ぎない。②ベルギーはすでにフランスと軍事協定を結んでおり、自国の安全を確保している。③二年前にベルギー保障の問題が浮上したときと同様に、イギリス政府の保障を望むのであれば、一八三九年条約においてそうであったように、ベルギー側は中立の保持という義務を負わなければならない、と返答した。そして、ベルギーが望むのであれば第二条を削除すると述べた。ジャスパールはそのような意図を否定した。そして、「自国の安全保障をもっぱらフランスの保障に依存する限り、ベルギーはフランスの影響圏にますます引き込まれていかざるをえない」と警告した。カーズンはこの発言に理を認め、首相と相談することを約束した。(64)

その頃ロンドンでは、内閣が英仏協定草案と八日付のブリアン覚書について議論していた。チェンバレンが議長を務め、チャーチルとボールドウィンらが出席した。ロイド・ジョージ、カーズン、ボナー・ロウが南仏に赴き、バルフォアが渡米していたため、この閣議の議論は主にチャーチルとチェンバレンによって主導されたものと考えられる。閣議では、イギリスには挑発によらないドイツの侵略からフランスの国土を防衛する道義的義務がある、という意見が表明された。また、前年夏の帝国会議で自治領首脳がフランスを援助する準備がある旨を表明した事実も指摘された。内閣は協定草案に賛意を表明し、イギリスに重い責務を負わせない一方で、フランスにとっても高い価値を有する、という意見が表明された。すなわち、もし双務的な性質を有する英仏同盟が結ばれた場合には、フランスは、イギリスに陸軍力を増強し、大陸に大規模な部隊を派遣できる軍備を整えるように働きかけてくるであろうことから、イギリスは自由裁量を失う。一方で、イギリス代表団が起草した合意内容であれば、イギリスの陸軍政策は影響を受けず、イギリス帝国の防衛に必要な陸軍力のみを維持すればよい。もしドイツがフランスを攻撃した場合には、イギリス帝国の全力をもってフランスを援助する。このような協定が結ばれれば、フランスに信頼感を与え、フランス国内の穏健派が強硬派を抑えられるようになるだろう。さらに、フランスと安全保障協定を結ぶことにより、フランスを見捨てていると批判されるリスクを冒すことなく、ドイツとの関係を強化することができ、ヨーロッパの全般的緊張緩和へとつながる。一方でイギリスには、たとえばポーランドのような国の防衛に関与する余力はない。よって、ブリアン覚書に描かれているような同盟を結ぶことはできない。イギリス内閣はこのような議論を行ったうえで、ブリアン覚書を却下し、イギリス代表団の英仏協定草案を裁可した。ただし、内閣はロイド・ジョージの設定した四条件がやはり英仏協定調印の条件になることを確認し、とりわけ潜水艦問題を焦点とする英仏間の海軍軍拡競争を阻止することに重きを置くべきだと指摘した[65]。

内閣はワシントン会議の首席全権を務めていたバルフォアの意見も聞いた。バルフォアは次の点を指摘した。①協定草案からはイギリスがフランスに多くを与えている一方で、フランスから何を得られるのかが明らかでない。②フランスとベルギーが受ける保障に顕著な差がある。③ワシントン会議と並行してカンヌでも海軍軍備を交渉するのはあまり賢明ではない、と。[66]

一〇日の夕方、イギリス内閣の承認を確認したロイド・ジョージはブリアンと会談したが、協定草案はまだ渡さなかった。おそらく、カーズンとジャスパールの会談を受けて、ベルギーの保障を再検討する必要が生じたためであろう。この会談では、四条件が記載されたロイド・ジョージの四日付覚書の改訂版が議論された。覚書の概要はすでに新聞に知れ渡っており、ブリアン政権はイギリスに譲歩しすぎだと国内から厳しく批判されていた。[67]ブリアンは、条件を明示するのではなく、「特定の副次的問題」のような暗示的表現にとどめるよう求めた。また、イギリスがフランスに「保護」を与えているような表現は用いず、フランスの安全はイギリスの利益でもある、といった表現に変更するよう要望した。ロイド・ジョージは後者の要望については同意し、前者についても、カーズンの合意次第でタンジール問題を除外することは可能だと述べたが、イギリス内閣は潜水艦問題を特に重要視していると伝えた。[68]

ところが翌一一日、ブリアンの政策に対するフランス国内の反発はさらに強まり、ブリアンがカンヌ会議の途中でパリに戻らざるをえなくなる異例の事態へと発展した。[69]ロイド・ジョージは出発するブリアンに英仏協定の草案を渡した。この草案は、九日付草案からベルギーに関する第二条を削除し、全五条に改められていた。[70]そして、四条件が記載されたロイド・ジョージ覚書も再改定された。タンジール問題に関する言及は削除され、潜水艦問題のみが「条件」として残され、他の二点は「強い要望」という表現に和らげられていた。[71]しかし、英仏が着実に歩み寄っていた矢先に、ブリアンは政局を打開できず、一二日に辞任した。[72]

一一日の夕方、英白の首相と外相による四者会談が行われた。ベルギー側はイギリスとの安全保障協定を欲していた。テュニスとジャスパールは次のように説明した。講和条約を受けてフランスがライン川によって守られるようになった結果、将来独仏が開戦した場合には、ドイツ軍がベルギー領土を通過する可能性は戦前よりもむしろ高まっている。また、仏白軍事協定がすでに結ばれていることに鑑みれば、ドイツの軍事行動に対して英仏安全保障協定が発動した場合に、いずれにせよベルギーも作戦に関与することとなる。しかし、フランスとだけ安全保障協定を結んでいる状況が続けば、ベルギーは軍事的にも政治的にもフランスに隷従することになってしまう。もし、イギリスとも安全保障合意を結ぶことができれば、ベルギーの独立を守ることができる、と。これに対してカーズンとロイド・ジョージは、イギリスがベルギーを保障するのであれば、ベルギー側にも「中立」の維持という義務を負う必要があると述べた。そして、ここで言う「中立」維持の義務とは、ドイツにベルギー領を通過する許可を与えず、ドイツの攻撃の際には武力をもって抵抗する約束を結ぶことを意味しているのだと説明した。すなわち、ロイド・ジョージとカーズンがここで用いた「中立」という表現は、一八三九年条約に基づく「中立」への回帰を意味してはいなかった。おそらく彼らは、イギリス政府がベルギーの一方的便宜を図っていると国内から批判されることを想定し、ベルギー側もイギリスの保障に対応するなんらかの義務を負う、という体面を整えることを望んでいたのであり、ベルギーが完全な「中立」に回帰することまでは必ずしも求めていなかったのであろう。ジャスパールが、ベルギーはもはや中立ではなく、ヴェルサイユ条約によってそれは確認されている旨を述べると、ロイド・ジョージはそれを承認した。ベルギー側は、イギリス政府が一八三九年条約のような厳格な「中立」を求めてはいないことを知って安堵した。これにより英白交渉は一気に進展し始めた。ロイド・ジョージとカーズンは、交渉中の英仏協定とは別個に、英白二国間の協定を起草するべきだと主張し、ベルギー側は合意した。そして、ジャスパールとカーズンが協定草案を作成することが決定した。(73)

翌一二日、ジャスパールはカーズンに英白協定の草案を手渡した。草案はまず、「ドイツによるベルギーの国土に対する、挑発によらない直接的侵略が起こった場合には、イギリスはその陸海空戦力すべてを用い、直ちにベルギーを援助する」と定めた。そして、それに対応するベルギー側の義務として、「ベルギーは、自国領土に対するドイツのいかなる侵略をも妨げ、ドイツの自国領土通過を阻むために、その陸空戦力のすべてを用いる」と規定した。カーズンは、その場でベルギー側の義務を定める文言を修正した。まず、「ドイツの侵略」という限定を外し、

「外国の侵略」に改めた。そして、「この義務の主旨に矛盾する合意や取り決めに〔ベルギーは〕参加しない」という文言を新たに付け加えた[74]。おそらくカーズンは、「中立」という言葉を用いずに、ベルギーに可能な限り中立を維持する義務を負わせ、ドイツのみならずフランスとも一定の距離を置かせることを意図してこのような修正を行ったのだと考えられる[75]。

翌一三日、ジャスパールは新たな協定草案をカーズンに手交した。草案は次の二条から成った。

第一条　ベルギーの国土に対する、挑発によらない直接的侵略が起こった場合には、イギリスはその陸海空戦力すべてを用い、直ちにベルギーを援助する。

第二条　ベルギーは、自国領土に対する攻撃ないし侵犯が起こった場合、自国国境を防衛するためにその陸空戦力のすべてを用いる。ベルギーはこの誓約と矛盾する協定や取り決めを結ぶことを差し控える。

このように、カーズンが第二条の内容から「ドイツ」という限定を外したことに対応して、ベルギー側は第一条からも「ドイツによる」という限定句を削除していた。よって、たとえばフランスがベルギーを侵略した場合も発動要件を満たすことを意味し、イギリスにより大きな義務を課す内容となっていた。しかし、カーズンはこの変化に気づかず[76]、修正されたベルギー草案をそのまま承認した。カーズンは、英白協定は英仏協定と同時に調印されるべきだと述べた。ジャスパールはこれには反対した。フランスの政府首班が交代し、その対外政策も変化するおそれがあったため、英白協定の運命がフランスの政治に左右されるような状況を避けたかったからである。カーズンは、フランスとの協定が調印されなかった場合に、ベルギーとの協定だけでも調印するのかという問題については、首相と内閣の判断を仰ぐことになる、と返答した[77]。カーズンは一四日にこの草案をロンドンに送付した[78]。また、この草案はイギリスの『デイリー・テレグラフ』紙にリークされ、同紙の一六日付の紙面に掲載された[79]。

カンヌ会議は突然の終幕を迎えることとなった。一三日の全体会議でロイド・ジョージは、ブリアンの辞任を受け、カンヌ会議を終了せざるをえないと表明した。[80] ジェノヴァ会議の開催決定という成果はあったものの、同盟交渉が結論に達しないままの閉会となった。

4 同盟交渉の頓挫

(1) ロイド・ジョージとポアンカレの反目

一九二二年一月一四日、カンヌから帰国する途中、ロイド・ジョージはフランスの後継首班に内定していたポアンカレとパリのイギリス大使館で会談した。ポアンカレは、自分が「英仏協商の確固たる信徒」だと前置きしたうえで、ブリアンが進めた英仏同盟交渉を継続する意向を表明した。ポアンカレは、ブリアンに手交されたイギリスによる協定草案にいくつかの注文を付けた。まず、条約の片務的性質を改め、フランスもイギリスを保障する双務的な内容にするべきだと説いた。また、大戦前に行われていた英仏軍事協議に言及し、両軍の兵力と配置を策定するためにも軍事協議は必要だと説明した。ポアンカレは、「軍事協議なき条約よりも、条約なき軍事協議を望む」とさえ述べた。そして、条約の期限が一〇年では、ラインラントから英軍が撤兵する時期にちょうど条約が失効することになりかねないため、期限を延長するよう求めた。ロイド・ジョージは、軍事協議に関する指摘にとりわけ反発した。そして、数個師団規模の細かな規定など設けなくとも、先の大戦でイギリスは最終的に数百万の兵力を大陸に派兵したと述べ、イギリスの保障の誓約で満足するよう求めた。両者は一歩も引かず、軍事協議の必要性やドイツの脅威をめぐる激しい論争が展開された。同席した秘書によれば、ロイド・ジョージは机を叩きながら、「イギリス人の約束が十分でないというのであれば、条約草案は取り下げられたと考えてください」とまくしたてたという。[81] 一六日にはカーズンがポアンカレと会談し、タンジールと東方問題を議論した。この会談も緊張した雰囲気のなかで行われ、ポアンカレは英仏協定の調印を急いでいない旨を表明した[82]。フランスの政変後の英仏関係は不穏なスタートを切ることとなった。

一七日、ロンドンでサン＝トレール大使とクロウ外務事務次官が会談した。サン＝トレールは、ロイド・ジョージが同盟に様々な条件を付けたことで、同盟交渉がまるで「フランスをポルトガル化するための恐喝寸前の取引」であるかのような印象をフランス世論に与えたと、痛烈に批判した[83]。クロウはこれに抗議し、イギリス政府の善意を主張したが、付帯条件を列記した覚書を作成、公開したことは大きな過ちだったと認めた。クロウは、東欧を保障対象に含めない限定的な英仏協定であれば、イギリス内閣と議会は受け入れることができると述べた。そして、国際連盟の賛助のもとで、東欧を含むヨーロッパ諸国による多国間協商を構築する構想に支持を表明した。クロウは、ジェノヴァ会議が経済協力に関する合意を生むことに成功すれば、それが経済に関する国際連盟の「執行機関」を担うこととなり、そして、英仏同盟がいずれは「すべての善意の国々」を含む協商へと拡大し、国際連盟の政治領域に関する「執行機関」となることを望む、と述べた[84]。この発言から、クロウが、英仏の緊密な連帯を核に、ヨーロッパ多国間協商とヨーロッパ経済復興を軌道に乗せ、国際連盟を下支えする強固で安定した秩序基盤を形成しうると考えていたことがうかがえる。彼はイギリス政府関係者のなかでは例外的に、ブリアンの描いた構想を相当程度共有していたのである。

しかし、クロウの望みとは裏腹に、イギリス内閣は英仏協定の調印を急ぐ必要性を認めなかった。首相と外相の帰国後の一月一八日、英仏・英白両協定の問題が閣議にかけられた。閣議は、フランスの「敵意ある態度」に鑑み、フランス側から好意的なイニシアチブが示されるまで、英仏同盟交渉を凍結する方針に合意した。これに対しては、協定交渉を中断すれば、フランスがすぐにでもルール地方を占領するかもしれない、という懸念も表明された。対照的に、閣議はベルギーとの交渉は継続するべきだと合意した。カーズンは、英仏・英白協定を連結し、フランスとベルギーの国境を一つのものと捉えるのが自然だと述べる一方で、英白協定を先に推進する利点にも触れた。彼や他の閣僚は、英白同盟交渉を優先する理由として、次のような点を挙げた。①フランスに対する保障よりも、ベルギーに対する保障のほうがイギリス議会を説得しやすい。②英白協定を調印することで、フランスの影響力を相対化し、ベルギーの独立心を促しうる。③ベルギーが軍事協議を伴わない条約に調印すれば、フランスにも同じ条件を受け入れさせるうえで有利となる。④戦前の合意〔一八三九年条約〕はそもそも独立した合意であった、という理由である。[85]

なお、イギリス軍部は一九二一年一二月以降の同盟交渉に関して蚊帳の外に置かれており、意思決定に関与していなかった。ウィルソン参謀総長は、英仏・英白協定に関してすべて事後報告で知ったと述べ、イギリスに大きな潜在的軍事負担を強いる合意を、参謀本部の助言を求めずに推進したことに不満を述べた。そして、「高度な政策」と「高度な戦略」が緊密に連携する必要がある、というのが大戦の教訓のはずであるにもかかわらず、前者が後者を無視し、後者が前者について無知であるならば、大戦の犠牲と教訓はすべて無駄となり、そう遠くない将来に悲劇は繰り返されることになるだろう、と警告した。[86]

一月一八日の閣議決定を受け、外務省はその翌日までに英白草案の「抜け穴」を埋め、全四条に改めた草案をブリュッセルに送信した。新たな草案は、第一条と第二条に「ドイツによる」という限定句を復活させた。すなわち、イギリスは「ドイツによる」挑発によらない直接的攻撃からベルギーを保障し、ベルギーは「ドイツによる」攻撃と侵犯に抵抗する義務を追うという、当初の形に戻された。さらに、イギリスの自治領の免責を規定する第三条と、条約の有効期間を更新可能な一〇年間と定める第四条が新設された。[87] ジャスパールは、カンヌでカーズン自身が「ドイツによる侵略」を「外国からの侵略」に改めたではないかと反論しながらも、イギリスによる再変更を受け入れた。その一方で、一〇年という有効期間の設定と、第二条末尾の「ベルギーはこの誓約と矛盾する協定や取り決めを結ぶことを差し控える」という条件には難色を示した。[88]

ところが、ハーディング駐仏大使の次のような助言がイギリス政府の方針を交渉凍結へと一気に傾かせることとなる。ハーディングは、一見強気の交渉姿勢を見せているポアンカレも、政権浮揚のために英仏協定の締結を本心では望んでいると分析した。そして、英仏協定というカードを温存させておけば、中東やタンジールに関する懸案などについて「われわれの望むものをなんでも得ることができるだろう」とカーズンに助言した。さらに、英白協定によりベルギーの安全保障が強化されれば、（その地理的位置に鑑みて）自動的にフランスの安全も高まることとなり、ポアンカレの懐柔がより困難となるかもしれない。そのため、フランスとの協定交渉が進展するまで、ベルギーとの協定交渉も凍結するべきだと進言した。この助言はカーズンに強い印象を与えた。カーズンは、「ベルギーに関するあなたの指摘は新しいものであり、考慮に値する」と述べた。またフランスに関しても「われわれが主導権を握っている」と述べ、ハーディングに同意した。[89] これにより、イギリス政府は英仏・英白両協定交渉にさらなるブレーキをかけた。

一月二六日、ポアンカレは英仏同盟の新草案をサン＝トレールを通してカーズンに提出した。フランスの草案は広範な防御同盟と呼ぶべき性質の内容であった。一一日にブリアンに手交されたイギリス草案と比べると、第一条は双務的内容に変更され、ドイツによるイギリスに対する挑発によらない侵略が起こった場合に、フランスはその陸海空戦力を用いてイギリスを援助すると定める一文が追加された。また、「フランスの領土に対する挑発によらない直接的侵略」という文言から、「の領土」と「直接的」という限定句が外され、「フランスに対する挑発によらない侵略」に改められた。第二条は、ドイツによるヴェルサイユ条約第四二〜四四条への違反は「侵略行為」に該当すると明確に定義づけた。さらに、英仏の参謀間の「恒常的な協調が保たれる」と定める第三条と、「平和を脅かす、ないし講和条約が打ち立てた一般的秩序を侵害する性質のあらゆる問題」に関して、英仏は「協議する」と規定する第四条が新設された。そして、第五条にイギリス自治領の免責条項が存置され、第六条は条約の有効期限を更新可能な三〇年間と定めた。

ポアンカレから詳細な指示を受けていたサン＝トレールは、各条項の根拠となった論理を丁寧に説明したが、カーズンは説得されなかった。カーズンは、フランスの東部国境は「イギリス自身の国境の外縁（the outer frontier of Great Britain herself）」と捉えることができるため、それを保障することはイギリスの利益だと認めた。その一方で、ドイツのヴェルサイユ条約違反を同盟の発動要件とすることには強く反対した。カーズンによれば、国際連盟の設立により、諸大国が対抗的同盟に分裂する「旧い政策」（すなわち勢力均衡政策）を終焉させることが講和の理念だったはずであり、英仏という強力な大国が新たに二国間同盟を結び、ヨーロッパに事実上の覇権を確立すれば、それはヴェルサイユ講和の精神と真っ向から矛盾する、というのであった。また、ポアンカレが同年春に予定されたジェノヴァ会議の開会前に英仏協定が調印されることを望んでいるとサン＝トレールが伝えると、カーズンは、英仏協定の調印はトルコ和平、タンジール、ヨーロッパ経済復興、潜水艦といった懸案事項の解決を前提とするため、数週間では終わらない長期の交渉になると反論した。そして、会談に関する報告書の結論部に、ハーディングの助言そのままに、ポアンカレ内閣は英仏協定を強く欲しており、交渉を凍結させることで、「他の問題について有利な解決を確保する強力な梃子」となるだろう、という所見を加えて内閣に提出した。(90)

（2）同盟案に対するイギリス国内および自治領の反対

一月下旬から二月初旬にかけて、イギリス議会や一部の自治領首脳が英仏・英白協定に反対を表明した。たとえば南アフリカのスマッツ首相は、「そのような軍事同盟は、諸国家間の新しい精神の完全なる否定であり、大戦を引き起こした陋習への逆戻りとなり、他の諸国による同様の同盟の前例となってしまう。したがってイギリス帝国は、反動を先導するという不愉快な立場に身を置くことになる」と述べ、英仏・英白協定案を厳しく批判した。(91) 閣外にいたロバート・セシル卿も、フランスやベルギーと二国間同盟を結べば、ドイツと西欧諸国の和解の妨げになることを懸念した。そして、ロイド・ジョージが国際連盟を軽視していることを批判した。(92)

二月七日に国王ジョージ五世は、議会の開会演説を行った。そのなかで国王は、ジェノヴァ会議に言及し、「国際的対抗関係の融和（appeasement of international rivalries）」こそが、国際情勢の窮状を緩和する唯一の解決策であると述べた。また、政府がフランスおよびベルギーと、挑発によらないドイツの攻撃に対処する合意に関する交渉を進めていることにも言及した(93)。その後の議会討論のなかで、英仏・英白協定に関する議論が行われた。労働党のクラインズ議員は、英仏・英白協定のように数カ国の安全のみを追求する合意は平和には役立たず、国際連盟を通じてすべての諸国の安全を追求するべきだと説いた。自由党のマクリーン議員は、イギリス国民の感情は「巻き込まれるような同盟」を忌避する方向に流れていると述べ、英仏・英白協定を議会で精査する機会を設けるよう政府に求めた。

　これに対してロイド・ジョージは、次のような理由を挙げて協定案を擁護した。①協定が結ばれれば、フランスがドイツに対して抱く恐怖心を払拭し、賢明な政策を推進するよう促しうる。②ドイツの復讐戦を抑止できる。③協定はそもそもパリ講和会議でフランスに約束したものであり、「われわれは道義的義務を負っている」、と。そして、協定の批准に際しては議会の裁可を仰ぐと約束した。また、自由党のシーリー議員も、フランスおよびベルギーとの協定締結を支持し、党派を超えて後押しするよう呼びかけた。庶民院の院内総務を兼任するチェンバレンも協定案を擁護する発言を行った。彼は、英仏海峡沿いの港湾が友邦の管理下に置かれていることはイギリスの利益であり、協定があろうとなかろうと、それを守らなければならない。もし大戦前に英仏協定が存在し、それが公開されていれば、大戦は起こらなかったかもしれない、と論じた。チャーチルもまた、協定の適用範囲が厳密に限定されている限り、自身が英仏協定の「とても強く確信的な唱道者」であると明言した。そして、英仏協定によってフランスが安心を供与されることは、ドイツの利益ともなり、「ヨーロッパ全域に融和が訪れる（an appeasement would come over the whole area of Europe）」のだと説いた。

　一方で自由党のケンワージー議員は、「同盟と勢力均衡による旧外交」に反対を表明し、自由党の大部分と労働党はこのような協定を無条件で受け入れるつもりはない、と述べた。労働党のリース・デイヴィス議員も、フランス人の「軍国主義的傾向」を批判し、ドイツ人を力によって服従させようとするフランスと同盟を組み、イギリスの若者を危険にさらしてはならない、と訴えた。労働党の元党首のバーンズ議員も同様の見解を説いた。自由党のジョン・ウォード議員は、いかなるヨーロッパ国家とも同盟を締結するべきではなく、同盟を結ぶのであれば、イギリス人の気質と伝統を共有するアメリカと結ぶべきだと説いた。また、保守党のロバート・セシルは、英仏がヨーロッパを「支配する」同盟を締結してはならず、国際連盟のもとで、全ヨーロッパ諸国の独立と領土の保全を保障するべきだと主張した。そして、すべての諸国が軍縮を推進することを条件に、すべての諸国が参加する「一般的防御同盟」であれば支持できると述べた。当時の庶民院の最古参議員であったアイルランド国民党のトマス・オコナー議員も、フランスに同情を示しながらも、同盟よりも国際連盟に頼るほうがフランスにとってより安全で賢明な手段だと説いた。[94] このように、党派を問わず、しかし自由党と労働党を中心とする多くの議員が、英仏・英白協定に異論を唱えたのであった。

(3) 交渉の頓挫

二月初頭にポアンカレは、フランスの協定草案の論理的根拠を説明する新たな覚書をイギリス政府に提出した。そのなかで、ジェノヴァ会議の前に同盟を締結することを望む意向を示し、フランス案をそのまま受け入れられなくとも、妥協案の模索は可能だと促した。[95] しかしカーズンは、イギリス議会の批判を引き合いに出し、イギリス政府は一九一九年の英仏保障条約を超える内容には合意できないと述べるなど、妥協案の模索は困難との認識を表明した。[96]

その頃ベルギー政府は、英白協定草案に次のような変更を加えることをイギリス政府に求めていた。①第二条末尾の「ベルギーはこの誓約と矛盾する協定や取り決めを結ぶことを差し控える」という記述を削除し、その代わりに同様の主旨の記述を前文に設ける。②条約の期限を三〇年とする。③第一条から「直接的」という限定句を削除する。④第二条のベルギー側が用いる戦力に関して海軍を加え、「陸空」を「陸海空」に変更する。そして、⑤両国が合意した場合の条約の更新について、「更新可能となる」という表現を「更新される」に変更する、という内容であった(97)。二月一三日にベルギーのモンシュール大使はカーズンと会談し、これらの変更を反映した新たな英白協定草案を手交した。カーズンは、①と④の変更について無条件に合意した。その一方で、条約の期限については二〇年が限度だと述べ、更新に関する記述も「更新可能となる」という文言のままにするべきだと述べた。そして、第一条の表現に関しては、英仏協定で用いる文言と一致させるべきだとした。カーズンとモンシュールは、これをもって英白両政府は安全保障協定について大筋の合意に達したと判断し、そのように報告した。モンシュールは、ベルギー政府としては英仏同盟交渉の妥結を待たずに、英白協定を早期に調印することを望んでいるとカーズンに述べた。しかしカーズンは、フランスとの交渉が進展するまでは、英白協定の調印は延期される必要があるとの認識を示した(98)。このような認識はカーズンに限ったものではなく、たとえばイギリス外務省のジェラルド・ヴィラーズ西方局長も、英仏・英白両協定の文言を一致させるために、フランスとの交渉の進展を待つべきだと述べていた(99)。したがって、英白協定の行方は、英仏交渉の進展に委ねられることとなった。

二月一七日にカーズンは、一月二六日に提出された英仏協定のフランス政府草案に関する長文覚書を自ら起草し、内閣に提出した。カーズンは、条約の双務的内容への変更、すなわちフランスも、ドイツによるイギリスに対する挑発によらない侵略が起こった場合には、イギリスを援助する、という一文を第一条に追加することは、将来的にイギリスの利益となるかもしれないため、合意するべきだと説いた。また、条約の期限の延長についても、二〇年までであればフランスの希望に応じる意向を示した。一方で、「フランスの領土に対する挑発によらない直接的侵略」という文言から、「の領土」と「直接的」という限定句を外すことには反対した。カーズンは次のような根拠を挙げた。①イギリス世論は、ドイツ軍がフランス国境を実際に侵犯した場合にのみ発動するような協定にしか同意しないと考えられる。②もし、ドイツ軍がフランス国境を侵犯する前に軍事行動をとることを想定するのであれ開戦経緯において、ロシアによる動員令の布告をドイツが宣戦布告に相当すると捉えたことを例示した)。③条文の文言を一般化してしまえば、将来フランス政府が様々なケース(たとえばフランスの植民地に対するドイツの攻撃)も発動要件に相当すると主張する恐れがある、と。同様に、カーズンはヴェルサイユ条約第四二〜四四条に対する違反を「侵略行為」と定義づける案にも反対した。カーズンによれば、ライン左岸領域を「あたかもフランスの国土の一部であるかのように扱い」、同地が攻撃された場合に自動参戦することを事前に承認するような取り決めを、イギリス世論が受け入れるはずはないのだという。また、ヴェルサイユ条約第四四条は、ドイツによるラインラント非武装規定への違反を講和条約の調印国に対する「敵対行為」だと定めており、したがって講和条約のすべての調印国がその違反に対処すべき性質の問題であるにもかかわらず、英仏二国が独自に対処する合意を結ぶのは不適当だと指摘した。さらに、英仏がそのような規定を含む軍事同盟を結べば、ドイツやロシアによる対抗的同盟の形成へと繋がり、(国際連盟を基盤とする)戦後政策の理念と矛盾することとなる、とも述べた。カーズンは参謀協議に関する取り決めにも反対した。カーズンは、参謀協議を行うことの意義は認めたものの、それに関する取り決めを事前に結ぶことには反対した。カーズンによれば、そのような規定を設ければ、英仏協定と軍備に関する主導権を内閣と議会から参謀本部に明け渡す恐れがあるという。カーズンはまた、「平和を脅かす、ないし講和条約が打ち立てた一般的秩序を侵害する性質のあらゆる問題」について英仏が協議する、と定めた条項にも反対した。彼曰く、この条項は一見無害であるが、その内実は条約の適用範囲を東欧へと拡大することを狙ったものであり、「保障条約」を、より包括的な「同盟」へと近づける性質の条項である。また、「平和を脅かす問題」は、本来国際連盟のすべての参加国によって協議されるべき問題であり、英仏協定にこのような文言を含めれば、連盟の支持者から厳しい批判を受けることになる、とも指摘した。そして、英仏がヨーロッパに「覇権」を打ち立てるかのような取り決めを結べば、イタリアをはじめとする他のヨーロッパ諸国が反感を抱くことになりかねない、と警告した。最後にカーズンは、「きわめて重要な問題」として、トルコ和平、ジェノヴァ会議、潜水艦といった英仏間の懸案事項に言及した。そして、ポアンカレ政権の安定は英仏協定の調印にかかっていることから、「われわれがそれに調印しないことによって発揮できる非常に強力な圧力を、自ら放棄することは愚かであろう」と結論した。[100] すなわち、ここでもカーズンは、限定的な英仏安全保障協定を、他の懸案事項を解決するための取引材料として利用する方針を再確認したのであった。

二月一八日、英仏同盟交渉の状況を案じたダービー卿がロイド・ジョージと面会した。ダービーは、英仏協定の調印に条件を付与することに強く反対し、ジェノヴァ会議の開催前に調印するようロイド・ジョージに助言した。そして、ダービーの仲介により、二月二五日にブローニュで英仏首脳会談が開かれることとなった。[101] ブローニュでポアンカレは、会談の主たる議題はジェノヴァ会議の準備に関することであると考えられるが、英仏協定についても話し合うかをロイド・ジョージに尋ねた。ロイド・ジョージはまずはジェノヴァ会議に関する議論から始めたいと述べた。結果として、四時間に及んだ会談の大半はジェノヴァ会議の問題に終始し、英仏協定を議論する時間はなくなった。ポアンカレは、戦後秩序に批判的なロシアとドイツが招かれるジェノヴァ会議において、講和条約、国際連盟規約、賠償の取り決めを修正するような議論が行われないという保証がない限り、ジェノヴァ会議には参加できないと表明した。ロイド・ジョージは、経済復興と密接に関連する賠償の問題にまったく触れないわけにはいかないのではないかと反駁したものの、結局ポアンカレの条件を受け入れた。また、議論はカンヌ決議第六条、すなわち全ヨーロッパ不可侵協定の構想にも及んだ。ポアンカレは、連合国がドイツに講和条約の履行を強制する行動は不可侵の取り決めの適用対象から除外されるのかと確認した。ロイド・ジョージは、講和条約の強制は条約によって保証された連合国の権利であり、不可侵協定によっては侵害されないと述べ、これを承認した。ポアンカレは会談の終わる直前に、英仏協定案に関するロイド・ジョージの意見を尋ねた。ロイド・ジョージは、英仏協定を議論する意志はあるものの、「他のすべての懸案」を解決してからのほうが、議会に協定案を通しやすいと返答するにとどまった[102]。かくして、英仏同盟交渉を再び軌道に乗せる貴重な機会は成果なく終わった。ブローニュ会談の結果、イギリス内閣はポアンカレが安全保障協定に興味がないものと判断し[103]、同盟交渉は停滞期を迎えることとなる。

カーズンの頭越しに進められたブローニュ会談に気を揉んでいたハーディングは、会談の結果に安堵した。彼は、ロイド・ジョージが会談の最後に、「他のすべての懸案」の解決が英仏協定調印の前提となる旨を再確認したことを称賛した[104]。フランスおよびベルギーとの安全保障協定の構想に関して、ロイド・ジョージとカーズンは立場を同じくしていた。首相と外相が揃って消極的であったため、チェンバレンとチャーチルといった英仏・英白協定推進派の閣僚にできることは少なかった。三月二六日の閣議においてチャーチルは、ジェノヴァ会議でフランスがイギリスの方針に従わなければ英仏協定の問題を棚上げするというのであれば、それは「不公正な脅し」を用いることになる、と指摘した。これに対してカーズンは、英仏間の懸案事項が解決するまで、英仏協定は調印しないという従来の政策を維持する方針を表明した。そしてロイド・ジョージは、賠償やドイツの待遇の問題をめぐる交渉においてフランスに圧力をかけるために、英仏協定は温存しておくべきだと述べた[105]。外務省においてもこの路線を支持する者は少なくなかった。たとえば、英仏同盟を求めるフランス紙の論説に対して、ヴィラーズ西方局長は、「フランスが協定を望めば望むほど、他の問題の解決の可能性は高まる」とコメントした[106]。

ベルギーのジャスパール外相は、その後も英白協定の早期調印をイギリスに繰り返し求めた。しかしイギリス政府は、英仏同盟交渉が妥結するまでは、英白協定に調印しないという方針を維持した[107]。三月中旬にモンシュール大使に説明を求められたクロウ外務次官は、英白同盟交渉はすでに大筋で合意に至っているものの、英仏協定と文言を調整する必要があるため、フランスとの交渉が妥結するまで、調印を待たねばならない、と述べた。クロウはまた、トルコやタンジールなどに関する問題が解決するまで、イギリス政府は英仏協定に調印しない方針だということも、モンシュールに伝えた。そして、イギリス政府としては、ポアンカレによって内容が拡張された協定草案を受け入れることは不可能であり、元のカンヌ会議の際の草案に沿った協定を望んでいることも説明した(108)。

三月末には、ビーチャム伯や歴史学者ジョージ・グーチを含むアスキス派自由党員が署名した公開書簡と、アスキスによる返信文が『タイムズ』紙に掲載された。彼らは、フランスのポアンカレ政権が求める軍事同盟のような少数国間の「特殊的」ないし「個別的」合意ではなく、国際連盟に基づく「一般的」合意を目指すべきだと論じた。そしてイギリスは、一九世紀後半にグラッドストンが追求した政策、すなわち一方で「ヨーロッパ協調」を促進しながら、他方で「巻き込まれるような約束」を結ばず、すべての国家と平等に接する、という政策に回帰するべきだと説いた。アスキスは、次期総選挙において、彼の率いる自由党はそのような政策を前面に打ち出すと表明した(109)。

他方、イギリス政府関係者のなかには、フランスやベルギーと安全保障協定を結ぶ必要性を継続して説く者もいた。ウィルソンに代わってカヴァン伯を新たな長とした陸軍参謀本部は、英仏・英白協定案に関する所見を三月末に提出した。まず英仏協定について、参謀本部は、ドイツ軍がフランス領土に進出する前にイギリスが軍事行動を開始しなければ、フランスを効果的に援助することはできないという見積もりを、考察の出発点とした。そのため、同盟の発動要件は一定程度広く捉える必要があり、フランス「の領土」という限定は外すべきだと進言した。また、ドイツによるヴェルサイユ条約第四二〜四四条の違反も、それが挑発によらない限り、イギリスの軍事行動の対象とするべきだと説いた。すなわち参謀本部は、ドイツがラインラント非武装地帯に進出した段階で、イギリスが直ちに軍事行動を開始できるような文言を採用するべきだと考え、二月一七日付のカーズン覚書よりも、フランス草案を評価していたのであった。参謀協議の実施に関する条項を協定に内包することについても、参謀本部はフランス草案と同意見であった。参謀本部はさらに、協定の期限は二〇年であるべきだとし、もし英仏協定が結ばれれば、ヨーロッパをその二〇年の間安定化させることに大きく寄与するだろう、と結論した。参謀本部は英白協定についても二〇年の期限を提唱し、時間が経過してドイツが講和条約の影響から回復するにつれて、協定の必要性は高まっていくだろう、と説いた。しかし、参謀本部がこの覚書を提出した頃までには協定交渉は事実上終了しており、外務省は参謀本部の見解に反論する覚書を提出する必要はないと判断し、閣議においても協定の問題は長らく取り上げられなかった(110)。

チャーチルは、イギリスがフランスとベルギーに安全保障を提供することと、ドイツとの関係改善とを両輪のように進める政策を保持していた。四月九日にスコットランドのダンディーで行った演説で、チャーチルは次のように説いた。

わが国のヨーロッパにおける対外政策の基調は、フランスとドイツとの間の相互理解を発展させながらも、フランスが再びドイツによる挑発によらない侵略の犠牲となった場合に見捨てられることはない、という保証をフランスに与えることにあります。われわれは、この提案をフランスにはっきりと申し出ました。それが限定的な提案であるというのはまったく本当です。それは、一九一四年八月に起こったのと同じように、フランスがドイツによる挑発によらない侵略の犠牲となった場合に、フランスの領土を守ることだけを約束したものに過ぎません。また、戦争の緒戦に派兵できる軍が実質的にないという状況にまで、われわれが軍縮を進めたということも確かです。しかし、その一方でそれは、イギリスが大戦時にフランスおよびベルギーと団結したときと同じ立場に立ち、そして何世代にもわたって続くと願い信じる平和の時代を通して、そこに立ち続けるという保証を、フランスに与え、ベルギーに与えることとなるのです。〔……〕ただし、首相と外相が厳粛に公表したこの政策に私が心から合意し、それを支持する動機は、ヨーロッパに衝突と軍国主義を生むことではなく、平和と軍縮を促進することにあり、ドイツに害悪をもたらすのではなく、便益をもたらすことにあり、イギリスをドイツから引き離すのではなく、平和的通商に関する親密な協力を促進し、戦争がもたらした悲惨な憎悪をより早く拭い去り、消失させることにあるのだということを、明確にしておきます(111)。

このようにチャーチルは、英仏白同盟が「ヨーロッパに衝突と軍国主義を生む」という批判に対して、それが通常の同盟よりも発動要件の限定された協定であり、ドイツの復興とヨーロッパの平和に資することもできるのだと、述べたのであった。

(4) ジェノヴァ会議の行き詰まり

ところが、ドイツやロシアとの関係改善を目指したイギリスの政策は、ジェノヴァ会議で挫折を味わうこととなった。財政、運輸、経済に関する各専門家委員会は、金本位制への復帰などに関する決議を提出するなど一定の成果を挙げたものの、ソヴィエト政府と連合国政府の意見対立が顕在化し、建設的な政治的合意を形成するには至らなかった。[112] ベルギーとフランスは、帝政ロシア時代の債務の履行をソヴィエト政府に求め、妥協するためにはイギリスの戦債帳消しが必要となると主張した。しかしイギリス政府は、フランスが対独賠償問題において譲歩し、アメリカ政府が戦債を帳消ししなければ、応じられないとした。[113] 一方で、その間にソヴィエト・ロシアとドイツが接近し、戦時賠償の相互放棄、国交回復、最恵国待遇の相互付与などを謳ったラパッロ条約を結んだ。これにより、独ソ両国は外交的孤立を回避し、連合国に安易に妥協する必要性が弱まった。[114]

ジェノヴァ会議では、カンヌ決議第六条に基づく不可侵協定の構想も議論された。イギリス政府は、外務省のハースト法律顧問の起草した不可侵協定草案を会議に提出した。草案は次の二条項からなり、ソヴィエト・ロシアとドイツを含むヨーロッパのすべての諸国を締約国として想定した。

第一条　各締約国は、他の締約国の領土保全に対するいかなる侵略行為をも手控えることを誓約する。

第二条　第一条に違反する侵略行為が行われた場合には、各締約国は、保有するあらゆる手段を行使し、利用可能なあらゆる機関に訴え、当該の侵略行為に起因する紛争を、平和的手段によって協議、検討、調停することを誓約する。

すなわちイギリス政府としては、国際紛争を国際連盟のような協議機関を通じて平和的に解決することを宣言する、緩やかな合意にとどめる考えであった。しかし、フランス、イタリア、チェコスロヴァキアの代表は、締約国に侵略国に対する制裁義務を課さない「道義的宣言」は「幻想」であり、無益であるばかりか、ドイツやロシアに戦後秩序に挑戦する機運を与えかねず、危険だと反駁した。チェコスロヴァキアのエドヴァルド・ベネシュ外相は、英仏が安全保障に関する合意をまず結んだうえでなければ、ヨーロッパ不可侵協定は平和維持のための有効な枠組みとなりえない、とロイド・ジョージに訴えた。フランス世論は、ロイド・ジョージの草案は「不可侵（non-aggression）」協定ではなく「可侵（oui aggression）」協定だと揶揄した。他方で、ドイツとロシアは講和条約に基づく現状を承認するような合意に調印することに難色を示した。(115)

結果として、ドイツを含まない、ソヴィエトとその他の会議参加国との間の期限四カ月の不可侵合意が、ジェノヴァ会議の決議に挿入され、裁可された。しかし、不可侵合意は一九二二年一一月に失効し、更新されなかった。(116)一二月一日にイギリス外務省のジョン・グレゴリー北方局長は、不可侵合意はジェノヴァ会議の失敗をカバーするための「茶番」に過ぎなかったと総括した。(117)一九二一年一二月のブリアン提案を端緒とし、ロイド・ジョージが引き継いだヨーロッパ不可侵協定構想は、頓挫したのである。

一九二二年四月末、ジェノヴァ会議の行き詰まりは、外務省内でイギリスの大戦後ヨーロッパ政策に対する一定の反省を喚起し、英仏協定の必要性が再度説かれた。議論のきっかけとなった中欧局のシドニー・ウォーターロウ首席事務官の覚書は、戦後ヨーロッパの不安定にはイギリスにも多大な責任があり、一九一九年の英仏保障条約を無効のまま放置したことはイギリスの大きな道義的負い目だと論じた。そして、ドイツ問題の解決こそがイギリスの国益と世界の平和の要であり、中東やモロッコのような「周縁的問題」を優先すれば「破滅を招くことになる」と果敢に論じた。彼は、ドイツの平和的発展と経済復興への協力を引き出すためには、まず先にフランスに安全保障協定を提供すべきだと説いた。(118)

ティレル次官補は、この覚書を積極的に後押しし、自身もヨーロッパ安全保障に関する独創的な提案を行った。彼も、イギリスがフランスの東部国境の安全を保障すれば、ヨーロッパと中東におけるフランスの政策は、より協調性のあるものに転換するだろうと考えた。そして、英仏協定を第一歩に、ベルギーとイタリアも協定に招き入れ、いずれはドイツの参加も視野に入れるべきだと述べた。ティレルによれば、この協定は国際連盟と調和する形に設計されるべきであった。そして、ポーランドの保障に関するフランスの要求を満足させるために、ヴェルサイユ条約に基づく領土的現状を保障する特別な機能を国際連盟に持たせるべきだという。そのような機能を国際連盟が果たすために、英仏は共同で「両国のすべてのリソースを国際連盟に委託する」宣言を行うべきだと、ティレルは説いた。そのように英仏が協働することによって、国際連盟は「あまりに無気力な機構」としての現状から脱することができるだろうと、ティレルは論じた。この構想は、ブリアンが語った、英仏が国際連盟の「俗権」を担うとする発想を想起させた。ティレルは、カーズン外相が同意するのであれば、ウォーターロウの覚書にこうした構想を加筆したうえで、内閣に提出するべきだと進言した[119]。

しかし、カーズンは同意しなかった。カーズンは、フランスの政策を軟化させるために英仏安全保障協定を結ぶというのは、「順序が逆」だと批判した。そして、フランスが北アフリカと中東で推進している「横柄さ」と「背信」に基づく政策を止めない限り、英仏安全保障協定の締結などありえないと反論した[120]。ティレルの提言を取り入れたウォーターロウ覚書の修正版が作成されたものの、カーズンの反対を受けて内閣には提出されなかった[121]。

ティレルとウォーターロウの進言は内閣の考えと相いれなかった。五月二三日の閣議において、チャーチルが賠償問題についてフランスと交渉する材料として、英仏協定案を使えないかと尋ねたところ、ロイド・ジョージは、ブローニュ会議におけるポアンカレの対応、そしてジェノヴァ会議においてフランス側から協定案に関する打診が一切なかったことに鑑みて、フランス政府は英仏協定に関心がないものと認識していると述べた[122]。イギリス政府は、賠償やトルコ和平の問題を解決する交渉材料とならない限り、英仏協定を推進するつもりはなかったのである。

（5）「フランスの友人たち」

一方で五月には、英仏友好を謳ういくつかの催しがロンドンで開かれていた。五月一九日、イギリス議会の内部で開かれた昼食会にカンボン元駐英フランス大使が主賓として招かれ、イギリスの各会派の有力議員が出席した。カンボンは、英仏海峡トンネルの意義を説くために、海峡トンネル案を検討するフランス側の委員会とともに渡英していた。昼食会ではまず自由党のシーリー議員が祝辞を述べ、それに続いてオースティン・チェンバレンが演説した。チェンバレンは、これが「両国の友情を更新し、再確認する」機会となることを望むと述べたうえで、英仏の良好な関係を支えてきたカンボンに敬意を表した。チェンバレンは、彼自身とカンボンは依然として「旧外交」の信徒であり、新聞の喧騒を避けて控えめで寡黙な外交を好む、過ぎ去りつつある世代に属しているのだと述べた。自由党のジョン・サイモン議員と労働党のクラインズ党首も、英仏の緊密な協力関係は党派を分かつような問題ではなく、挙国一致で支持している旨を表明した。その晩にカンボンらは、イギリス議会の英仏海峡トンネル建設支持派の議員連盟との晩餐会に出席した。この議員連盟を指導した保守党のアーサー・フェル議員は、フォッシュ元帥の次の言葉を引用し、トンネルが通商だけではなく、安全保障上の意義も有していると説いた。「もし戦前に海峡トンネルが存在していれば、戦争は防がれていた」。ないし勃発したとしても、戦争の期間は「二年以上短縮されていただろう」と。(123)

五月二二日にはダービー卿と英仏の交流団体が主催した英仏協商を記念する晩餐会が開かれた。晩餐会で祝辞を述べた保守党の領袖ボナー・ロウは、フランスが「軍国主義的」だというイギリス世論の一部の認識は誤解であり、フランスの政策はドイツの再度の侵略に対する「恐怖」に基づいている、と述べた。ボナー・ロウはその一方で、ポアンカレ政権の対独政策を牽制する発言も行った。ポアンカレが、ヴェルサイユ条約の履行をドイツに強制するために、必要とあればフランス単独でもルール地方を軍事占領する可能性を公言していることを批判し、同盟国であるイギリスの意向を無視しないよう求めた。(124) この晩餐会に招かれたサン＝トレール大使は、この機会を利用して英仏同盟交渉の再開を公式に求めるべきかどうかをポアンカレに諮っていた。しかしポアンカレは、公的に宣言するには時宜を得ず、働きかけるにしても、まずはイギリス外務省にあたるべきだと指示した[125]。

サン＝トレール自身も、ジェノヴァ会議の失敗の責任をフランスの非協力的な態度に求めるイギリス世論の一般的傾向に鑑みて、英仏同盟交渉の再開を申し出るには時宜を得ないと考えていた。また、カーズンが病気療養のために一時的に職務を退いており、ロイド・ジョージの同意なく英仏協定案を議論しない意向を示していたことから、交渉相手が不在だということも理由に挙げた[126]。その間にサン＝トレールは、ティレル次官補やクロウ次官といった外務官僚、さらにはチェンバレンやチャーチルといった閣僚と会っていた。そして、クロウに最後に会った際には、ポアンカレが英仏同盟交渉の再開を望んでいる旨を伝えていた。しかし、クロウは答えられないという身振りを示すにとどまったという。サン＝トレールは、イギリス政府を動かすためには公式なアプローチが必要だとポアンカレに進言する一方で、当面は慎重に様子を探ったほうがよいかもしれないと報告した[127]。

一方、その数日後にダービー卿がサン＝トレール大使と会談し、保守系議員の集まるクラブで英仏協定の問題を近日中に扱う意向を表明した。ダービーはさらに、ロイド・ジョージがジェノヴァから帰国後に庶民院で行う演説がもしフランスに友好的でなければ、彼と彼の盟友たちは首相への支持を取り下げるとロイド・ジョージに圧力をかけたという。また、議会演説の際にロイド・ジョージが英仏協定の提案を再度表明する可能性にも言及したという。サン＝トレールは、ロイド・ジョージが心変わりを起こさないように、フランスの新聞がイギリスに批判的な論説を自粛するべきだとポアンカレに進言した[128]。五月二九日にダービーは、英仏協定の必要性を説く演説を実際に行い、その旨は翌日の新聞に掲載された。ダービーは、カンヌ会議以来の英仏同盟交渉について、彼が非公式に集めた情報に基づいて説明した。イギリスでは、ロイド・ジョージが一月に提案した安全保障協定をフランス側が断ったという説が流布していたのに対して、ダービーはこれを誤りだと指摘した。そして、フランス側はイギリスの提案の修正案を提出し、修正案のなかには保障条約を双務的な条約、すなわちフランスもイギリスを保障するという、明らかにイギリスが受け入れるべき内容も含まれており、イギリス政府が協定交渉を頓挫させる理由にはならない、と説いた。ダービーは、ロイド・ジョージに英仏協定案の現状について明らかにするよう求めた。ダービーはまた、大戦以来主流となった政府首脳が直接参加する会議によって外交を行う方式を批判し、「この国の対外政策がダウニング街を離れて外務省に戻ることを期待する」とも述べた。(129)

このような「フランスの友人たち」の動きに後押しされ、五月三〇日、ポアンカレの指示を受けたサン＝トレールはイギリス外務省を訪問し、英仏同盟交渉の再開を申し出た。サン＝トレールと会談したのは、カーズンに代わって外務省を臨時に取り仕切っていたバルフォアであった。サン＝トレールが二月初頭のポアンカレ覚書に対するイギリス政府の回答を求めたところ、バルフォアは、事情を把握していないと述べ、なるべく早く問題を検討すると約束した。そして、ジェノヴァ会議で模索されたようなより広範囲の枠組みを、英仏協定という核の周囲に構築する構想をサン＝トレールが説明すると、バルフォアは頷いたという。一方でサン＝トレールの観察によれば、バルフォア個人は英仏協定という強固な枠組みよりも、国際連盟やヨーロッパ多国間協定のような広域の枠組みを好むという印象を受けたという。そのためサン＝トレールは、イギリス政府を説得するには、英仏協定がいずれは国際連盟を補完する「より一般的なシステム」の基盤となる、という論法を用いるべきだとポアンカレに助言した。また、その際にはベルギー政府と共同で働きかけることが有効だと進言した。(130) この会談でフランス側が英仏同盟交渉の再開を申し入れ、バルフォアが英仏協定案の現状について調査すると返答した旨は、『タイムズ』紙の報道によって公のものとなった。記事を担当した『タイムズ』のパリ特派員は、フランス政府が英仏協定案の現状に関するイギリス政府の返答を待ち望んでおり、早期の交渉再開を望んでいると報道した。(131)

バルフォアは早速、英仏協定案の状況について報告するように外務省西方局に命じた。ヴィラーズ西方局長は、英仏協定のイギリス政府草案とフランス政府草案、二月初頭のポアンカレ覚書、二月一七日付のカーズン覚書を取りまとめたうえで、自らの所見を添えた。ヴィラーズは、中東とタンジールにおける懸案が解決するまでは、イギリス政府は英仏協定を調印しない方針だと、ハーディング大使を通じてポアンカレに伝えるべきだと進言した。これを見たバルフォアは、潜水艦問題は条件から外されたのかとクロウに問うた。クロウは、潜水艦問題は全般的軍縮という別のカテゴリで交渉されるべき問題であり、それが解決するまで英仏協定を結ばないと言えば、イギリス政府は英仏協定を棚上げするつもりだとフランス側は受け取るだろう、と述べた。そして、英仏が予め防御同盟を結んでおけば、軍縮交渉はより容易に進むだろう、と進言した。この進言を受けてバルフォアは潜水艦問題を条件とすることは止めたものの、①ヨーロッパ経済復興、②トルコ和平、③タンジールの国際化、というロイド・ジョージがカンヌで掲げた残りの三つの案件の解決は、依然としてイギリス政府が英仏協定に調印する条件となると結論した。そして、その旨をポアンカレに伝えることで、ダービー卿の演説がフランスに与えている誤った印象（すなわち、イギリス政府には同盟交渉を直ちに再開する意志があるという印象）を改めるようにハーディングに要請した。[132]

ハーディングは六月一六日にバルフォアの意向をポアンカレに伝えた。ポアンカレは、フランス政府はすでにジェノヴァ会議に参加し、タンジール問題を解決する会議に出席する準備を整え、トルコ和平の実現に向けて協力していると反論した。そして、ヨーロッパの経済復興が実現しなければ協定を結ばないというのは理解に苦しむと述べ、実質的には調印を無期限に延期するに等しい条件だと批判した。さらに、イギリス側が提案する限定的な協定では、フランス側が他の懸案において支払う対価に釣り合わないと述べた。ポアンカレは、英仏は協定の問題を保留し、まずは他の懸案の友好的な解決を模索するべきだとハーディングに伝えた。[133] こうしてポアンカレは、イギリス政府が英仏安全保障協定の調印にほとんど意欲を示していないということを知らされたのであった。これ以降、フランス政府が英仏協定に関してイギリス政府に直接働きかけることは長らくなかった。

六月にはベルギー政府も、英白同盟交渉の再開をイギリス政府に打診していた。ジャスパール外相は、モンシュール駐英大使を通して、英仏協定とは無関係に英白協定を早期に調印することを望み、そのために自身が早期に渡英する意志がある旨をイギリス政府に伝えた。しかし、モンシュールと会談したクロウは、次の理由からそれは困難だと表明した。①イギリス議会には、あらゆる形態の同盟に反対する勢力がおり、イギリス政府としては英仏・英白協定を議会に同時に提出したほうが有利だと考えている。②英仏・英白協定の条文に齟齬があれば、議会の批判を受ける恐れがあるため、両協定の条文を整合化する必要がある。③英白協定が結ばれれば、当該地域の地理的特性に鑑みて、それをもってフランスも安全を確保できてしまうため、フランス政府は英仏協定に魅力を感じなくなる恐れがある。そうなれば、イギリスは中東やモロッコにおける懸案事項を解決するための取引材料を失うことになる、と。クロウに意見を求められたバルフォアも、フランスとの交渉が妥結するまでは英白協定に調印できないという方針を踏襲し、ジャスパールが渡英するには及ばないと考え、モンシュールにそのように伝えられた。(134) これを受けてベルギー政府も、協定案に関するイギリス政府への働きかけを休止した。

六月二七日、貴族院でジェノヴァ会議の結果に関する討議が行われた。そのなかでダービーは、英仏の緊密な協力が実現しなければヨーロッパの復興は実現しえないと述べたうえで、英仏同盟交渉の経緯を明らかにするよう政府に求めた。バルフォアは、イギリス政府がカンヌ会議で一九一九年の英仏保障条約とほぼ同様の協定をフランスに提案し、英仏間の懸案事項の解決が、そのような協定を調印する前提になるということに、フランス政府も同意している、と説明した。また、グレイ元外相は、ロイド・ジョージ政権の対外政策の一貫性のなさに危惧を表明した。

われわれ、そしてヨーロッパは、きわめて危険な形で漂流しているように感じられます。休戦協定以来の状況を考えてみてください。われわれは足場をまったく固めることができていません。もしジェノヴァ会議で足場を得られていれば、私はその政策についてそれまでどのように考えていたとしても、ジェノヴァ会議を支持したでしょう。しかし、われわれは足場を得られませんでした。休戦協定以来の年月を思い起こしてください。そうすると、私にはヨーロッパの国々の間の地面がますます不安定になっていくばかりのように感じられます。

国際連盟〔を設立したこと〕はこのうえなく素晴らしいスタートでした。連盟は素晴らしい働きをしています。もし政府が国際連盟政策に忠実であり続けていれば、〔……〕われわれの状況は今よりも良かったでしょう。しかし、われわれには足場がありません。そして、われわれが確固だと考えていた足場、たとえばフランスとの協商が、時折不安定化しています。時が経ち、何もなされず、ヨーロッパがこのまま漂流し続ければ、言うまでもなく大惨事へと漂っていくでしょう。

グレイは、フランスと協力し、アメリカをヨーロッパ復興へと引き込む政策を推進するべきだと提言し、それを実現する前にボリシェヴィキ政権との関係改善を優先したロイド・ジョージの政策を批判した[135]。このように、ジェノヴァ会議におけるロシアとドイツへの接近政策に失敗し、フランスとの関係強化にも動かないロイド・ジョージ政権の対外政策に対する不満が高まっていた。

英仏・英白同盟交渉は、一九二二年の夏から秋にかけて停滞状態が続いた。七月上旬にフランス政府は、イギリスのカヴァン参謀総長が安全保障協定に前向きだという情報を、ベルギー政府から得た。その情報によれば、カヴァンは、英仏白三国間の双務的な協定を望んでおり、ドイツによる仏白領土の攻撃だけではなく、ヴェルサイユ条約第四二条と第四三条（ラインラント非武装規定）への違反も、軍事的援助の発動要件に含めるべきだと考えていた。さらに、参謀協議の実施を定める条項も含めるべきだと述べたという[136]。これらの点は、三月末の参謀本部覚書の指摘と一致しており、信憑性は高い。すなわちイギリス陸軍参謀本部は、フランス政府と同様に、ライン川の防衛線を守る強固な軍事同盟の締結が望ましいと考え、その意思を非公式に仏白両政府筋に伝達していたようである。その約一週間後、フランス外務省の報道担当が、『デイリー・テレグラフ』紙の特派員に、フランス政府が英仏協定を望んでいないというのは誤解であり、協定がフランスの要求を満たし、軍事協議に関する取り決めを含むのであれば、フランス政府は英仏協定を熱心に望んでいる旨を表明した。しかし、イギリス外務省は、ポアンカレが協定を望まないように装っているにもかかわらず、奇妙だとコメントするにとどまり、この報告を西方局長より上級の官吏に上げる理由を見出さなかった[137]。

(6) ロイド・ジョージの退陣

一九二二年一〇月一九日、ロイド・ジョージの連立政権は崩壊した。その日、保守党議員たちがカールトン・クラブで集会を開き、ロイド・ジョージ率いる自由党との連立継続をもはや望まず、来る総選挙を単独で戦うことを決議したのであった。チェンバレンやバルフォアをはじめとするロイド・ジョージ政権の保守党閣僚の多くは連立継続を望んだものの、ボールドウィンやサミュエル・ホーアに率いられた平議員たちは連立解消を求め、投票の結果一八七対八七で連立解消が決議されたのであった[138]。これを受けてロイド・ジョージは辞職を余儀なくされた。一一月一五日には一九一八年以来の総選挙が行われ、保守党が六一五議席中三四四議席を獲得して政権を維持し、労働党が一四二議席を得て第二党となった。自由党は分裂したまま選挙戦を戦うこととなり、アスキス派が六二議席、ロイド・ジョージ派が五三議席を得るにとどまった。

よく知られているように、カールトン・クラブ決議の直接のきっかけは、希土戦争の末期に発生したチャナック危機に際してのロイド・ジョージの対応に求められる。一九二二年九月、敗走するギリシア軍を追うトルコ（アンカラ政府）軍は、連合国軍の駐屯するダーダネルス海峡沿いのセーヴル条約の規定する中立地帯に迫り、連合国との間で戦争が勃発する危機が生じた。フランス政府と、カーズンをはじめとする多くのイギリス政府関係者は、アンカラ政府との妥協を模索するべきだと主張した。それに対してロイド・ジョージとチャーチルは、セーヴル条約を維持するためにはトルコとの開戦も辞さない構えを見せ、自治領の支援を仰いだ。しかし、ほとんどの自治領は否定的な反応を示し、イギリス世論もロイド・ジョージの政策は無謀だと非難した。トルコ側が中立地帯に進軍しなかったために危機は免れたものの、政権は大きな痛手を負うこととなり、多くの保守党議員が連立解消を決意したのであった[139]。

しかし、ロイド・ジョージに対する反発はこの一件から浮上したものではなく、六年近くに及んだ政権運営に集積した不満の結果であった。対外政策だけを見ても、先述したグレイ元外相の議会演説に表れているように、ロイド・ジョージ政権はパリ講和会議以来、柱となる政策を見出せず、ジェノヴァ会議の失敗に象徴されるように、その外交は成果なく漂流していた。

カールトン・ハウスの「反乱」に加わった保守党議員のなかには、「ダイ＝ハード (die-hard)」と呼ばれた党内右派の議員たちがいた。彼らを明確に定義づけることは困難であるものの、ドイツからの高額の賠償獲得を求め、イギリス国内のドイツ人の居住に制限を課すことを求めるなど、「敵国」に対する強硬政策を要求し、さらにはアイルランドの独立やインドの待遇改善にも強硬に反対した。また、戦時同盟国であり、対独強硬政策を共有するフランスに親和的な傾向があった。つまり、「ダイ＝ハード」と、いわゆる「フランスの友人たち」の間には、ことヨーロッパ政策に関しては、政策が重なる部分があった。「ダイ＝ハード」議員たちは、同じ政治的立場のノースクリフ卿の支配下にあった新聞や『モーニング・ポスト』紙のグウィンを通じて主張を声高に展開する場を得ていたものの、議会内では弱小勢力であった。一九二二年三月の段階で「ダイ＝ハード」議員は五〇人に満たないと推計され、閣僚ポストを持つ有力議員は一人も含まれていなかった。彼らは党の中道派に接近を試み、ボールドウィンを理想的な指導者として見出していくのであった。ボールドウィンは、こうした保守党右派の影響を受けて、フランスとの関係改善に気配りすることとなる[140]。

しかし、連立崩壊後の保守党政権を当初指導したのは、政界引退から復帰した病身のボナー・ロウであった。ダービーが陸相として入閣したことは親仏勢力にとっては朗報であったものの、英仏協定の推進派であったチャールとチェンバレンは政権を去り、外相にはカーズンが留任した。『タイムズ』紙のスティード編集長は、サン＝トレール大使に手紙を送り、カーズンを除く新政権の面々は御しやすく、ボナー・ロウも親仏だと述べ、英仏関係の改善に期待する旨を伝えた。[141] しかし、新政権の対外政策はそれまでの政策路線を概ね継承した。これに「フランスの友人たち」は不満であった。一一月初旬にティレル外務次官補は、ロイド・ジョージが排除されたことで英仏関係を改善する休戦以来最大の好機が訪れたにもかかわらず、『モーニング・ポスト』紙のグウィンに書簡を送った。そのなかでティレルは、「身勝手で不誠実」な「侯爵」〔カーズン〕が居座ったのは残念だと表明した。ティレルは、ハーディングの後任となる駐仏大使の重要ポストを、カーズンが自分自身の政治的な都合によって決定しようとしていると非難した。そして、そのような任命を阻止するために、カーズンとボナー・ロウに圧力をかけるようグウィンに求めたのであった。グウィンはティレルから得た情報を、新政権の蔵相に就任したボールドウィンに伝えた。グウィンは政策に関しても助言を行った。賠償問題の解決策をフランスに起草してもらい、それをイギリス政府が後押ししてはどうかとボールドウィンに提案したのである。[142] しかし、イギリスのヨーロッパ政策は親仏勢力の思うようには展開せず、むしろ英仏は、西欧における戦後最大の危機へと突入していくこととなる。

5　ルール危機のもとでの西欧安全保障構想

(1) ルール占領を回避するための安全保障提案

一九二三年一月一一日、フランスとベルギーはルール工業地帯を軍事占領した。フランスの名目的目標は、ルール地方を賠償支払いの「担保」として確保し、そして、同地で産出される石炭と関税収入によって賠償を直接回収することにあった。[143] ドイツの賠償不履行は一夜にして生じた問題ではなかった。ドイツは、ヴェルサイユ条約が調印された直後から石炭の現物賠償規定などに関する不履行を繰り返していた。[144] そして、一九二一年五月に確定した賠償支払いスケジュールについても、同年の秋には支払い猶予を要請する状況に陥っていた。[145] 賠償の妥当性については長い歴史的論争がある。一九二〇年代前半期当時の状況としては、イギリス政府がドイツの窮状に比較的理解を示し、支払い猶予を与えるべきだと考えていたのに対して、フランス政府は（支払いの一部を現物賠償で代替すれば）ドイツは賠償合意を履行可能であり、ゆえにドイツの不履行は自発的なものだと判断し、実力をもって講和条約を執行していくべきだと主張していた。フランスにとり、賠償問題と安全保障問題は密接に結びついていた。ドイツが賠償支払い義務を回避することが許されるのであれば、ドイツの軍備制限やラインラントの非武装化など、フランスの安全を保障するヴェルサイユ条約の他の条項が維持される保証も消失するものと捉えられた。すなわちフランス政府は、講和条約の規定に対するあらゆる挑戦に断固として対処する構えであった。(146)

ロイド・ジョージ政権のヨーロッパ政策を継承したボナー・ロウ政権は、ドイツの犠牲を伴うフランスの政策は、ヨーロッパの平和と安定を揺るがすものだと捉え、これを阻止する構えを見せた。一九二二年一二月、外務省と大蔵省は賠償問題の解決策を模索した。大蔵省は、アメリカを除く連合国が相互に戦債を帳消しし、ドイツの賠償総額を一三二〇億金マルクから五〇〇億金マルクにまで軽減する構想を提案した。しかし、外務省のマイルズ・ランプソン中欧局長は、これだけではフランスは受け入れないだろうと考え、英仏安全保障協定を提案に組み込むべきだと提言した。(147)ランプソンは、フランスにとって賠償と安全保障の問題は結びついていることを理解していた。彼は、賠償問題に関するフランスのすべての政策の基調には、自国の東部国境の安全への不安があり、また英米の保障条約が実現せずに「裏切られた」という苦い思いがある、と分析した。そして、自国の東部国境の安全が恒久的に保障されたとフランスが納得するまでは、賠償問題の解決も実現しえない、と説いた。(148)クロウ事務次官はランプソンに同意したものの、防御協定を提供するのであれば、フランスはタンジール問題の解決に応じる必要があると述べた。(149)しかし、内閣は外務省の提言を採用せず、あくまで金融の側面から問題の解決を図ろうと試みた。だがこの方針は問題の解決に結びつかず、危機は深まるばかりであった。

アメリカ政府は、チャールズ・エヴァンズ・ヒューズ国務長官のイニシアチブで、賠償問題の解決を金融専門家による公正な国際委員会に委ねるべきだと提案した。そして、アメリカ政府もこの委員会に代表を派遣する用意がある旨を表明した。しかし、フランス政府としては、ドイツがヴェルサイユ条約を尊重して賠償支払い義務を履行することを求めていたのであり、ドイツからの支払いがないままに国際委員会の裁定を仰ぐという解決は受け入れがたかった。[150]

一九二二年一二月二六日に賠償委員会は、ドイツの現物賠償（木材）供給の自発的不履行を宣言した。賠償委員会のイギリス代表は反対票を投じたものの、フランス、ベルギー、イタリアの賛成票に押し切られる形となった。これにより連合国は、ヴェルサイユ条約第八編第二付属書第一八項の規定により、「〔連合国の〕各政府がその状況に鑑みて必要と定める措置」を講ずることが可能となった。フランスは、「必要と定める措置」にはドイツ領土の軍事占領のような強制措置も含まれると解釈し、この規定をルール占領の法的根拠とした。一方でイギリスは、フランスはヴェルサイユ条約の当該規定を拡大解釈していると批判した。[151] 一九二三年一月九日に賠償委員会は、同様に三対一でドイツの石炭供給の自発的不履行を宣言した。[152]

ルール占領を防ぐ最後の機会となった一九二三年一月初頭のパリ会議において、ボナー・ロウは賠償問題の解決策を提示した。ドイツに無担保で四年間の支払い猶予を与え、賠償総額を五〇〇億金マルクにまで低減し、アメリカを除く連合国間の戦債を相互に破棄し、さらにはフランスが大きな影響力を持つ賠償委員会を改革するという趣旨の提案であった。[153] ポアンカレはこれに「失望」を表明した。そして、ヴェルサイユ条約を蔑ろにする内容だと批判し、受け入れ不可能だと返答した。ベルギーのテュニス首相とイタリアの代表もこれに同意し、イギリス提案はドイツにあまりにも譲歩的だと批判した。[154] パリ会議は物別れに終わり、ルール占領は不可避となった。

ハーディングの後任の駐仏大使となりパリ会議に出席していたクルー侯は、ボナー・ロウの外交手腕に疑念を表明した。クルーは、大蔵省の計画をそのまま連合国に提示するのではなく、もっと連合国に歩み寄った提案を行うべきだったとカーズンに述べた。カーズンは同意し、ボナー・ロウと大蔵省を批判した。彼によれば、賠償問題は金融の観点から考えればよいというものではなく、大国間の政治的関係への配慮が欠かせないものであった。[155] トルコ和平を議論するローザンヌ会議に出席していたカーズンは、このタイミングでのフランスとの関係悪化を避けたかった。[156] 一方でパリ会議に同席したハンキーは、英仏関係に決定的な亀裂を生じさせずに済ませたボナー・ロウの手腕を評価した。[157]

同じ頃、ドイツ政府もルール占領を回避するための独自の提案を行っていた。ドイツのヴィルヘルム・クーノ首相は、駐独アメリカ大使アランソン・ホートンの助言も受けて、フランスに安心を供与できるような安全保障体制を成立させることを通じて、賠償問題に関する連合国の妥協を引き出そうと試みた。そして一九二二年一二月中旬、ライン川に関心を有する諸国（イギリス、フランス、ドイツ、イタリアの四国が明示された）による期限三〇年間の不可侵協定の構想を立案した。この不可侵協定はアメリカによって保証されると定められ、また、国民投票によって過半数の賛同を得られなければ締約国に対して参戦できない、とする規定も付与された。ロカルノ条約の原型となる構想の一つである。クーノ提案は、アメリカ政府を通じてフランス政府に打診されたが、フランスはこれを拒絶した。拒絶の理由としては、①ルール占領の回避を目的とする工作に過ぎず、②フランスの開戦決定権は議会にあるため、提案を受け入れるには改憲が必要となり、③国際連盟規約第一〇条によってすでに同様の安全保障が確保されており、④ドイツは信用できない、という点を挙げた。[158] アメリカ本国政府もクーノ提案に気乗りがせず、フランスの反対が明らかになると構想から距離を置いた。[159] イギリス政府の反応も同様に冷淡であった。外務省中欧局のアレグザンダー・カドガン首席事務官は次のようにコメントした。

ドイツの侵略に対するフランスの恐怖心は――現在のところは――不合理かもしれない。しかし、ドイツがフランスに戦争を仕掛けないという約束にフランスが少しでも関心を注ぐことに期待するとすれば、そのほうがより不合理であろう。

一方でカーズンは、ドイツの打診が「生意気な提案（a piece of impertinence）」だとコメントするにとどまった。[160]

クーノ首相は一二月末に行った演説で自らの構想を公にした。ドイツの諸政党は総じて好意的に反応し、バチカン政府やデンマーク政府もそれを支持する意向を表明した。[161] 駐独イギリス大使ダバノン卿も、クーノの構想に高い関心を示した。[162] 一九二三年一月にダバノンは、「ドイツの侵略の危険という幽霊を寝かせ」、「軍縮と一般的平和」の実現を近づけることができるため、クーノ提案をいずれは復活させるべきだとカーズンに進言した。[163]

クーノ提案は一九二三年一月初頭のパリ会議でも議論された。ポアンカレは、先に挙げた批判に加えて、ドイツの不可侵協定提案の真の目的は、連合国が講和条約を執行するための制裁措置の発動を困難にすることだと批判した。すなわち、ルール占領のような、連合国による講和条約を強制するための措置が不可侵協定に抵触することになりかねなかった。そして、ドイツの提案が意味を成すためには、イギリスとアメリカがフランスを軍事的に援助する協定を別途結ぶ必要があり、それが仮に実現したとしても、フランスの不安が完全に解消されるわけではない、と述べた。ボナー・ロウも、ドイツの提案には会議の進行を遅らせるほどの中身はないと述べてポアンカレに同意した。[164] クーノ提案は英仏首脳に相手にされず、ドイツによるルール占領回避の試みも挫折することとなった。ドイツ政府は、「受動的抵抗」と呼ばれる現地労働者の不服従行動をもってルール占領に抗していくこととなる。[165]

（2）「好意的中立」

イギリス政府は、可能であればルール占領を防ぎたかったものの、それをめぐって英仏が仲違いするような事態は避けたかった。一九二三年一月一一日、イギリス内閣はパリ会議におけるボナー・ロウの外交に支持を表明した。合意は達せられなかったものの、フランスとの関係悪化を回避したことが支持の理由であった。そして、イギリスの在外公館に対して、政府の政策は、フランスの「単独行動」が英仏関係に及ぼす悪影響を最小限にとどめることであり、パリの大使会議、賠償委員会、ラインラント高等委員会といったヴェルサイユ条約の立ち上げた諸委員会への出席も従来通り続けるよう指示した[166]。これは、一九二〇年春のフランクフルト占領におけるフランスの「単独行動」に対するロイド・ジョージ政権の反発と比較すればはるかに穏当な対応であった。保守党の単独政権となり、反独親仏の傾向を持つ保守系世論の影響力が一定程度浸透した結果であった。保守系の『モーニング・ポスト』紙は、ルール占領が開始された翌日に「フランスの幸運を祈る」と銘打った一面記事を掲載した。編集長のグウィンは、この記事についてボナー・ロウから賛辞を受けたとサン＝トレール大使に伝えた[167]。保守系の『デイリー・メール』紙も「フランスは正しい」とする論説を展開した。その一方で、中道保守の『タイムズ』紙や左派系の『マンチェスター・ガーディアン』紙は、フランスの行動を承認せず、ドイツの賠償に関する取り決めを緩和するべきだと説いた。このように、賠償規定を緩和するべきか厳格に執行するべきか、フランスを支持するべきか距離を置くべきかについて、イギリス世論は割れていた[168]。したがって保守党政権もフランスに必要以上に歩み寄ろうとは考えなかった。ルール占領に対するイギリスの政策は、フランスとベルギー寄りの「好意的中立（benevolent neutrality）」を自称するものとなった。カーズンによれば、それは、仏白の占領政策を妨害する行動はとらない一方で、ドイツと仏白との間の闘争において特定の立場をとるようなこともせず、距離を置くという政策であった[169]。

そのため、ルール占領が続く限りは西欧の安全保障に関する交渉を表立って行う環境にはなかった。それでも、一定の動きはあった。イギリス陸軍参謀本部、一部の外務官僚、そして保守系の新聞関係者はフランスおよびベルギーと安全保障協定を結ぶべきだという考えを維持した。フランスとベルギー政府も協定案への関心を引き続き表明した。またドイツ政府はクーノ提案に基づく構想を再び発表した。

（3）ルール危機のもとでの西欧安全保障交渉

一九二三年一月中旬、ベルギーの駐英大使館付駐在武官は、イギリスの陸軍参謀本部が依然としてイギリス、フランス、ベルギーによる防御協定に関心を抱いており、政府に進言する準備を進めていると報告した。駐在武官によれば、イギリス陸軍参謀本部のなかには、ベルギーとフランスだけではなく、チェコスロヴァキアとポーランドを含めたドイツのすべての隣国の安全を保障する協定が望ましいとする意見もあるという[170]。

二月後半に外務省は、前年の英仏同盟交渉の際にイギリスがフランスに課した協定調印の条件について問う、議会の質問通告に対応した。ヴィラーズ西方局長が、タンジール、東方問題、潜水艦の制限、ヨーロッパ経済復興への協力という四条件はすでに公表されているという理由のもと、四条件を具体的に明記した答弁書を起草した。これにクロウ事務次官は同意せず、より一般的な表現にとどめるべきだと反論した。そして、答弁書の草案から四条件を削除し、「フランスとイギリスとの間で未解決の政治的諸問題に関する全般的合意」の達成が条件だったという表現に改めた[171]。これは、英仏協定調印の可能性を少しでも残す意図に基づいた変更だったと考えられる。

また、三月初頭にグウィンは、ティレル外務次官補の協力を得て、イギリスのヨーロッパ政策に関する覚書を作成した。グウィンは、イギリスのとりうる政策として、①孤立か、②ドイツおよびロシアとの協力か、③フランス、イタリア、ベルギー、ポーランド、チェコスロヴァキア、ユーゴスラヴィア、ルーマニアとの協力かの三択を挙げた。グウィンによれば、孤立政策は短期的には機能しえたとしても、長期的には「諸国家の相互依存が武力ないし外交による介入を余儀なくするため」、採用しえない政策であった。②についても、ヴェルサイユ条約の破棄やドイツへの植民地返還を伴い、国内と自治領で深刻な論争を生むことが予想され、採用しえなかった。グウィンは戦勝国と協力する政策を推奨し、③に挙げた国々との間で「平和の連盟」と呼ぶべき、ヨーロッパの平和維持を目的とする協定を結ぶべきだと提言した。そして、この「連盟」はドイツとロシアへの対抗を意図したものではなく、いずれはその二国が参加することも可能だと補足した。グウィンはこの政策をサン＝トレールに説明し、好感を得たという。グウィンはさらに、ボールドウィンにもこの政策を説明し、ボールドウィン、グウィン、そしてティレルの三人で詳細を議論する秘密会合を取り持つべきだと提案した[172]。

二月後半、フランス側からも遠回しの表現で打診がなされた。一九〇四年の英仏協商の立役者であったテオフィル・デルカッセ元外相が同月に亡くなった際にミルラン大統領は、世界の平和のためには英仏の合意が必要だと述べ、デルカッセが推進した政策を継承する意志をイギリス政府と国王に表明した。このメッセージは植民地相デヴォンシャー公によって自治領政府にも伝えられた[173]。三月中旬、ボナー・ロウが英仏協定の修正案を検討していると する噂が複数のフランス紙のロンドン特派員の間で流れた。これを受けて、ポアンカレは英仏協定案に関する意見を表明した。彼は、英仏協定に軍事協議に関する条項を含めるという要求は譲れないとしたものの、前年のイギリス草案に対する自身の修正要求をいくぶん弱める意向を示した。この情報を本国に報告した駐仏イギリス公使エリック・フィップスは、英仏が合意を達成するためには、「ドイツの侵略」をどう定義し、発動要件をどう規定するのかが鍵となり、イギリスとしては厳密な定義を求めるべきだと進言した。またフィップスによれば、ベルギー政府も依然としてイギリスとの安全保障協定を望んでいるという。ボナー・ロウは、英仏協定の修正案を「検討中」だという噂は誤報だと外務省に伝えたが、一九二二年の英仏同盟交渉の経緯に関する覚書の作成を外務省に指示した[174]。

三月二六日の『ル・タン』紙は、潜水艦問題に関する論説のなかで、英仏が海と空に関する安全保障協定を締結するべきだと論じた[175]。フィップスによれば、この論説を担当したのはフランス外務省とコネクションを持つ人物だという。フィップスは、フランス政府が英仏協定に関する打診を再開する意向を示唆しているかもしれない、とカーズンに報告した。ティレル次官補は、ポアンカレがルール占領からの「名誉ある撤退」を可能にするために、イギリスと何らかの協定を締結することを望んでいるのではないかと推測した。クロウは、仮にそうだとしても、軍事協議条項の挿入といったポアンカレの要求を取り入れた協定では、イギリス議会と自治領は受け入れそうにないと述べた。それでもクロウは、イギリスが協定を提供すれば「ルールの袋小路」から脱する方法を見出せそうかと、フランス政府に打診するという選択肢もあると指摘した。カーズンは「ノー」とだけ答えた[176]。

その翌日にフィップスは、『ル・タン』の論説がポアンカレの発言に触発されたものだとつきとめた。フィップスによれば、ポアンカレは英仏協定を諦めておらず、フランス政府の防衛政策の諮問機関である国防最高会議に協定案に関する助言を求めたと、フランスの有力なジャーナリストに語ったという。フィップスは、ポアンカレが自身のルール政策の失敗を認める段階が来た時に、英仏安全保障協定を締結する見通しが立っていれば、フランス世論の失望を宥める効果があるとポアンカレは考えているのかもしれない、と推測した。イギリス外務省西方局のキャンベル首席事務官は、軍事協議に関する要求を改めない限り、協定交渉の再開は困難だとコメントした。(177)『ル・タン』は五月にも海と空に関する英仏安全保障協定を推奨する論説を掲載し、両国の参謀が定期的な協議を持てば、軍事費の削減にも繋がる、と説いた。外務省西方局のカークパトリック事務官は、「空想的な提案」だと批判した。彼によれば、英仏空軍に対抗できるような脅威はなく、またイギリスの空軍拡張計画は、フランスへの軍事的依存から脱却するためのものなのだという。(178)

三月後半にはドイツ政府も安全保障に関する打診を行った。ドイツ政府は、ダバノンの後押しを受け、フリードリヒ・シュターマー駐英大使を通してクーノ提案に基づくライン不可侵協定の構想をカーズンに打診した。しかし、カーズンは否定的であった。彼の理解によれば、パリ講和会議以降の国際関係を規定する新しい理論は、勢力均衡と同盟に基づく旧来の政策、すなわち異なる勢力同士が対峙するような政策は、「ヨーロッパの平和にとって致命的であることが証明された」ため、それを国際連盟によって保障される「国際合意」に基づく新しい政策へと、可能な限り置き換えることを原則とするはずなのであった。そして、イギリスはこの原則を「躊躇なく」支持しているという。カーズンの理解では、ライン不可侵協定案も、新しい原則に矛盾する旧来型の同盟の範疇に含まれていた。一方でカーズンは、もし安全保障問題に関してフランス政府から正式な申し出がなされれば、イギリスは交渉に参加する意志があり、その際には、ドイツも平等に交渉に招待される可能性を示唆した。(179)

ドイツ外務省はその後も、ダバノンの支援を受けながら、西欧安全保障協定に関する検討を重ねた。そして四月後半には、ロカルノ条約を先取りするような構想に行き着いていた。ドイツ外務省のカール・フォン・シューベルト第三局（英米担当）局長の覚書は、次の要素からなる「ライン協定（Rheinpakt）」を提唱した。①西欧諸国（ドイツ、フランス、イギリス、ベルギー、オランダ、スイス、そしてあるいはルクセンブルク）は、相互の領土的現状の保全を集団的かつ個別的に保障する。②同様にこれらの諸国は、ドイツに課されたヴェルサイユ条約第四二条および第四三条（ラインラント非武装規定）を保障する。③ドイツとフランスは、他の諸国の保障のもとで、外交的に解決できなかった問題を仲裁裁判ないし調停によって解決する合意を結ぶ。④協定の有効期間は九九年間とする。[180] この構想の全容はかなり後になるまで連合国に打診されなかったものの、五月二日にドイツ政府が連合国に提出した賠償問題に関する提案書において、「ライン協定」案にも少し言及していた。ドイツ政府は、すでに提案した「ライン協定」（クーノ提案）に表れているように、それが互恵性に基づく限りにおいて、平和を確かなものとするいかなる協定にも調印する用意がある、と表明した。また、シューベルト覚書の③にあたる、フランスとの仲裁条約の締結という提案については、ある程度具体的に提言した。しかし、本旨の賠償提案は連合国に受け入れられる内容ではなかった。[181]

一方で四月中旬にイギリス外務省西方局は、英仏同盟交渉を再開する可能性に関する内部覚書を起草していた。覚書は第一に、イギリス世論が協定を受け入れるかどうかを検討した。覚書によれば、イギリスと自治領の世論が安全保障協定を受け入れるのかどうかは推測不可能であるものの、それに反対する有力な勢力がいることは確かだという。自治領のなかでは、南アフリカのスマッツ首相が反対論者として挙げられた。さらに、ボナー・ロウ首相はこの件に関して「明確な意見」を有していると理解されているものの、外務省としてはそれを明らかにする立場にはない、とした。覚書は第二に、協定の中身に関して、一九二二年一月と二月の英仏草案、二月のカーズン外相覚書、そして三月末のイギリス陸軍の所見を比較した。西方局の見解は総じてカーズンと一致し、武力行使の発動要件を可能な限り狭く定義するべきだと提言した。「フランスの国土に対する、挑発によらない直接的侵略」、傍点を振った二つの限定句は両方とも維持するべきだとした。また、ヴェルサイユ条約第四二条および第四三条に対するドイツの違反を発動要件に含めることは、「フランス人の気性」に鑑みて「狂気の沙汰」だと述べた。また、ブリアンのヨーロッパ多国間協定案の名残である、平和を脅かすあらゆる問題について英仏が協議すると定めるフランス草案の第四条についても、拒絶するべきだとした。覚書は第三に、英仏間の他の懸案の解決について論じた。一九二二年一月に掲げられた四条件のうち、西方局は東方問題（トルコ和平問題）とヨーロッパ経済復興への協力は、状況が変わったことにより消去可能だとした。[182] よって、タンジール問題と潜水艦問題の解決が条件として残された。後者に関して、外務省は海軍省の意見を仰いだ。海軍省は、英仏協定を結ぶうえでフランスに求める条件として、①ワシントン海軍軍縮条約の批准、②潜水艦問題に関してイギリス政府が満足できる合意が達成されること、③イギリス政府がスエズ運河を守るためにとる行動に異議を唱えないこと、を挙げた。海軍省は②に関して、潜水艦による商船攻撃の禁止を主旨とする付属条約草案も添付していた。そして、英仏協定案が閣議で議論される際には、海軍省はこの三条件が満たされることを必須条件にすると述べた。よって西方局は、英仏同盟交渉を再開する前に、タンジール問題と潜水艦問題を解決するべきだと結論した。[183]

（4）第一次ボールドウィン内閣の成立

五月二二日、病状悪化により引退したボナー・ロウに代わり、ボールドウィンが首相に就任した。カーズンとボールドウィンの二名が後継首班の候補となったが、国王ジョージ五世は、枢密院やバルフォア元首相と相談したうえで、首相は庶民院に在籍することが望ましいことを主な理由として、後者を指名したのであった。[184] なおダービー卿は、ボールドウィンのもとであれば閣内に残るが、カーズンが首相となった場合には辞任する意向を表明していた。ダービーはまた、チェンバレンをはじめとする保守党旧連立派の元閣僚たちが内閣に復帰するべきだと考えていた。ボールドウィンも同様の意見であり、カーズンが辞任した場合には、オースティン・チェンバレンに外相のポストを提供するつもりであった。そしてチェンバレンが断った場合には、ロバート・セシル卿を外相候補として考えていた。[185] 対照的に、チェンバレンは「カールトン・クラブの反乱」の立役者であるボールドウィンに不信感を抱いており、カーズンが首相となった場合には政府に復帰するつもりであったが、ボールドウィンの場合にはそうしないつもりであった。閣僚のなかにも、エイメリー海相やソールズベリ枢相など、チェンバレンの復帰に反対する声があった。[186] 大命降下を期待していたカーズンは、一度は引退を考えたものの、結局は外相を続けることを決意した。[187] 結果として、セシルが王璽尚書として、旧連立派のワージントン＝エヴァンズが郵政長官として入閣したことを除けば、内閣の陣容はほとんど変化しなかった。

イギリス国内の親仏勢力はボールドウィンの首相就任を歓迎したものの、カーズンが外相に留任したことには不満であった。グウィンは、六月中旬にボールドウィンに書簡を送り、フランスとの密接な協力がイギリス外交の要石だと論じた。そして、クルー駐仏大使、ダバノン駐独大使、そしてカーズンの助言に惑わせられないよう警告した。グウィンは、カーズンの外交指導に頼っていてはフランスとの合意形成は不可能であり、ボールドウィン自らが対仏政策を担当する必要があると述べた。そして、カーズンを「腐った外相」だと呼び、彼が従わない場合には解任するよう助言した。[188] しかし、グウィンはやや極端な例であり、左派世論は言うまでもなく、保守派のなかにもドイツとの和解を説く意見は多数あった。[189] グウィンの対極に位置する立場として、南アフリカのスマッツ首相は、イギリス帝国の威信を守るために、ルール占領を続けるフランスと完全に袂を分かち、英仏協商を公式に破棄する文章を取り交わすべきだと進言した。[190] 他方、王璽尚書セシルは、賠償問題とライン川周辺の安全保障問題をパッケージにした解決を提案し、それをフランスが受け入れないようであれば問題を国際連盟に付託するべきだと進言した。[191] こうした相反する助言に挟まれ、ボールドウィンは一貫性のある政策をなかなか推進できず、しばらくは前政権と同様に独仏の間で「中立」の立場を維持した。ところが一九二三年の秋までには、フランスのルール政策を支援する「ダイ＝ハード」保守の助言とは裏腹に、賠償問題の解決とルール占領の終了を目指して介入する方向へと政策の舵を切っていくこととなる。

（5）賠償問題と安全保障

イギリス外務省は五月頃からすでに、賠償に関する取り決めをドイツが受諾可能な内容へと修正するために、イギリスの金融力を背景にフランスに圧力をかけることを検討し始めていた[192]。六月七日にドイツ政府は、ドイツの支払い能力の査定を公平な国際委員会に委ねることや、賠償支払いの保証措置に言及するなど、連合国の要求に歩み寄った賠償提案書を連合国に送付した[193]。この新提案をカーズンに手交する際にシュターマー大使は、ドイツ政府は、フランスとベルギーの安全を確保するいかなる保障をも、それが互恵的性質を有し、ドイツの主権を侵害しない限りにおいて、提供する意志がある旨を表明した[194]。これを受けてイギリス外務省は、安全保障の提供が賠償問題の解決につながるかどうかを、フランス政府に打診することを提案した[195]。カーズンはサン＝トレールに打診を行った。しかし、フランス政府の回答は、ルール占領は純粋に経済的動機に基づいており、フランスの安全保障とは無関係である、というものであった。カーズンは、フランス政府が望むのであれば、安全保障交渉の再開に応じる旨を表明した[196]。

イギリス政府は、七月二〇日にドイツ賠償提案への回答文の草案を連合国に提出した際にも、安全保障問題を検討する準備がある旨を表明した。賠償問題に関しては、ドイツの支払い能力を専門家による国際委員会の判定に委ね、しかる後にドイツが受動的抵抗を止めた場合には、ルール地方から段階的に撤退するべきだと提案した[197]。しかし、ドイツが受動的抵抗を止めてからでないと賠償問題の交渉には応じられないとする立場をとったフランスとベルギーは、イギリス側の主張を受け入れられなかった。フランス政府は、安全保障問題に関する協議を歓迎すると述べたものの、それはルール占領とは無関係であり、賠償と安全保障の問題は分けて考えるべきだと返答した。一方でベルギー政府は、イギリス政府が安全保障交渉の再開に言及したことを無条件で歓迎した[198]。フランスとベルギーがイギリスの賠償解決提案を拒否したことに、イギリス政府関係者は不満を抱き、イギリス世論の振り子も親独の方向へと傾いた。ボールドウィンは「好意的中立」政策を改め、フランスに圧力をかける方向へと舵を切り始めた。[199] カーズンが八月一一日にフランスとベルギー政府に提出した覚書は、ルール占領の違法性に言及するなど、仏白両国の政策をそれまでにない調子で厳しく批判し、イギリス単独で賠償問題の解決を模索する可能性にさえ言及した。この覚書を提出する前に、ダービーやグウィンをはじめとする閣内外の親仏派は、覚書の論調を弱めるようボールドウィンを説得しようとした。しかしボールドウィンは結局、カーズン、外務省、大蔵省の後押しする強圧的な草案をそのまま提出することを許可し、覚書を新聞にも公表した。しかし、閣内にはフランスとの協力を説く声も強く、イギリス政府は実際に単独行動をとるつもりはなかった。あくまでもイギリスの主張の正当性を強い姿勢で示すことで世論を喚起し、フランスの方針転換を狙ったに過ぎなかった。[200]

八月一一日付のカーズン覚書は安全保障問題に関しても言及していた。イギリスが七月二〇日に安全保障交渉を再開する意図を表明したのに対して、ベルギーは賛同したものの、フランスはルール占領と安全保障は無関係だと回答した。覚書は、一九二二年の交渉の際と同様に、英仏協定が実現しないままに、英白協定のみを推進するわけにはいかないと表明していた。そして、フランス政府の回答に鑑みて、当面の間は安全保障問題を推進する意味はないと結論づけていた。[201] 八月二〇日にフランス政府は、カーズン覚書への回答のなかで、イギリスが安全保障に関するフランスの主張を誤解している旨を指摘し、ルール占領と安全保障は別問題であるものの、安全保障に関する交渉をすぐにでも始めたい意向を表明した。ただしフランスとしては、一九二二年の交渉の時と同様に、①協定の有効期間はラインラント占領期間より長く設定すること、②協定が双務的であること、③協定が有効な軍事的保障を提供すること、これらの条件が満たされる必要があるとした。そのうえで、フランスが仮に有効な軍事的保障を確保できたとしても、賠償請求権を一部たりとも放棄することはできない、と表明した。[202] フランスに安全保障を提供することで、賠償問題の解決を引き出そうとしていたイギリス政府としては、この回答は拒絶も同然であった。

クーノを引き継いでドイツ首相に就任し、外相も兼任したグスタフ・シュトレーゼマンは、九月二日にシュトゥットガルトで行った演説で、フランスとベルギーに安全保障を提供する用意が依然としてある旨を宣言した。彼は、クーノ提案を踏襲する形で、「ライン川に関心を有する国々を、当該地の現在の国境の不可侵を一定期間相互に保障する目的のもとに結集させること」に意欲を表明した。シュトレーゼマンは、フランスおよびベルギー政府との交渉においても同様の提案を行い、クーノ提案に見られた国民投票に関する規定を削除し、有効期間の長い協定を想定していることを説明した。「ライン川に関心を有する国々」の具体名としては、ドイツ、フランス、ベルギー、イギリス、さらにはスイス、オランダ、アメリカを挙げた。しかし、フランス政府はドイツが受動的抵抗を止めなければ交渉に応じられないとする立場を維持した。(203)

その頃ボールドウィンは、閣内の親仏派に促され、ポアンカレとの直接交渉を通じた英仏関係の改善を図ろうとしていた。八月後半にダービーはボールドウィンと面会し、八月一一日付のカーズン覚書があまりにフランスに対して厳しい内容だと抗議した。そして、ボールドウィンがポアンカレと会談しなければ、自らが辞任する意向を表明した。カーズン覚書に同様に不満を抱いていた教育院総裁のエドワード・ウッドも、英仏首脳会談の必要性を説いた。(204)ボールドウィンは渡仏し、九月一九日、首相に就任してから初めてポアンカレと会談した。ボールドウィンはまず安全保障の問題に言及した。パリ講和会議で調印された英仏米「三国同盟」が、「ウィルソン大統領のせいで」破綻したことに遺憾の意を表明し、それが英仏関係の困難のそもそもの原因だと考えている旨を述べた。そして、安全保障交渉を再開する用意があると表明した。しかし、ポアンカレは、それまでに起草された保障条約ではフランスにとって軍事的価値はないと述べるにとどまった。その一方でポアンカレは、英仏が連帯する意義を強調し、ドイツが受動的抵抗を停止した暁には、イギリスとともに賠償問題の解決を図る意向を表明した。(205)

(6) ルール危機の終幕

一九二三年秋、ルール危機は最終局面を迎え、その後収束に向かって動き始めた。まず、極度のインフレーションに直面していたドイツ政府は、九月二六日に受動的抵抗政策を中止した。これでポアンカレには、賠償に関するドイツ政府との二国間合意を模索する機会が浮上し、ミルラン大統領やフォッシュ元帥はそうするよう促した。しかし、ポアンカレはイギリスが関与しないままに賠償問題の解決を図ることを躊躇し、ルール地方の産業界と現物賠償の受け渡しに関する合意を結ぶにとどめた。[206] その間にドイツのハイパー・インフレーションは一一月のピークに向かって加速し、国内秩序が大きく動揺した。一〇月から一一月にかけて、ザクセンやハンブルクで共産主義者が蜂起し、ミュンヘンで極右がクーデタを試み、占領区域内ではラインラント分離独立派が「ライン共和国」の樹立を宣言した。ポアンカレは分離独立運動に懐疑的であったが、「ライン共和国」が宣言されるとこれを支援した。[207] この判断はイギリスの不興を買うこととなった。イギリス政府はラインラント分離独立を望まず、「ライン共和国」の成立はヴェルサイユ条約に違反すると主張した。ベルギー政府もポアンカレのライン政策と距離を置き、イギリスを含めた三国間の交渉にしか応じない姿勢を見せた。[208] 結局、ラインラント分離独立運動は現地においても広範な支持を得られず、早々に衰退した。[209] ドイツ政府は国内秩序を立て直し、通貨改革によるインフレーションの鎮静化にも成功した。こうして、九月末には優位に見えたフランスの立場は、フランの下落と相まって急速に弱体化していった。[210]

一〇月九日、アメリカのカルヴィン・クーリッジ大統領は、一九二二年末にヒューズ国務長官が提案したように、金融専門家委員会による賠償解決に協力する意志を表明した。これを受けてイギリス政府は、アメリカを賠償問題の解決に招き入れることを試みた。アメリカがイギリスの打診に好意的に回答すると、イギリス政府は、ロンドンで開催中の帝国会議において自治領首脳の承認を得たうえで、アメリカの代表も参加する金融専門家による委員会を立ち上げるという提案を一〇月一九日にフランス、イタリア、ベルギー政府に発信した。[211] この提案を各国が受け入れ、専門家委員会は立ち上げられることとなった。ポアンカレは、九月一九日にボールドウィンに表明したように、イギリスを抜きにして賠償問題の総合的解決を図るつもりはなかった。[212] 専門家委員会は一九二四年一月に活動を開始し、四月に報告書を提出した。これがアメリカ人委員長チャールズ・ドーズの名を冠した「ドーズ案」と呼ばれる賠償解決案である。「ドーズ案」は一九二四年八月のロンドン会議で合意され、実施に移されることとなる。

一九二三年一二月にイギリスで総選挙が行われた。主な争点は保護関税と失業問題であった。保護主義を主張した保守党が八六議席を失う敗北を喫し、二五八議席を得て第一党の座は守ったものの、過半数には届かず政権を失った。再統合を果たした自由党が一五八議席を獲得し、一九一議席を得た労働党の政権獲得を支援した。こうしてイギリス史上初の労働党政権が誕生することとなった。(213) 安全保障政策に関して、労働党の主たる関心は国際連盟にあり、その方面でイニシアチブを発揮することとなる。一方で英仏・英白同盟交渉は、一九二四年初頭までにすでに完全な停止状態に陥っており、英仏のいずれかが率先して音頭をとらない限り、交渉が再開する見込みはなかった。

第5章　ロカルノ条約の形成　一九二四〜二五年

1　マクドナルド労働党政権期の安全保障交渉

(1) マクドナルド政権の安全保障政策と英仏関係

一九二四年一月二二日に発足した第一次マクドナルド内閣は、一九一五年に自由党政権が保守党と連立を組んで以来、はじめて保守党が関与しない内閣となった。初代労働党内閣には、マクドナルド自身を含めて一〇人以上の労働者階級出身者が入閣するなど、それ以前のイギリス政府と比較して異色の政権となった。マクドナルドは首相と外相を兼任し、アーサー・ポンソンビーを外務政務次官に任命した。彼らはともにイギリスの第一次世界大戦参戦に反対し、民主統制連合での活動を通じて平和主義に基づく対外政策を訴えてきた人物たちであった。そして大戦後には、国際連盟を中心に据えた平和外交の推進を後押しし、ドイツに対する講和条約の締め付けを緩めることを求めてきた。枢密院議長に任命され、国際連盟理事会のイギリス代表を務めたパーマー卿も、このような平和主義の理念を共有していた。少数与党であるがゆえに、政権の当事者たちは初代労働党内閣が短命になることを当初から予測していたものの、労働党の理念を反映した対外政策を試験的に推進する好機とも捉えていた(1)。

マクドナルド政権と外務省の関係性は良好であった。「新外交」の理念に裏打ちされたマクドナルドの外交指導が伝統主義的な外務官僚と衝突することを懸念する向きもあったが、この懸念は杞憂に終わった。「傲慢」と形容されることの多かったカーズン前外相と信頼関係を築きえなかった外務省高官たちは、腰の低いマクドナルドには好感を抱いた。クロウ事務次官の伝記作家によれば、クロウはマクドナルドと良好な個人的関係を築き、マクドナルドはクロウに信頼感を抱くに至ったという。(2) マクドナルドが首相と外相を兼任したことも、外務省にとって追い風であった。外務官僚たちは、対外政策について首相に直接助言することができるようになった。

首相就任前にはフランスの対外政策を厳しく批判していたマクドナルドも、ドイツとの和解を進めるのと同時に、フランスとの協商関係を維持する必要性を認識した。組閣直後の一月二六日にマクドナルドはポアンカレ首相に私書を送り、英仏間には様々な懸案があるものの、双方の利益に適うように解決する意向を示した。さらに、次のようにも述べた。「英仏協商は単なる名目以上のものになるだろう。そしてフランスとイギリスは、ヨーロッパに平和と安全保障を確立するために、ともに前進することができるだろう」(3)。二日後にポアンカレはこれに応える前向きな返信を行った。そして一月二八日の閣議でマクドナルドは、フランスと「完全に友好的な関係」を維持することを新政府の対外政策の原則とすることを宣言した。(4) 二月二一日にポアンカレに送った第二の書簡でもマクドナルドは、一九一九年の英仏・米仏保障条約の破綻以来、フランスが安全保障を欲していることに理解を示した。一方でマクドナルドは、フランス政府が安全保障という言葉にドイツのみに対する安全保障を見出しているのに対して、イギリス帝国はその言葉に「戦争に対する安全保障」というより広い意味を見出しているのだと述べた。(5) マクドナルドが言うところの「英仏協商の強化」とは、両国の安全保障上の結びつきを具体的に強化することを意図したものではなく、あくまでもヨーロッパに持続的な平和を実現するために両国の精神的な連帯を強めるという、抽象的な意味を持つに過ぎなかった。マクドナルドの伝記作家によれば、第一次マクドナルド政権期の対外政策の主要なテーマは、安全保障に関するフランスの要望と、フランスに安全保障は不要だというイギリス政府の認識との間の隔たりを埋めることにあったという。(6)

政権を獲得してから早々にマクドナルドは、イギリスの対仏政策に関する包括的な覚書を作成するよう外務省に指示した。(7) 外務省は、さしあたり「ラインラントにおけるイギリスの政策」と題する覚書を提出した。中欧局のジョン・スターンデール・ベネット事務官が記したこの覚書は、パリ講和会議以来のラインラント問題の経緯を分析したうえで、イギリスがとるべき政策を提言した。スターンデール・ベネットによれば、ポアンカレ政権下のフランスは、ヴェルサイユ条約が連合国に許容する権利を超えて、ラインラントに軍事的、政治的、経済的支配を確立しようとしていた。イギリスとしては、フランスに政策を転換するよう圧力をかけ、それが聞き入れられないようであれば、「この厄介事〔ラインラント占領〕から手を引く」という選択肢もあった。しかしスターンデール・ベネットは、そのような離脱の政策は、英仏間に際限のない摩擦を生み、悲惨な結果を招くだろうとし、推奨しなかった。彼曰く、ラインラント問題の根本は安全保障問題にあり、フランスのラインラント政策は、一九一九年の英仏・米仏保障条約が無効となったことに「直接的に起因している」のだという。(8) ゆえにイギリスは、当該条約を代替する取り決めをフランスと結ぶべきだというのであった。スターンデール・ベネットは、英仏同盟によってそれを代替する試みが行われたことに言及しながらも、交渉が頓挫したことにより、同案の復活は「不可能」だとした。彼はその代わりの案として、ドイツ政府による一九二二年末の安全保障提案（クーノ提案）に言及したうえで、国際連盟の監督のもとに、独仏国境の両側に相互的な非武装地帯を設置する構想を提示した。すなわち、ラインラントだけではなく、アルザス＝ロレーヌをも非武装地帯とする案である。このような相互保障という考えは、ルール占領という出来事が示唆したように、ドイツの脅威からフランスを守るだけでなく、フランスの脅威に対するドイツの安全保障をも確立しなければならない、という認識に基づいていた。これは、ルール危機の勃発以来、ドイツ政府が主張していた安全保障構想と呼応する内容であった。(9)

同じ頃、ドイツ政府も相互性に基づく安全保障提案をイギリスに打診していた。二月一一日にダバノン駐独大使は、それが相互的である限りにおいてフランスに完全な安全保障を提供する用意がある、とするシュトレーゼマン外相のメッセージをイギリス政府に伝えた。シュトレーゼマンは、独仏国境に相互的な非武装地帯を設置する構想を説いていた。ダバノンは、このような「鉄のカーテン」を実現することができれば、独仏間で戦争が勃発する危険性を大幅に低減できるだろうと述べ、シュトレーゼマンの考えを後押しした。一方で、外務省本省のランプソン中欧局長やクロウ事務次官は、安全保障の相互性を強調するドイツ側の主張は現実にそぐわないとしてこれに否定的であった。[10] 駐仏イギリス大使館もまた、独仏間に相互的な非武装地帯を設置するべきだというスターンデール・ベネットの提案は、フランスが受け入れるはずがなく、実現不可能だと批判していた。[11] マクドナルドはクロウらのコメントに同意しながらも、別の角度からドイツ政府の提案を批判した。マクドナルドは、地域的な取り決めに反対であり、世界規模の一般的合意を追求するべきだと考えていた。彼曰く、安全保障は「旧い類の同盟」ではなく、「相互的合意」に基づいて達成されるべきなのだという。マクドナルドは、安全保障に関する彼自身の考えをシュトレーゼマンに伝えるよう駐独イギリス大使館に指示した。その考えとは、諸国家が地域的に連帯することは「同盟に基づく旧システム」を復活させる恐れがあるため避けるべきであり、その代わりに、「中立化と不可侵のための一般的でより普遍的な仕組み」を模索するべきだというものであった。[12]

マクドナルドは、スターンデール・ベネットの覚書を高く評価しながらも、フランスのラインラント政策の背景が「安全保障の不足（insecurity）」にあるとする分析には同意しなかった。彼によれば、フランスの政策の背景は「領土欲」にあり、それはすべての諸国につきまとう、より深刻な問題なのだという。パーマー卿もマクドナルドの分析に同意し、敗戦したドイツがすぐにフランスの脅威になりうるなどと想定できる者はいないとし、次のように述べた。「安全保障の不足は特殊な協定や保障の必然的な付随物であり、唯一の健全な基盤は〔国際〕連盟の共通の構成員たることによって醸成されうるような共同の信頼感の促進にある」と。すなわち、同盟や安全保障協定は、一九一四年以前の世界のような勢力圏分割を招き、むしろ「安全保障の不足」を招くため、避けるべきであり、すべての諸国を内包する国際連盟を発展させることで、諸国間の信頼関係を醸成するべきだという主張である。したがってパーマーは、ドイツを国際連盟に一刻も早く加入させることが、ヨーロッパの安全保障問題に対する最良の解決策だと説いた。マクドナルドは、スターンデール・ベネットの覚書を軍部に送付し、所見を加えるよう指示した。[13]

三月二八日に陸軍省は陸軍参謀本部による詳細な覚書を提出した。参謀本部はまず、フランスの人的資源は、ドイツに対して圧倒的に劣勢であり、その差は将来にわたって拡大していくという予測を引用し、より大きな脅威はドイツであり、安全保障を必要としているのはフランスだという議論の前提を設定した。参謀本部によれば、フランスの政策的意図は純粋に防御的であり、そのラインラント政策もイギリスの脅威にはならないという。一方で、ドイツが国力を回復し、一九三五年にラインラントの占領期限を迎え、連合国軍が撤兵した後、ドイツは講和条約の修正を目指して英仏と衝突する可能性が高いと予想した。したがって参謀本部によれば、英仏は一種の運命共同体であり、将来のドイツの脅威に協同して対処する必要があった。参謀本部は、そのような脅威に対処する最も「実践的」方策は、英仏が軍事同盟を締結することだと説いた。しかし参謀本部は、「イギリスは大陸に一切の恒常的軍事的コミットメントを望まないため」、そのような選択肢をとることは困難だと認めた。参謀本部は、その代わりにとりうる方策として、国際連盟にヴェルサイユ条約に基づくドイツの軍備制限を監督させる機能を付与するべきだと説いた。参謀本部は後に別の覚書でもこの政策を唱道することとなる。[14] しかし、国際連盟の軍備査察機能を強化するという方策は、所詮は「理論的」なものに過ぎず、「連盟が国際世論の強力な化身以上のものになりうるとは思わない」と参謀本部は認めた。個人や国家には、好機が浮上すれば国際世論など無視する傾向があるのだという。参謀本部によれば、「国際世論を効果的に表現する唯一の方法は、国際世論の支援者たちが、それを無視する兆候を見せるいかなる国家に対しても、実在的かつ能動的な連合を組むこと」であり、「それが同盟なのだ」という。したがって参謀本部は、期限を一五年間とし、有事の際の援助内容を海軍と空軍によるものに限定した安全保障協定を、フランスと締結することを提言した。そして、ドイツに対しても安心を供与するために、ドイツを国際連盟の平等な一員に迎え入れ、ドイツの連盟加盟後にフランスが軍縮を行うといった条件を組み合わせた取り決めを提言した。[15]

　外務省は陸軍参謀本部の覚書を概ね好意的に評価した。特にランプソン中欧局長は、参謀本部の覚書が、非武装化や中立化などといった安全保障問題への「理論的」解決策を「情け容赦なく粉砕し」、「厳しい現実」を直視した「実践的」解決策を提示したことを評価した。一方でランプソンは、①英仏間の戦争が起こりえず、②英独間の戦争が必然的だという参謀本部の前提は自明とはとても考えられないと批判した。海軍と空軍が提出した覚書も、英仏が運命共同体であるという陸軍のような前提はとらず、ラインラントがフランスの支配下にあることはイギリスの防衛上の不利益だと論じていた。[16] ランプソンは、当面の対応としては、「ドーズ案」の実施による賠償問題の解決に専心し、安全保障問題に関してはフランスがイニシアチブを発揮するのを待つべきだと提案した。その一方でランプソンは、「漠然とした考え」だと断りながらも、安全保障問題の解決は、「ドイツとその隣国が相互不可侵条約を締結する」といった方向性で図るべきではないかと提案した。その場合にも、当該条約が侵された場合に際してイギリスが一定の軍事的コミットメントを負うことになるという反対論が浮上することは否定しがたいと、ランプソンは認めた。クロウ事務次官も、フランスのイニシアチブを待つべきだという意見に賛成し、そのうち帝国防衛委員会によって総合的な検討がなされなければならないだろう、と述べるにとどまった。[17]

　英仏同盟によってではなく、独仏国境を国際連盟の管理下に置くことで安全保障問題を解決するべきだという主張は、その後も水面下で議論された。五月にハンキー内閣書記官長は、国際連盟事務総長ドラモンドとの会話のなかで、ライン川に関する主権を国際連盟に授与することで、独仏双方に安全保障をもたらす構想を述べ、ドラモンドの助言を受けてこの構想を外務省に進言した。ハンキーは、英領インド北西部（現パキスタン）とアフガニスタンの間にあるカイバル峠がイギリスの管理下に置かれていることで、現地諸部族間の平和が保たれていることに発想を得たのだという。外務官僚たちは、この構想に総じて懐疑的であった。スターンデール・ベネットは、「パクス・ブリタニカの背景にあるイギリス軍隊の存在」がカイバル峠の諸部族間の平和維持のために少なからぬ役割を担っていると述べ、国際連盟にはそのような権威を掲げる手段がない、と指摘した。ランプソンもまた、「国際化」を説くすべての構想は、「連盟を裏付ける物理的力の不在」という壁にぶつかると指摘した。クロウの批判はより辛辣であった。クロウは、ライン川を神聖視するドイツ人が、ライン川を国際化する構想など受け入れるはずがないと述べた。そして、仮に構想が実施に移されたとしても、ドイツが国際連盟を無視してフランスに戦争を挑むような事態が発生した時に、ドイツはライン川の国際管理の取り決めも同様に無視するだろうと指摘した。マクドナルドは、「興味深い」と述べながらも、より多くの検討が必要だとコメントするにとどまった。[18]

マクドナルドは、同盟のような諸国家の地域的な結びつきには反対であり、国際連盟を通じた世界規模の「一般的安全保障」を追求する考えを支持した。したがって、マクドナルドは英仏同盟案に反対であった。一九二四年三月後半、フランス政府は「ドーズ案」受諾の一種の条件として、安全保障協定の締結を望む旨をイギリス側に打診した。しかしマクドナルドは、安全保障の不足というフランスの懸念に理解を示しながらも、英仏二国間協定の構想を復活させるつもりはないとフランスのサン＝トレール大使に明言した。一方でマクドナルドは、国際連盟を中心に据えたより広く一般的な安全保障枠組みであれば検討に値すると述べた。マクドナルドは、フランスだけではなくドイツにも安心を供与するべきだと説いた。

いずれにせよ、サン＝トレールとの会談のなかでマクドナルドは、賠償問題の解決より先に安全保障交渉を進展させる考えを否定した。[19] クロウ事務次官も、賠償問題の解決を最優先し、安全保障問題はその次に扱う方針を支持した。[20]

サン＝トレール大使に引き続いて、ベルギーのモンシュール大使もマクドナルドと会見し、安全保障交渉の進展を求めた。マクドナルドは、安全保障交渉の進展は賠償問題が解決するまで不可能だと述べ、ルール占領によってイギリス世論がフランスに不信を抱いていることも理由として挙げた。モンシュールは、イギリス世論の心情には正当性がないと返答し、フランスとベルギーは、戦債支払いのための資金と東部国境の安全保障を欲しているに過ぎないと反論した。モンシュールはさらに、その地理的状況に鑑み、ベルギーはフランス以上に安全保障を必要としていると述べ、一九二二年初頭に英白安全保障協定が調印直前にまで至ったことに言及した。しかしマクドナルドは、特定の二国間の安全保障協定には反対だと述べた。そしてマクドナルド自身の目標は、可能な限り多くの国家による相互保障協定を結ぶことだと説いた。これに対してモンシュールは、フランス、イギリス、ベルギーなどといった諸国が、そのような相互保障協定の「中核」をまず形成し、その後に国際連盟の庇護のもとに他国を参加させればよいという「二段階同盟」の考えを説いた。そして、最終的に目標とする「理想」は同じだと述べた。マクドナルドは、「純粋に現実的な政策は常に大失敗へと至ってきたため、いくらかの理想を持ち込むべきだ」と返答した。[21] 六月初頭には、外相に返り咲いたイマンスが安全保障問題についてグレアム駐白大使に打診した。しかしグレアムは、英白安全保障協定は事実上フランスを保障することを意味するため、フランス政府の姿勢が明らかとなるまで交渉を進展できないとする、一九二二年以来のイギリス政府の立場を繰り返すにとどまった。[22]

このようにマクドナルドは、二国間同盟のような個別的枠組みを否定し、すべての諸国が相互に安全を保障し合うという「一般的安全保障」の考えを支持した。しかし、その政策的関心は「ドーズ案」の実施を軸とする賠償問題に注がれ、同問題が解決するまでは安全保障交渉を進展させるべきではないと認識していた。安全保障問題に関するイニシアチブは、イギリスではなくフランスが発揮するべきだと考えていたのであった。

一九二四年五月に行われたフランスの総選挙で、エドゥアール・エリオ率いる「左翼連合（Cartel des gauches）」が勝利し、ポアンカレ内閣が退陣した。辞職する直前にポアンカレはマクドナルドに書簡を送り、ヴェルサイユ条約の調印時に期待されていた保障をフランスが得られなかったことに言及し、安全保障交渉の進展を望んでいたと表明した。[23] 六月にフランス首相に就任し、外相を兼任したエリオもまた、賠償問題に関する交渉と並行して、安全保障交渉を進展させることを望んでいた。[24] 政権就任早々にエリオは、安全保障に関するイニシアチブを発揮することなる。

六月二一日から二二日にかけてエリオはチェカーズ（イギリス首相の別邸）を訪問し、マクドナルドと会談した。イギリス外務省のクロウ事務次官とフランス外務省のエマニュエル・ド・ペレッティ政務通商局長も同席した。そこでエリオとペレッティは、安全保障問題への解決策を提示した。それは、まず英仏二国間で安全保障協定を結んだうえで、ドイツを含む相互保障協定を締結し、それらを国際連盟の枠組みに基づく一般的安全保障協定に包含するという重層的な構想であった。それは、一九二一～二二年にブリアンが提示した構想を踏襲する内容となっていた。しかし、エリオの提案に対してマクドナルドは、イギリス国内や帝国自治領の反対論を引き合いに出し、これに否定的に応じた。また、国際連盟で検討下にあった一般的安全保障協定の構想（後述する）についても、イギリス軍部と外務省が反対しているため、実現は困難だという認識を率直に示した。マクドナルドは、安全保障問題を検討すると約束するにとどまり、まずは賠償問題の解決を優先するべきだと説いた[25]。

「ドーズ案」を議論するロンドン会議が開会する一週間前の七月八日から九日にかけて、マクドナルドとクロウはパリを訪れ、エリオと再び会談した。その際にもフランス側は、賠償問題と安全保障問題をリンクさせ、前者と並行して後者に関する交渉を開始することを求めた。エリオは、ドイツの軍備を監視する連合国軍事監督委員会の議長を務めるシャルル・ノレ将軍が、ドイツの保有軍備に関して警鐘を鳴らしたことを紹介した。そして、「ドイツは賠償支払いを拒否できるほどの軍事力を蓄えたと自覚したその日に、必然的に新たな戦争を引き起こすだろう」と警告した。

マクドナルドは、自治領諸国とイギリス国内世論がフランス、ベルギー、イタリアないしその他の国と安全保障協定を締結することに反対していると述べた。マクドナルドは、「名誉」こそが最大の安全保障なのだと述べた。一九一四年にイギリスが安全保障協定などなくても連合を組んだように、ドイツが賠償合意に違反するという事態が発生すれば、「名誉」に基づいて各国はフランスを援助してドイツに参戦するというのであった。マクドナルド曰く、「名誉」があれば十分なのであった。そして、もし安全保障問題を議論するのであれば、それはフランスやイギリスの安全保障のような個別的問題ではなく、世界のすべての国を包含する「一般的安全保障」を議論するべきだと説いた。安全保障は軍事同盟によっては達成されえず、国際連盟に基づく「一般的安全保障」と、それを下支えする英仏の協商関係によってもたらされるのだというのが、マクドナルドの主張であった。

これに対してエリオは、マクドナルドの考えに共感を示しながらも、「理想的な状態」に到達する前段階において、「中間期間」を想定する必要性を指摘した。エリオ曰く、「ドイツは個人の政治感覚がほとんど未発達の国」であり、ビスマルクのような強力な指導者がひとたび現れれば、好戦的政策が即座に復活しうるというのであった。そして、一〇年後には独仏の若年人口と経済力の不均衡は頂点に達し、フランスは最も深刻な危機に陥るというのであった。エリオは、マクドナルドの理念を共有しながらも、一〇年余りの間の「中間期間」における安全保障の確保への協力を求めた。また、会談に同席したペレッティは、一九一九年のヴェルサイユ条約は、期間が有限のラインラント占領と、英仏・米仏保障条約という柱に支えられた安全保障枠組みとなるはずであったにもかかわらず、後者が破綻したために不完全なものにとどまっているのだと念を押した。ペレッティは、一九一九年の保障条約の代替が必要だと述べ、それが得られない場合にはフランスはラインラント占領を無期限に継続する意向があることを示唆した。

マクドナルドは、アメリカが退き、英仏によるカンヌ会議などにおける代替協定交渉も失敗に終わった以上、同様の構想をそれ以上議論するのは無意味だと反論した。マクドナルドは、英仏は「他の手段」を見つけるべきだと説いた。彼曰くその「他の手段」とは、国際連盟にドイツを加入させたうえで、ドイツを含む多国間の安全保障協定を結ぶことにあった。会談に同席したクルー大使もまた、英仏が軍事同盟を締結するというフランスの考えは、国際連盟のもとで一般的な安全保障協定を結ぶ構想の妨げになると指摘した。

しかし、ドイツを含む安全保障協定という案に対してフランス側は否定的であった。ペレッティは、ドイツによる侵略からフランスを守る協定にドイツ自らを参加させるという案は、推奨できるものではない、と述べた。エリオとペレッティは、英仏同盟かそれに類似する保障を得てフランスの安全が確保されたうえで、ドイツと安全保障協定を締結するのであれば歓迎すると述べたが、第一段階となる英仏同盟を飛ばして最初からドイツと安全保障交渉を行うことには反対した。あくまで最初に英仏同盟を締結したうえで、第二段階としてドイツとの協定を協議するというのがフランス側の望みであった。

フランスは、ロンドンの賠償会議と対をなす、安全保障会議の開催を求めた。エリオは、ロンドン会議が賠償問題を解決する一方で、安全保障が忘れ去られてしまうことを恐れているのだと述べ、外交官や軍人など安全保障の専門家が参加する国際会議を開催することを求めた。マクドナルドは、安全保障専門家会議の開催に合意すれば政権の安定を揺るがしかねないと述べ、難色を示した。その代わりに、英仏政府が安全保障問題に関する覚書を交換し、将来の会談で取り上げることには合意できると譲歩した。すなわち、マクドナルドは不承不承ながらフランスと安全保障交渉を開始することの言質を与えたのであった[26]。会談後に英仏首脳は、安全保障問題に関して予備的交渉を行ったこと、そして、国際連盟ないしその他の手段を通して安全保障問題の解決を目指して協力し続けることに合意したと発表した[27]。エリオは、「英仏協商にとって休戦以来最良の日」だと記者に述べ、満足を表明した[28]。

一方でマクドナルドは、フランス側が第一に求めた英仏同盟には徹底して反対であった。ロンドン会議で安全保障問題に関する議論が浮上した場合に備えて、外務省は「フランスの安全保障」と題する覚書を作成した。この覚書を作成した中欧局のジョン・トラウトベック事務官によれば、フランスにとり、安全保障問題こそが最大の関心事なのであり、賠償問題は二次的な問題に過ぎなかった。トラウトベックは、安全保障問題に関するフランスやドイツ政府の立場や提案を整理したうえで、覚書の末尾にイギリス陸軍省の見解を要約して掲載した。英仏はドイツを共通の脅威とするがゆえに一蓮托生の関係にあり、（ラインラント占領が期限切れとなり、ドイツが再興し、独仏の人的資源の格差がフランスにとって最も不利となる）一九三五年が危機の年になる。最良の安全保障は英仏が「明確な軍事的合意」（軍事同盟）を結ぶことで得られる、という見解である。ランプソン中欧局長は、英独の衝突が必然的だという陸軍省の議論の前提には疑念を表明しながらも、目下のヨーロッパ情勢に鑑みて、「フランスとイギリスはかなりの程度相互依存的である」ことには同意した。クロウ事務次官もこれに賛成した。一方でマクドナルドは、陸軍省の見解に反感を示した。彼によれば、「明確な軍事的合意」の路線は、（勢力圏分割と軍拡競争という）「旧い悪循環」へと至る道であり、それは最良の安全保障であるどころか、「考えうる最悪の安全保障」なのだという。パーマー卿もこれに同意し、一九三五年にドイツとの軍事衝突を予測するのは間違いであり、国際連盟の強化に関する言説と矛盾するとコメントした(29)。

七月一六日から八月一六日にかけて行われたロンドン会議は、「ドーズ案」の実施に議論を絞ったため、安全保障問題は扱われなかった。しかしながらこの会議の決定は、ヨーロッパ国際政治に大きな影響を与えることとなった。まず、「ドーズ公債」によってウォール街からドイツへの資本の流れが形成され、新たな賠償支払いスケジュールが設定され、フランスのルール撤兵が合意された。このことは、暫定的ながら賠償問題の解決へと繋がり、ヨーロッパの緊張状態を相当程度緩和した。ロンドン会議においてドイツは、対等な立場で交渉に参加し、賠償の支払い条件の緩和を勝ち取るとともに、国際社会の平等な一員への復帰を印象づけた。一方で、フランスの強制政策は大幅な後退を余儀なくされた。ロンドン会議の結果、フランス政府が大きな発言権を有した賠償委員会の権限は縮小され、以後ドイツの賠償不履行に際してルール占領のような制裁を行使することは事実上不可能となった。フランスは、ヴェルサイユ条約の賠償関連条項の強制を通じてドイツを抑え込むという、対独政策の切り札を失うこととなった(30)。このように一九二四年のロンドン会議は、ヨーロッパの政治的・経済的環境を改善させるとともに、歴史学者のスティーヴン・シュッカーが論じるように、ヨーロッパの勢力均衡をフランス優位からドイツ優位の方向へと決定的に傾けたのである(31)。

七月八日のパリ会談でマクドナルドが示した覚書の交換という提案を受けて、ロンドン会議が終幕へと向かう八月一一日、エリオはフランス側の安全保障構想を詳細に記した覚書をイギリス政府に提出した。フランス政府の覚書はまず、一九一九年の講和会議において、フランス側がラインラントに必要とした保障を断念する代わりに、国際連盟が機能するまでの間の「補完的保障（garantie complémentaire）」として、英米による保障を約束されたにもかかわらず、保障条約が無効となってしまった経緯を説明した。そして、保障条約が無効となった結果、フランスはヴェルサイユ条約の規定する不完全な保障に依存している現状を説明した。フランス政府の安全保障提案の第一部は、ヴェルサイユ条約の堅持に関するものであった。フランス政府は、ドイツの軍備制限やラインラント非武装化といったヴェルサイユ条約が規定する保障を堅持するために、国際連盟理事会による常設の監督機関を新設するべきだと提起した(32)。また、連合国軍によるラインラント占領は、ヴェルサイユ条約の定めるところに従って（すなわち、原則として一九三五年まで）継続するべきだと主張した。そのうえで第二部として、「補完的保障」に関する提案がなされた。その内容は次の通りであった。①無効となった一九一九年の英仏保障条約を代替する英仏防御協定を締結する。この協定は、ドイツと隣接する他の連合国との間の類似の防御協定の締結をもって完成する（すなわち、連合国による同盟網の構築）。②これら連合国がドイツと相互不可侵協定を締結する。これらすべての同盟および協定は、国際連盟の賛助のもとで調印される。③国際連盟を強化し、侵略国家に対する相互援助の仕組みを確立する。まとめると、連合国間の防御同盟、連合国とドイツとの間の相互不可侵協定、国際連盟の強化という、三層構造の安全保障枠組みをフランス政府は提示したのであった(33)。

この覚書に対してイギリス外務省中欧局のスターンデール・ベネット事務官がコメントしたように、これは英仏安全保障交渉の新たな章の幕開けを告げる重要な提案であった(34)。フランスがイニシアチブを発揮したことを受けて、イギリス政府は機が熟したと判断し、帝国防衛委員会で安全保障問題を総合的に検討する方針を定めた(35)。それに向けて、まずは関係機関が所見をまとめた覚書を委員会に提出することが求められた。

陸軍省は九月二九日にフランス提案に対する総合的所見を提出した。陸軍参謀本部によるこの覚書は、西欧安全保障に関する参謀本部の考え方を明快に示していた。参謀本部はまず、ヴェルサイユ条約、とりわけドイツに対する軍備管理、ラインラントの非武装化、同地の保障占領に関する諸規定を維持する必要性について、フランスの主張を支持した。そして、「補完的保障」の要求についても、これを支持した。参謀本部はとりわけ、英仏防御同盟の締結を後押しした。参謀本部によれば、「われわれが直面する最大の脅威はドイツによる再度の侵略であり、フランスの安全保障はわれわれの安全保障である」という。参謀本部がドイツを脅威と認識した根拠は、フランスとドイツの人的資源の将来予想や戦略資源の埋蔵量を比較した場合に、ドイツが圧倒的に優越していること、すなわちヨーロッパの勢力均衡がドイツ有利の状況にあるという認識に基づいていた。参謀本部によれば、「ドイツほどに剛健な国が、失敗に終わった戦争の結果置かれた従属的な地位と領土の没収を永久に看過する」などと信じることは、「不合理のきわみ」だという。

このようなドイツ脅威論を前提にしたうえで、参謀本部は、「フランスとの軍事協定は、その範囲が限定的である限りにおいて、いくつかの確実な利点を有する」と主張した。その利点とは第一に、有事の際にイギリスの確実な援助を受けられるという前提のもとに、フランスがより有効な防御計画を立てられることにあった。英仏両軍の参謀本部がより緊密に連絡調整を行うことへとつながる点も期待された。第二に、イギリスとしても、ヨーロッパで最も強力な仏陸軍と仏空軍を確実に味方につけることができ、ドイツという脅威との間に「前哨」を設けることができる、という利点があった。イギリスの貧弱な軍備状況に鑑みれば、これはなおさら大きな利点だという。第三に、フランスを同盟国とすることで、西地中海におけるイギリスの連絡路の脆弱性という問題を克服することができた。第四に、フランスとベルギーが、ドイツの復讐戦を不可能とするためのヴェルサイユ条約に基づく制限を維持していくためには、物心両面でのイギリスの支援が不可欠であった。そして、そのような支援は確実な同盟の締結によってしかもたらしえなかった。参謀本部によれば英仏同盟にはこうした利点があった。

一方で、イギリスは世界に広がる帝国にコミットメントを有しており、その軍事計画は帝国の安全保障全体を考慮に入れる必要があった。参謀本部はそのため、一九一九年の英仏保障条約をモデルに、英仏同盟に一定の制限を加えるべきだと主張した。参謀本部は次のような同盟を提案した。第一に、帝国防衛を基準とする軍備計画を維持するために、有事の際にイギリスがフランスに派遣する具体的な部隊数に関する約束を避けることであった。イギリスは、フランスに派遣できる兵力規模について、フランス陸軍参謀本部に随時伝達する程度にとどめるべきだという。第二に、参謀本部は三月二八日付の覚書で提案した海軍と空軍のみによる援助という案を撤回し、有事の際には陸海空軍の全力による援助を約束するべきだとした。第三に、コミットメントの内容はフランスとベルギーの防衛にとどめ、ドイツ東部国境に関するコミットメントは避けるべきだとした。第四に、イギリスの援助の発動要件は、フランス領土の直接的侵犯、ドイツによるヴェルサイユ条約第四二条および第四三条（ラインラント非武装化）の違反、ドイツによる「真剣な」再軍備の試み、この三要件に限定するべきだとした。「軽微ないし取るに足らない」程度のヴェルサイユ条約不履行を、発動要件としてはならなかった。第五に、同盟はイギリス、フランス、ベルギーの三国によるものであるべきだった。ベルギーの安全保障は、フランスの安全保障と同じくらい、イギリスにとって重要なのだという。第六に、同盟の有効期間は、連合国軍のラインラント撤兵後の脆弱な期間をカバーできるように、二〇年間とし、締約国の同意のもとで更新可能とするべきだとした。このように陸軍参謀本部は、西欧に主眼を置いた期間二〇年間の英仏白三国同盟を提言したのである。

フランス政府が提案した「補完的保障」には、英仏同盟の他に、連合国とドイツとの間の相互不可侵協定、そして国際連盟の強化という要素があった。陸軍参謀本部は、それらの検討にはあまり紙幅を割かなかった。ただ、連合国とドイツが相互不可侵協定を締結するのであれば、それを「歓迎する」と述べた。そして、それが実現した暁には、前述した英仏白三国同盟に「取って代わる」可能性がある、とした。ドイツの連盟加盟は、そのような協定の有効性を高めるだろう、とも説いた。連盟の強化については、参謀本部がそれまで主張してきたように、「相互援助条約」（後述する）のような枠組みには反対する一方で、連盟にドイツの軍備を査察する機能を付与する形での強化には賛同した。しかしいずれにせよ、英仏白三国同盟やドイツとの相互不可侵協定といった、地域的協定が不要となるまでに国際連盟が強化されるには、長い年月を必要とするだろう、と参謀本部は説いた。このように陸軍参謀本部は、英仏白三国同盟案に重心を置きながらも、フランス政府の提案をほぼ全面的に支持したのであった。[36]

一方で、外務省はより慎重であった。若手の外務官僚たちは、ドイツがイギリスの最大の脅威だという参謀本部の議論の前提に納得しなかった。中欧局のハロルド・ニコルソンによれば、問題の本質は、「力による安全保障(security by force)」に基づくフランスの論理と、「合意による安全保障(security by agreement)」に基づくイギリスの論理の間の対立をどう解消するのかにあるのだという。[37] ランプソン中欧局長は、島国であるイギリスにとって「安全保障」という言葉の持つ意味がフランスとは異なるのだと述べた。[38] ニコルソンは、ドイツ脅威論を前提とする参謀本部の論理は憶測の域を出ないと批判した。ニコルソンによれば、国際連盟がジュネーヴ議定書を採択した以上、参謀本部の覚書は「期限切れ」になったのだという。[39] ここでニコルソンが述べたように、イギリス政府がフランスの提案を検討し始めた矢先に、国際連盟で新たな安全保障構想に向けた交渉が一気に進展したことから、イギリス政府の関心は連盟に向けられることとなった。

(2) ジュネーヴ議定書

一九二四年九月一日に開会した第五回国際連盟総会は、連盟規約に基づく集団安全保障体制の強化を図る「国際紛争の平和的処理に関する議定書」、通称「ジュネーヴ議定書」を議論することを主たる目的とした。ジュネーヴ議定書は、一九二〇年以来の国際連盟の平和推進の試みの一つの結節点であった。まず、そこに至るまでの経緯を簡単に振り返りたい。

一九二〇年の第一回連盟総会は、連盟規約第八条に定める軍縮の目標を実施に移すための活動を開始し、軍人から成る「陸海空軍の問題に関する常設諮問委員会」と、文民から成る「軍備縮小のための臨時混成委員会」を組織した。臨時混成委員会にはイギリスからロバート・セシル卿や、自由党政治家であり王室とも近しかったエシャー子爵といった政界の有力者が参加した。一九二二年にエシャーは、ワシントン会議における海軍軍縮条約に範をとり、一定の比率に基づいて各国の軍備を削減する簡潔にして大胆な提案を行った。しかし、フランスやベルギーをはじめとする諸国は、自国の安全保障が確保されないままに、一方的に軍縮を進めるわけにはいかないと主張し、エシャー・プランに反対した。これを受けてセシルは、フランスの連盟代表とも協力し、軍縮と安全保障をリンクさせる新たな提案を行った。セシル・プランは、すべての諸国に開かれた防御協定と軍縮をセットで推進する構想であった。この構想は連盟総会の支持を得て、一九二三年の第四回連盟総会において「相互援助条約」[40]の草案が起草され、各国政府に提出されるに至った。「相互援助条約」は、締約国が「侵略戦争」の被害を受けた場合に、その被害国が軍縮に関する取り決めを遵守していることを条件に、時の連盟理事会の定める手順に従って、締約国が被害国を即座に援助する、という内容の条約であった。ただし、軍事的援助を提供する義務は、同じ大陸に位置する国家が被害国となった場合に限定された。どの交戦国が「侵略国」であるかの認定は、時の連盟理事会が行うと規定された。また締約国は、この条約に基づく援助を円滑化するために、二国間ないし複数国間で地域的な「補完的協定」を締結することが可能である旨が明記された。これはフランスの後押しによって挿入された条項であり、東欧諸国との間で締結された安全保障協定やイギリスとの間で結ぶことを望んでいた協定に正当性を付与することを目的としていた[41]。

ところが、イギリス政府の関係諸機関は「相互援助条約」に強い異議を唱えた。条約案を推進したセシルが一九一九年に外務政務次官を辞してから一九二三年五月に王璽尚書になるまで閣外にいたこともあり、彼の構想はイギリス政府の見解との間に大きな相違を残したまま進められていたのである。早い段階からセシルの構想を聞かされていたバルフォアとワージントン゠エヴァンズ陸相は、帝国の求心力を維持する観点から、保障の供与が同じ大陸の国家に限定されていることを問題視した。他国の義務が限定される一方で、世界大に展開するイギリス帝国はあらゆる紛争に関与しなければならなかった。また、帝国のなかの一部地域だけが紛争に関与するという、帝国の求心力を削ぐような事態が発生しかねなかった。また、そもそも彼らは、イギリスの自由裁量を損なうような軍事協力の合意を予め結ぶという考え方自体に批判的であった。(42)

イギリス軍部も一致して「相互援助条約」案を批判した。海軍省は、条約が発動した場合に主たる負担を強いられるのは即応能力に優れる海軍だと指摘した。そして、すでに帝国防衛に必要な最低限の水準まで軍縮を進めているにもかかわらず、「前代未聞の規模の作戦」に関与することになりかねない新たなコミットメントを引き受けることに難色を示した。また、国家が軍事行動を行使するうえでの決定権を連盟理事会が握ることにも反対した。一方で、イギリスのコミットメントが限定される限りにおいて、地域的な協定を結ぶことには反対しなかった。(43) 陸軍参謀本部も、条約の対象範囲が広すぎるため、イギリスは「ほとんど無制限のコミットメント」を負うことになり、介入が必要となりうる事案があまりにも多岐にわたるため、有効な軍事計画を立てることもできないと強く批判した。そして、この条約が要求するコミットメントに対処するために、本末転倒なことに、諸国の軍備はむしろ増大するだろうと指摘した。そのうえで陸軍参謀本部も、少数の国々による地域的協定については、以上の批判は当てはまらないとして前向きに評価した。(44) 空軍も陸海軍と同意見であった。(45)

一方で、外務省のなかには同条約を評価する声もあった。ヘッドラム＝モーリー歴史顧問は、セシル提案の本質は、連盟規約第一〇条（加盟国の領土的現状を保障する規定）に実効力を持たせることを目的とする無期限の多国間防御同盟だと捉えた。条約のもう一つの柱である軍縮については、「現段階では重要なものとは思えない」とした。彼によれば、提案の同盟としての要素が本質で、軍縮は二次的な要素であった。なぜなら、この条約が結果としてイギリスや中立諸国の軍拡を招いたとしても、戦後秩序を守るためには、それらの諸国による積極的な軍事的、財政的コミットメントがむしろ必要である、というのであった。それを論証するためにヘッドラム＝モーリーは、一九世紀のウィーン体制期の様々な条約を参照しながら、軍事的援助を約束する補完的協定を伴わない保障は無意味であり、それを伴う保障、すなわち同盟こそが、秩序維持のために重要な役割を果たしてきたのだと論じた。そして、既存条約を維持していくためには、イギリスによる軍事力に裏打ちされた関与が不可欠であり、イギリスの国際的影響力に鑑みれば、イギリスがリスクを恐れずに、セシルの提案する一般的安全保障条約を支持する姿勢を示せば、多くの諸国がそれに倣って協力し、条約は成功するだろうと説いた。しかし、イギリス政府が国内世論の理解を得られず、半信半疑のままこの政策を推進すれば、条約は崩壊するだろうと警告した。すなわちヘッドラム＝モーリーは、セシル提案は推進する価値のあるものだと評価したが、イギリスが国家をあげてそれを支持できない限り成功する見込みはない、と説いたのであった。(46)

一九二三年四月から六月にかけて帝国防衛委員会がセシル提案を討議した。委員たちは総じて批判的であった。ホーア空相は、すべての諸国を内包する一般的安全保障条約は機能しえないと批判し、その一方で地域的協定であれば機能しうるかもしれないと主張した。エイメリー海相は、一般的安全保障条約はおろか、地域的協定でさえイギリスのコミットメントを増大させる恐れがあると警告した。(47) こうした批判に対してセシルは、「相互援助条約」がイギリスに膨大な負担増をもたらすというのは誇張だと反論した。彼によれば、「平和が保障されれば、条約のもとでのわれわれのコミットメントは実質的に無視しうる」というのであった。すなわち、条約が機能し、軍縮が進めば、それだけで平和が担保され、イギリスが条約を守るために武力を行使する事態が実際に起こることはないだろう、というのである。(48) しかし、クロウ外務事務次官は、イギリスが介入するような事態は実際には生起しないなどと述べ、保障の約束をまっとうする強い意志を示さないのであれば、諸国が軍縮を推進するに足るだけの信頼性など到底担保しえないだろうと反論した。(49) カーズン外相は、イギリスは現状以上に軍備を削減できる状況にはなく、全般的軍縮を政策として推進することに反対した。全般的軍縮はあくまでも「敬虔なる願望」にとどめておくべきだというのがカーズンの意見であった。

エイメリーは、「相互援助条約」であろうと、それよりも小規模な地域的協定であろうと、イギリスをヨーロッパの戦争に巻き込む可能性を高めるものにほかならないと主張した。イギリスはクリミア戦争以来、ヨーロッパ戦争を避けてきたのであり、「先の大戦」でドイツと戦ったのも、その海軍力が脅威であり、イギリスが低地諸国に死活的利益を有しているという強い理由があったからに過ぎない。エイメリーはこう述べたうえで、可能な限りヨーロッパにおけるコミットメントを避けるべきであり、イギリス帝国内部における相互援助体制を拡充することに専念するべきだと主張した。カーズンはエイメリーの主張に同意し、フランスが導入を望んでいる地域的協定とは軍事同盟にほかならないと指摘し、「先の大戦はそのような同盟群によって引き起こされた」のだと警告した。そして、イギリス、フランス、イタリア、ベルギーによる安全保障協定が成立すれば、ドイツは即座にロシア、そして場合によってはトルコに身を委ねることとなり、大戦前の状況が再現されることになってしまうと危惧を表明した。カーズンによれば、「相互援助条約」のような一般的安全保障条約は「幻想」であり、同盟のような個別的安全保障条約は「きわめて危険」なのであった[50]。

このように、セシルの「相互援助条約」案に対しては、イギリス政府内の各所で強い反対が唱えられた。外務省は全般的軍縮という考えに懐疑的であり、安全保障と軍縮を両輪とするセシルの構想の矛盾を指摘し、安全保障に注力した検討を促した。軍部は、すべての諸国を対象とする一般的安全保障条約は機能しえないと主張する一方で、フランスの推す地域的な個別的安全保障条約、すなわち同盟であれば機能しうると主張した。一方でカーズンやエイメリーをはじめとする保守党政権の領袖は、一般的安全保障はおろか、地域的協定や同盟にも批判的であった。

労働党政権の成立は状況に変化をもたらさなかった。一九二四年四月に帝国防衛委員会は「相互援助条約」を再度討議した。そこで労働党政権の閣僚たちは、同条約が「ほとんど無制限」のコミットメントを招き、むしろ軍備の拡大へとつながるという、軍部や外務省の批判論を是認した[51]。五月三〇日に労働党内閣は、イギリス政府が「相互援助条約」案に反対である旨を明記した書簡を国際連盟に送付することを決定した[52]。マクドナルドの書簡は七月五日に送付された。書簡のなかでマクドナルドは、イギリス政府が条約案に賛成できない理由を列挙したうえで、最終段落にいくつかの「建設的」な提案を記した。国際軍縮会議の開催、係争地の国境に非武装地帯を設置すること、常設国際司法裁判所の強化、などであった。フランス政府が推す、個別的協定という補完案については、「同盟と対抗同盟というかつてのシステムの再現」を招いてしまうとして反対した。フランスが主張するように個別的諸協定を国際連盟の管理下に置いたとしても、マクドナルドの書簡によれば、「重要な諸国家」が連盟の外部にあるため、対抗同盟の発生というジレンマは克服できないというのであった。(53)

マクドナルドの書簡は国際連盟の支持者たちに衝撃を与えた。「相互援助条約」案に対しては、フランス、ポーランド、チェコスロヴァキア、ベルギー、バルト諸国、フィンランドといった諸国が賛成を表明していた。これらの諸国は、強力な隣国の脅威に懸念を抱いているという共通点を持っていた。一方でスカンディナヴィア諸国をはじめとするヨーロッパの中立国は、条約を補完する個別的協定という考えが軍事同盟を想起させるものだとして反対の立場をとっていた。しかし、条約案に関する潮の流れを変えたのは、イギリスの立場表明であった。イギリスと自治領諸国が反対派の旗手となり、「相互援助条約」は廃案となることを余儀なくされたのである。(54)

イギリス政府の決定は、フランスをはじめとする「相互援助条約」賛成諸国に不信感を抱かせただけではなく、国内の連盟支持者たちの不興を買うこととなった。国際連盟議会委員会に所属する超党派一二四名の議員が、マクドナルドの書簡はイギリスが国際軍縮に関心がないという誤った印象を与えかねない、と批判する覚書を首相に提出した。議員たちは、来る連盟理事会でそのような誤解を解く行動をとるよう首相に求めた。(55)マクドナルドには、このような誤解を解いて連盟に関する建設的な姿勢を示す必要があった。八月にドイツ賠償問題に関するロンドン会議を成功裏に終わらせた後、その機会は訪れた。

九月初頭にマクドナルドはジュネーヴに向かい、第五回国際連盟総会に参加した。彼は六月のエリオとの会談で、エリオとともに総会に出席することを決めていた。それは、大国の首脳が国際連盟総会に登壇する初めての機会となった。九月四日にマクドナルドは総会の演壇に上がり、国際安全保障は軍事同盟によって達成されるとは思わないと訴え、イギリスが「相互援助条約」案に反対する理由をあらためて説明した。そのうえで彼が提示した安全保障問題の解決策は、①ドイツを連盟に加盟させ、②仲裁に基づく体制を構築することで侵略を防ぎ、③軍縮を推進することであった。鍵は仲裁にあった。マクドナルドは、国際安全保障は軍事ではなく法に基づくべきだと主張した。エリオはそれに呼応し、「仲裁、安全保障、軍縮」こそが平和の要となると説いた。ただしエリオは、安全保障なき仲裁は無力だと訴え、安全保障の重要性を強調した。エリオの狙いは、地域的安全保障協定と仲裁条約を組み合わせた安全保障システムの構築に向けた交渉に、マクドナルドを引き込むことであった。チェコスロヴァキアのベネシュ外相も、マクドナルドが求める仲裁に基づく国際安全保障を機能させるためには、違反に対する制裁のメカニズムを整備することが不可欠になると説いた。そして、マクドナルド、エリオ、ベネシュが中心となり、「仲裁、安全保障、軍縮」の原則に基づき、連盟規約を補完することを目的とする議定書が起草された。これが国際紛争の平和的処理に関するジュネーヴ議定書である。一〇月二日に連盟総会はジュネーヴ議定書を全会一致で採択し、各国政府に調印を促した。(56)

ジュネーヴ議定書は全二一条からなり、その要旨は、パリ講和会議が却下した強制仲裁の原則を復活させ、仲裁違反に対する制裁の拡充を図ることにあった。国際連盟規約（第一五条第七項）では、国際紛争の仲裁が失敗した場合には、加盟国は「正義公道を維持するため必要と認むる処置をとる権利」、すなわち武力行使をも含めた自由裁量権を留保していた。連盟の支持者たちのなかには、これを連盟規約の「隙間（gap）」と呼び、戦争が起こるケースをより厳密に封じ込めなければならないと主張する声があった。つまり、「正戦」となるケースを、①自衛と、②連盟の決定に基づく武力制裁の場合に完全に限定するべきだという主張である。ジュネーヴ議定書はこの主張を反映したものであり、すべての国際紛争が常設国際司法裁判所ないし連盟理事会による仲裁にかけられる制度を構築するものであった。そして、それを有効なものとするために、制裁（安全保障）措置の明確化も図られた。連盟規約とジュネーヴ議定書の仲裁規定に違反した国は、「侵略国」と認定され、連盟規約第一六条に基づく制裁が即座に発動されると規定された。そして議定書の締約国は、その地理的位置と軍備状況が許す範囲で、侵略国に対抗し、侵略を受けている国を援助する義務を負うことが明記された。集団安全保障の原則と義務が再確認されたわけである。さらに、侵略を受けた国を効果的に援助するために、連盟の制裁が発動された後であれば、個別の安全保障条約に基づいて侵略国に武力行使をすることも認められた。すなわち、国際連盟という大構造を支えるサブ・システムとしての地域的協定を、限定的ながら認知したのである。最後に議定書は、国際軍縮会議を早期に開催し、そこで定められた軍縮合意が実施に移されない限り、議定書は発効しないと定めた。このように、「相互援助条約」が安全保障と軍縮を両輪としたのに対して、ジュネーヴ議定書はそこに仲裁という三本目の柱を加え、連盟規約の精神との整合性を高めることが意識されていた[57]。

ジュネーヴ議定書の国際的評価は概ね好意的であった。フランス、チェコスロヴァキア、ポーランドなど一〇カ国が議定書に即日調印し、ヨーロッパの中立諸国や南米諸国も好意的な反応を示した[58]。議定書発効に向けた最大のハードルは、「相互援助条約」に引き続き、ほかならぬイギリスであった。

マクドナルドは、イギリス政府内で議定書を精査するまでは調印しないという慎重な姿勢をとった。「相互援助協定」の際のように、政府機関の反発が予想された。パーマー卿やヘンダーソン内相は調印するよう訴えたが、労働党には慎重論も多かった。武力に裏付けられた制裁制度によって軍縮へと導くという考え方を、多くの労働党員が支持しなかった[59]。

いずれにせよ、労働党政権はジュネーヴ議定書に対する態度を決する前に退陣を余儀なくされた。少数与党であった労働党内閣は、政権と共産主義勢力との関係性が疑われた「キャンベル事件」をめぐる議会闘争に敗れ、一〇月八日に内閣不信任決議が可決された[60]。一〇月末に総選挙が実施され、保守党が総議席の三分の二にあたる四一二議席を獲得する大勝を収めた。労働党は一五一議席を獲得して第二党となり、自由党は四〇議席へと勢力を減らした。ジュネーヴ議定書を含めたヨーロッパ安全保障問題に関する本格的な政策検討は、保守党新政権に託されることとなった。

2　第二次ボールドウィン内閣による安全保障案の模索

（1）第二次ボールドウィン内閣の成立とチェンバレンの外相就任

一九二四年一一月初旬、第二次ボールドウィン内閣が成立した。英仏関係を重視したボールドウィンは、前保守党政権時の外相カーズンには枢密院議長のポストを提供し、「親仏家」として知られるオースティン・チェンバレンを新たな外相に選んだ。ボールドウィンとチェンバレンはともに、安全保障問題におけるフランスとの協力がヨーロッパ安定化の鍵になると考えていた[61]。

この任命は外務省に有益な結果をもたらした。ヨーロッパの安全保障に積極的に関与すべきだとするチェンバレンの考えは、クロウ事務次官やティレル次官補ら外務省高官の考えと合致した。チェンバレンは外務官僚と良好な関係を築いた[62]。さらに、ボールドウィンが外務省主導の外交を支持していたことも外務省にとって追い風であった。彼は対外政策に関してチェンバレンに広い裁量権を与え、閣議では彼の主張を援護した。それでいてボールドウィンは外交に無関心ではなく、クロウやティレルと懇意にあり、定期的に意見交換を行っていた[63]。このような首相と外相のもと、外務省はイギリスの政策決定に相応の影響を与えることとなる[64]。

外務省は、新政権の発足と同時に「フランスの安全保障問題を早期に検討する必要性に関する覚書」を提出した。覚書を起草した中欧局のスターンデール・ベネットは、ロンドン会議のドーズ合意により賠償問題が一段落したことから、次に英仏が解決するべき大きな問題は安全保障だと述べた。スターンデール・ベネットによれば、イギリス政府にはフランスの安全保障上の懸念を除去することで、ヨーロッパを安定化させられるという利点があるだけでなく、過去の交渉の経緯に鑑みて、安全保障問題の解決を模索する「道義的義務があった」。なぜなら、過去五年間の英仏不信の大きな原因は一九一九年の英仏保障条約が発効されなかったことに求められ、さらには、マクドナルドがエリオに「ドーズ案」をめぐる交渉が終わり次第、安全保障問題を検討するという言質を与えていたからだという。そして、ジュネーヴ議定書が批准されなかった場合、ないしはジュネーヴ議定書がフランスの安全保障上の要求を満たさないと判断された場合には、フランスの安全保障の問題が再浮上することになるだろうと指摘した。ランプソン中欧局長はこれに同意し、イギリス政府がジュネーヴ議定書の批准を拒否するのであれば、一九一九年の英仏保障条約のような別の枠組みによって代替する必要があると進言した。チェンバレンはこの覚書を内閣に提出した(65)。

西方局とクルー駐仏大使もまた、政府がジュネーヴ議定書の批准を拒否するのであれば、フランスの安全保障問題が再燃するだろうという認識を共有した。クルー大使は、エリオ政権はジュネーヴ議定書に信頼を寄せており、英仏協定の問題を持ち出す可能性は残されているものの、エリオが八月一一日に提出した安全保障要求の大部分はジュネーヴ議定書の発効によって満たされるだろうと報告した。そのため、イギリス政府がジュネーヴ議定書の批准を拒否すれば、フランス政府と新聞は強く反発し、イギリスを非難するだろうと警告した。西方局のチャールズ・オード次席事務官は、西方局がこの認識を共有している旨をミニッツに記した(66)。西方局のキャンベル首席事務官が起草し、帝国防衛委員会に提出された外務省覚書は、ジュネーヴ議定書はイギリスのコミットメントを増大させるなど負の側面が多いものの、フランスの安全保障問題を解決するという利点もあると説いた。そして、政府がジュネーヴ議定書の批准をもし拒否するのであれば、その旨をフランスに発表するのと同時に、英仏防御同盟の締結を視野に入れた安全保障交渉を再開する意志を表明する必要があると提言した。キャンベルによれば、一九二二年に破綻した同盟交渉も、フランスの指導者がポアンカレからエリオに代わったことにより、妥結する可能性が高まっていた。そして、イギリス本国と自治領の世論は、ジュネーヴ議定書に伴う「不確定な」コミットメントよりも、武力行使の発動要件を厳密に定義した英仏同盟による「分かりやすい」コミットメントのほうを支持するかもしれない、と分析した(67)。

一一月一七日にクロウは、ジュネーヴ議定書を批判する覚書を提出した。クロウは、ジュネーヴ議定書が強制仲裁によってすべての紛争を防止できると考えるのは過ちであり、危険でさえあると警告した。危機に際して、外部による仲裁が国益に矛盾すると判断された場合には、国際連盟との約束など反故にしようという国民感情が湧き起こることが、容易に想像できた。クロウは、もしイギリス帝国がスーダン、スエズ運河、エジプトにおいて有する権益が国際仲裁にかけられた場合においても、国際仲裁機関の判断に従う覚悟がない限り、強制仲裁の原則を受け入れるのは不誠実だと説いた。クロウは、国際紛争のなかには法的な仲裁によっては解決しえない問題があり、そうした問題に「海外の法律家」が裁定を下したとしても、後になって国民感情が刺激されれば、「紙の保障は虚空に消えるだろう」と説いた。また、「侵略国」への制裁に関しても、イギリスの利益と相反する状況で制裁を実行する義務が生じる可能性が高いと述べ、注意を促した。クロウによれば、「紙の保障のシステムを論理的、理論的に改良することへの過度の信頼は、現実を無視しているという批判を免れえないだけでなく、歴史的にほとんど正当化されておらず、経験という困難な試練に耐えられる保証もない」のであった。すなわちクロウにとっては、国際連盟の各加盟国が、危機に際して履行可能だと判断できる内容の合意にとどめない限り、ジュネーヴ議定書のような文書をいくら取り交わしても、それは「紙の保障」以上のものにはなりえないというのであった。チェンバレン外相は、クロウの覚書を高く評価し、政府レベルの議論の開始について首相と連絡する旨を表明した。そして、ジュネーヴ議定書だけでフランスが満足するという西方局の認識は間違っており、同盟ないし相互保障条約が必要になるだろうと述べた(68)。

同じ頃、ランカスター公領相として入閣したセシル卿がジュネーヴ議定書を擁護する覚書をチェンバレンに提出した。チェンバレンは、セシルへの返信のなかで、フランスがジュネーヴ議定書のみによって安全保障上の要求が満たされたと認識するとは考えられないため、仮にジュネーヴ議定書を批准したとしても、いずれにせよフランスとベルギーは、英仏白三国同盟の構想を再度打診して来るだろう、と説いた。チェンバレンはさらに、マクドナルド前首相をはじめとするジュネーヴ議定書の支持者たちは、議定書がイギリスのコミットメントを増大させるという批判は誤解であり、危機に際してイギリスは「正しいと信じることをすればよい」だけだと説くが、これがジュネーヴ議定書の真実だとすれば、(ジュネーヴ議定書によって平和が保障されると信じる) 他国に対する「危険な欺瞞」ではないか、と指摘した。セシルとチェンバレンは、この問題を早期に本国政府が検討し、その後自治領政府とも協議する必要性について合意した。(69)

このようにチェンバレンは、外相就任直後から、ジュネーヴ議定書をそのまま推進するよりも、一九二二年の英仏・英白同盟交渉を再開することに重心を置いていたのである。またチェンバレンは、一二月にローマで開催される第三二回連盟理事会に自ら出席することを決めた。

(2) 大陸諸国の安全保障要求

フランスとベルギーは、イギリスに新政権が誕生すると、安全保障問題への関心を早期に打診した。一一月一四日に駐英フランス大使館の参事官がチェンバレンと面会し、フランス政府が関心を有している事案の筆頭に、「安全保障とジュネーヴ議定書」を挙げた。(70) 同日、モンシュール駐英ベルギー大使もチェンバレンと面会し、一九二二年のカンヌ会議で話し合われた英白安全保障協定に関する交渉の再開を望む旨を表明した。(71) またグレアム駐白イギリス大使は、イマンス外相とジャスパール前外相がともに、「西欧三カ国」、ベルギー、フランス、イギリスによる同盟の締結を通じた「西欧ブロック (Western block)」の形成を望むと、演説等で一度ならず表明している旨を報告した。(72) 一六日にモンシュールと会談したクロウは、イギリス政府と自治領が検討を終えるまで、ジュネーヴ議定書と保障条約に関する立場を明らかにできない旨を表明した。(73)

イマンス外相は、英白防御協定に関する長文の覚書を作成し、チェンバレンがローマに向かう前に提出することを決めた[74]。モンシュールは、チェンバレンが渡欧する前日にあたる一二月三日にこの覚書を手交した。覚書は、大国に挟まれたベルギーの地理的脆弱性、一八一五年以来の国際関係においてベルギーが占めた特殊な地位に言及したうえで、ドイツによる挑発によらない攻撃に対する防御協定をイギリスとの間で締結したい旨を表明した。覚書は、一九一九年から二二年の交渉が破綻した教訓を踏まえて書かれていた。イギリスの保障の対価としてベルギーは、自国の防衛と矛盾する協定を結ばず、平和的政策を維持し、国際的な対立関係と可能な限り距離を置くことを約束した。また、仏白軍事協定と異なり、戦時にイギリスが投入する部隊数に関する細かな規定は求めないとする一方で、英白の参謀が非公式にコンタクトをとることが望ましいとした。英白協定には効用としては、物理的な効果にとどまらず「精神的な効果」が望まれるとした。すなわち、ベルギーの独立と領土保全がイギリスの根本的な利益であると宣言することによって、ドイツの再度の侵略が抑止されるだけでなく、ベルギーの人々に自信を与え、また、ベルギーがフランスとイギリスの両国に頼ることによって、安定した対外政策を遂行でき、平和を保障する機関としての国際連盟を補強する効果も期待できるとした。

ベルギー政府の覚書はさらに、一九二二年から二三年にかけての交渉の過程で、イギリス政府が英仏協定を英白協定に優先するという決定を下したことに異議を表明した。曰く、ベルギーは確かに、英仏白三国による「西欧協商（entente occidentale）」の結成を望ましいと考えているものの、そのための第一歩として英白協定を結ぶことは、イギリスが一八三九年条約に基づくベルギーの保障国だったこと、ヴェルサイユ条約が一八三九年条約を更新する新しい地位をベルギーに与える必要性を認めていることに鑑みて、自然だと説いた。覚書は最後に、一九二二年二月に英白が暫定合意に達した英白協定草案を添付した。

イギリス外務省のヴィラーズ西方局長は、イマンス覚書の述べる事実関係は正しいと認め、さらにはポアンカレとの英仏同盟交渉の際の大きな障害となった、イギリスの投入部隊数に関する規定を不要だとしている点を評価した。その一方で、イギリスの観点から見れば、ベルギーとフランスの安全保障は密接に結びついており、フランスと安全保障協定を結ばずに、ベルギーとだけ結ぶことはできないとコメントした[75]。

一二月一日にイギリス外務省中欧局は、クロウの指示を受けて、渡欧するチェンバレンが参照するために、「フランスの安全保障問題」に関する一九二二年一月以来のイギリス政府の対応を要約した覚書を提出した。この覚書は、もしジュネーヴ議定書が発効されなかった場合には、フランスが他の方法によって安全保障を求めて来る可能性は濃厚であり、イギリス政府はその解決に向けて最大限の努力をすることにコミットしている、と結論した。チェンバレンは有益な覚書だと述べ、内閣への配布を指示した[76]。

一二月五日、チェンバレンはローマへと向かう途中にパリを訪問し、エリオと会談した。チェンバレンは、フランスが安全保障を欲していることを理解していると述べ、それに協力する意志を表明した。チェンバレンは、フランスが望むのはジュネーヴ議定書と保障条約のどちらの枠組みかと尋ねた。エリオは、最大限の安全保障を得るために両方を望むと答えた。エリオは、(ポアンカレの望んだような)詳細な軍事的規定がなかったとしても、フランスが侵略を受けた場合にイギリス帝国の援助を受けられる協定の構想を高く評価していると述べた。これによってチェンバレンは、ジュネーヴ議定書が発効したとしても、英仏同盟の問題が結局は浮上する印象を受けたと本国に報告した。エリオはその一方で、ヨーロッパにおいて平和が最も脅かされているのは東欧だとする認識を示し、ドイツとロシアが結託してポーランドとベッサラビア(ルーマニア北東部)を攻撃する危険性を指摘した[77]。すなわちエリオは、一九二二年のカンヌ会議の際のブリアンと同様に、英仏同盟のように西欧に適用範囲を限定した枠組みと、東欧の保障をも視野に入れたジュネーヴ議定書のような包括的な枠組み、この両方が必要だと論じていたのであった。

ローマの連盟理事会でチェンバレンは、イギリス政府がジュネーヴ議定書に関する意見を表明する前に、議定書を政府内で検討する時間が必要だと表明した。これをフランスのブリアン元首相とチェコスロヴァキアのベネシュ外相を含む各国の連盟代表が支持し、議定書の批准に伴う議論を三月の理事会まで延期することが決定された。[78]
チェンバレンはローマ滞在中に主要国の代表と安全保障問題に関する意見交換を行った。イタリア首相ベニート・ムッソリーニは、ジュネーヴ議定書を好まないという点において、イギリス政府と意見が合致していた。ムッソリーニは、ヨーロッパ諸国の国境の現状を永久に保障するような合意は危険だと述べ、議定書の修正を望む旨を表明した。[79]

ブリアンとの会談のなかでチェンバレンは、スウェーデン政府がロシアとリトアニア間で紛争が勃発した場合に軍事介入する義務が生じうることに懸念を表明しているという例を挙げ、ジュネーヴ議定書の内包する強制仲裁と制裁の仕組みを批判した。そして、チェンバレン個人としては、第一次世界大戦の前から英仏防御同盟の構想を支持しており、パリ講和会議で調印された英仏保障条約を米仏保障条約と独立した条約にしなかったことを後悔していると述べた。そして、カンヌ会議で交渉された協定が実を結ばなかったことにも遺憾の意を表明した。一方で、パリ講和会議の時は比較的高かった英仏同盟案へのイギリス世論の支持は、その後一貫して下降線を辿っていると警告した。ブリアンは、フランス政府としてはジュネーヴ議定書を批准する意向だと述べる一方で、ジュネーヴ議定書だけではフランスの安全保障上の要求を満たされないとする認識を示した。[80]

ベルギーのイマンス外相も、すでにチェンバレンに提出していた英白協定案に関する覚書の内容を説明し、イギリスによる保障を確保したい旨を表明した。そして、配備される部隊の数などに関する詳細な規定は不要であるものの、英白両軍の参謀が協議する体制を整えることが望ましいと述べた。[81]

またベネシュは、「東欧の一小国」の代表として、英仏が相互防衛協定を結ぶことを望ましいと考えていると表明した。ベネシュ曰く、再度戦争を引き起こせば「一九一四年の西欧同盟」が再結成されることをドイツが理解すれば、ドイツは戦争を控え、チェコスロヴァキアも安全でいられるのだという。[82]

このように、ローマの連盟理事会に集った各国代表は、ジュネーヴ議定書が十分な安全保障枠組みだと認識していなかった。フランス、ベルギー、チェコスロヴァキアの代表は、英仏・英白安全保障協定の実現を求めたのであった。

(3) 帝国防衛委員会――ジュネーヴ議定書への対処方針の策定

一二月四日に帝国防衛委員会は、ジュネーヴ議定書に関する検討を開始した。主要閣僚、関係省庁の事務次官、陸海空軍の参謀総長が一堂に会した。当時閣僚ポストに就いていなかったバルフォアも、帝国防衛委員会の委員として討議に参加した。帝国防衛委員会の委員長はボールドウィンが務めたが、議事運営はカーズンに一任された。ローマの連盟理事会に出席中のチェンバレンは、初回の会合を欠席した。

初回の会合では、国際連盟の熱心な擁護者であったセシル卿を除く出席者のほぼ全員が、ジュネーヴ議定書に反対だということが明らかとなった。陸海空軍の参謀本部や外務省をはじめとする政府関係機関は、ジュネーヴ議定書の調印に一様に反対していた。軍部は、「相互援助条約」の際と同様に、「ジュネーヴ議定書」が無制限のコミットメントを招くものだと批判していた[83]。バルフォアが「誰も擁護するつもりがないのであれば議論のしようがない」と述べるほど、政府は議定書を拒絶する方針で一致していた。

問題となったのは、ジュネーヴ議定書を拒絶する際に何らかの代替案を提案するかどうか、そして、提案するとして、その中身をどうするかであった。代替案を提案することに関しては、閣内に一定のコンセンサスがあった。ヨーロッパ安全保障への関与に決して積極的ではなかったカーズン枢相やエイメリー植民地相も、一九二三年の「相互援助条約」に引き続いてジュネーヴ議定書までをも却下するのであれば、何らかの建設的な代案を提起しなければ世論から深刻な批判を浴びることになる、との認識を示した。

閣内の意見が鋭く対立したのは、ジュネーヴ議定書の代替として具体的にどのような枠組みを提案するかであった。この帝国防衛委員会の会合でチャーチルは、フランス＝ドイツ国境やドイツ＝ポーランド国境をはじめとする世界各地の係争地に非武装地帯を設け、それを地域の諸国が国際連盟の賛助のもとで相互に保障するという、ダバノン駐独大使の「鉄のカーテン」構想に類する提案を行った。[84] チャーチルは別の機会にも、イギリス、フランス、ドイツが安全保障に関する合意に達してはじめて、ヨーロッパを安定化させることができる、とする考えを述べている。[85] このようにチャーチルは、英仏だけではなくドイツも参加する地域的安全保障体制の構築を説いたのであった。

一二月一六日、ローマから戻ったチェンバレンを交えて帝国防衛委員会は議論を再開した。チェンバレンはヨーロッパ諸国の指導者たちとの会談から受けた印象を次のように報告した。「今日のヨーロッパにおいて支配的な見解は、私が思うに、恐怖である」。ヨーロッパ諸国は安全保障の不足に恐怖を抱いており、ジュネーヴ議定書が十分な安全保障を提供するとは考えていない。フランス、ベルギー、チェコスロヴァキアの指導者は、英仏白三国協定の実現に期待しており、議定書の成立の如何に関わりなく、安全保障協定の問題はいずれ浮上するであろう。チェンバレンはこう述べたうえで、フランスやベルギーなど「英仏海峡の対岸諸国」を保障する協定を模索してはどうかと慎重に提案した。

チェンバレンの提案に対する閣僚たちの反応は冷ややかであった。セシルは、ヨーロッパの恐怖心を和らげる必要性には同意する一方で、外相の示唆した英仏白三国協定案には難色を示した。セシルは、フランス、ベルギーと安全保障協定を結べば、将来国力が増加すると予想されるドイツと対立する構造ができてしまい、ヨーロッパに恒久平和を実現できなくなると警告した。セシルも、チャーチルと同様に、ドイツを内包する協定が望ましいと考えていたのである。チェンバレンはセシルの批判を受け、「後日同様の協定を結ぶようドイツを説得することは可能かもしれない」と述べる一方で、フランスはドイツが最初から参加する枠組みには賛同しないだろう、との認識を示した。すなわちチェンバレンは、ドイツとも何らかの安全保障協定を結ぶ可能性を否定はしなかったものの、まずはフランスとベルギーとの交渉を優先する考えであった。

詳細な検討は次官級の小委員会が行うこととなった[86]。

（4）ハンキー委員会とクロウの英仏白三国協定案

小委員会は、内閣書記官長ハンキーを議長とし、外務省、植民地省、インド省の事務次官と外務省法律顧問が常任委員となり、軍部や他の関係省庁の担当者が必要に応じて招集された。その任務は、①ジュネーヴ議定書の修正案と、②議定書の代案を検討することであった。

一二月一八日に開かれた初回の会合からすでに、委員たちは議定書を修正することは困難だという認識で一致した。それまでの政府内の議論から、強制仲裁と制裁の適用は問題含みの制度だということが明らかとなっていた。クロウは、チェンバレン外相が強制仲裁と制裁をジュネーヴ議定書から排除するべきだと考えている旨を表明した。一方で、強制仲裁はジュネーヴ議定書の要石であり、それを外せば議定書は骨抜きになるという理解も、出席者の間で共有された[87]。

小委員会の出席者は、ジュネーヴ議定書を厳しく批判した。ハンキーは、強制仲裁の原則など、ジュネーヴ議定書の中身の多くは、パリ講和会議の国際連盟委員会がすでに却下した内容の焼き直しだと指摘した。クロウは、国際連盟にアメリカが加盟しなかったことにより、連盟が「普遍的」機関になるという当初の想定を実現できなかったと指摘した。そして、もし連盟規約を修正するのであれば、その権限を強化するよりも、加盟国に課す義務を弱める方向への修正を図るべきだと主張した。クロウによれば、アメリカが連盟に加盟しないことが明らかとなった時点で、イギリスも連盟規約を破棄するべきだという意見が外務省内で表明されていたという。連盟規約の「隙間」を埋めようという努力はむしろ非生産的であり、規約の曖昧さをうまく利用していくべきだと、クロウは述べた。

また委員たちは、制裁への参加に際して自治領と対応が分かれてしまう可能性に懸念を表明した。そして、「帝国は常に全体として行動し、全体としてのみ軍事作戦に従事する」という原則に合意した[88]。

小委員会では、連盟規約そのものを修正するべきだとする意見も表明された。一二月二九日の第五回会合でハンキーは、議定書の修正は不可能だという結論に達したと述べた。ハンキーは、連盟規約とジュネーヴ議定書という二つの文書を同時に運用していく困難を指摘した。クロウはこれに同意し、連盟規約を直接修正するのが正しい手順だと述べた。

そしてクロウは、ジュネーヴ議定書の代替となる安全保障措置を提案した。彼は、イギリスとフランスが調印する「何らかの宣言」を立案する方針を示した[89]。翌日の第六回会合でクロウは、フランスがジュネーヴ議定書に加えて、イギリスとの安全保障協定の締結を望んでいることを指摘した。そして、チェンバレン外相と相談した結果、自治領諸国にも受け入れられる枠組みとして、「北海と英仏海峡沿いの諸国の独立と領土保全はイギリスの死活的利益であり、イギリス帝国の安全に欠かせない」とする政策の宣言を行う構想を明らかにした[90]。

クロウは、イギリス、フランス、ベルギーの相互防衛に関する「共同宣言」の草案を起草し、一九二五年一月二日にハンキーに提出した。これは、同盟に懐疑的な世論に配慮して「共同宣言」という名称が用いられたものの、実質的には英仏白三国による国際連盟の賛助のもとでの地域的安全保障協定であった。クロウ曰く、それはイギリスのコミットメントを制限しつつ、フランスとベルギーの安全保障上の要請に可能な限り歩み寄り、そしてドイツやオランダなどの国々と同様の協定を結ぶモデルとなることを意識して設計された[91]。

ハンキー委員会はクロウの草案を委員会の報告書に取り入れた。委員会は計一〇回の会合を経て一九二五年一月二三日に報告書を提出した。委員会は、ジュネーヴ議定書の二一の条項のうち、強制仲裁と制裁に関する規定を中心に九条項を完全に削除し、残りの大半の条項も修正する必要があると結論した。連盟規約そのものを修正することも提起された。一方で、議定書の大幅な弱体化の補塡として、クロウとチェンバレンの立案した英仏白三国による共同防衛宣言が代案に掲げられたのであった[92]。

ハンキーは、英仏同盟に反対という彼個人のそれまでの立場を改めて、英仏白三国による「共同宣言」を後押しするに至った理由を覚書に記し、帝国防衛委員会に提出した。ハンキーはまず、英仏同盟に反対してきた理由を説明した。ハンキーによれば、ドイツが一九一四年のような形でフランスを再び攻撃した場合には、協定があろうとなかろうと、イギリスは自らの利益に鑑みて、フランスを援助しなければならないことに疑いはなかった。一方で、事前にフランスと安全保障協定を結んでしまえば、フランスの安全が真に危機に瀕していない場合にも、紛争に巻き込まれる恐れがあるという。また、フランスから「恐怖という抑制」が取り除かれることによって、ドイツに対する「横柄で不寛容な」態度をフランスがとり続け、将来の戦争の火種を作り、協定があることによってイギリスがそれに巻き込まれることを懸念していたという。また、彼自身を含む多くのイギリス人と自治領およびインドが共有する「あらゆる大陸コミットメントに対する本能的反感」に鑑み、世論に安全保障協定を受け入れさせることは困難だと指摘した。

続いてハンキーは、このような認識を「とても不本意ながら」転回させた理由を三つ挙げた。第一の理由は、イギリス帝国の利益に鑑みたフランスとの良好な関係を維持する重要性であった。もしフランスが敵対国となった場合に、イギリス本国のみならず、英仏海峡と地中海を通る帝国の連絡路が深刻な危険にさらされることとなり、そのような事態は避けなければならなかった。また、ドイツのような「攻撃的かつ能率的な国家」が、フランスとベルギーの沿岸部や地中海の両岸を支配下に置く危険に対処するためにも、フランスとベルギーとの安全保障協定は有効な手段だという。

第二の理由は、ジュネーヴ議定書であった。議定書を廃案に追い込み、英仏安全保障協定まで拒絶すれば、フランスから強い非難を受ける恐れがあった。また、ジュネーヴ議定書と英仏白三国協定という「二つの悪の間の選択」をしなければならないのであれば、コミットメントの規模が予見不可能な（世界中の不特定の「侵略国」に制裁を加える義務が生じる）ジュネーヴ議定書よりは、それを限定できる英仏白三国協定のほうがまだ良いというのであった。

第三の理由は、小委員会の採用したクロウの協定草案が、過去の協定草案の問題点を克服しており、イギリス世論により受け入れやすいと考えられる、というものであった[93]。

大陸コミットメントに懐疑的であったハンキーを転向させ、小委員会の報告書に協定草案を組み込んだのはクロウの大きな成果であった。これによって協定推進派は、内閣府の中枢に強力な味方を得ることとなった。

外務省のランプソン中欧局長は、ハンキーがそのような結論に至ったことを歓迎した。ランプソンは、問題を「フランスの安全保障」ではなく、「イギリスの安全保障」の観点から正当化しなければ、イギリス本国と自治領の世論に受け入れてもらうことはできない、と述べた。そして、カナダの元外交官でボーデン元首相の側近も務めたローリング・クリスティと安全保障問題を議論したところ、クリスティは、カナダは「大陸コミットメント」に反対であるが、「母国」イギリスが再び一九一四年八月のような危機に直面すれば、帝国は躊躇なく「母国」を救援するだろうと述べたという。ランプソンもまた、「帝国は常に全体として行動し、全体としてのみ軍事作戦に従事する」という原則を支持した。よって、いかなる協定もすべての自治領が一致して援助できる内容にとどめるべきであり、フランスの安全保障上の要求に過度に歩み寄るべきではないと説いた[94]。

このようにハンキー委員会は、ジュネーヴ議定書を大幅に弱体化させる代わりに、フランスおよびベルギーと安全保障協定を締結する方針を提案したのであった。ところが、ハンキー委員会が報告書をまとめた頃、ドイツから重大な提案がなされる。

(5) ドイツの安全保障提案

イギリス新政権がフランスとの安全保障合意を検討しているという噂は一九二四年末にはヨーロッパの外交筋に広まっていた[95]。さらに、同年末に連合国は、ドイツの軍縮義務不履行を理由に、ラインラント占領軍の第一次撤兵を延期する方針を定めていた[96]。こうした事態の進展を憂慮したドイツのシュトレーゼマン外相とシューベルト外務次官は、ダバノン駐独イギリス大使の協力のもと、英仏に割って入る独自の安全保障案を構想した[97]。そして一九二五年一月二〇日、ドイツ政府の覚書がダバノンに手交されたのである。

　ドイツの覚書は、一九二二年末のクーノ提案を発展させたものであり、西欧に主眼を置く三種類の協定を提起した。①イギリス、フランス、ドイツ、イタリアなど、ライン川に利益を有する諸国による不可侵協定、②ライン川周辺の領土的現状およびヴェルサイユ条約第四二条および第四三条（ラインラント非武装化）を相互に保障する協定、③国際紛争の仲裁による解決に関する条約、である[98]。この提案がロカルノ条約の素案となっていく。最初の二点がライン協定、そして三点目が仲裁条約に発展していくことになる。

　しかし、イギリス政府の当初の反応は半信半疑であった。外務省中欧局のスターンデール・ベネット事務官は、ドイツの過去の提案と比べて今回の提案は「大きな前進だ」と評価した。フランスは反発するかもしれないが、ドイツに対抗する協定よりもドイツを含む相互的協定のほうが好ましい。ドイツ提案は今後の検討の基礎となりうる。しかし、ランプソン中欧局長はより慎重であった。彼は、イギリスはまず先に英仏安全保障協定に関する態度を明確化してフランスの恐怖心を取り除いた後に、ドイツが提案する包括的合意に進むべきであり、ドイツ提案を検討するのは時期尚早だと論じた。クロウはドイツ提案を建設的だと評価する一方で、ランプソンの懸念も共有した[99]。

　一月二七日にクロウはボールドウィン首相と議論し、まず先に英仏協定の問題に結論を出したうえで、その後にドイツ提案を検討するべきだと提案したところ、首相はこれに同意した[100]。三〇日にチェンバレン外相は、イギリス政府がジュネーヴ議定書とフランスの安全保障問題に対する立場を明確化するまではドイツ提案を議論するつもりはないと、ドイツとフランスの駐英大使に伝えた[101]。このように、イギリス政府はドイツ提案に当初は半信半疑であり、英仏白三国協定案を優先する方針をとったのである。

　ドイツの提案は当初イギリスのみに対して秘密裡になされたものであったが、二月九日にフランス、同二一日に

ベルギーとイタリアにほぼ同内容の覚書が手交された。(102)

3 イギリス政府によるドイツ提案の受諾過程

(1) イギリス外務省と「ヨーロッパ協調」の再建

一九二五年一月四日、チェンバレンは、帝国防衛委員会とハンキー委員会の議論を受けて、ジュネーヴ議定書が拒絶される公算が高まったことから、外務省はいよいよ「建設的政策」を立案すべきだと呼びかけた。チェンバレンは、ヨーロッパに安全保障をもたらさない限り、ドイツには失地回復を試みる誘因が働き続け、フランスはドイツの憎悪をかきたてる政策を継続し、イギリスは「新たな破局」へと引きずり込まれてしまうだろう、と警告した。チェンバレンは、ドイツとロシアの連合がヨーロッパに覇権を打ち立て、フランスと低地諸国が支配されることをイギリスは甘受できない、と説いた。その一方で、英仏同盟案に対するイギリス本国と自治領世論の反感は、一九一九年の際よりも強く、フランスがポーランドと同盟を結んだことは状況をさらに困難にしたという。なぜならイギリスにとって、低地諸国とフランス東部国境を防衛することと、ヴェルサイユ条約によって「バルカン化」(相互に敵対的な小国の乱立状態)された東欧を保障することは、まったく別のレベルの問題だからだという。

チェンバレンはこのように説いたうえで、外務省が数章からなる政策覚書を作成し、政府に提出することを提案した。政策覚書の第一章は、西方局と中欧局が担当し、目下のヨーロッパ情勢を扱い、恐怖の連鎖を断ち切るための安全保障の必要性を論じることとした。第二章は、ヘッドラム＝モーリー歴史顧問が担当し、ヨーロッパの安全保障問題とイギリスの関わり合いに関する歴史的経緯を論じることとした。結論となる第三章に関してチェンバレンは、「率直に言って困っている」と告白した。すなわち、英仏白三国協定を結び、その後にドイツを招いた四国協定を結ぶべきなのか、それともイギリスの開戦事由に関する宣言を単独で行うべきなのか、第三の道があるのか、チェンバレンはこうした選択肢の間で悩んでいた。彼は外相執務室で会議を開くことを通知し、その会議では若手の事務官から率直に発言するよう促した。クロウの英仏白三国協定案がハンキー委員会によって裁可されたことを受けて、外務省会議の日程は一月二二日に定まった。[103]

一月二二日の外務省会議には、チェンバレン、クロウ、ヘッドラム＝モーリー、そして西方局、中欧局、北方局の各局長と首席事務官をはじめとする外務省幹部が出席した。中欧局首席事務官としてこの会議に出席したハロルド・ニコルソンが、日記にその様子を記録している。

オマリー〔北方局首席事務官〕が最初に発言し、孤立を支持した。二番目に発言した私は、風邪を引いており、われわれの名誉の義務を果たすこと〔おそらく、パリ講和会議以来の英仏保障条約を成就させる義務のことを指している〕だけを支持した。ジェリー〔ジェラルド〕・ヴィラーズは、いかなる状況においてもフランスを援助することを支持した。ヘッドラム＝モーリーは「ヨーロッパ協調」の再建を声高に訴えた。その他もろもろであった。最後はクロウがまとめ、孤立は不可能だ、われわれは〔連盟〕規約と〔ジュネーヴ〕議定書を修正し、そのもとで英仏海峡沿いの港湾を守るための限定的な合意をフランスと結ぶべきだ、と述べた。

ニコルソンは、クロウの案を一定の成果だとは認めたものの、自治領に配慮しすぎた中途半端な政策だと考えた。ニコルソンによれば、会議の出席者たちは「本当の問題」に向き合っていなかった。すなわちイギリスの対外政策を、自治領とダウニング街、どちらが推進するのかという問題であった。[104]

ニコルソンはすでに一九二〇年に、大戦後のイギリスが一九世紀後半期と同様に帝国防衛を中心に据えた対外政策を推進するのか、それともヨーロッパにより重きを置く方向に対外政策と帝国政策を修正していくのか、どちらかの方向を選択する必要性を提起していた。[105] ニコルソン個人は後者の選択肢を支持していた。一方で先述したように、ハンキー委員会の出席者やランプソンをはじめとする外務省高官の多くは、「帝国は常に全体として行動し、全体としてのみ軍事作戦に従事する」という原則を支持しており、自治領が承服できる協定を立案することが前提条件だと考えていた。一月二二日の外務省会議においてもこの原則が広い支持を集めたことを、西方局のキャンベル首席事務官が記録している。キャンベル個人としては、ニコルソンと同様に、イギリスの対外政策が自治領の反対によって麻痺させられるのは不合理だと考え、一九一九年の英仏保障条約や、カンヌ会議の草案のように、自治領を束縛しない合意を検討するべきだと主張した。一方でランプソンは、帝国が一体となって戦争する原則が破られることは、「帝国の終焉の始まり」を意味すると反論した。(106) クロウとチェンバレンが推進しようとした英仏白「共同宣言」の構想は、政府内の「帝国派」と「ヨーロッパ派」の間の妥協点を模索したものにほかならなかった。

チェンバレンは、この会議を踏まえた覚書の作成をニコルソンとヘッドラム＝モーリーに命じた。ニコルソンが西方局のキャンベル首席事務官の助力を得て作成した覚書は、チェンバレンが一月四日に提起した政策覚書の構想における第一章に相当した。目下のヨーロッパ情勢を分析したうえで、フランスとベルギーとの安全保障に関する合意の必要性を説く内容となっていた。

ニコルソンはまず、ヨーロッパの「安全保障の不足」に関して次のように分析した。目下のヨーロッパは、①戦勝国、②敗戦国、③ロシアという三つの勢力に分裂している。まずロシアは、現状ではヨーロッパというよりはアジアの国と捉えるべきだが、将来においてはヨーロッパの勢力均衡に大きく影響する国家へと復活するかもしれない不確定要素である。次に敗戦国は、いずれも戦後秩序に不満を抱いているものの、オーストリア、ハンガリー、ブルガリアは周辺の戦勝国に対して国力が劣勢であるがゆえに現状を受け入れざるをえない状況にある。一方でドイツは、一五年後には国力が復活し、まずポーランド、次いでフランスにも攻撃を仕掛けてくるかもしれない。そしてフランスは、このような事態を恐れ、ポーランドやチェコスロヴァキアの安全保障にコミットするなど、ドイツを刺激する政策をとっている。「二度目のヨーロッパ戦争」を惹き起こす火種が出揃っている、と。

続いてニコルソンは、イギリスの利益の観点から、ヨーロッパ問題への処方箋を提示した。ニコルソンによれば、ヨーロッパ大陸に地理的に近接したイギリスが、航空技術の発達した時代にあって「栄光ある孤立」の政策をもはや遂行できないことは「科学的事実」であった。歴史と経済は「孤立が無力と同義である」ことを示しており、ましてやイギリスは、「新しいヨーロッパ」を樹立した諸条約にコミットしていた。ニコルソンはこう説いたうえで、「イギリスの第一義的利益」はイギリス帝国および本国の防衛だと述べ、そのなかでも本国防衛のために必要な要素として、次の点を挙げた。①いかなる敵対的な勢力も英仏海峡と北海沿岸の港湾を支配してはならない。②フランスとベルギー、そして二次的にはオランダ、ドイツ、デンマークがこれらの港湾を支配下に置いており、よってこれらの諸国を敵対化させてはならない。③第三国がフランスとベルギーを侵略し、英仏海峡沿いの港湾を手に入れてはならない。④よってフランスとベルギーと、英仏海峡沿いの港湾が敵対国の手中に収まらないことを保証する合意を結ぶことは、イギリス本国の防衛にとって必要不可欠である、と。ニコルソンは最後に、「イギリスの副次的利益」として、ヨーロッパの安定化による購買力の増加を挙げた。そして、それを実現するためには、ドイツに対するフランスの恐怖心を鎮める必要があり、そのための第一歩として、イギリスはフランスと「新たな協商」を結ぶことが期待される、と結論した[107]。

このようにニコルソンの覚書は、チェンバレンとクロウの意向を反映し、英仏白三国による安全保障合意の必要性を、「同盟」や「協定」という言葉を使わずに、「イギリスの利益」の観点から正当化することを試みたものであった。しかしニコルソンは、上司の提唱する政策に納得できずにいた。ニコルソンは、英仏海峡の港湾を守る協定程度ではフランスを満足させることはできないと考え、そうであればいっそのこと「コミットしない対外政策」を維持したほうが賢明ではないかとミニッツ欄に記した[108]。ヴィラーズもまた、コミットしないで自由裁量を維持するか、フランスの要求を満たす方向に全面的に歩み寄り、フランスの領土保全をいかなる場合においても保障するか、どちらかはっきりさせるべきだと説いた。ヴィラーズは、フランスをドイツから守ることはイギリスの利益にほかならないと述べ、そのように自治領を説得するべきだと主張した。一方でランプソンは、自治領と一体の行動をとりながらも、「栄光ある孤立」にも回帰しない、中道路線をとるべきだと説いた。これにクロウも同意した。[109]

ヘッドラム＝モーリーの覚書は、チェンバレンの構想の第二章に相当し、歴史的観点からイギリスのヨーロッパとの関係を振り返った。そして、それだけにとどまらず、「ヨーロッパ協調」を再建する必要性を考察した独創的な内容となっていた。ヘッドラム＝モーリーは、目下の状況が必要とするのは、ジュネーヴ議定書と国際連盟の設計思想の根底にある世界規模の普遍的な安全保障という発想ではなく、ヨーロッパに焦点を絞った安全保障枠組みだと説いた。そして、次のような論考を展開した。

一八一五年から一九一四年に大戦が発生するまでの一世紀の間、「ヨーロッパ協調」のもとで、ヨーロッパ、とりわけ西欧において、戦争は抑制されていた。そして、「ヨーロッパ協調」が最も有効に機能したのは、イギリスがそこで積極的な役割を担った時であった。ロンドンでは、一八二七年のギリシア独立問題、一八三〇年代のベルギー独立問題、そして一九一二～一三年のバルカン問題など、ヨーロッパの紛争を解決する多くの会議が開催され、またイギリスの指導者は、一八一四～一五年のウィーン会議、一八五六年のパリ会議、一八七八年のベルリン会議において、ヨーロッパの列強と肩を並べて議論したのであった。しかし、近年のイギリスでは、ヨーロッパ大陸の政治から距離を置くべきだという言説が興隆していた。帝国派の『ラウンド・テーブル』誌は、イギリスはイギリス帝国の中心であって「ヨーロッパの政治システム」の一部ではないと主張する。しかし、イギリス帝国に関してそれが正しかったとしても、イギリス本国は中世から現在に至るまで、常に「ヨーロッパの政治システム」の一部であった。「われわれが帝国に有する利益が、われわれのヨーロッパにおける利益を軽視するよう促してはならない」のであった。

そして、もしエリオ首相が提唱する「ヨーロッパ合衆国」[110]のようなものが実現されれば、イギリスはそこから排除されてはならなかった。イギリスの地理的位置は、ヨーロッパ情勢と関わりを持たないなどということを許してはくれなかった。本国周辺海域の制海権を確保するだけではなく、英仏海峡と北海の対岸地域が単一の軍事大国の手中に収まらないようにするという政策上の原則を、イギリスはエドワード一世の時代から維持していた。その一方でイギリスには、この原則に反対し、ヨーロッパ情勢からの離脱を説く勢力が常にあった。たとえば一八七一年以降、自由党の一部では、ベルギーの中立保障義務から逃れようという言説が広く説かれた。このことは、一九一四年にドイツがベルギーを侵略する一つの誘因となった。歴史から何かを学びえるとすれば、一九一九年の英仏保障条約の発想は正しいものであった。しかし、保障条約は発効しなかった。ヘッドラム＝モーリーはこう述べたうえで、フランスおよびベルギーと相互保障協定を結ぶか、イギリスが両国を防衛するという宣言を行うべきだとした。そして、この宣言の範疇には、ヴェルサイユ条約のラインラント非武装規定の保障も含めるべきだと説いた。

しかし、ヘッドラム＝モーリーによれば、それだけでは不十分であった。ナポレオン戦争後の和平においてイギリスは、他の戦勝列強とフランスに対抗する同盟を結ぶ一方で、一八一八年のアーヘン会議ではフランスに駐留する部隊の早期撤兵を決め、フランスを「ヨーロッパ諸国家の家族における完全に平等な地位」に招き入れた。ヘッドラム＝モーリーは、目下のイギリスも、ドイツの侵略からフランスを保障する宣言を行うのと同時に、ケルン占領区域の占領軍を撤退させるべきだと論じた。

さらに、ヘッドラム＝モーリー曰く、「ヨーロッパ協調」は西欧だけで完結する問題ではなかった。「ヨーロッパの危険点はライン川ではなくヴィスワ川にあり、アルザス＝ロレーヌではなくポーランド回廊と上シレジアにある」のであった。イギリスは、東欧の政治に関与した歴史的経験は少なかった。しかし、大戦の結果、ロシア、オーストリア、ドイツの三帝国が崩壊し、東欧の情勢が変化したことを受けて、イギリスにはその地域にも関与する必要が生じていた。イギリスは、ドイツとロシアが同盟を結ぶことを阻止しなければならなかった。なぜなら、もしドイツがロシアと協力して東欧の新興国を侵略し、勢力を拡大したうえでライン川に迫るような事態が起これば、イギリスはもはや無関係ではいられないからであった。フランスは、ヨーロッパ全体の命運が東欧の新興国と不可分に結びついていることを「正しく」認識し、東欧新興国を軍事的に保障することを決断した。ヘッドラム＝モーリーは、フランスのように東欧諸国と同盟を結ぶことはできないまでも、東欧新興国の存立をなんらかの宣言によって保障し、ヨーロッパの安定化に貢献するべきだと説いた。そうしなければ恐ろしい帰結が待ち受けている。

もし新たなポーランド分割が行われ、そしてチェコスロヴァキアが解体され、分断され、ヨーロッパ地図から消し去られるようなことが起これば、一体どうなるかということを、誰か理解しようと試みたことがあるだろうか。ヨーロッパは直ちに混沌に陥るだろう。ヨーロッパ大陸の領土取り決めに関する原則、意味、理性はすべて失われてしまうだろう。たとえば、何らかの信じられないような条件のもとで、オーストリアがドイツと統合し、ドイツがボヘミアの不平を持つ〔ドイツ系の〕少数民族を利用し、〔ズデーテン〕山地をはるかに越えてカールスバートとピルゼンを含む新たな国境線を要求し、それと同時に、ドイツと同盟を結んだハンガリーがカルパチア山脈の南斜面を回復するような状況を想像してみていただきたい。これは破滅的であり、もしわれわれがそれを防ぐために介入せずに放置したとしても、われわれは介入に追い込まれるだろう。おそらく遅すぎる状況において。

ヘッドラム＝モーリーはこの予見的な警告を述べたうえで、イギリスは国際連盟を活用しながら、ヴェルサイユ条約によって誕生した「新しいヨーロッパ」を守る責任を負うべきだと説いた。ヘッドラム＝モーリーにとって「一九一九年の講和は、一八一五年のそれと比較してはるかに優れた」ものであり、守るべき価値があるものとされた。それは「理性と正義に基づく講和であり、ヨーロッパ大陸の骨組み全体が、その〔講和の〕維持にかかっている」のであった(三)。

このようにヘッドラム＝モーリーは、フランスおよびベルギーを保障するだけでなく、ドイツ、そして東欧諸国をも含めた「ヨーロッパ協調」の復活を説いていたのである。イギリスが西欧だけでなく、東欧の安全保障にも関与するべきだとする意見が表明されることは、外務省のなかでも珍しかった。

クロウは、ヘッドラム＝モーリーの覚書を高く評価し、その論旨の多くに同意すると述べた。しかし、チェンバレン外相の構想では、ヘッドラム＝モーリーの覚書の目的は、低地諸国をはじめとする英仏海峡の対岸地域を守るというイギリスの歴史的政策の正当性を、自治領とイギリス世論に説得することにあった。クロウは、ヘッドラム＝モーリーの覚書はそのような目的には適合しないため、書き直しが必要だと述べた。チェンバレンも、ヘッドラム＝モーリーの覚書を高く評価し、とりわけ「ヨーロッパ協調」を復興させるべきだという主張に感銘を受けたと述べた。一八一五年にカースルレイ外相が「ヨーロッパ協調」の実現をまずは目指したのに対して、パリ講和会議の「より野心的な」ピース・メーカーたちは、（世界規模の普遍的な解決を目指した結果）「ヨーロッパ協調」によってしか埋められない「隙間」を講和に残すこととなった。チェンバレンは、ヘッドラム＝モーリーに示唆を受けたこのような理解のもとで、「ヨーロッパ協調」を再建することで、一九一九年の講和の「隙間」を埋めることを以後目指していくこととなる。

しかし、ヘッドラム＝モーリーとは異なり、チェンバレンの構想の枠内に東欧は含まれていなかった。チェンバレンは、ヘッドラム＝モーリーが東欧の保障に言及したことには同意せず、西欧と東欧におけるイギリスの政策は明確に区別するべきだと批判した。チェンバレンによれば、「西欧においてわれわれはパートナーであり、それに比較して、東欧におけるわれわれの役割は、公平無私の法廷助言者のようにあるべき」なのであった。そしてイギリスの安全は、フランス、ベルギー、オランダとは結びついていたが、イギリスの運命を東欧諸国と結びつけることはできない、とチェンバレンは述べた(112)。

結局、ヘッドラム＝モーリーは低地諸国の防衛に範囲を絞った覚書を再提出することとなり、さしあたってはニコルソンの覚書のみが外務省の政策提言として内閣と帝国防衛委員会に提出されることとなった。ランプソンが述べるところによれば、外務省の狙いは、イギリスの政策が「フランスの安全保障」ではなく「イギリスの安全保障」を目的とするものにほかならないということを、イギリス国民と自治領に納得してもらうことにあった。[113] そうしなければ、外務省が数年来主張しながらも日の目を見てこなかった政策、すなわちフランスおよびベルギーとの安全保障合意を目指す政策が、実行に移される可能性は低かった。

チェンバレンがすでに一月四日の段階で示唆しているように、イギリス外務省は英仏白三国協定を西欧安全保障の最終形とは考えていなかった。ヘッドラム＝モーリーの後押しも受けて、外務省では、英仏白三国協定を調印した後に、ドイツを招いた四国協定へと発展させることで、「ヨーロッパ協調」を再建するという発想が根づき始めていた。二月中旬には、チェンバレンはドイツを含む協定をより明確に志向し始めていた。二月一四日に口述されたクルー大使宛の書簡のなかで、チェンバレンは次のように述べた。一月二〇日のドイツの安全保障提案は、「私が今まで見たなかで最も希望に満ちた兆候に思える」。フランスとベルギーの東部国境を保障するのであれば、ドイツを加えたほうが「はるかにプラクティカルな政策」となる、と。[114] また二月二六日にはベルギーのモンシュール大使に、ドイツがロシアに接近して「反西欧ブロック」を形成するのを防ぐために、「ドイツを西欧のシステムとリンクさせる」必要がある、と説いた。[115] チェンバレンはこの頃刊行されたチャールズ・ウェブスターの主著である『カースルレイの対外政策』を読んでおり、カースルレイが一八一五年に推進した政策を、自らの政策のモデルとして意識するようになっていった。[116]

しかし、ヨーロッパ安全保障問題に関する外務省と内閣の認識には大きな温度差があった。

(2) 帝国防衛委員会——安全保障協定をめぐる議論

二月一三日、帝国防衛委員会はヨーロッパ安全保障問題に関する議論を再開した。チェンバレンは、ヨーロッパにおける「安全保障の不足」の問題を再度説明し、ジュネーヴ議定書を拒絶する代わりの建設的提案として、ハンキー委員会が提起した構想（英仏白「共同宣言」）を検討する必要性を説いた。

しかし、これに声高な反対が唱えられた。セシルは、国際連盟を擁護する立場から、ジュネーヴ議定書の大幅な縮減を提言するハンキー委員会の報告書を厳しく批判した。一方でカーズンは、ドイツは非武装化されており、フランスこそがヨーロッパ最強の軍事大国ではないかと述べ、フランスの「安全保障の不足」という協定推進派の議論の前提を疑問視した。カーズンに意見を問われたバルフォアは、フランス人のドイツに対する強迫観念を「耐えがたく愚か」だと思う、フランス人は「虎に飲み込まれることをひどく恐れているにもかかわらず、虎をつつくことに時間を費やしている」と述べ、フランスの対独政策を痛烈に批判した。これにカーズンは、「そして虎は現時点では虎ではない」と付け加えた。バルフォアは同意し、続けて述べた。われわれは現時点でフランスに危険が迫っているという外相の認識を共有できない。われわれはドイツによる西欧の支配を甘受しない。しかし、実際に必要となる何年も前に軍事協定を結べば、国際世論を刺激することとなり、国内世論の理解も得られない、と。このようにバルフォアは、現時点ではフランスとベルギーの安全保障にコミットする必要はないのだと言い切った。これにインド相のバーカンヘッドと植民地相のエイメリーが賛意を表明した。

他方でチャーチル蔵相は、ジュネーヴ議定書のようなトップダウンのアプローチをとるのではなく、ボトムアップのアプローチ、すなわち国際連盟を補助する地域的協定をまずは結んでいき、後にそれらの地域的協定を結合することでより大規模な枠組みを構築する手法を採用するべきだと説いた。しかしチャーチルは、目下の状況下でイギリス国民にフランスの安全保障にコミットするよう求めることには躊躇すると述べた。彼は、自身が三年前までは英仏協定案を支持していたものの、ポアンカレ前首相の強硬な対独政策を目の当たりにし、考えを変えたのだと告白した。もし一九二二年のカンヌにおける英仏同盟交渉が妥結していたとすれば、一九二三年のルール危機に際してのイギリスの立場はいっそう苦しいものとなっていたに違いないと、多くのイギリス人は痛感したのである。英仏同盟が結ばれれば、イギリスはフランスの反ドイツ政策に巻き込まれざるをえなかった。チャーチルは、フランスとドイツの間で「真の講和」が結ばれない限り、英仏二国間の協定を結ぶべきではないと主張した。

チェンバレンは、チャーチルの発言に勇気づけられたと述べた。チェンバレンも、平和を実現する手順は、「特殊な」問題から、「一般的」問題へと進むべきであり、国際連盟のアプローチは逆だという認識をチャーチルと共有した。チェンバレンによれば、連盟規約の欠点は、イギリスが死活的利益を有する問題と、そうでない問題に対して、まったく同等の責任を負わなければならないという点にあった。すなわちイギリスは、低地諸国を防衛する義務を負うことができたとしても、ポーランド回廊の防衛に関して同等の義務を負うことはできないという。チェンバレンは、このような認識を出発点として、英仏二国間や英仏白三国間の保障ではなく、ドイツを加えた四カ国でドイツの西部国境を保障するという手法もとりうる、と表明した。そして、これはシュトレーゼマンの安全保障提案とも符合する、と述べた。カーズンも、ドイツを含む協定という案に好感を示し、その案であればイギリス国民から理解を得られるだろうと述べた。また彼によれば、フランスとドイツの政治指導を友好的で理性的な人物が担っている目下の状況は、そのような合意を実現させる好機であった(117)。

二月一九日に開かれた帝国防衛委員会のジュネーヴ議定書に関する最終会合では、それまで発言する機会がなかった軍部の代表が意見を述べた。陸海空軍は、ジュネーヴ議定書に強く反対する点では意見を同じくしていたが、安全保障協定に関する見解は分かれた。ホーア空相は、英仏白三国協定案に反対を唱えた。彼によれば、ドイツの人口と国力が将来増していくことが明らかであるにもかかわらず、相対的に弱体化していくフランスおよびベルギーと協定を結ぶのは危険であった。イギリス国民はそのようなコミットメントに反対するに違いなく、「何もしないこと」が現状では望ましい政策であった。ホーアは、ハンキー委員会が提起した「共同宣言」という形式をとったとしても、明白な軍事協定を望む保守党の最右翼はそれに満足せず、あらゆる形態の大陸コミットメントを望まない党内と他党の勢力は結局それに反対するだけだと批判した。ヒュー・トレンチャード空軍参謀総長も、弱体化していくフランスと同盟を結び、ドイツに敵意を抱かせる政策をとることは、イギリスにとって破滅的だと警告した。

一方で、ワージントン＝エヴァンズ陸相とカヴァン陸軍参謀総長は、英仏白三国協定案を強く後押しした。彼らによれば、英仏海峡の対岸地域が敵対勢力の支配下に置かれないように保障することは、フランスとベルギーの安全を確保する以上に、イギリス本土の防衛のためなのであった。そして、イギリス世論がそれに反対するのであれば、それは本土防衛の重要性を理解していないからだと述べた。カヴァンは、近代兵器、とりわけ航空機による戦争においては、たとえば英仏海峡対岸のカレーを守るためには、そこから一五〇マイル離れたところに戦線を引かなければならないということを、イギリス国民に知らしめなければならないと述べた。セシルが英仏白協定にドイツを含めないのかと尋ねたところ、彼らは含めることを否定した。カヴァンによれば、ドイツを協定に含めれば、ヴェルサイユ条約に基づく条約義務や制裁措置を解除することに繋がり、それを他国は認めず、イギリスが認めることも賢明ではなかった。海軍はここでは意見を述べなかったものの、すでに英仏白三国協定案に賛成を表明していた。[118]

チェンバレンは陸軍の意見に同意し、フランスの東部国境を保障することは、イギリスの国境を保障するに等しいことだと述べた。チェンバレンは、ヨーロッパに平和をもたらすためにはドイツ問題の解決が必要であり、次の二つの方法を両輪のように進めるべきだと説いた。①ドイツに対する締め付けを緩和し、ドイツ自らが戦後秩序を受け入れられるように促すことと、②ドイツが力によって戦後秩序を転覆させようとした場合には、強力な対抗勢力によって阻止されるということを分からせることであった。すなわちチェンバレンは、宥和と抑止を組み合わせた政策を推進するべきだと説いていた。しかしチェンバレンは、協定がどのような形態をとるのかに関して、まだ結論に至っていなかった。英仏白独四国協定案を採用する場合に、イギリスはドイツの国境までをも保障する準備があるのかに関して、チェンバレンは躊躇を表明した。

一方で、その他の主な出席者は、安全保障協定について急いで議論する必要性に疑念を表明した。バルフォア、エイメリー、バーカンヘッド、チャーチルは、ジュネーヴ議定書を拒絶した後で、自治領とともに時間をかけて議論するべきではないかと説いた。またカーズンは、地域的協定を推進する政策は、戦争の原因になるとして否定されたはずの勢力均衡論への回帰と受け取られるのではないかと警告した。バルフォアは、地域的協定の利点自体は認めながらも、イギリスが直ちにそのような協定を結ぶ必要性を感じないと述べた。チャーチルもバルフォアと同意見であった。それに対して、チェンバレンとセシルは、ジュネーヴ議定書を拒絶するからには、それと同時に建設的な代案を提起する必要があると主張した。セシルは、イギリス、フランス、ドイツの参加する協定を支持する意向を表明した。見解が大きく割れたまま、帝国防衛委員会の討議は終わりを迎えた[119]。

帝国防衛委員会は、ジュネーヴ議定書を拒絶する方針には比較的容易に合意できた。しかし、その代替案に関しては、そもそも代案として安全保障協定を提示する必要があるのかについてさえ意見がまとまらなかった。ただしカーズンは、英仏白三国協定への反対論者の懸念は、協定にドイツを含めれば大部分が取り除かれるかもしれない、と内閣への報告書に記した[120]。最終判断は内閣が下すこととなる。

（3）内閣によるドイツを含む四国協定案の採択

三月初頭に予定された閣議に向けて、閣僚たちは安全保障問題に関する自らの立場を明らかにする覚書を提出した。

チェンバレンは、一月の外務省会議の結果を受けたニコルソンの覚書に加えて、自ら新たに起草した覚書を閣議に提出した。この新たな覚書においてチェンバレンは、ヘッドラム＝モーリーが展開した議論をとり入れながら、ヨーロッパにおける「安全保障の不足」の問題に対処する枠組みとして、パリ講和会議が生み出した「世界同盟」（国際連盟）は不適任だと論じた。そして、ナポレオン戦争後にイギリス政府が試みたように、ヨーロッパ大国間協調を復興させるべきだと示唆した。そして、イギリスの英仏協定推進派がそれまで主張してきたように、パリ講和会議でフランスがラインラントの分離独立を断念する対価として約束した保障条約を、イギリスが依然として提供できていないことから、イギリスにはフランスに対する「未払いの借り」があると述べた。一方でチェンバレンによれば、ヨーロッパの「安全保障の不足」はフランスだけの問題ではなく、イギリスの利益にも直結する問題であった。ヨーロッパを単一の勢力が支配するのを防ぐ「勢力均衡ドクトリン」、そして低地諸国の防衛というイギリスの歴史的政策は依然として有効だという。そして、協定の有無に関わりなく、イギリスは有事の際にはフランスと低地諸国の東部国境を守らなければならないという。チェンバレンは、そうであるならば協定を結んでしまったほうがイギリスにとって有益だと論じた。第一の利点は、フランスの政策に同盟国として影響力を与えることができることであった。第二は、イギリスの利益に対する挑戦に対しては全力で対抗すると予め公示することで、そのような挑戦を抑止できることであった。第三は、イギリスの安全保障が何に拠って立っているのかということをイギリス国民に周知させる、という利点であった。最後にチェンバレンは、「この政策が拒絶された場合には、他に代替すべき政策を私は知らない」と述べ、内閣に自らの政策を受け入れるよう迫った[121]。

なお、チェンバレンの政策の具体的な中身については（おそらく意図的に）曖昧にされていた。すなわち、目指すのは「協定」なのか「宣言」なのか、フランスの他に参加するのはどの国なのか、ドイツは招かれるのか、招くとして、フランスと協定を結んだ後で招くのか、それとも同時に協定を交渉するのか、こうした鍵となる問題はすべて保留されていた。歴史学者のグレイソンが指摘するように、この段階におけるチェンバレンの狙いは、ジュネーヴ議定書の代替として何らかの協定をエリオに提示する許可を内閣から取り付けることにあり、その具体的中身については、閣内交渉の柔軟性を確保するためにあえて限定せず、他の閣僚の意見次第だと見積もっていたものと考えられる[122]。閣議の前にクロウとティレルはボールドウィンと面会し、外相の政策への首相の支持を獲得した[123]。

ワージントン＝エヴァンズ陸相は、英仏白三国軍事協定の必要性を明確に説いた参謀本部覚書を閣議に提出した。曰く、「ドイツに対する相互防衛協定ないし同盟は、フランス、ベルギー、そしてイギリスの安全保障の不可欠の条件であり、西欧において平和的な雰囲気が発展する不可欠の前提」であった。「イギリスの真の国境はライン川である」という有名なフレーズも、この覚書に登場する。すなわち参謀本部によれば、イギリスの安全保障は、フランス、ベルギー、オランダの現状の国境線が維持され、それらの国がイギリスの友邦であり続けることに依存しているという。そして、一〇年後にラインラント占領軍が撤兵した時に、ドイツの再侵略に対する抑止力となりうるのは英仏同盟だけだという。参謀本部は、英仏白三国軍事協定にやがてはドイツを参加させる可能性にも言及したものの、ドイツがその「恩恵」を受けるにはまだ「長い道のりがある」とした。参謀本部は最後に「『フランスの安全保障』とは『イギリスの安全保障』を意味する」と述べ、安全保障に関してイギリスとフランスが一心同体であることを強調した。そして、フランスの防衛を強化することは、イギリスの利益であるだけでなく、「文明」の利益であるとまで言い切った(124)。

陸軍とは対照的に、ホーア空相はフランスとベルギーの安全保障にコミットすることに強く反対する覚書を提出した。ホーアは英仏協定に反対する論拠として、次のような理由を挙げた。①ヴェルサイユ条約がドイツに課した軍備制限によりフランスの安全は一五年間は確保されており、その期間においてイギリスの保障は必要ないこと、②一五年以上先には、フランスは人口比においてドイツにいっそう大きく劣るようになっており、そのような相対的弱小国をイギリスが保障するのは危険であること、③イギリス本国と自治領の世論の大部分はヨーロッパ大陸へのコミットメントに反対であること、④英仏協定を結べば、戦勝国と敗戦国の間の分断を深刻化させてしまい、かえってヨーロッパの平和の脅威となってしまうこと、であった。なお、ホーアは協定にドイツを含める案については言及しなかった(125)。

チャーチルは、英仏白三国協定案に反対を唱える一方で、ドイツを加えた協定であれば支持できることを示唆した。チャーチルによれば、イギリスとフランス、そしてベルギーが協力したところで、ヨーロッパ大陸においてドイツに勝てる保証はなかった。大陸におけるドイツの力と釣り合うためには、大戦前の英仏露に相当する組み合わせとして、英仏米の組み合わせが必要だという。チャーチルはさらに、イギリスの防衛がフランスと低地諸国の独立と結びついているという主張を否定した。そして、フランスと低地諸国が敵対勢力の手中にあったとしても、イギリスが制海権と制空権を維持していれば本土防衛は可能だと説き、またイギリスが歴史上、英仏海峡沿いの港湾を支配した敵対的なフランスと共存してきた事実を指摘した。チャーチルは、イギリスにはフランスと手を結ぶ以外の選択肢はないという外務省と陸軍省の主張を否定し、イギリスには行動の自由があるのであり、その自由を独仏対立の和解を導くために活用するべきだと説いた。チャーチルは、ドイツを加えた協定でなければ調印するつもりはない、とフランスに伝えるべきだと提言した。(126)

セシルもまた、英仏白三国協定案に反対する一方で、ドイツを加えた協定を支持した。セシルは、チャーチルとは異なり、イギリスが西欧の安全保障に積極的に関与しなければならないという外務省と陸軍省の主張に合意した。セシルは、地域的安全保障協定によって国際連盟の平和維持と軍縮推進を下支えする構想を描き、そのような地域的協定の一つとして、フランス、ドイツ、イギリスが参加する合意を提案した。セシルにとっては、ヨーロッパが相互に敵対的な勢力の間で分断される危険を防ぐために、フランスとドイツが同じ地域的協定に含まれることは、構想の成否を分ける重要な条件であった。(127)

三月二日にイギリス内閣はヨーロッパ安全保障問題を議論した。閣議の主な結論は次の通りであった。①イギリス政府はジュネーヴ議定書を受け入れることはできない。②安全保障問題に関する代替案を提示せずにジュネーヴ議定書をただ拒絶すれば、ヨーロッパに現存する「安全保障の不足」と緊張を長引かせることとなり、それを鎮めようというイギリス政府の狙いと相反する。③代替となる政策に関して、外相が、エリオに提出する覚書を、閣議の総合的見解をまとめた「安全保障に関する草稿」に基づいて作成し、三月四日の閣議に提出する。④帝国防衛委員会は英仏白独四国協定の軍事的側面に関して検討する、というものであった。エリオに提出されることを前提に起草された「安全保障に関する草稿」の内容は次の通りである。

イギリス政府は、ベルギーの参加の如何を問わず、フランスと二国間協定を結ぶことはできないと感じる。相互安全保障と西欧における各々の国境の保障に関するフランス、ドイツ、イギリス、ベルギー間の四国合意、そして可能であれば、イタリアも含めた合意の問題は、異なる基盤に立脚しており、ヨーロッパの平和に対する重要な保証となるかもしれず、急速な軍縮にもつながる。もしフランス政府がイギリス政府と見解を共有し、ドイツに対する行動をしかるべく調整するのであれば、イギリス政府としては、自治領との間で必要な討議を開始し、そのすべて政策において共通の利害を促進するよう努力する。(128)

すなわち、チェンバレンはこの草稿に基づいて、ドイツの参加する四国協定を（翌週ジュネーヴで開催される連盟理事会の前に）エリオに提案する許可を獲得したのであった。この閣議の議事は残されていないため、この結論がどのような議論を経て導き出されたのかは、閣議に提出された覚書やエイメリーの日記、そしてチェンバレンの回顧から判断するしかない。提出された覚書を見る限りでは、ワージントン＝エヴァンズが英仏白三国協定案を推奨し、ホーアがそれに反対し、チャーチルとセシルは協定にドイツを含めることを求め、チェンバレンは協定さえ得られれば、三国協定でも四国協定でもよいとする立場をとったものと考えられる。チェンバレンが後に回顧したところによれば、彼は当初は英仏白三国協定案を推していたものの、最終的にはチャーチルないしセシルの説得を受けてドイツを含む四国協定に着地点を見出したようである。(129) エイメリーは、自身は自治領の反対を理由に協定に難色を示したものの、チェンバレンがうまく閣議を説得したと日記に記録している。さらに、エイメリーによれば、エリオに提案する協定は、ドイツ提案に基づく協定であるものの、「フランスおよびベルギーとの予備的協定」の可能性を排除しない、とされたようである。(130) 閣議の結論には、チェンバレンがエリオと交渉するうえで、「常識的な範囲での自由裁量」を認める旨がわざわざ記されている。このことから、三月二日の閣議の段階では、エリオがドイツを含む四国協定案に難色を示した場合には、ドイツと交渉する前に、まずフランス、ベルギー、イギリスの間で予備的な協定を結ぶという妥協案をエリオに提示する選択肢が留保されていたのではないかと考えられる。しかし、二日後の閣議では、その留保は消え、イギリスの政策は四国協定に一本化されることとなる。

チェンバレンは、閣議の結論に基づいて、エリオに提出する覚書の草稿の作成をクロウに依頼した。クロウは次のように論じた。イギリス世論の反対に鑑みて、イギリス政府は英仏白三国協定がフランスとベルギーに十分な安全保障を提供するとは考えない。イギリス政府は、英仏白独四カ国が、相互の国境とヴェルサイユ条約の定める非武装地帯の不可侵を、集団的かつ個別的に保障する内容の協約を提案する。この協約には、平和的な交渉以外の方法でドイツは自国の東部国境の変更を試みないという誓約も埋め込まれる。このような四国協定が成功するためには、「ドイツをヨーロッパ諸国家のコミュニティーの一員に復帰させる」ことが不可欠である。そのためには、ヴェルサイユ条約の軍縮規定をドイツが満たしさえすれば、連合国は直ちにケルン区域から撤兵する必要がある。そうしてはじめて、イギリス国民は四国協定に伴う「重いコミットメント」を受け入れることができる、と。[131]

一方で、何人かの政府有力者は三月二日の閣議の決定に不満を抱いていた。ハンキーは、フランス、ベルギーに対する限定的な保障ならまだしも、ドイツ領土の保障はイギリス国民には受け入れられない過度のコミットメントだと考え、四国協定案に強く反対した。三月三日、ハンキーは、ボールドウィン、カーズン、バルフォアと相次いで面会し、その旨を訴えた。訴えは功を奏し、大陸コミットメントに慎重なカーズンとバルフォアの支持を獲得した。[132]二人はその晩外務省を訪れ、チェンバレンに直接抗議した。しかしチェンバレンは、建設的な政策を持たずにヨーロッパに再び赴く屈辱に耐えるつもりはないと述べて譲らなかった。[133]

またフランス大使館は、イギリス政府がドイツを含む協定の方向へと政策の舵を切っていることに焦燥感を抱いていた。エリオ政権とフランス外務省は、東欧同盟国の立場に配慮しながらも、ドイツ提案に概ね好意的であった。ただし彼らは、ドイツ提案に基づく多国間協定とは別個に、戦勝国であるフランス、イギリス、ベルギーによる安全保障協定を独立した形で成立させたほうが、より強固な安全保障枠組みになると考えた。[134]三月四日、サン＝トレールの後任の駐英大使となったフルリオーがクロウと会見した。フルリオーは、英仏白三国協定を中核に据え、ドイツ、イタリア、ポーランドなどを含む多国間協定をそれとは別個に成立させる多重協定案を説明し、これに関する短い覚書を手交した。クロウは多重協定案に共感を示し、フルリオーの意見をチェンバレンに伝えた。フルリオーによれば、チェンバレンは閣議で多重協定案を擁護したという。[135] ランプソンによれば、イギリス外務省はドイツを含む「包括的な協定」の実現を望んでいたが、最初の段階として英仏白三国協定を結ばなければフランスは受け入れないだろうと考えられていた。[136]

三月四日、内閣は午前と午後の二回に分けて安全保障問題を議論した。ところが、ボールドウィンが母親の急病のためにこの日の閣議を欠席した。チェンバレンは首相に代わって議長を務めたものの、ボールドウィンの不在により孤軍奮闘を強いられることとなった。ここでは、ハンキーの根回しの影響もあってか、英仏白三国協定案が一時的によみがえった。二日に閣議決定された「安全保障に関する草稿」とそれに基づくクロウの草稿は却下された。ドイツを含む四国協定は、ドイツによる侵略からフランスとベルギーを保障するだけではなく、フランスによる侵略からドイツを保障することをも含意しており、過度のコミットメントだとする反対論が説かれた。その一方で、ドイツを排除する協定を結べば、ドイツとロシアの接近を招く可能性を懸念する意見も表明された。エイメリーによれば、彼自身と、ホーア、カーズン、チャーチル、バーカンヘッドが英仏協定反対論を説いたという。しかし彼らは、ドイツが協定に含まれるのであれば、許容する方針を示した。チャーチルは、ドイツを含む協定の場合も、イギリスが軍事的介入義務を負わず、有事に際して協議する程度の緩やかな合意で済ませるべきだと説いたという。

結果として内閣は、英仏白三国協定案と、フランスが主張する多重協定案を却下し、協定を結ぶのであればドイツを含む協定以外は認めない方針を確認した。そしてチェンバレンは、ドイツ提案に基づく四国協定を模索する旨をエリオに伝える許可を、辛うじて確保したのであった。[137]

ハンキーによれば、エイメリーが四国協定案を支持したのは、フランスがそれを却下することを期待したからに過ぎなかったという[138]。そして内閣の協定反対派の多くは、ドイツを含む四国協定は英仏白三国協定と比べてイギリスのコミットメントを増加させるのではなく、むしろ希薄化させると感じていた[139]。すなわち、フランスに決定的に接近するよりは、独仏両国と等しく距離を置くことのできる枠組みのほうが、イギリスの自由裁量を維持できると考えたのである。

野党もまた、英仏白三国協定には強く反対する一方で、ドイツを含む協定には比較的好意的であった。三月五日にはイギリス議会においても、仏白との「三国同盟」への声高な反対が叫ばれた。ある自由党議員は、そのような軍事協定はヨーロッパの勢力圏分割を招くと糾弾した。そして、ドイツ提案の存在を政府に問いただし、もしドイツが安全保障に関する提案を行ったとする新聞報道が本当であれば、イギリス政府はそれを全面的に支援するべきだと説いた。チェンバレンは、ドイツ提案の存在を初めて公にし、政府は同提案に重大な関心を寄せており、そのような構想の実現を後押しする意向だと答弁した。閣内の主流意見と同様に、野党も、ドイツを排除する軍事協定には反対する公算が高かった[140]。グレイ元外相は、四日に開かれた自由党議員の晩餐会で次のように述べた。「われわれはこのまますべての安全保障提案を断り続け、なんら独自の提案を行わないわけにはいかない」。しかし、英仏白三国協定は、ドイツとロシアによる対抗同盟の結成へとつながり、大戦前のようなヨーロッパの分断を招いてしまう。そのため、フランス、ドイツ双方に平等な安全保障が提供される相互的協定が望ましい、と[141]。労働党党首マクドナルドも、三国協定に反対する一方で、ドイツを含む協定は一定程度評価し、その成功を祈ると後に議会で述べた[142]。保守党が議席の圧倒的多数を占めていたとはいえ、野党の態度は重要であった。チェンバレンは、安全保障協定を単なる「党の政策」ではなく「挙国一致の文書」であるべきだと考えた。彼曰く、そうしてはじめて政権を超えて生き永らえる安全保障枠組みとなるのであった[143]。野党の見解を考慮すれば、「挙国一致の文書」となりうるのはドイツとフランスをともに含む協定だけであった。

(4) チェンバレンの渡欧、内閣の最後の抵抗

三月六日、チェンバレンはジュネーヴで開催される連盟理事会に向かう途中にパリを訪れ、その晩と翌日にエリオと会談した。チェンバレンがイギリス内閣の決定を伝えると、エリオは「大きな失望」を隠さなかった。エリオは、ドイツ提案に疑念を表明し、ドイツの西部国境と東部国境を区別する問題などを指摘し、さらにはフランスがドイツに抱く恐怖心を説明した。そして、英仏白三国協定と英仏白独四国協定を二つの独立した協定として成立させることに言及した。しかしチェンバレンは、ドイツとの交渉に入る前に連合国だけで予備的交渉を行うことには同意できるが、独立した協定を結ぶことは不可能だと返答した。

チェンバレンの観察によれば、エリオが最も衝撃を受けたのは、ジュネーヴ議定書の拒絶よりも、英仏白三国協定案の却下に対してであった。エリオはこの決定を聞くと「顔面蒼白となり、急に病人のように」なったという。エリオは、十分な安全保障が確保されなかった場合には、ラインラント占領軍の撤兵を延期できることを示唆し、抵抗を試みた。チェンバレンは、ヴェルサイユ条約のラインラント非武装規定によってフランスの安全は確保されているのであり、「われわれはドイツを永遠に抑えつけることはできない」と反論した。結局、この会合は物別れに終わり、復路に再度交渉されることとなった。チェンバレンは、撤兵問題に関する見解等について首相に問い合わせるようクロウに依頼した。[144]

クロウは一一日にボールドウィンと会談し、上司の「苦境」を説明した。そして、前週の閣議決定は外相に十分な行動の自由を与えなかったと批判したところ、ボールドウィンはこれに同意した。クロウはさらに、英仏交渉の決裂がヨーロッパにもたらす「大惨事」を防ぐために、イギリスはフランスの多重協定案に歩み寄るべきだと説いた。彼曰く、すべての協定が一つの「束」を形成し、ドイツがいずれかの枠組みに含まれる限り、イギリスがフランス案を断る理由はなかった。それは、複数国がはじめから絡む協定よりも交渉を容易にし、また、イギリスの役割をより明確化し、世論を先導する効果がある、とクロウは説いた。ボールドウィンは説得され、同日に閣僚会議

を緊急招集した。[145]

閣僚会議では、クロウの狙いとは裏腹に協定反対論が盛大に息を吹き返した。クロウの説明は途中で遮られ、まずチャーチルが、英仏が決裂の危機にあるというのは誇張であり、フランスの要望など断り続ければよいと反論した。続いてエイメリーも、自治領との関係を考慮し、イギリスは何もするべきではなく、平和的手段のみを追求すべきだと説いた。そして、ドイツを含む四国協定を推進するという閣議決定に関しても自分としては不本意であり、撤回するとまで述べた。バーカンヘッドは両者に同意し、内閣が協定に同意したとは認識していないと主張した。唯一セシルだけは、他の閣僚たちの「お気楽な」情勢認識を批判し、ヨーロッパの危機的状況は事実だと述べ、ドイツを含む協定案を支持した。しかし、議論の大勢は協定反対へと傾き、首相も発言を躊躇した。最後に再び発言の機会を与えられたクロウは、外相がすでにエリオに協力を申し出たドイツを含む協定案まで反故にすれば、英仏関係は決裂し、ヨーロッパは危機に陥ると警告し、その後の議論は閣僚のみで行われた。[146] ウィリアム・ブリッジマン海相の日記によれば、閣僚たちは最終的には四日の閣議決定通り、ドイツが参加する四国協定であれば認める方針を示したという。[147] このことから、クロウが立ち去った後にボールドウィンが同僚たちをうまく懐柔したことがうかがわれる。[148]

翌日、ボールドウィンはチェンバレンに書簡を送り、閣僚たちはエリオとの交渉の内容は閣議決定に沿うものだと承認したと述べ、支援する旨を伝えた。[149] しかし、クロウから閣僚会議の報告を受けたチェンバレンは、同僚たちに憤りを覚え、協定案が転覆させられるようであれば辞任すると首相に伝えるようクロウに指示した。[150] 一五日にクロウは、外相の辞任の脅しを携えてチェカーズを訪問した。そこでボールドウィンは、チェンバレンへの全幅の信頼を表明し、帰国後に協定案を再度閣議にかけると述べた。そして、その際には外相を「強く支援」し、反対派を丸め込む自信があると伝えた。クロウは、ボールドウィンが本気であり、バーカンヘッド、チャーチル、エイメリーと断固として争う意思を感じたとチェンバレンに伝えた。[151]

また、セシルは、一一日の閣僚会議への反感とドイツを含む四国協定案への支持を表明する書簡を首相に送った。セシルは、ドイツを含む協定であれば、極端な平和主義者を除き、労働党、自由党を含めて国論は一致する。外務省はドイツを排除する英仏協定が「問題外」なのだと認識し、ドイツを含む協定案に注力するべきだ、と説いた[152]。チェカーズでこれを見たクロウは、「大いに助けとなる手紙」だと高評価した[153]。

外務省では、セシルが指摘した方針転換が実際に行われていた。九日にクルー大使は、フランスは三国協定の拒絶に当初は反発したとしても、イギリスが孤立主義に回帰せずに根気強く交渉を続ければ、いずれドイツを含む四国協定に合意するだろう、と進言した。これを受けてランプソンはそれまでの認識を改めた。フランスに配慮して三国協定交渉を優先せずとも、遅かれ早かれフランスは妥協するだろう、と[154]。外務省は、フランスとベルギーとの協定締結を優先する当初の方針を転換し、ドイツをはじめから含む協定に照準を定めつつあった。

三月一〇日にヘッドラム＝モーリーが新たに提出した「イングランドと低地諸国」と題する覚書も、ドイツを含む協定を推奨した[155]。ヘッドラム＝モーリーは、イギリスがプランタジネット朝の時代から低地諸国と深い関わりを持っていたことを歴史的に叙述し、その地域の防衛に関するイギリスの目下の利益は、フランスとベルギーの利益と合致していると説いた。この覚書の特徴は、戦争を防止する枠組みとしての一八三九年条約を高く評価した点にあった。ヘッドラム＝モーリーによれば、一八三九年条約は、それ以前の時代の軍事同盟と比較して、「とても大きな変化を象徴していた」。「そこにおいては、ある国家群が別の国家群の野心に対抗して武装するのではなく、すべての関係国による相互保障が見出される。競争の代わりに協調が生まれたのである」。ヘッドラム＝モーリーは、一八三九年条約を発展させた枠組みとしての西欧安全保障協定を思い描いた。「しかし、われわれは単に過去を模倣するだけに甘んじてはならない。一八三九年の協定がそれ以前のシステムよりも優れていたように、今われわれもそれを改良できないか考えるべきである」。ヘッドラム＝モーリーの結論は、「いかなる新たな条約も、第一に、すべての関係国を含むべきであり、部分的同盟であってはならない。第二に、ベルギーだけではなく、フランス、ドイツ、オランダにも平等に安全保障を拡大するべきである」というものであった[156]。目下議論されていた西欧協定に、一八三九年条約を発展的に継承する協定としての意味を持たせる画期的覚書であった。

その間、チェンバレンはジュネーヴの第三三回連盟理事会に出席し、イギリス政府によるジュネーヴ議定書の拒絶を正式に表明した。チェンバレンは、ジュネーヴ議定書のような普遍的な枠組みを最初から目指すのではなく、「特殊なニーズを満たすための特殊な取り決め」を模索するべきだと説き、地域的安全保障の考えを後押しする方針を示唆した[157]。

チェンバレンによれば、イギリス政府の拒絶報告は出席者に相当のショックを与えたものの、地域的安全保障という代替案に言及したことは、チェコスロヴァキア、ポーランド、ベルギー、フランスの代表らのイギリスに対する信頼を回復させることに貢献したという[158]。

ジュネーヴでチェンバレンは、パリでエリオに述べた内容をブリアンとベルギーのイマンス外相に伝えた。ブリアンとイマンスは、ドイツ提案に基づく協定を目指すというイギリス政府の方針を前向きに検討する意向を表明した。チェコスロヴァキアのベネシュ外相も、西欧において平和が確保されれば、東欧で戦争が勃発する可能性も減ずると述べ、西欧に限定された安全保障協定の成立に反対しない意向を示した[159]。またムッソリーニは、チェンバレンがジュネーヴ議定書に「とどめの一撃」を加えたことに敬意を表明し、地域的安全保障協定を重視する方針を支持した[160]。

一方でポーランドのアレクサンデル・スクシンスキ外相は、西欧三カ国（英仏白）およびイタリアがドイツと協定を結べば、ドイツ東部国境の現状変更に「正当性を与える」ものと受け取られかねないと述べ、懸念を表明した[161]。

一六日にチェンバレンはパリでエリオと再び会談した。エリオは多重協定案を諦め、イギリスに妥協する方針を固めていた。エリオは、いくつかの条件を述べたうえで、ドイツ提案に基づく四国協定案の推進に合意した。エリオの提示した条件は、①ドイツが国際連盟に加盟する、②ラインラントからの撤兵時期に関する譲歩はしない、③

ドイツと交渉する前に連合国間で予備的合意を達成する、という内容であった。チェンバレンは条件を受け入れ、英仏交渉は妥結した[162]。

しかし、チェンバレンにはイギリス内閣を説得する必要が残っていた。一七日に帰国すると、ボールドウィンの呼びかけによりその晩二人は早速会談した。ボールドウィンは、協定案が外相の思い通りとなるよう「断固主張する」と約束し、他の閣僚の介入を止めさせると述べた[163]。

チェンバレンは、この頃にはドイツを含む協定を推進する方針を固めていた。チェンバレンは一八日にダバノン大使に送った書簡において、ドイツに矛先を向ける英仏白協定を結ばず、ドイツ提案を採用する方針を確認した[164]。そして、翌一九日には外務省のミニッツに次のように綴った。イギリスがヨーロッパに平和をもたらすためには、①フランスの恐怖心を和らげ、②ドイツを「ヨーロッパ協調」に呼び戻す、この両方が不可欠である。一世紀前のカースルレイの政策を今日のイギリス政府も準用するべきだ、と[165]。

チェンバレンはさらに、ドイツ大使館のシュターマー大使に対して、ドイツ提案という礎の上に「ヨーロッパ大国間協調の復興」を目指しているのだ、と語っている。そしてシュターマーがチェンバレンの役割はさしずめ「誠実な仲買人（honest broker）」といったところかと尋ねたところ、チェンバレンはそれを受け入れながらも、彼個人としては「調停者（moderator）」を自認していると返答した[166]。「誠実な仲買人」とは無論のこと、ビスマルクが一八七八年のベルリン会議の際に自らの政策を表現するために用いた言葉である。チェンバレンはさらに、四月初頭にクルー大使に宛てて、自身はベルリンおよびパリにおいて「誠実な仲買人」の役割を演じようとしているのだが、「その有名な言葉の発案者より、あるいはもう少し誠実に」それを目指しているのだと述べた[167]。

一方、英仏白三国協定への支持を取り下げた理由をフルリオー大使に問われたところ、チェンバレンは、彼自身も最近までは三国協定案を支持していたものの、ドイツの参加しない協定はイギリス国民に受け入れられないという同僚の意見に説得されたのだと返答した[168]。

こうしてチェンバレンが自らの政策を英仏白独四国協定に一本化したことで、セシルとチャーチルの立場に歩み寄り、閣内のヨーロッパ安全保障推進派は共同戦線を張ることが可能となった。また、フランス政府がイギリス側の主張にほぼ全面的に合意したことも、推進派の追い風となった。さらに、ボールドウィンが閣内の反対派をうまく懐柔したことにより、チェンバレン曰く帰国後の閣内交渉が「とてもスムーズに」、「トラブルもまったくなく」進んだと感じる環境が整った。[169] その結果、三月二〇日、イギリス内閣はドイツ提案に基づく英仏白独四国協定を推進する方針を閣議決定した。閣議が議会に発表すると決めた内容は次の通りである。

ドイツ政府による最近の提案は、安全保障に関する合意を達成する最良の基盤を提供しているように考えられる。しかし、そのような合意をわれわれの協力なくして達成することは不可能である。〔……〕これらの提案のもとでわれわれが負う義務は、ドイツとベルギーおよびフランスとの間の国境の安全の相互保障を提供する何らかの取り決めへの参加に限定されることになる。イギリス、フランス、ベルギー、ドイツが締約国となる。〔……〕もしわれわれがそのような協定への参加を拒絶し、孤立政策に立ち戻れば、その唯一の帰結はヨーロッパ大陸に現存する不安の悪化であり、究極的には新たな戦争へとつながるだろう。[170]

しかし、ハンキーはこの決定に不満であった。二〇日の閣議の後、ハンキーはチェンバレンとボールドウィンに相次いで面会し、軍事的コミットメントの観点が考慮されていないことに抗議した。しかしチェンバレンは、ヨーロッパに平和をもたらすための自身の政策を「軍事的考慮という技術的問題」のために潰されたくはないと返答した。ボールドウィンも三軍の参謀総長と協議する意向を述べるにとどまった。

ハンキーは、内閣がチェンバレンの政策を一転して容認する方向へと流れた背景の一つとして、協定反対を説いていたカーズンの急逝を挙げた。[171] そしてハンキーは、ロイド・ジョージの首相時代を回顧し、次のように日記に綴った。「もし私がロイド・ジョージの背後でブリーフィングすることができたなら、二人でそれ〔四国協定案〕を潰せただろう（If I were behind Lloyd George to brief him what hay we would make of it)」と。(172)

ロイド・ジョージとカーズンが外交を指導していた時代から、ボールドウィンとチェンバレンの時代に入り、イギリスの対外政策は変化を遂げた。「ヨーロッパ派」のチェンバレンが外相に就いたことで、西欧安全保障への関与を元来主張していたクロウら外務省高官たちは、自分たちの政策を内閣で代弁してくれるリーダーをようやく得ることができた。そして首相のボールドウィンは、首脳外交を好んだロイド・ジョージとは対照的に、外務省主導の対外政策を支持した。このような首相と外相の強固な支援のもとで、外務省主導のヨーロッパ政策を追求する体制が久々に整ったのであった。このような外務省優位の体制が生まれたのは、大戦前のアスキス首相とグレイ外相の時代以来のことであった。(173)

4 西欧相互保障協定の草案作成をめぐる国際交渉

（1）イギリス政府の決定に対する国内外の反応

ドイツ提案に基づく相互保障協定の推進に英仏が合意したことで、ロカルノ会議に向けた国際交渉が動き出す。まずはイギリス政府の決定に対するイギリス国内外の反応から見ていきたい。

三月二四日にチェンバレンは、二〇日に閣議決定された政府方針を庶民院に説明した。チェンバレンは、ドイツの提案に「より良き日の夜明けの可能性」を見出したと述べ、そしてイギリスの助力がなければそれは実現できないのだと訴えた。労働党議員からは政府がジュネーヴ議定書を拒絶したことへの批判がなされたものの、ドイツを含む地域的協定を推進する政府方針に関しては、野党は総じて前向きに受け止めた。

ロイド・ジョージは、チェンバレンがドイツ提案の推進を決意したことを歓迎した。ロイド・ジョージは、それが特定の国家に矛先を向けた協定ではなく、地域の国々が互いの問題を解決するための協定だということを評価した。そして、ドイツが西部国境の現状維持に同意したからには、イギリス政府はドイツの東部国境になされた「不正義」を仲裁裁判や国際連盟を通して是正するよう影響力を行使するべきだと述べた。

マクドナルドは、ドイツを含む西欧協定がより普遍的な合意に向けた第一歩となるのであれば歓迎する旨を述べる一方で、もしそうならないのであれば、それは「旧い協定」と同じであり、勢力均衡の再来を招くだろうと警告した。これに対してボールドウィンは、もしドイツに矛先を向けた三国協定であれば新しい勢力均衡を招くというマクドナルドの批判は当てはまるが、そうしないために政府はドイツとともに相互の安全を保障する道を選んだのだと説明した。(174)

グレイ元外相は、四月二日に国際連盟協会で行った演説において、チェンバレンの政策に支持を表明した。グレイは、チェンバレンがイギリスを「正しい方向」に導いていると評価した。グレイによれば、イギリスに「孤立」は不可能であり、ヨーロッパの平和構築に協力しなければならなかった。イギリスが協力しなければ、ヨーロッパは勢力圏分割され、軍拡競争が起こり、新たな戦争へとつながるのだという。軍縮を達成するためには、まず諸国民の恐怖心を払拭する必要があり、そのための安全保障措置が必要だという。

グレイは、勢力均衡の考えに基づく同盟政策を否定した。彼は、普仏戦争から第一次世界大戦に至る経緯に言及し、勝者が敗者に対する「三国同盟」を結成する政策は、やがて新たな戦争を招くことになると述べた。安全保障は、可能な限り多くの国家を含めた包括的なものでなければならないのだという。しかし、ロシアを含めることは当面困難であるため、まずはフランスとドイツを含む協定を目指すことは正しい選択だという。グレイは、ドイツが目下軍縮され、弱体化していたとしても、機会さえあればヨーロッパ大陸最強の国家に復活する潜在力を有していることを見抜いていた。それゆえにこそ、ドイツを協定に引き込むべきだとグレイは説いた。グレイ曰く、フランスとドイツを平等な条件のもとで参加させ、両方に安全保障を提供することがヨーロッパ安定化の鍵なのであった。[175] このようにグレイは、ドイツを含む地域的安全保障協定を推進するチェンバレンの政策を支援した。

フランスのフルリオー大使は、英仏白三国協定を中核とする多重協定案の利点をその後も説いたものの、ドイツを含む単一の協定という選択肢しかないという現実を受け入れざるをえなかった。[176] 三月二六日にティレルと会談した際にフルリオーは、ドイツを含む協定という構想により前向きになっていた。フルリオーは、フランス世論がドイツを含む協定という考えを受け入れ始めており、イギリスが一八三九年条約を尊重して一九一四年に参戦した事実を例にとって、フランス国民に多国間協定の有用性を説得していく考えを述べた。[177]

駐英イタリア大使トレッタ侯は、西欧相互保障協定を歓迎する旨を表明した。そして、ヴェルサイユ条約に基づく現状、とりわけオーストリアに関する諸規定が損なわれないことを条件に、協定に参加する意志を表明した。[178]

一方で、ドイツやフランスの右派は西欧協定案に批判的であった。一九二五年一月以来ドイツの連立与党となっていた国家人民党は、ドイツが見返りを得ずにアルザス＝ロレーヌの喪失を追認し、国際連盟に加盟することへの不満を表明した。[179] フランスでは、ポアンカレがドイツ提案の推進に警戒感を示した。彼によれば、ドイツがすでにヴェルサイユ条約で約束した事項を西欧に関してのみ再確認するのは無意味であるどころか、ドイツが中東欧における覇権を回復する道を開きかねない行為であった。そして演説などにおいて、「みかけの保障」や「安全保障の蜃気楼」のために、ヴェルサイユ条約に基づくフランスの防衛手段を手放さないよう警告した。[180] また、ベルギーの右派系の新聞も、イギリスが連合国と保障条約を結ばずに、ドイツが署名する新たな「紙切れ」を推奨する方針をとったことを批判した。[181]

四月三日、ベルギーのモンシュール大使がチェンバレンと面会し、ベルギー政府の覚書を手交した。ベルギー政府は、ジュネーヴ議定書が否定され、英仏白三国協定をイギリス政府が望まないと決定したことに鑑み、イギリスの参加するドイツ提案に基づく相互保障協定を前向きに評価する旨を表明した。ただしベルギー政府は、連合国の合意に基づき提案の詳細についてドイツ政府に問い合わせることが肝要であり、その際には、①ドイツが国際連盟に加盟すること、②ベルギーが協定に参加すること、③可能であればオランダも参加すること、④ヴェルサイユ条約に基づく現状、とりわけラインラント、そして東欧に関する諸規定を損なわないこと、を確認するべきだと説いた。

ベルギー政府はまた、西欧相互保障協定の一環として、ラインラントの非武装地帯を監督する常設機関を国際連盟のもとで組織することを提言した。しかし、イギリス外務省はこの提案に難色を示した。中欧局のトラウトベック事務官は、常設監督機関のような「人工的な基盤」の上に永続的な平和を築くことはできないと述べ、イギリスは常設監督機関の設立を支持するべきではないと説いた[182]。

ヘッドラム＝モーリーは、イギリス政府が西欧相互保障協定を推進すると決定したことにより、一八三九年条約を修正する機会がようやく訪れたと評価した。彼は、西欧相互保障協定に可能であればオランダを参加させ、条約の前文に、それが一八三九年条約の修正を意図するものだと明記するべきだと提案した。ランプソン中欧局長は、ヘッドラム＝モーリーの提言は検討に値すると評価したものの、オランダが協定に参加することは疑わしいと述べた[183]。しかし、西欧相互保障協定の前文に一八三九年条約に関する記述を含めるというヘッドラム＝モーリーの提案は採用されることとなる。

(2) ドイツ提案への回答文をめぐる英仏交渉

協定締結に向けた最初のステップは、ドイツ提案に対する公式の回答文を作成することであった。三月三一日にフルリオー大使は、回答文を連合国と協議したうえで作成する方針を明らかにした。回答文の概要は、フランス政府がドイツの提案に原則として合意する旨と、いくつかの不明点に関してドイツ政府に説明を求めるという形式をとるとした。チェンバレンはこの手順を了承した[184]。しかし、その後フランスで内閣の交代が起こったこともあり、ドイツ政府への正式回答は延期されることとなった。五月初旬にドイツ政府は、連合国の回答が延期されていることに対して国内の不満が高まっていると抗議し、回答を催促した[185]。

五月七日にランプソン中欧局長は、ハースト法律顧問と協議し、西欧相互保障協定に関するイギリス政府の構想を覚書ないし条文草案にまとめる考えを示した[186]。ハーストは五月一三日に条文草案を提出した。ハーストは、協定の締約国にイギリス、フランス、ドイツ、ベルギーの四カ国を想定した。そして、ヘッドラム＝モーリーの提言を採用し、ベルギーの中立条約が失効したことに鑑み、「頻繁にヨーロッパ紛争の舞台となってきた地域」を安定化させることが協定の趣旨であることを前文で謳った。条約はまず、締約国の相互不可侵を規定したうえで（第一条）、それが破られた場合には、他の締約国は違反国に対して軍事介入する個別的義務を負うと定めた（第二条）。ヴェルサイユ条約に基づくラインラント非武装規定が破られた場合にも、他の締約国は国際連盟理事会の判断に基づいて軍事介入を行うとした（第三条）。ただし、締約国に対する攻撃の事実や、ラインラント非武装化に対する違反の事実に関して疑問が生じた場合には、連盟理事会が事実関係について協議するとした（第四条）。そして、締約国間の交渉で解決しえない紛争は、司法的仲裁にかけられ、仲裁手続きを怠れば、援助は要請できないと規定した（第五条）。また、連盟加盟国でなければ条約の権利を享受できず、条約は国際連盟規約に基づく権利義務には影響しないと定めた（第六条および第七条）。

このようにハーストの草案は、ドイツ政府の提案を踏襲し、①西欧に関する相互不可侵、②ラインラント非武装規定の保障、③仲裁の義務を一つの条約案にまとめ上げた。ハースト草案の特徴は、ラインラント非武装規定に違反した場合には、連盟理事会が武力介入の判断を下すと規定したことにあった。ハースト草案は、西欧協定を国際連盟と密接に結びつけることを狙ったものであった。国土への直接侵攻の場合にも、事実関係に疑いが生じた場合には、連盟理事会が協議すると定められていた。したがって、有事に際して被害国に即座の軍事的援助を約束するものではなかった[187]。

同日に中欧局が提出した別の草案もまた、軍事的援助は連盟理事会の判断を仰いだうえで行使されるものと規定した。[188] 外務省は、この規定がフランスの安全保障要求と合致しないことを認識したうえで、まずはイギリスにとって理想的な協定像を描き出すという観点からこれらの草案を起草していた。[189]

フランス政府は五月一三日にドイツ政府への回答草案をイギリス政府に提出した。フランスの回答草案は、ドイツ提案に基づく協定の推進に際して明確化を望む点として、次のものを挙げた。①ドイツが国際連盟に加盟する必要があること、②講和条約の修正を伴わないこと、③ベルギーが参加すること、④ラインラント占領に関する規定に影響しないこと、⑤仲裁条約は、あらゆる形態の紛争に当てはまることとし、条約違反の場合を除いて武力による強制の可能性を排除し、ライン協定の加盟国によって集団的かつ個別的に保障されること、⑥ドイツは、ライン協定の参加国でない国（ポーランドやチェコスロヴァキア）とも仲裁条約を結び、その条約もライン協定参加国によって集団的かつ個別的に保障されること、⑦これらすべての条約を国際連盟の賛助のもとで一つの協定へとまとめ、「より一般的な平和協商の中核」とすること、であった。

イギリス外務省は、⑦はジュネーヴ議定書を彷彿とさせる広域のコミットメントを伴うものだとして難色を示した。また⑥の仲裁条約をイギリスが保障することはできないと表明した。外務省は、フランスがラインラントとポーランドの保障をリンクさせようとしているものと判断し、イギリスとしてはドイツ西部国境と東部国境の保障は別ものであることを明示するべきだと提言した。[190] チェンバレンはこうした指摘を覚書にまとめ、内閣に提出した。[191] また、不明点についてフルリオー大使に照会した。[192]

五月二八日にイギリス政府は、閣議と内閣委員会の議論を経て、フランスの回答草案に関する所見をフランス政府に提出した。イギリス政府は、イギリスが（講和条約と国際連盟規約に加えて）新たに引き受けられる責務は、ドイツ西部国境に関する領土的取り決めの現状維持に限られることを強調した。したがって、イギリスはドイツ、フランス、ベルギー以外の国が関連する仲裁条約を保障することはできないと表明した。[193]

一方でフランス政府は、ライン協定があるために、フランスがポーランドやチェコスロヴァキアを救援する障壁となってしまう可能性に懸念を表明していた。すなわち、ドイツが東方を攻撃し、フランスが東欧同盟国の援助のためにドイツに進軍した場合に、ライン協定に基づいてイギリスがフランスに対処行動をとる可能性が懸念された。そのためフランス政府は、ライン協定の締約国に、東欧諸国とドイツ間の仲裁条約を保障する権利を与え、そのような保障に基づく行動は、西欧における不可侵合意や仲裁条約の違反にはならないという構想を含む新たな回答草案を作成した。(194)

イギリス外務省では、フランスの要望に一方的に配慮すれば協定の相互的性格が失われるという懸念も表明されたものの、イギリス政府はこの変更を受け入れた。(195)チェンバレンによれば、ライン協定が締約国の条約義務を破ることを促す性格のものであってはならなかった。そのため、ライン協定は条約義務を破った国が協定に基づく保護を受けられないように設計する必要があった。(196)六月八日にチェンバレンは、外相となったブリアンとジュネーヴで会談し、ドイツ提案への回答文について合意に達した。(197)また英仏両政府は、イタリアの協定参加を歓迎する意向をあらためて表明した。(198)六月一六日、フランス政府はドイツ提案に対する正式な回答をドイツ政府に提出した。(199)

(3) チェンバレンの議会演説

その頃チェンバレンは、イギリスが孤立政策に回帰しえないのだということをあらためて世論に表明する意向を示し、外務官僚たちの助言を求めた。ランプソンは、イギリスは国際連盟規約と講和条約に調印している以上、ヨーロッパ大陸から孤立することは不可能だと述べた。そして、そもそも講和条約は、一九一四年のような事態が二度と起こらないことを目指して調印されたのだということを、一部のイギリス人は忘れ始めていると指摘した。ランプソンによれば、開戦時に政権を担い、連立政権の一員として講和条約の成立に大きな責任を負う自由党が、講和条約に背を向けるようなことはできないはずであった。(200)四月に急逝したクロウの後を継いで事務次官に就任したティレルは、これに合意し、チェンバレンは自治領向けの覚書を作成するよう指示した。(201)これを受けてスターンデール・ベネット事務官は「イギリス政府がヨーロッパ問題への孤立政策を採用しえない理由に関する覚書」と題する覚書を作成し、チェンバレンの指示で内閣と自治領に送付された[202]。六月一九日の『タイムズ』紙も、同様の観点から、イギリスが孤立政策を採用するのは不可能だと説き、チェンバレンの西欧安全保障政策を後押しした[203]。

六月二二日にチェンバレンは帝国防衛委員会に安全保障交渉の進捗状況について報告した。彼は政府の政策目標を三点に整理した。①ドイツが再びヨーロッパを席巻することを不可能にし、②フランスの対独政策を穏健化させ、③ドイツとロシアが他のヨーロッパ諸国に対抗して結託することを防ぐことにあった。チェンバレンは、②に関しては早くも効果が出ており、英仏白三国協定を得られなかったことに当初は不満を抱いたフランスも、現在ではドイツを含む協定を前向きに捉えていると述べた[204]。

六月二四日にチェンバレンは庶民院の委員会に交渉の経緯を報告した。その際にチェンバレンは、三月二四日の議会演説に引き続いて、イギリスはヨーロッパ大陸から孤立することはできないのだと訴えた。

イギリス帝国、とりわけこの国〔イギリス本国〕の、ヨーロッパ問題への不干渉は、今までも、そして歴史の教えるところによれば今後も、平和の利益に適うことはありません。英米協定〔一九一九年の英仏・米仏保障条約〕が実現しなかったことの直接的結果として、多くの野党議員の方々を心配させているフランスと東欧諸国との間の諸同盟が結ばれたのです。〔……〕この国とイギリス帝国は、国際連盟のもとでの義務だけではなく、ヴェルサイユ条約に基づく特殊な義務と権利を持っています。以前に読み上げたその条約の第四二条、第四三条、第四四条〔ラインラント非武装規定〕を再び委員会に読み上げる必要はないでしょう。これらに言及するだけで、孤立という夢が、夢以外のなにものでもなく、われわれがすでに結んだ約束によって、ヨーロッパの運命と、幸か不幸か、表裏一体に結びついていることを、示すのに十分なのです。そしてわれわれの安全は、これらの義務を無視しようとすることでも、そもそも不可能である孤立を追求することでもなく、平和を維持し、再度の戦争勃発を防ぐために、われわれの持てる影響力と力を、賢明で分別のある方法で用いることに、かかっているのです。

チェンバレンはこう述べたうえで、ドイツの参加する西欧相互保障協定の実現に向けた交渉を継続する意志を表明した。そして、イギリス政府がドイツ西部国境に対してのみ新たなコミットメントを負うからといって、ヴェルサイユ条約の他の条項を軽視しているわけではないのだと保証した。

講和条約の調印から六年も経たないうちに、そのために多くの労力が費やされたのにもかかわらず、新たな解決を目指してヨーロッパの国境線を書き換え、講和を破棄するような行動に出ようなどという考えは、ベドラム〔精神病院〕の外にいる人間には想像しえない考えだと私には思えます。その動機がなんであろうと、その目的がなんであろうと、今の段階でこれらの国境問題を提起し、関係する諸国の精神状態が不穏のまま、乱されたままにしようという人々は、平和のためにも、ヨーロッパ繁栄の再生のためにも資さないということを、私は確信しています。世界は安定を必要としています。情勢が安定化しない限り、安全は得られません。安全保障、恐怖の除去、不安の軽減、信頼の修復がない限り、平和は名だけにとどまり、実体となることはありません。

これに対して、マクドナルドが地域的安全保障協定への懐疑を述べ、ロイド・ジョージがフランスに対する不信を述べたものの、野党の反対は限定的であった。[205]七月六日に貴族院が安全保障問題を議論した際には、アスキス、ホールデン、グレイら自由党の重鎮が揃ってチェンバレンの政策を支持した。[206]

議会からの批判は、国際連盟を重視するべきだとするものが中心を占めたが、雑誌などでは軍事同盟を重視する立場からの批判もなされた。文芸雑誌『イングリッシュ・レビュー』には、ドイツを抑止するためには英仏白三国協定が必要であり、協定にドイツが加われば安全保障の効果が薄れると批判する記事が掲載された[207]。

一方で南アフリカのスマッツは、協定案を「新たな神聖同盟」と呼び、厳しく批判する論稿を英紙に載せた。スマッツは、すでに国際連盟規約があるにもかかわらず、それ以上の協定は必要ないと説いた。協定案はヴェルサイユ条約に基づく現状を固定化することを目的としており、問題含みの同条約の修正を困難にしてしまうとスマッツは批判した。スマッツは、イギリス政府が帝国を蔑ろにしてヨーロッパと協定を結べば、帝国は危機に陥るだろうと警告した。そして、一八二〇年代のカニング外相の政策を見習ってヨーロッパ大陸から距離を置くべきだと訴えた[208]。

外務省では、スマッツの論稿は非常に評判が悪かった。スターンデール・ベネットは、スマッツの論稿は「虚偽と誤解の産物」であり、世論に悪影響を与えかねないと批判した。スマッツが、イギリスが帝国から距離を置いていると批判したのに対して彼は、「私にはむしろ帝国がイギリスから距離を置いているように思える。これは、イギリスが帝国の不可欠の中心であり、その安全保障が帝国のそれと同一であるということに対する無理解に起因している」とコメントした。また、スマッツが西欧相互保障協定を「神聖同盟」に喩えたことに対しては、「最も見え透いた類の美辞麗句とたわごと」だと非難した。スターンデール・ベネットによれば、協定は西ヨーロッパの安定化という特定の目的を達成するための実践的な試みであった。「高尚な原則」に基づいてヨーロッパを規制する制度を指すのであれば、むしろ国際連盟こそが現代の神聖同盟に相当するのだという。ティレルは、「スマッツ将軍ほどにわれわれの対外政策に損害をもたらす干渉を行ってきた人物はいない」と述べた[209]。

(4) ライン協定の草案策定過程

その間、イギリス政府は協定草案の策定を着々と進めていた。六月一七日にハースト法律顧問は新たな協定草案を提出した。新草案は締約国にイタリアを加えていた。条文はまず、ヴェルサイユ条約に基づくドイツ＝ベルギーおよびドイツ＝フランス国境の不可侵を保障した（第一条）。また、ドイツがヴェルサイユ条約に基づくラインラント非武装規定を遵守する旨を確認した（第二条）。そして、自衛の場合と国際連盟の許可を受けた場合を除き、ドイツとベルギーおよびドイツとフランスは、互いを攻撃しないと定めた（第三条）。第三条ないしラインラント非武装規定に関する違反が起こった場合には、連盟理事会の判断を仰ぐこととした（第四条）。連盟理事会は、第三条ないしラインラント非武装規定に対する違反の事実が確認された場合、締約国に通知し（第五条）、それを受けて締約国は被害国を直ちに援助すると定められた（第六条）[210]。すなわち、有事の際、連盟理事会が協議したうえでなければ軍事的援助はなされないということが、より明確に規定された。また、不可侵の約束を結ぶ国はドイツ、フランス、ベルギーに限定され、イギリスとイタリアは保障供与国となることが明らかとなった。

ハースト新草案は、相互不可侵の例外規定として、①他の国との仲裁条約の保障に基づく軍事行動、②ヴェルサイユ条約のラインラント占領規定、③その他すでに施行した条約に基づく行動、を挙げていた（第九条）。これはフランスに配慮した条項であり、西欧相互保障協定がフランスと東欧諸国間の同盟条約などの妨げとならないようにするためのものであった。しかし、ダバノン駐独大使がこれに反発したため、例外規定に関する記述は縮小された。ダバノンはまた、第二条のラインラント非武装規定の遵守義務がドイツだけに課されていることを問題視した。これを受けて第二条は削除された。またランプソンとチェンバレンは、イギリス世論に配慮するために、協定が国際連盟に基づく権利義務を妨げるものではないのだということを謳った条項（第一〇条、第二条削除後は第九条）をより強調するべきだと説いた[211]。

六月二六日、フルリオー大使とグレゴリー外務次官補が会談し、協定交渉の今後の手順について議論した。フルリオーは、英仏が草案について合意に達してからドイツと交渉を開始するべきだと説いた。この会談の結果、イギリスのほうが協定草案の起草作業においてフランスに先んじていることが明らかとなった。ランプソンは、イギリス草案をたたき台に交渉を開始したほうが有利だと述べ、早期に草案をフランスに送付するべきだと提言した[212]。六月二七日にチェンバレンは、修正されたハースト新草案を内閣と帝国防衛委員会に提出した。[213]

七月一日に帝国防衛委員会は、外務省の草案について討議した。カヴァン陸軍参謀総長は、「文明化されたヨーロッパの東部国境は、いまやロシア国境にある」と述べ、二月の主張から一転してドイツを含む西欧相互保障協定案を後押しした。カヴァンによれば、協定を結んだとしても、連盟規約調印国としてすでに負っている義務に新たに追加されるコミットメントはほとんどないのだという。唯一追加されるコミットメントといえば、フランスの攻撃からドイツを守るというものであり、そのような事態が起こる可能性はきわめて低かった。カヴァンは、協定違反に対する対処行動をとるに際して「煩雑な機関」である国際連盟の裁可を仰がなければならない点を問題視したが、それは避けられないことだと述べ、修正は求めなかった。

ホーア空相は、国際連盟の裁可のないままイギリスが軍事介入する義務が発生するケースもありうるのかと尋ねた。答えは否であった。チェンバレンは、仲裁の手順を経ないまま軍事行動をとることは、被保障国であるフランス、ベルギー、ドイツが自衛措置をとる場合を除いては、一切正当化されないように草案を設計したのだと説明した。どの国が「侵略国」であるかが曖昧な場合には、連盟理事会がその判断を下すまで、イギリスは軍事的援助を控えることができた。

エイメリー植民地相は、もしフランスが仲裁を経ずに再びルール地方に派兵するようなことがあれば、イギリスはドイツを援助する義務が生じるのかと尋ねた。チェンバレンは、ルール占領がヴェルサイユ条約に違反しているというイギリスの理解に鑑みて、そのような場合にはドイツを援助する義務が発生すると回答した。ハーストは、そのような事態はドーズ合意の仲裁規定によって守られていると補足した。

帝国防衛委員会は外務省草案を原則として承認した。[214] 外務省は、帝国防衛委員会で指摘された意見を踏まえて草案にいくらかの修正を施した。七月三日に内閣は修正された草案を承認し、草案は翌日にフランス政府に提出された。[215]

しかし、フランス政府はイギリス草案に満足しなかった。フランスは、イギリスの軍事的援助の発動が連盟理事会の判断に委ねられることを問題視した。ドイツが実際に侵略を行った場合に、連盟が結論に達するまでの未確定の期間、フランスは援助を得ることなく単独で防戦する必要が出てきてしまうのであった。フランス政府は、軍事的援助の発動要件を連盟に委ねることなく、自動的に発動する協定を望んだ。[216] ベルギー政府もまたフランスの懸念を共有した。イマンスに代わって外相となったエミール・ヴァンデルヴェルデは、急な侵略を受けた場合にも連盟理事会に訴えなければならない点を批判し、「侵略」の意味を厳密化するなど、別の解決策を模索するべきだと述べた。[217]

一方でイギリス政府は、六月と七月の議会討論で与野党が総じて協定と国際連盟が強い繋がりを持つことを望んだこともあり、あくまで軍事的援助の発動に関する判断を連盟理事会に委ねることにこだわった。外務省のランプソン中欧局長は、発動要件の判断を連盟に委ねることができないのであれば、協定交渉をこれ以上進展させるべきではないとさえ述べた。ティレル事務次官は、「条約〔西欧相互保障協定〕を連盟とリンクさせればさせるほど、イギリスの保障の価値は増すのだということを、フランスに理解させるべきだ」とコメントした。そしてチェンバレンは、発動要件に関する判断を連盟理事会に委ねない限り、イギリス国民は提案された協定の内包する責務を請け負うつもりはないのだと、フランス政府に伝えた。また、フランス外務省のフロマジョー法律顧問がハーストと早期に議論する必要性を提起した。[218] フランス政府は法律顧問同士の会談に合意した。[219]

七月二〇日にドイツ政府は、六月一六日付フランス政府回答文に対する返答覚書を提出した。ドイツ政府はまず、協定案は講和条約の修正を伴わないものの、将来における講和条約の平和的修正を否定するものではないと表明した。この点は英仏の認識と相違なかった。続いて、ラインラント占領に関して、占領規定の変更を協定調印の条件とはしないものの、協定が調印されることによって占領問題が改善することを期待する旨を表明した。これは占領問題では妥協しないとするフランス政府の立場に鑑みれば、連合国に相応の譲歩を求める文言と読めた。そして、仲裁条約に関してドイツは、違反が起こった場合に保障国の恣意的な判断によって軍事介入がなされる可能性に懸念を表明した。この点は、違反の事実認定をすべて連盟や仲裁機関に委ねようというイギリス政府の立場とは合致していたが、仲裁条約の保障国となることでポーランドやチェコスロヴァキアを守ろうというフランスの立場とは相克する可能性があった。ドイツ政府はさらに、連盟に加盟することへの問題点を指摘した。ドイツは、自国が厳しい軍備制限を課されているため、規約違反国に対する軍事制裁義務を伴う連盟規約第一六条の規定を履行することはできないと述べ、全般的軍縮の道筋が整うまで、連盟には加盟できないとする立場を表明した。この点は、一九二五年の段階ではドイツ政府の早期連盟加盟を望んでいた英仏の立場と相いれなかった。それでもドイツ政府は覚書の最後に、上記のような見解の相違はあれども、安全保障問題の解決を望むという関係国の目標は一致しており、交渉の進展を望むと述べた。イギリス外務省が交渉を進めるうえで大きな障害になると考えたのは、仲裁条約に限らず、相互保障協定本体を含めて、違反が起こった場合における違反の事実認定と援助の必要性を検討する主体をどこに置くのか、という問題であった。ドイツとイギリスは、連盟のような中立的な仲裁機関に委ねるべきだと考えたが、フランスとベルギーは、そのような取り決めではいざ侵略が起こった場合に、保障国の来援が遅れ、さらには全会一致を原則とする連盟理事会のなかの一国でも軍事援助を認可しなかった場合に、援助をまったく受けられない可能性を懸念したのであった[220]。

協定の発動要件を判断する主体の問題は、七月下旬にロンドンで行われたハースト＝フロマジョー交渉においても中心課題となった。フロマジョーは、保障の発動要件を連盟の判断に委ねるというイギリス草案をフランス政府は受諾することはできないと述べた。ハーストとの議論を経てフロマジョーは、連盟が協定の発動要件に関与することについては合意したものの、領土侵略とラインラント非武装規定に対する侵犯の事実が明らかな「現行犯(flagrant délit)」のようなケースの場合には、保障国が直ちに来援することができ、連盟の判断は事後的に仰ぐ、という妥協案を提示した[221]。これが、ロカルノ条約に基づく軍事的援助の発動要件を限定する「明白な違反(violation flagrante)」という表現の起源である。その意義は、軍事的援助の発動要件を満たすか否かを判断する権利を連盟ではなく、保障国に与えることにあった。すなわち、仮にドイツがフランスに対して何らかの軍事行動をとった場合、時のイギリス政府は、それが「明白な違反」かどうかを自ら判断することで、相互保障協定に基づいて介入するか否かの決定を、かなりの程度の自由裁量のもとで下すことができることになる。フランス政府は、介入の判断を連盟に委ねるよりは、イギリスに委ねたほうがまだよいと考えたのであった。

英仏法律顧問交渉の裏側で、イギリス外務省の担当者も協定草案について連日のように協議を行っていた。スターンデール・ベネットは、協定の発動要件に関する判断を連盟に委ねる原則について妥協するべきではないと主張した。ランプソンも、フランスをイギリス草案に合意させる努力をするべきだと考えたものの、領土の侵略が実際に起こった場合には、連盟の判断を仰がずに介入できる規定を設けることを認めた。しかし、例外は領土の直接的侵略のケースに限るべきであり、ラインラント非武装規定への違反については、連盟を迂回することを認めるつもりはなかった。七月二二日にチェンバレンは、ティレル、ハースト、ランプソン、スターンデール・ベネットを執務室に招き、草案について議論した。チェンバレンは、ランプソンとは異なり、連盟の判断を仰がずにイギリスが援助に乗り出す要件には、領土の侵略だけではなく、ラインラント非武装規定に対する侵害も加えるべきだと主張した。つまり、チェンバレンはフロマジョーの妥協案を全面的に受け入れるべきだと説いたのである。これを受けてハーストは、ラインラント非武装規定に対する「明白な違反(manifest violation)」の場合には、保障国が即座に被害国を援助する、という文言を含む新たな条項案を提示した。チェンバレンとティレルはこの条項案を支持した。ティレルはこれを正当化できる理由として、①協定のレゾン・デートルであるフランスの恐怖心の払拭を達成する必要があること、②(何をもって「明白な違反」とみなすかはイギリス政府の判断に委ねられるため)イギリス政府の自由裁量を維持できること、③ある国が侵略戦争を行っていることが明らかであれば、イギリス政府が適切な行動をとることを妨げられてはならないこと、を挙げた。これに対して、ランプソンとスターンデール・ベネットは、ドイツ政府は援助の判断を保障国に委ねる取り決めには合意しないだろうと反論し、イギリスの元の草案でフランスの安全は十分に担保されると主張した。しかし、チェンバレンは譲らなかった。チェンバレンは、中欧局が「フランスが何かを求めてきている」という観点から問題を論じているのに対して、彼は、フランスが望むものを彼自身も望んでいるという観点から論じているのだと説明した。すなわち、戦争が勃発した場合には、戦場はイギリスから遠ければ遠いほどよいのであり、ドイツの工作によって連盟の判断が遅延する可能性を考慮し、ドイツに好都合な枠組みを提供するつもりはないのだと説いた。チェンバレンは、この線に基づいてフロマジョーの合意を得るようハーストに指示した。(222)

七月二三日にハーストとフロマジョーは協定案の大枠について合意に達した。協定案には、相互不可侵規定とラインラント非武装規定に対する「明白な違反」があった場合には、保障国の即時の行動が必要となる、という条項が含まれることとなった。(223) 同日行われたチェンバレンとフルリオー大使を交えた四者会談も、若干の変更を加えたうえで合意内容を承認した。チェンバレンは、草案に関する最終的な判断は内閣に委ねられると念を押した。さらに、もしフランスが要求を積み上げ、協定交渉が破綻するようなことがあれば、イギリス政府が安全保障協定を結ぶ可能性に終止符が打たれるだろう、と警告した。(224) すなわち、ドイツを含む協定案が流れたからといって、英仏白三国協定案が再浮上する可能性はないと釘を刺したのであった。

イギリス政府は、西欧協定に被保障国ではなく保障国として参加することを明確に意識していた。七月二〇日にダバノン大使は、ライン川の不可侵に加えて、英仏海峡の不可侵についても西欧協定において定めるべきではないかと提案した。しかし、外務省本省はこれに反対した。中欧局のスターンデール・ベネット事務官は、イギリスの主たる政策目標は、「一般的平和」に資することにあり、そのために独仏関係を正常化することにあるのだと述べた。そして、イギリスは西欧協定の保障国となるからこそ、交渉の趨勢に大きな影響力を及ぼしうる立場にあるのであり、そのような立場を放棄することは愚かだと説いた。ランプソン中欧局長は、もしイギリスが他国と同様に被保障国となるのであれば、他国と同様の義務を果たさなければならなくなるが、イギリス政府は仲裁条約には調印しない方針をすでに決定しているため、それは不可能だと説明した。すなわち、仲裁条約の調印を回避するために、イギリスは純粋な保障供与国として参加する必要がある、という意見であった。ティレル事務次官は、イギリスが西欧協定の被保障国とならなくても、ライン国境が保障されることによって、イギリスは十分な安全を得ることができるのだと説いた。

もしわれわれが、その越境が侵略行為に当たると明確に定義されたライン国境の安全を確保することができるのであれば、英仏海峡は十分に守られることとなる。われわれが安全保障に関する本質を得ることができるのであれば、われわれの安全保障に寄与しないものにこだわる必要はない。

チェンバレン外相もティレルの見解に全面的な賛意を示した。[225] このようにイギリス外務省は、ライン川の安全を保障することによって、イギリスが必要以上にコミットせずに安全を増進し、独仏関係を正常化させ、ヨーロッパを安定化させられると考えたのであった。

ブリアンは、ドイツとの交渉を開始する前に、英仏が「統一戦線」を築き上げる必要性があると述べ、八月前半に渡英する意向を示した。イギリス外務省中欧局のランプソンやスターンデール・ベネットは、ブリアンの訪英を歓迎しながらも、英仏がドイツに対して「統一戦線」を築くというブリアンの表現を問題視した。彼らは、協定交渉はあくまで「平等性と互恵性」の原則に基づいて進めるべきだと考え、英仏が「交渉の余地のない命令」のような形で協定草案をドイツに突きつけてはならない、と提言した。チェンバレンは、この警告を受け入れながらも、ブリアンを招待する電文の送付を指示した。[226] 七月三一日にブリアンは、ハースト＝フロマジョー交渉の結論を原則として承認する旨を表明し、その結論に基づいた新たな協定草案を起草し、イギリス政府に提出した。[227] フランスが加えた変更のなかで特筆すべき点は、第二条の相互不可侵条項の例外規定に、イギリス草案に見られた「侵略」ないし「攻撃」を受けた場合（すなわち自衛の場合）だけではなく、「敵対行為」を受けた場合を追加したことにある。「敵対行為」とは、ヴェルサイユ条約第四四条が用いた表現であり、そこではドイツがラインラントの非武装規定に違反すれば、ヴェルサイユ条約のすべての調印国に対する「敵対行為」とみなすと定められていた。すなわち、「敵対行為」がなされた場合を相互不可侵条項の例外規定とするということは、ドイツがラインラント非武装規定に違反した場合に、フランスは軍事行動をとる権利を留保できることを意味した。しかしイギリス政府は、ラインラント非武装規定の軽微な違反に対してフランスが軍事行動を主張する可能性を懸念し、軍事行動をとりうるのはあくまで「深刻な脅威」を受けた場合に限定することを望んだ。そのため、「敵対行為」を例外規定に加えることには反対した。[228] フランス政府はまた、七月二〇日付ドイツ覚書に対する回答草案をイギリスに提出した。イギリス政府はこれについては概ね満足し、ドイツと直接交渉を開始できる日は近いと評価した。[229]

ブリアンは八月一〇日にロンドンに到着し、一一日と一二日にイギリス外務省でチェンバレンと会談した。会談の同席者は、イギリス外務省からティレル事務次官、ハースト法律顧問、ランプソン中欧局長、スターンデール・ベネット中欧局事務官、ウォルフォード・セルビー外相首席秘書官、そしてフランス側からはベルトロ外務事務総長、フルリオー大使、フロマジョー法律顧問、アレクシ・レジェ外相首席秘書官であった。会談はまず、七月二〇日付ドイツ覚書への回答文に関して合意し、ドイツと直接交渉を開始する第一歩として、ドイツ外務省のフリードリヒ・ガウス法務部長をロンドンに招き、ハーストおよびフロマジョーと協議する方針を定めた。続いて、協定草案に関しては、チェンバレンが「敵対行為」という文言を第二条の例外規定から外すべきだと主張した。ブリアンは、「敵対行為」はヴェルサイユ条約が用いる文言であり、それを変更すればヴェルサイユ条約を修正していると受け取られかねないと反論した。フロマジョーは、そもそもヴェルサイユ条約がラインラント非武装規定への違反を「敵対行為」にあたると定めたのは、連盟などによる仲裁を経ずに、即時の軍事行動の正当化を意図したからにほかならないと付言した。チェンバレンはこの解釈を認めざるをえなかったが、それでもイギリス政府がラインラント非武装規定の軽微な違反に対する保障を与えることはできないと主張した。フロマジョーは、イギリス草案を受け入れれば、連合国はラインラント非武装規定へのあらゆる違反に対して軍事行動できる権利を、「明白な違反」に対してのみ軍事行動できるように制限させられ、なおかつ単独で軍事行動をとれる権利までをも放棄するという二重の制約を負うことになる、と指摘した。チェンバレンは、ヴェルサイユ条約のラインラント非武装規定に関する連合国の権利は、現実的に行使されえない権利を含んでいると述べ、妥協を促した。ブリアンはこれを受け入れ、ラインラント非武装規定への違反の度合いを「明白な違反」とそうでない場合とに二分して考えることに同意した。そして、彼らは八月一二日に共通の草案をまとめることに成功した[230]。

この全一一条からなる英仏草案は、一〇月に合意されるライン協定の最終形をすでに相当程度かたどった内容となっていた。第一条は、締約国がヴェルサイユ条約に基づくフランスおよびベルギーとドイツとの間の国境、ならびにラインラント非武装規定の不可侵を、個別的かつ集団的に保障した。懸案となった第二条は、ドイツとフランスおよびベルギーとの相互不可侵を定めたうえで、侵略ないし攻撃に対する抵抗の場合、国際連盟の決定に基づく軍事力行使の場合、そしてヴェルサイユ条約に基づくラインラント非武装規定に対する「明白な違反」の場合を例外規定とした（すなわちこれらの場合には単独での軍事行動が正当化された）。第三条は、ドイツとベルギーおよびドイツとフランスの紛争を仲裁によって解決する旨を定めた。第四条は、それまでの草案のいくつかの条項を一つに統合し、①締約国が第二条ないしヴェルサイユ条約のラインラント非武装規定への違反を申し立てる場合には、連盟理事会に提起すると定め、②連盟理事会が違反の事実を認めた場合には、締約国は被害国を直ちに援助すると定めた。そして、③第二条ないしヴェルサイユ条約のラインラント非武装規定に対する「明白な違反」の場合に、他の締約国がその違反が「挑発によらない侵略行為」に相当し、戦闘勃発ないし非武装地帯における兵力の結集により、即時の行動が必要であると合意するときには、各締約国は被害国を直ちに援助すると個別的に合意する、と規定した。すなわち、締約国が連盟の機構を通さずして被害国を救援するためには、違反の事実が「明白」であるだけではなく、違反国以外のすべての締約国が違反の事実に合意する必要性があった。第五条は、第三条の仲裁規定を締約国の保障のもとに置くと定め、①第三条に挙げられた国が武力行使に訴えずに仲裁を拒否した場合には、他の当事国は問題を連盟理事会に付託すると規定し、②第三条に挙げられたいずれかの国が仲裁を拒否して武力行使に訴えた場合には第四条の規定が適用される、と規定した。第六条は、この条約がヴェルサイユ条約およびそれを補足する合意に基づく権利と義務に影響を及ぼすものではないことを明記した。また、同日に結ばれるドイツとポーランド、およびドイツとチェコスロヴァキアの間の仲裁条約に対する保障の約束を果たす権利にも影響を及ぼさないと定めた。第七条は、この条約が世界平和を維持する国際連盟の義務を制約するものとは解釈されえない、と定めた。第八条は、この条約が国際連盟に登録され、締約国のうちの少なくとも二カ国の求めに応じて、国際連盟が締約国に対して十分な保護を提供していると、連盟理事会が過半数をもって決定するまで効力を有する、と定めた。この条項は、条約の期限を有限としない代わりに、何らかの解除条項の挿入を望んだイギリスが、英仏保障条約の当該条項を参考に挿入したものであった。第九条は、第三条および第六条に挙げられた仲裁条約の交換について定めた。第一〇条は、イギリスの自治領およびインドについては、自治領およびインドの政府が合意しない限り、この条約の義務から免責されると定めた。第一一条は、ドイツが国際連盟に加盟するまでこの条約が発効しない旨を規定した[231]。

翌一三日にイギリス内閣は、この英仏草案と七月二〇日付ドイツ覚書への回答文を裁可した。そして、各国外相間の交渉に先駆けて、フランスとドイツの法律専門家をイギリスに招いて予備的交渉を行うことにも合意した。チェンバレンは、英仏草案を決まりきったものとしてドイツに突きつけてはならず、あくまで交渉の土台となる試案に過ぎない旨を、ブリアン自身が表明したことを伝えた。閣議では、ドイツとその東部の隣国との間の仲裁条約との関連から、イギリスが不利益を被ることはないかという不安の声が聞かれた。チェンバレンは、仮にドイツが仲裁条約に違反してポーランド国境を侵犯し、フランスが仲裁条約の保障国としての義務をまっとうするためにラインラントに侵入し、ドイツがそれを押し戻してフランスを侵略した場合に、イギリスは関与する必要はなく、国際連盟規約によるものを超える義務は負わず、自由裁量を維持すると説明した。なお、この閣議でフランス語の'flagrant'を英語の'manifest'と訳すことへの疑問が提起され、それ以降、条文の英語表記も'flagrant violation'を採用することとなる。[232]

八月二四日にフランス政府は回答文をドイツ政府に手交し、ドイツを法律専門家による予備交渉へ招待した。二七日にドイツ政府は招待に応じる旨を返答した。[233] そして、法律専門家交渉の決定は各国政府を拘束するものではないということも合意された。

(5) 予備交渉の最終段階

法律専門家による交渉は、九月一日から四日にかけてロンドンで行われた。ハースト、フロマジョー、ガウスの他に、イタリアとベルギーの法律専門家も参加した。法律家たちは英仏草案に次のような変更を加えることに合意した。英仏が八月一二日に合意した草案では、連盟の機構を通さずして被害国を救援するためには、違反国以外のすべての締約国が違反の深刻さと即時行動の必要性について合意する必要があった。ガウスは、ベルギーがフランスの行動を違反と宣告する可能性はきわめて低いため、ドイツが即時の援助を受けられる可能性は事実上なく、この条項は連合国の一方的な有利に働くと指摘した。一方でフランスの側も、イタリアが締約国となる可能性が高まったことに鑑み、「明白な違反」の場合の即時援助は他の締約国の合意に基づいて行うのではなく、イタリアが合意しなかった場合にもイギリスが介入できるように、各保障国単独の判断で行うほうが賢明だと考えるに至った。これを受けて、第四条第三項の該当部分の記述は、「他の締約国（les autres Parties contractantes）」から「他の各締約国（chacune des autres Parties contractantes）」に変更された。ガウスはまた、西欧協定の条文のなかで、ドイツとポーランドおよびチェコスロヴァキアとの仲裁条約に対するフランスの保障に言及すること（第六条）に反対した。フロマジョーとハーストは、仲裁条約に対する保障は相互的なものであり（すなわち、仮にポーランドが仲裁条約に違反してドイツを攻撃した場合には、フランスはドイツを援助することを含意した）、ドイツにも利益があるのだと説明した。この点について法律家たちは合意に達せず、政府の判断を仰ぐこととなった[234]。

九月九日にチェンバレンは、第六回連盟総会が開かれていたジュネーヴで、ブリアン、ヴァンデルヴェルデ、そしてイタリアのヴィットリオ・シャロヤ連盟代表と会談し、西欧協定について議論した。彼らは、東欧の保障問題が協定締結に向けた最大の難所になるという認識を共有した。ブリアンは、東欧の安全保障を確保しなければ、ドイツとソ連が結託してヨーロッパ全体を脅威に陥れる道を開くことになると警告した。そして、フランスが連盟の機構を通してポーランドとチェコスロヴァキアを保障できるような枠組みを模索する考えを説いた。彼らはまた、九月末から一〇月初旬を目処にスイスで閣僚級の会議を開催する方針を定めた。そして、この会議にポーランドとチェコスロヴァキアの代表を招待するかどうかが問題となった。チェンバレンは、合意形成が比較的容易な西欧協定の交渉を優先するべきだと説き、ポーランドとチェコスロヴァキアの代表は、西欧協定に関する会合を開始してから一日か二日後に招集するべきだと提案した。ブリアンとヴァンデルヴェルデはこれに合意した[235]。

チェンバレンは、安全保障問題に関するジュネーヴの各国代表の総合的見解について本国に報告した。チェンバレンによれば、各国代表は公式の場ではジュネーヴ議定書を賛美する発言を依然として行っているものの、非公式の会話においては、イギリス政府が目下推進している地域的安全保障の枠組みのほうが、より効果的な安全保障を提供しうるという意見が主流だという[236]。八月下旬にマルセイユで開催された労働社会主義インターナショナルの国際大会においても、イギリスの代表が西欧相互保障協定案を否定する一方で、ドイツとフランスの代表は独仏和解をもたらすものだとしてそれを肯定する見解を表明した[237]。

九月一五日に英仏の政府は、安全保障協定の交渉はいよいよ国際会議を開催する段階まで到達したと述べ、ドイツ政府を招待する旨を通知した[238]。会議の日時と場所については、マッジョーレ湖畔のスイスの町ロカルノで一〇月五日に開始することを提案した。[239] ドイツ政府は招待を受諾したものの、その際に、連合国のケルン区域からの撤兵を協定調印の条件とし、国際連盟に加盟することはドイツの「戦争責任」を認めることを意味しないとする留保の表明を同時に行った。チェンバレンにその旨を伝達したシュターマー大使は、ドイツ国民を満足させるためには「戦争責任」に対する抗議が必要だったと説明した。チェンバレンは、ヴェルサイユ条約がドイツに「戦争責任」の承認を強要したのは「愚か」だったと認めながらも、協定交渉の最終段階に入ろうというタイミングで、それまでになかった要求を提示するドイツ政府の見識を疑った。[240] チェンバレンは、ダバノン宛の私信において強い表現を用いて不満を述べた。

君のドイツ人たちには〔……〕我慢の限界だ。最初から最後まで、協定交渉のほとんどすべての障害は彼らによってもたらされてきた。ブリアンの寛大さ、融和性、平和を促進する強固で明白な意志には、私は息をのむほどであった。ドイツの態度はそのまったくの反対であった――些事にこだわり、挑発的で、屈折している。[241]

それでもチェンバレンは、これが交渉の道筋を狂わせてはならないとフランス側に伝え、予定通り会議を開催する方針を定めた。[242] 英仏は九月二九日にドイツの招待受諾を歓迎する旨を表明し、「戦争責任」とケルン区域からの撤兵問題については、安全保障協定とは無関係であり、過去に表明した立場を変更するつもりはないという声明を発表した。[243]

ロカルノへ出発する直前にチェンバレンは、会議で推進する基本方針を説明する覚書を内閣に提出した。チェンバレンは、イギリスの主たる関心は西欧協定にあると述べ、ドイツ東部国境に関しては新たな義務を引き受けない方針を確認した。その一方で、ロカルノ会議の最大の困難は、西欧協定ではなく東欧の問題になるだろうと予想した。彼は、西欧協定のみをもってしても、ヨーロッパ全体の平和に大きく寄与するであろうが、「東部国境に関して類似の取り決めが結ばれない限り、十分な安全保障は得られない」と述べた。そのため、イギリスがコミットしないことに注意しつつ、東欧に関する交渉を成功させるために影響力を行使する意向を表明した(244)。

5　ロカルノ条約の成立

(1)　ロカルノ会議

一〇月五日、イギリス、フランス、ドイツ、ベルギー、イタリアの代表が集うなかでロカルノ会議の開会が宣言された。イギリスからはチェンバレンの他にハースト、ランプソン、セルビー、スターンデール・ベネットが参加した。

それまでの数カ月間の交渉を通じて関係国はすでに大筋合意に達しており、ロカルノ会議に残された課題は多くはなかった。会議では、九月初頭の法律専門家会議を受けて若干の修正が加えられた八月一二日付の英仏草案をもとに、最後に残った対立点を解消する交渉が行われた。会議の主な争点となったのは、①ポーランドとチェコスロヴァキアに対するフランスの保障の問題、②西欧協定を終了する手続きの問題、③西欧協定に基づく即座の軍事介入が行われる「明白な違反」の事実認定に関する問題、④ドイツの国際連盟加盟の問題であった。

九月初頭の法律専門家会議ですでに明らかとなっていたように、ドイツが最も強い異議を唱えたのは、①フランスの東欧保障に対してであった。英仏草案の第六条では、フランスが西欧相互保障協定に影響されずに、ドイツとポーランドならびにドイツとチェコスロヴァキアの仲裁条約を保障できると明記されていた。一〇月五日の初回会合においてドイツ全権のハンス・ルター首相とシュトレーゼマン外相は、この規定に承服できない旨を表明した。

彼らはまた、英仏草案の第八条、すなわち条約の終了に関する規定についても異論を唱えた。ドイツは、英仏が少なくとも二カ国の発議をもって国際連盟理事会が条約の継続の有無を採決し、理事国の過半数の合意をもって終了できると定められていたところを、一カ国の発議によって行えるように変更することを求めた[245]。結果として、ドイツ側の要望通り一カ国だけで条約終了を連盟理事会に発議できることにする代わりに、条約を終了させるためには連盟理事国の過半数ではなく三分の二の合意を必要とするという妥協案が採択された。

続いて英仏草案の第四条第三項が争点となった。当該規定は、西欧協定に基づく不可侵規定ないしヴェルサイユ条約のラインラント非武装規定に対する「明白な違反」が起こった場合に、連盟の判断を仰ぐ前に締約国が被害国を即座に援助するという、西欧協定の中核的規定の一つであった。八月に合意された英仏草案においては、他の締約国が被害国を援助するためには、援助を行う立場にある締約国が「明白な違反」の事実に合意する必要性がある、とする規定が設けられていた。これは、イギリスがフランスの反対を押し切って挿入した条件であった。イギリス政府は、介入の是非の判断を連盟に委ねられないのであれば、それをあくまでも自国の裁量とし、有事の際に自動的に介入する義務を負うことを絶対的に避けたかったのである。

しかしドイツは、このような条件が課されれば、イギリスはフランスが攻撃を受けた場合には介入に踏み切る一方で、ドイツが攻撃を受けた場合には当該規定を盾に介入しないという恣意的な政策判断が可能となり、西欧協定に基づく保障は有名無実のものとなると批判した。そのためドイツは、違反の事実に他の締約国が合意する必要があるという条件を削除し、さらに、ラインラント非武装規定への違反は、「ドイツ、フランス、ベルギー」のいずれによる違反であっても、即座の援助が必要であると、国名を明記することを求めた。前者の要望は、有事の際にイギリスが自動的に介入する義務を明確化することを意味した。後者の要望は、ヴェルサイユ条約に基づくラインラント非武装規定を、ドイツ一国に課される義務ではなく、周辺国に平等に課される義務にするべきだという、ドイツが安全保障提案を行った当初の立場に通底する要望であった。チェンバレンは、公式会合ではドイツの修正要求に反対する姿勢を示す一方で、部下の外務官僚と話し合った際には、必要とあらばドイツの修正要求を受け入れるようにイギリス内閣に提起する意向を示した[246]。

結果として第四条第三項に関するドイツの要望は部分的にとり入れられた。ラインラント非武装地帯への違反の対象国としてドイツ、フランス、ベルギーを名指ししない代わりに、英仏草案が言及した「戦闘の勃発」と「非武装地帯における兵力の結集」というケースに加えて、「国境の通過」についても、「明白な違反」に該当するケースとして明記することになった。これにより、たとえばフランス軍が正当な理由なく独仏国境を越えてラインラントに侵入すれば、それは西欧協定に抵触することになり、したがってイギリスがドイツの側に立って介入する必要性がより明確となった。一方で、「明白な違反」の事実認定に関しては、イギリスの主張通り保障国の判断に委ねられることとなった。すなわち、保障国が「明白な違反」が発生したと「自らを納得させることができた」時にはじめて、保障国は被害国を即座に援助する義務が発生する、という文言が採用されることとなった。(247)

残る最大の課題は、やはり英仏草案の第六条、フランスが東欧諸国を保障することに対するドイツの反対であった。六日の第二回会合では、シュトレーゼマンとブリアンの間でフランスの東欧保障の是非に関する論争が行われた。シュトレーゼマンは、仲裁条約とドイツの国際連盟加盟によってポーランドとチェコスロヴァキアの安全は保障されると述べた。それに対してブリアンは、連盟規約第一六条に基づく保障だけでは曖昧であり、追加の保障が必要だと述べた。そして、ドイツの現政権の平和への希求を信頼しているが、いつの日か政権が代わり、国土回復の気運が生じる可能性への懸念を表明し、フランスがポーランドとチェコスロヴァキアを保障する必要性を説明した。チェンバレンはブリアンの見解を擁護した。彼は、連盟規約第一六条が課す義務は「確定的であると同時に不確定的」だと述べた。同条項はあらゆる国際紛争を対象としていた。イギリスは、連盟加盟国として同条項に拘束されているものの、たとえば南米の紛争に際してとりうる行動と、ドイツの西部国境をめぐる紛争に対してとりうる行動は異なるというのであった。そのため、特定地域の問題に関して、連盟規約第一六条よりも「はるかに確定された義務」を規定することは正当であり、ドイツの東部国境に関しても、連盟規約第一六条を補完する保障が必要だと説いた。(248)

この会合の後でルター首相はチェンバレンと会談し、フランスの東欧保障を受け入れることはできないとあらためて表明した。チェンバレンは、ドイツの反感は理解できると表明する一方で、フランスとポーランド、そしてフランスとチェコスロヴァキアの間に同盟条約はすでに締結されているのであり、フランス政府にその同盟に基づく義務を破棄するように求めることはできないと反論した。そしてチェンバレンは、ドイツが年初に安全保障提案を行って以来、ドイツと英仏の関係は明らかに改善していることに疑いはないと述べ、ロカルノにおける交渉が決裂し、それまでの努力が水泡に帰すようなことがあってはならないと説いた。ルターはその認識を共有する旨を表明した。(249)

同日にフランスは、西欧協定のなかでフランスの東欧保障に関して直接言及しない代わりに、別個の条約によってフランスのポーランドおよびチェコスロヴァキアに対するコミットメントを明確化する方法を提案した。すなわち、ドイツがポーランドおよびチェコスロヴァキアとの仲裁条約を破って武力行使に及んだ場合には、フランスがポーランドおよびチェコスロヴァキアを救援する旨を宣言する条約を結ぶという案であった。

チェンバレンをはじめとするイギリス代表はこの構想に好意的であった。彼らもドイツ政府と同様に、西欧協定とフランスの東欧保障をリンクさせるような文言を挿入することを快く思っていなかった。彼らは、ドイツ東部国境をめぐる紛争にフランスが実際に軍事介入し、紛争が拡大する可能性を懸念していた。チェンバレンは、ドイツ東部国境に関する仲裁プロセスが決裂した場合に、フランスが直ちにポーランドとチェコスロヴァキアを軍事的に援助するのではなく、軍事介入の是非をあくまで連盟理事会の判断に委ねるべきだと考えていた。しかし、国際連盟規約第一五条第七項によれば、紛争の平和的解決が失敗した場合には、「正義公道を維持するため必要と認むる処置をとる権利」が加盟国に留保されていた。ゆえにフランスは、調停失敗の際には、連盟理事会の合意を得ずともポーランドとチェコスロヴァキアを援助する正当な権利を有していた。チェンバレンは、この規定を克服できないものかと尋ねたが、ハーストらとの議論を経て、連盟規約そのものを修正しない限り、東欧有事の際にフランスが自らの判断で軍事介入する権利を剝奪することは困難だという結論に達した[250]。

翌七日の法律専門家会議でハーストは、西欧協定の第六条でフランスの東欧保障に直接言及するのではなく、フランスおよびベルギーとドイツとの間の不可侵規定とその例外を定めた第二条を修正することによって問題を解消できるのではないかと提案した。それまでの草案の第二条によれば、①不可侵規定に違反する行動に対する自衛の場合、②国際連盟理事会ないし総会の決定に基づく行動の場合、そして③ヴェルサイユ条約に基づくラインラント非武装規定に対する「明白な違反」に対処する場合に限って、フランス、ベルギー、ドイツには不可侵協定の例外として武力を行使する権利が認められていた。ハーストは②の記述の代わりに、国際連盟規約第一六条および第一五条第七項に基づく武力行使が例外規定に当たると明記することを提案した。前述のように第一五条第七項は、国際連盟が紛争の平和的調停に失敗した場合に加盟国の自由裁量を認める規定であった。当該規定を不可侵規定の例外規定として明記すれば、国際連盟が決定を下さなかった場合にも、フランス、ベルギー、ドイツに武力行使の権限が与えられることを意味した。よってそれは、東欧有事に際して、たとえ連盟が合意に至らなかったとしても、軍事介入する権利を留保したいフランスの主張に歩み寄るものであった。西欧協定にこれを記載することで、ポーランドおよびチェコスロヴァキアに対するフランスの保障に直接言及せずとも、東欧有事の際にフランスが西欧協定に違反せずに東欧の両国を救援する正当性が担保されるのであった。ただし、連盟規約第一五条第七項に基づく武力行使の権限を全体として西欧不可侵規定の例外規定として認めてしまえば、ポーランドが仲裁条約を破って先にドイツを攻撃したようなケースにおいても、ポーランドを援助する権利をフランスに与えてしまうことになる。ハーストはこれを防ぐために、連盟規約第一五条第七項に基づく行動については、「最初に攻撃した国家」に対して武力を行使する場合に限って、西欧不可侵規定の例外規定とする条文案を提起した。すなわちそれは、連盟による集団的武力行使を想定する規約第一六条を無条件の例外規定とする一方で、個別的武力行使の権限を留保する第一五条第七項はあくまでも条件付きの例外規定にするという構想であった。

しかし、ドイツ側はハースト案に直ちには納得しなかった。彼らは、連盟規約第一五条第七項に基づく武力行使を例外規定と認めてしまえば、西欧協定は意味をなさなくなると主張した。たとえ「最初に攻撃した国家」に対する武力行使に限って認めるという条件を課したとしても、「最初に攻撃した国家」がどの国家なのかを判断する権利が各締約国に委ねられるのであれば、実際にはポーランドがドイツを攻撃したケースにおいても、フランスが事実はその逆だと恣意的に認定すれば、西欧協定を迂回できてしまう問題を指摘した。[251]

一方でドイツは、西欧協定の第二条に相当する不可侵の取り決めをポーランドやチェコスロヴァキアと結ぼうとはしなかった。すなわち、紛争の仲裁が失敗した場合に、東欧の隣国に対して武力を行使する権利を留保したのである。ハーストとチェンバレンは、ドイツがポーランドに対して武力を行使する裁量権を放棄しない以上、フランスにポーランドを援助する裁量権を放棄させることはできないのではないか、という論理を用いてドイツ側の説得を試みた。そして、ドイツは最終的にハースト案に合意するに至ったのである。よって、西欧協定からフランスの東欧保障に関する言及は削除され、その代わりに、西欧の不可侵を規定する第二条の例外規定のなかで、連盟規約第一五条第七項に基づく武力行使が、「最初に攻撃した国家」に対するものに限って認められる、と定められることとなった。[252]

ロカルノ会議でいま一つ問題となったのは、ドイツの国際連盟加盟問題であった。一九一九年のパリ講和会議の際にはドイツの即時連盟加盟に難色を示した英仏であったが、一九二五年に至るとドイツの早期加盟をむしろ積極的に望むようになっていた。その主たる理由は、ドイツが連盟規約に束縛されることによって、一定の安全保障が得られると考えられたためである。それゆえに一九二五年春にフランス政府は、ドイツの提案に基づく安全保障協定を締結する条件の一つにドイツの連盟加盟を掲げたのであった。一方でドイツ政府は、自国が一方的に軍縮を強制されているにもかかわらず集団安全保障の原則に基づく武力行使の可能性を内包する、連盟規約第一六条に不満を表明し、加盟に消極的な姿勢を示していた。

一〇月八日のロカルノ会議第四回会合でシュトレーゼマンは、ドイツの立場を説明し、世界的な規模での軍縮が完了するまで、ドイツが連盟規約第一六条に基づく武力行使と経済制裁に参加する義務から免除されることを求めた。シュトレーゼマンは特に、ラパッロ条約の相手国であるソ連と連盟加盟国が敵対するようなことがあった場合に、その紛争に巻き込まれる可能性に懸念を表明した。それに対してブリアンは、国際連盟加盟国はすべて平等に義務を負わなければならず、例外は認められないと反論した。そして、ドイツが武力制裁のみならず経済制裁にも参加しないのであれば、侵略国家を増長させることとなり、国際連盟の弱体化につながると主張した。ドイツだけに例外を認めるわけにはいかないとする主張を他国の代表も支持した。チェンバレンは、ソ連に近接していながら大きな軍事力を有さないフィンランドやデンマークも同様の義務を負っていることを指摘した。そして、連盟に加盟すればドイツは連盟の保護を受けることになるのであり、ドイツが危険にさらされた場合には、加盟国が一丸となってドイツを援助し、ドイツを再軍備することになると述べた。ブリアンもそれは自明のことだと同意した[253]。

結果として、連盟規約第一六条の解釈に関する共同文書を公表するという解決が図られることとなった。付属文書は、規約第一六条に基づく制裁への参加は連盟加盟各国の軍事力と地理的状況に応じて決定されることになる、という内容であった。それは、一九二四年におけるジュネーヴ議定書をめぐる交渉において、集団安全保障への参加義務は加盟国の地理的状況に配慮するとされた原則を踏襲するものであった。

しかし、ドイツ代表はこれに完全に満足したわけではなかった。この付属文書が合意されたロカルノ会議第七回会合においてシュトレーゼマンは、ヴェルサイユ条約に基づく軍備の不平等性に不満を表明し、一刻も早く各国が全般的軍縮を推進することを求めた。ブリアンは、国際連盟に基づく秩序を守るためには加盟国が制裁の行使のために一定の武力を拠出しなければならないと指摘した。そのような武力をブリアンは一九二二年のカンヌ会議の時と同様に「俗権」と表現した。ブリアンはこのような「俗権」としての武力を維持する必要性を強調しながらも、全般的軍縮を推進する必要性についてシュトレーゼマンに同意した。そして、フランスのイニシアチブに基づいて連盟総会がすでに世界的軍縮に向けた準備委員会を組織したことを指摘した。チェンバレンもブリアンの主張を後押しし、全般的軍縮に向けた動きはすでに始まっており、フランス政府がそのために大きな役割を担っているとシュトレーゼマンに伝えた。そして、ロカルノ会議の成功によってヨーロッパの安全保障が強化されれば、全般的軍縮に向けた動きが一気に活発化するだろうと説いた。軍備の問題は将来の別の会議の課題となることが合意された。[254]

一〇月一六日、ロカルノ会議の最終会合において以下の九つの文書が仮調印された。ロカルノ会議の最終議定書、西欧相互保障協定（ライン協定とも呼ばれる）、連盟規約第一六条の解釈に関する共同文書、ドイツとベルギーおよびフランス間の仲裁条約、ドイツとポーランドおよびチェコスロヴァキア間の仲裁条約、フランスとポーランドおよびチェコスロヴァキア間の相互援助協定である。[255]これらの総称をロカルノ条約という。[256]

（2）ロカルノ条約の意義とその限界

ロカルノ条約は一九二五年一二月一日にロンドンの外務省庁舎で正式調印された。同月にチェンバレンは、ジュネーヴの連盟理事会に赴き、条約書を国際連盟に提出した。条約書を受託したドラモンド事務総長は、ロカルノ条約の締約国は相互に平和を保障し合っただけでなく、世界平和にも貢献したと述べ、条約調印を歓迎した。そして、ドイツが連盟に加盟することで連盟の権威はいっそう高まるだろうと表明した。イマンスやベネシュをはじめとする理事会の各国代表も同様の祝辞を述べ、ロカルノ条約はヨーロッパに新たな友好の時代を築くだろうと表明した。「調停者」として条約交渉の牽引役を務めたチェンバレンに、とりわけ大きな賛辞が送られた。[257]ロカルノ条約は一九二六年九月に批准書が交換され、発効した。同月の第六回連盟総会は、ロカルノ条約が国際連盟の目的を補完する有用な安全保障枠組みだと認定し、同様の協定を他国も結ぶことを推奨する決議を採択した。これにより、国際連盟を下支えする地域的安全保障協定というモデルが確立した。[258]

同時代の人々が感じたように、ロカルノ条約は第一次世界大戦後のヨーロッパ国際関係における画期であった。

それはまず、一九一九年の英仏・米仏保障条約が無効となって以来フランスが主張していた「安全保障の不足」という問題に一つの解決をもたらした。フランスは、本来求めていた英仏同盟を得られなかったものの、ロカルノ条約に基づくイギリスの保障の約束を得ることができた。安全保障問題は、一九一九年以来の英仏関係の大きな障害となっていたことから、その問題に一定の解決がもたらされたことで、英仏協商は強化された。ベルギーも、第一次世界大戦中から一貫して求めていた一八三九年条約の代替となる保障を、ようやくイギリスから確保することとなった。講和に基づくドイツ西部国境の現状も再確認された。しかし、ロカルノ条約の最大の受益国は、条約の原案を提示したドイツであった。ドイツは、自国を仮想敵とする英仏白三国同盟の締結を阻止しただけでなく、フランスがルール占領のような軍事行動に再度出た場合には、イギリスの援助を受けられる約束を確保した。ヴェルサイユ条約に基づく西部国境を追認することにはなったものの、東部国境に関しては修正への道筋を残した。そして、一九二六年九月には国際連盟に常任理事国として加盟し、国際社会を牽引する大国の地位への復帰を果たした。一方で、ポーランドとチェコスロヴァキアは、ヴェルサイユ条約に基づく領土的現状の保障を得られなかった。武力による現状変更に対するフランスの保障は再確認されたものの、フランスがドイツに接近したことで、その価値は減退した。ロカルノ条約は、あくまでも西ヨーロッパに主眼を置いた枠組みであり、その利益を享受できたのはライン協定の締約国に限定された。その最大の成果は、講和締結後も深刻な対立関係にあった独仏に雪解けをもたらしたことであろう。ロカルノ条約の立役者であったチェンバレン、ブリアン、シュトレーゼマンの協調関係は一九二〇年代末まで継続し、両大戦間期においてヨーロッパが最も安定した時代を築いた。

チェンバレンは、外相就任当初に設定した安全保障の供与を通じたヨーロッパの安定化という目標を達成したのであった。そのうえ、イギリスが引き受けたコミットメントの性質はそれほど重いものではなかった。まず、イギリスはポーランドとチェコスロヴァキアの領土的現状はおろか、両国とドイツの間の仲裁条約を保障することさえ回避した。イギリスの保障は西欧に完全に限定されていた。そして、ライン協定の草案を策定する際にイギリス政府は、国際連盟を可能な限り枠組みに組み込み、有事に際してイギリスが自動的に軍事介入する義務を負うのを回避するように努めた。イギリスの目的は成就し、ライン協定に対する違反が起こった場合には、国際連盟理事会が介入の是非を判断することとなった。イギリスに即座の援助義務が発生するのは、ライン協定に対する「明白な違反」の場合に限られた。しかも何をもって「明白な違反」とみなすのかは、時のイギリス政府の裁量次第であった。そのため、仮に「明白な違反」に相当する事態が起こったとしても、介入の可否はイギリスの政策判断によって決められることとなった。これにより、イギリスは有事に際して自動的に介入しなければならない「巻き込まれの危険」を回避することができた。ロカルノ条約は、イギリス政府が世論の了解を得たうえでヨーロッパに提供しうるコミットメントの限度を示すものであった。最小限の軍事的コミットメントを通じて最大限の政治的効用（独仏和解の実現を通じた「ヨーロッパの融和」）をもたらすというイギリス政府の狙いからすれば、これはイギリスにとってメリットであった。

しかし、条約が「明白な違反」を定義していないことは、条約の根幹となる条項に深刻な曖昧さが残ることを意味した。これは、安全保障の観点から見ればデメリットであった。一九一九年の英仏保障条約と一九二二年の英仏・英白同盟案においては、少なくともイギリスの援助の発動要件は明確に定義されていた。また、協定の参加国を拡大させたことで、締約国同士が防衛協議を行うことも困難となった。一九三〇年代前半にベルギーとの二国間防衛協定の構想が再浮上した際に、イギリスがそれを拒絶した理由の一つは、ロカルノ条約に則れば、どちらか一方の勢力に与することはできず、ドイツとも協議しなければならない、という解釈に基づいていた。[259] さらに、保障が相互的となったことにより、フランスとベルギーはヴェルサイユ条約の履行をドイツに強制する軍事行動をとりえなくなった。これは、ドイツにとっては大きな利益であった反面、ヴェルサイユ条約の維持という観点からすれば、大きな後退となった。以後ドイツが講和条約の軍備制限規定などに違反したとしても、連合国がそれを阻止することはきわめて困難となった。歴史学者のサリー・マークスらが指摘するように、ロカルノ条約は、「平和の幻想（illusion of peace）」を作り出したという負の側面を有していたのである。[260]

このように、ロカルノ条約には正と負の両側面があった。それは、一九二四年夏のロンドン会議の成果を引き継ぎ、独仏の対立関係の解消とヨーロッパ国際関係の正常化に大きく貢献した。その一方で、ロカルノで築かれた安全保障枠組みは、一九三〇年代の荒波に耐えられるほど堅牢なものではなかった。正負両側面ともに、イギリスの政策によるところが大きかった。

ロカルノ条約交渉に際してのイギリス政府の第一義的目標は、「ヨーロッパの融和」という政治的なものであり、西欧相互保障協定はあくまでもそのための手段に過ぎなかった。安全保障協定の中身に関するイギリス政府の専らの関心は、コミットメントを制限することにあり、有事の際に有効に機能する協定を目指すという認識は希薄だった。イギリス政府は、ロカルノ条約が実際に発動される可能性は低いと見積もっていた。イギリス陸海空軍の参謀総長は一九二六年の年次報告において、ロカルノ条約はイギリスに具体的な軍事的コミットメントを求めるものではない、とする解釈を示した。そして、仮にイギリスが軍事的援助を求められたとしても、イギリス軍の兵員と軍備の不足に鑑み、ロカルノ条約に基づく援助の約束を行使することは不可能だと報告した。[261] 一九二八年にチェンバレンは、「ロカルノ条約の本質は、保障供与に関する条項ではなく、宿敵同士の協定であるという事実にある」と述べた。[262] チェンバレンの目的は、独仏間の公正な「調停者」となることであった。ゆえに、英仏白三国同盟を別個に成立させるべきだというフランスの提案は、イギリスの政策決定者には魅力的に映らなかった。それは、ドイツに平等な地位を約束するものではなく、イギリスの政策決定者が重視した平等性の原則に反していた。閣内ではチャーチルとセシルがそう主張したように、イギリス議会と世論も、協定を結ぶのであれば、ドイツの参加を必須条件とし、国際連盟の枠組みと融合した協定であることを望んだのである。戦勝国のみのブロックを形成することに、イギリスは反対であった。

終章

本書は、一九一六年から二五年までのイギリスの西欧安全保障政策を検討してきた。第一次世界大戦時のアスキス自由党政権に始まり、約六年間にわたったロイド・ジョージ連立政権、ボナー・ロウ、次いでボールドウィンによる保守党単独政権、マクドナルド初代労働党政権を経て、第二次ボールドウィン保守党政権へと至る、多様な政権を扱った。その間のヨーロッパ国際政治情勢も、戦時から平時へと移り変わる、決して平坦でない道のりを歩んだ。第一次世界大戦後の西ヨーロッパの安全保障にイギリスがどのように関与したのか、政権や時局ごとの変化と共通点に着目しながら振り返っておきたい。

イギリス政府の戦後構想の原点は、アスキス政権の末期に行われた内閣レベルでの政策検討に求められる。その際に外務省が提出した覚書は、ヨーロッパの領土を「民族自決」原則に基づいて再編することを謳った最初の政府文書の一つであった。この覚書はまた、ベルギーの独立がイギリスの「死活的利益」にあたるとの認識を示し、イギリス、フランス、ベルギーが「恒久的同盟」を結ぶべきだと提言した。そして、国際連盟の創設による軍縮の実現と法の支配の確立の重要性をも謳った。一九世紀の「ヨーロッパ協調」を発展させ、列国間の国際会議を主体とする連盟像が提起された。このように一九一六年の段階で、イギリスの戦後構想の概要がすでに浮かび上がっていた。イギリスの政策決定者たちは、ウィーン会議の時代のように戦略的考慮に基づいて国境を設定する方式を否定し、国境線は「民族性《ナショナリティ》」に配慮して設定されるべきだと信じた。そして、安全保障モデルとしては、国際連盟と英仏白三国同盟の両方を推進する考えであった。

一九一六年一二月に成立したロイド・ジョージ連立政権は、自治領の代表が参画した帝国戦時内閣を中心に戦後構想の検討を進めた。帝国戦時内閣の構成員の主たる関心は、敵国植民地の処理に向けられ、戦後ヨーロッパに関する検討は進まなかった。イギリスの講和準備が本格化するのは一九一八年に入ってからであった。その年の三月に、フィリモア委員会が連盟規約の原型となる草案を完成させた。この草案は、規約違反国に対してすべての加盟国が制裁を行使するという、集団安全保障の制度を採用した。外務省を中心に進められたヨーロッパの国境再編に関する検討は、「民族自決」原則を重視し、ベルギーやフランスの求めた戦略的国境を否定した。同盟に基づく「個別的」安全保障の考えを否定する見解も増え、国際連盟による「一般的安全保障」を追求する考えが主流となった。一九一八年は、イギリス政府内でウィルソン主義的国際政治観が台頭する年となった。大戦前のドイツ脅威論を原体験とした「エドワード朝の世代」は後景に退き、第一次世界大戦を原体験とし、ウィルソン主義に基づいて国際政治を刷新しなければならないと信じる新たな世代が台頭し始めていた。

一九一九年のパリ講和会議でイギリスは、自らの構想に基づく国際連盟を創設しようと努めた。ウィルソン大統領が当初求めた強制仲裁の原則を退け、フランスの求めた「国際部隊」の構想も退けた。結果として連盟規約は、イギリスの構想を大部分反映し、制裁に基づく集団安全保障制度を確立しながらも、国家の裁量権を尊重し、強制力の弱い枠組みとなった。イギリスは、ドイツの軍備を厳しく制限する条項の策定においても中心的な役割を担った。ウィルソン参謀総長のように少数の懐疑派はいたものの、イギリス政府は総じて国際連盟とドイツの軍備制限によって西欧に十分な安全が確保されると認識した。ベルギーは、オランダから領土を獲得する必要があると主張し、フランスはライン川に防衛線を設定できなければ安全は確保されないと主張したが、イギリスはその論理を受け入れなかった。イギリスは、フランスのラインラント政策は「民族自決」原則に抵触し、同地に占領軍を維持することは財政を圧迫するとしてこれに強く反対した。そしてロイド・ジョージとバルフォアは、フランスのラインラント政策を断念させるための代案として、英仏・米仏保障条約を構想した。国際政治学者の中西寛の言葉を借りれば、それは「一国による他国の『安全保障』への寄与を目的とした安全保障条約の最初の事例」であった[1]。それはまた、同盟に基づく安全保障によって、国際連盟に基づく安全保障を下支えしようという最初の試みでもあった。ただし、発案者のロイド・ジョージは、この構想の安全保障上の意義よりも、ライン川に戦略的国境を設定しようというフランスの思惑を断念させる外交カードとしての役割を重視した。その結果フランスは、ラインラント分離独立を断念し、同地の占領を一五年間に制限することにしぶしぶ同意した。一方で、フランスほどの国力も影響力も有さなかったベルギーに対しては、代案を提示する必要性さえ認識されなかった。結果としてヴェルサイユ条約は、イギリス、アメリカ、フランス、主要三国の構想を折衷したものとなった。ラインラントを非武装地帯に設定し、ドイツの軍備を制限し、英仏・米仏保障条約という名の「北大西洋同盟」を成立させ、国際連盟に基づく集団安全保障体制を確立したのである。これを維持・発展させることができていれば、堅牢な枠組みとなりえた。

しかし、「大陸関与」に対するイギリスの意欲は、講和締結後に急速に低下した。その傾向は、講和締結以前からすでに始まっていた。クレマンソーは、政界引退後にロイド・ジョージに再会した際にこう述べたという。「休戦の翌日には、あなたがフランスの敵になったと感じました」。するとロイド・ジョージは、「それが常にわれわれの伝統的政策ではなかったでしょうか」と返答したという[2]。ドイツが敗戦し、その軍備が大幅に制限される見通しが立つと、イギリスのドイツに対する脅威認識は急速に減退した。対ドイツの宥和を謳った「フォンテーヌブロー覚書」がその証左である。イギリスの関心は、自国の財政収支の均衡化と、ドイツの経済的復活を核とするヨーロッパ経済復興へと向けられた。講和締結からわずか二カ月後に、「一〇年ルール」に基づく大幅な防衛費削減の方針が示された。その結果、イギリス陸軍が展開可能な海外派遣軍はわずか二個師団五万人規模へと減退した。この兵力で、ヨーロッパのみならず帝国全体の緊急事態に対処しなければならなかった。そこに、アメリカ議会によるヴェルサイユ条約と米仏保障条約の批准拒否という悪いニュースが重なった。イギリス政府は「大陸関与」を再検討することとし、英仏保障条約を無効のまま放置し、ベルギーに新たな保障を提供することも拒否した。その結果、一八三九年条約の代替条約を模索した一四人委員会の交渉は決裂し、一八三九年条約がヴェルサイユ条約によって廃止を宣言されながら、代替条約が結ばれないという異常な状態が長らく続くこととなった。フランスは、パリ講和会議でラインラント政策について妥協した対価であったにもかかわらず、英仏保障条約が無効とされたことで、イギリスに対する不信感を募らせた。仏白は接近し、ドイツに対して講和条約の履行を厳格に強制することで自国の安全を確保しようと試みた。ドイツ側も履行に抵抗した。その結果、講和が結ばれたにもかかわらず、ヨーロッパ国際関係の正常化は日に日に遠のき、一九二三年のルール危機へと至る負の螺旋構造が確立した。

イギリスでは、このような状況に危機感を抱き、打開のための方策が検討された。外務省のクロウやティレルをはじめとする、「大陸関与」の肯定論者は、フランスに保障を提供することで、フランスの対独政策を軟化させ、ドイツとの和解を達成し、ヨーロッパ復興への道が開かれると説いた。一方でカーズンやハンキーをはじめとする懐疑派は、保障を提供したところでフランスの政策は操作しえず、協定によってフランスにコミットしてしまえば、フランスの対独政策に巻き込まれてしまうと反論した。また、スマッツやフィリップ・カーをはじめとする帝国派は、イギリスがヨーロッパに接近すること自体に批判的であった。このような意見対立の結果、イギリスは長らくヨーロッパ安定化のための建設的な政策を打ち出すことができなかった。しかし、一九二一年一二月にブリアンが同盟提案を行ったことで、ようやくその機会が訪れた。ブリアンは、安全保障問題の解決策として、英仏同盟とヨーロッパ多国間協定という二重の枠組みの構築を提案した。クロウはこれを推奨し、ブリアンの構想を実現できれば国際連盟を下支えする強固な秩序基盤を築けると考えた。カンヌ会議でイギリスは、フランスとベルギーとの同盟草案を作成し、調印目前まで至った。しかし、ロイド・ジョージとカーズンは、保障供与の対価にこだわり、タンジール問題の解決など、ヨーロッパ安全保障とは関連の薄い問題を同盟締結の条件に設定した。これがフランス世論の反発を買い、ブリアン内閣が倒れる原因の一つとなった。ブリアンの後を継いだポアンカレが条文内容の修正を求めると、イギリスは態度を硬化させ、やがて交渉は停滞した。ロイド・ジョージが力を注いだヨーロッパ復興に関するジェノヴァ会議も失敗に終わった。イギリスの保障をまたも得られなかったフランスとベルギーは、ドイツに対する締め付けを強化し、ルール占領が現実のものとなる。ロイド・ジョージとカーズンは、ヨーロッパ国際関係を好転させる機会を逸したのであった。

一九一九年のパリ講和会議が生み出した安全保障枠組みは、その内在的欠陥によってではなく、その後の外交過程において、枠組みが適切に維持・発展させられなかったために脆弱化した。一九二〇年にアメリカが早々に離脱したことは、枠組みに対する最初の大きな打撃となった。それでも、イギリスがフランスに対する保障の約束を再確認し、保障条約を更新する条約を速やかに結んでいれば、アメリカ離脱の衝撃をいくらか軽減できたかもしれない。実際に、元駐仏大使のダービーなどはそのような政策を推奨していた。また、ベルギーが求めた保障を速やかに提供し、一八三九年条約の修正交渉を成功に導いていれば、西欧の安全保障枠組みをむしろ発展させる方向に事態を誘導しえたかもしれない。外務省の担当者はそれを推奨していた。しかし、ロイド・ジョージ連立内閣は、そうせずに事態を静観することを選んだ。その結果、一九一九年の枠組みの要であった保障条約が失われ、一八三九年条約は改訂されないまま放置され、西ヨーロッパ安定化の試みは大きく後退することとなった。

歴史学者のジョン・フェリスが論じるように、両大戦間期を通じたイギリスのヨーロッパ政策の主要目標は、ドイツが納得する形でのヴェルサイユ条約の修正を、平和裏に、かつヨーロッパの勢力均衡を維持しながら成し遂げることであった。そして、そのような目標を達成するためには、フランスとの同盟締結が不可欠であった。フランス以外に、イギリスの戦略的目標を共有しうる意志と能力を有する国は他になかった。もし英仏が提携できていれば、既存秩序への暴力的な挑戦に対する強力な抑止力となったであろう(3)。

このことは同時代にも意識されており、一九二二年の英仏同盟交渉が頓挫すると、サン＝トレール大使が「フランスの友人たち」と呼んだ親仏派（オースティン・チェンバレンやティレルら）を中心に、ロイド・ジョージとカーズンの外交指導への批判が高まった。一九二二年一〇月におけるロイド・ジョージの退陣は、彼らにとり歓迎すべき出来事であった。しかし、新たに成立したボナー・ロウ保守党政権は、前任者のヨーロッパ政策を大部分継承し、親仏派の期待とは裏腹に、ヨーロッパ安全保障に関与する姿勢は見せなかった。外務省のランプソン中欧局長は、賠償と安全保障の問題は密接に結びついており、ルール占領を阻止するためには、イギリスがフランスに保障を供与したうえで、賠償問題の解決を模索するべきだと提言した。しかし、そのような提言は受け入れられなかった。ルール占領が始まると、ボナー・ロウ政権は「好意的中立」という名のもとで、事態を静観する態度をとった。その後を継いだ第一次ボールドウィン保守党政権も、ルール占領を続けるフランスに歩み寄ろうとはしなかった。その一方で、アメリカ人の参加する金融専門家委員会による賠償問題の解決に向けて指導力を発揮した。

一九二四年一月に誕生したマクドナルド労働党政権は、賠償問題に関するロンドン会議を成功に導いただけではなく、英仏関係の改善にも貢献した。就任早々にマクドナルドは、英仏協商の強化を望むと表明し、フランスの安全保障問題に理解を表明した。しかし、マクドナルドは同盟に基づく安全保障に絶対的に反対する立場をとり、国際連盟を通じた「一般的安全保障」を支持した。フランスにエリオ率いる左派政権が誕生したことで、マクドナルドは国際連盟政策を推進するパートナーを得た。その年の第五回連盟総会でマクドナルドとエリオは、「仲裁、安全保障、軍縮」の原則に基づいて連盟規約を補完することを目的としたジュネーヴ議定書の策定を指導した。またエリオの求めに応じて、ロンドン会議で賠償問題が解決された暁には、安全保障問題を協議することを約束した。これを受けてエリオは、英仏同盟、ドイツとの相互不可侵協定、国際連盟の強化という三要素からなる安全保障枠組みに関する覚書をイギリス政府に提出したのであった。この覚書が、一九二二年以来停止状態にあった安全保障交渉を再始動させるきっかけとなった。ロカルノ条約締結へと至る道のりの基礎は、マクドナルド政権期に築かれたのであった。

第二次ボールドウィン保守党政権は、チェンバレン外相の指導のもと、安全保障問題の解決を図った。イギリス政府機関と保守党新政権の閣僚は、過度のコミットメントをもたらすものだとしてジュネーヴ議定書の調印に一様に反対した。外務省上層部と陸軍参謀本部は、英仏白三国同盟の締結を後押しした。一方でこれには異論も表明された、外務省のヘッドラム＝モーリーは、ドイツを含む新たな「ヨーロッパ協調」を構築するべきだと論じ、外相に影響を与えた。また帝国防衛委員会では、対外政策に高い関心を持ったチャーチルとセシルが協定にドイツを参加させることを求めた。それに対して、バルフォア、カーズン、エイメリー、ホーアといった閣内の多数派は、ヨーロッパと安全保障合意を結ぶ必要性そのものを否定した。ボールドウィンが外相を強く支援し、セシルとチャーチルがドイツの参加を条件に協定推進を認めたことで、チェンバレンの政策は辛うじて裁可されたに過ぎなかった。イギリス政府において、ヨーロッパ安全保障への関与はそれだけ物議を醸す問題だった。議会は英仏白三国同盟案に強い反対を示し、ドイツの参加を求めた。ドイツを仮想敵とするのではなく、ドイツにも平等に安全保障を提供する相互的協定を求めたのであった。また、新たな協定が国際連盟を蔑ろにするものであってはならないとする批判もなされた。外務省は、こうした批判を汲み入れ、草案を策定する際に、ライン協定を国際連盟の枠組みと密接に結びつけることを強く意識した。ロカルノ条約は、国際連盟を下支えする地域的安全保障協定として認識され、連盟の支持者たちに歓迎されることとなった。イギリス政府はまた、自国が請け負うコミットメントを最小限にとどめることを強く意識した。将来の政権の自由裁量を維持できるように、有事の際の援助を自動化することを回避し、連盟理事会ないしは自国政府が介入の可否を判断できるように条文を設計した。こうして出来上がったロカルノ条約は、イギリスが大きな軍事的負担を負うことなく、連合国とドイツの関係正常化と「ヨーロッパの融和」に貢献することとなった。その一方で、イギリスが負担を回避したがゆえに、条文に曖昧さの残る不完全な安全保障枠組みとなった。つまるところ、ロカルノ条約はパリ講和会議後にいっそう不安定化したヨーロッパ国際秩序を立て直すには不十分な枠組みであった。

こうして概観すると、政権の違いを超えた一般的傾向が見えてくる。イギリスは、第一次世界大戦中から一貫して、国際連盟に基づく安全保障制度を支持した。ただし、国際連盟に一定以上の権限を与えることには反対し、制裁の行使に際してはイギリスの自由裁量を確保することにこだわった。イギリス政府内には、フランスやベルギーとの同盟に基づく安全保障を求める声もあったが、常に少数派にとどまった。そしてドイツに関しては、一九一九年前半からすでに、可能な限り早期に平等な条件のもとで国際社会に復帰させることがイギリスの政策目標となっていた。東欧の安全保障にコミットするべきだという考えはほとんど聞かれず、イギリスが保障供与の対象としたのは、「死活的利益」だと認識された英仏海峡の対岸部からライン川にかけての地域に限定された。ロカルノ条約は、イギリスのそのような安全保障観が結晶化したものであった。

一九三〇年にチェンバレンは、イギリスの役割はヨーロッパ大陸に対する「半ば切り離された位置」から、国際連盟を通した「穏健で調和的な影響力」を発揮することだと論じた[4]。第一次世界大戦後のイギリスの「大陸関与」は、大陸のどちらか一方の勢力に肩入れするのではなく、公正な「調停者」として振る舞う性質のものであった。イギリスのそのような外交姿勢は、一九二〇年代後半を彩ったヨーロッパ国際関係の友好的環境が継続した場合には、有効に機能し続けたかもしれない。しかし、一九三〇年代のように対立が決定的な状況が再び生起した場合には、方針転換が必要となる政策であった。

ところが一九三〇年代のイギリスの政策は、二〇年代のそれを大部分継承し、新たな国際情勢への対応は遅れた。一九三三年以降にドイツが国民社会主義のもとで既存秩序に対する挑戦を加速させてもなお、イギリス政府は「大陸関与」に制限的であり続け、「調停者」の立場からヨーロッパ問題の解決を導くことにこだわり続けた。それは、対外政策の領域において慣性の法則が働いたかのようであった。イギリス政府の姿勢にようやく大きな変化が訪れるのは一九三九年早春、再度のヨーロッパ大戦は回避困難との判断のもとで、大陸派遣軍を一九一九年以来初めて拡張することを決め、フランスとの本格的な防衛協議を開始した時であった[5]。その後の数カ月間にイギリスは、軍事関与を西欧に限定するという長年の政策も転換し、ポーランドとルーマニアの独立を保障し、ソ連との軍事同盟をも追求した。しかし、こうした行動の多くはすでに時機を逸しており、侵略を抑止することも、押しとどめることもできなかった。

この教訓からイギリスは、第二次世界大戦の終結後は「大陸関与」に積極的な姿勢を維持し、一九四七年にフランスとの間で正式な軍事同盟であるダンケルク条約を結んだ。そしてその翌年、英仏の連帯を軸に、ベネルクス三国を加えたブリュッセル条約が結ばれた。その頃には、西側諸国の脅威の対象はドイツからソ連へと移りつつあり、アメリカ合衆国、カナダ、イタリアなどを加えた北大西洋条約が一九四九年に調印され、一九五五年には西ドイツが同盟に加わった。これらの安全保障条約は、新たな普遍的国際機構として成立した国際連合の屋台骨を支える柱として（少なくとも名目上は）起草された。イギリス政府は、この一連の過程で主導的な役割を果たした。[6] 結果として第二次世界大戦後の国際秩序は、一九二〇年代前半に模索されながらも挫折した、重層的なヨーロッパ安全保障の構想をなぞるものとなった。そこに至るまでに、世界大戦という大惨事を一度ならず二度までも経験しなければならなかったのは、大きな不幸であった。

あとがき

本書へとつながる問題意識を最初に抱いたのは、二〇〇八年から〇九年にかけてロンドン・スクール・オブ・エコノミクス（LSE）の国際関係史修士課程に在学していた時であった。そこで履修した二〇世紀の国際危機と政策決定に関する授業で、第一次世界大戦後の講和をレポート課題の一つに選んだ。そのレポートは、ヴェルサイユ条約がいかに両大戦間期の国際秩序を不安定化させたのかについて書き綴ったもので、最新の研究動向を踏まえたものではなく、授業担当のロバート・ボイス先生から手厳しい評価とコメントを頂いた。しかし、それがきっかけとなり、一九一九年の講和の関連文献を読み進め、次第に近年の研究の議論に説得されていった。授業の中で二〇世紀史の様々な通説の歪みを、情熱を込めて批判されていたボイス先生に御礼申し上げたい。ここで言う近年の研究の議論とは、本書の序章でも紹介したように、ヴェルサイユ条約が国際連盟を樹立し、ナショナリティと戦略性の双方に配慮してヨーロッパの国境線を策定し、安全保障措置も組み込むなど、機能しうる講和であり、両大戦間期の国際秩序が不安定化した原因は、講和条約の執行が放棄されたことにある、という解釈である。しかしそうであるならば、なぜ条約体制が維持されなかったのか、という疑問が残った。LSEの修士論文では同時代の日英関係を扱ったが、慶應に戻ってからはヴェルサイユ条約の問題に正面から取り組むことにした。先行研究が豊富で、「やり尽くされている」イメージのある領域であり、無謀とも言える選択だったが、多くの方々に助けられ、本書としてひとまず形にすることができた。

イギリスの政策を扱ったのは、条約体制に対する同国の姿勢の両面性——すなわち、一方でドイツの肩を持って条約修正を匂わせながら、他方でフランスと協力して戦後秩序を維持しようともする姿勢——が、前述の疑問を解く鍵なのではないかと考えたためである。もちろんイギリスを選択した理由はそれだけではなく、筆者の語学力による制約、史料へのアクセスのし易さ、研究上の土地勘が多少あったことなど、「裏事情」もある。こうした制約がなければ、多国間関係史のアプローチをとったほうが、本来の問題意識であるヴェルサイユ条約の執行が放棄された原因と過程に迫れたであろう。しかし一方で、イギリス一国の観点に絞ったことで、キープレーヤーの一角であった国の政策を深く掘り下げることができたと考えている。博士課程の最初の二年余りは、イギリスの初期ヴェルサイユ体制への姿勢という漠然としたテーマ設定をさらに絞り込んでいくことに苦労した。最終的には、安全保障をキーワードとし、それもフランスとベルギーをはじめとする「西欧」諸国との関係に焦点を絞った。両大戦間期ヨーロッパが抱えた数多の問題の中でも、戦勝国間の安全保障協力の不足が、国際秩序が不安定化した主要因の一つだと考えたためである。そして幸か不幸か、序章でも述べたように、このテーマに関しては先行研究が十分とは言えない状況にあり、研究を進める余地があった。

本書は、このような試行錯誤を経て完成させた博士学位請求論文「イギリス外交と第一次世界大戦後の西欧安全保障、一九一六～一九二五年」(二〇一七年四月学位授与)に修正を施したものである。本書の完成までに、次の関連論文をすでに発表している。

「イギリス外交とヴェルサイユ条約——条約執行をめぐる英仏対立、一九一九～一九二〇年」(『法学政治学論究』第九四号、二〇一二年)。

「イギリス外交と英仏同盟交渉の破綻、一九一九～一九二二年」(『法学政治学論究』第九六号、二〇一三年)。

「ロカルノ条約の起源とイギリス外交、一九二四～一九二五年」(『法学政治学論究』第一〇三号、二〇一四年)。

「国際連盟の成立をめぐるイギリスの政策——会議体制による戦争の防止」(『国際関係研究』第三八巻第二号、二〇一八年)。

筆者は二つの大学院に通算八年間通い、その間に四人の指導教官からご指導を賜るという稀有な幸運に恵まれた。細谷雄一先生には、学部時代からゼミナールに参加させていただき、それ以来現在まで一二年以上にわたってお世話になり続けている。そもそも修士課程でイギリスに留学し、その後研究者の道を目指そうと考えたのも、細谷先生が寛大にも温かく後押しして下さったためである。思い返せば少年時代から漠然と西洋史、とりわけ二〇世紀の両大戦には関心があったが、学問として同分野に初めて触れたのは学部時代の細谷先生の「西洋外交史」の授業、そしてゼミナールでの輪読を通してである。その後研究を進めていくうえで、先生のイギリス外交史研究に大きな影響を受けたことは、本書の随所から明らかであろう。大学院生活を通して様々なご助言をいただき、博士論文審査の副査もご担当下さった。そして、名古屋大学出版会の橘編集部長に博士論文の原稿をお送りいただき、出版を強く後押しして下さったのも先生である。本書を世に出すうえでの最大の恩人である細谷先生に、深く御礼申し上げたい。

LSE在学中は、日英関係史研究の第一人者であるアントニー・ベスト先生のご指導を受ける幸運に恵まれた。イギリスの文書館史料を調査するコツや、事実を正確に記述することの重要性に関して注意いただいたことが印象に残っている。ベスト先生にはその後もお会いする機会があり、筆者の学問的疑問にいつも心優しくお答え下さっている。

慶應の大学院では、修士課程の二年目と博士課程の一年目に田中俊郎先生のご指導を賜る幸運を得た。ちょうど留学後に研究テーマを変え、ヴェルサイユ体制の問題を扱い始めた時期に先生の大学院ゼミナールに参加させていただいた。先生には自由な研究をお許しいただき、各種研究助成への応募のご支援に加え、博士論文審査の副査もご担当いただいた。深く御礼申し上げたい。多くの優秀な研究者を輩出したゼミナールに、先生のご退職直前の短い期間ではあったものの所属させていただいたことを誇りに思っている。

博士課程の二年目以降は、田所昌幸先生の研究指導を賜った。田所先生は、筆者の研究内容と意義を深くご理解いただき、大学院ゼミナールやその後の飲み会でのご助言を通して、博士論文の完成まで知的に導いて下さった。博士論文審査の主査もご担当下さり、感謝に堪えない。先生から頂戴したご指摘の中で特に印象に残っているものがある。ヴェルサイユ条約が有する国際政治学上の意義と、同時代の種々の制約を加味した外交史上の位置付けを区別する必要性についてである。つまり本書では、外交史の観点から、一九一九年当時の状況下においては、ヴェルサイユ条約が最良に近い解決策だったという解釈を採っているが、時代的制約に依らない同条約の普遍的意義にまで分析は及んでいない。ゆえに、先生のご指摘に十分にお答えできていないと思っており、今後の課題とさせていただきたい。

八年間の大学院生活の中で、多くの優秀な先輩、同期、後輩に恵まれ、大変お世話になった。林大輔先輩には、細谷先生の学部ゼミナール以来長年お世話になり、ロンドン郊外のイギリス国立公文書館に筆者が初めて赴いた際に案内していただいた。合六強先輩には、大学院生活を通して親しくしていただき、パリ郊外のフランス外務省資料館にも連れて行って下さった。フランス語のできない私一人では赴く勇気を奮い起こせたとは到底思えず、深く感謝している。その時調査した史料は、本書に欠かせないものとなった。白鳥潤一郎先輩には、大学院で長年お世話になり、田所先生の大学院ゼミナールやその他の機会に、学問的ご助言を何度も頂戴し、そのおかげで研究力と文書力を向上できたと考えている。宮下雄一郎、黒田友哉、林晟一、五十嵐元道、福井英次郎の諸先生にも薫陶を受け、幸運にも折に触れてご指導いただいた。小林弘幸、近藤重人、八塚正晃、上野正弥、金兌希、池宮城陽子、石田智範の諸氏をはじめとする、専門領域の様々な大学院の同期生にも恵まれ、知的な刺激を受け続けた。さらに、筆者と同時に一九二〇年代のイギリス外交史研究を志した藤山一樹と赤川尚平の両氏とは特に深く交流させていただいた。何度も開催した輪読会で議論した内容は、本書の大きな糧となっている。お二人には本書の元となった博士論文に関する直接的な助言も頂いている。伊藤頌文、谷一巳、川波竜三、田島知樹の諸氏にも大学院ゼミナールや輪読会でお世話になった。こうして振り返ると、慶應義塾大学大学院は国際関係史、外交史を研究するうえで大変恵まれた環境だったとあらためて思う。

市毛きよみ氏と知り合ったのも、同大学院においてである。それ以来の苦楽を共にした友であり、二〇一四年には収入が皆無であり研究者としての展望も明るくない筆者と結婚する道を選んでくれた。同じ研究者として多くの刺激を受けており、本書にも妻から受けた知的影響が無数に含まれている。仕事に追われながらも楽しい家庭作りに指導力を発揮してくれるきよみに最大限の感謝を伝えたい。

学内外の研究会や学会では、君塚直隆先生、益田実先生、赤木完爾先生から賜ったご助言が特に本書の糧となった。君塚先生の近代イギリス外交史に関する豊饒な諸研究は、本書を執筆するうえで欠かせないものであった。益田先生には二〇一一年に筆者が行った学会発表で討論者として、赤木先生には学内の合同論文指導研究発表会で副査として貴重なコメントを頂いた。

二〇一七年四月より、筆者は幸いにも日本大学国際関係学部に任期付助教として雇用され、ひとまず好きな研究で生きていく贅沢を得られた。常勤の職を得られたことで、本書の出版計画が進んだという経緯もあり、学部の関係各位には深く御礼申し上げたい。

本書が博士論文から書籍へと昇華するうえでの立役者は、名古屋大学出版会の橘宗吾編集部長である。博士論文を細部までお読みいただき、出版に意義を見出していただき、必要な加筆・修正に関するご助言も賜った。所属大学院の外部の方に読んでいただくのは初めてだったので、直接お会いして前向きなご感想を頂いた際には大変嬉しかった。『大陸関与と離脱の狭間で』という本書のタイトルも、橘編集部長が考えて下さったものである。校正を経て完成が近づくにつれ、博士論文の段階からの研究成果としての前進を感じている。叙述内容や参照史料は博士論文の段階からあまり変えていないものの、文章の質が全体として向上したと考えている。社会科学や人文学の研究は、博士論文の段階では完成しえず、書籍としての出版をもって完成するのだと、少なくとも筆者の場合には実感するところである。橘編集部長、そして校正段階からお世話になった長畑節子氏をはじめとする名古屋大学出版会のスタッフに深く御礼申し上げたい。

本書の出版にあたっては、日本学術振興会平成三〇年度科学研究費補助金・研究成果公開促進費（学術図書）の助成を受けた。大学院博士課程在学中には、旭硝子奨学金、日本学術振興会特別研究員奨励費、慶應義塾大学博士課程学生支援プログラムのご支援を受け、史料調査を行うことができた。こうした助成がなければ、長期間の研究を遂行し、本書を上梓することは不可能であった。

最後に、筆者の長い学生生活を支えてくれた母・大久保八千代、父・ピーター・ウォード、祖母・大久保愛に感謝の言葉を捧げたい。学問に理解のある両親と祖母の経済的・精神的支援がなければ、留学することも、三〇歳を過ぎてまで学生でいることも、叶わなかっただろう。

本書はこうした様々なご支援を受けて形成されたものである。ここに記しきれなかった御恩も無数にある。しかも、筆者の能力不足と怠惰ゆえに、せっかく賜ったご助言を十分に活かしきれていないとも感じている。本書の不備は、すべて筆者の落ち度によるものである。今後の研究を通じて、賜った学恩に少しでも報いていきたい。

二〇一八年七月

大久保　明

《著者略歴》

大久保《おおくぼ》 明《あきら》

1985年　オランダ・ハーグ市生まれ
2008年　慶應義塾大学法学部政治学科卒業
2009年　ロンドン・スクール・オブ・エコノミクス（LSE）国際関係史修士課程修了
2016年　慶應義塾大学大学院法学研究科政治学専攻後期博士課程単位取得退学
2017年　同大学院より博士（法学）を取得
現　在　日本大学国際関係学部助教

大陸関与と離脱の狭間で

2018年9月15日　初版第1刷発行

定価はカバーに
表示しています

著　者　大　久　保　明

発行者　金　山　弥　平

発行所　一般財団法人　名古屋大学出版会

〒464-0814　名古屋市千種区不老町1 名古屋大学構内
電話(052)781-5027/FAX(052)781-0697

印刷・製本 ㈱太洋社　ISBN978-4-8158-0918-8

索　引

ア　行

アーヘン会議（1818 年）　251, 345
アイルランド　95, 195, 198, 232, 268, 285
アスキス，ハーバート・ヘンリー（Herbert Henry Asquith, 1925 年以降 1st Earl of Oxford and Asquith）　17, 19, 28–9, 32–3, 44–6, 66, 97, 252, 273, 284, 366, 374, 401
「新しいヨーロッパ」　81–2, 97, 126, 343, 346
アノトー，ガブリエル（Gabriel Hanotaux）　74
アフリカ　5, 24, 26, 57, 59, 83, 141, 277
アメリカ合衆国　3, 6, 18, 24, 26, 29–30, 36–7, 46–50, 56–7, 60, 67, 74–7, 92, 96, 101–7, 111, 113, 118–19, 121, 123, 127, 129, 132–7, 141–9, 151, 154–9, 161, 163–5, 170, 174, 176–7, 179, 189, 197, 198–202, 207–9, 211, 213, 216, 235, 238, 243–4, 246, 268, 275, 283, 287–90, 300–1, 312, 335, 403, 405–6, 409
　議会によるヴェルサイユ条約と米仏保障条約の批准拒否　18, 152, 154, 156, 198–201, 209, 213, 235, 246, 403
　米仏保障条約（1919 年）　13, 16, 17, 125, 129, 138, 148–152, 154–6, 176, 187, 190–1, 196, 198–200, 203–4, 209, 211, 213, 248, 304–5, 312, 332, 373, 397, 403
アルザス＝ロレーヌ　32, 34, 40, 42, 44, 47, 49, 51, 55, 57–9, 61–2, 64–70, 78, 80, 87, 89–90, 94, 95, 98, 118, 125, 143, 170, 180, 183–4, 305, 345, 368
アルベール 1 世（Albert Ier）　168–9, 217
イギリス大蔵省　19, 26, 181, 287–8, 298
イギリス海外派遣軍（British Expeditionary Force）　9, 28, 89, 194–5, 403
イギリス海軍　6, 9, 19, 21, 28, 36, 42–3, 52, 74, 78, 85, 119, 168–9, 194, 198, 202, 204, 251, 258, 296, 307–8, 317, 320, 351
イギリス外務省　7–8, 13, 19, 21, 23–8, 31–3, 36–7, 41, 43, 52, 57, 71, 78, 81–9, 92–4, 98, 99, 105, 121, 123, 126, 130, 147, 148, 162, 176, 179, 181–2, 188, 201–2, 209, 212–3, 217, 220–1, 223, 231, 234, 239, 249–51, 264, 269, 272, 274–6, 279–80, 283, 287, 292–6, 298–9, 303–5, 308, 311, 313, 318, 320, 322, 326–7, 333, 335, 340–2, 346–8, 352, 355, 357–8, 362, 364, 366, 369, 371, 376–80, 382–3, 396, 401–2, 404–7
　政治情報局　25–7, 71, 81–9, 93–4, 126, 139, 148
　西方局　6, 24–6, 239, 253, 269, 272, 280, 284, 292, 294–6, 327–8, 330, 340–2
　戦争局　24–6, 41, 52, 208
　中欧局　26, 231, 276, 287, 289, 305–6, 308, 313–5, 318, 326–7, 331, 338–41, 369–70, 378, 381–3, 406
　北方局　25–6, 276, 341
イギリス議会　4, 29, 45, 47, 52–3, 63, 66, 70–4, 97, 105, 130, 148–9, 152–3, 155, 167, 196–8, 200–1, 204, 208, 215, 218, 222, 227, 245, 252–3, 263–4, 266–8, 270–1, 278–9, 282, 285, 292–3, 296, 323, 325, 359, 365, 366, 373–4, 378, 399, 407
　ヴェルサイユ条約と英仏保障条約の批准　196–7, 200
イギリス空軍　21, 194, 226, 244, 294, 307–8, 317, 320–1, 333, 350, 354, 377, 399
イギリス内閣　17, 19–23, 28–9, 32, 44–6, 59, 66, 194, 202, 208–14, 217–19, 221–3, 225–9, 231–2, 235–9, 247, 256–9, 261, 263–4, 266, 269–70, 272, 274, 277, 287, 290, 296–7, 303–4, 308, 322, 325–7, 331, 347–8, 352–3, 355–8, 360–1, 364–6, 371, 373, 377, 381, 385, 388, 390, 401, 405
　戦時内閣（War Cabinet）　46–7, 53–4, 60–2, 64–6, 71, 73, 82–3, 86, 88–9, 96, 127–31, 188, 194
　帝国戦時内閣（Imperial War Cabinet）　53–9, 74, 76–7, 98, 402
　内閣府　21–2, 338
イギリス陸軍　8–9, 18–19, 21, 28, 62, 78–9, 89, 94, 113–14, 123, 125, 130, 193–5, 202, 204, 218, 225, 258, 295, 307–8, 313–15, 351, 354–5, 403

参謀本部　10, 21, 28, 32, 40–1, 58, 62, 89–92, 96, 109, 112–7, 122, 125–6, 128–30, 140–1, 146, 161, 176, 184–5, 195, 217–19, 226, 229–31, 234, 237, 255, 264–5, 270, 273–4, 283, 291–2, 307–8, 315–18, 320, 330, 332–3, 350, 353–4, 365, 376, 399, 402, 407

イタリア　6, 10, 24, 25, 32, 42, 44, 47–8, 51, 55, 60, 62, 67–70, 74, 77, 86, 92, 99, 102, 105, 107, 113, 145, 159, 163–5, 170, 174, 180, 182, 203, 205, 207, 213, 251, 254–7, 270, 276–7, 288–9, 292, 301, 311, 322, 332, 339–40, 356, 358, 363, 368, 372, 375–6, 386–7, 389, 409

「一般的安全保障（general security）」　16, 309–12, 321–2, 402, 406

イマンス，ポール（Paul Hymans）　31, 51, 92, 107, 109, 157–60, 166–75, 177, 204, 206, 215, 217, 219–20, 222–3, 225–6, 231, 310, 329–30, 332, 363, 378, 396

インド　28, 32, 44, 53–4, 104, 131, 180, 194–5, 233, 240, 242, 252, 285, 308, 335, 337, 349, 385

ヴァンシタート，ロバート（Robert Vansittart, 後に 1st Baron Vansittart）　130–1, 234

ヴァンデルヴェルデ，エミール（Émile Vandervelde）　378, 387

ウィーン会議（1814～15 年）　3, 35, 41, 66, 73, 78, 80, 85, 91, 94, 126, 162, 186, 344, 347–8, 352, 401

ウィーン体制　4, 16, 66, 73, 234, 251, 320, 345–6

ヴィラーズ，ジェラルド（Gerald Hyde Villiers）　269, 272, 280, 292, 330, 341, 343

ヴィラーズ，フランシス（Sir Francis Hyde Villiers）　204, 206, 212–3, 217, 219–20, 224

ウィルソン，ウッドロウ（Woodrow Wilson）　30, 46–7, 62, 64, 67–70, 73, 75–6, 82, 86–7, 96, 98–105, 107, 110–11, 113–14, 122, 128–9, 131–3, 135, 138–9, 145, 148–9, 151–2, 154, 156, 160, 168, 171, 176, 179, 182–3, 187, 198–9, 300

　ウィルソン主義　15, 71, 84, 95, 182, 185, 402

　「14 カ条」　68–9, 83, 88, 91–2, 102, 131, 144, 147, 179, 182–4, 186

ウィルソン，ヘンリー（Sir Henry Wilson）　62, 89–92, 96, 112–3, 116–7, 122–3, 125–6, 128–30, 140–1, 145–6, 161–2, 176, 184–5, 195, 217–19, 237, 264, 273, 402

ウェブスター，チャールズ（Charles Kingsley Webster）　78–9, 82, 348

ヴェルサイユ条約（1919 年）　1–3, 10, 13–14, 18, 37, 50, 85–6, 89, 95, 100–2, 105, 108, 111, 114, 117, 122–3, 130–1, 136–7, 139–40, 142, 145–6, 148–51, 153, 156, 165, 171–2, 177–8, 181–91, 196–200, 205–7, 213, 216, 220–2, 224, 229–30, 233, 242, 250, 255–6, 259–60, 265–6, 270–1, 273, 276–8, 283, 286–8, 290, 292, 295, 301, 303, 305, 307, 310, 312, 314–17, 330, 339–40, 345–6, 351, 354, 357, 360, 368–78, 383–5, 388, 390, 393, 395, 397–8, 403–5

ヴェルサイユ体制　1–3, 10, 190, 199, 346–7

ウォーターロウ，シドニー（Sydney Waterlow）　231, 276–7

ウォード，ジョン（John Ward）　268

ウッド，エドワード（Edward Wood, 後に 1st Earl of Halifax）　300

エイカーズ＝ダグラス，アレタス（Aretas Akers-Douglas, 後に 2nd Viscount Chilston）　81, 83, 123, 172, 175

「栄光ある孤立（Splendid Isolation）」　5, 241, 343–4

英白軍事協議（参謀協議）　219–20, 225, 226–9, 264, 332, 398

英仏海峡　8, 28–9, 84, 125, 153, 228, 267, 334, 336–7, 341, 343, 345, 347, 351, 355, 381–2, 408

　——トンネル構想　127, 135, 141, 143, 146, 278

英仏海軍合意（1912 年）　9, 28

英仏協商　6, 28, 30, 41–2, 222, 234, 237–9, 247, 254, 262–3, 278, 283, 292, 297, 304, 312–13, 343, 397, 406

英仏軍事協議（参謀協議）　8, 217, 219, 226–9, 255, 262, 270, 273, 283, 293–4, 408

英仏保障条約（1919 年）　13, 16–17, 125, 129, 138, 147, 156, 176, 186–91, 196–7, 199–206, 216–19, 235, 237–40, 243, 245–7, 250, 252, 255, 257, 268, 276, 282, 287, 304–5, 312, 315, 317, 327, 332, 341–2, 345, 373, 385, 397–8, 403–4

エイメリー，レオ（Leopold Stennett Amery）　20, 54–5, 297, 321–2, 333, 349, 351, 356, 358, 361, 377, 407

『エコー・ド・パリ（*L'Écho de Paris*）』　212

エジプト　26, 180, 194, 233, 245, 328
　スエズ運河　296, 328
エシャー子爵（2nd Viscount Esher）　319
エドワード1世（Edward I）　345
エムス川　31, 51-2, 160, 162, 165
エリオ，エドゥアール（Édouard Herriot）　310-13, 315, 323-4, 327, 331, 344, 355-61, 363, 406
オイペン　164-5, 169, 171, 178, 180
オーストリア　26, 38, 190, 207, 342, 368
　ドイツとの合併（アンシュルス）　87-9, 346
オーストリア＝ハンガリー　3, 24, 27, 35, 37, 50-1, 57, 64, 67-8, 70, 95, 345
オーツ，ピエール（Pierre Orts）　203, 212
オード，チャールズ（Charles W. Orde）　327
オコナー，トマス（Thomas Power O'Connor）　268
オスマン帝国／トルコ　24, 26, 30, 32, 44, 47-8, 54, 58-9, 69, 127, 195, 222, 234, 244, 249, 252, 266, 271-2, 277, 281, 284, 289, 296, 322
『オブザーバー（*The Observer*）』　182
オランダ　8, 24-5, 29, 31, 34, 37-8, 40-1, 43, 49, 51-2, 69, 80-1, 84-5, 90-1, 93-4, 157-66, 168-9, 171-5, 202-3, 205-11, 216-17, 219, 225, 227, 295, 300, 336, 343, 347, 354, 363, 369, 402
オリファント，ランスロット（Lancelot Oliphant）　24
オルランド，ヴィットリオ（Vittorio Emanuele Orlando）　107, 171

カ　行

カー，E・H（Edward Hallett Carr）　3, 81, 85
カー，フィリップ（Philip Kerr，後に 11th Marquess of Lothian）　21-2, 62, 65, 104-5, 121, 132-4, 140-1, 185, 233, 404
ガーヴィン，ジェームズ（James Louis Garvin）　182
カークパトリック，イヴォンヌ（Ivone Augustine Kirkpatrick）　239, 294
カースルレイ子爵（Viscount Castlreagh，後に 2nd Marquess of Londonderry）　21, 73, 347-8, 364
カーズン侯爵（1st Marquess Curzon of Kedleston〔1921年までは伯爵〕）　22, 44, 46, 55, 57-9, 61, 73, 127-30, 199-200, 204-5, 208-11, 214-15, 217-18, 220-3, 225, 227, 231, 234-5, 237-45, 247, 249-53, 257-66, 268-73, 277, 279-80, 284-6, 288-91, 293-300, 304, 321-2, 326, 333, 349-50, 352, 357-8, 365-6, 404-7
カール1世（Karl I.）　50
カヴァン伯爵（10th Earl of Cavan）　273, 283, 351, 377
ガウス，フリードリヒ（Friedrich Gaus）　383, 386
カップ一揆　221
カドガン，アレグザンダー（Alexander Cadogan）　289
カニング，ジョージ（George Canning）　21, 375
カンヌ会議（1922年）　18, 244, 248-9, 252-62, 264, 273, 279, 282, 312, 329, 331-2, 395, 404
　カンヌ決議第六条（全ヨーロッパ不可侵協定案）　255-7, 271, 275
カンボン，ジュール（Jules Cambon）　74
カンボン，ポール（Paul Cambon）　28, 32, 49-51, 60, 209, 212, 214, 222, 238, 278
北大西洋条約機構（NATO）　11, 409
希土戦争　249, 284
キャンベル，ロナルド（Ronald Hugh Campbell）　239, 253, 294, 327, 342
キュールマン，リヒャルト・フォン（Richard von Kühlmann）　62
共産主義／ボリシェヴィズム　63, 65, 114, 126, 139-40, 142, 144, 147, 179, 230, 234, 283, 301, 325
ギリシア　57, 107, 109, 284, 344
グウィン，ハウエル（Howell Arthur Gwynne）　235-9, 285-6, 291-2, 297, 299
グーチ，ジョージ（G. P. Gooch）　273
クーノ，ヴィルヘルム（Wilhelm Cuno）　289-90, 299
　クーノ提案　289-91, 294-5, 300, 305, 339
クーリッジ，カルヴィン（Calvin Coolidge）　301
クラーク，ジョージ（Sir George Russell Clerk）　24, 41, 52
クラインズ，ジョン（John Robert Clynes）　197, 267, 278
クラットウェル，チャールズ（C. R.M. F. Cruttwell）　79-81
グラッドストン，ウィリアム（William Ewart

Gladstone)　82, 195, 273
クリスティ，ローリング（Loring Christie）　338
グリッグ，エドワード（Edward Grigg，後に 1st Baron Altrincham）　22, 254
クリミア戦争　8, 322
クルー侯爵（1st Marquess of Crewe）　288, 297, 312, 327, 348, 362, 364
グレアム，ジョージ（Sir George Dixon Grahame）　205, 231, 310, 329
グレアム，ロナルド（Sir Ronald William Graham）　225
グレイ，エドワード（Sir Edward Grey, 1916 年 7 月以降 1st Viscount Grey of Fallodon）　8, 25, 28-9, 31-3, 45, 66, 198-9, 208-9, 282-3, 285, 359, 366-8, 374
グレゴリー，ジョン（John Duncan Gregory）　276, 376
クレマンソー，ジョルジュ（Georges Clemenceau）　69, 96, 99, 114-6, 119-21, 124, 129-33, 135-6, 138, 145-9, 151-3, 156-7, 169-71, 177, 187-90, 204, 213, 242, 403
クロウ，エア（Sir Eyre Crowe）　6-8, 25, 28, 36-40, 55-7, 71, 73, 81, 83, 85-6, 91-4, 96, 101, 120-1, 148, 158-9, 161, 163-5, 167, 170-2, 175, 179, 188, 200, 203, 206, 208-10, 213-4, 221, 225, 231, 234-5, 239, 246, 249-52, 263, 272, 279, 281-2, 287, 292-3, 304, 306, 308-9, 311, 314, 321, 326, 328-9, 331, 335-6, 338-9, 341-2, 344, 347, 353, 357-8, 360-2, 366, 372, 404
軍縮　14, 36-7, 56-7, 60, 75, 77, 86, 112, 117, 131, 142, 189, 191, 195, 224, 228, 244, 246-8, 250-1, 274, 290, 296, 308, 318-21, 324, 338, 355-7, 367, 394, 401, 406
　国際軍縮会議　323, 325
　全般的軍縮（general disarmament）　15, 35, 39-40, 56-7, 64, 67, 98, 106, 110-11, 116-17, 240, 268, 281, 321-2, 379, 394-6
クン・ベーラ（Kun Béla）　140
ケインズ，ジョン・メイナード（John Maynard Keynes，後に 1st Baron Keynes）　2, 14, 181, 189
ケンガルジー 3 世（Maharao Khengarji III）　242
ケンワージー，ジョセフ（Joseph Kenworthy，後に 10th Baron Strabolgi）　200, 267
コーベット，ジュリアン（Julian Corbett）　71
コーンウォール，ジェームズ（James Handyside Marshall-Cornwall）　123, 125
国際連盟　2-3, 13, 15-17, 26, 35-7, 40, 44, 47-8, 53-4, 56-7, 64-5, 69-79, 82-6, 91-4, 96-8, 99-112, 117-20, 122, 124-6, 129, 131, 133-4, 137-8, 140, 142-3, 145, 148-9, 151-2, 154-5, 158, 164, 173, 176, 182-5, 187, 189-91, 196-200, 206-14, 227, 233, 240, 245, 250-1, 255-6, 263, 266-8, 270-1, 273, 276-8, 280, 283, 289, 294, 297, 302, 303, 305-15, 317-20, 322-5, 328-36, 344, 346, 349-50, 352, 355-6, 359, 363, 367-71, 373-81, 383-99, 401-4, 406-8
　委任統治制度　77, 104, 141, 194
　——議会委員会（League of Nations Parliamentary Committee）　323
　——協会（League of Nations Union）　367
　——総会　77, 104-5, 108, 318-19, 323-4, 387, 393, 396, 406
　——理事会　77, 86, 101-10, 126, 137, 143, 151, 155, 207, 213-4, 303, 315, 319-20, 323-4, 329, 331-3, 356, 360, 363, 370, 376-9, 384-5, 389-90, 392-3, 396, 398, 407
　制裁規定　16, 37-8, 40, 54, 56, 64, 72, 74, 77, 86, 102, 105-6, 108-11, 124, 145, 158, 190, 197, 212, 324-5, 328, 332, 335-7, 379, 395, 402, 408
国際連盟規約　17-18, 38, 69, 72-3, 77, 86, 93, 100-3, 105-11, 124, 138, 145, 154-5, 182, 190, 198-9, 207, 212, 250, 271, 289, 318, 320, 324-5, 335-6, 341, 350, 370-2, 375, 377, 379, 386, 391-6, 402, 406
コックリル，ジョージ（George Cockerill）　79
コリアー，ローレンス（Laurence Collier）　24

サ　行

ザール地方　32, 50, 88-92, 94, 120-1, 123, 128, 136, 141, 143-4, 147-8, 167, 170, 180-2, 184-5, 197
サイクス＝ピコ協定（1916 年）　30, 90, 96
最高戦争評議会（Supreme War Council）　62-3, 69-72, 77, 104, 106, 112-16
サイモン，ジョン（John Simon，後に 1st Viscount Simon）　278

サン＝トレール伯爵（Charles de Beaupoil, comte de Saint-Aulaire）　238-9, 244-9, 263, 265-6, 278-80, 285, 291-2, 298, 309, 357-8, 405
サン・レモ会議（1920 年）　222
シートン＝ワトソン，ロバート（Robert William Seton-Watson）　4, 81-2
シーモア，チャールズ（Charles Seymour）　123
シーリー，ジョン（John Edward Bernard Seely, 後に 1st Baron Mottistone）　246, 267, 278
ジェノヴァ会議（1922 年）　248, 255, 262-3, 266, 268, 271-2, 275-7, 279-83, 285, 405
ジェリコー，ジョン（Sir John Jellicoe，後に 1st Earl Jellicoe）　42-3
ジェロー，アンドレ（ペルティナクス）（André Géraud〔Pertinax〕）　212-3
シクストゥス・フォン・ブルボン＝パルマ（Sixtus von Bourbon-Parma）　50-1
自治領（Dominion）　23, 42, 53-4, 73, 104, 108, 132-3, 154-6, 236, 240, 243, 254, 256, 258, 264-6, 284, 292-3, 295, 301, 311, 323, 327, 329, 335-8, 340-2, 344, 347-8, 351, 354, 356, 361, 373, 385, 402
　オーストラリア　22, 54, 76, 154, 240, 242, 245
　カナダ　22, 54, 57, 154, 242, 338, 409
　ニュージーランド　22, 54, 154, 242, 245
　ニューファンドランド　54, 131
　南アフリカ　20, 22, 46, 54, 144, 154, 181, 240, 266　295, 297, 375
ジマーン，アルフレッド（Alfred Zimmern）　83, 86, 139
ジャスパール，アンリ（Henri Jaspar）　231-2, 239, 257, 259-61, 264, 272, 281-2, 329
シャロヤ，ヴィットリオ（Vittorio Scialoja）　107, 387
集団安全保障　3, 13, 15-17, 72, 77, 85, 102-3, 158, 318, 325, 394-5, 402-3
自由党　5, 8, 17, 28, 41, 44-5, 52, 70, 74, 97, 196-7, 200-1, 246, 252, 267-8, 273, 278, 284, 302, 303, 319, 325, 345, 359, 362, 372, 374, 401
「10 年ルール（Ten Year Rule）」　194, 403
シューベルト，カール・フォン（Carl von Shubert）　294-5, 339
ジュスラン，ジュール（Jules Jusserand）　200
シュターマー，フリードリヒ（Friedrich Sthamer）　294, 298, 364, 388
シュトレーゼマン，グスタフ（Gustav Stresemann）　299-300, 305-6, 339, 350, 389, 391, 395-7
ジュネーヴ議定書（1924 年）　18, 318, 324-5, 327-9, 331-41, 344, 348-53, 355, 360, 363, 366, 368, 371, 387, 395-6, 406-7
シュレスヴィヒ＝ホルシュタイン　43, 55, 87, 143, 180, 184
常設国際司法裁判所（Permanent Court of International Justice）　17, 105-6, 108-9, 323-4
ジョージ 5 世（George V）　45, 126, 197, 266, 296
ジョーンズ，トマス（Thomas Jones）　20, 128
シルヴェスター，A・J（Albert James Sylvester）　140
シレジア（シュレージェン）　125, 180-1, 183-7, 236, 247, 345
シン，ガンガ（Maharaja Ganga Singh）　54
神聖同盟　257, 375
シンハ，サティエンドラ（Sir Satyendra Prasanna Sinha，後に 1st Baron Sinha）　54
スイス　38, 80, 85, 88, 295, 300, 387
スウェイツ，ウィリアム（Sir William Thwaites）　125, 204
スウェーデン　38, 332
スカンディナヴィア　24, 26, 38, 323
スクシンスキ，アレクサンデル（Aleksander Skrzyński）　363
スターンデール・ベネット，ジョン（John Sterndale Bennett）　305-8, 315, 326, 339, 372-3, 375, 380-3, 389
スタンリー男爵（Baron Stanley，後に 15th Earl of Derby）　4
スティーヴンソン，フランシス（Frances Stevenson，後に Countess Lloyd George of Dwyfor）　22, 115
スティード，ヘンリー・ウィッカム（Henry Wickham Steed）　238, 285
スパ会議（1920 年）　229
スペイン　24, 26, 37, 61
スヘルデ川　31, 34, 40, 43, 51-2, 78, 80-1, 84-5, 93-4, 158-9, 161-2, 165-6, 168-9, 173-4, 203

スマッツ，ヤン（Jan Christiaan Smuts）　46, 54-6, 65, 76-7, 83, 96, 98, 103-7, 144-5, 181-3, 185-6, 189, 240, 242, 244, 266, 295, 297, 375, 404
勢力均衡　2-3, 5-7, 16-17, 33, 35-6, 38, 40-2, 53, 55, 75, 82, 84, 91, 118, 183, 242, 244, 266-7, 294, 314, 316, 342, 352-3, 367, 405
ゼーウス＝フラーンデレン　31, 40, 43, 84, 158-9, 161, 173
セーヴル条約（1920 年）　234, 249, 284
セシル，ロバート（Lord Robert Cecil, 1923 年末以降 1st Viscount Cecil of Chelwood）　36-8, 44, 55-6, 65, 67, 71, 73-7, 86, 95, 98, 100-8, 110-11, 118, 138-9, 143, 184-5, 196, 213, 266, 268, 296-7, 319-22, 328-9, 333-4, 349, 351-2, 355-6, 361-2, 365, 399, 407
セドゥ，ジャック（Jacques Seydoux）　251
セルビア　38, 42, 44, 47-8, 54, 57, 69, 109
セルビー，ウォルフォード（Walford Selby）　383, 389
1839 年条約　27, 31-2, 52, 84, 92, 157-8, 160, 162-4, 166, 168, 171-8, 190, 202-3, 205-10, 215-6, 228, 231, 257, 260, 264, 330, 362-3, 368-9, 397, 404-5
戦略的国境　10, 15, 31, 90, 92-3, 98, 112, 117-18, 124, 133, 146, 188, 190, 243, 246, 250, 402-3
「相互援助条約（Treaty of Mutual Assistance）」（1923 年）　317, 319-25, 333
ソールズベリ侯爵（第 3 代／ 3rd Marquess of Salisbury）　36
ソールズベリ侯爵（第 4 代／ 4th Marquess of Salisbury）　297
ソーンダース. ジョージ（George Saunders）　81, 83, 126
ソンニーノ男爵（Barone Sonnino）　69-70

タ　行

ダービー伯爵（第 14 代／ 14th Earl of Derby）　4
ダービー伯爵（第 17 代／ 17th Earl of Derby）　129, 201-2, 213, 226, 234, 236-9, 271, 278-82, 285, 296, 299-300, 405
第一次世界大戦　1-4, 7-17, 19-20, 23-7, 31, 45, 75, 79, 81, 89, 98, 175-6, 193-5, 205, 229, 303, 332, 367, 396-7, 401-2, 407-8
　開戦経緯　8-9, 27-9, 48, 58, 61, 63, 133, 138, 146, 154, 172, 193-4, 197, 206, 211, 220, 230, 270, 274, 303, 337-8, 344-5, 368, 372
　休戦　9, 68, 71, 76, 80-2, 85-8, 94, 98, 113-4, 130, 139, 147, 178, 183, 186, 282, 286, 313, 403
　西部戦線　11, 31, 60, 62-3, 112
　東部戦線　60
　和平工作　46, 49-51, 58-64, 70
第二次世界大戦　2, 409
『タイムズ（*The Times*）』　52, 201, 235, 238, 246, 273, 280, 285, 291, 373
「大陸関与（Continental Commitment）」　4, 8, 11-12, 15, 89, 144, 154, 184-5, 190, 212, 214, 217-18, 230-1, 240, 307-8, 320-2, 336-8, 350, 354, 357-9, 374, 377, 397-9 403-4, 407-9
ダバノン男爵（1st Baron D'Abernon，後に子爵）　290, 294, 297, 305-6, 334, 339, 364, 376, 381, 388
タフトン，チャールズ（Charles Henry Tufton）　202, 206, 208, 212, 220
タルデュー，アンドレ（André Tardieu）　119, 122, 124-6, 132-6, 147-8, 156, 163-4, 171, 174, 177
『ル・タン（*Le Temps*）』　94, 202, 293-4
タンジール（タンジェ）　252, 254, 259, 262, 265-6, 272, 280-1, 287, 292, 296, 404
ダンツィヒ　144, 148, 247
地域的安全保障　15-18, 131, 250, 306, 309, 318-22, 324-5, 334, 336, 349, 351, 355, 363, 366-7, 374, 387, 396, 407
チェコスロヴァキア　25, 42, 55, 107-8, 116, 124-5, 139, 142, 147, 151, 224, 254-5, 276, 292, 323-5, 331-4, 342, 346, 363, 371, 379, 385-7, 389, 391-4, 396-7
チェンバレン，オースティン（Austen Chamberlain, 1925 年 12 月以降 Sir）　13, 44, 46, 54-5, 57-8, 77, 127, 129-30, 181, 185-6, 211, 226-8, 236-9, 247, 257-8, 267, 272, 278-9, 284-5, 296-7, 326-36, 339-44, 347-8, 350-3, 356-61, 363-9, 371-4, 376-8, 380-5, 387-92, 394-7, 399, 405-8
地中海　8-9, 28, 57, 316, 337
チャーチル，ウィンストン（Winston Leonard Spencer Churchill）　20, 29, 41, 77, 112, 117, 126-30, 132, 180, 185-6, 208, 218-21, 223, 228-9, 231, 236-7, 239, 243-5, 258, 267, 272, 274, 277, 279, 284-5, 333-4, 349-52,

354-6, 358, 361, 365, 399, 407
中国　24, 107
仲裁条約／仲裁裁判　17, 35-7, 39-40, 56, 60, 64, 72-4, 77, 105-6, 108-10, 190, 295, 324-5, 328, 339, 367, 370-2, 376-7, 379, 382-7, 389, 391-4, 396-7, 406
強制仲裁（compulsory arbitration）　72, 101-3, 109, 324, 328, 332, 335-6, 402
中東　24, 26, 57, 81, 83, 180, 195, 234, 241, 265, 276-7, 280, 282
珍田捨巳　107
ツェルニン伯爵（Graf Czernin von und zu Chudenitz）　64
デイヴィス，ヘンリー（Henry William Carless Davis）　89
デイヴィス，リース（Rhys Davies）　267
帝国会議（Imperial Conference）　23, 240-5, 258, 301
帝国防衛委員会（Committee of Imperial Defence）　19-23, 32, 223, 225-6, 244, 308, 315, 321-2, 327, 333-4, 337, 340, 347-52, 355, 373, 377, 407
ディズレーリ，ベンジャミン（Benjamin Disraeli, 後に 1st Earl of Beaconsfield）　5
『デイリー・テレグラフ（*The Daily Telegraph*）』　238, 261, 283
『デイリー・メール（*Daily Mail*）』　153, 235, 238, 253, 291
ティレル，ウィリアム（Sir William Tyrrell, 後に 1st Baron Tyrrell）　33-6, 41, 71, 81, 148, 176, 198, 234, 236, 239, 277, 279, 286, 292-3, 326, 353, 368, 372, 375, 378, 380, 382-3, 404-5
デヴォンシャー公爵（9th Duke of Devonshire）　293
テュニス，ジョルジュ（Georges Theunis）　253, 259, 288
デルカッセ，テオフィル（Théophile Delcassé）　292-3
テンパレイ，ハロルド（Harold William Vazeille Temperley）　79, 82
デンマーク　38, 43, 290, 343, 395
ドイツ
海外植民地　54, 57, 60, 143, 147, 183
軍備制限　1-2, 39, 42, 111-17, 124-5, 127, 129, 137, 140, 146, 183, 189, 191, 196, 230, 255, 287, 307, 315, 338, 349, 354, 379, 398, 402-3
国際連盟加盟問題　85, 196, 255, 308, 317, 320, 324, 363, 368-9, 371, 379, 385, 387, 389, 391, 394, 396-7
再軍備　115, 124, 127, 134, 146, 317, 395
西部国境　40, 50, 124, 132, 184, 247, 350, 360, 367, 371, 374, 391, 397
「戦争責任」　142-3, 183, 388
戦犯訴追　97, 140, 200
――革命　11, 179, 190, 229
――を含む安全保障協定案　117, 248, 251, 253, 255-6, 263, 271, 275-6, 280, 289-90, 294, 296, 310-12, 315, 317-18, 334, 339-41, 348-99, 404, 406-7
東部国境　40, 144, 186, 247, 317, 357, 360, 363, 367, 371, 388, 391-2, 397
賠償問題　1-2, 12, 14, 30-1, 33, 47-8, 51, 54-6, 61-5, 67, 87-8, 95-7, 99, 120, 123, 128-9, 136, 139-43, 146, 149-50, 153, 168-9, 177, 181, 183-7, 190, 196, 222, 234-5, 247-8, 271-2, 275, 277, 285-91, 295, 297-302, 308-11, 313-14, 323, 326, 406
バイエルン　179, 301
ハノーファー　188
プロイセン　29, 40, 94, 140, 180, 186, 188
トインビー，アーノルド（Arnold Toynbee）　81-2
東方問題（Eastern Question）　131, 235, 249, 252, 254, 256, 262, 292, 296
ドーズ，チャールズ（Charles Gates Dawes）　301
「ドーズ案」　301-2, 308-11, 314, 326-7, 377
トラウトベック，ジョン（John Troutbeck）　313, 369
ドラクロワ，レオン（Léon Delacroix）　217, 229, 231
ドラモンド，エリック（Eric Drummond, 後に 7th Earl of Perth）　159, 308, 396
トレッタ侯爵（Pietro Paolo Tomasi, Marchese della Torretta）　368
トレンチャード，ヒュー（Sir Hugh Trenchard, 後に 1st Viscount Trenchard）　350

ナ　行

ナポレオン・ボナパルト（Napoléon Bonaparte, Napoléon Ier）　16, 32, 73, 251, 345, 352
南米　325, 391

ニコルソン，アーサー（Sir Arthur Nicolson, 1916 年以降 1st Baron Carnock） 28-9, 32
ニコルソン，ハロルド（Harold Nicolson） 24, 82, 181, 189, 318, 341-3, 347, 352
日本 6, 24, 74, 77, 86, 99, 102, 105, 107, 117, 159, 163-5, 174, 203, 207, 255
ネイミア，ルイス（Lewis Namier） 81-2
ノースクリフ子爵（1st Viscount Northcliffe） 235, 285
ノレ，シャルル（Charles Nollet） 311

ハ 行

バーカンヘッド男爵（1st Baron Birkenhead, 1921 年に子爵，1922 年以降は伯爵） 185, 237, 349, 351, 358, 361
パーシー，ユースタス（Lord Eustace Percy，後に 1st Baron Percy of Newcastle） 83, 85-6, 93, 101
ハースト，セシル（Sir Cecil Hurst） 71, 94, 105-10, 121, 209, 275, 370, 375-83, 386-7, 389, 392-4
ハーディング男爵（1st Baron Hardinge of Penshurst） 32, 52, 81, 85-6, 89, 131, 159, 167-9, 177, 179, 188, 199, 205, 209-10, 214-15, 220, 225, 234, 238-9, 241, 246, 249, 251-3, 264-6, 272, 281, 286, 288
パーマー男爵（1st Baron Parmoor） 74, 303, 306-7, 314, 325
パーマストン子爵（3rd Viscount Palmerston） 4, 21
バーンズ，ジョージ（George Nicoll Barnes） 61, 154, 184-6, 188, 268
パウエル，J・C（J. C. Powell） 81-3
ハウス，エドワード・マンデル（‘Colonel’ Edward Mandell House） 100-1, 105, 107, 115, 122, 131-3, 135, 138-9, 148-9, 170
パジェット，ラルフ（Sir Ralph Paget） 33-6, 176
ハスキンズ，チャールズ（Charles Homer Haskins） 123, 147, 164, 171
バチカン 60-2, 290
バトラー，ジェームズ（James Ramsay Montagu Butler） 79
パリ講和会議（1919～20 年） 3, 13-14, 16, 18, 26, 44, 82, 97, 99-191, 199-200, 235-6, 240, 242-3, 246, 250, 267, 285, 294, 300, 305, 315, 324, 332, 335, 341, 347, 352, 394, 402-5, 407
　イギリス帝国代表団会議 154-6, 183-7
　「講和本会議（Peace Congress）」 87, 99, 178
　五人評議会（Council of Five） 172, 175
　十人評議会（Council of Ten） 99-100, 104, 112, 122, 145, 159-61, 163-4, 172
　総会（Plenary Seesion） 100, 111, 145, 156, 177
　「予備的講和会議（preliminary Peace Conference）」 87, 99-100, 156, 178
　四人評議会（Council of Four） 144-8, 151-2, 167-71, 179-80, 187-8
バルカン 24, 26, 57, 81, 340, 344
バルトゥー，ルイ（Louis Barthou） 237
バルト諸国 255, 323
バルフォア，アーサー（Arthur James Balfour, 1922 年以降 1st Earl of Balfour） 20, 41-2, 45, 47, 49-52, 54, 60-1, 70, 89, 91-4, 112, 114, 116, 122, 124-5, 127, 137-8, 152, 155-6, 159-63, 166-71, 174, 183, 185-7, 189, 191, 199, 208, 211, 215, 228-9, 237, 258, 280-2, 284, 296, 319, 333, 349, 352, 357, 402, 407
ハワード・スミス，チャールズ（Charles Howard Smith） 208, 210
ハンガリー 26, 140, 207, 342, 346
ハンキー，モーリス（Sir Maurice Hankey，後に 1st Baron Hankey） 19-22, 32, 44, 46, 53-4, 62, 71-2, 92, 106, 139-41, 152, 185, 221-3, 241, 289, 308, 335-8, 340-2, 349-50, 357-8, 365, 404
ビーチャム伯爵（7th Earl of Beauchamp） 273
ピション，ステファン（Stéphen Pichon） 136, 157-8, 172
ビスマルク侯爵（Otto Fürst von Bismarck，後に Herzog von Lauenburg） 4, 80, 312, 364
ピット，ウィリアム（小）（William Pitt the Younger） 55
ヒューズ，チャールズ・エヴァンズ（Charles Evans Hughes） 287, 301
ヒューズ，ビリー（William Morris Hughes） 76-7, 154, 183-4, 240, 242-3
ファン・カルネベーク，ヘルマン（Herman Adriaan van Karnebeek） 172-5
ファン・スウィンデレン，レネケ・デ・マレース（Reneke de Marees van Swinderen）

160, 162
『フィガロ（*Le Figaro*）』　94, 202
フィッシャー，ハーバート（Herbert Albert Laurens Fisher）　185
フィップス，エリック（Eric Phipps）　293-4
フィリモア，ウォルター（Sir Walter Phillimore, 1918年7月以降 1st Baron Phillimore）　71, 78
　フィリモア委員会　71-7, 86, 102-3, 402
フィンランド　139, 323, 395
フェル，アーサー（Sir Arthur Fell）　278
フォッシュ，フェルディナン（Ferdinand Foch）　63, 89, 95-6, 112-6, 118-9, 124, 126-9, 146, 149, 153, 157, 179, 202, 217, 223, 278, 301
「フォンテーヌブロー覚書」　141-3, 145-7, 149, 166, 178, 190, 197, 236, 403
仏白軍事協定（1920年）　13, 16, 177, 204, 213, 215-20, 222-3, 226, 228-31, 235, 253, 257, 259, 330
普仏戦争（独仏戦争）　27, 66, 68, 79-80, 87, 94, 96-7, 142, 197, 367
フランス
　英仏同盟案　10, 13, 16, 18, 23, 34, 43, 55, 77, 91, 95, 98, 176, 231, 234-45, 247-8, 250-3, 255-74, 276-7, 279-83, 285, 287, 292-6, 299, 302, 305, 308-9, 313, 315-18, 327-34, 336-7, 339-43, 348-60, 362-4, 367-8, 373-4, 381, 397-9, 401-2, 404-7
　国際連盟構想　74-5, 109-11
　国防最高会議（Conseil supérieur de la défense nationale）　294
　1790/1814年国境の要求　32, 50, 70, 90, 120, 136-7, 143-4, 147
　「二段階同盟」／多重協定案　245, 248, 310-11, 357-8, 360, 363, 368
　ラインラント政策　32, 49-52, 63, 71, 79-80, 88, 90-1, 94-6, 112, 117-38, 144, 148-56, 176, 188-91, 301, 305-8, 312, 315, 352, 360, 402-4
　ルール政策　113-14, 224, 235, 241-2, 247, 263, 278, 286, 288, 294, 297-9, 301, 314
ブリアン，アリスティード（Aristide Briand）　49-51, 153, 238, 241, 244-9, 251-9, 261-3, 265, 276-7, 297, 311, 331-2, 363, 372, 382-5, 387-8, 391, 395-7, 404
ブリエ　80, 120, 123
ブリッジマン，ウィリアム（William Bridgeman，後に 1st Viscount Bridgeman）　361
ブルガリア　76, 342
ブルジョワ，レオン（Léon Bourgeois）　74-5, 107, 109-10
フルリオー，エメ・ド（Aimé de Fleuriau）　209, 358, 364, 368-9, 371, 376, 381, 383
ブレスト＝リトフスク講和条約（1918年）　64
ブローニュ会議（1920年）　225-6
ブロックヴィル，シャルル・ド（Charles de Broqueville，後に comte de Broqueville）　52
ブロックドルフ＝ランツァウ伯爵（Graf von Brockdorff-Rantzau）　178-9
フロマジョー，アンリ（Henri Fromageot）　74, 251, 378-84, 386-7
ベイアンス男爵（baron Beyens）　31-2
ベイリー，ジョン（John Baily）　81, 83, 88-9
ベヴァン，エドウィン（Edwyn Bevan）　81
ベーカー，フィリップ（Philip Baker，後に Baron Noel-Baker）　101
ベートマン・ホルヴェーク，テオバルト・フォン（Theobald von Bethmann Hollweg）　27, 46
ヘッドラム＝モーリー，ジェームズ（James Wycliffe Headlam-Morley〔姓は1918年までは Headlam〕）　25-6, 81-4, 86-8, 91-2, 121, 123, 126, 139, 147-8, 162-3, 165-7, 181-2, 189-90, 320-1, 340-2, 344-8, 352, 362, 369-70, 407
ベネシュ，エドヴァルド（Edvard Beneš）　276, 324, 331-2, 363, 396
ベネディクトゥス15世（Benedictus XV）　60
ベルギー
　英白同盟案　10, 13, 16, 18, 34, 43, 52, 55, 91, 95, 98, 160, 176-7, 260-1, 263-9, 272-4, 281-3, 299, 302, 310, 317-18, 329-30, 332-4, 336-7, 339-43, 348, 350-60, 364, 367-8, 374-5, 397-9, 401-2, 407
　14人委員会（Commission of Fourteen）　175, 202-3, 205-7, 212, 216, 404
　中立問題　27-9, 31-2, 34, 43, 46, 52, 80, 82, 84-5, 92-3, 158, 161-2, 164, 173, 177, 203, 206-7, 209-16, 225, 228, 242, 256-7, 260-1, 345, 370
ヘルゴラント島　43, 143

ベルトロ，フィリップ（Philippe Berthelot）　204, 383
ベルリン会議（1878 年）　344, 364
ペレッティ，エマニュエル・ド（Emmanuel de Peretti della Rocca）　311-3
ポアンカレ，レイモン（Raymond Poincaré）　100, 120, 124, 153, 217, 237, 241-2, 247, 262-3, 265-6, 268, 271-3, 277-81, 283, 288, 290, 293-4, 300-1, 304-5, 310, 327, 330-1, 350, 368, 404
ボウマン，イザイア（Isaiah Bowman）　123
ホーア，サミュエル（Sir Samuel Hoare，後に 1st Viscount Templewood）　200, 284, 321, 350, 354, 356, 358, 377, 407
ボータ，ルイス（Louis Botha）　154-5, 181, 240
ボーデン，ロバート（Sir Robert Borden）　54-5, 57, 154-5, 338
ホートン，アランソン（Alanson B. Houghton）　289
ポーランド　10, 16, 26, 33, 35, 40, 42, 44, 47, 54-5, 57, 65, 67, 69, 87, 107, 116, 124-5, 139, 142-3, 147, 151, 181, 183-4, 186, 224, 245, 247-8, 250, 252, 254-5, 258, 277, 292, 323, 325, 331, 333, 340, 342, 346, 358, 363, 371, 379, 385-7, 389, 391-4, 396-7, 408
——回廊　185, 196-7, 345, 350
ポーランド＝ソヴィエト戦争　230
ホールデン子爵（1st Viscount Haldane）　29, 374
ボールドウィン，スタンリー（Stanley Baldwin，後に 1st Earl Baldwin of Bewdley）　10, 18, 237, 258, 284-6, 292, 296-301, 326, 333, 339, 353, 357-8, 360-1, 364-7, 401, 406-7
保守党　18, 23, 28, 36, 41, 44-6, 54, 64, 97, 119, 149, 200, 268, 278, 284-5, 291, 296, 302, 303, 322, 325-6, 359, 401, 406-7
党内右派／「ダイ＝ハード」　9, 285, 297, 350
北海　9, 28, 43, 336, 344
ホッジ，ジェームズ（James Myles Hogge）　197
ボナー・ロウ，アンドリュー（Andrew Bonar Law）　22, 44-6, 61, 77, 95, 97, 119, 129-30, 144, 154, 188, 201, 208, 211, 227, 229, 258, 278, 285-91, 293, 295-6, 401, 406
ボノーミ，イヴァノエ（Ivanoe Bonomi）　254, 256-7
ボヘミア　→チェコスロヴァキア
ポラード，アルバート（Albert Pollard）　71
ポルトガル　24, 26, 107, 263
ホワイト，ヘンリー（Henry White）　151
ポンソンビー，アーサー（Arthur Ponsonby，後に 1st Baron Ponsonby of Shulbrede）　53, 303

マ　行

マース川（ムーズ川）　146, 161, 173
マイン川　151, 221, 224
牧野伸顕　107
マクドナルド，ラムゼイ（James Ramsay MacDonald）　18, 303-7, 309-14, 322-5, 327, 329, 359, 367, 374, 401, 406
マクリーン，ドナルド（Sir Donald Maclean）　201, 267
マグリンス，アンリ（Henry H. Maglinse）　224
『ル・マタン（*Le Matin*）』　201, 213
マルジェリー，ピエール・ド（Pierre de Margerie）　74, 215
マルメディ　31, 80, 84, 87, 143, 159, 161, 163-5, 169, 178, 180
マレット，ルイス（Sir Louis Mallet）　32, 41, 57
マンス，ヘンリー（Sir Henry Osborne Mance）　202
『マンチェスター・ガーディアン（*The Manchester Guardian*）』　182, 291
マントゥー，ポール（Paul Mantoux）　152
ミーエン，アーサー（Arthur Meighen）　242
ミラー，デイヴィッド・ハンター（David Hunter Miller）　103-10
ミルナー子爵（1st Viscount Milner）　46, 53, 55-6, 59, 61-2, 70, 184, 186
ミルラン，アレクサンドル（Alexandre Millerand）　216-17, 222, 293, 301
民主統制連合（Union of Democratic Control）　183, 303
「民族自決（national self-determination）」／「民族原則（principle of nationality）」　1-2, 15, 17, 33-7, 41-4, 47-9, 51, 54-5, 57-9, 65-9, 79, 82, 84, 86-90, 94, 98, 118, 122, 126, 131-2, 160-1, 164-5, 180, 183, 401-2
ムッソリーニ，ベニート（Benito Mussolini）

332, 363
メイシー，ウィリアム（William Massey）　54-5, 154, 184, 242-4
メーメル　87, 184
メゼス，シドニー（Sidney Edward Mezes）　132-3
メッテルニヒ侯爵（Fürst von Metternich）　257
『モーニング・ポスト（*The Morning Post*）』　235, 238, 285-6, 291
モリス，エドワード（Sir Edward Morris，後に 1st Baron Morris）　54
モレネ　143, 159, 161, 163-4, 180
モロッコ　6-9, 127, 245, 276, 282
モンタギュー，エドウィン（Edwin Samuel Montagu）　140-1, 185-6

ヤ　行

ユーゴスラヴィア　25, 292
宥和／融和（appeasement）　11, 65, 144, 147-8, 178, 183, 185, 243, 266-7, 351, 398-9, 403, 407
「ヨーロッパ協調（Concert of Europe）」　3, 15-16, 18, 37-8, 53, 73, 78, 273, 341, 344-8, 364, 401, 407

ラ　行

ライン川　9-11, 50, 115, 118-19, 122-5, 127-8, 132, 134-7, 143, 146, 151, 153, 157, 161, 165, 173, 179, 190, 217, 218-19, 234-5, 243, 246, 250, 259, 283, 289, 297, 300, 308-9, 339, 345, 353, 381-2, 402-3, 408
ラインラント　17, 32, 49-52, 63, 71, 80, 88, 112, 117-38, 144-5, 148-57, 164, 167, 176, 182, 187-8, 190-1, 270, 305-8, 315, 369, 371, 385-6, 391, 402-4
　——イギリス駐留軍　128-30, 151, 167, 195-6, 218-19, 262
　——高等委員会（Inter-Allied Rhineland High Commission）　290
　——占領　9, 50, 95-6, 118, 120-2, 124-5, 127-30, 132, 134-7, 146, 148-54, 157, 167, 181-3, 185-8, 190, 196-7, 211, 218-19, 223-4, 299, 305, 307, 312-13, 315, 317, 338, 354, 360, 363, 371, 376, 378
　——第 1 次撤兵（ケルン区域）　338-9, 357, 360, 388
　——非武装規定　2, 10, 50, 90-1, 96, 116, 118, 121, 123, 125, 129-30, 132, 134, 136-7, 143, 145-6, 150-1, 155-6, 159, 186, 189, 255, 270, 273, 283, 287, 295, 315-7, 339, 345, 360, 369-70, 373, 376, 379-81, 383-4, 390, 393, 403
　——分離独立案　31, 50, 79-80, 90-1, 94-5, 118, 120-4, 126-8, 132-4, 137-8, 140-3, 148, 159, 167, 188, 190, 301, 352, 403
　「ライン共和国（Rheinische Republik）」　121-2, 301
『ラウンド・テーブル（*The Round Table*）』　22, 344
ラパッロ条約（1922 年）　275, 395
ラルノード，フェルディナン（Ferdinand Larnaude）　107
ラロシュ，ジュール（Jules Laroche）　165, 206, 251
ランシマン，ウォルター（Walter Runciman，後に 1st Viscount Runciman of Doxford）　70
ランシング，ロバート（Robert Lansing）　174-5
ランズダウン侯爵（5th Marqeuss of Lansdowne）　64, 74
ランダウ　90, 94, 120, 133, 147
ランプソン，マイルズ（Miles Lampson，後に 1st Baron Killearn）　287, 306, 308-9, 314, 318, 327, 338-9, 342, 344, 347, 358, 362, 369-70, 372, 376, 378, 380-3, 389, 406
リース＝スミス，ヘイスティングス（Hastings Lees-Smith）　52
リーパー，アレン（Allen Leeper）　81-2
リーパー，レジノルド（Reginald Leeper）　81-2
リデル，ジョージ（Sir George Riddell，後に 1st Baron Riddell）　140, 184
リトアニア　61, 332
リボー，アレクサンドル（Alexandre Ribot）　51, 74
『両世界評論（*Revue des Deux Mondes*）』　237
リンブルフ　31, 80, 84, 157-9, 161, 169, 173, 203, 206, 217, 225
ルーマニア　44, 107, 292, 331, 408
ルール地方　18, 113-4, 221-2, 224, 235, 241-2, 247, 263, 278, 286, 288-90, 293-4, 297-301, 305, 309, 314, 349, 377, 397, 404-6

ルクセンブルク　8, 31-2, 34, 40, 55, 80-2, 84-8, 90-1, 95, 118, 143, 148, 159, 161-2, 166-7, 169-71, 204-5, 219, 223, 295
ロンドン条約（1867 年）　34, 85-6
ルシュール，ルイ（Louis Loucheur）　113-14, 135-6
ルター，ハンス（Hans Luther）　389, 392
レジェ，アレクシ（Alexis Léger）　383
レディング伯爵（1st Earl of Reading，後に侯爵）　76
連合国軍事監督委員会（Inter-Allied Military Commission of Control）　311
連合国賠償委員会（Reparations Commission）　150, 288, 290, 314
ロアバーン伯爵（1st Earl Loreburn）　74
ロイド・ジョージ，デイヴィッド（David Lloyd George，後に 1st Earl Lloyd George of Dwyfor）　17, 19, 21-3, 36, 44-7, 51, 53-4, 56-63, 65-70, 74, 76-7, 94-100, 104-7, 112-16, 119-21, 126-7, 129-32, 134-6, 138, 140-1, 144-9, 151-7, 161, 166-70, 176, 178-91, 196-7, 201-2, 208, 211, 213, 215, 218, 221-2, 226, 228-9, 233, 235, 237-9, 241-2, 244, 247-9, 252-63, 266-7, 271-2, 276-7, 279-87, 291, 365-6, 374, 401-6
カクストン・ホール演説（1918 年）　66-7, 69, 71
労働党　18, 45-6, 52-3, 57-9, 61, 64, 74, 97, 183, 196-7, 252, 267-8, 278, 284, 302, 303, 322, 325, 359, 362, 366, 401, 406
ローザンヌ会議（1922～23 年）　289
ローズ，ジョン・ホランド（John Holland Rose）　71
ローズベリ伯爵（5th Earl of Rosebery）　5
ロカルノ会議（1925 年）　366, 388-96
ロカルノ条約　10, 13, 15-16, 18, 23, 117, 153, 216, 251, 289, 294, 339, 379, 396-9, 406-8
「明白な違反」　379-81, 383-6, 389-91, 393, 398
ライン協定（西欧相互保障協定）　10, 289, 294-5, 299-300, 339, 368-72, 374-8, 380, 384, 387, 389, 396-9, 407
ロシア／ソ連　3, 6, 8, 10-11, 24, 26, 29-32, 35, 38, 40-4, 48, 50, 52, 54, 58, 60-5, 67-8, 70, 81, 83, 85, 146, 153, 207, 228, 230, 245, 248, 254-5, 270-1, 275-6, 283, 292, 332, 342, 345, 367, 376, 395, 408-9
ボリシェヴィキ政権による秘密協定の暴露　30, 52, 63, 79
——革命　3, 11, 50, 60, 65
——とドイツの接近　117, 127, 140-1, 248, 250-2, 270, 275-6, 322, 331, 340, 345, 348, 358-9, 373, 387, 395
——内戦　3, 10, 104, 106
ロッジ，ヘンリー・カボット（Henry Cabot Lodge）　198-200
ロバートソン，ウィリアム（Sir William Robertson）　32, 40-1, 58, 62, 89
ロング，ウォルター（Walter Long，後に 1st Viscount Long）　54-5, 66, 127, 130, 208
ロンドン会議（1924 年）　234, 302, 311, 313-4, 323, 326, 399, 406

ワ　行

ワージントン＝エヴァンズ，ラミング（Sir Laming Worthington-Evans）　237, 297, 319, 351, 353, 356
ワイズマン，ウィリアム（Sir William Wiseman）　104, 137, 198
ワシントン会議（1921～22 年）　244, 248, 250, 258, 319
海軍軍縮条約（1922 年）　296, 319
四カ国条約（1921 年）　248, 250, 253, 256

略 語 表

ADAP（*Akten zur deutschen auswärtigen Politik*：ドイツ政府公刊外交資料集）
ADM（Admiralty：海軍省〔英〕）
BD（*British Documents on the Origins of the War, 1898-1914*：イギリス政府公刊外交資料集）
BL（British Library：大英図書館）
BLPES（British Library of Political and Economic Science：イギリス政治経済学図書館）
BUL（Birmingham University Library：バーミンガム大学図書館）
CAB（Cabinet：内閣〔英〕）
CAC（Churchill Archives Centre：ケンブリッジ大学チャーチル資料館）
CID（Committee of Imperial Defence：帝国防衛委員会）
Cmd.（Command Paper：イギリス政府報告書）
CUL（Cambridge University Library：ケンブリッジ大学図書館）
DBFP（*Documents on British Foreign Policy, 1919-1939*：イギリス政府公刊外交資料集）
DD garanties（*Documents diplomatiques : documents relatifs aux négociations concernant les garanties de sécurité contre une aggression de l'Allemagne*：対独安全保障に関するフランス政府公刊資料）
DDB（*Documents diplomatiques belges*：ベルギー政府公刊外交資料集）
DDF（*Documents diplomatiques français*：フランス政府公刊外交資料集）
DID（Director of Intelligence Division：海軍情報部長［1912-18］〔英〕）
DMI（Director of Military Intelligence：陸軍情報部長〔英〕）
DNI（Director of Naval Intelligence：海軍情報部長［1918-65］〔英〕）
FO（Foreign Office：外務省〔英〕）
FRUS（*Foreign Relations of the United States*：アメリカ政府公刊外交資料集）
IOR（India Office Records：大英図書館インド省資料室）
MAE（Archives du Ministère des Affaires étrangères：フランス外務省資料館）
MI2(e)（Military Intelligence Section 2(e)：陸軍情報部二課e室〔英〕）
NATO（North Atlantic Treaty Organization：北大西洋条約機構）
ODNB（*Oxford Dictionary of National Biography*：オックスフォード英国人名事典）
PA（Parliamentary Archives：イギリス議会文書館）
PID（Political Intelligence Department：外務省政治情報局〔英〕）
SIS（Secret Intelligence Service：秘密情報部〔英〕）
TNA（The National Archives：イギリス国立公文書館）
WO（War Office：陸軍省〔英〕）
YULDC（Yale University Library Digital Collections：イェール大学図書館電子資料）

参考文献

＊引用文献を中心としてまとめた。

I　一次史料

(1) 未公刊史料

【イギリス】

The National Archives, Kew（イギリス国立公文書館）

ADM 167　海軍省文書（海軍本部委員会議事録および覚書）
CAB 2　内閣文書（帝国防衛委員会議事録）
CAB 4　内閣文書（帝国防衛委員会覚書）
CAB 16　内閣文書（帝国防衛委員会特別小委員会関係文書）
CAB 23　内閣文書（閣議議事録）
CAB 24　内閣文書（閣議覚書）
CAB 28　内閣文書（連合国会議議事録および関係文書）
CAB 29　内閣文書（国際会議議事録および関係文書）
CAB 32　内閣文書（イギリス帝国会議議事録および覚書）
CAB 42　内閣文書（戦争評議会議事録および覚書）
FO 371　外務省文書（一般政務文書）
FO 608　外務省文書（パリ講和会議イギリス代表団公電および関係文書）
FO 800　外務省文書（外務省関係者個人文書）

Parliamentary Archives, London（イギリス議会文書館）

David Lloyd George papers（ロイド・ジョージ関係文書）

British Library, London（大英図書館）

Arthur James Balfour papers（バルフォア関係文書）
1st Viscount Cecil of Chelwood papers（セシル関係文書）

British Library, India Office Records（大英図書館インド省資料室）

1st Marquess of Curzon papers（カーズン関係文書）

British Library of Political and Economic Science, London（イギリス政治経済学図書館）

Laurence Collier papers（コリアー関係文書）
Charles Webster papers（ウェブスター関係文書）

Cambridge University Library, Cambridge（ケンブリッジ大学図書館）

Stanley Baldwin papers（ボールドウィン関係文書）
1st Marquess of Crewe papers（クルー関係文書）
1st Baron Hardinge of Penshurst papers（ハーディング関係文書）

Churchill Archives Centre, Cambridge（ケンブリッジ大学チャーチル資料館）
Maurice Hankey papers（ハンキー関係文書）
James Wycliffe Headlam-Morley papers（ヘッドラム＝モーリー関係文書）
Eric Phipps papers（フィップス関係文書）
Bodleian Library, Oxford（オックスフォード大学ボドレアン図書館）
Eyre Crowe papers（クロウ関係文書）
Birmingham University Library, Birmingham（バーミンガム大学図書館）
Austen Chamberlain papers（チェンバレン関係文書）
【フランス】
Archives du Ministère des Affaires étrangères, La Courneuve（フランス外務省資料館）
Série Z (Europe 1918–40), Grande-Bretagne（ヨーロッパ 1918～40 年，イギリス）
【アメリカ】
Yale University Library Digital Collections（イェール大学図書館電子資料）
MS 466, Edward Mandell House papers, ser. 2, Diaries（ハウス日記），http://digital.library.yale.edu/cdm/landingpage/collection/1004_6 (accessed, 30.9.2014)

(2) 政府公刊史料集・報告書

【イギリス】
Command Paper, *Treaties Relative to the Netherlands and Belgium signed at London, April 19, 1839*, Command Paper 195 (London: J. Harrison and Son, 1839).
Command Paper, *Inter-Allied Conferences on Reparations and Inter-Allied Debts: Held in London and Paris, December 1922 and January 1923*, Cmd. 1812 (London: HMSO, 1923).
Command Paper, *Correspondence with the Allied Governments respecting Reparation Payments by Germany*, Cmd. 1943 (London: HMSO, 1923).
Command Paper, *Papers respecting Negotiations for an Anglo-French Pact*, Cmd. 2169 (London: HMSO, 1924).
Command Paper, *Franco-British Memorandum of July 9, 1924 Concerning the Application of the Dawes Scheme*, Cmd. 2191 (London: HMSO, 1924).
Command Paper, *Correspondence between His Majesty's Government and the League of Nations Respecting the Proposed Treaty of Mutual Assistance*, Cmd. 2200 (London: HMSO, 1924).
Command Paper, *League of Nations. Fifth Assembly. Arbitration, Security and Reduction of Armaments. Protocol and Resolutions Adopted by the Assembly, and Report by the First and Third Committees of the Assembly*, Cmd. 2273 (London: HMSO, 1924).
Command Paper, *Final Protocol of the Locarno Conference, 1925 (and Annexes) together with Treaties between France and Poland and France and Czechoslovakia, Locarno, October 16, 1925*, Cmd. 2525 (London: HMSO, 1925).
Command Paper, *Papers respecting the Proposals for a Pact of Security Made by the German Government on February 9, 1925*, Cmd. 2435 (London: HMSO, 1925).

Command Paper, *Statistical Abstract for the United Kingdom for Each of the Fifteen Years from 1911 to 1925*, Cmd. 2849 (London: HMSO, 1927).

Foreign Office, Historical Section, *Peace Handbooks*, 25 vols. (London: HMSO, 1920).

Gooch, G. P., and Harold Temperley, eds., *British Documents on the Origins of the War, 1898–1914, vol. 11: The Outbreak of War* (London: HMSO, 1926).

Medlicott, W. N., and Douglas Dakin, eds., *Documents on British Foreign Policy, 1919–1939*, Series 1A, vol. 1 (London: HMSO, 1966).

The Foreign Office List and Diplomatic and Consular Year Book, 1907–1926 (London: Harrison and Sons, 1907–26).

War Office, *Statistics of the Military Effort of the British Empire during the Great War, 1914–1920* (London: HMSO, 1922).

Woodward, E. L., and Rohan Butler, eds., *Documents on British Foreign Policy, 1919–1939*, 1st Series, 27 vols. (London: HMSO, 1957–86).

【フランス】

Ministère des Affaires étrangères, *Documents diplomatiques: documents relatifs aux négociations concernant les garanties de sécurité contre une aggression de l'Allemagne (10 janvier 1919–7 décembre 1923)* (Paris: Imprimerie Nationale, 1924).

Ministère des Affaires étrangères, *Documents diplomatiques français: 1920*, 3 tomes (Paris: Imprimerie nationale, 1997–2003).

【アメリカ】

Department of State, *Papers Relating to the Foreign Relations of the United States, 1916: Supplement, The World War* (Washington, DC: US Government Printing Office, 1929).

Department of State, *Papers Relating to the Foreign Relations of the United States, 1922*, 2 vols. (Washington, DC: US Government Printing Office, 1938).

Department of State, *Papers Relating to the Foreign Relations of the United States, 1923*, 2 vols. (Washington, DC: US Government Printing Office, 1938).

Department of State, *Papers Relating to the Foreign Relations of the United States: The Paris Peace Conference, 1919*, 13 vols. (Washington, DC: US Government Printing Office, 1942–47).

Department of State, *Treaty of Versailles and After: Annotations of the Text of the Treaty* (1944; reprint, New York: Greenwood Press, 1968).

【ベルギー】

Visscher, Ch. de, et F. van Langenhove, eds., *Documents diplomatiques belges, 1920–1940: la politique de sécurité extérieure*, tomes 1 & 2 (Bruxelles: Palais des Académies, 1964).

【ドイツ】

Auswärtiges Amt, *Akten zur deutschen auswärtigen Politik 1918–1945*, Serie A, Bde. 7, 11 (Göttingen: Vandenhoeck & Ruprecht, 1989, 1993).

(3) 一般刊行史料集

Asquith, Herbert Henry et al., *War Speeches by British Ministers* (London: T. Fisher Unwin, 1917).

Coupland, R., ed., *The War Speeches of William Pitt the Younger* (Oxford: Clarendon Press, 1915).

Dale, Iain, ed., *Conservative Party General Election Manifestos 1900–1997* (London: Routledge, 2000).

Degras, Jane, ed., *Soviet Documents on Foreign Policy, vol. 1: 1917–1924* (London: Oxford University Press, 1951).

Gilbert, Martin, ed., *The Churchill Documents, vol. 8: War and Aftermath, December 1916–June 1919* (1977; reprint, Hillsdale: Hillsdale College Press, 2008).

Gilbert, Martin, ed., *The Churchill Documents, vol. 9: Disruption and Chaos, July 1919–March 1921* (1977; reprint, Hillsdale: Hillsdale College Press, 2008).

Gilbert, Martin, ed., *The Churchill Documents, vol. 10: Conciliation and Reconstruction, April 1921–November 1922* (1977; reprint, Hillsdale: Hillsdale College Press, 2008).

Keynes, John Maynard, *The Collected Writings of John Maynard Keynes, vol. 16: Activities 1914–1919: The Treasury and Versailles*, ed. Elizabeth Johnson (Cambridge: Cambridge University Press, 1971).

Link, Arthur S., ed., *The Papers of Woodrow Wilson, vol. 56: March 17–April 4, 1919* (Princeton: Princeton University Press, 1987).

Luckau, Alma, *The German Delegation at the Paris Peace Conference* (New York: Howard Fertig, 1971).

Mantoux, Paul, *Les Délibérations du Conseil des quatre (24 mars–28 juin 1919)*, 2 vols. (Paris: Éditions du Centre national de la Recherche Scientifique, 1955) [*The Deliberations of the Council of Four (March 24–June 28, 1919): Notes of the Official Interpreter*, 2 vols., trans. and ed. Arthur S. Link (Princeton: Princeton University Press, 1992)].

Miller, David Hunter, *The Drafting of the Covenant*, 2 vols. (New York: G. P. Putnam's Sons, 1928).

Scott, James Brown, ed., *Official Statements of War Aims and Peace Proposals: December 1916 to November 1918* (Washington, DC: Carnegie Endowment, 1921).

Wilson, Keith M., ed., *George Saunders on Germany, 1919–1920: Correspondence and Memoranda* (Leeds: Leeds Philosophical and Literary Society, 1987).

(4) 日記・回顧録・当事者による論考

Barnes, John, and David Nicolson, eds., *The Leo Amery Diaries, vol. 1: 1896–1929* (London: Hutchinson, 1980).

Cecil of Chelwood, Viscount, *All the Way* (London: Hodder and Stoughton, 1949).

Chamberlain, Austen, 'Great Britain as a European Power', *Journal of the Royal Institute of International Affairs*, 9:2 (1930), pp. 180–8.

Clemenceau, Georges, *Grandeurs et misères d'une victoire* (Paris: Plon, 1930).

Collier, Sir Laurence, 'The Old Foreign Office', *Blackwood's Magazine*, 312 (1972), pp. 256–61.
D'Abernon, Viscount, *An Ambassador of Peace: Pages from the Diary of Viscount D'Abernon (Berlin, 1920–1926)*, 3 vols. (London: Hodder and Stoughton, 1929–30).
Favre, Jules, *Gouvernement de la Défense nationale, tome 1: du 30 juin au 31 octobre 1870*, 2e éd. (Paris: Plon, 1876).
Hankey, Lord, *The Supreme Control: 1914–1918*, 2 vols. (London: George Allen and Unwin, 1961).
Hankey, Lord, *The Supreme Control at the Paris Peace Conference 1919* (London: George Allen and Unwin, 1963).
Hardinge of Penshurst, Lord, *Old Diplomacy: The Reminiscences of Lord Hardinge of Penshurst* (London: John Murray, 1947).
Headlam-Morley, Sir James, *A Memoir of the Paris Peace Conference 1919*, eds. Agnes Headlam-Morley, Russell Bryant and Anna Cienciala (London: Methuen, 1972).
Hymans, Paul, *Mémoires*, 2 tomes (Bruxelles: Éditions de l'Institut de Sociologie Solvay, 1958).
Jones, Thomas, *Whitehall Diary*, 3 vols., ed. Keith Middlemas (London: Oxford University Press, 1969–71).
Keynes, John Maynard, *The Economic Consequences of the Peace* (London: Macmillan, 1920).
Kirkpatrick, Sir Ivone, *The Inner Circle* (London: Macmillan, 1959).
Lansing, Robert, *The Peace Negotiations: A Personal Narrative* (Boston: Houghton Mifflin, 1921).
Laroche, Jules, *Au Quai d'Orsay avec Briand et Poincaré, 1913–1926* (Paris: Hachette, 1957).
Lloyd George, David, *The Truth about the Peace Treaties*, 2 vols. (London: V. Gollancz, 1938).
Lloyd George, David, *War Memoirs*, 2 vols. (London: Odhams, 1938).
Loucheur, Louis, *Carnets secrets 1908–1932* (Bruxelles: Brepols, 1962).
Mackenzie, Norman and Jeanne, eds., *The Diary of Beatrice Webb, vol. 3: 1905–1924* (Cambridge, MA: Belknap Press, 1984).
Miller, David Hunter, *My Diary at the Conference of Paris with Documents*, vols. 1 and 4 (New York: privately printed, 1924).
Nicolson, Harold, *Peacemaking, 1919* (1933; reprint, New York: Grosset & Dunlap, 1965).
Nicolson, Nigel, ed., *Harold Nicolson Diaries and Letters, 1907–1964* (London: Phoenix, 2005).
O'Malley, Sir Owen, *The Phantom Caravan* (London: John Murray, 1954).
Oppenheimer, Sir Francis, *Stranger Within* (London: Faber and Faber, 1960).
Otte, T. G., ed., *An Historian in Peace and War: The Diaries of Harold Temperley* (Farnham: Ashgate, 2014).
Poincaré, Raymond, *Au service de la France: Neuf années de souvenirs, tome 10: Victoire et Armistice, 1918* (Paris: Plon, 1933).
Poincaré, Raymond, *Au service de la France: Neuf années de souvenirs, tome 11: A la recherche de la Paix, 1919* (Paris: Plon, 1974).
Riddell, Lord, *Lord Riddell's Intimate Diary of the Peace Conference and After, 1918–1923* (London: Victor Gollancz, 1933).
Riddell, Lord, *Lord Riddell's War Diary: 1914–1918* (London: Ivor Nicholson & Watson, 1933).

Saint-Aulaire, Comte de, *Confession d'un vieux diplomate* (Paris: Flammarion, 1953).
Sylvester, A. J., *The Real Lloyd George* (London: Cassell, 1947).
Tardieu, André, *La Paix* (Paris: Payot, 1921).
Taylor, A. J. P., ed., *Lloyd George: A Diary by Francis Stevenson* (London: Hutchinson, 1971).
Toynbee, Arnold, *Acquaintances* (London: Oxford University Press, 1967).
Williamson, Philip, ed., *The Modernisation of Conservative Politics: The Diaries and Letters of William Bridgeman 1904–1935* (London: Historians' Press, 1988).
Wilson, Trevor, ed., *The Political Diaries of C. P. Scott, 1911–1928* (London: Collins, 1970).

(5) 議会議事録・新聞

【イギリス】

Hansard, Parliamentary Debates, http://hansard.millbanksystems.com (accessed, 1.1.2016)
Daily Express
The Manchester Guardian
The Times

【フランス】

L'Écho de Paris
Le Figaro
Le Matin
Le Petit Parisien
Le Temps
Revue des deux mondes

【国際連盟】

League of Nations Official Journal

II　二次史料

(1) 伝記的研究

Adams, R. J. Q., *Bonar Law* (London: John Murray, 1999).
Blake, Robert, *The Unknown Prime Minister: The Life and Times of Andrew Bonar Law, 1858–1923* (London: Eyre & Spottiswoode, 1955).
Butler, J. R. M., *Lord Lothian (Philip Kerr) 1882–1940* (London: Macmillan, 1960).
Callwell, C. E., *Field-Marshal Sir Henry Wilson: His Life and Diaries*, 2 vols. (London: Cassell, 1927).
Chastenet, Jacques, *Raymond Poincaré* (Paris: Julliard, 1948).
Churchill, Randolph S., *Lord Derby: King of Lancashire* (New York: G. P. Putnam's Sons, 1960).
Clark, G. N., 'Webster, Sir Charles Kingsley (1886–1961)', rev. Muriel E. Chamberlain, in *Oxford*

Dictionary of National Biography (Oxford: Oxford University Press, 2004), http://www.oxforddnb.com (accessed, 5.8.2015).

Cline, Catharine Ann, *E. D. Morel, 1873–1924: The Strategies of Protest* (Belfast: Blackstaff Press, 1980).

Crowe, Sibyl, and Edward Corp, *Our Ablest Public Servant: Sir Eyre Crowe, 1864–1925* (Devon: Merlin Books, 1993).

Dutton, David, *Austen Chamberlain: Gentleman in Politics* (Bolton: Ross Anderson, 1985).

Fair, John D., *Harold Temperley: A Scholar and Romantic in the Public Realm* (Cranbury, NJ: Associated University Presses, 1992).

Farrar, Marjorie Milbank, *Principled Pragmatist: The Political Career of Alexandre Millerand* (New York: Berg, 1991).

Fry, Michael Graham, *And Fortune Fled: David Lloyd George, the First Democratic Statesman, 1916–1922* (New York: Peter Lang, 2011).

Gilbert, Martin, *Winston S. Churchill, vol. 5: The Prophet of Truth, 1922–1939* (1976; reprint, Hillsdale: Hillsdale College Press, 2009).

Gilmour, David, *Curzon: Imperial Statesman* (New York: Farrar, Straus & Giroux, 2003).

Goldstein, Erik, 'Morley, Sir James Wycliffe Headlam- (1863–1929)', in *Oxford Dictionary of National Biography* (Oxford: Oxford University Press, 2004), http://www.oxforddnb.com (accessed 5.8.2015).

Grayson, Richard S., *Austen Chamberlain and the Commitment to Europe: British Foreign Policy*, 1924–29 (London: Frank Cass, 1997).

Grigg, John, *Lloyd George: War Leader, 1916–1918* (London: Allen Lane, 2002).

Hancock, W. K., *Smuts, vol. 1: The Sanguine Years, 1870–1919* (Cambridge: Cambridge University Press, 1962).

Holt, Edgar, *The Tiger: The Life of George Clemenceau, 1841–1929* (London: Hamish Hamilton, 1976).

Jeffery, Keith, *Field Marshal Sir Henry Wilson: A Political Soldier* (Oxford: Oxford University Press, 2006).

Johnson, Gaynor, *Lord Robert Cecil: Politician and Internationalist* (Farnham: Ashgate, 2013).

Keiger, J. F. V., *Raymond Poincaré* (Cambridge: Cambridge University Press, 1997).

Lees-Milne, James, *Harold Nicolson: A Biography, vol. 1: 1886–1929* (London: Chatto & Windus, 1980).

Marks, Sally, *Paul Hymans* (London: Haus Publishing, 2010).

Marquand, David, *Ramsay Macdonald* (London: Jonathan Cape, 1977).

Middlemas, Keith, and John Barnes, *Baldwin: A Biography* (London: Weidenfeld & Nicolson, 1969).

Miquel, Pierre, *Poincaré* (Paris: Fayard, 1961).

Monypenny, W. F., and George Earle Buckle, *The Life of Benjamin Disraeli, Earl of Beaconsfield, vol. 4: 1855–1868* (New York: Macmillan, 1916).

Nicolson, Harold, *Sir Arthur Nicolson, Bart., First Lord Carnock: A Study in the Old Diplomacy* (London: Constable, 1930).

Nicolson, Harold, *King George the Fifth: His Life and Reign* (London: Constable, 1952).

O'Brien, Terence H., *Milner: Viscount Milner of St James's and Cape Town, 1854–1925* (London: Constable, 1979).

Robbins, Keith, *Sir Edward Grey: A Biography of Lord Grey of Fallodon* (London: Cassell, 1971).

Roskill, Stephen, *Hankey: Man of Secrets*, 3 vols. (London: Collins, 1972).

Skidelsky, Robert, *John Maynard Keynes, vol. 1: Hopes Betrayed 1883–1920* (London: Macmillan, 1983)

Suarez, Georges, *Herriot, 1924–32* (Paris: Tallandier, 1932).

Suarez, Georges, *Briand: sa vie, son oeuvre avec son journal et de nombreux documents inédits*, 6 tomes (Paris: Plon, 1938–52).

Watson, David Robin, *Georges Clemenceau: A Political Biography* (Plymouth: Eyre Methuen, 1974).

Wright, Jonathan, *Gustav Stresemann: Weimar's Greatest Statesman* (Oxford: Oxford University Press, 2002).

Young, Robert J., *An American by Degrees: The Extraordinary Lives of French Ambassador Jules Jusserand* (Montreal and Kingston: McGill-Queen's University Press, 2009).

(2) 研究書

Adamthwaite, Anthony, *Grandeur and Misery: France's Bid for Power in Europe 1914–1940* (London: Arnold, 1995).

Ahmann, R., A. M. Birke, and M. Howard, eds., *The Quest for Stability: Problems of West European Security, 1918–1957* (Oxford: Oxford University Press, 1993).

Ambrosius, Lloyd, *Woodrow Wilson and the American Diplomatic Tradition: The Treaty Fight in Perspective* (Cambridge: Cambridge University Press, 1987).

Artaud, Denise, *La Question des dettes interalliées et la reconstruction de l'Europe (1917–1929)*, 2 tomes (Lille: Atelier de reproduction des thèses, 1978).

Baker, Ray Stannard, *Woodrow Wilson and World Settlement: Written from his Unpublished and Personal Material*, 3 vols. (London: Heinemann, 1923).

Bariéty, Jacques, *Les Relations franco-allemandes après la Première-Guerre mondiale: 10 novembre 1918–10 janvier 1925: de l'exécution à la négociation* (Paris: Éditions Pedone, 1977).

Barnett, Correlli, *The Collapse of British Power* (1972; reprint, Gloucester: Alan Sutton, 1984).

Bátonyi, Gábor, *Britain and Central Europe, 1918–1933* (Oxford: Clarendon Press, 1999).

Bell, P. M. H., *France and Britain, 1900–1940: Entente and Estrangement* (London: Longman, 1996).

Bell, P. M. H., *France and Britain, 1940–1994: The Long Separation* (London: Longman, 1997).

Bell, P. M. H., *The Origins of the Second World War in Europe*, 3rd ed. (London: Longman, 2007).

Bennett, G. H., *British Foreign Policy during the Curzon Period, 1919–24* (London: St. Martin's Press, 1995).

Bentley, Michael, *Modernizing England's Past: English Historiography in the Age of Modernism, 1870–1970* (Cambridge: Cambridge University Press, 2005).

Birn, Donald S., *The League of Nations Union: 1918–1945* (Oxford: Clarendon Press, 1981).

Black, Jeremy, *The Continental Commitment: Britain, Hanover and Interventionism, 1714–1793* (London: Routledge, 2005).

Boemeke, Manfred, Gerald Feldman and Elisabeth Glaser, eds., *The Treaty of Versailles: A Reassessment after 75 Years* (Cambridge: Cambridge University Press, 1998).

Bond, Brian, *British Military Policy between the Two World Wars* (Oxford: Clarendon Press, 1980).

Bond, Brian, *Britain, France and Belgium, 1939–1940* (London: Brassey's, 1990).

Bonnefous, Édouard, *Histoire politique de la Troisième République, tome 3: l'après-guerre (1919–1924)* (Paris: Presses Universitaires de France, 1959).

Boyce, Robert, *British Capitalism at the Crossroads, 1919–1932: A Study in Politics, Economics, and International Relations* (Cambridge: Cambridge University Press, 1987).

Boyce, Robert, *The Great Interwar Crisis and the Collapse of Globalization* (Basingstoke: Palgrave Macmillan, 2009).

Bullen, Roger, *Palmerston, Guizot and the Collapse of the Entente Cordiale* (London: Athlone, 1974).

Calder, Kenneth J., *Britain and the Origins of the New Europe 1914–1918* (Cambridge: Cambridge University Press, 1976).

Carr, E. H., *The Twenty Years' Crisis 1919–1939: An Introduction to the Study of International Relations* (Basingstoke: Palgrave, 2001)〔『危機の二十年』原彬久訳，岩波書店，2011年〕.

Carsten, F. L., *Britain and the Weimar Republic* (London: Batsford Academic and Educational, 1984).

Ceadel, Martin, *Semi-Detached Idealists: The British Peace Movement and International Relations, 1854–1945* (Oxford: Oxford University Press, 2000).

Charmley, John, *Splendid Isolation?: Britain and the Balance of Power 1874–1914* (London: Hodder and Stoughton, 1999).

Cohrs, Patrick O., *The Unfinished Peace after World War I: America, Britain and the Stabilisation of Europe 1919–1932* (Cambridge: Cambridge University Press, 2006).

Crosby, Gerda Richards, *Disarmament and Peace in British Politics, 1914–1919* (Cambridge, MA: Harvard University Press, 1957).

Cruttwell, C. R. M. F., *A History of the Great War, 1914–1918* (Oxford: Clarendon Press, 1934).

Dockrill, Michael L., and J. Douglas Goold, *Peace without Promise: Britain and the Peace Conferences, 1919–23* (Hamden, CT: Archon Books, 1981).

Doerr, Paul W., *British Foreign Policy, 1919–1939* (Manchester: Manchester University Press, 1998).

Dunn, J. S., *The Crowe Memorandum: Sir Eyre Crowe and Foreign Office Perceptions of Germany, 1918–1925* (Newcastle: Cambridge Scholars, 2013).

Egerton, George W., *Great Britain and the Creation of the League of Nations: Strategy and International Organization, 1914–1919* (Chapel Hill: University of North Carolina Press, 1978).

Elcock, Howard, *Portrait of a Decision: The Council of Four and the Treaty of Versailles* (London: Eyre Methuen, 1972).

Ferguson, Niall, *The Pity of War* (London: Allen Lane, 1998).

Ferris, John Robert, *Men, Money, and Diplomacy: The Evolution of British Strategic Policy, 1919–26* (New York: Cornell University Press, 1989).

Fink, Carole, *The Genoa Conference: European Diplomacy, 1921–22* (Syracuse, NY: Syracuse University Press, 1993).

French, David, *British Strategy and War Aims, 1914–1916* (London: Allen & Unwin, 1986).

French, David, *The British Way in Warfare 1688–2000* (London: Unwin Hyman, 1990).

French, David, *The Strategy of the Lloyd George Coalition, 1916–1918* (Oxford: Clarendon Press, 1995).

Gibbs, N. H., *Grand Strategy, vol. I: Rearmament Policy* (London: HMSO, 1976).

Gilbert, Martin, *Roots of Appeasement* (New York: The New American Library, 1966).

Goldstein, Erik, *Winning the Peace: British Diplomatic Strategy, Peace Planning, and the Paris Peace Conference, 1916–1920* (Oxford: Clarendon Press, 1991).

Gooch, G. P., *History of Modern Europe 1878–1919* (New York: Henry Holt, 1923).

Graebner, Norman A., and Edward M. Bennett, *The Versailles Treaty and Its Legacy: The Failure of the Wilsonian Vision* (Cambridge: Cambridge University Press, 2011).

Grenville, J. A. S., *Lord Salisbury and Foreign Policy: The Close of the Nineteenth Century* (London: Athlone, 1970).

Helmreich, Jonathan E., *Belgium and Europe: A Study in Small Power Diplomacy* (The Hague: Mouton, 1976).

Henig, Ruth, *Versailles and After, 1919–1933*, 2nd ed. (London: Routledge, 1995).

Howard, Christopher, *Splendid Isolation: A Study of Ideas concerning Britain's International Position and Foreign Policy during the Later Years of the Third Marquis of Salisbury* (London: Macmillan, 1967).

Howard, Michael, *The Continental Commitment* (1972; reprint, London: Ashfield Press, 1989).

Howard, Michael, *The Causes of Wars and Other Essays* (1983; reprint, London: Unwin Paperbacks, 1984).

Hughes, Judith M., *To the Maginot Line: The Politics of French Military Preparations in the 1920's* (Cambridge, MA: Harvard University Press, 1971).

Hyde, H. Montgomery, *British Air Policy between the Wars, 1918–1939* (London: Heinemann, 1976).

Jackson, Peter, *Beyond the Balance of Power: France and the Politics of National Security in the Era of the First World War* (Cambridge: Cambridge University Press, 2013).

Jacobson, Jon, *Locarno Diplomacy: Germany and the West, 1925–1929* (Princeton: Princeton University Press).

Jaffe, Lorna S., *Decision to Disarm Germany: British Policy towards Postwar German Disarmament, 1914–1919* (Boston: Allen & Unwin, 1985).

Jeannesson, Stanislas, *Poincaré, la France et la Ruhr (1922–1924): Histoire d'une occupation* (Strasbourg: Presses Universitaires de Strasbourg, 1998).

Jeffery, Keith, *MI6: The History of the Secret Intelligence Service, 1909–1949* (London: Bloomsbury, 2010).

Johnson, Gaynor, *The Berlin Embassy of Lord D'Abernon, 1920–1926* (Basingstoke: Palgrave Macmillan, 2002).

Jones, Ray, *The Nineteenth-Century Foreign Office: An Administrative History* (London: Weidenfeld and Nicolson, 1971).

Jordan, W. M., *Great Britain, France, and the German Problem, 1918–1939: A Study of Anglo-French Relations in the Making and Maintenance of the Versailles Settlement* (London: Oxford University Press, 1943).

Kennedy, Paul, *The Rise of the Anglo-German Antagonism, 1860–1914* (London: Allen & Unwin, 1980).

Kent, Bruce, *The Spoils of War: The Politics, Economics, and Diplomacy of Reparations, 1918–1932* (Oxford: Clarendon Press, 1989).

King, Jere Clemens, *Foch Versus Clemenceau: France and German Dismemberment, 1918–1919* (Cambridge, MA: Harvard University Press, 1960).

Kitching, Carolyn J., *Britain and the Problem of International Disarmament: 1919–1934* (London: Routledge, 1999).

Kleine-Ahlbrandt, William Laird, *The Burden of Victory: France, Britain and the Enforcement of the Versailles Peace, 1919–1925* (Lanham: University Press of America, 1995).

Krüger, Peter, *Die Außenpolitik der Republik von Weimar* (Darmstadt: Wissenschaftliche Buchgesellschaft, 1985).

Lee, Marshall M., and Wolfgang Michalka, *German Foreign Policy 1917–1933: Continuity or Break?* (Leamington Spa: Berg, 1987).

Leffler, Melvyn P., *The Elusive Quest: America's Pursuit of European Stability and French Security, 1919–1933* (Chapel Hill: University of North Carolina Press, 1979).

Lentin, Antony, *Guilt at Versailles: Lloyd George and the pre-History of Appeasement* (London: Methuen and Co., 1985).

Lentin, Antony, *Lloyd George and the Lost Peace: From Versailles to Hitler, 1919–1940* (Basingstoke: Palgrave, 2001).

Lieven, Dominic, *Towards the Flame: Empire, War and the End of Tsarist Russia* (London: Allen Lane, 2015).

Lowe, C. J., and M. L. Dockrill, *The Mirage of Power*, 3vols. (London: Routledge & Kegan, 1972).

Lowe, John, *Britain and Foreign Affairs 1815–1885: Europe and Overseas* (London: Routledge,

1998).
Lowry, Bullitt, *Armistice 1918* (Kent, OH: The Kent State University Press, 1996).
Lyman, Richard W., *The First Labour Government, 1924* (London: Chapman & Hall, 1957).
Macfie, A. L., *The Eastern Question 1774-1923* (Harlow: Longman, 1996).
Mackintosh, John P., *The British Cabinet* (Toronto: University of Toronto Press, 1962).
Macmillan, Margaret, *Peacemakers: The Paris Conference of 1919 and Its Attempt to End War* (London: John Murray, 2001)〔『ピースメーカーズ――1919年パリ講和会議の群像（上・下）』稲村美貴子訳，芙蓉書房，2007年〕.
Maier, Charles S., *Recasting Bourgeois Europe: Stabilization in France, Germany, and Italy in the Decade after World War I* (Princeton: Princeton University Press, 1975).
Maisel, Ephraim, *The Foreign Office and Foreign Policy, 1919-1926* (Brighton: Sussex Academic Press, 1994).
Marks, Sally, *Innocent Abroad: Belgium at the Paris Peace Conference of 1919* (Chapel Hill: The University of North Carolina Press, 1981).
Marks, Sally, *The Illusion of Peace: International Relations in Europe, 1918-1933*, 2nd ed. (Basingstoke: Palgrave Macmillan, 2003).
Marston, F. S., *The Peace Conference of 1919: Organization and Procedure* (London: Oxford University Press, 1944).
Martel, Gordon, *Imperial Diplomacy: Rosebery and the Failure of Foreign Policy* (Kingston: McGill-Queen's University Press, 1986).
Mayer, Arno, J., *Political Origins of the New Diplomacy, 1917-1918* (New Haven: Yale University Press, 1959)〔『ウィルソン対レーニン――新外交の政治的起源 1917-1918年（1・2）』斉藤孝・木畑洋一訳，岩波書店，1983年〕.
Mayer, Arno, J., *Politics and Diplomacy of Peacemaking: Containment and Counterrevolution at Versailles, 1918-1919* (New York: Knopf, 1967).
McDougall, Walter A., *France's Rhineland Diplomacy, 1914-1924: The Last Bid for a Balance of Power in Europe* (Princeton: Princeton University Press, 1978).
McKay, Derek, and H. M. Scott, *The Rise of the Great Powers 1648-1815* (London: Longman, 1983).
Medlicott, W. N., *British Foreign Policy since Versailles 1919-1963*, 2nd ed. (London: Methuen, 1968).
Mermeix (Gabriel Terrail), *Le combat des trois: notes et documents sur la conférence de la paix*, (Paris: Librairie Ollendorff, 1922).
Monger, George, *The End of Isolation: British Foreign Policy 1900-1907* (London: Thomas Nelson, 1963).
Morgan, Kenneth O., *Consensus and Disunity: The Lloyd George Coalition Government 1918-1922* (Oxford: Clarendon Press, 1979).
Neilson, Keith, *Britain and the Last Tsar: British Policy and Russia, 1894-1917* (Oxford: Clarendon Press, 1995).

Neilson, Keith, *Britain, Soviet Russia and the Collapse of the Versailles Order, 1919–1939* (Cambridge: Cambridge University Press, 2006).

Neilson, Keith, and T. G. Otte, *The Permanent Under-Secretary for Foreign Affairs, 1854–1946* (New York: Routledge, 2012).

Nelson, Harold I., *Land and Power: British and Allied Policy on Germany's Frontiers 1916–19* (1963; reprint, Newton Abbot: David & Charles, 1971).

Nish, Ian, *The Anglo-Japanese Alliance: The Diplomacy of Two Island Empires 1984–1907* (London: Athlone, 1966).

Nish, Ian, *Alliance in Decline: A Study in Anglo-Japanese Relations, 1908–23* (London: Athlone, 1972).

Northedge, F. S., *The Troubled Giant: Britain among the Great Powers, 1916–1939* (London: G. Bell & Sons, 1966).

Northedge, F. S., *The League of Nations: Its Life and Times, 1920–1946* (New York: Holmes & Meier, 1986).

Orde, Anne, *Great Britain and International Security 1920–1926* (London: Royal History Society, 1978).

Orde, Anne, *British Policy and European Reconstruction after the First World War* (Cambridge: Cambridge University Press, 1990).

O'Riordan, Elspeth Y., *Britain and the Ruhr Crisis* (Basingstoke: Palgrave, 2001).

Otte, T. G., *The Foreign Office Mind: The Making of British Foreign Policy, 1865–1914* (Cambridge: Cambridge University Press, 2011).

Pedroncini, Guy, *Les Négociations secrètes pendant la Grande Guerre* (Paris: Flammarion, 1969).

Pitts, Vincent J., *France and the German Problem: Politics and Economics in the Locarno Period, 1924–1929* (New York: Garland, 1987).

Renouvin, Pierre, *L'Armistice de Rethondes: 11 Novembre 1918* (Paris: Gallimard, 1968).

Richardson, Dick, *The Evolution of British Disarmament Policy in the 1920s* (London: St. Martin's Press, 1989).

Robbins, Keith, *The Abolition of War: The 'Peace Movement' in Britain, 1914–1919* (Cardiff: University of Wales Press, 1976).

Robinson, Ronald, and John Gallagher with Alice Denny, *Africa and the Victorians: The Official Mind of Imperialism*, 2nd ed. (Basingstoke: Macmillan, 1981).

Rose, Inbal, *Conservatism and Foreign Policy during the Lloyd George Coalition, 1918–1922* (London: Frank Cass, 1999).

Roskill, Stephen, *Naval Policy between the Wars*, 2 vols. (London: Collins, 1968–78).

Rothwell, V. H., *British War Aims and Peace Diplomacy 1914–1918* (Oxford: Clarendon Press, 1971).

Rudin, Harry R., *Armistice 1918* (New Haven: Yale University Press, 1944).

Rupeiper, Herman J., *The Cuno Government and Reparations 1922–1923: Politics and Economics* (The Hague: Martinus Nijhoff, 1979).

Sanders, M. L., and Philip M. Taylor, *British Propaganda during the First World War, 1914–18* (Basingstoke: Palgrave Macmillan, 1982).

Schuker, Stephen A., *The End of French Predominance in Europe: The Financial Crisis of 1924 and the Adoption of the Dawes Plan* (Chapel Hill: University of North Carolina Press, 1976).

Schuker, Stephen A., Hrsg., *Deutschland und Frankreich vom Konflikt zur Aussöhnung: Die Gestaltung der westeuropäischen Sicherheit, 1914–1963* (München: Oldenbourg, 2000).

Schwabe, Klaus, *Woodrow Wilson, Revolutionary Germany, and Peacemaking, 1918–1919: Missionary Diplomacy and the Realities of Power*, trans. Rita and Robert Kimber (Chapel Hill: The University of North Carolina Press, 1985).

Selsam, J. Paul, *The Attempts to Form an Anglo-French Alliance, 1919–1924* (Philadelphia: University of Pennsylvania Press, 1936).

Seton-Watson, R. W., *Britain in Europe 1789–1914: A Survey of Foreign Policy* (Cambridge: Cambridge University Press, 1937).

Seton-Watson, R. W., *Britain and the Dictators: A Survey of Post-War British Policy* (Cambridge: Cambridge University Press, 1938).

Sharp, Alan, *The Versailles Settlement: Peacemaking After the First World War, 1919–1923*, 2nd ed. (Basingstoke: Palgrave Macmillan, 2008).

Sharp, Alan, *Consequences of Peace: The Versailles Settlement: Aftermath and Legacy 1919–2010* (London: Haus Publishing, 2010).

Shuster, Richard J., *German Disarmament after World War I: The Diplomacy of International Arms Inspections, 1920–1931* (London: Routledge, 2006).

Soutou, Georges-Henri, *L'Or et le sang: les buts de guerre économiques de la Première Guerre mondiale* (Paris: Fayard, 1989).

Steiner, Zara, *The Foreign Office and Foreign Policy, 1898–1914* (London: Ashfield, 1986).

Steiner, Zara, *The Lights that Failed: European International History, 1919–1933* (Oxford: Oxford University Press, 2005).

Steiner, Zara, *The Triumph of the Dark: European International History 1933–1939* (Oxford: Oxford University Press, 2011).

Steiner, Zara, and Keith Neilson, *Britain and the Origins of the First World War*, 2nd ed. (Basingstoke: Palgrave Macmillan, 2003).

Stevenson, David, *French War Aims against Germany, 1914–1919* (Oxford: Clarendon Press, 1982).

Stevenson, David, *The First World War and International Politics* (Oxford: Clarendon Press, 1988).

Stevenson, David, *Cataclysm: The First World War as Political Tragedy* (New York: Basic Books, 2004).

Stevenson, David, *With Our Backs to the Wall: Victory and Defeat in 1918* (London: Allen Lane, 2011).

Taylor, A. J. P., *The Trouble Makers: Dissent over Foreign Policy 1792–1939* (Bloomington: Indiana University Press, 1958)〔『トラブルメーカーズ――イギリスの外交政策に反対した人々 1792–1939』真壁広道訳，法政大学出版局，2002 年〕.

Taylor, A. J. P., *English History, 1914–1945* (Oxford: Clarendon Press, 1965)〔『イギリス現代史——1914–1945』都築忠七訳，みすず書房，1987 年〕.

Temperley, H. W. V., ed., *A History of the Peace Conference of Paris*, 6 vols. (London: Oxford University Press, 1920–24).

Tombs, Robert, and Isabelle Tombs, *That Sweet Enemy: The French and the British from the Sun King to the Present* (London: Pimlico, 2007).

Trachtenberg, Marc, *Reparation in World Politics: France and European Economic Diplomacy, 1916–1923* (New York: Columbia University Press, 1980).

Turner, John, *Lloyd George's Secretariat* (Cambridge: Cambridge University Press, 1980).

Turner, John, *British Politics and the Great War: Coalition and Conflict 1915–1918* (New Haven: Yale University Press, 1992).

Vital, David, *The Making of British Foreign Policy* (London: Allen and Unwin, 1968).

Walters, F. P., *A History of the League of Nations* (London: Oxford University Press, 1960).

Wandycz, Piotr Stefan, *France and Her Eastern Allies, 1919–1925: French-Czechoslovak-Polish Relations from the Paris Peace Conference to Locarno* (Minneapolis: The University of Minnesota Press, 1962).

Wandycz, Piotr Stefan, *The Twilight of French Eastern Alliances, 1926–1936: French-Czechoslovak-Polish Relations from Locarno to the Remilitarization of the Rhineland* (Princeton: Princeton University Press, 1988).

Webster, Charles, *The Congress of Vienna, 1814–1815* (London: Humphrey Milford, c. 1919).

Webster, Charles, *The Foreign Policy of Castlereagh, 1815–1822: Britain and the European Alliance* (London: G. Bell and sons, 1925).

Weinberg, Gerhard L., *Hitler's Foreign Policy 1933–1939: The Road to World War II* (New York: Enigma Books, 2005).

Wheeler-Bennett, John W., *Brest-Litovsk: The Forgotten Peace, March 1918* (London: Macmillan, 1938).

Williamson, Samuel R., Jr., *The Politics of Grand Strategy: Britain and France Prepare for War, 1904–1914* (London: Ashfield, 1969).

Wilson, Keith M., *The Policy of the Entente: Essays on the Determinants of British Foreign Policy, 1904–1914* (Cambridge: Cambridge University Press, 1985).

Winkler, Henry R., *The League of Nations Movement in Great Britain, 1914–1919* (New Brunswick: Rutgers University Press, 1952).

Wolfers, Arnold, *Britain and France between Two Wars: Conflicting Strategies of Peace since Versailles* (New York: Harcourt, Brace, 1940).

Yates, Louis A. R., *United States and French Security, 1917–1921* (New York: Twayne Publishers, 1957).

Yearwood, Peter, *Guarantee of Peace: The League of Nations in British Policy, 1914–1925* (Oxford: Oxford University Press, 2009).

Young, John W., *Britain, France and the Unity of Europe, 1945–1951* (Leicester: Leicester

University Press, 1984).

植田隆子『地域的安全保障の史的研究——国際連盟時代における地域的安全保障制度の発達』山川出版社，1989 年。

大井孝『欧州の国際関係 1919-1946——フランス外交の視角から』たちばな出版，2008 年。

君塚直隆『イギリス二大政党制への道——後継首班の決定と「長老政治家」』有斐閣，1998 年。

君塚直隆『パクス・ブリタニカのイギリス外交——パーマストンと会議外交の時代』有斐閣，2006 年。

後藤春美『上海をめぐる日英関係 1925-1932 年——日英同盟後の協調と対抗』東京大学出版会，2006 年。

斉藤孝『戦間期国際政治史』岩波書店，1978 年。

佐々木雄太『三〇年代イギリスの外交戦略——帝国防衛と宥和の論理』名古屋大学出版会，1987 年。

高橋進『ドイツ賠償問題の史的展開——国際紛争および連携政治の視角から』岩波書店，1983 年。

細谷雄一『戦後国際秩序とイギリス外交——戦後ヨーロッパの形成 1945-1951 年』創文社，2001 年。

牧野雅彦『ロカルノ条約——シュトレーゼマンとヨーロッパの再建』中央公論新社，2012 年。

(3) 研究論文

Ambrosius, Lloyd E., ‘Woodrow Wilson’s Health and the Treaty Fight, 1919-1920’, *International History Review*, 9:1 (1987), pp. 73-84.
Bariéty, Jacques, ‘Le projet de pacte franco-britannique, 1920-1922’, *Guerres mondiales et conflits contemporains*, 193 (1999), pp. 83-99.
Baylis, John, ‘Britain, the Brussels Pact and the Continental Commitment’, *International Affairs*, 60:4 (1984), pp. 615-29.
Bennett, G. H., ‘Britain’s relations with France after Versailles: The Problem of Tangier, 1919-1923’, *European History Quarterly*, 24:1 (1994), pp. 53-84.
Blair, Scott G., ‘Les origines en France de la SDN: Léon Bourgeois et la Commission interministérielle d’études pour la Société des Nations (1917-1919)’, in Alexandre Niess et Maurice Vaïsse, dir., *Léon Bourgeois: Du solidarisme à la Société des Nations* (Langres: Éditions Dominique Guéniot, 2006).
Brunauer, Esther Caukin, ‘The Peace Proposals of December, 1916-January, 1917’, *Journal of Modern History*, 4:4 (1932), pp. 544-71.
Butterfield, Herbert, ‘New Introduction’, in Harold Temperley, *The Foreign Policy of Canning, 1822-1827: England, the Neo-Holy Alliance, and the New World*, 2nd ed. (Hamden: Archon Books, 1966).

Caron, David D., 'War and International Adjudication: Reflections on the 1899 Peace Conference', *American Journal of International Law*, 94:1 (2000), pp. 4-30.

Corp, Edward T., 'Sir William Tyrrell: The Éminence Grise of the British Foreign Office, 1912-1915', *Historical Journal*, 25:3 (1982), pp. 697-708.

Corp, Edward, 'Sir Eyre Crowe and Georges Clemenceau at the Paris Peace Conference, 1919-20', *Diplomacy & Statecraft*, 8:1 (1997), pp. 10-19.

Crowe, Sibyl Eyre, 'Sir Eyre Crowe and the Locarno Pact', *English Historical Review*, 87:342 (1972), pp. 49-74.

Davis, John R., 'Britain and the European Balance of Power', in Chris Williams, ed., *A Companion to Nineteenth-Century Britain* (Oxford: Blackwell, 2004).

D'Hoop, Jean-Marie, 'Le maréchal Foch et la négociation de l'accord militaire franco-belge de 1920', in *Mélanges Pierre Renouvin: Études d'histoire des relations internationals* (Paris: Presses universitaires de France, 1966).

Dilks, David, 'The British Foreign Office Between the Wars', in B. J. C. McKercher and D. J. Moss, eds., *Shadow and Substance in British Foreign Policy 1895-1939: Memorial Essays Honouring C. L. Lowe* (Alberta: University of Alberta Press, 1984).

Dockrill, Michael L., and Zara Steiner, 'The Foreign Office at the Paris Peace Conference in 1919', *International History Review*, 2:1 (1980), 55-86.

Dockrill, Michael L., 'Britain, the United States, and France and the German Settlement, 1918-1920', in B. J. C. McKercher and D. J. Moss, eds., *Shadow and Substance in British Foreign Policy 1895-1939: Memorial Essays Honouring C. L. Lowe* (Alberta: University of Alberta Press, 1984).

Duroselle, Jean-Baptiste, 'The Spirit of Locarno: Illusions of Pactomania', *Foreign Affairs*, 50:4 (1972), pp. 752-64.

Egerton, George W., 'Britain and the "Great Betrayal": Anglo-American Relations and the Struggle for United States Ratification of the Treaty of Versailles; 1919-1920', *Historical Journal*, 21:4 (1978), pp. 885-911.

Fink, Carole, 'Revisionism', in Gordon Martel, ed., *A Companion to Europe, 1900-1945* (Oxford: Blackwell, 2006).

Fink, Carole, 'The Peace Settlement, 1919-39', in John Horne, ed., *A Companion to World War I* (Oxford: Blackwell, 2010).

Fleurier, Nicolas, 'Entre partenariat et alliance: Rapports diplomatiques et militaires de la Belgique avec la France en 1920', *Guerres mondiales et conflits contemporains*, 193 (1999), pp. 23-38.

Fry, Michael Graham, 'British Revisionism', in Boemeke, Feldman and Glaser, eds., *Treaty of Versailles*.

Goldstein, Erik, 'The Evolution of British Diplomatic Strategy for the Washington Conference', *Diplomacy & Statecraft*, 4:3 (1993), pp. 4-34.

Goldstein, Erik, 'The Evolution of British Diplomatic Strategy for the Locarno Pact, 1924-1925', in Michael Dockrill and Brian McKercher, eds., *Diplomacy and World Power: Studies in British*

Foreign Policy, 1890–1950 (Cambridge: Cambridge University Press, 1996).

Güçlü, Yücel, 'The Struggle for Mastery in Cilicia: Turkey, France, and the Ankara Agreement of 1921', *International History Review*, 23:3 (2001), pp. 580–603.

Hall, Hines, III, 'Lloyd George, Briand, and the Failure of the Anglo-French Entente,' *Journal of Modern History*, 50:2 (1978), pp. D1121–38.

Hall, Ian, 'The Art and Practice of a Diplomatic Historian: Sir Charles Webster, 1886–1961', *International Politics*, 42 (2005), 470–90.

Helmreich, Jonathan E., 'Belgian Concern over Neutrality and British Intentions, 1906–14', *Journal of Modern History*, 36:4 (1964), pp. 416–27.

Helmreich, Jonathan, 'The Negotiation of the Franco-Belgian Military Accord of 1920', *French Historical Studies*, 3:3 (1964), pp. 360–78.

Imlay, Talbot, 'The Making of the Anglo-French Alliance, 1938–39', in Martin S. Alexander and William J. Philpott, eds., *Anglo-French Defence Relations between the Wars* (Basingstoke: Palgrave Macmillan, 2002).

Jackson, Peter, 'France and the Problems of Security and International Disarmament after the First World War', *Journal of Strategic Studies*, 29:2 (2006), pp. 247–80.

Jackson, Peter, 'French Security and a British "Continental Commitment" after the First World War: A Reassessment', *English Historical Review*, 126:519 (2011), pp. 345–85.

Jacobson, Jon, 'Is There a New International History of the 1920s?', *The American Historical Review*, 88:3 (1983), pp. 617–45.

Jacobson, Jon, 'Strategies of French Foreign Policy after World War I', *The Journal of Modern History*, 55:1 (1983), pp. 78–95.

Jacobson, Jon, 'Locarno, Britain and the Security of Europe', in Gaynor Johnson, ed., *Locarno Revisited: European Diplomacy, 1920–1929* (London: Routledge, 2004).

Johnson, Douglas, 'Austen Chamberlain and the Locarno Agreements', *University of Birmingham Historical Journal*, 8:1 (1961), pp. 62–81.

Johnson, Douglas, 'The Locarno Treaties', in Neville Waites, *Troubled Neighbours: Franco-British Relations in the Twentieth Century* (London: Weidenfeld and Nicolson, 1971).

Kennedy, Paul, '"Splendid Isolation" gegen "Continental Commitment": Das Dilemma der britischen Deutschlandstrategie in der Zwischenkriegszeit', in Joachim Hütter, Reinhard Meyers und Dietrich Papenfuss, Hrsg., *Tradition und Neubeginn: Internationale Forschungen zur deutschen Geschichte im 20. Jahrhundert: Referate und Diskussionen eines Symposiums der Alexander von Humboldt-Stiftung Bonn-Bad Godesberg, veranstaltet vom 10. bis 15. September 1974 in Bad Brückenau* (Köln: Heymann, 1975).

Kennedy, Paul, 'Idealists and Realists: British Views of Germany, 1864–1939', *Transactions of the Royal Historical Society (Fifth Series)*, 25 (1975), pp. 137–56

Kennedy, Paul M., 'The Tradition of Appeasement in British Foreign Policy 1865–1939', *British Journal of International Studies*, 2 (1976), pp. 195–215.

Kennedy, Paul, '"Appeasement" and British Defence Policy in the Inter-War Years', *British Journal of*

International Studies, 4 : 2 (1978), pp. 161–77.

Keylor, William R., 'Rise and Demise of the Franco-American Guarantee Pact, 1919–1921', *Proceedings of the Annual Meeting of the Western Society for French History*, 15 (1978), pp. 367–77.

Keylor, William R., 'The Demonization of Versailles', *H-Diplo Article Review*, 429 (2013), http://h-diplo.org/reviews/PDF/AR429.pdf (accessed, 3.7.2015).

Kieger, John, 'Aristide Briand et Lloyd George, 1921–1922 : entre entente et mésentente cordiales', in Jacques Bariéty, dir., *Aristide Briand, la Société des Nations et l' Europe, 1919–1932* (Strasbourg : Presses universitaires de Strasbourg, 2007).

Laurent, Pierre Henri, 'The Reversal of Belgian Foreign Policy, 1936–1937', *The Review of Politics*, 31 : 3 (1969), pp. 370–84.

Lee, H. I., 'Mediterranean Strategy and Anglo-French Relations 1908–1912', *Mariner's Mirror*, 57 : 3 (1971), pp. 267–85

Lentin, Antony, 'The Treaty that Never Was : Lloyd George and the Abortive Anglo-French Alliance of 1919', in Judith Loades, ed., *The Life and Times of David Lloyd George* (Bangor : Headstart History, 1991).

Lentin, Antony, 'Decline and Fall of the Versailles Settlement', *Diplomacy & Statecraft*, 4 : 2 (1993), pp. 358–75.

Lentin, Antony, 'Several Types of Ambiguity : Lloyd George at the Paris Peace Conference', *Diplomacy & Statecraft*, 6 : 1 (1995), pp. 223–51.

Lentin, Antony, '"Une Aberration Inexplicable"? Clemenceau and the Abortive Anglo-French Guarantee Treaty of 1919', *Diplomacy & Statecraft*, 8 : 2 (1997), pp. 31–49.

Lentin, Antony, 'Lloyd George, Clemenceau and the Elusive Anglo-French Guarantee Treaty, 1919 : "A Disastrous Episode"?', in Alan Sharp and Glyn Stone, eds., *Anglo-French Relations in the Twentieth Century : Rivalry and Cooperation* (London : Routledge, 2000).

Lockhart, John Bruce, 'Sir William Wiseman Bart : Agent of Influence', *RUSI Journal*, 134 : 2 (1989), pp. 63–7.

Lodge, Sir Richard, 'The Anglo-French Alliance 1716–31', in Alfred Coville and Harold Temperley, eds., *Studies in Anglo-French History : During the Eighteenth, Nineteenth and Twentieth Centuries* (Cambridge : Cambridge University Press, 1935).

Magee, Frank, '"Limited Liability"? : Britain and the Treaty of Locarno', *Twentieth Century British History*, 6 : 1 (1995), pp. 1–22.

Maier, Charles S., 'The Truth about the Treaties?', *Journal of Modern History*, 51 : 1 (1979), pp. 56–67.

Marks, Sally, 'The Luxemburg Question at the Paris Peace Conference and After', *Revue belge d'histoire contemporaine*, 2 : 1 (1970), pp. 1–20.

Marks, Sally, 'Ménage à Trois : The Negotiations for an Anglo-French-Belgian Alliance in 1922', *International History Review*, 4 : 4 (1982), pp. 524–52.

Marks, Sally, 'Mésentente Cordiale : The Anglo-French Relationship, 1921–1922', in Marta Petricioli,

ed., *A Missed Opportunity? 1922: The Reconstruction of Europe* (Bern: Peter Lang, 1995).

Marks, Sally, 'Mistakes and Myths: The Allies, Germany, and the Versailles Treaty, 1918–1921', *Journal of Modern History*, 85:3 (2013), pp. 632–59.

Martel, Gordon, 'The Prehistory of Appeasement: Headlam-Morley, the Peace Settlement and Revisionism', *Diplomacy & Statecraft*, 9:3 (1998), pp. 242–65.

McEwen, J. M., 'The Struggle for Mastery in Britain: Lloyd George versus Asquith, December 1916', *Journal of British Studies*, 18:1 (1978), pp. 131–56.

McKercher, B. J. C., 'Austen Chamberlain' s Control of British Foreign Policy, 1924–1929', *International History Review*, 6:4 (1984), pp. 570–91.

Morgan, Kenneth O., 'Number 10 under Lloyd George 1916–1922', History of Government, https://history.blog.gov.uk/2012/05/01/number-10-under-lloyd-george-1916-1922/ (accessed, 14.11.2014).

Newton, Douglas, 'The Lansdowne "Peace Letter" of 1917 and the Prospect of Peace by Negotiation with Germany', *Australian Journal of Politics and History*, 48:1 (2002), pp. 16–39.

Otte, T. G., '"It's What Made Britain Great": Reflections on British Foreign Policy, from Malplaquet to Maastricht', in T. G. Otte, ed., *The Makers of British Foreign Policy from Pitt to Thatcher* (Basingstoke: Palgrave, 2002).

Otte, T. G., 'Between Old Diplomacy and New: Eyre Crowe and British European Policy, 1914–1925', in Gaynor Johnson, ed., *Peacemaking, Peacemakers and Diplomacy, 1880–1939: Essays in Honour of Professor Alan Sharp* (Newcastle: Cambridge Scholars, 2010).

Parsons, Greg S., 'British Conservative Opinion and the Problem of Germany after the First World War', *International History Review*, 35:4 (2013), pp. 863–83.

Philpott, William, 'Managing the British Way in Warfare: France and Britain' s Continental Commitment, 1904–1918', in Keith Neilson and Greg Kennedy, eds., *The British Way in Warfare: Power and the International System, 1856–1956: Essays in Honour of David French* (Farnham: Ashgate, 2010).

Pratt, Michael, 'A Fallen Idol: The Impact of the Franco-Prussian War on the Perception of Germany by British Intellectuals', *International History Review*, 7:4 (1985), pp. 543–75.

Renouvin, Pierre, 'Les buts de guerre du gouvernement français, 1914–1918', *Revue Historique*, 235:1 (1966), pp. 1–38.

Salmon, Patrick, 'Reluctant Engagement: Britain and Continental Europe, 1890–1939', *Diplomacy & Statecraft*, 8:3 (1997), pp. 139–64.

Schroeder, Paul W., 'Munich and the British Tradition', *Historical Journal*, 19:1 (1976), pp. 223–43.

Schuker, Stephen A., *The End of French Predominance in Europe: The Financial Crisis of 1924 and the Adoption of the Dawes Plan* (Chapel Hill: University of North Carolina Press, 1976).

Schuker, Stephen A., 'J. M. Keynes and the Personal Politics of Reparations: Part 1 & 2', *Diplomacy & Statecraft*, 25:3–4 (2014), pp. 453–71, 579–91.

Schuker, Stephen A., 'The Rhineland Question: West European Security at the Paris Peace Conference of 1919', in Boemeke, Feldman and Glaser, eds., *The Treaty of Versailles*.

Schwabe, Klaus, 'Versailles nach sechzig Jahren: Internationale Beziehungen nach dem Ersten Weltkrieg', *Neue Politische Literatur*, 24:4 (1979), pp. 446–75.

Schwabe, Klaus, 'Germany's Peace Aims and the Domestic and International Constraints', in Boemeke, Feldman and Glaser, eds., *Treaty of Versailles*.

Scott, H. M., 'The Second "Hundred Years War", 1689–1815', *Historical Journal*, 35:2 (1992), pp. 443–69.

Sharp, Alan, 'The Foreign Office in Eclipse, 1919–22', *History*, 61:202 (1976), pp. 198–218.

Sharp, Alan, 'Some Relevant Historians: The Political Intelligence Department of the Foreign Office, 1918–1920', *Australian Journal of Politics & History*, 34:3 (1988), pp. 359–68.

Sharp, Alan, 'Lloyd George and Foreign Policy, 1918–1922: The "And Yet" Factor', in Judith Loades, ed., *The Life and Times of David Lloyd George* (Bangor: Headstart History, 1991).

Sharp, Alan, 'Standard-Bearers in a Tangle: British Perceptions of France after the First World War', in David Dutton, ed., *Statecraft and Diplomacy in the Twentieth Century* (Liverpool: Liverpool University Press, 1995).

Sharp, Alan, 'Holding up the Flag of Britain... with Sustained Vigour and Brilliance or "Sowing the Seeds of European Disaster"? Lloyd George and Balfour at the Paris Peace Conference', in Michael L. Dockrill and John Fisher, eds., *The Paris Peace Conference, 1919: Peace without Victory?* (Basingstoke: Palgrave, 2001).

Sharp, Alan, and Keith Jeffery, '"Après la Guerre finit, Soldat anglais partit...": Anglo-French Relations, 1918–25', in Erik Goldstein and B. J. C. McKercher, eds., *Power and Stability: British Foreign Policy, 1865–1965* (London: Frank Cass, 2003).

Sharp, Alan, 'The Enforcement of the Treaty of Versailles, 1919–1923', in Conan Fischer and Alan Sharp, eds., *After the Versailles Treaty: Enforcement, Compliance, Contested Identities* (London: Routledge, 2008).

Sharp, Alan, 'Dreamland of the Armistice', *History Today*, 58:11 (2008), pp. 28–34.

Smith, C. Jay, Jr., 'Great Britain and the 1914–1915 Straits Agreement with Russia: The British Promise of November 1914', *American Historical Review*, 70:4 (1965), pp. 1015–34.

Soutou, Geoges-Henri, 'Die deutschen Reparationen und das Seydoux-Projekt, 1920/21', *Viertel-jahrehefte für Zeitgeschichte*, 23 (1975), S. 237–70.

Soutou, Georges-Henri, 'La France et les Marches de l'Est 1914–1919', *Revue Historique*, 260 (1978), pp. 341–88.

Soutou, Georges-Henri, 'L'Ordre européen de Versailles à Locarno', in Claude Carlier et George-Henri Soutou, dir., *1918–1925, Comment faire la paix?* (Paris: Economica, 2001).

Stambrook, F. G., '"Das Kind": Lord D'Abernon and the Origins of the Locarno Pact', *Central European History*, 1:3 (1968), pp. 233–63.

Steiner, Zara, and Michael L. Dockrill, 'The Foreign Office Reforms, 1919–21', *Historical Journal*, 17:1 (1974), pp. 131–56.

Steiner, Zara, 'The Treaty of Versailles Revisited', in Michael L. Dockrill and John Fisher, eds., *The Paris Peace Conference, 1919: Peace without Victory?* (Basingstoke: Palgrave, 2001).

Steiner, Zara, 'British Power and Stability: The Historical Record', *Diplomacy & Statecraft*, 14:2 (2003), pp. 23–44.

Stengers, Jean, 'L'accord militaire franco-belge de 1920 et le Luxembourg', in Raymond Poidevin et Gilbert Trausch, dir., *Les Relations franco-luxembourgeoises de Louis XIV à Robert Schuman: actes du colloque de Luxembourg, 17–19 novembre 1977* (Metz: Université de Metz, Centre de recherches Relations internationales, 1978).

Stevenson, David, 'Belgium, Luxemburg, and the Defence of Western Europe, 1914–1920', *International History Review*, 4 (1982), pp. 504–23.

Stevenson, David, 'The Failure of Peace by Negotiation in 1917', *The Historical Journal*, 34:1 (1991), pp. 78–84.

Stevenson, David, 'French War Aims and Peace Planning', in Boemeke, Feldman and Glaser, eds., *Treaty of Versailles*.

Stevenson, David, 'Britain, France and the Origins of German Disarmament, 1916–19', *The Journal of Strategic Studies*, 29:2 (2006), pp. 195–24.

Taylor, A. J. P., 'The War Aims of the Allies in the First World War', in Richard Pares and A. J. P. Taylor, eds., *Essays presented to Sir Lewis Namier* (London: Macmillan, 1956).

Torrey, Glenn E., 'Rumania and the Belligerents 1914–1916', *Journal of Contemporary History*, 1:3 (1966), pp. 171–91.

Trachtenberg, Marc, 'Versailles after Sixty Years', *Journal of Contemporary History*, 17:3 (1982), pp. 487–506.

Vial, Jean, 'La défense nationale: son organisation entre les deux guerres', *Revue d'histoire de la Deuxième Guerre Mondiale*, 5:18 (1955), pp. 11–32.

Warman, Robert M., 'The Erosion of Foreign Office Influence in the Making of Foreign Policy, 1916–1918', *Historical Journal*, 15:1 (1972), pp. 134–59.

Watson, David R., 'The Making of the Treaty of Versailles', in Neville Waites, *Troubled Neighbours: Franco-British Relations in the Twentieth Century* (London: Weidenfeld and Nicolson, 1971).

Webster, Andrew, 'International Arbitration, the Pacific Settlement of Disputes and the French Security-Disarmament Dilemma (1919–1931)', *French History*, 24:2 (2010), pp. 236–61.

Weinberg, Gerhard L., 'The Defeat of Germany in 1918 and the European Balance of Power', *Central European History*, 2:3 (1969), pp. 248–60.

Wilson, Keith, 'The British Cabinet' s Decision for War, 2 August 1914', *British Journal of International Studies*, 1 (1975), pp. 148–59.

Wilson, Keith, 'Missing Link: The Channel Tunnel and the Anglo-American Guarantee to France, March 1919', *Diplomacy & Statecraft*, 5:1 (1994), pp. 73–80.

Wilson, Keith, 'A Venture in "the Caverns of Intrigue": The Conspiracy against Lord Curzon and his Foreign Policy, 1922-3', *Historical Research*, 70:173 (1997), pp. 312–36.

Woodward, David R., 'David Lloyd George, a Negotiated Peace with Germany, and the Kühlmann Peace Kite of September, 1917', *Canadian Journal of History*, 6:1 (1971), pp. 75–93.

大久保明「イギリス外交とヴェルサイユ条約——条約執行をめぐる英仏対立，1919–1920

年」『法学政治学論究』第 94 号，2012 年，127-57 頁。

大久保明「イギリス外交と英仏同盟交渉の破綻，1919-1922 年」『法学政治学論究』第 96 号，2013 年，179-210 頁。

大久保明「ロカルノ条約の起源とイギリス外交，1924-1925 年」『法学政治学論究』第 103 号，2014 年，135-64 頁。

亀井紘「ジェノア会議（1922 年 4〜5 月）と戦後国際秩序の構築――ロイド・ジョージとイギリスの役割」『国際政治』第 96 号，1991 年，124-42 頁。

亀井紘「第一次世界大戦とイギリス帝国」佐々木雄太編著『世界戦争の時代とイギリス帝国』ミネルヴァ書房，2006 年。

君塚直隆「パクス・ブリタニカの転換期――1860 年代のイギリス外交とパーマストン卿」『国際政治』第 111 号，1996 年，164-78 頁。

君塚直隆「第一次グラッドストン内閣と普仏戦争――ベルギー中立条約をめぐって」滝田毅編『転換期のヨーロッパと日本』南窓社，1997 年。

菅原建志「アーサー・バルフォアと第一次世界大戦における日本の軍事支援問題」『国際政治』第 168 号，2012 年，44-57 頁。

高橋章夫「ヴェルサイユ条約とケインズ（1・2)」『文学・芸術・文化　近畿大学文芸学部論集』第 24 巻第 1・2 号，2012・2013 年，150-119・112-73 頁。

富永幸生「ドイツの対ソ政策とイデオロギー――ロカルノ条約とベルリン条約（1・2)」『歴史学研究報告』第 12・13 号，1965・1967 年，99-144・259-97 頁。

中井晶夫「教皇ベネディクト十五世の和平工作とドイツ帝国宰相ゲオルク・ミヒャエーリス」『上智史學』第 37 号，1992 年，313-39 頁。

中西寛「賠償戦債問題と米欧関係――1921〜1924（1・2)」『法學論叢』第 123 巻 4・6 号，1988 年，72-96・77-103 頁。

中西寛「20 世紀国際関係の始点としてのパリ講和会議――若き指導者たちの国際政治観（1・2)」『法学論叢』第 128 巻 2 号・第 129 巻 2 号，1990 年・1991 年，48-77・39-63 頁。

中西寛「安全保障概念の歴史的再検討」赤根谷達雄・落合浩太郎編『新しい安全保障論の視座（増補改訂版)』亜紀書房，2007 年。

濱口學「ロカルノ協定とフランスの安全保障（1・2)」『社會科學紀要』第 18・19 号，1968・1969 年，113-44・209-50 頁。

濱口學「カンヌ会談と第七次ブリアン内閣（1・2・3)」『國學院法學』第 12 巻第 1・3・4 号，1974・1975 年，45-66・30-55・50-73 頁。

濱口學「ヴィスバーデン協定（1921 年）と欧州復興問題の構造」國學院大學紀要第 15 号（1977 年)，221-44 頁。

濱口學「ロカルノ体制成立の端緒――第一次エリオ内閣とラインラント安全保障問題」『國學院大學紀要』第 18 号，1980 年，92-135 頁。

濱口學「ロカルノ方式の萌芽――ワシントン会議からカンヌ最高会議へ」『国際法外交雑誌』第 93 巻 6 号，1995 年，749-81 頁。

濱口學「ロカルノとフランス＝ベルギー関係」『國學院大學紀要』第 35 号，1997 年，

209–35 頁。

藤山一樹「英米戦債協定の成立とイギリス外交，1920–1923 年」『国際政治』第 180 号，2015 年，30–42 頁。

藤山一樹「ヴェルサイユ条約対独軍縮をめぐるイギリス外交，1924–1927 年」『法学政治学論究』第 104 号，2015 年，283–314 頁。

藤山一樹「連合国ラインラント占領をめぐるイギリス外交，1924–1927 年」『法学政治学論究』第 109 号，2016 年，235–65 頁。

細谷雄一「歴史のなかのイギリスとヨーロッパ」細谷雄一編『イギリスとヨーロッパ——孤立と統合の二百年』勁草書房，2009 年。

細谷雄一「『新しいヨーロッパ協調』からシューマン・プランへ 1919–50 年——世界戦争の時代のイギリスとヨーロッパ」細谷雄一編『イギリスとヨーロッパ——孤立と統合の二百年』勁草書房，2009 年。

舛添要一「安全と強制——フランスの安全とブリアン（1921 年 1 月～1922 年 1 月）」『社會科學紀要』第 26 号，1977 年，117–242 頁。

松隈徳仁「ロカルノ条約——安全保障問題を中心に」『国際政治』第 10 号，1959 年，27–36 頁。

吉川宏「第一次世界戦争におけるイギリス外交政策形成の諸問題——『戦争目的』明確化の歴史的背景（1・2）」『北海道大學法學會論集』第 9 巻第 1・2 号，1958 年，30–79・29–53 頁。

吉川宏「ロイド・ジョージとヨーロッパの再建（1・2・3・4）」『北大法学論集』第 13 巻第 2 号・3/4 号・第 14 巻第 1・2 号，1963 年，66–143・21–113・66–157・1–32 頁。

(4) 未公刊博士論文

Kaplan, Jay L., ‘France’s Road to Genoa: Strategic, Economic, and Ideological Factors in French Foreign Policy, 1921–1922’, PhD dissertation, Columbia University, 1974.
Laffan, Michael Anthony, ‘The Question of French Security in British Policy towards France and Germany, 1918–1925’, PhD thesis, University of Cambridge, 1973.
Palo, Michael Francis, ‘The Diplomacy of Belgian War Aims during the First World War’, PhD thesis, University of Illinois, 1978.

注

序　章

（1）本書において「西ヨーロッパ」ないし「西欧」とは，主としてライン川以西の地域を指す地理的用語として用いられる。また「東欧」とは，主にドイツ東部国境以東の地域を指すために用いられる。もっとも，これはあくまでも目安であり，同時代の論者によって東西の境界線の認識が様々であったことを断っておく。

（2）John Maynard Keynes, *The Economic Consequences of the Peace* (London: Macmillan, 1920), pp. 33–4, 211–35. ケインズのヴェルサイユ条約批判に関する有用な論文が近年発表されている。高橋章夫「ヴェルサイユ条約とケインズ（1・2）」『文学・芸術・文化　近畿大学文芸学部論集』第 24 巻第 1・2 号，2012・2013 年，150–19・112–73 頁。Stephen A. Schuker, 'J. M. Keynes and the Personal Politics of Reparations: Part 1 & 2', *Diplomacy & Statecraft*, 25:3–4 (2014), pp. 453–71, 579–91.

（3）たとえば，Patrick O. Cohrs, *The Unfinished Peace after World War I: America, Britain and the Stabilisation of Europe, 1919–1932* (Cambridge: Cambridge University Press, 2006), pp. 62–4; Norman A. Graebner and Edward M. Bennett, *The Versailles Treaty and Its Legacy: The Failure of the Wilsonian Vision* (Cambridge: Cambridge University Press, 2011), pp. 38–68, 107, 247–50。

（4）Sally Marks, 'Mistakes and Myths: The Allies, Germany, and the Versailles Treaty, 1918–1921', *Journal of Modern History*, 85:3 (2013), pp. 632–59; William R. Keylor, 'The Demonization of Versailles', *H-Diplo Article Review*, 429 (2013), http://h-diplo.org/reviews/PDF/AR429. pdf (accessed, 3. 7. 2015); Manfred F. Boemeke, Gerald D. Feldman and Elisabeth Glaser, eds., *The Treaty of Versailles: A Reassessment after 75 Years* (Cambridge: Cambridge University Press, 1998), pp. 1–3; Alan Sharp, *The Versailles Settlement: Peacemaking After the First World War, 1919–1923*, 2nd ed. (Basingstoke: Palgrave Macmillan, 2008), pp. 166–8, 200; David Stevenson, 'French War Aims and Peace Planning', in Boemeke, Feldman and Glaser, eds., *Treaty of Versailles*, pp. 108–9; David Stevenson, *Cataclysm: The First World War as Political Tragedy* (New York: Basic Books, 2004), p. 430; Margaret Macmillan, *Peacemakers: The Paris Conference of 1919 and Its Attempt to End War* (London: John Murray, 2001), pp. 499–500; Zara Steiner, 'The Treaty of Versailles Revisited', in Michael L. Dockrill and John Fisher, eds., *The Paris Peace Conference, 1919: Peace without Victory?* (Basingstoke: Palgrave, 2001); Georges-Henri Soutou, 'L'Ordre européen de Versailles à Locarno', in Claude Carlier et George-Henri Soutou, dir., *1918–1925, Comment faire la paix?* (Paris: Economica, 2001), pp. 312–13.

（5）中西寛「安全保障概念の歴史的再検討」赤根谷達雄・落合浩太郎編『新しい安全保障論の視座（増補改訂版）』亜紀書房，2007 年，35–8 頁。なお，集団安全保障（Collective Security）という表現が実際に使われ始めるのは 1930 年代以降である。

（6）カーの国際連盟批判については，E. H. Carr, *The Twenty Years' Crisis 1919–1939: An Introduction to the Study of International Relations* (Basingstoke: Palgrave, 2001), esp. pp. 29–39（『危機の二十年』原彬久訳，岩波書店，2011年，70–94頁）を参照した。

（7）このことを認識していたチェコスロヴァキアのエドヴァルド・ベネシュ外相は，「英仏協商は，ヨーロッパという建造物全体の堅牢性を支える主梁（maîtresse poutre）のようなものだ」と表現し，英仏の緊密な連携がヨーロッパ全域の平和維持のために不可欠なのだと説いた。*Le Petit Parisien*, 4.6.1921, p. 1.

（8）R. W. Seton-Watson, *Britain and the Dictators: A Survey of Post-War British Policy* (Cambridge: Cambridge University Press, 1938), p. 7.

（9）Martin Ceadel, *Semi-Detached Idealists: The British Peace Movement and International Relations, 1854–1945* (Oxford: Oxford University Press, 2000), p. 1.

（10）R. W. Seton-Watson, *Britain in Europe 1789–1914: A Survey of Foreign Policy* (Cambridge: Cambridge University Press, 1937), pp. 646–50; Patrick Salmon, 'Reluctant Engagement: Britain and Continental Europe, 1890–1939', *Diplomacy & Statecraft*, 8:3 (1997), pp. 139–64; John Lowe, *Britain and Foreign Affairs 1815–1885: Europe and Overseas* (London: Routledge, 1998), p. 1; T. G. Otte, ' "It's What Made Britain Great": Reflections on British Foreign Policy, from Malplaquet to Maastricht', in T. G. Otte, ed., *The Makers of British Foreign Policy from Pitt to Thatcher* (Basingstoke: Palgrave, 2002); Zara Steiner, 'British Power and Stability: The Historical Record', *Diplomacy & Statecraft*, 14:2 (2003), pp. 23–44. 細谷雄一「歴史のなかのイギリスとヨーロッパ」細谷雄一編『イギリスとヨーロッパ——孤立と統合の二百年』勁草書房，2009年，5–14頁。

（11）君塚直隆「パクス・ブリタニカの転換期——1860年代のイギリス外交とパーマストン卿」『国際政治』第111号，1996年，164–78頁。

（12）W. F. Monypenny and George Earle Buckle, *The Life of Benjamin Disraeli, Earl of Beaconsfield, vol. 4: 1855–1868* (New York: Macmillan, 1916), p. 467. 一方で，引用部以降に以下のようにも述べている。「イングランドは，他のいかなるヨーロッパ列強よりも活動圏が広く，はるかに大規模な責務を負っています。けれども，われわれは大陸で起こる出来事に無関心でいられることは到底できません。われわれはヨーロッパの平和と繁栄に関心を持っています。そして，イングランドがヨーロッパの戦争に干渉することが義務となりうる状況が生じえないとは，私は言いません」。

（13）もっとも，「栄光ある孤立」という表現が実際に使われ始めるのは1890年代後半以降のことである。Christopher Howard, *Splendid Isolation: A Study of Ideas Concerning Britain's International Position and Foreign Policy during the Later Years of the Third Marquis of Salisbury* (London: Macmillan, 1967), pp. 14ff.

（14）一方で，イギリスの歴史学者ジョン・チャームレーによれば，19世紀の保守党には，ディズレーリの帝国主義型の「孤立」よりもいっそうの孤立を推す，「古き田舎の党（old Country Party）」と呼ぶべき勢力があったという。第15代ダービー伯（スタンリー卿）がその代表格として挙げられ，低税率，緊縮財政に基づく小さな政府と，海軍に守られた徹底的な不干渉政策に基づく平和を望んでいたという。John Charmley, *Splendid*

Isolation?: Britain and the Balance of Power 1874–1914 (London: Hodder and Stoughton, 1999), pp. 397–9.

(15) Gordon Martel, *Imperial Diplomacy: Rosebery and the Failure of Foreign Policy* (Kingston: McGill-Queen's University Press, 1986), pp. x, 223, 232.

(16) John R. Davis, 'Britain and the European Balance of Power', in Chris Williams, ed., *A Companion to Nineteenth-Century Britain* (Oxford: Blackwell, 2004), p. 43.

(17) George Monger, *The End of Isolation: British Foreign Policy 1900–1907* (London: Thomas Nelson, 1963), pp. 1–14.

(18) J. A. S. Grenville, *Lord Salisbury and Foreign Policy: The Close of the Nineteenth Century* (London: Athlone, 1970), pp. 149–76, 310–8, 344–69.

(19) Ian Nish, *The Anglo-Japanese Alliance: The Diplomacy of Two Island Empires 1984–1907* (London: Athlone, 1966), pp. 134ff.

(20) Keith M. Wilson, *The Policy of the Entente: Essays on the Determinants of British Foreign Policy, 1904–1914* (Cambridge: Cambridge University Press, 1985), pp. 71–9.

(21) Sibyl Crowe and Edward Corp, *Our Ablest Public Servant: Sir Eyre Crowe, 1864–1925* (Devon: Merlin Books, 1993), chs. 1, 2 and 7; Harold Nicolson, *Sir Arthur Nicolson, Bart., First Lord Carnock: A Study in the Old Diplomacy* (London: Constable, 1930), pp. 327–9; Sir Laurence Collier, 'Impressions of Sir Eyre Crowe', n.d. [c. 1972], COLL MISC 0466, Laurence Collier papers, British Library of Political and Economic Science (LSE Library), London [以下BLPESと略記する]; Sir Owen O'Malley, *The Phantom Caravan* (London: John Murray, 1954), pp. 46–7; Sir Ivone Kirkpatrick, *The Inner Circle* (London: Macmillan, 1959), pp. 32–3.

(22) Crowe, 'Memorandum on the Present State of British Relations with France and Germany', 1.1. 1907, 73/73/18, FO 371/257, The National Archives, Kew [以下TNAと略記する].

(23) T. G. Otte, *The Foreign Office Mind: The Making of British Foreign Policy, 1865–1914* (Cambridge: Cambridge University Press, 2011), p. 3. ヴィクトリア朝時代のアフリカ政策に関する研究書が，イギリス当局者がアフリカ支配を志した精神的背景を分析するために用いた「オフィシャル・マインド」という分析概念を，オッテは外務省研究に援用して用いた。Ronald Robinson and John Gallagher with Alice Denny, *Africa and the Victorians: The Official Mind of Imperialism*, 2nd ed. (Basingstoke: Macmillan, 1981).

(24) Zara Steiner, *The Foreign Office and Foreign Policy, 1898–1914* (1969; reprint, London: Ashfield, 1986), ch. 2; Ray Jones, *The Nineteenth-Century Foreign Office: An Administrative History* (London: Weidenfeld and Nicolson, 1971), ch. 7; Crowe and Corp, *Our Ablest Public Servant*, ch. 6に詳しい。改革の主たる成果は，中央登録室を設置したことにより，有能な若手事務官が雑務から解放され，政策提言を行えるようになったことにあった。これについては本章の後半部でも扱う。

(25) Otte, *Foreign Office Mind*, p. 313.

(26) *Ibid*., pp. 20–2, 405–7; Keith Neilson, *Britain and the Last Tsar: British Policy and Russia, 1894–1917* (Oxford: Clarendon Press, 1995), pp. 48–50. オッテは，「ヴィクトリア朝最盛期 (high-Victorian)」，「ヴィクトリア朝後期 (late-Victorian)」，「エドワード朝」という，よ

り細かい区分を用いている。

（27）Headlam-Morley memorandum, 'The Problem of Security: England and the Low Countries（A Historical Survey）', 10.3.1925, W2070/9/98, FO 371/11065, TNA.

（28）N. H. Gibbs, *Grand Strategy, vol. I: Rearmament Policy*（London: HMSO, 1976）, pp. 44–9.

（29）Derek McKay and H. M. Scott, *The Rise of the Great Powers 1648–1815*（London: Longman, 1983）, p. 45; H. M. Scott, 'The Second "Hundred Years War", 1689–1815', *Historical Journal*, 35:2（1992）, pp. 443–69. 一方で，1716 年から 31 年にかけて英仏が同盟関係にあった時期や，1830 年から 48 年にかけての七月王政の時代など，英仏関係が比較的良好だった時期もあった。Sir Richard Lodge, 'The Anglo-French Alliance 1716–31', in Alfred Coville and Harold Temperley, eds., *Studies in Anglo-French History: During the Eighteenth, Nineteenth and Twentieth Centuries*（Cambridge: Cambridge University Press, 1935）; Roger Bullen, *Palmerston, Guizot and the Collapse of the Entente Cordiale*（London: Athlone, 1974）; Robert Tombs and Isabelle Tombs, *That Sweet Enemy: The French and the British from the Sun King to the Present*（London: Pimlico, 2007）, pp. 332–46.

（30）Michael Pratt, 'A Fallen Idol: The Impact of the Franco-Prussian War on the Perception of Germany by British Intellectuals', *International History Review*, 7:4（1985）, pp. 543–75; Paul Kennedy, *The Rise of the Anglo-German Antagonism, 1860–1914*（London: Allen & Unwin, 1980）, pp. 223–88.

（31）歩兵 6 個師団，騎兵 1 個師団から成った。Samuel R. Williamson Jr., *The Politics of Grand Strategy: Britain and France Prepare for War, 1904–1914*（London: Ashfield, 1969）, pp. 59–114, 300–18.

（32）*Ibid*., pp. 286–97; H. I. Lee, 'Mediterranean Strategy and Anglo-French Relations 1908–1912', *Mariner's Mirror*, 57:3（1971）, pp. 267–85.

（33）Zara Steiner and Keith Neilson, *Britain and the Origins of the First World War*, 2nd ed.（Basingstoke: Palgrave Macmillan, 2003）, pp. 245, 250–1, 259–62.

（34）A. J. P. Taylor, *The Trouble Makers: Dissent over Foreign Policy*（Bloomington: Indiana University Press, 1958）, pp. 157ff. ヴェルサイユ条約を批判したケインズの『講和の経済的帰結』も，そのような言説の一例である。ケインズの伝記作家によれば，ケインズは自らの戦争協力への償いの意味を込めて同書を著したのだという。Robert Skidelsky, *John Maynard Keynes, vol. 1: Hopes Betrayed 1883–1920*（London: Macmillan, 1983）, p. 392. イギリスの第一次世界大戦時の検閲体制に関しては，M. L. Sanders and Philip M. Taylor, *British Propaganda during the First World War, 1914–18*（Basingstoke: Palgrave Macmillan, 1982）, pp. 18–32 を参照。

（35）Paul Kennedy, 'Idealists and Realists: British Views of Germany, 1864–1939', *Transactions of the Royal Historical Society (Fifth Series)*, 25（1975）, pp. 137–56; Catharine Ann Cline, *E. D. Morel, 1873–1924: The Strategies of Protest*（Belfast: Blackstaff Press, 1980）, pp. 116ff.; Alan Sharp, 'Standard-Bearers in a Tangle: British Perceptions of France after the First World War', in David Dutton, ed., *Statecraft and Diplomacy in the Twentieth Century*（Liverpool: Liverpool University Press, 1995）, pp. 55–73.

(36) General Staff memorandum on 'French Security', 26. 2. 1925, CP 116 (25), CAB 24/172, (also in CID 597B, CAB 4/12), TNA.

(37) Keith Middlemas and John Barnes, *Baldwin: A Biography* (London: Weidenfeld & Nicolson, 1969), p. 775. ボールドウィンは，ドイツ空軍に対抗する空軍予算の必要性を訴える文脈でこの言い回しを用いた。

(38)「西欧安全保障（West European security)」という括り方は，第二次世界大戦後にヨーロッパが冷戦構造のもとで分断されて以降の状況に用いられることの多い概念である。しかし，第一次世界大戦後の秩序作りの過程においても，英仏を中心とする西ヨーロッパ諸国がその中心を担ったがゆえに，この言葉はすでに用いられていた。両大戦間期から冷戦初期に至るまでの「西欧安全保障」の展開に着目する論文集として，R. Ahmann, A. M. Birke and M. Howard, eds., *The Quest for Stability: Problems of West European Security, 1918–1957* (Oxford: Oxford University Press, 1993) ; Stephen A. Schuker, Hrsg., *Deutschland und Frankreich vom Konflikt zur Aussöhnung: Die Gestaltung der westeuropäischen Sicherheit, 1914–1963* (München: Oldenbourg, 2000) が挙げられる。

(39) Dominic Lieven, *Towards the Flame: Empire, War and the End of Tsarist Russia* (London: Allen Lane, 2015), p. 362.

(40) Michael Howard, *The Continental Commitment* (1972; reprint, London: Ashfield Press, 1989) ; Michael Howard, *The Causes of Wars and Other Essays* (1983; reprint, London: Unwin Paperbacks, 1984), pp. 189–207. ハワードは，両大戦間期に活躍したイギリスの軍事理論家バジル・リデル・ハート（Sir Basil Henry Liddell Hart）の説く「イギリス流の戦争方法(British Way in Warfare)」，すなわちイギリスはヨーロッパ大陸に直接的に干渉するべきではなく，海洋中心の戦略をとるべきだとする議論への反論として，「大陸関与」という概念を打ち出していた。

(41) Paul M. Kennedy, 'The Tradition of Appeasement in British Foreign Policy 1865–1939', *British Journal of International Studies*, 2 (1976), pp. 195–215; Paul W. Schroeder, 'Munich and the British Tradition', *Historical Journal*, 19:1 (1976), pp. 223–43. なお，本書では 'appeasement' の概念を日本語で表現するにあたり，ドイツなど特定の国に譲歩し，宥めるという意味における「宥和」と，国家間関係やヨーロッパ全体の関係をうちとけさせるという意味における「融和」とを使い分けている。

(42) たとえば次のような研究が挙げられる。Charles S. Maier, *Recasting Bourgeois Europe: Stabilization in France, Germany, and Italy in the Decade after World War I* (Princeton: Princeton University Press, 1975); Stephen A. Schuker, *The End of French Predominance in Europe: The Financial Crisis of 1924 and the Adoption of the Dawes Plan* (Chapel Hill: University of North Carolina Press, 1976); Jacques Bariéty, *Les Relations franco-allemandes après la Première-Guerre mondiale: 10 novembre 1918–10 janvier 1925: de l'exécution à la négociation* (Paris: Éditions Pedone, 1977); Denise Artaud, *La Question des dettes interalliées et la reconstruction de l'Europe (1917–1929)*, 2 tomes (Lille: Atelier de reproduction des thèses, 1978); Melvyn P. Leffler, *The Elusive Quest: America's Pursuit of European Stability and French Security, 1919–1933* (Chapel Hill: University of North Carolina Press, 1979); Marc

Trachtenberg, *Reparation in World Politics: France and European Economic Diplomacy, 1916–1923* (New York: Columbia University Press, 1980); Georges-Henri Soutou, 'Le Coke dans les relations internationales en Europe de 1914 au plan Dawes (1924)', *Relations internationales*, 43 (1985); Georges-Henri Soutou, *L'Or et le sang: les buts de guerre économiques de la Première Guerre mondiale* (Paris: Fayard, 1989); Robert Boyce, *British Capitalism at the Crossroads, 1919–1932: A Study in Politics, Economics, and International Relations* (Cambridge: Cambridge University Press, 1987); Vincent J. Pitts, *France and the German Problem: Politics and Economics in the Locarno Period, 1924–1929* (New York: Garland, 1987); Bruce Kent, *The Spoils of War: The Politics, Economics, and Diplomacy of Reparations, 1918–1932* (Oxford: Clarendon Press, 1989); Anne Orde, *British Policy and European Reconstruction after the First World War* (Cambridge: Cambridge University Press, 1990). 高橋進『ドイツ賠償問題の史的展開——国際紛争および連携政治の視角から』岩波書店，1983 年。中西寛「賠償戦債問題と米欧関係——1921–1924（1・2）」『法學論叢』第 123 巻 4・6 号，1988 年，72–96・77–103 頁。

(43) Piotr Stefan Wandycz, *France and Her Eastern Allies, 1919–1925: French-Czechoslovak-Polish Relations from the Paris Peace Conference to Locarno* (Minneapolis: The University of Minnesota Press, 1962); Piotr Stefan Wandycz, *The Twilight of French Eastern Alliances, 1926–1936: French-Czechoslovak-Polish Relations from Locarno to the Remilitarization of the Rhineland* (Princeton: Princeton University Press, 1988); Walter A. McDougall, *France's Rhineland Diplomacy 1914–1924: The Last Bid for a Balance of Power in Europe* (Princeton: Princeton University Press, 1978).

(44) 濱口學「ロカルノ協定とフランスの安全保障（1・2）」『社會科學紀要』第 18・19 号，1968・1969 年，113–44・209–50 頁。濱口學「カンヌ会談と第七次ブリアン内閣（1・2・3）」『國學院法學』第 12 巻第 1・3・4 号，1974・1975 年，45–66・30–55・50–73 頁。濱口學「ロカルノ体制成立の端緒——第一次エリオ内閣とラインラント安全保障問題」『國學院大學紀要』第 18 号，1980 年，92–135 頁。濱口學「ロカルノ方式の萌芽——ワシントン会議からカンヌ最高会議へ」『国際法外交雑誌』第 93 巻 6 号，1995 年，749–81 頁。濱口學「ロカルノとフランス＝ベルギー関係」『國學院大學紀要』第 35 号，1997 年，209–35 頁。舛添要一「安全と強制——フランスの安全とブリアン（1921 年 1 月〜1922 年 1 月）」『社會科學紀要』第 26 号，1977 年，117–242 頁。大井孝『欧州の国際関係 1919–1946——フランス外交の視角から』たちばな出版，2008 年。

(45) Peter Jackson, 'France and the Problems of Security and International Disarmament after the First World War', *Journal of Strategic Studies*, 29:2 (2006), pp. 247–80; Peter Jackson, 'French Security and a British "Continental Commitment" after the First World War: A Reassessment', *English Historical Review*, 126:519 (2011), pp. 345–85; Peter Jackson, *Beyond the Balance of Power: France and the Politics of National Security in the Era of the First World War* (Cambridge: Cambridge University Press, 2013); Andrew Webster, 'International Arbitration, the Pacific Settlement of Disputes and the French Security-Disarmament Dilemma (1919–1931)', *French History*, 24:2 (2010), pp. 236–61.

(46) たとえば，John Baylis, 'Britain, the Brussels Pact and the Continental Commitment', *International Affairs*, 60:4 (1984), pp. 615-29; David French, *The British Way in Warfare 1688-2000* (London: Unwin Hyman, 1990); Jeremy Black, *The Continental Commitment: Britain, Hanover and Interventionism, 1714-1793* (London: Routledge, 2005); William Philpott, 'Managing the British Way in Warfare: France and Britain' s Continental Commitment, 1904-1918', in Keith Neilson and Greg Kennedy, eds., *The British Way in Warfare: Power and the International System, 1856-1956: Essays in Honour of David French* (Farnham: Ashgate, 2010)。

(47) Correlli Barnett, *The Collapse of British Power* (1972; reprint, Gloucester: Alan Sutton, 1984); Paul Kennedy, '"Splendid Isolation" gegen "Continental Commitment": Das Dilemma der britischen Deutschlandstrategie in der Zwischenkriegszeit', in Joachim Hütter, Reinhard Meyers und Dietrich Papenfuss, Hrsg., *Tradition und Neubeginn: Internationale Forschungen zur deutschen Geschichte im 20. Jahrhundert: Referate und Diskussionen eines Symposiums der Alexander von Humboldt-Stiftung Bonn-Bad Godesberg, veranstaltet vom 10. bis 15. September 1974 in Bad Brückenau* (Köln: Heymann, 1975); Brian Bond, *British Military Policy between the Two World Wars* (Oxford: Clarendon Press, 1980). 他に，両大戦間期のイギリスの軍事政策に関する優れた研究としては，Gibbs, *Rearmament Policy*; Stephen Roskill, *Naval Policy between the Wars*, 2 vols. (London: Collins, 1968-78); H. Montgomery Hyde, *British Air Policy between the Wars, 1918-1939* (London: Heinemann, 1976) がある。また，これらの文献に関する書評論文として，Paul Kennedy, '"Appeasement" and British Defence Policy in the Inter-War Years', *British Journal of International Studies*, 4:2 (1978), pp. 161-77 が有用である。

(48) Anne Orde, *Great Britain and International Security, 1920-1926* (London: Royal Historical Society, 1978). タイトルとは裏腹に，同書の叙述は実質的に 1921 年末を始点としている。

(49) Richard S. Grayson, *Austen Chamberlain and the Commitment to Europe: British Foreign Policy*, 1924-29 (London: Frank Cass, 1997).

(50) William R. Keylor, 'Rise and Demise of the Franco-American Guarantee Pact, 1919-1921', *Proceedings of the Annual Meeting of the Western Society for French History*, 15 (1988), pp. 367-77; Antony Lentin, 'The Treaty that Never Was: Lloyd George and the Abortive Anglo-French Alliance of 1919', in Jundith Loades, ed., *The Life and Times of David Lloyd George* (Bangor: Headstart History, 1991); Antony Lentin, '"Une aberration inexplicable"? Clemenceau and the Abortive Anglo-French Guarantee Treaty of 1919', *Diplomacy & Statecraft*, 8:2 (1997), pp. 31-49; Antony Lentin, 'Lloyd George, Clemenceau and the Elusive Anglo-French Guarantee Treaty, 1919: "A Disastrous Episode"?', in Alan Sharp and Glyn Stone, eds., *Anglo-French Relations in the Twentieth Century: Rivalry and Cooperation* (London: Routledge, 2000).

(51) これに関しては，フランスとベルギーの交渉に注目するものがほとんどであり，仏白軍事協定へのイギリスの参加問題を分析するものは少ない。Jonathan Helmreich, 'The Negotiation of the Franco-Belgian Military Accord of 1920', *French Historical Studies*, 3:3 (1964), pp. 360-78; Jean Stengers, 'L'accord militaire franco-belge de 1920 et le Luxembourg', in Raymond Poidevin et Gilbert Trausch, dir., *Les Relations franco-luxembourgeoises de Louis XIV à Robert Schuman: actes du colloque de Luxembourg, 17-19 novembre 1977* (Metz: Université de

Metz, Centre de recherches Relations internationales, 1978)；Nicolas Fleurier, 'Entre partenariat et alliance: Rapports diplomatiques et militaires de la Belgique avec la France en 1920', *Guerres mondiales et conflits contemporains*, 193 (1999), pp. 23-38.

(52) Hines Hall III, 'Lloyd George, Briand, and the Failure of the Anglo-French Entente', *Journal of Modern History*, 50:2 (1978), pp. D1121-38; Sally Marks, 'Ménage à Trois: The Negotiations for an Anglo-French-Belgian Alliance in 1922', *International History Review*, 4:4 (1982), pp. 524-52; Sally Marks, 'Mésentente Cordiale: The Anglo-French Relationship, 1921-1922', in Marta Petricioli, ed., *A Missed Opportunity? 1922: The Reconstruction of Europe* (Bern: Peter Lang, 1995); Jacques Bariéty, 'Le projet de pacte franco-britannique, 1920-1922', *Guerres mondiales et conflits contemporains*, 193 (1999), pp. 83-99; John Kieger, 'Aristide Briand et Lloyd George, 1921-1922: entre entente et mésentente cordiales', in Jacques Bariéty, dir., *Aristide Briand, la Société des Nations et l'Europe, 1919-1932* (Strasbourg: Presses universitaires de Strasbourg, 2007). 主たる史料が開示される前の古い研究ではあるが，1919年の英仏保障条約から1923～24年のルール占領に至るまでの英仏同盟交渉を追った研究として，J. Paul Selsam, *The Attempts to Form an Anglo-French Alliance, 1919-1924* (Philadelphia: University of Pennsylvania Press, 1936) が挙げられる。

(53) Douglas Johnson, 'Austen Chamberlain and the Locarno Agreements', *University of Birmingham Historical Journal*, 8:1 (1961), pp. 62-81; Sibyl Eyre Crowe, 'Sir Eyre Crowe and the Locarno Pact', *English Historical Review*, 87:342 (1972), pp. 49-74; Frank Magee, '"Limited Liability"?: Britain and the Treaty of Locarno', *Twentieth Century British History*, 6:1 (1995), pp. 1-22; Erik Goldstein, 'The Evolution of British Diplomatic Strategy for the Locarno Pact, 1924-1925', in Michael Dockrill and Brian McKercher, eds., *Diplomacy and World Power: Studies in British Foreign Policy, 1890-1950* (Cambridge: Cambridge University Press, 1996); Jon Jacobson, 'Locarno, Britain and the Security of Europe', in Gaynor Johnson, ed., *Locarno Revisited: European Diplomacy, 1920-1929* (London: Routledge, 2004). ロカルノ条約交渉に関する日本語文献としては，独仏の政策を中心に分析した牧野雅彦『ロカルノ条約——シュトレーゼマンとヨーロッパの再建』中央公論新社，2012年，条約を安全保障論の観点から検討した松隈徳仁「ロカルノ条約——安全保障問題を中心に」『国際政治』第10号，1959年，27-36頁，そして独ソ関係を分析した富永幸生「ドイツの対ソ政策とイデオロギー——ロカルノ条約とベルリン条約（1・2）」『歴史学研究報告』第12・13号，1965・1967年，99-144・259-97頁などが挙げられる。いずれもイギリスの政策には焦点を当てていない。

(54) Michael Anthony Laffan, 'The Question of French Security in British Policy towards France and Germany, 1918-1925', PhD thesis, University of Cambridge, 1973.

(55) Ibid., p. 268.

(56) F. S. Northedge, *The Troubled Giant: Britain among the Great Powers, 1916-1939* (London: G. Bell & Sons, 1966); W. N. Medlicott, *British Foreign Policy since Versailles 1919-1963*, 2nd ed. (London: Methuen, 1968); Paul W. Doerr, *British Foreign Policy, 1919-1939* (Manchester: Manchester University Press, 1998). 他に，両大戦間期に関する優れた国際関係史研究とし

て，Sally Marks, *The Illusion of Peace: International Relations in Europe, 1918–1933*, 2nd ed. (Basingstoke: Palgrave Macmillan, 2003); Zara Steiner, *The Lights that Failed: European International History 1919–1933* (Oxford: Oxford University Press, 2005); Zara Steiner, *The Triumph of the Dark: European International History 1933–1939* (Oxford: Oxford University Press, 2011) が挙げられる。

(57) John Robert Ferris, *Men, Money, and Diplomacy: The Evolution of British Strategic Policy, 1919–26* (New York: Cornell University Press, 1989); Boyce, *British Capitalism at the Crossroads*; Orde, *British Policy and European Reconstruction*; Dick Richardson, *The Evolution of British Disarmament Policy in the 1920s* (London: St. Martin's Press, 1989); Carolyn J. Kitching, *Britain and the Problem of International Disarmament: 1919–1934* (London: Routledge, 1999).

(58) 英語圏の研究者によるものに限っても，以下のような研究が挙げられる。Arnold Wolfers, *Britain and France between Two Wars: Conflicting Strategies of Peace since Versailles* (New York: Harcourt, Brace, 1940); W. M. Jordan, *Great Britain, France, and the German Problem, 1918–1939: A Study of Anglo-French Relations in the Making and Maintenance of the Versailles Settlement* (London: Oxford University Press, 1943); P. M. H. Bell, *France and Britain, 1900–1940: Entente and Estrangement* (London: Longman, 1996); Alan Sharp and Keith Jeffery, '"Après la Guerre finit, Soldat anglais partit ...": Anglo-French Relations, 1918–25', in Erik Goldstein and B. J. C. McKercher, eds., *Power and Stability: British Foreign Policy, 1865–1965* (London: Frank Cass, 2003); F. L. Carsten, *Britain and the Weimar Republic* (London: Batsford Academic and Educational, 1984); William Laird Kleine-Ahlbrandt, *The Burden of Victory: France, Britain and the Enforcement of the Versailles Peace, 1919–1925* (Lanham: University Press of America, 1995); Gaynor Johnson, *The Berlin Embassy of Lord D'Abernon, 1920–1926* (Basingstoke: Palgrave Macmillan, 2002).

(59) V. H. Rothwell, *British War Aims and Peace Diplomacy* (Oxford: Clarendon Press, 1971); David French, *British Strategy and War Aims, 1914–1916* (London: Allen & Unwin, 1986); David French, *The Strategy of the Lloyd George Coalition, 1916–1918* (Oxford: Clarendon Press, 1995).

(60) Harold I. Nelson, *Land and Power: British and Allied Policy on Germany's Frontiers, 1916–19* (1963; reprint, Newton Abbot: David & Charles, 1971); Michael L. Dockrill and J. Douglas Goold, *Peace without Promise: Britain and the Peace Conferences, 1919–23* (Hamden, CT: Archon Books, 1981); Antony Lentin, *Guilt at Versailles: Lloyd George and the pre-History of Appeasement* (London: Methuen and Co., 1985); Erik Goldstein, *Winning the Peace: British Diplomatic Strategy, Peace Planning, and the Paris Peace Conference, 1916–1920* (Oxford: Clarendon Press, 1991).

(61) たとえば，G. H. Bennett, *British Foreign Policy during the Curzon Period, 1919–24* (London: St. Martin's Press, 1995); Michael Graham Fry, *And Fortune Fled: David Lloyd George, the First Democratic Statesman, 1916–1922* (New York: Peter Lang, 2011); Gordon Martel, 'The Prehistory of Appeasement: Headlam-Morley, the Peace Settlement and

Revisionism', *Diplomacy & Statecraft*, 9:3 (1998), pp. 242-65; Keith Neilson and T. G. Otte, *The Permanent Under-Secretary for Foreign Affairs, 1854-1946* (New York: Routledge, 2012), pp. 153-98; T. G. Otte, 'Between Old Diplomacy and New: Eyre Crowe and British European Policy, 1914-1925', in Gaynor Johnson, ed., *Peacemaking, Peacemakers and Diplomacy, 1880-1939: Essays in Honour of Professor Alan Sharp* (Newcastle: Cambridge Scholars, 2010); J. S. Dunn, *The Crowe Memorandum: Sir Eyre Crowe and Foreign Office Perceptions of Germany, 1918-1925* (Newcastle: Cambridge Scholars, 2013)。

(62) 吉川宏「第一次世界戦争におけるイギリス外交政策形成の諸問題——『戦争目的』明確化の歴史的背景（1・2）」『北海道大學法學會論集』第 9 巻第 1・2 号，1958 年，30-79・29-53 頁。吉川宏「ロイド・ジョージとヨーロッパの再建（1・2・3・4）」『北大法学論集』第 13 巻第 2 号・3/4 号・第 14 巻第 1・2 号，1963 年，66-143・21-113・66-157・1-32 頁。亀井紘「ジェノア会議（1922 年 4〜5 月）と戦後国際秩序の構築——ロイド・ジョージとイギリスの役割」『国際政治』第 96 号，1991 年，124-42 頁。亀井紘「第一次世界大戦とイギリス帝国」佐々木雄太編著『世界戦争の時代とイギリス帝国』ミネルヴァ書房，2006 年。細谷雄一「『新しいヨーロッパ協調』からシューマン・プランへ 1919〜50 年——世界戦争の時代のイギリスとヨーロッパ」細谷編『イギリスとヨーロッパ』。藤山一樹「英米戦債協定の成立とイギリス外交，1920-1923 年」『国際政治』第 180 号，2015 年，30-42 頁。藤山一樹「ヴェルサイユ条約対独軍縮をめぐるイギリス外交，1924〜1927 年」『法学政治学論究』第 104 号，2015 年，283-314 頁。藤山一樹「連合国ラインラント占領をめぐるイギリス外交，1924〜1927 年」『法学政治学論究』第 109 号，2016 年，235-65 頁。しかし，それでも，1930 年代のイギリス外交に関する斉藤孝，佐々木雄太らによる諸研究，19 世紀に関する君塚直隆の諸研究，そしてイギリス帝国史や極東政策に関する細谷千博，木畑洋一，秋田茂，後藤春美らによる諸研究の蓄積と比較すると，第一次世界大戦から 1920 年代にかけてのイギリスのヨーロッパ政策に関する研究は比較的手薄だと言える。とりわけ，当該期イギリスのヨーロッパ安全保障政策に関する研究は，日本ではほとんどなされていないのが現状である。

(63) Geoges-Henri Soutou, 'Die deutschen Reparationen und das Seydoux-Projekt, 1920/21', *Vierteljahrehefte für Zeitgeschichte*, 23 (1975), S. 237-70; Schuker, *The End of French Predominance in Europe*; Bariéty, *Les Relations franco-allemandes*; McDougall, *France's Rhineland Diplomacy*; Trachtenberg, *Reparation in World Politics*. こうした修正的研究に関するレビュー論文は 1979 年に発表され始めた。Charles S. Maier, 'The Truth about the Treaties?', *Journal of Modern History*, 51:1 (1979), pp. 56-67; Klaus Schwabe, 'Versailles nach sechzig Jahren: Internationale Beziehungen nach dem Ersten Weltkrieg', *Neue Politische Literatur*, 24:4 (1979), pp. 446-75; Marc Trachtenberg, 'Versailles after Sixty Years', *Journal of Contemporary History*, 17:3 (1982), pp. 487-506; Jon Jacobson, 'Is There a New International History of the 1920s?', *The American Historical Review*, 88:3 (1983), pp. 617-45; Jon Jacobson, 'Strategies of French Foreign Policy after World War I', *Journal of Modern History*, 55:1 (1983), pp. 78-9. 日本においても，1921 年におけるフランスの対独接近の試みを描いた先駆的研究が 1970 年代になされている。濱口學「ヴィスバーデン協定（1921 年）と欧州復興問

題の構造」『國學院大學紀要』第 15 号，1977 年，221–44 頁。

（64） Robert Boyce, *The Great Interwar Crisis and the Collapse of Globalization* (Basingstoke: Palgrave Macmillan, 2009), pp. 14–15.

（65） 国際連盟に関するイギリスの政策を扱った代表的研究として，George W. Egerton, *Great Britain and the Creation of the League of Nations: Strategy, Politics, and International Organization, 1914–1919* (Chapel Hill: University of North Carolina Press, 1978); Peter Yearwood, *Guarantee of Peace: The League of Nations in British Policy, 1914–1925* (Oxford: Oxford University Press, 2009) が挙げられる。

（66） 植田隆子『地域的安全保障の史的研究——国際連盟時代における地域的安全保障制度の発達』山川出版社，1989 年，2 頁。

（67） Hankey to Lloyd George, 15.8.1919, F/24/1/9, Lloyd George papers, Parliamentary Archives, London［以下 PA と略記する］参照。1916 年 12 月から 39 年 9 月までの閣議録は，イギリス国立公文書館（The National Archives）の内閣文書 CAB 23 に収められている。

（68） Hankey diaries, HNKY 1, Hankey papers, Churchill Archives Centre, Cambridge［以下 CAC と略記する］.

（69） Stephen Roskill, *Hankey: Man of Secrets*, 3 vols. (London: Collins, 1972).

（70） Thomas Jones, *Whitehall Diary*, 3 vols., ed. Keith Middlemas (London: Oxford University Press, 1969–71).

（71） John Barnes and David Nicolson, eds., *The Leo Amery Diaries, vol. 1: 1896–1929* (London: Hutchinson, 1980).

（72） 帝国防衛委員会の議事録はイギリス国立公文書館の内閣文書 CAB 2 に，帝国防衛委員会に提出された主要な覚書は CAB 4 に収められている。

（73） Zara Steiner, *Foreign Office and Foreign Policy*, p. 1; John P. Mackintosh, *The British Cabinet* (Toronto: University of Toronto Press, 1962), pp. 148–9.

（74） Ray Jones, *The Nineteenth-Century Foreign Office: An Administrative History* (London: Weidenfeld and Nicolson, 1971), pp. 12–40, 65–82.

（75） Mackintosh, *The British Cabinet*, pp. 304–5, 396–9; David Vital, *The Making of British Foreign Policy* (London: Allen and Unwin, 1968), pp. 53–7.

（76） Robert M. Warman, 'The Erosion of Foreign Office Influence in the Making of Foreign Policy, 1916–1918', *Historical Journal*, 15:1 (1972), pp. 134–59; Alan Sharp, 'The Foreign Office in Eclipse, 1919–22', *History*, 61:202 (1976), pp. 198–218.

（77） Mackintosh, *The British Cabinet*, pp. 359ff.

（78） John Turner, *Lloyd George's Secretariat* (Cambridge: Cambridge University Press, 1980); Kenneth O. Morgan, 'Number 10 under Lloyd George 1916–1922', History of Government, https://history.blog.gov.uk/2012/05/01/number-10-under-lloyd-george-1916-1922/ (accessed, 14. 11. 2014).

（79） J. R. M. Butler, *Lord Lothian (Philip Kerr) 1882–1940* (London: Macmillan, 1960), pp. 80, 83.

（80） A. J. P. Taylor, ed., *Lloyd George: A Diary by Francis Stevenson* (London: Hutchinson, 1971).

（81）Michael L. Dockrill and Zara Steiner, 'The Foreign Office at the Paris Peace Conference in 1919', *International History Review*, 2:1（1980）, p. 84.

（82）R. J. Q. Adams, *Bonar Law*（London: John Murray, 1999）, p. 331.

（83）帝国戦時内閣の議事要旨は CAB 23，帝国会議の議事録は CAB 32 に収められている。

（84）Keith Neilson, *Britain, Soviet Russia and the Collapse of the Versailles Order, 1919–1939*（Cambridge: Cambridge University Press, 2006）, p. 6 を参照。

（85）Steiner, *Foreign Office and Foreign Policy*, p. 79. 後藤春美『上海をめぐる日英関係 1925〜1932 年——日英同盟後の協調と対抗』東京大学出版会，2006 年，34 頁。

（86）*Ibid.*, p. 214; *The Foreign Office List and Diplomatic and Consular Year Book*, 1907–1914（London: Harrison and Sons, 1907–14）.

（87）Sir Laurence Collier, 'The Old Foreign Office', *Blackwood's Magazine*, 312（1972）, p. 260.

（88）Erik Goldstein, 'Morley, Sir James Wycliffe Headlam-（1863–1929）', in *Oxford Dictionary of National Biography*（Oxford: Oxford University Press, 2004）, http: //www. oxforddnb. com（accessed, 5.8.2015）［以下 *ODNB* と略記する］．ヘッドラム＝モーリーの個人文書は，ケンブリッジ大学のチャーチル資料館に収められている。また，パリ講和会議におけるヘッドラム＝モーリーの文書を編纂した有用な資料集が出版されている。Sir James Headlam-Morley, *A Memoir of the Paris Peace Conference 1919*, eds. Agnes Headlam-Morley, Russell Bryant and Anna Cienciala（London: Methuen, 1972）.

（89）Zara Steiner and Michael L. Dockrill, 'The Foreign Office Reforms, 1919–21', *Historical Journal*, 17:1（1974）, p. 134.

（90）外務省の平時移行に際しての機構改革に関しては，Ibid., pp. 131–56; Ephraim Maisel, *The Foreign Office and Foreign Policy, 1919–1926*（Brighton: Sussex Academic Press, 1994）, pp. 7ff. を参照。

（91）1929 年までの正式名称は「セルビア人・クロアチア人・スロヴェニア人王国」だが，本書では便宜上「ユーゴスラヴィア」の名称を用いる。

（92）「中欧局（Central European Department）」の名称は 1922 年に「中央局（Central Department）」に変更された。これは，業務内容や担当地域に変更のない，単なる名称変更であった。本書では「中欧局」の名称を一貫して用いることとする。

（93）Maisel, *Foreign Office and Foreign Policy, 1919–1926*, pp. 9–12.

（94）それ以前には，事務次官補が「監督次官（Superintending Under-Secretary）」として各部局を監督した。事務次官補の定員は 3 名だったため，一人が複数の部局を監督しなければならなかった。Steiner, *Foreign Office and Foreign Policy*, pp. 12–13.

（95）Goldstein, *Winning the Peace*, pp. 86–9.

第1章

（1）G. P. Gooch and Harold Temperley, eds., *British Documents on the Origins of the War, 1898–1914, vol. 11: The Outbreak of War*（London: HMSO, 1926）［以下 *BD* と略記する］, pp. 306, 314, 330, 351.

（2）1839 年条約は，1830 年に勃発したベルギー独立革命を受けて，当時の五列強（イギリ

ス，オーストリア，フランス，プロイセン，ロシア）が，オランダからのベルギーの独立と中立を保障した条約である。列強とベルギーとの間では1831年に合意が結ばれたが，オランダが調印を拒否したため，解決は1839年に延期された。1839年条約は，五列強による保障条約と，それに付属した「24カ条条約」と呼ばれる条約から成った。「24カ条条約」は，オランダから独立したベルギーの領土や地位を規定し，その第7条において，ベルギーの中立を次のように規定した。「ベルギーは〔……〕独立した永世中立国を形成する。同国はすべての他国に対してそのような中立を遵守する義務を負う」。すなわち，ベルギーは中立政策から乖離することを禁止され，対外政策に制約が課されたのである。そして，同時調印された五列強の保障条約において，「24カ条条約」は，五列強の「保障下に置かれる（placés sous la garantie)」と明記された。この記述により，ベルギーの独立と中立は列強の恒久的保障を受けることとなった。1839年条約は，当時のイギリス外相パーマストン卿の主導のもとで締結され，ベルギーをいかなる勢力にも属さない中立国とすることで，ウィーン体制下の勢力均衡の維持が図られた。同条約は75年間にわたって低地諸国の安全を維持したが，プロイセンを継承して同条約の保障国となったドイツ自らの手で1914年に破られることとなった。なお，ベルギー政府は「24カ条条約」が自国の領土要求を完全に満たしたとは捉えておらず，一定の不満がくすぶり続けた。たとえば，オランダがスヘルデ河口の両岸を保持したことで，スヘルデ川に面するベルギー最大の港湾都市アントウェルペンから外洋への自由航行権が制限されるといった懸案が残った。また，とりわけ1914年のドイツ侵攻により中立政策の有効性が疑われて以降，ベルギーでは中立政策を義務づけた「24カ条条約」の第7条が問題視され，自国の主権を制限する条文の修正を求める声が高まった。Great Britain, Command Paper, *Treaties Relative to the Netherlands and Belgium signed at London, April 19, 1839*, Command Paper 195 (London: J. Harrison and Son, 1839); Jonathan E. Helmreich, *Belgium and Europe: A Study in Small Power Diplomacy* (The Hague: Mouton, 1976), pp. 8–62, 188–93. 君塚直隆『パクス・ブリタニカのイギリス外交——パーマストンと会議外交の時代』有斐閣，2006年，34–67頁。

（3）君塚直隆「第一次グラッドストン内閣と普仏戦争——ベルギー中立条約をめぐって」滝田毅編『転換期のヨーロッパと日本』南窓社，1997年，54–77頁。

（4）Rothwell, *British War Aims*, p. 18.

（5）Steiner and Neilson, *Britain and the Origins of the First World War*, p. 245.

（6）*BD*, vol. 11, pp. 81–2, 228–9.

（7）Keith Robbins, *Sir Edward Grey: A Biography of Lord Grey of Fallodon* (London: Cassell, 1971), pp. 290–7; Crowe and Corp, *Our Ablest Public Servant*, pp. 260–70.

（8）Robert Blake, *The Unknown Prime Minister: The Life and Times of Andrew Bonar Law, 1858–1923* (London: Eyre & Spottiswoode, 1955), p. 220.

（9）Keith Wilson, 'The British Cabinet's Decision for War, 2 August 1914', *British Journal of International Studies*, 1 (1975), pp. 148–59; House of Commons debates (*Hansard*), 3.8.1914, ser. 5, vol. 65, cc. 1809–32, http://hansard.millbanksystems.com (accessed, 1.1.2016).

（10）*BD*, vol. 11, p. 328.

(11) Herbert Henry Asquith et al., *War Speeches by British Ministers* (London: T. Fisher Unwin, 1917), p. 59.

(12) *Ibid.*, pp. 14, 26, 40, 51, 161, 190, 197, 209, 221, 250, 295, 300, 345, 350, 372.

(13) Rothwell, *British War Aims*, pp. 20-1.

(14) David Stevenson, *The First World War and International Politics* (Oxford: Clarendon Press, 1988), p. 109.

(15) その他にイギリスが結んだ秘密協定としては，次のようなものが挙げられる。1915年春にイギリス政府は，フランス政府とともに，ロシアを戦争に引きとめておくために，ロシアのコンスタンチノープル（イスタンブール）およびボスポラス，ダーダネルス両海峡の獲得を約束した。1915年4月，オーストリア＝ハンガリー領南チロルやアドリア海沿岸地域の獲得支援を条件に，イタリアを連合国に引き込むロンドン条約を結んだ。1915年7月から16年1月にかけてのフサイン＝マクマホン往復書簡により，アラブ諸部族の独立を約束する代わりに，オスマン帝国に対する蜂起を促した。1916年8月のブカレスト合意により，オーストリア＝ハンガリー領トランシルヴァニアなどの獲得への支援と引き換えに，ルーマニアを連合国に引き入れた。1917年2月，山東半島におけるドイツの権益と太平洋赤道以北のドイツ領南洋諸島を日本が獲得することへの支援と引き換えに，日本の駆逐艦隊の地中海派遣に合意させた。そして1917年4月には，イタリアをオスマン帝国分割に加えるサン＝ジャン＝ド＝モーリエンヌ合意を結んだ。Stevenson, *First World War and International Politics*, pp. 51-3, 63, 107, 124-30; C. Jay Smith, Jr., 'Great Britain and the 1914-1915 Straits Agreement with Russia: The British Promise of November 1914', *American Historical Review*, 70:4 (1965), pp. 1015-34; Buchanan to Grey, 13.3.1915, TC-7, CAB 16/36, TNA; Glenn E. Torrey, 'Rumania and the Belligerents 1914-1916', *Journal of Contemporary History*, 1:3 (1966), pp. 188-9; Ian Nish, *Alliance in Decline: A Study in Anglo-Japanese Relations, 1908-23* (London: Athlone, 1972), pp. 202-11. 菅原建志「アーサー・バルフォアと第一次世界大戦における日本の軍事支援問題」『国際政治』第168号，2012年，48頁。

(16) Jane Degras, ed., *Soviet Documents on Foreign Policy, vol. 1: 1917-1924* (London: Oxford University Press, 1951), pp. 8-9; *The Manchester Guardian*, 26.11.1917, p. 5, 28.11.1917, p. 4, 12.12.1917, p. 4 and 13.12.1917, p. 4.

(17) Arno J. Mayer, *Political Origins of the New Diplomacy, 1917-1918* (New Haven: Yale University Press, 1959), pp. 313-28.

(18) Rothwell, *British War Aims*, p. 38; Nelson, *Land and Power*, p. 8.

(19) Stevenson, *First World War and International Politics*, p. 108.

(20) Helmreich, *Belgium and Europe*, pp. 184-99; Michael Francis Palo, 'The Diplomacy of Belgian War Aims during the First World War', PhD thesis, University of Illinois, 1978, pp. 230-1, 240-2.

(21) Ibid., pp. 254-6.

(22) Ibid., pp. 226-31.

(23) Beyens memorandum, 'La Question de l'Escaut', n. d., Grey to Villiers, 5.5.1916; Beyens memodandum, 'La Question du Grand Duché de Lexembourg', n. d., Grey to Villiers, 25.5.1916,

86780, 103572/86780/4, FO 371/2637, TNA.

(24) Arthur Nicolson minute, 24.5.1926, Grey minute, n. d.; Blech (FO Librarian) minute, 12.5.1916, Davidson (FO Legal Advisor) to Crowe, 12.5.1916, Clerk minute, 12.5.1916, Crowe minute, 27.5.1916, 86780, 92251/86780/4, FO 371/2637, TNA.

(25) Beyens memorandum, 'La Question de l'Escaut', 7.7.1916, Grey to Villiers, 10.7.1916; Beyens memorandum, 'La neutralité de la Belgique', 7.7.1916, 136890, 138942/86780/4, ibid.

(26) Grey to Villiers, 10.7.1916, 136890/86870/4, ibid.

(27) George-Henri Soutou, 'La France et les Marches de l'Est, 1914-1919', *Revue Historique*, 260 (1978), pp. 345-57; David Stevenson, *French War Aims against Germany, 1914-1919* (Oxford: Clarendon Press, 1982), pp. 26-7, 36-42. フランスの1790年国境と1814年国境はともにザール炭田のおおよそ三分の二を含んでいた。同地域に関しては，1790年国境のほうがわずかにフランスに有利であった。ナポレオンが再度退位した後の1815年の第二次パリ条約により，フランスはより多くの領土を失い，ザール炭田の三分の一を保有するにとどまった。この国境が1870年まで維持されたのち，普仏戦争の敗戦によりドイツにアルザス＝ロレーヌが割譲された。*Ibid.*, pp. 216-8.

(28) Grey to Bertie, 24.8.1916, 170012/170012/39, FO 371/2804, TNA; Soutou, 'Marches de l'Est', pp. 358-9.

(29) Rothwell, *British War Aims*, p. 39.

(30) FO to the Board of Trade, 8.8.1916, TC-2, CAB 16/36, TNA.

(31) Terms of reference on the formation of an Inter-Departmental Committee, constituted as a Sub-Committee of the Committee of Imperial Defence, 27.8.1916, TC-1, CAB 16/36, TNA. マレット委員会はヨーロッパ外の領土変更，とりわけドイツのアフリカおよび太平洋の植民地の処分問題を検討した。Extracts from the proceedings of the 1st and 2nd meetings of the Committee on Territorial Changes, 4.9, 18.10.1916, ibid.

(32) Hankey minute, 'Naval and Military Conditions during Peace Negotiations', 31.7.1916, P-1, CAB 29/1; Kenneth J. Calder, *Britain and the Origins of the New Europe 1914-1918* (Cambridge: Cambridge University Press, 1976), pp. 97-8; Minutes of the 110th meeting of the War Committee, 30.8.1916, CAB 42/18/8, TNA.

(33) ティレルについては，O'Malley, *The Phantom Caravan*, p. 45; Sir Francis Oppenheimer, *Stranger Within* (London: Faber and Faber, 1960), p. 206; Edward T. Corp, 'Sir William Tyrrell: The Éminence Grise of the British Foreign Office, 1912-1915', *Historical Journal*, 25:3 (1982), pp. 697-708を参照。

(34)「民族原則（principle of nationality)」という言葉は，後により一般化する「民族自決原則（principle of national self-determination)」とほぼ同じ意味で用いられている。周知のように，イギリス政府の説く「民族自決」とは，ヨーロッパに適用することを想定した概念であり，イギリスが植民地を有するヨーロッパ外への適用はほとんど考慮されていなかった。

(35) 仲裁条約（arbitration treaty）とは，国際紛争を仲裁裁判に付託することを約す条約である。その始原は古代に遡るが，現代に通ずる制度は，19世紀後半に英米間の係争を処

理するために効果的に運用され始めた。そして，1899年のハーグ平和会議で初の包括的な多国間仲裁条約である「国際紛争平和的処理条約」が調印され，オランダのハーグに常設仲裁裁判所が設置された。しかし，仲裁手続きは当事国の任意参加を原則とし，紛争当事国が自発的に仲裁を望まなければ仲裁裁判は行われず，また裁判の結果に強制力はなかった。そのため，当時の一部の国際法専門家の間では，「強制仲裁」，すなわち一定の条件下で（たとえば戦争勃発の危機に際して）国家に仲裁に応じる義務を負わせ，応じない場合や仲裁裁判の結果に違反した場合には，制裁を科す制度を導入することにより，国家間の関係に法の支配をより完全に確立するべきだという議論が活発に行われた。David D. Caron, 'War and International Adjudication: Reflections on the 1899 Peace Conference', *American Journal of International Law*, 94:1 (2000), pp. 4–30; Webster, 'International Arbitration', pp. 236–8.

(36) Paget and Tyrrell memorandum, 'Suggested Basis for a Territorial Settlement in Europe', 7.8.1916, 180510/180510/39, FO 371/2804 (also in P–5, CAB 29/1), TNA.

(37) David Lloyd George, *The Truth about the Peace Treaties*, 2 vols. (London: Victor Gollancz, 1938), vol. 1, pp. 31–50.

(38) 彼がセシル子爵となるのは1923年末のことであり，それまではロバート・セシル卿として知られていた。

(39) Gaynor Johnson, *Lord Robert Cecil: Politician and Internationalist* (Farnham: Ashgate, 2013), pp. 1–3, 82–3; Egerton, *Great Britain and the Creation of the League of Nations*, pp. 37–9; Viscount Cecil of Chelwood, *All the Way* (London: Hodder and Stoughton, 1949), p. 142.

(40) Cecil, 'Memorandum on Proposals for Diminishing the Occasion of Future Wars', 10.1916, 103293/103293/39, FO 371/3082, TNA.

(41) Cecil, *All the Way*, pp. 138–9; Crowe and Corp, *Our Ablest Public Servant*, pp. 283–6.

(42) Crowe, 'Notes on Lord R. Cecil's Proposals for the Maintenance of Future Peace', 12.10.1916, 103293/103293/39, FO 371/3082, TNA.

(43) Robertson memorandum, 31.8.1916, P–4, CAB 29/1, TNA.

(44) Robertson memorandum, 8.9.1916, TC–4, CAB 16/36, TNA.

(45) Memorandum by Mallet, Tyrrell and Clerk, 'Views of the Foreign Office Representatives on the Question of the Retention of the German Colonies', 21.1.1917, TC–27, ibid.

(46) Balfour memorandum, 'The Peace Settlement in Europe', 4.10.1916, P–7, CAB 29/1, TNA.

(47) Jellicoe memorandum, 'Note on the Possible Terms of Peace', 12.10.1916, P–8, ibid.

(48) Hankey memorandum, 'The General Review of the War', 31.10.1916, CAB 42/22/14, TNA.

(49) David Lloyd George, *War Memoirs*, 2 vols. (London: Odhams, 1938), vol. 1, pp. 531–5, 585.

(50) *Ibid.*, pp. 585–600; Blake, *The Unknown Prime Minister*, pp. 298–341; J. M. McEwen, 'The Struggle for Mastery in Britain: Lloyd George versus Asquith, December 1916', *Journal of British Studies*, 18:1 (1978), pp. 131–56; A. J. P. Taylor, *English History, 1914–1945* (Oxford: Clarendon Press, 1965), pp. 64–70; Taylor, ed., *Lloyd George*, pp. 121–34; Harold Nicolson, *King George the Fifth: His Life and Reign* (London: Constable, 1952), pp. 285–92. 君塚直隆『イギリス二大政党制への道——後継首相の決定と「長老政治家」』有斐閣，1998年，186-9

頁。

(51) Esther Caukin Brunauer, 'The Peace Proposals of December, 1916-January, 1917', *Journal of Modern History*, 4:4 (1932), pp. 544-71; United States, Department of State, *Papers Relating to the Foreign Relations of the United States, 1916: Supplement, The World War* (Washington, DC: US Government Printing Office, 1929), pp. 85-99.

(52) [Minutes of the] War Cabinet, 9[th meeting], 16.12.1916, CAB 23/1, TNA.

(53) War Cabinet, 10, 18.12.1916, ibid.

(54) House of Commons debates, 19.12.1916, ser. 5, vol. 88, cc. 1333-8.

(55) War Cabinet, 16, 23.12.1916, Appendix 2, Briand's draft reply to American peace overtures, 23.12.1916, CAB 23/1, TNA; Stevenson, *French War Aims*, pp. 45-7.

(56) Minutes of an Anglo-French Conference, 26.12.1916, IC 13a, CAB 28/2, TNA.

(57) Minutes of an Anglo-French Conference, 28.12.1916, IC 13d, ibid.

(58) Conclusions of an Anglo-French Conference, 26, 27, 28.12.1916, Appendix 1, Text of reply by the Allied Governments to the German Peace Note, n. d., Appendix 2, Text of reply by the Allied Governments to the United States' Peace Note, 28.12.1916, IC 13, CAB 28/2, TNA.

(59) Rothwell, *British War Aims*, p. 65.

(60) James Brown Scott, ed., *Official Statements of War Aims and Peace Proposals: December 1916 to November 1918* (Washington, DC: Carnegie Endowment, 1921), pp. 22-4, 26-8, 35-8; Stevenson, *French War Aims*, p. 47.

(61) Great Britain, Command Paper, *Papers respecting Negotiations for an Anglo-French Pact*, Cmd. 2169 (London: HMSO, 1924), pp. 1-3; Soutou, 'Marches de l'Est', p. 362; Stephen A. Schuker, 'The Rhineland Question: West European Security at the Paris Peace Conference of 1919', in Boemeke, Feldman and Glaser, eds., *The Treaty of Versailles*, pp. 279-80; Stevenson, *French War Aims*, pp. 48-51.

(62) *Ibid.*, p. 52.

(63) *Ibid.*, pp. 53-4; Soutou, 'Marches de l'Est', pp. 363-4.

(64) Stevenson, *The First World War and International Politics*, pp. 141-3; John Grigg, *Lloyd George: War Leader, 1916-1918* (London: Allen Lane, 2002), pp. 88-93; Fry, *And Fortune Fled*, pp. 122-5.

(65) Lloyd George, *War Memoirs*, vol. 2, p. 1185.

(66) Balfour to Bertie, 2.7.1917, 133253/111293/W17, FO 371/2937, TNA.

(67) Balfour to Villiers, 2.7.1917, Beyens, 'Note historique sur la question de l'Escaut', n. d., 133240/991/4, FO 371/2896, TNA.

(68) *The Times*, 17.7.1917, p. 6; Clerk minute, 17.7.1917, Hardinge minute, n. d., Hardinge to DMI and DID, 20.7.1917; DID to Hardinge, 8.8.1917, 142906, 155673/991/4, FO 371/2896, TNA.

(69) David Hunter Miller, *My Diary at the Conference of Paris with Documents* (New York: privately printed, 1924), vol. 4, p. 426. なお，フランス陸軍参謀本部は，この連合国会議に向けて戦後構想に関する興味深い覚書を用意していた。参謀本部は，フランスの安全保障を強化するために，アルザス＝ロレーヌとザール地方だけではなく，ライン左岸のバ

ーゼルからコブレンツまでの一帯をフランスが併合することが望ましいと論じた。一方で，連合国がこれに反対する場合には，ライン左岸を保護国ないし中立国としてドイツから分離独立させ，緩衝地帯とするべきだと説いた。参謀本部はまた，ベルギーを強化することが望ましいと説き，ベルギーは中立を放棄し，国境をライン川方面に拡張し，さらにオランダからリンブルフとスヘルデ川南岸（ゼーウス＝フラーンデレン）を獲得し，北岸の都市フリシンゲンまで要求するべきだと進言した。そしてオランダには，ライン下流域のドイツ領土を割譲することで補償するべきだとした。Guy Pedroncini, *Les Négociations secrètes pendant la Grande Guerre* (Paris: Flammarion, 1969), pp. 110-11; Palo, 'Belgian War Aims', p. 606; Hankey note on the Allied Conference held in Paris on July 25 to 26, 1917, 28.7.1917, note of an Allied Conference, 26.7.1917, proceedings of an Inter-ally conference, 1st to 3rd sessions, 25.7.1917, with appendices, IC 24, 24a, 24b, CAB 28/2, TNA.

(70) Paul Hymans, *Mémoires* (Bruxelles: Éditions de l'Institut de Sociologie Solvay, 1958), tome 1, pp. 168-70.

(71) House of Commons debates, 11.7.1917, ser. 5, vol. 95, c. 1888.

(72) *The Times*, 7.11.1917, p. 7.

(73) House of Commons debates, 15.11.1917, ser.5, vol. 99, c. 547.

(74) Degras, ed., *Soviet Documents on Foreign Policy*, vol. 1, pp. 8-9; *The Manchester Guardian*, 26.11.1917, p. 5; 28.11.1917, p. 4; 12.12.1917, p. 4; 13.12.1917, p. 4.

(75) House of Commons debates, 29.11.1917, ser. 5, vol. 99, c. 2193.

(76) House of Commons debates, 14.2.1918, ser. 5, vol. 103, c. 242.

(77) Lord Hankey, *The Supreme Command: 1914-1918*, 2 vols. (London: Allen and Unwin, 1961), vol. 2, pp. 657-9; Terence H. O'Brien, *Milner: Viscount Milner of St James's and Cape Town, 1854-1925* (London: Constable, 1979), p. 274; House of Commons debates, 19.12.1916, ser. 5, vol. 88, c. 1355; War Cabinet,15 and 16, 22, 23.12.1916, CAB 23/1, TNA.

(78) Lloyd George, *War Memoirs*, vol. 1, pp. 1058-61.

(79) [Minutes of the] Imperial War Cabinet, 1 [st meeting], 20.3.1917, CAB 23/40, TNA; Lloyd George, *War Memoirs*, vol. 1, pp. 1047-57.

(80) Imperial War Cabinet, 4, 27.3.1917, CAB 23/40, TNA.

(81) フランス革命戦争の只中の1800年2月に，戦争目的を定義するように議会で求められた小ピットは，それは「安全保障（security）」という一言によって定義されると答弁した。R. Coupland, ed., *The War Speeches of William Pitt the Younger* (Oxford: Clarendon Press, 1915), p. 285.

(82) Amery, 'Notes on Possible Terms of Peace', 11.4.1917, P-17, CAB 29/1, TNA.

(83) Imperial War Cabinet, 9, 12.4.1917, CAB 23/40, TNA.

(84) Amery diary, 12.4.1917, Barnes and Nicolson, eds., *Amery Diaries*, pp. 147-8.

(85) Jones diary, 20.4.1917, Jones, *Whitehall Diary*, vol. 1, pp. 32-3.

(86) Report of the Committee on Terms of Peace (Economic and Non-Territorial Desiderata), 24.4.1917, P-15, CAB 29/1, TNA.

(87) Imperial War Cabinet, 12 and 13, 26.4, 1.5.1917, CAB 23/40, TNA.

(88) Report of Committee on Terms of Peace (Territorial Desiderata), 28.4.1917, P-16, CAB 29/1, TNA.

(89) Imperial War Cabinet, 13, 1.5.1917, CAB 23/40, TNA.

(90) Fry, *And Fortune Fled*, p. 144.

(91) 1917年11月までにフランスに到着した米兵は，兵站要員を含めて7万7000人であった。その数は，1918年3月までに22万人に増え，7月には100万人を超え，11月には187万人へと達する。なお，イギリス陸軍がフランスに展開した兵員数は，1917年10月にはすでに180万人に達していたが，それをピークにそれ以上増えることはなかった。1918年11月の休戦時に西部戦線に配置されていた兵員数を比較すると，イギリスが179万人，フランスが256万人，アメリカが187万人，ベルギーが14万人であった。対するドイツは340万人であった。Stevenson, *Cataclysm*, pp. 301, 328, 342, 166; Great Britain, War Office, *Statistics of the Military Effort of the British Empire during the Great War, 1914-1920* (London: HMSO, 1922), p. 628.

(92) French, *The Strategy of the Lloyd George Coalition*, pp. 180-92.

(93) Rothwell, *British War Aims*, p. 100.

(94) *Ibid.*, p. 102.

(95) War Cabinet, 187, 16.7.1917, CAB 23/3, TNA.

(96) Scott, *Official Statements*, pp. 129-31. 教皇の和平提案とドイツ政府の対応については，中井晶夫「教皇ベネディクト十五世の和平工作とドイツ帝国宰相ゲオルク・ミヒャエーリス」『上智史學』第37号，1992年，313-39頁に詳しい。

(97) War Cabinet, 220, 221 and 226 (and Appendix), 20, 21, 30.8.1917, CAB 23/3, TNA; G. P. Gooch, *History of Modern Europe 1878-1919* (New York: Henry Holt, 1923), p. 634.

(98) War Cabinet, 238 (a) and 239 (a), 24, 27.9.1917, CAB 23/16, TNA; C. J. Lowe and M. L. Dockrill, *The Mirage of Power*, 3 vols. (London: Routledge & Kegan, 1972), vol. 3, pp. 583-92.

(99) Lloyd George, *War Memoirs*, vol. 2, p. 1231-44; Rothwell, *British War Aims*, pp. 105-9; *The Times*, 12.10.1917, p. 3; David R. Woodward, 'David Lloyd George, a Negotiated Peace with Germany, and the Kühlmann Peace Kite of September, 1917', *Canadian Journal of History*, 6:1 (1971), pp. 75-93. David Stevenson, 'The Failure of Peace by Negotiation in 1917', *The Historical Journal*, 34:1 (1991), pp. 78-84.

(100) French, *Strategy of the Lloyd George Coalition*, p. 161.

(101) Report of a Military Conference, 26.7.1917, Appendix 4, IC 24, CAB 28/2, TNA.

(102) Lord Hankey, *The Supreme Control: 1914-1918*, 2 vols. (London: George Allen and Unwin, 1961), vol. 2, pp. 711-12; Riddell diary, 11, 12, 13, 14, 27, 28, 29.8.1917, Lord Riddell, *Lord Riddell's War Diary: 1914-1918* (London: Ivor Nicholson & Watson, 1933), pp. 264-70; Roskill, *Hankey*, vol. 1, p. 429.

(103) War Cabinet, 227B, 3.9.1917, CAB 23/13, TNA; Lloyd George, *War Memoirs*, vol. 2, pp. 1414-18.

(104) Hankey, *Supreme Control*, vol. 2, pp. 714, 718; Notes of a Conversation at Chequers Court, 14.10.1917, IC 28, CAB 28/2; War Cabinet, 259A and 261A, 30, 31.10.1917, CAB 23/13, TNA.

(105) Procès-verbal of a Conference of the British, French, and Italian Governments, 7.11.1917, Scheme of Organisation of an Inter-Allied War Council, 7.11.1917, Appendix, IC 30c, CAB 28/3, TNA.

(106) House of Commons debates, 19.11.1917, ser. 5, vol. 99, cc.893–906.

(107) 'Memorandum by Lord Milner on His Visit to France, including the Conference at Doullens', 26.3.1918, IC 53, CAB 28/3, TNA; French, *Strategy of the Lloyd George Coalition*, p. 226.

(108) Mayer, *Political Origins of the New Diplomacy*, pp. 262–5, 268–80.

(109) Douglas Newton, 'The Lansdowne "Peace Letter" of 1917 and the Prospect of Peace by Negotiation with Germany', *Australian Journal of Politics and History*, 48:1 (2002), pp. 17–18, 31–2.

(110) John W. Wheeler-Bennett, *Brest-Litovsk: The Forgotten Peace, March 1918* (London: Macmillan, 1938), pp. 121–3.

(111) War Cabinet, 307, 27.12.1917, CAB 23/4; War Cabinet, 307 (a), 28.12.1917, CAB 23/13, TNA; Balfour to Robert Cecil, 29.12.1917, MSS Add. 49738, Balfour papers, British Library, London［以下BLと略記する］.

(112) The Labour Party and the Trades Union Congress, 'Memorandum on War Aims', 28.12.1917, GT 3167, CAB 24/37, TNA.

(113) War Cabinet, 308A, 31.12.1917, CAB 23/13, TNA.

(114) Draft Statement by Smuts, 3.1.1918, GT 3180, and Draft Statement by Cecil, 3.1.1918, GT 3181, CAB 24/37, TNA.

(115) Rothwell, *British War Aims*, p. 150.

(116) *Ibid.*, p. 149. Stevenson, *The First World War and International Politics*, p. 192.

(117) War Cabinet, 313, 314 and 315, 3, 4, 5.1.1918, CAB 23/5, TNA; Grigg, *War Leader*, p. 379.

(118) War Cabinet, 313, 3.1.1918, CAB 23/5, TNA; Rothwell, *British War Aims*, p. 153.

(119) これはセシルの草稿から拝借されたものであったが，強調箇所は変更された。Draft Statement by Cecil, 'War Aims', 3.1.1918, GT 3181, CAB 24/37, TNA.

(120) 1917年12月にイギリス政府は，オーストリア＝ハンガリーのツェルニン外相の和平提案を受けて，スマッツを特使としてスイスに派遣し，オーストリア＝ハンガリーの代表と和平交渉を行った。1918年3月にロイド・ジョージは側近のフィリップ・カーをスイスに送り，再度の交渉を行った。両交渉とも成果なく決裂した。French, *Strategy of the Lloyd George Coalition*, pp. 197–9, 210–12.

(121) Draft Statement by Cecil, 'War Aims', 3.1.1918, GT 3181, CAB 24/37, TNA.

(122) カクストン・ホール演説の全文は，Lloyd George, *War Memoirs*, vol. 2, pp. 1510–17に収録されている。

(123) Grigg, *War Leader*, pp. 383–4.

(124) 1918年10月になされた休戦要請においてドイツ政府は，ウィルソン大統領の「14カ条」演説および「その後の声明」を基礎とする講和を申し出た。「その後の声明」とは，同年2月11日の「4カ条」演説，7月4日の「4カ条」演説，9月27日の「5カ条」演説などを指す。これらの演説は，「民族自決」や「公平な正義」といった原則に基づく講

和をあらためて訴えたものであり，「14カ条」が最も包括的かつ具体的な声明であった。Alma Luckau, *The German Delegation at the Paris Peace Conference*（New York: Howard Ferig, 1971）, pp. 138-40.

(125) Scott, ed., *Official Statements of War Aims*, pp. 234-9. なお，ウィルソンが用いた「回復」という曖昧な表現は，休戦交渉の際に，英仏の要請に基づき，被害の賠償という意味を含むことが確認された。Luckau, *German Delegation*, p. 147.

(126) イギリス政府が唯一立場を異にしたのは「海洋の自由」に関してである。この原則はイギリスの得意とする海上封鎖戦略を禁止するものとも解釈しえたため，イギリス政府は反対の立場をとった。Grigg, *War Leader*, pp. 386, 627-8.

(127) Scott, ed., *Official Statements of War Aims*, p. 239.

(128) *Le Matin*, 1.2.1918, p. 1; Edgar Holt, *The Tiger: The Life of Georges Clemenceau, 1841-1929*（London: Hamish Hamilton, 1976）, p. 194.

(129) Palo, 'Belgian War Aims', p. 701.

(130) Soutou, 'Marches de l'Est', p. 382; Raymond Poincaré, *Au service de la France: Neuf années de souvenirs, tome 10: Victoire et Armistice, 1918*（Paris: Plon, 1933）, pp. 20-4.

(131) Minutes of the Supreme War Council, 2.2.1918, IC 44, CAB 28/3, TNA.

(132) House of Commons debates, 16.5.1918, ser. 5, vol. 106, cc. 569-79.

(133) Soutou, 'Marches de l'Est', p. 382.

(134) Roskill, *Hankey*, vol. 1, p. 482; Hankey memorandum, 'The League of Nations', 16.1.1918, GT 3344, CAB 24/39, TNA.

(135) Cecil to Balfour, 20.11.1917, 53848/13761/39, FO 371/3439, TNA; Johnson, *Lord Robert Cecil*, p. 89.

(136) Egerton, *Great Britain and the Creation of the League of Nations*, p. 65.

(137) Minutes of the 1st and 2nd meetings of the Committee on the League of Nations, 30.1, 6.2.1918, 214189/214189/50, FO 371/3483, TNA.

(138) Minutes of the 3rd and 4th meetings of the Committee on the League of Nations, 13, 20.2.1918, ibid.

(139) The Committee on the League of Nations, 'Interim Report', 20.3.1918, 53848/13761/39, FO 371/3439, TNA.

(140) Cecil minutes, n. d., ibid.

(141) Crowe minute, 28.3.1918, ibid.

(142) Cecil to Wiseman, 17.5.1918, 92255/13761/39, FO 371/3439; War Cabinet, 412, 15.5.1918, CAB 23/6. War Cabinet, 368, 20.3.1918, CAB 23/5, TNA も参照。

(143) The Committee on the League of Nations, 'Final Report', 3.7.1918, 122551/13761/39, FO 371/3439（also in P-26, CAB 29/1）, TNA.

(144) Balfour to Reading, Greene, Rodd and Grahame, 23.7.1918, 122551/13761/39, FO 371/3439, TNA.

(145) Cecil minute, n. d., ibid.

(146) Cecil to Lloyd George, 26.6.1918, F/6/5/34, Lloyd George papers, PA.

(147) House of Commons debates, ser. 5, vol. 109, cc. 681–737.

(148) House of Lords debates, 19.3.1918, ser. 5, vol. 29, cc. 476–510.

(149) Commission de la Société des nations, 'Rapports, exposé des motif et textes adoptés', 8.6.1918, 117740/13761/39, FO 371/3439, TNA.

(150) Jackson, *Beyond the Balance of Power*, pp. 5–6, 178–88. 他に，Scott G. Blair, 'Les origines en France de la SDN : Léon Bourgeois et la Commission interministérielle d'études pour la Société des Nations (1917–1919)', in Alexandre Niess et Maurice Vaïsse, dir., *Léon Bourgeois : Du solidarisme à la Société des Nations* (Langres : Éditions Dominique Guéniot, 2006) も参照した。

(151) Cecil to House, 22.7.1918, PID 259/253, FO 371/4365, TNA.

(152) Note by Lord Phillimore's Committee to Balfour, 9.8.1918, PID 297/253, ibid. (also in P–28, CAB 29/1, TNA).

(153) ウィルソン大統領は，フィリモア委員会の中間報告書を受け取った後に，それを基礎として連盟案に関する具体的検討を開始した。Ray Stannard Baker, *Woodrow Wilson and World Settlement : Written from his Unpublished and Personal Material*, 3 vols. (London : Heinemann, 1923), vol. 1, pp. 217–8 ; David Hunter Miller, *The Drafting of the Covenant*, 2 vols. (New York : G. P. Putnam's Sons, 1928), vol. 1, pp. 9–16.

(154) Wilson to Reading, 8.7.1918 ; Reading to Balfour, 23.7.1918, 128240, 129429/13761/39, FO 371/3439 ; Wiseman to Cecil, 18.7.1918, PID 291/253, FO 371/4365, TNA.

(155) Imperial War Cabinet, 30, 13.8.1918, CAB 23/42, TNA.

(156) 休戦交渉に関しては以下の文献に詳しい。Harry R. Rudin, *Armistice 1918* (New Haven : Yale University Press, 1944) ; Pierre Renouvin, *L'Armistice de Rethondes : 11 Novembre 1918* (Paris : Gallimard, 1968) ; Bullitt Lowry, *Armistice 1918* (Kent, OH : The Kent State University Press, 1996) ; David Stevenson, *With Our Backs to the Wall : Victory and Defeat in 1918* (London : Allen Lane, 2011), pp. 509–45.

(157) Smuts memorandum, 'The League of Nations : A Programme for the Peace Conference', 16.12. 1918, P–44, CAB 29/2, TNA ; Miller, *Drafting*, vol. 2, pp. 23–60.

(158) Imperial War Cabinet, 46, 24.12.1918, CAB 23/42, TNA.

(159)「歴史課」の活動については，Goldstein, *Winning the Peace*, pp. 30–47 を参照。講和ハンドブックは FO 373, TNA に収められており，1920 年に 25 冊に再編集されて出版された。Great Britain, Foreign Office, Historical Section, *Peace Handbooks*, 25 vols. (London : HMSO, 1920). もともとの全 174 巻の講和ハンドブックのリストは，Subject of Books, 25.11.1918, Webster 3/9, Webster papers, BLPES で見ることができる。

(160) 同冊子はパリ講和会議と同時期に出版された。Charles Webster, *The Congress of Vienna, 1814–1815* (London : Humphrey Milford, c. 1919).

(161) War Office memorandum, no. 1104, 22.11.1918, Webster 3/9/8, Webster papers, BLPES.

(162) Webster, 'Preface', n. d., Webster 3/8/6, ibid.「それは肯定的というよりは〔……〕」の箇所は，出版されたものでは「それはおそらく模範としてよりも警告として役立つと捉えられるべきだろう」へと変更された。

(163) Webster, *Congress of Vienna*, pp. 145–8.

(164) Ian Hall, ‘The Art and Practice of a Diplomatic Historian: Sir Charles Webster, 1886–1961’, *International Politics*, 42 (2005), p. 480.

(165) Michael Bentley, *Modernizing England's Past: English Historiography in the Age of Modernism, 1870–1970* (Cambridge: Cambridge University Press, 2005), pp. 173–4.『オックスフォード英国人名事典』のウェブスターに関する項目の執筆者は次のように記している。「彼〔ウェブスター〕の学術的著作は，平和と進歩に向けての彼の労務の一部として見るべきである。ウェブスター，そして彼の同時代人たちは，もし国際システムをより良く理解できれば，1914年のような大惨事を防ぐことができると信じていた」と。G. N. Clark, ‘Webster, Sir Charles Kingsley (1886–1961)’, rev. Muriel E. Chamberlain, in *ODNB*.

(166) John D. Fair, *Harold Temperley: A Scholar and Romantic in the Public Realm* (Cranbury, NJ: Associated University Presses, 1992), pp. 181–91. そして，「ホイッグ史観」の先駆的批判者によるテンパレイとウェブスターに関する小論を参照されたい。Herbert Butterfield, ‘New Introduction’, in Harold Temperley, *The Foreign Policy of Canning, 1822–1827: England, the Neo-Holy Alliance, and the New World*, 2nd ed. (Hamden: Archon Books, 1966).

(167) Temperley diary, 14, 31.12.1917, T. G. Otte, ed., *An Historian in Peace and War: The Diaries of Harold Temperley* (Farnham: Ashgate, 2014), pp. 221, 227–8.

(168) Temperley diary, 2.1.1918, *ibid*, p. 229.

(169) このような平和主義運動の中心を担ったのは，民主統制連合や国際連盟協会といった平和主義団体であった。Keith Robbins, *The Abolition of War: The ‘Peace Movement’ in Britain, 1914–1919* (Cardiff: University of Wales Press, 1976); Henry R. Winkler, *The League of Nations Movement in Great Britain, 1914–1919* (New Brunswick: Rutgers University Press, 1952) などに詳しい。

(170) Goldstein, *Winning the Peace*, pp. 51–3.

(171) C. R. M. F. Cruttwell, *A History of the Great War, 1914–1918* (Oxford: Clarendon Press, 1934).

(172) MI2(e)の作成した覚書と著者の一覧がWebster 3/7, Webster papers, BLPESに収められている。

(173) General Staff (Cruttwell) memorandum, ‘Notes on the Question of Alsace-Lorraine’, 10.5.1918, Webster 3/7/1, Webster papers, BLPES (also in PC 115/115, FO 371/4355, TNA). クラットウェルは，ビスマルクがフランスの政治家ジュール・ファーヴルとの会談のなかで発した，「同地〔アルザスとロレーヌの一部〕は，ドイツ諸国の安全保障にとって必要なのだ (Elle est nécessaire à la sécurité du pays allemand)」という言葉を引用している。Jules Favre, *Gouvernement de la Défense nationale, tome 1: du 30 juin au 31 octobre 1870*, 2e éd. (Paris: Plon, 1876), p. 185.

(174) General Staff (Cruttwell) memorandum, ‘Notes on a Defensive Frontier in Alsace-Lorraine’, 8.10.1918, Webster 3/7/2, Webster papers, BLPES.

(175) General Staff (Cruttwell) memorandum, ‘Belgian War Aims’, 15.11.1918, Webster 3/7/10, ibid. ④については一部の右派系出版物などで言及されているだけで，ベルギー世論の関心は得られていない，とする原注が付されている。

(176) General Staff (Cruttwell) memorandum, 'The Grand Duchy of Luxemburg', 31. 7. 1918, Webster 3/7/8, ibid. (also in PC 114/27, FO 371/4353, TNA).

(177) 政治情報局に関しては，Goldstein, *Winning the Peace*, pp. 57ff. に詳しい。人員の割り振りについては，*ibid.*, pp. 59, 81 を参照した。ゴールドスティンは，外務省政治情報局が1918年3月以降のイギリスの講和準備の中核を担ったと高く評価している。他に，Alan Sharp, 'Some Relevant Historians: The Political Intelligence Department of the Foreign Office, 1918-1920', *Australian Journal of Politics & History*, 34:3 (1988), pp. 359-68; Rothwell, *British War Aims*, pp. 206-9; Arnold Toynbee, *Acquaintances* (London: Oxford University Press, 1967), p. 161 も参考にした。

(178) Erik Goldstein, 'Great Britain: The Home Front', in Boemeke, Feldman and Glaser, eds., *Treaty of Versailles*, p. 150.

(179) Goldstein, *Winning the Peace*, pp. 117-18.

(180) Harold Nicolson, *Peacemaking, 1919* (1933; reprint, New York: Grosset & Dunlap, 1965), p. 42.

(181) 政治情報局の文書は，FO 371/4352-4387, TNA に収められている。また，ヘッドラム＝モーリーが1919年10月に記した政治情報局の歴史に関する覚書に，政治情報局の提出した覚書の一覧表が添付されている。Headlam-Morley memorandum, 'Political Intelligence Department', n. d. [c. 28.10.1919], PID 619/587, FO 371/4382, TNA.

(182) PID memorandum, 'The International Status of Belgium after the War', 4. 11. 1918, PID512/512, FO 371/4369, TNA.

(183) GT 6213, CAB 24/69, TNA.

(184) PID memorandum, 'Preparation for the Peace Conference', n. d. [c. 15.11.1918], PC 20/18, FO 371/4352, TNA; Goldstein, *Winning the Peace*, pp. 79-84.

(185) Foreign Office (Headlam-Morley) memorandum, 'The Settlement: Introductory', [c. 15.] 11. 1918, PC23/23, FO 371/4353 (also in P-53, CAB 29/2), TNA. クロウ次官補はヘッドラム＝モーリー覚書に「完全に同意する」と記している。Crowe minute, 23.11.1918, ibid.

(186) Foreign Office (Headlam-Morley) memorandum, 'Europe: Introduction', 19. 11. 1918, PC 55/23, FO 371/4353 (also in P-52, CAB 29/2), TNA.

(187) ルクセンブルクについては，Foreign Office (Akers-Douglas) memorandum, 'Luxemburg', 20.12.1918, PC 39/27, FO 371/4353, TNA も参照。

(188) マルメディとドイツ＝ベルギー国境については，Charles Oman (Historian temporally employed by the FO) memorandum, 'Note on the Belgian-German Frontier', 12. 12. 1918, PC112/112, FO 371/4355, TNA も参照。

(189) リンブルフについては，Foreign Office (Headlam-Morley and Powell) memorandum, 'Limburg', PC 132/27, FO 371/4353, TNA も参照。この覚書は，ベルギーの主張に幾分好意的であった。

(190) Foreign Office (Headlam-Morley and Akers-Douglas) memorandum, 'Belgium', 11.12.1918, PC69/27/PID, ibid. (also in P-65, CAB 29/2, TNA).

(191) Crowe minute, 30.11.1918 and Hardinge minute, n. d., ibid.

(192) Crowe minute, 21.11.1918, PC95/27, FO 371/4353, TNA.
(193) Foreign Office (A. W. G. Randall) memorandum, 'Switzerland's Foreign Relations', 7.12.1918, PC 71/26, ibid. (also in P-62, CAB 29/2, TNA).
(194) Admiralty memorandum, 'The Scheldt', 23.12.1918, 211283/38631/4, FO 371/3164; Admiralty, 'Notes on Matters Affecting Naval Interests Connected with the Peace Settlement', 12.1918, ADM 167/55, TNA.
(195) Foreign Office (E. H. Carr, changes made by Headlam-Morley and Crowe) memorandum, 'The Scheldt Question', 11.12.1918, PC77/77, FO 371/4355 (also in P-61, CAB 29/2), TNA.
(196) Foreign Office (E. Percy) memorandum, 'The League of Nations', n. d., and Foreign Office (Zimmern) memorandum, 'The League of Nations', n. d. [c. 19.11.1918], PC 29/29, FO 371/4353 (also in P-68 and P-69, CAB 29/2), TNA.
(197) Crowe minute, 5.12.1918, PC 71/26, FO 371/4353, TNA.
(198) Crowe minute, 30.11.1918, and Hardinge minute, n. d., PC 54/29, ibid.
(199) Egerton, *Great Britain and the Creation of the League of Nations*, pp. 99–100, 103; Foreign Office memorandum, 'League of Nations', [submitted by Cecil on] 17.12.1918, P-79, CAB 29/2, TNA.
(200) 当時のイギリス外務省では，ドイツとオーストリアの合併（アンシュルス）を特に禁止するべきだとは考えられていなかった。一方でチェコスロヴァキアのドイツ人については，ボヘミア地域の経済的一体性を保つという観点から，ドイツと合併するべきではないと考えられていた。PID (Namier) memorandum, 'German Austria', 9.12.1918, PC 90/90; PID (Namier) memorandum, 'The Czecho-Slovak State', 7.12.1918, PC 89/82; PID memorandum, 'South-Eastern Europe and the Balkans', n. d. [c. 5.12.1918], PC 68/68, FO 371/4355 (also in P-66, CAB 29/2), TNA.
(201) Headlam-Morley, 'Memorandum on the Settlement with Germany', 23.12.1918, Crowe minutes, 27, 30.11.1918, PC56/56, FO 371/4354, TNA.
(202) 休戦交渉については，Harry R. Rudin, *Armistice 1918* (New Haven: Yale University Press, 1944); Pierre Renouvin, *L'Armistice de Rethondes: 11 Novembre 1918* (Paris: Gallimard, 1968); Bullitt Lowry, *Armistice 1918* (Kent, OH: The Kent State University Press, 1996) に詳しい。
(203) Headlam-Morley memorandum, 'Political Intelligence Department', n. d. [c. 28.10.1919], PID 619/587, FO 371/4382, TNA に覚書の一覧が収められている。また，Goldstein, *Winning the Peace*, pp. 84–5 も参照。
(204) PID (Bailey) memorandum, 'French Attitudes as to the Future of Germany and German Austria', 10.12.1918, and Hardinge minute, n. d., PC 65/65, FO 371/4354, TNA.
(205) Headlam-Morley minute, 30.11.1918, ibid.
(206) Foreign Office (Davis) memorandum, 'French Claim to Lorraine-Saar Coal-Field', 21.12.1918, PC 141/141, FO 371/4356 (also in P-76, CAB 29/2), TNA. 同覚書は，ヘッドラム＝モーリーが戦時貿易情報局に外注し，デイヴィスが空き時間の数時間に仕上げたものだという。講和準備に際しての外務省の繁忙と人員不足をうかがわせるエピソードである。Davis to Headlam-Morley, 19.12.1918, ibid.

(207) Wilson to Drummond, 2.1.1919, 431/1/1/120, FO 608/124, TNA.
(208) Keith Jeffery, *Field Marshal Sir Henry Wilson: A Political Soldier* (Oxford: Oxford University Press, 2006), pp. 72–3, 99.
(209) General Staff (Wilson), 'Memorandum on the Future Franco-German Frontier', 2.1.1919, 431/1/1/120, FO 608/124, TNA.
(210) Wilson to Drummond, 2.1.1919, ibid.
(211) Headlam-Morley minute, 16.1.1919, ibid.
(212) Crowe minutes, 16, 31.1.1919, ibid.
(213) Wilson memorandum, 2.1.1919, and Headlam-Morley minute, 16.1.1919, F/147/10/2, Lloyd George papers, PA.
(214) Sally Marks, *Innocent Abroad: Belgium at the Paris Peace Conference of 1919* (Chapel Hill: The University of North Carolina Press, 1981), p. 65.
(215) Balfour to Villiers, 24.9.1918, 163034/38631/4, FO 371/3164, TNA.
(216) Palo, 'Belgian War Aims', p. 715.
(217) 'Note communicated by the Belgian Minister', 22.10.1918, Percy minute, 24.10.1918, and Balfour to Moncheur, 31.10.1918, 176915/38631/4, FO 371/3164, TNA.
(218) Balfour to Villiers, 24.9.1918; Belgian Note, 22.10.1918; Percy minute, 24.10.1918; Robert Cecil to Moncheur, 31.10.1918; Belgian Note, 13.11.1918; Derby to Balfour, 6.12.1918; Villiers to Balfour, 7.12.1918; Moncheur to Balfour, 7.12.1918; Moncheur to Balfour, 11.12.1918; Villiers to Balfour, 8.12.1918, 163034, 176915, 183566, 201373, 201988, 202180, 204158, 205783/38631/4, FO 371/3164; Curzon memo, 19.11.1918, PC95/27, FO 371/4353, TNA; Hymans, *Mémoires*, tome 1, p. 300.
(219) Crowe minute, 21.11.1918, Hurst minute, 24.11.1918, Robert Cecil minute, n. d., PC95/27, FO 371/4353, TNA.
(220) Derby to Balfour, 18.5.1918, with minutes, initialled by Balfour, 89723/7/W17, FO 371/3212, TNA; *Le Temps*, 19.5.1918, p. 1.
(221) Derby to Balfour, 23.5.1918, 94052/7/17, FO 371/3212, TNA; *Le Temps*, 22.5.1918, pp. 2–3; *Le Figaro*, 23.5.1918, p. 1.
(222) Minutes, initialled by Balfour, n. d., 89723, 94052/7/17, FO 371/3212; Derby to Balfour, 14.11.1918, 189628/121786/17, FO 371/3219, TNA; Derby to Balfour, 18.11.1918, F/52/2/46, Lloyd George papers, PA.
(223) Marginal note by Balfour on Derby to Balfour, 14.12.1918, Balfour papers, MSS Add. 49744, BL (also in F/52/2/52, Lloyd George papers, PA).
(224) Robert Cecil to Curzon, 8.1.1919, F/3/4/2, Lloyd George papers, PA.
(225) フォッシュの戦後構想については，Jean-Christophe Notin, *Foch* (Paris: Perrin, 2008), pp. 439–67; Jere Clemens King, *Foch versus Clemenceau: France and German Dismemberment, 1918–1919* (Cambridge, MA: Harvard University Press, 1960), pp. 16ff. を参照した。
(226) Note of a Conversation at 10, Downing Street, 1.12.1918, IC 97, CAB 28/5, TNA. ロイド・ジョージの講和回顧録にこの会談の議事録が引用されているが，ラインラントを賠償の担

保とするという冒頭の自らの発言は省かれている。Lloyd George, *Truth about the Peace Treaties*, vol. 1, pp. 132–6. 提出されたフォッシュ覚書は以下の文献に収録されている。Mermeix（Gabriel Terrail）, *Le combat des trois : notes et documents sur la conférence de la paix*（Paris : Librairie Ollendorff, 1922）, pp. 205–10.

(227) Roskill, *Hankey*, vol. 2, pp. 28–9.

(228) C. E. Callwell, *Field-Marshal Sir Henry Wilson : His Life and Diaries*, 2 vols.（London : Cassell, 1927）. vol. 2, p. 153.

(229) Smuts memorandum, 'Our Policy at the Peace Conference', 3.12.1918, P–39, CAB 29/2, TNA.

(230) Egerton, *Great Britain and the Creation of the League of Nations*, p. 85.

(231) Crowe minute, 7.12.1918, 200881/200881/39, FO 371/3451, TNA.

(232) 1918年12月の総選挙は連立政権が公認候補に「クーポン」と揶揄された公認証書を配って回ったことから，「クーポン選挙」と呼ばれることもある。選挙の経緯と結果の分析に関しては，John Turner, *British Politics and the Great War : Coalition and Conflict 1915–1918*（New Haven : Yale University Press, 1992）, pp. 308–33, 390–436 を参照した。

(233) *Ibid.*, pp. 327–9.

(234) Iain Dale, ed., *Conservative Party General Election Manifestos 1900–1997*（London : Routledge, 2000）, pp. 17–22.

(235) Fry, *And Fortune Fled*, pp. 173, 179, 184–6.

(236) Imperial War Cabinet, 47, 30.12.1918, CAB 23/42, TNA.

第2章

(1) United States, Department of State, *Foreign Relations of the United States, 1919 : The Paris Peace Conference*, 13 vols.（Washington, DC : US Government Printing Office, 1942–47）［以下 *FRUS PPC* と略記する］, vol. 3, pp. 469–94.

(2) Hardinge memorandum, 'Peace Negotiations', 10.10.1918, F/3/3/35, Lloyd George papers, PA ; *FRUS PPC*, vol. 1, pp. 365–71.

(3) Lloyd Ambrosius, *Woodrow Wilson and the American Diplomatic Tradition : The Treaty Fight in Perspective*（Cambridge : Cambridge University Press, 1987）, p. 52.

(4) *FRUS PPC*, vol. 3, pp. 535–8.

(5) それは，戦時中の最高戦争評議会の枠組みを引き継ぐものであり，「最高評議会（Supreme Council）」とも呼ばれた。

(6) *Ibid.*, p. 164.

(7) *Ibid.*, pp. 677–83.

(8) *Ibid.*, pp. 177–201.

(9) Cecil diary, 8.1.1919, MSS Add. 51131, Cecil papers, BL ; House diary, 8.1.1919, MS 466, ser. 2, vol. 7, Edward Mandell House papers, Yale University Library Digital Collections, http://digital.library.yale.edu/cdm/landingpage/collection/1004_6（accessed, 30.9.2014）［以下 YULDC と略記する］.

(10) Crowe memorandum, 'Some Notes on Compulsory Arbitration', 9.1.1919, 1607/1/1/2, FO

608/240, TNA.

(11) Miller, *Drafting*, vol. 2, pp. 12, 70, 99.

(12) Egerton, *Great Britain and the Creation of the League of Nations*, pp. 115–17; British delegation memorandum, 'League of Nations: Draft Convention', 20.1.1919, with covering note by Cecil, 20.1.1919, WCP 23, CAB 29/7, TNA.

(13) Cecil diary, 19.1.1919, MSS Add. 51131, Cecil papers, BL; Miller, *Drafting*, vol. 1, p. 51, vol. 2, pp. 98–116.

(14) Miller diary, 21, 22, 24, 25, 27.1.1919, Miller, *My Diary*, vol. 1, pp. 86–91, 93–4; Miller, *Drafting*, vol. 1, pp. 52–64, vol. 2, pp. 131–44; Cecil diary, 21, 22, 24, 25, 27.1.1919, MSS Add. 51131, Cecil papers, BL.

(15) ワイズマンは，イギリス政府首脳の信任を得て，パリ講和会議ではアメリカ政治に関するバルフォアの個人的アドバイザーを務めていた。彼は，第一次世界大戦中にアメリカの政界に人脈を築き，とりわけハウスと親密であった。Keith Jeffery, *MI6: The History of the Secret Intelligence Service, 1909–1949* (London: Bloomsbury, 2010), pp. 110–20; John Bruce Lockhart, 'Sir William Wiseman Bart: Agent of Influence', *RUSI Journal*, 134:2 (1989), pp. 65–6.

(16) Cecil diary, 20.1.1919, MSS Add. 51131, Cecil papers, BL.

(17) Egerton, *Great Britain and the League of Nations*, p. 121.

(18) *Ibid.*, pp. 121–5.

(19) *Ibid.*, p. 125; Cecil dairy, 31.1.1919; Johnson, *Lord Robert Cecil*, p. 103.

(20) Cecil diary, 31.1.1919, MSS Add. 51131, Cecil papers, BL; House diary, 31.1.1919, MS 466, ser. 2, vol. 7, House papers, YULDC; Miller, *Drafting*, vol. 1, pp. 65, 67.

(21) *Ibid.*, vol. 1, pp. 65–71, vol. 2, pp. 231–7.

(22) Roskill, *Hankey*, vol. 2, p. 57; Cecil diary, 3, 4, 5.2.1919, MSS Add. 51131, Cecil papers, BL; Egerton, *Great Britain and the League of Nations*, pp. 128–9; Johnson, *Lord Robert Cecil*, p. 104.

(23) Miller, *Drafting*, vol. 1, pp. 130–6, vol. 2, pp. 229–31; Commission of the League of Nations, 3.2.1919, WCP 69, CAB 29/7, TNA.

(24) Miller, *Drafting*, vol. 1, pp. 137–67, vol. 2, pp. 255–68, 301–2; Commission of the League of Nations, 4, 5.2.1919, WCP 69, 72, CAB 29/7, TNA; Cecil diary, 4.2.1919, MSS Add. 51131, Cecil papers, BL.

(25) Miller, *Drafting*, vol. 1, pp. 168–78, vol. 2, pp. 262–8; Commission of the League of Nations, 6.2.1919, WCP 80, CAB 29/7, TNA; Cecil diary, 6.2.1919, MSS Add. 51131, Cecil papers, BL; Egerton, *Great Britain and the League of Nations*, pp. 131–2.

(26) Miller, *Drafting*, vol. 1, pp. 176–82, vol. 2, pp. 268–71; Commission of the League of Nations, 7.2.1919, WCP 83, CAB 29/7, TNA.

(27) Miller, *Drafting*, vol. 2, pp. 238–46.

(28) Jackson, *Beyond the Balance of Power*, pp. 268–70.

(29) Miller, *Drafting*, vol. 1, pp. 208–10, 216–7, 243–59; vol. 2, pp. 290–7, 316–21; Cecil diary, 11, 12.2.1919, MSS Add. 51131, Cecil papers, BL.

(30) *FRUS PPC*, vol. 3, pp. 208–39.
(31) Lorna S. Jaffe, *Decision to Disarm Germany: British Policy towards Postwar German Disarmament, 1914–1919* (Boston: Allen & Unwin, 1985), pp. 165–70; Jeffery, *Henry Wilson*, pp. 229–31.
(32) *FRUS PPC*, vol. 3, pp. 654, 669; Jaffe, *Decision to Disarm Germany*, p. 170.
(33) *FRUS PPC*, vol. 3, pp. 694–5, 702.
(34) *Ibid.*, pp. 704–13.
(35) *Ibid.*, pp. 910–4.
(36) *Ibid.*, pp. 895–909.
(37) *Ibid.*, pp. 970–9.
(38) *Ibid.*, vol. 4, pp. 183–4, 230–8.
(39) Jaffe, *Decision to Disarm Germany*, pp. 178–9; 'Draft Regulations concerning a Definite Military Status of Germany', n. d., WCP 154, CAB 29/8, TNA.
(40) Gerda Richards Crosby, *Disarmament and Peace in British Politics, 1914–1919* (Cambridge, MA: Harvard University Press, 1957), pp. 51–8.
(41) Jaffe, *Decision to Disarm Germany*, pp. 153–4. 一方で，これとは対照的な考えを唱える者もいた。外務省政治情報局のヘッドラム＝モーリーは，徴兵制が実施されれば，徴兵によって出征しなければならなくなる市民とその家族は，職業軍人からなる軍を戦場に送るよりも，侵略的政策を支持しにくくなるだろう，と説いた。そしてむしろ，ドイツの「軍国主義」の源泉は徴兵制ではなく，職業軍人からなる将校団にあると指摘した。すなわち，徴兵制のほうがかえって平和維持に貢献するという考え方である。Headlam-Morley memorandum, 'On Conscription and Militarism', 4.1.1919, PC 176, FO 371/4356, TNA. しかし，ヘッドラム＝モーリーの見解はイギリス政府内では少数派意見であった。
(42) *Ibid.*, p. 190.
(43) *FRUS PPC*, vol. 4, pp. 214–19.
(44) Lloyd George, 'Notes of an Interview between M. Clemenceau, Colonel House and Myself', 7.3.1919, F/147/1, Lloyd George papers, PA.
(45) *FRUS PPC*, vol. 4, pp. 263–5.
(46) Stevenson diary, 7.3.1919, Taylor, ed., *Lloyd George*, p. 170.
(47) *FRUS PPC*, vol. 4, pp. 295–9
(48) Callwell, *Henry Wilson*, vol. 2, p. 173.
(49) 1920年1月に「連合国軍事監督委員会」がベルリンに設置される。
(50) *FRUS PPC*, vol. 4, pp. 356–79, 385–403.
(51) このような前文の追加は4月26日の四人評議会でウィルソン大統領によって提案され，クレマンソーとロイド・ジョージに承認された。*Ibid.*, vol. 5, p. 299.
(52) Martin Gilbert, ed., *The Churchill Documents, vol. 8: War and Aftermath, December 1916–June 1919* (1977; reprint, Hillsdale: Hillsdale College Press, 2008), pp. 592–4.
(53) Stevenson, *French War Aims*, p. 156; Mermeix, *Le combat des trois*, pp. 210–19; 'Note du Marechal Foch', 10.1.1919, 477/1/9/2868, FO 608/142, TNA; Cmd. 2169, pp. 10–17; France,

ministère des Affaires étrangères, *Documents diplomatiques : documents relatifs aux négociations concernant les garanties de sécurité contre une aggression de l'Allemagne (10 janvier 1919–7 décembre 1923)* (Paris: Imprimerie Nationale, 1924)［以下 *DD garanties* と略記する］, pp. 7–14. この覚書の原型はタルデューによって作成されたという。Soutou, 'Marches de l'Est', p. 384.

(54) Cecil to Curzon, 8.1.1919, F/3/4/2, Lloyd George papers, PA.

(55) *The Times*, 18.1.1919, p. 8.

(56) André Tardieu, *La Paix* (Paris: Payot, 1921), p. 164; Stevenson, *French War Aims*, p. 156; 'Note n° 1: le rôle international du Rhin comme "Frontiere de la Libert"', n. d., 'Note n° 2: le statut des Pays rhénans de la Rive gauche', n. d., 'Note n° 3: le rôle militaire de la Rive gauche du Rhin dans les aggressions Allemandes', n. d., 477/1/9/2868, FO 608/142, TNA.

(57) Riddell diary, 21.1.1919, Lord Riddell, *Lord Riddell's Intimate Diary of the Peace Conference and After, 1918–1923* (London: Victor Gollancz, 1933), pp. 11–12.

(58) Crowe note, 5.2.1919, F/147/10/1, Lloyd George papers, PA; Crowe minute, 7.2.1919, 477/1/6/1527, FO 608/141, TNA.

(59) British Delegation memorandum, 'The Western and Northern Frontiers of Germany', 5.2.1919, ibid. 同覚書は，ベルギーの要求により多くの文面を割いている。これについては本章第4節で扱う。シュレスヴィヒに関する箇所が欠けたバージョンが F/147/10/1, Lloyd George papers, PA に収められている。なおクロウは，ロイド・ジョージへのメモ書きのなかで，この覚書で示した見解と提言は，アメリカ側のものとほとんど一致したと伝えている。Crowe note, 5.2.1919, ibid.

(60) Crowe minute, 7.2.1919, 477/1/6/1527, FO 608/141, TNA.

(61) Stevenson, *French War Aims*, pp. 156, 166.

(62) Raymond Poincaré, *Au service de la France : Neuf années de souvenirs, tome 11 : A la recherche de la Paix, 1919* (Paris: Plon, 1974), p. 122.

(63) ポアンカレは，ロイド・ジョージがラインラント共和国を承諾したとする部分に関するクレマンソーの説明は曖昧だったと注記している。*Ibid.*, p. 122.

(64) House diary, 12.3.1919, MS 466, ser. 2, vol. 7, House papers, YULDC.

(65) Headlam-Morley, *Memoir of the Paris Peace Conference*, pp. 23–4; Headlam-Morley to Kerr, 7.2.1919, and Headlam-Morley to Hurst, 7.2.1919, HDLM ACC 688/1, Headlam-Morley papers, CAC.

(66) House diary, 9.2.1919, MS 466, ser. 2, vol. 7, House papers, YULDC.

(67) ウィルソン大統領とロイド・ジョージは国内の問題に対処するために一時帰国した。クレマンソーは2月19日に暗殺未遂に遭って負傷し，3月初頭まで講和会議を離れた。

(68) House diary, 19.2.1919, MS 466, ser. 2, vol. 7, House papers, YULDC.

(69) House diary, 23.2.1919, ibid.

(70) Wilson memorandum, 'General Staff Desiderata regarding Territorial Adjustments', 19.2.1919, Webster 3/7/34, Webster papers, BLPES.

(71) Schuker, 'The Rhine Question', p. 287.

（72）Record of an Anglo-American meeting on the Franco-German frontier, 21.2.1919, 477/1/6/3575, FO 608/141, TNA.

（73）Nelson, *Land and Power*, pp. 250-1 参照。

（74）*DD garanties*, pp. 15-31；Tardieu, *La Paix*, pp. 165-84；Cmd. 2169, pp. 25-57；Tardieu memorandum, 'Note sommaire pour M. A. J. Balfour : Au sujet de la Rive gauche du Rhin', 25.2.1919, 477/1/9/2868, FO 608/142（also in WCP 135, CAB 29/8）, TNA；Stevenson, *French War Aims*, pp. 156-9；Jackson, *Beyond the Balance of Power*, pp. 287-90.

（75）Balfour memorandum, 'Brief Notes on the Present Conference Situation', 25.2.1919, MSS Add. 49750, Balfour papers, BL. また，タルデューが覚書を提出した前後にイギリス代表団員と交わした会談の記録がイギリスの外務省文書に残されている。Anonymous memorandum, 'An Independent Republic on the West Bank of the Rhine : Summary of Conversation with Monsieur Tardieu', n. d., 477/1/9/2868, FO 608/142, TNA. この無記名の覚書は，2月25日付の覚書でバルフォアが述べたことを裏付ける内容となっている。会談のなかで英仏は，①フランスとベルギーの防衛は，イギリスとアメリカの利益でもあること，②ライン左岸を非武装化できれば，フランスとベルギーに対するドイツの攻勢能力を大幅に弱められること，③ライン左岸を有するドイツがフランスを攻撃した場合，イギリスとアメリカの支援提供には時間がかかる，という認識を共有したという。そしてタルデューは，連合国によるライン橋梁の占領期間を5年程度に制限することをも示唆した。イギリス代表は，フランスとベルギーの安全を確保するためのあらゆる努力を惜しまないつもりだ，とタルデューに伝えている。

（76）Thwaites memorandum, 'Remarks on M. Tardieu's Memorandum for Mr. Balfour on the subject of the Left Bank of the Rhine', n. d. [c. 4.3.1919], ibid.

（77）Cornwall minute, 10.3.1919, 452/1/2/3414, FO 608/125, TNA.

（78）Schuker, 'The Rhineland Question', p. 295；Cecil diary, 27.2.1919, MSS Add. 51131, Cecil papers, BL.

（79）Saunders to Headlam-Morley, 28.2.1919, HDLM ACC 688/2, Headlam-Morley papers, CAC；Keith M. Wilson, ed., *George Saunders on Germany, 1919-1920 : Correspondence and Memoranda*（Leeds : Leeds Philosophical and Literary Society, 1987）, pp. 14-17.

（80）Callwell, *Henry Wilson*, vol. 2, p. 172.

（81）Saunders to Headlam-Morley, 14.3.1919, HDLM ACC 688/2, Headlam-Morley papers, CAC；Wilson ed., *George Saunders on Germany, 1919-1920*, p. 20.

（82）Headlam-Morley to Bevan, 5.3.1919, HDLM ACC 688/2, Headlam-Morley papers, CAC；Headlam-Morley, *Memoir of the Paris Peace Conference*, pp. 43-5.

（83）東方問題とは，18世紀後半以降に弱体化していくオスマン帝国への対処をめぐってヨーロッパ列強が対立したことを指す。19世紀を通してイギリスは，ロシアの南下を防ぐためにオスマン帝国を支援する政策をとることが多かった。しかし，1907年に英露協商が結ばれ，さらに1914年10月末にオスマン帝国がドイツ側に立って第一次世界大戦に参戦すると，イギリスは東方政策を転換した。1915年以降のイギリスの東方政策は，オスマン帝国を解体し，石油資源の豊かなイラクや，地中海に面する港湾都市ハイファを

獲得することを目指した。そのために，フランスとサイクス＝ピコ協定を結び，終戦時にはこの協定をイギリス有利に修正して，油田を有するイラク北部のモスル地方をイギリスの勢力圏に含めることを目論んだ。A. L. Macfie, *The Eastern Question 1774–1923* (Harlow: Longman, 1996), pp. 1–71.

（84） War Cabinet, 538A, 28.2.1919, CAB 23/15, TNA.

（85） Jones to Hankey, 28.2.1919, in Jones, *Whitehall Diary*, p. 80.

（86） War Cabinet, 541A, 4.3.1919, CAB 23/15, TNA.

（87） Gilbert, ed., *War and Aftermath*, p. 561.

（88） House of Commons debates, ser. 5, vol. 113, cc. 84–5. チャーチルの演説に対しては，自由党議員などから「われわれは戦争を放棄したのではなかったのか」，「これは戦争を終わらせる戦争ではなかったのか」という野次が飛んだと記録されている。Ibid., c. 77.

（89） Vansittart minute, 11.3.1919, and Hardinge minute, n. d., forwarded to Lloyd George, and Lloyd George's reply to Balfour, 15.3.1919, F/3/4/18, Lloyd George papers, PA.

（90） Lloyd George, 'Notes of an Interview between M. Clemenceau, Colonel House and Myself', 7.3.1919, F/147/1, Lloyd George papers, PA; House diary, 7.3.1919, MS 466, ser. 2, vol. 7, House papers, YULDC.

（91） House diary, 10.3.1919, MS 466, ser. 2, vol. 7, House papers, YULDC.

（92） Lloyd George, *Truth about the Peace Treaties*, vol. 1, p. 399.

（93） Kerr memorandum 'on the present position of the Peace Conference' to Lloyd George, 3.3.1919, F/89/2/38, Lloyd George papers, PA.

（94） Kerr to Lloyd George, enclosing notes of discussion with Tardieu and Mezes, 13.3.1919, F/89/2/40, Lloyd George papers, PA; Cmd. 2169, pp. 59–68; Jackson, *Beyond the Balance of Power*, p. 291n.

（95） House diary, 12.3.1919, MS 466, ser. 2, vol. 7, House papers, YULDC.

（96） House diary, 12, 14.3.1919, ibid; Lloyd George, *Truth about the Peace Treaties*, vol. 1, p. 403; Tardieu, *La Paix*, p. 195. この会談の際にロイド・ジョージは，イギリス陸軍参謀本部の助言に基づいて，河川によって攻勢を押しとどめることはできないとクレマンソーに述べ，ラインラント構想の再考を迫ったという。Stevenson diary, 14.3.1919, Taylor, ed., *Lloyd George*, p. 172.

（97） Louis Loucheur, *Carnets secrets 1908–1932* (Bruxelles: Brepols, 1962), pp. 71–2; Jackson, *Beyond the Balance of Power*, pp. 293–4. ジャクソンは，この決断によってクレマンソーは，国境の拡張によってヨーロッパの勢力均衡を書き換える計画と，「北大西洋同盟」への参加権を天秤にかけ，後者を選んだのだと論じている。

（98） French memorandum, 'Note sur la suggestion présentée le 14 mars', n. d. [c. 17.3.1919], 477/1/9/4578, FO 608/142, TNA; Arthur S. Link, ed., *The Papers of Woodrow Wilson, vol. 56: March 17–April 4, 1919* (Princeton: Princeton University Press, 1987), pp. 9–14; Tardieu, *La Paix*, pp. 197–200; *DD garanties*, pp. 32–5; Schuker, 'Rhineland Question', p. 298.

（99） Balfour memorandum, 18.3.1919, F/3/4/19, Lloyd George papers, PA (also in MSS Add. 49751, Balfour papers, BL; 477/1/9/5455, FO 608/141, TNA).

(100) Wiseman memorandum, 'The Left Bank of the Rhine', 21.3.1919, 477/1/9/4578, FO 608/142, TNA.

(101) House diary, 20.3.1919, MS 466, ser. 2, vol. 7, House papers, YULDC.

(102) House diary, 27.3.1919, ibid.

(103) Cecil diary, 18.3.1919, Add. MS 51131, Cecil papers, BL.

(104) Headlam-Morley to Bailey, 17.3.1919, HDLM ACC 688/2, Headlam-Morley papers, CAC; Headlam-Morley, *Memoir of the Paris Peace Conference*, pp. 51-2.

(105) Headlam-Morley minute, 17.4.1919, 464/1/3/7137, FO 608/130, TNA.

(106) Zimmern to Headlam-Morley, 17.3.1919, HDLM ACC 688/2, Headlam-Morley papers, CAC.

(107) House diary, 4.4.1919, MS 466, ser. 2, vol. 7, House papers, YULDC; Cecil diary, 4.4.1919, MSS Add. 51131, Cecil papers, BL.

(108) Hankey to Lloyd George, 19.3.1919, F/23/4/39, Lloyd George papers, PA. ウィルソン参謀総長がハンキーにボリシェヴィズムの脅威に関する懸念を伝えたことが，ハンキーにこの覚書を書かせるきっかけとなったという。Callwell, *Henry Wilson*, vol. 2, p. 175.

(109) Riddell diary, 21.3.1919, Riddell, *Peace Conference and After*, pp. 36-7.

(110) Callwell, *Henry Wilson*, vol. 2, p. 176; A. J. Sylvester, *The Real Lloyd George* (London: Cassell, 1947), pp. 37-8; Hankey, *Supreme Control at the Paris Peace Conference*, pp. 100-12; Fry, *And Fortune Fled*, p. 228.

(111) Hankey memoranda, 'British Empire Interests' and 'Outline of Peace Terms', 23.3.1919, HNKY 8/11, Hankey papers, CAC (also in F/147/3/2, Lloyd George papers, PA); Roskill, *Hankey*, vol. 2, p. 71. なお，③の2点目，英仏海峡トンネルに関する一文は，ハンキーの手元に残った版ではペンで塗りつぶされて消されているが，これがいつ消されたものかは分からない。ロイド・ジョージの手元に残った版では消されていない。いずれにせよ，英仏海峡トンネルのアイデアは「フォンテーヌブロー覚書」には反映されなかった。

(112) Hankey, *Supreme Control at the Paris Peace Conference*, p. 100. ハンキーはフォンテーヌブローに到着した段階では英米共同保障提案の存在を知らなかったと回顧している。*Ibid.*, p. 101.

(113) Keith Wilson, 'Missing Link: The Channel Tunnel and the Anglo-American Guarantee to France, March 1919', *Diplomacy & Statecraft*, 5:1 (1994), p. 76.

(114) 'Some Considerations for the Peace Conference before they Finally Draft their Terms' (marked 'Final'), 25.3.1919, F/147/2, Lloyd George papers, PA; Lloyd George, *Truth about the Peace Treaties*, vol. 1, pp. 404-16.

(115) 当時のドイツ世論は，無賠償，無併合に近い講和を想定しており，その想定を裏切るような講和には，いずれにせよ強く反発したものと考えられる。Klaus Schwabe, 'German's Peace Aims and the Domestic and International Constraints', in Boemeke, Feldman and Glaser, eds., *Treaty of Versailles*, pp. 37-67; Alan Sharp, 'Dreamland of the Armistice', *History Today*, 58:11 (2008), pp. 28-34.

(116) フランス側は当初フランスとイギリス帝国の賠償配分比率として72％：18％を提示し，1919年3月末に55％：25％までイギリスに歩み寄る。最終的配分比率は1920年7月の

スパ会議で52％：22％と定められる。Sharp, *Versailles Settlement*, p. 93.

(117) Lentin, *Lloyd George and the Lost Peace*, p. 62を参照。

(118) Cecil diary, 26.3.1919, MSS Add. 51131, Cecil papers, BL.

(119) Lentin, 'Treaty that Never Was', p. 121. 前述したように，2月28日と3月4日の閣議でもロイド・ジョージはアメリカの参加に疑念を表明している。このことから，彼はフランスの妥協を引き出すためには，イギリス単独でフランスの安全を保障する心積もりだったと考えられる。しかし，後述するように，4月後半から5月にかけて，フランスからひとたび妥協を引き出すことに成功すると，フランスを保障しようというロイド・ジョージの意欲は急速に減退していくこととなる。

(120) Lloyd George to Bonar Law, 31.3.1919, F/30/3/40, Lloyd George papers, PA.

(121) Smuts to Lloyd George, 26.3.1919, F/45/9/29, ibid. スマッツの伝記作家は，これが国際政治用語としての「宥和（appeasement）」という概念が誕生した瞬間だと論じている。W. K. Hancock, *Smuts: vol. 1, The Sanguine Years, 1870–1919* (Cambridge: Cambridge University Press, 1962), p. 512. また，Martin Gilbert, *Roots of Appeasement* (New York: The New American Library, 1966), pp. 52–4も参照。

(122) Headlam-Morley memorandum, 'The Territorial Settlement with Germany: The Left Bank of the Rhine', 13.2.1924, HDLM ACC 727/14, Headlam-Morley papers, CAC.

(123) F. S. Marston, *The Peace Conference of 1919: Organization and Procedure* (London: Oxford University Press, 1944), p. 163; Howard Elcock, *Portrait of a Decision: The Council of Four and the Treaty of Versailles* (London: Eyre Methuen, 1972), p. 149.

(124) Paul Mantoux, *Les Délibérations du Conseil des quatre (24 mars–28 juin 1919)*, 2 vols. (Paris: Éditions du Centre national de la Recherche Scientifique, 1955), vol. 1, pp. 41–8. 同書の英訳版も随時参照にした。*The Deliberations of the Council of Four (March 24–June 28, 1919): Notes of the Official Interpreter*, 2 vols., trans. and ed. Arthur S. Link (Princeton: Princeton University Press, 1992).

(125) Mantoux, *Délibérations*, vol. 1, pp. 89–91.

(126) *Ibid.*, pp. 92–5; *DD garanties*, pp. 35–8.

(127) Clemenceau memorandum, 'General Remarks on Mr. Lloyd George's Note of 26th March', 31.3.1919, F/147/2, Lloyd George papers, PA; Cmd. 2169, pp. 88–91.

(128) Lloyd George memorandum, marked 'PM's reply to M. Clemenceau', 2.4.1919, F/147/2, Lloyd George papers, PA; Cmd. 2169, pp. 91–2.

(129) Mantoux, *Délibérations*, vol. 1, pp. 63–75.

(130) Headlam-Morley minute, 2.4.1919, 477/1/3/5947, FO 608/141, TNA.

(131) Tardieu, Headlam-Morley and Haskins report, 'The Saar Basin', 5.4.1919, 477/1/3/6566, ibid.

(132) Covering note by Headlam-Morley, 5.4.1919, Crowe minute, 7.4.1919, ibid.

(133) Mantoux, *Délibérations*, vol. 1, pp. 181–2.

(134) *Ibid.*, pp. 193, 203–7.

(135) *Ibid.*, pp. 209–13.

(136) House diary, 2, 4.4.1919, MS 466, ser. 2, vol. 7, House papers, YULDC.

(137) House diary, 5.4.1919, ibid.

(138) Nelson, *Land and Power*, p. 237; Lord Hardinge of Penshurst, *Old Diplomacy: The Reminiscences of Lord Hardinge of Penshurst* (London: John Murray, 1947), p. 241 を参照。

(139) Schuker, 'The Rhineland Question', p. 303.

(140) House diary, 14.4.1919, MS 466, ser. 2, vol. 7, House papers, YULDC.

(141) House diary, 15.4.1919, ibid.; Poincaré, *A la recherche de la Paix*, p. 337.

(142) Fry, *And Fortune Fled*, p. 241; Inbal Rose, *Conservatism and Foreign Policy during the Lloyd George Coalition, 1918–1922* (London: Frank Cass, 1999), p. 34; House of Commons debates, 2.4.1919, ser. 5, vol. 114, cc. 1304–49.

(143) *The Times*, 9.4.1919, p. 13.

(144) House of Commons debates, 16.4.1919, ser. 5, vol. 114, cc. 2936–56.

(145) Stevenson diary, 16.4.1919, Taylor, ed., *Lloyd George*, p. 180; Rose, *Conservatism and Foreign Policy*, pp. 35–6.

(146) Lloyd George, *Truth about the Peace Treaties*, vol. 1, pp. 426–7.

(147) *FRUS PPC*, vol. 5, pp. 116–8; *DD garanties*, pp. 38–43.

(148) Jackson, *Beyond the Balance of Power*, pp. 292–7. クレマンソー自身，4月25日の閣僚評議会で，15年後にドイツは講和条約を履行しておらず，われわれはライン川にとどまるだろうと述べたという。Mermeix, *Le Combat des trois*, p. 230; Bariéty, *Les Relations franco-allemandes*, p. 62.

(149) Tardieu, *La Paix*, p. 206.

(150) Stevenson, *French War Aims*, p. 173. 一方で，後にこの構想を知ったイギリスのウィルソン参謀総長は，ラインラント北部のほうが戦略的に重要であり，南部から先に撤兵すべきだと進言した。Callwell, *Henry Wilson*, vol. 2, pp. 183–7. これは，彼が有事の際の東欧救援よりも，低地諸国とフランスへの玄関口とも言える平地の広がるライン下流域の防衛を重視したためだと考えられる。彼は東欧に小国を乱立させる講和会議の政策を批判し，イギリスはラインラントを除くヨーロッパから手を引くべきだと考えていた。Jeffery, *Henry Wilson*, pp. 238–9.

(151) Arthur S. Link, ed., *The Papers of Woodrow Wilson, vol. 56: March 17–April 4, 1919* (Princeton: Princeton University Press, 1987), pp. 416–8; Ambrosius, *Woodrow Wilson and the American Diplomatic Tradition*, p. 112.

(152) *FRUS PPC*, vol. 5, p. 118; *DD garanties*, pp. 43–4.

(153) Lentin, 'The Treaty that Never Was', p. 120.

(154) *FRUS PPC*, vol. 5, pp. 113–4; Mantoux, *Délibérations*, vol. 1, pp. 318–19.

(155) Tardieu, *La Paix*, pp. 233–4; Poincaré, *A la recherche de la Paix*, p. 362; Stevenson, *French War Aims*, pp. 174–5; Lentin, 'Une aberration inexplicable ?', pp. 34–8.

(156) Nelson, *Land and Power*, p. 243.

(157) *FRUS PPC*, vol. 5, pp. 244, 248.

(158) *Ibid.*, p. 357.

(159) Nelson, *Land and Power*, p. 244.

(160) King, *Foch versus Clemenceau*, pp. 57–8.

(161) Poincaré to Clemenceau, 28.4.1919, forwarded to Lloyd George, F/51/1/20, Lloyd George papers, PA; Cmd. 2169, pp. 97–102; *DD garanties*, pp. 45–7.

(162) Cmd. 2169, pp. 103–4; *DD garanties*, p. 48.

(163) Minutes of the 30th meeting of the British Empire Delegation, 5.5.1919, CAB 29/28, TNA.

(164) Balfour, 'Draft for "Council of Three" of Suggested Treaty between England and France', 5.5.1919, MSS Add. 49750, Balfour papers, BL; Lloyd George and Balfour to Clemenceau, 5.5.1919, F/51/1/22, Lloyd George papers, PA; *DD garanties*, pp. 50–2.

(165) ロイド・ジョージがアメリカ議会の批准を英仏保障条約施行の条件とする経緯に関して，アントニー・レンティンの諸研究を参照した。Lentin, 'Treaty that Never Was', pp. 119–28; Lentin, 'Une aberration inexplicable ?', pp. 32–3, 42–4; Lentin, 'The Elusive Anglo-French Guarantee Treaty', pp. 106–15.

(166) Mantoux, *Délibérations*, vol. 1, pp. 492–3; *FRUS PPC*, vol. 5, pp. 474–6, 485–6; *ibid.*, vol. 3, p. 379.

(167) *Ibid.*, vol. 5, pp. 494–5; *DD garanties*, pp. 49–52.

(168) Miller diary, 6.5.1919, Miller, *My Diary*, vol. 1, p. 294.

(169) Hymans, *Mémoires*, vol. 1, pp. 349–52, 354.

(170) ただし，ルクセンブルクの処理については，自国の経済圏に収めるべきだと考えるフランス人は多く，ベルギーとの潜在的な対立の種であった。Sally Marks, 'The Luxemburg Question at the Paris Peace Conference and After', *Revue belge d'histoire contemporaine*, 2:1 (1970), pp. 1–20.

(171) Crowe note on conversation with Hymans, 22.1.1919, 22/1/1/454, FO 608/3, TNA; Hymans, *Mémoires*, vol. 1, pp. 352–3. イマンスはクロウと懇意にしており，胸襟を開いて語り合える関係だったという。*Ibid.*

(172) Belgian memorandum, 'Revision des traités du 19 avril 1839', n. d. [communicated to the British on 22. 1. 1919], Akers Douglas minute, 22. 1. 1919 and Crowe minute, 22. 1. 1919, 22/1/1/431, ibid.

(173) Drummond to Balfour, 23.1.1919, Balfour minute, n. d., 22/1/1/454, ibid.

(174) Hymans, *Mémoires*, vol. 1, pp. 355–7.

(175) *Ibid.*, pp. 359–60.

(176) *FRUS PPC*, vol. 3, pp. 957–69, 1006–7; Hymans, *Mémoires*, vol. 1, pp. 360–4.

(177) Van Swinderen to Curzon, 12.2.1919, Curzon to Townley, 12.2.1919, Curzon to Balfour, 14.2.1919, Townley to Curzon, 13. 2. 1919; Curzon to Townley, 19. 2. 1919, 25363, 25848, 28582/11763/4, FO 371/3640, TNA.

(178) Robertson to Curzon, 20.1.1919, 11763/11763/4, ibid.

(179) *FRUS PPC*, vol. 3, pp. 1006–7.

(180) British Delegation memorandum, 'The Western and Northern Frontiers of Germany', 5.2.1919, 477/1/6/1527, FO 608/141, TNA; a draft of the above dated 4.2.1919 is in F/147/10/1, Lloyd George papers, PA.

(181) Wilson memorandum, ‘General Staff Desiderata regarding Territorial Adjustments’, 19.2.1919, Webster 3/7/34, Webster papers, BLPES.

(182) Headlam-Morley, ‘Note on the Revised Reference to the Belgian Commission’, 28.2.1919, 5/1/1/3155, FO 608/2, TNA.

(183) Davis memorandum, ‘The Question of Emden’, 14.2.1919, 477/1/6/2253, FO 608/141, TNA.

(184) Curzon to Townley, 12.2.1919, 25363/11763/W4, FO 371/3640, TNA.

(185) Balfour, ‘Memorandum of Conversation with Monsieur van Swinderen’, 24. 2. 1919, 22/2/1/2933, FO 608/4, TNA (also in F/3/4/16, Lloyd George papers, PA).

(186) デンマーク問題も担当したことから正式には「ベルギーおよびデンマーク問題に関する委員会」であったが，本書では「ベルギー委員会」と表記する。

(187) Procès-verbal of the 1st meeting of the commission on Belgian and Danish affairs, 25.2.1919, HDLM ACC 727/11/5, Headlam-Morley papers, CAC.

(188) *FRUS PPC*, vol. 4, pp. 141–4.

(189) Procès-verbal of the 3rd meeting of the commission on Belgian and Danish affairs, 1.3.1919; French draft note, n. d., Annex 2 of the procès-verbal of the 4th meeting, HDLM ACC 727/11/5, Headlam-Morley papers, CAC.

(190) Procès-verbal of the 4th meeting of the commission on Belgian and Danish affairs, 4.3.1919 and Draft report, n. d., Annex 5, ibid.

(191) *FRUS PPC*, vol. 4, pp. 270–1.

(192) Balfour to de Stuers, 13.3.1919, 22/1/1/4042, FO 608/3, TNA.

(193) Procès-verbal of the 5th, 7th and 8th meetings of the commission on Belgian and Danish affairs, 4, 10, 12.3.1919, ibid.; Headlam-Morley diary, 25.6.1919, HDLM ACC 727/1/14, Headlam-Morley papers, CAC.

(194) ‘Report of the Central Committee on Territorial Questions to the Supreme Council Relative to the Frontiers between Belgium and Germany’, n. d. [received at registry on 31. 3. 1919], 22/2/1/5869, FO 608/4, TNA.

(195) Procès-verbal of the 13th meeting of the commission on Belgian and Danish affairs, 5.4.1919, HDLM ACC 727/11/5, Headlam-Morley papers, CAC.

(196) Marks, *Innocent Abroad*, p. 167.

(197) Procès-verbal of the 6th and 7th meetings of the commission on Belgian and Danish affairs, 8, 10.3.1919 and ‘Draft of a Report on Possible Rectifications of the German-Dutch Frontier in Favor of Holland’, 10.3.1919, annex 2 of the procès-verbal of the 7th meeting, HDLM ACC 727/11/5, ibid. ヘッドラム＝モーリーがこの草案を起草したことに関しては，Headlam-Morley minute, 10.3.1919, 22/2/1/3900, FO 608/4, TNA を参照。

(198) Balfour note, 8.3.1919, 22/2/1/4199, FO 608/4, TNA; Hymans, *Mémoires*, vol. 1, pp. 378–9. バルフォアは，‘we parted coldly’，イマンスは，‘Nous nous séparâmes avec une nuance de froideur’と記している。

(199) Hankey memoranda, ‘Outline of Peace Terms’, 23.3.1919, HNKY 8/11, Hankey papers, CAC (also in F/147/3/2, Lloyd George papers, PA).

(200) Headlam-Morley memorandum, 25.3.1919, Crowe minute, 25.3.1919 and Hardinge minute, n. d., initialed by Balfour, n. d., 8/2/4/5147, FO 608/2, TNA.

(201) Hymans, *Mémoires*, vol. 1, pp. 422–4; Hardinge memorandum to Balfour, 26.3.1919, 8/2/4/5938, FO 608/2, TNA.

(202) Balfour minute, n. d., ibid.

(203) Balfour to Lloyd George, 3.4.1919, F/2/4/20, Lloyd George papers, PA.

(204) Hymans, *Mémoires*, vol. 1, pp. 421–2; Marks, *Innocent Abroad*, p. 261; Hardinge memorandum to Balfour, 4.4.1919, 18/2/4/7007, FO 608/2, TNA.

(205) Mantoux, *Délibérations*, vol. 1, pp. 95–7; Hymans, *Mémoires*, vol. 1, pp. 434–9.

(206) *Ibid.*, pp. 439–44; Sally Marks, *Paul Hymans* (London: Haus Publishing, 2010), p. 61.

(207) Mantoux, *Délibérations*, vol. 1, p. 126; Hardinge memorandum to Balfour, 4.4.1919, 18/2/4/7007, FO 608/2, TNA.

(208) Mantoux, *Délibérations*, vol. 1, pp. 139–48; Hymans, *Mémoires*, vol. 1, pp. 444–7.

(209) Hardinge memorandum to Balfour, 4.4.1919, 18/2/4/7007, FO 608/2, TNA (also in F/3/4/21, Lloyd George papers, PA).

(210) Marks, 'Luxemburg Question', pp. 12–13; Crowe minute, 7.4.1919 and Balfour minutes, n. d. 8/2/4/6557, FO 608/2, TNA; House diary, 6.4.1919, MS 466, ser. 2, vol. 7, YULDC.

(211) Marks, 'Luxemburg Question', p. 13; Crowe minute, 10.4.1919, and draft telegrams to Hymans, 10.4.1919, and to House, 10.4.1919 [not sent], 8/2/4/6863, FO 608/2, TNA.

(212) Marks, 'Luxemburg Question', pp. 13–14; Kerr to Drummond, 14.4.1919, 8/2/4/6863, FO 608/2, TNA; Mantoux, *Délibérations*, vol. 1, pp. 238, 246–7; Hymans, *Mémoires*, vol. 2, p. 523; House diary, 15.4.1919, MS 466, ser. 2, vol. 7, YULDC.

(213) Mantoux, *Délibérations*, vol. 1, pp. 258–64; Hymans to Balfour, 11.4.1919, 22/1/1/7070, FO 608/3, TNA.

(214) Hymans to Balfour, 25.3.1919, Balfour to de Stuers, 2.4.1919, de Stuers to Balfour, 4.4.1919, 22/1/1/5656, 6518, ibid.

(215) Crowe memorandum, 9.4.1919, van Swinderen to Crowe, 10.4.1919, Crowe memorandum, 'Revision of the Treaties of 1839', 18.4.1919, Hankey to Dutasta, 18.4.1919, 22/1/1/6768, 6943, 7483, ibid.; *FRUS PPC*, vol. 4, pp. 588–9, 685.

(216) Marks, *Innocent Abroad*, pp. 261–2.

(217) Akers-Douglas memorandum, 6.5.1919, Crowe minute, 6.5.1919, 22/1/1/9253, FO 608/3, TNA.

(218) *FRUS PPC*, vol. 4, pp. 729–47.

(219) *FRUS PPC*, vol. 4, pp. 778–801.

(220) Marks, *Innocent Abroad*, pp. 267–8.

(221) *Ibid.*, pp. 268–9; Hymans, *Mémoires*, vol. 2, pp. 486–7.

(222) Townley to Curzon, 9.6.1919, Akers-Douglas minute, 17.6.1919, Crowe minute, 17.6.1919, 22/1/1/12663, FO 608/3, TNA.

(223) *FRUS PPC*, vol. 4, pp. 857–9.

(224) Hymans, *Mémoires*, vol. 2, pp. 551–2.

(225) Robert Lansing, *The Peace Negotiations: A Personal Narrative* (Boston: Houghton Mifflin, 1921), pp. 179–80; Marks, *Innocent Abroad*, p. 334.

(226) *Ibid.*; Marks, *Hymans*, pp. 117–8. しかしながら，保障条約の存在は「フォンテーヌブロー覚書」でも触れられており，同文書は機密としては扱われていなかった。ゆえに，3月後半から4月中にベルギー代表団の耳に入っていたとしてもなんら不思議ではない。イマンスの回顧録は，4月初頭にベルギー国王がクレマンソーとラインラント問題について議論した際には，ベルギー側は英米の保障条約の存在をすでに知っていたかのように書かれている。イマンスによれば，英米の保障はフランスのみならずベルギーをも対象にしていると理解されており，ベルギー側はこれによってラインラントの占領負担が軽減されると考え，好意的に受けとめていた。Hymans, *Mémoires*, vol. 1, p. 388. フランス政府は当時，英米の保障が及ぶ範囲に，ドイツによるベルギーに対する侵略をも含めるように求めていた。もしベルギー側がフランスから保障条約の存在を知らされ，自らも保障対象に入っていると信じていたのだとすれば，5月から6月にかけて保障条約の詳細が明らかとなるまで，自ら行動を起こさなかったことにも説明がつく。また，ベルギー側は，自国のオランダに対する領土要求を，安全保障の論理によって正当化していたため，もし英米の保障条約という強力な安全保障システムを得られたとすれば，オランダから領土を獲得する正当性が大幅に薄れることとなる。そのため，4月から6月にかけて五大国が1839年条約の修正交渉から領土問題を除外すると決定し，ベルギーがオランダから領土を獲得できる可能性が事実上潰えるまで，ベルギー側は列国からの保障を積極的に求める誘因が低かった。

(227) Marks, *Innocent Abroad*, pp. 334–5.

(228) *Ibid.*, p. 335; Hymans, *Mémoires*, vol. 2, p. 532; Stevenson, 'Belgium, Luxemburg, and the Defence of Western Europe, 1914–1920', *International History Review*, 4 (1982), pp. 516–7; Marks, 'Luxemburg Question', pp. 17–8; *DBFP*, ser. 1, vol. 5, no. 210.

(229) *FRUS PPC*, vol. 3, p. 416.

(230) Marston, *Peace Conference of 1919*, p. 192. 5月21日の四人評議会でウィルソン大統領は，経済・金融問題に関してはドイツの専門家と口頭で協議するべきだと説いたが，クレマンソーとロイド・ジョージはこれに反対した。クレマンソーは，譲歩をすれば連合国の弱さを示すことになってしまうと述べ，ロイド・ジョージは，ドイツの反対提案を待ったうえで講和条約の比較的重要度の低い条項で譲歩する姿勢を見せれば十分だと述べた。*FRUS PPC*, vol. 5, pp. 800–2; Mantoux, *Délibérations*, vol. 2, pp. 157–8.

(231) Luckau, *German Delegation*, pp. 69–72, 225.

(232) *Ibid.*, pp. 233–4. この返答文はウィルソン大統領が準備し，四人評議会で合意された。Mantoux, *Délibérations*, vol. 2, pp. 27, 35; *FRUS PPC*, vol. 5, pp. 542, 559.

(233) Luckau, *German Delegation*, pp. 72ff.

(234) ニコルソンによれば，ブロックドルフ＝ランツァウが着席のまま演説を行ったことがイギリス代表団で「大きな騒動」となったという。Nicolson diary, 8.5.1919, Nicolson, *Peacemaking, 1919*, p. 329. フィリップ・カーによれば，連合国側はドイツ全権団に同情す

ら感じていたものの，ブロックドルフ＝ランツァウの演説が終わった頃には，ほとんどの参加者が憤りを表していたという。Lentin, *Guilt at Versailles*, p. 85. ハンキーは後年，演説の内容自体は悪くなかったものの，読み手が着席していたこと，読み手のイントネーションのとげとげしさ，そして通訳の不手際が重なって大変な悪印象をもたらしたと分析している。Hankey, *Supreme Control at the Paris Peace Conference*, pp. 154–5. リデルによれば，ロイド・ジョージとウィルソン大統領がドイツ全権に強い不快感を表明した一方で，クレマンソーとフォッシュはドイツが改心していないという自分たちの主張が証明されたと喜んでいたという。Riddell diary, 7, 8.5.1919, Riddell, *Diary of the Peace Conference and After*, pp. 72–6. クロウは，ドイツが現実を素直に受け入れ，旧体制のもとで犯した「罪」に正直に向き合う姿勢を見せれば，英米の同情を得られるにもかかわらず，そのような態度を見出せなかったことは悲劇的だと述べた。Crowe to Lady Crowe, 8.5.1919, MS Eng. e. 3024, Crowe papers, Bodleian Library, Oxford. 他方でバルフォアは，「明らかに苦悶している人間がいるときにはその人物を凝視しないことを常としている」と述べ，気に留めなかったという。Nicolson diary, 8.5.1919, Nicolson, *Peacemaking, 1919*, pp. 329–30.

(235) Stevenson diary, 7.5.1919, Taylor, ed., *Lloyd George*, p. 183.

(236) *FRUS PPC*, vol. 5, p. 527.

(237) *Ibid.*, p. 537–8; Mantoux, *Délibérations*, vol. 2, pp. 22–3.

(238) ここでクロウがコメントしているのは，歩兵大将モントゲラス伯（Graf von Montgelas）とベルンハルト・デルンブルク（Bernhard Dernburg）蔵相の発言に対してである。

(239) Crowe minute, 21.5.1919, and Hardinge minute, n. d., 477/2/1/10203, FO 608/143, TNA; Crowe minute, 21.5.1919, 515/4/13/10458, FO 608/167, TNA. なお，ドイツ本土に戦争を持ち込むことに関するクロウの発言に対してヘッドラム＝モーリーは，「われわれが講和条約から弁護不可能な条項を取り除いたと確信できるまでサー・エア・クロウの提案する策を遂行しないことを望む」とコメントしている。Headlam-Morley minute, 4.6.1919, ibid. 外務省においても若手，中堅を中心に，ドイツへの譲歩を望む傾向は強かった。

(240) Churchill to Lloyd George, 20.5.1919, F/8/3/55, Lloyd George papers, PA. テンパレイはこの覚書を高く評価した。Temperley diary, 26.5.1919, Otte, ed., *Historian in Peace and War*, p. 423.

(241) Luckau, *German Delegation*, pp. 244–7, 248–50, 266–8; *FRUS PPC*, vol. 5, pp. 813ff. この修正はロイド・ジョージとヘッドラム＝モーリーが後押しした。

(242) Smuts to Lloyd George, 5, 14, 22.5.1919, F/45/9/33–5, Lloyd George papers, PA.

(243) Cecil diary, 24.5.1919, MSS Add. 51131, Cecil papers, BL.

(244) John Maynard Keynes, *The Collected Writings of John Maynard Keynes, vol. 16: Activities 1914–1919: The Treasury and Versailles*, ed. Elizabeth Johnson (Cambridge: Cambridge University Press, 1971), pp. 458–60; Skidelsky, *Hopes Betrayed*, pp. 370–5.

(245) *Ibid.*, pp. 376–7.

(246) Nicolson diary, 28.5.1919, Nicolson to Vita Sackville-West, 28.5.1919, Nicolson, *Peace Making 1919*, p. 350.

(247) Headlam-Morley to his brother, 11.5.1919 and to Saunders, 12.5.1919, in Headlam-Morley, ed.,

Memoir of the Paris Peace Conference, pp. 103–5.

(248) Headlam-Morley minute, 20. 5. 1919, 477/2/1/10203, FO 608/143, TNA.

(249) Haking to Balfour, 11, 20. 5. 1919, 515/4/13/9664, 10445, FO 608/167, TNA; Malcolm memorandum, 'The Situation in Germany', 23. 5. 1919, 81924/4232/W18, FO 371/3777, TNA.

(250) James Louis Garvin, 'Peace and Dragon's Teeth', *The Observer*, 11. 5. 1919, pp. 10–11.

(251) Saunders to Headlam-Morley, 22. 5. 1919, in Wilson, ed., *George Saunders on Germany*, p. 35.

(252) Trevor Wilson, ed., *The Political Diaries of C. P. Scott, 1911–1928* (London: Collins, 1970), pp. 372–4.

(253) *Ibid.*, pp. 374–5; David Ayerst, *Garvin of the Observer* (London: Croom Helm, 1985), pp. 178–9.

(254) Webb diary, 10. 5. 1919, Norman and Jeanne Mackenzie, eds., *The Diary of Beatrice Webb, vol. 3: 1905–1924* (Cambridge, MA: Belknap Press, 1984), p. 341.

(255) Keith Robbins, *The Abolition of War: The 'Peace Movement' in Britain, 1914–1919* (Cardiff: University of Wales Press, 1976), pp. 187–90; Taylor, *Trouble Makers*, p. 160.

(256) *Ibid.*, pp. 159–60.

(257) Luckau, *German Delegation*, pp. 302–406.

(258) Minutes of the 32nd meeting of the British Empire Delegation, 30. 5. 1919, CAB 29/28, TNA. ロイド・ジョージはこの会合で，妥当な賠償総額は1000億から2200億金マルクの間だろうと述べた。後者はイギリス代表団の高額賠償派がドイツに支払い可能だと試算した数値であった。なお，ケインズら大蔵省の専門家はその数値を400億から600億金マルクだと試算し，フランス代表は1240億から1880億金マルクと試算した。Skidelsky, *Hopes Betrayed*, p. 355; Sharp, *Versailles Settlement*, pp. 95–6.

(259) Callwell, *Henry Wilson*, vol. 2, p. 195.

(260) Riddell diary, 30. 5. 1919, Riddell, *Diary of the Peace Conference and After*, pp. 83–4.

(261) Wilson, 'Memorandum on the Military Aspects of the German Peace Proposals', 31. 5. 1919, Webster 3/7/36, Webster papers, BLPES.

(262) Callwell, *Henry Wilson*, vol. 2, p. 196; Cecil diary, 31. 5. 1919, MSS Add. 51131, Cecil papers, BL.

(263) Michael Graham Fry, 'British Revisionism', in Boemeke, Feldman and Glaser, eds., *Treaty of Versailles*, p. 565.

(264) Minutes of the 33rd and 34th Meetings of the British Empire Delegation, 1. 6. 1919, CAB 29/28, TNA; Temperley diary, 2. 6. 1919, Otte, ed., *Historian in Peace and War*, pp. 428–30.

(265) Mantoux, *Délibérations*, vol. 2, pp. 265–74.

(266) Klaus Schwabe, *Woodrow Wilson, Revolutionary Germany, and Peacemaking, 1918–1919: Missionary Diplomacy and the Realities of Power*, trans. Rita and Robert Kimber (Chapel Hill: The University of North Carolina Press, 1985), pp. 367–8.

(267) Macmillan, *Peacemakers*, p. 480.

(268) Luckau, *German Delegation*, pp. 408–11.

(269) Crowe minute, 4. 6. 1919, Hardinge minute, n. d., 474/2/1/11622, FO 608/136, TNA.

(270) Mantoux, *Délibérations*, vol. 2, pp. 408-12.
(271) *FRUS PPC*, vol. 6, pp. 735-7; Lentin, '"Une aberration inexplicable"?', p. 33.
(272) Ibid.
(273) Mantoux, *Délibérations*, vol. 2, p. 555; *FRUS PPC*, vol. 6, p. 740. 保障条約の条文に関しては，*Ibid.*, vol. 13, pp. 757-62 を参照。
(274) Luckau, *German Delegation*, p. 112.
(275) Marshall M. Lee and Wolfgang Michalka, *German Foreign Policy 1917-1933: Continuity or Break?* (Leamington Spa: Berg, 1987), p. 28.
(276) Hancock, *Sanguine Years*, pp. 532-3.
(277) Skidelsky, *Hopes Betrayed*, pp. 376ff.『講和の経済的帰結』は1920年中に10万部を売り上げ，講和に対する英米の世論形成に大きな役割を担うこととなった。*Ibid.*, p. 394.
(278) Nicolson, *Peacemaking 1919*, p. 359.
(279) Headlam-Morley, *Memoir of the Paris Peace Conference*, pp. 161-71.
(280) アメリカのドイツ史学者ゲアハード・ワインバーグは，ラインラントの非武装化に関する取り決めを，「ヨーロッパの平和維持のための最も大切な保障」と呼んだ。それは，ドイツの西方攻勢を事実上不可能とするだけではなく，ドイツが東方に攻め込んだ場合にフランス軍の攻勢に対して西方が無防備となるため，ドイツの東方攻勢をも困難にする仕組みとなっていた。Gerhard L. Weinberg, *Hitler's Foreign Policy 1933-1939: The Road to World War II* (New York: Enigma Books, 2005), p. 187.
(281) Headlam-Morley, *Memoir of the Paris Peace Conference*, p. 179.
(282) David Robin Watson, *Georges Clemenceau: A Political Biography* (Plymouth: Eyre Methuen, 1974), p. 361.
(283) Stevenson, 'French War Aims and Peace Planning', p. 109. Stevenson, *Cataclysm*, p. 430 も参照。

第3章

(1) Great Britain, *Statistics of the Military Effort of the British Empire*, pp. 30, 740. イギリス陸軍は，24万7000人の常備軍に加えて，14万5000人の予備役と，31万6000人の国防義勇軍（Territorial Force）を擁していた。
(2) Niall Ferguson, *The Pity of War* (London: Allen Lane, 1998), pp. 295, 322-3, 325, 328. 対外債務の大部分はアメリカからの借入であった。一方で，イギリスは他の連合国に18億4100万ポンドの貸付を行っており，差し引き5億ポンド弱の対外純債権国であった。*Ibid.*, p. 328. ただし，そのなかにはロシアへの貸付をはじめとする不良債権も含まれていた。
(3) Great Britain, Command Paper, *Statistical Abstract for the United Kingdom for Each of the Fifteen Years from 1911 to 1925*, Cmd. 2849 (London: HMSO, 1927), p. 105. 歳入の数値は公債金収入を除いた金額である。なお，物価上昇によりポンドの購買力は大戦を通して約半減した。
(4)「10年ルール」成立の背景や防衛予算に関しては以下を参照。Ferris, *Men, Money, and*

Diplomacy, pp. 15–30, 216 ; Bond, *British Military Policy between the Two World Wars*, pp. 23ff. ; Roskill, *Hankey*, vol. 2, pp. 107, 112 ; N. H. Gibbs, *Rearmament Policy*, pp. 3ff.

（5）War Cabinet, 616A, 15.8.1919, CAB 23/15, TNA.

（6）Cmd. 2849, pp. 100–1, 104. 1919 年の陸軍の数値は復員完了前（10 月 1 日）の数値である。1913 年の海軍主力艦艇数は 62 隻（総排水量 103 万トン），陸軍常備兵力は 24 万 7000 人であった。また，1913 年に陸軍は約 25 万人の国防義勇軍を有していたが，1923 年にはその数は 14 万 2000 人に削減された。なお，1916 年に徴兵制を導入したイギリスであったが，1920 年に志願制に復帰した。

（7）Derby memorandum, 'Future Size of Our Regular Army', 17. 4. 1923, with annexed memorandum by Cavan, 'Our Military Strength in Relation to Our Military Commitments', 4. 1923, CP 200 (23), CAB 24/159, TNA.

（8）Ibid.

（9）Ibid. ; Gibbs, *Rearmament Policy*, p. 52.

（10）P. M. H. Bell, *The Origins of the Second World War in Europe*, 3rd ed. (London : Longman, 2007), p. 200.

（11）Wilson memorandum regarding the Geddes Committee report, 10. 1. 1922, CP 3619, CAB 24/132, TNA ; Gibbs, *Rearmament Policy*, pp. 449–50.

（12）Alan Sharp, 'The Enforcement of the Treaty of Versailles, 1919–1923', in Conan Fischer and Alan Sharp, eds., *After the Versailles Treaty : Enforcement, Compliance, Contested Identities* (London : Routledge, 2008), pp. 6–7.

（13）House of Commons debates, 3.7.1919, ser. 5, vol. 117, cc. 1211–25.

（14）House of Commons debates, 21.7.1919, ser. 5, vol. 118, cc. 951–1128.

（15）Ibid. 総票数が少ないのは深夜のため採決に居合わせた議員が少なかったからである。

（16）Northedge, *Troubled Giant*, pp. 119–20.

（17）Derby to Curzon, 13.10.1919, 141473/8259/17, FO 371/3752, TNA ; Édouard Bonnefous, *Histoire politique de la Troisième République, tome 3 : l'après-guerre (1919–1924)* (Paris : Presses Universitaires de France, 1959), pp. 56–8.

（18）E. L. Woodward and Rohan Butler, eds., *Documents on British Foreign Policy, 1919–1939*, 1st Series, 27 vols. (London : HMSO, 1957–86) [以下 *DBFP*, ser. 1 と略記する], vol. 5, pp. 980–1.

（19）Keylor, 'Rise and Demise', p. 371.

（20）Ambrosius, *Woodrow Wilson and the American Diplomatic Tradition*, pp. 159–61 ; Louis A. R. Yates, *United States and French Security, 1917–1921* (New York : Twayne Publishers, 1957), pp. 119ff.

（21）Curzon to Lloyd George, 30.7.1919, F/12/1/30, Lloyd George papers, PA ; *DBFP*, ser. 1, vol. 5, no. 360 ; House diary, 28.7, 2, 7, 12, 8.1919, MS 466, ser. 2, vol. 8, House papers, YULDC. ハウスは当時イギリスに滞在しており，グレイの説得に協力した。

（22）House of Commons debates, 13.8.1919, ser. 5, vol. 119, cc. 1288–9.

（23）*DBFP*, ser. 1, vol. 5, no. 366 ; Lloyd E. Ambrosius, 'Woodrow Wilson's Health and the Treaty Fight, 1919–1920', *International History Review*, 9 : 1 (1987), pp. 73–84.

（24）Ambrosius, *Woodrow Wilson and the American Diplomatic Tradition*, pp. 172–210.

（25）Grey to Curzon, 23.11.1919, Hardinge minute, n. d., 155085/11763/4, FO 371/3642, TNA.

（26）Grey to Curzon, 26.11.1919, Curzon to Grey, 2.12.1919, 156096/7067/39, FO 371/4264, TNA. グレイが懸念したように，フランスの保守政治家は，アメリカが米仏保障条約を批准しなかった場合には，ライン川方面で代替の保障を得られるように講和条約を修正するよう自国政府に働きかけていた。Grahame to Curzon, 25. 9. 1919, 134807/8259/17, FO 371/3752, TNA.

（27）*DBFP*, ser. 1, vol. 5, nos. 428–9; 'Lord Grey on Leave', *The Times*, 5.1.1920, p. 12.

（28）Crowe to Curzon, 1, 2, 4, 6.12.1919, 157684, 158014, 158526, 159379/7067/39, FO 371/4265, TNA.

（29）Conclusions of the 15th and 16th Conferences of Ministers, 6, 8.12.1919, CAB 23/37, TNA.

（30）Edward Corp, 'Sir Eyre Crowe and Georges Clemenceau at the Paris Peace Conference, 1919–20', *Diplomacy & Statecraft*, 8 : 1, pp. 10–19; Sharp, 'The Enforcement of the Treaty of Versailles', pp. 7–8. 大久保明「イギリス外交とヴェルサイユ条約——条約執行をめぐる英仏対立，1919–1920 年」『法学政治学論究』第 94 号，2012 年，137–8 頁。

（31）Ambrosius, *Woodrow Wilson and the American Diplomatic Tradition*, pp. 211–14; Lloyd E. Ambrosius, 'Wilson, the Republicans, and French Security after World War I', *Journal of American History*, 59 : 2（1972）, pp. 348–51.

（32）Keylor, 'Rise and Demise', p. 372; Robert J. Young, *An American by Degrees: The Extraordinary Lives of French Ambassador Jules Jusserand*（Montreal and Kingston: McGill-Queen's University Press, 2009）, p. 141.

（33）Yates, *United States and French Security*, pp. 136–8.

（34）United States, Department of State, *Treaty of Versailles and After: Annotations of the Text of the Treaty*（1944; reprint, New York: Greenwood Press, 1968）, pp. 13–26.

（35）*DBFP*, ser. 1, vol. 5, p. 825.

（36）United States, Department of State, *Treaty of Versailles*, pp. 760–1; Keylor, 'Rise and Demise', pp. 372, 376n.

（37）House of Commons debates, 21.11.1919, ser. 5, vol. 121, c. 1284.

（38）*The Times*, 22.11.1919, p. 13.

（39）*Le Matin*, 4.12.1919, p. 1.

（40）*Ibid.*, 5.12.1919, p. 1; House of Commons debates, 9.12.1919, ser. 5, vol. 122, c. 1141.

（41）Derby to Curzon, 5. 12. 1919, and Ernest Lehmann minute, n. d., 159606/159606/17, FO 371/3762, TNA.

（42）House of Commons debates, 18.12.1919, ser. 5, vol. 123, cc. 720–1, 762–3.

（43）Derby to Curzon, 21. 12. 1919, copies sent to 'The King', 'Cabinet', 'DMI' and 'DNI', 164838/159606/17, FO 371/3762, TNA.

（44）*DBFP*, ser. 1, vol. 5, nos. 46–8, 53–4, 58, 64, 132.

（45）Crowe memorandum, 26.7.1919, 22/1/1/16483, FO 608/3, TNA.

（46）Hymans, *Mémoires*, vol. 2, p. 532; Marks, *Innocent Abroad*, pp. 243–8, 335.

（47） Villiers memorandum, 2.9.1919, initialed by Curzon, 5.9.1919, 124165/4187/4, FO 371/3638, TNA.
（48） Thwaites to Hardinge, 20.9.1919, 132058/127515/4, FO 371/3646, TNA.
（49） Curzon to Gurney, 9.9.1919, 127515/127515/4, ibid.
（50） Grahame to Curzon, 22.9.1919, Hardinge minute, n. d., Curzon minute, n. d., 133130/4187/4, FO 371/3638, TNA.
（51） Moncheur to Curzon, 20.9.1919, Curzon to Grahame, 23.9.1919, Gurney to Curzon, 26.9.1919, Derby to Curzon, 3.10.1919, 132971, 137475, 137395/4187/4, ibid.
（52） Grahame to Curzon, 25.9.1919, Hardinge minute, n. d., Curzon minute, n. d., 133747/4187/4, ibid.
（53） Gurney to Curzon, 2.10.1919, 138009/4187/4, ibid.; Marks, *Innocent Abroad*, pp. 250–1.
（54） Crowe to Curzon, 3.10.1919, 137379/11763/4, FO 371/3642, TNA.
（55） Gurney to Curzon, 7.10.1919, 139940/11743/4, ibid.
（56） Villiers to Curzon, 25.10.1919, 146236/127515/4, FO 371/3646, TNA.
（57） Crowe to Curzon, 13.10.1919, 'Révision des Traités de 1839: Avant-projet de Traité', n. d., 141190/11763/4, FO 371/3642, TNA.
（58） Crowe to Curzon, 16.10.1919, Villiers to Curzon, 18.10.1919, Crowe to Curzon, 28.10.1919, Villiers to Curzon, 18.11.1919, 142586, 144238, 146741, 153367/11763/4, ibid.; Ch. de Visscher et F. van Langenhove, eds., *Documents diplomatiques belges, 1920–1940: la politique de sécurité extérieure*, 5 tomes (Bruxelles: Palais des Académies, 1964–66) [以下 *DDB* と略記する], tome 1, pp. 37–40.
（59） Crowe to Curzon, 17.10.1919, 143004/11763/4, FO 371/3642, TNA.
（60） Crowe to Curzon, 6.11.1919, 149311/11763/4, ibid.
（61） Tufton to Oliphant, 1.11.1919, Crowe to Curzon, 6.11.1919, 148226, 149311/11763/4, ibid.
（62） Howard Smith memorandum, 'Treaties of 1839', 25.11.1919, Howard Smith minutes, 7, 8.11. 1919, Hardinge minutes, n. d., Curzon, 'memorandum for the Cabinet', 10. 11. 1919, 148226/11763/4, ibid. (also in CP 117, CAB 24/93, TNA).
（63） Conclusion of the 7th meeting of the Conference of Ministers, 18.11.1919, CAB 23/37, TNA. なお，議事録から判断できる限り，カーズンが「ベルギーの独立と領土保全の保障 (guarantee of the independence and integrity of Belgium)」という言葉を用いていたのに対して，他の出席者のなかには「ベルギーの中立の保障 (guarantee of Belgian neutrality)」という言葉を用いる者がいた。しかし，ベルギー政府は，中立からは脱却する意志を明確に示したうえで，領土保全の保障だけを英仏に求めていた。閣僚会議でこの誤解が正されなかったことにより，後に混乱が生じることになる。
（64） Grey to Curzon, 23.11.1919, 155085/11763/4, FO 371/3642, TNA.
（65） Curzon to Crowe, 18.11.1919, 152441/11763/4, ibid.
（66） Crowe to Curzon, 19.11.1919, de Fleuriau, aide-mémoire, [received 20.11.1919], 153812, 155085/11763/4, ibid.; Laroche to Tufton, 19.11.1919, 22/1/1/20539, FO 608/3, TNA; Marks, *Innocent Abroad*, p. 290; Stevenson, 'Defence of Western Europe', p. 519.

(67) Hardinge note, 'Proposed Belgian-Dutch Treaty', 20.11.1919, Hurst to Hardinge, 20.11.1919, Hurst to Curzon, 21.11.1919, 153812/11763/4, FO 371/3642, TNA.
(68) Foreign Office minute, 24.11.1919 [fos. 507-8], Curzon to Derby, 25.11.1919, Hardinge to Curzon, 27.11.1919, 157333, 155758, 157591/11763/4, ibid.
(69) Note presented by the Belgian chargé d'Affaires, 26.11.1919, 157733/11763/4, ibid.
(70) Crowe to Curzon, 26.11.1919, 155760/11763/4, ibid.
(71) Hardinge minute, n. d. [c. 25.11.1919; fos. 511-12], 157333/11763/4, ibid.
(72) Howard Smith memorandum, 'The Treaties of 1839', 24.11.1919, Draft memorandum by Hardinge, with Curzon's corrections, n. d., Curzon memorandum, 'Interim Guarantee of Belgium', 1.12.1919, 155760, 157333/11763/4, ibid.
(73) Conclusions of the 13th meeting of the Conference of Ministers, 2.12.1919, CAB 23/37; Curzon to Crowe, 2.12.1919, Curzon to Cambon, 3.12.1919, 156916, 153862/11763/4, FO 371/3642, TNA.
(74) *DDB*, tome 1, pp. 80-2, 85-6.
(75) Crowe to Curzon, 4.12.1919, Villiers to Curzon, 7.12.1919, 158527, 159960/11763/4, FO 371/3642, TNA.
(76) *DDB*, tome 1, pp. 56-7.
(77) Crowe to Curzon, 4.12.1919, Villiers to Curzon, 3.12.1919, 158060/11763/4, FO 371/3642, TNA.
(78) Hardinge to Curzon, 5.12.1919, 159436/11763/4, ibid.
(79) *L'Écho de Paris*, 7.12.1919, p. 1.
(80) *Le Matin*, 10.12.1919, p. 1.
(81) Derby to Curzon, 8.12.1919, 160921/11763/4, ibid.; Derby to Curzon, 10.12.1919, 160922/159606/17, FO 371/3762, TNA.
(82) *DBFP*, ser. 1, vol. 2, p. 738, vol. 5, p. 904.
(83) Crowe to Curzon, 4.12.1919, 158527/11763/4, FO 371/3642, TNA.
(84) Villiers to Curzon, 7.12.1919, 159960/11763/4, ibid.
(85) Crowe to Curzon, 11.12.1919, Hardinge minute, n. d., Curzon minute, n. d., Curzon to Crowe, 16.12.1919, 161092/11763/4, FO 371/3643, TNA.
(86) Crowe to Curzon, 18.12.1919, 163001/11763/4, ibid.
(87) Hardinge to Curzon, 17.12.1919, note handed to Hardinge by Cambon, 20.12.1919, 164979, 164074/11763/4, ibid.
(88) Curzon to Crowe, 24.12.1919, Curzon to Cambon, 27.12.1919, 163001, 164074/11763/4, ibid.
(89) Marks, *Innocent Abroad*, p. 292.
(90) たとえばハーディングは，カーズンから得た情報として，内閣の判断を次のように説明した。ベルギーと保障条約を結ぶことは，「ベルギーに隣接するフランスの国境線を守ることを意味する」ため，イギリス政府はベルギーに関する新たな義務を負わないことにしたと。Hardinge minute, n. d., 157333/11763/4, FO 371/3642, TNA.
(91) Hardinge minute, n. d., 159428/11763/4, ibid.

（92）Curzon to Villiers, 31.12.1919, 166760/11763/4, FO 371/3643, TNA; *DDB*, tome 1, pp. 83–4.
（93）Marks, *Innocent Abroad*, p. 296.
（94）Villiers to Curzon, 9.1.1920, Hardinge minute, n. d., 169746/11763/4, FO 371/3643, TNA.
（95）*DDB*, tome 1, pp. 93–4; Hymans, *Mémoires*, tome 2, pp. 534–5.
（96）Helmreich, *Belgium and Europe*, pp. 249–55; W. N. Medlicott and Douglas Dakin, eds., *Documents on British Foreign Policy, 1919–1939*, Series 1A, vol. 1（London: HMSO, 1966）, pp. 715–19. 第一次世界大戦直後には中立からの脱却を強く望んだベルギーであったが，ナチス・ドイツの脅威が高まる1936年に再び中立政策へと回帰することとなる。Pierre Henri Laurent, 'The Reversal of Belgian Foreign Policy, 1936–1937', *The Review of Politics*, 31:3（1969）, pp. 370–84; Helmreich, *Belgium and Europe*, pp. 333–9.
（97）Helmreich, *Belgium and Europe*, pp. 229–30; Hymans, *Mémoires*, tome 2, pp. 551–3.
（98）Marjorie Milbank Farrar, *Principled Pragmatist: The Political Career of Alexandre Millerand*（New York: Berg, 1991）, pp. 210–11.
（99）*DDB*, tome 1, pp. 307–9; Ministère des Affaires étrangères, *Documents diplomatiques français: 1920*, 3 tomes（Paris: Imprimerie nationale, 1997–2003）,［以下 *DDF 1920* と略記する］, tome 1, pp. 86–8; Baron Pierre van Zuylen, *Les mains libres: Politique extérieure de la Belgique, 1914–1940*（Paris: Desclée de Brouwer, 1950）, pp. 109–11; Helmreich, 'Negotiations of the Franco-Belgian Military Accord', pp. 363–4.
（100）Villiers to Curzon, 31.1, 2.2.1920, 175418, 176267/2144/4, FO 371/3637, TNA; *DDB*, tome 1, pp. 304–6.
（101）*DDF 1920*, tome 1, p. 95; French embassy note, 2.2.1920, 175682/175682/4, FO 371/3648, TNA.
（102）Wilson to Curzon, 7.2.1920, Lehmann minute, 4.2.1920, Curzon minute, 5.2.1920, Churchill to Curzon, 7.2.1920, 10 Downing Street note, n. d., Churchill minute, 15.4.1920, ibid.
（103）House of Commons debates, 23.2.1920, vol. 125, cc. 1339–48.
（104）*The Times*, 31.1.1920, p. 7.
（105）Churchill's covering memorandum, 20.3.1920, memorandum by Wilson, 17.3.1920, CP 919, CAB 24/101, TNA.
（106）*DDB*, tome 1, pp. 360–1.
（107）Helmreich, 'Negotiations of the Franco-Belgian Military Accord', pp. 364–5.
（108）*DDB*, tome 1, pp. 346–7; Villiers to Curzon, 20, 22, 25.3.1919, 187529/2144/4, FO 371/3637, TNA.
（109）Tufton minute, 30.3.1920, Hardinge minute, n. d., Curzon minute, 2.4.1920, ibid.; Gerald Villiers minute, 13.4.1920, 191216/2144/4, FO 371/3637, TNA.
（110）詳細については，大久保「イギリス外交とヴェルサイユ条約」142–6頁を参照されたい。
（111）Martin Gilbert, ed., *The Churchill Documents, vol. 9: Disruption and Chaos, July 1919–March 1921*（1977; reprint, Hillsdale: Hillsdale College Press, 2008）, p. 1068; Hankey diary, 7.4.1920, HNKY 1/5, Hankey papers, CAC.

(112) Jones, *Whitehall Diary*, vol. 1, pp. 107–11; Cabinet Conclusion 18 (20), 8.4.1920, CAB 23/21, TNA.

(113) Crowe minute, 6.4.1920, Curzon minute, 6.4.1920, 189676/4232/18, FO 371/3782, TNA.

(114) Hymans, *Mémoires*, tome 2, p. 545; Curzon to Villiers, 13.4.1920, 192073/4232/18, FO 371/3784, TNA.

(115) Curzon to Derby, 10.4.1920, 191068/4232/18, FO 371/3783, TNA.

(116) Cabinet Conclusion 19 (20), 12.4.1920, CAB 23/21, TNA; House of Commons debates, 12.4.1920, vol. 127, cc. 1382–3.

(117) *DBFP*, ser. 1, vol. 8, pp. 199–204, 209–10.

(118) Hankey diary, 1.5.1920, HNKY 1/5, Hankey papers, CAC.

(119) Curzon to Villiers, 20.4.1920, 194339/2144/4, FO 371/3637, TNA; *DDB*, tome 1, pp. 286–8; Hymans, *Mémoires*, tome 2, pp. 558–9.

(120) Gerald Villiers minute to Tufton, 28.4.1920, Tufton to Hankey, 30.4.1920, 195143/2144/4, FO 371/3637, TNA; Foreign Office papers submitted to the CID regarding 'proposal to establish a military agreement between Great Britain, France and Belgium with a view to co-ordinating measures to be taken in the event of unprovoked aggression upon the latter country', 5.1920, 240B, CAB 4/7, TNA.

(121) Roskill, *Hankey*, vol. 2, pp. 154–7.

(122) Hymans, *Mémoires*, tome 2, pp. 546–7; Helmreich, 'Negotiations of the Franco-Belgian Military Accord', pp. 366–7; Marks, 'Luxemburg', p. 19; Stengers, 'L'accord militaire franco-belge de 1920 et le Luxembourg', p. 433; Stevenson, 'Belgium, Luxemburg and the Defence of Western Europe', p. 520; Villiers to Curzon, 15.5.1920, 198355/2144/4, FO 371/3637, TNA.

(123) Helmreich, 'Negotiations of the Franco-Belgian Military Accord', pp. 367–8. *DDB*, tome 1, pp. 405–8 も参照。

(124) Jean-Marie D'Hoop, 'Le maréchal Foch et la négociation de l'accord militaire franco-belge de 1920', in *Mélanges Pierre Renouvin : Études d'histoire des relations internationals* (Paris: Presses universitaires de France, 1966), pp. 192–4; Judith M. Hughes, *To the Maginot Line : The Politics of French Military Preparations in the 1920's* (Cambridge, MA: Harvard University Press, 1971), pp. 83–5.

(125) Helmreich, 'Negotiations of the Franco-Belgian Military Accord', p. 370.

(126) Villiers to Curzon, 31.5.1920, enclosing a dispatch from Brigadier-General Lyon to Villiers, 28.5.1920, 201173/2144/4, FO 371/3637, TNA.

(127) Jonathan E. Helmreich, 'Belgian Concern over Neutrality and British Intentions, 1906–14', *Journal of Modern History*, 36:4 (1964), pp. 416–27 に詳しい。

(128) Curzon to Villiers, 2.6.1920, 201576/11763/4, FO 371/3643, TNA; *DDB*, tome 1, pp. 374–8.

(129) War Office to Hardinge, n. d. [received 15.6.1920], Tufton to Hankey, 22.6.1920, Crowe memorandum, 'British participation in Franco-Belgian military negotiations', n. d. [c. 18.6.1920], 203745, 203802/2144/4, FO 371/3637, TNA; Foreign Office papers submitted to the CID regarding 'proposal to establish a military agreement between Great Britain, France and Belgium

with a view to co-ordinating measures to be taken in the event of unprovoked aggression upon the latter country', 6.1920, 244B, CAB 4/7, TNA.

(130) Crowe memorandum, 23.6.1920, Hardinge minute, n. d., 205659/2144/4, FO 371/3637, TNA.

(131) *DDB*, tome 1, p. 388.

(132) Minutes of the 133rd meeting of the CID, 29.6.1920, CAB 2/3, TNA.

(133) Chamberlain note, 'Our Future Relations with Belgium', 28.6.1920, 246B, CAB 4/7, TNA.

(134) Jones, *Whitehall Diary*, pp. 115-17; Cabinet Conclusion 38 (20), 30.6.1920, CAB 23/21, TNA.

(135) *DDB*, tome 1, pp. 398-9; note of a conversation between Lloyd George and Delacroix at Spa, 13.8.1920 [the conversation took place on 12.7.1920], Kerr to Campbell, 13.8.1920, Curzon to Grahame, 26.8.1920, 212569/2144/4, FO 371/3637, TNA.

(136) Marks, *Paul Hymans*, p. 127.

(137) General Staff memorandum, 6.8.1920, C 7032/45/18, FO 371/4741, TNA.

(138) Minutes by Waterlow, 24.9.1920, Crowe, 26.9.1920, Hardinge, n. d., and Curzon, 27.9.1920, ibid.

(139) Helmreich, 'Negotiations of the Franco-Belgian Military Accord', pp. 360-78; *DDB*, tome 1, pp. 405-8; Marks, *Hymans*, pp. 127-30, 167 も参照。そしてベルギー政府は，こうした不満を背景に，1936 年に同協定を一方的に破棄する決断を下すこととなる。Laurent, 'The Reversal of Belgian Foreign Policy, 1936-1937', pp. 370-84; Helmreich, *Belgium and Europe*, pp. 239, 333-9.

(140) Grahame to Curzon, 14.12.1920, Curzon minute, 22.12.1920, W 3381/32/4, FO 371/5456, TNA.

第 4 章

(1) Kerr memorandum for Lloyd George, 2.9.1920, F/90/1/18, Lloyd George papers, PA.

(2) Randolph S. Churchill, *Lord Derby: King of Lancashire* (New York: G. P. Putnam's Sons, 1960), pp. 384-6; *The Times*, 3.12.1920, p. 7.

(3) *DBFP*, ser. 1, vol. 17, p. 56n.

(4) *Ibid.*, pp. 56-9; Crowe memorandum, 12.2.1921, MSS Eur. F 112/242, Curzon papers, BL (India Office Records) [以下 BL（IOR）と略記する].

(5) Cabinet Conclusion 24 (21), 19.4.1921, CAB 23/25, TNA.

(6) Keith Wilson, 'A Venture in "the Caverns of Intrigue": The Conspiracy against Lord Curzon and his Foreign Policy, 1922-3', *Historical Research*, 70:173 (1997), p. 314.

(7) Cabinet Conclusion 40 (21), 24.5.1921, CAB 23/25, TNA.

(8) Raymond Poincaré, 'Chronique de la quinzaine', *Revue des deux mondes*, 1.6.1921, pp. 709-20.

(9) Robertson to Curzon, 2.6.1921, W6618/6298/17, FO 371/6995, TNA.

(10) Hardinge to Curzon, 3.6.1921, ibid.

(11) *The Times*, 3.6.1921, p. 11.

(12) Saint-Aulaire à Briand, télégramme n° 521, 6.6.1921, série Z (Europe 1918-1940), Grande-

Bretagne, vol. 46 [以下 Z/GB/46 と略記する], Archives du Ministère des Affaires étrangères, La Courneuve [以下 MAE と略記する].

(13) *Le Petit Parisien*, 4.6.1921; *Le Matin*, 5.6.1921; *L'Echo de Paris*, 5, 8.6.1921; *Le Temps*, 7.6.1921.

(14) Saint-Aulaire à Briand, lettre n° 315, 7.6.1921, Z/GB/46, MAE.

(15) Wilson, 'A Venture in "the Caverns of Intrigue"', p. 315.

(16) Saint-Aulaire à Briand, lettre sans numéro, 14.12.1921, Z/GB/69, MAE.

(17) Comte de Saint-Aulaire, *Confession d'un vieux diplomate* (Paris: Flammarion, 1953), p. 749.

(18) Saint-Aulaire à Briand, télégramme n° 485, n. d. [reçu 30.5.1921], Z/GB/46, MAE.

(19) Wilson, 'A Venture in "the Caverns of Intrigue"', pp. 312-31.

(20) Hardinge to Curzon, 3.6.1921, W 6618/6298/17, FO 371/6995, TNA; Hardinge to Curzon, 13.6.1921, Curzon papers, MSS Eur. F 112/200, BL (IOR).

(21) Crowe minute, 14.6.1921, W 6298/6298/17, FO 371/6995, TNA.

(22) Churchill, *Lord Derby*, pp. 397-8.

(23) Grahame to Curzon, 3.6.1921, Kirkpatrick minute, 3.6.1921, Campbell minute, 3.6.1921, W 6049/1326/4, FO 371/6966, TNA.

(24) Stenographic notes of the 2nd meeting of the Imperial Conference of 1921, 21.6.1921, CAB 32/2, TNA.

(25) Stenographic notes of the 4th meeting of the Imperial Conference of 1921, 22.6.1921, ibid.

(26) Hankey memorandum to Lloyd George, 25.6.1921, F/25/1/48, Lloyd George papers, PA.

(27) Stenographic notes of the 18th meeting of the Imperial Conference of 1921, 7.7.1921, CAB 32/2, TNA.

(28) Ibid.

(29) Ibid.

(30) Ibid.

(31) Ibid.

(32) Ibid.

(33) Yücel Güçlü, 'The Struggle for Mastery in Cilicia: Turkey, France, and the Ankara Agreement of 1921', *International History Review*, 23:3 (2001), pp. 598-600; Curzon to Hardinge, 28.11.1921, MSS Eur. F 112/232, Curzon papers, BL (IOR).

(34) Erik Goldstein, 'The Evolution of British Diplomatic Strategy for the Washington Conference', *Diplomacy & Statecraft*, 4:3 (1993), pp. 9-10.

(35) Minutes of the 149th, 150th and 151st meetings of the CID, 15, 23, 26.11.1921, CAB 2/3, TNA.

(36) たとえば，1年前には英仏軍事協定を熱心に推したチェンバレンも，トルコや潜水艦をめぐる問題をきっかけに慎重論に転じたと語っている。Chamberlain to his sisters, 1, 14.1.1922, AC 5/1/222, 224, Chamberlain papers, Birmingham University Library, Birmingham [以下 BUL と略記する].

(37) Martin Gilbert, ed., *The Churchill Documents, vol. 10: Conciliation and Reconstruction, April 1921-November 1922* (1977; reprint, Hillsdale: Hillsdale College Press, 2008), p. 1677.

(38) Curzon to Hardinge, 5.12.1921, W 12716/12716/17, FO 371/7000, TNA; Saint-Aulaire à Briand, lettre sans numéro, 14.12.1921, Z/GB/69, MAE.

(39) Hardinge to Curzon, 7.12.1921, Crowe minute, 8.12.1921, W 12728/12716/17, FO 371/7000, TNA. フランス外務省幹部のラロシュは，同盟提案はブリアンのイニシアチブだったと回顧している。Jules Laroche, *Au Quai d'Orsay avec Briand et Poincaré, 1913–1926* (Paris: Hachette, 1957), pp. 146–7; Bariéty, 'Le projet de pacte', pp. 94–5. サン＝トレール自身は，彼自身の考えに基づく提案だったと主張した。Crowe minute, 30.12.1921, W 50/50/17, FO 371/8249, TNA. 一方で先行研究のなかには，サン＝トレールの提案はミルラン大統領の指示を受けたものだと推測するものもあるが，真相は不明である。Artaud, *La question des dettes interalliées*, tome 1, p. 382; Marks, 'Ménage à Trois', pp. 527–8; Boyce, *Great Interwar Crisis*, p. 115.

(40) *The Times*, 12.12.1921, p. 6.

(41) Fleuriau à Briand, lettre n° 658, 13.12.1921, Z/GB/48, MAE.

(42) Cabinet Conclusion 93 (21), 16.12.1921, CAB 23/27, TNA.

(43) *DBFP*, ser. 1, vol. 15, pp. 785–7; traduction des notes prises au cours d'une conversation entre Lloyd George et Briand, 21.12.1921, Z/GB/69, MAE; Georges Suarez, *Briand: sa vie, son oeuvre avec son journal et de nombreux documents inédits*, 6 tomes (Paris: Plon, 1938–52), tome 5, pp. 349–51.

(44) *DBFP*, ser. 1, vol. 15, pp. 768–85, 788–800; Carole Fink, *The Genoa Conference: European Diplomacy, 1921–22* (Syracuse, NY: Syracuse University Press, 1993), pp. 3–68; Orde, *British Policy and European Reconstruction*, pp. 160–82; Jay L. Kaplan, 'France's Road to Genoa: Strategic, Economic, and Ideological Factors in French Foreign Policy, 1921–1922', PhD dissertation, Columbia University, 1974. 亀井紘「ジェノア会議（1922 年 4 月～5 月）と戦後国際秩序の構築——ロイド・ジョージとイギリスの役割」『国際政治』第 96 号，1991 年，124–42 頁。

(45) Curzon to Hardinge, 24.12.1921, MSS Eur. F 112/232, BL (IOR); Bennett, *British Foreign Policy during the Curzon Period*, pp. 83–4; David Gilmour, *Curzon: Imperial Statesman* (New York: Farrar, Straus & Giroux, 2003), p. 538.

(46) Crowe memorandum, 'respecting the possible conclusion of an Anglo-French alliance', 26.12.1921, W 13420/12716/17, FO 371/7000, TNA.

(47) Note de Fromageot, 27.12.1921, note de Saydoux, 'Alliance', 26.12.1921, note [de Laroche], 'Observations sur la rédaction du projet', 28.12.1921, Z/GB/69, MAE; Jackson, *Beyond the Balance of Power*, pp. 385–6; Marks, 'Ménage à Trois', p. 528.

(48) フランスの影響下にあったモロッコ北部の港湾都市タンジール（タンジェ）をめぐる問題である。同地がジブラルタル海峡に面する要衝だったこともあり，イギリスは同地の中立化（国際管理）を求めていたが，フランスがそれに反対していた。G. H. Bennett, 'Britain's relations with France after Versailles: The Problem of Tangier, 1919–1923', *European History Quarterly*, 24:1 (1994), pp. 53–84 に詳しい。

(49) Hardinge to Curzon, 26.12.1921, MSS Eur. F 112/200, BL (IOR).

(50) Hardinge to Curzon, 27.12.1921, ibid.
(51) Curzon memorandum, 'The Question of an Anglo-French Alliance', 28. 12. 1921, W 13355/12716/17, FO 371/7000, TNA.
(52) Curzon to Lloyd George, 28, 30.12.1921, F/13/2/63, 64, Lloyd George papers, PA.
(53) Campbell minute, 30.12.1921, W 13295/1326/4, FO 371/6967, TNA.
(54) Hardinge to Curzon, 3.1.1922, enclosing an extract from the Continental Edition of the *Daily Mail*, 3.1.1922, W 96/50/17, FO 371/8249, TNA.
(55) *DBFP*, ser. 1, vol. 19, pp. 1–7 ; compte-rendu de la conversation entre Briand, Loucheur et Lloyd George, 4.1.1922, f[os] 83–93, Z/GB/69, MAE ; British delegation at Cannes to the Cabinet Office, 6.1.1922, W 198/50/17, FO 371/8249, TNA.
(56) *DBFP*, ser. 1, vol. 19, p. 9.
(57) British delegation at Cannes, 'Aide-Memoire regarding Conversation on Anglo-French Relations between Mr. Lloyd George and M. Briand', 4.1.1922, AJ 311, CAB 29/35, TNA.
(58) *DBFP*, ser. 1, vol. 19, pp. 11–5 ; compte-rendu de la conversation entre Briand, Loucheur et Lloyd George, 5.1.1922, Z/GB/69, MAE.
(59) 'Resolution proposed by Mr. Lloyd George', 6.1.1922, Appendix I, ICP 221, CAB 29/94, TNA ; *DBFP*, ser. 1, vol. 19, pp. 18–36.
(60) Délégation française à Cannes, 'Exposé des vues du gouvernement français sur les relations franco-britanniques', 8.1.1922, Z/GB/69, MAE ; Cmd. 2169, pp. 121–6.
(61) *DBFP*, ser. 1, vol. 19, pp. 56–8 ; résumé d'une conversation entre Briand et Lloyd George, 8.1. 1922, Z/GB/69, MAE.
(62) British delegation at Cannes to Chamberlain, 9.1.1922, W 251/50/17, FO 371/8249, TNA.
(63) *DBFP*, ser. 1, vol. 19, pp. 58–9.
(64) Curzon memorandum, 10.1.1922, MSS Eur. F 112/243, Curzon papers, BL (IOR) ; *DDB*, tome 1, pp. 448–50.
(65) Cabinet Conclusions 1 (22), 10.1.1922, CAB 23/29, TNA ; Chamberlain to Curzon, 10.1.1922, W 251/50/17, FO 371/8249, TNA.
(66) Balfour to Lloyd George, 11.1.1922, W 388/50/17, FO 371/8249, TNA. この電文がカンヌに届いたのは早くとも12日の夜以降のことであった。
(67) Hardinge to Curzon, 10.1.1922, W 305/50/17, FO 371/8249, TNA.
(68) British delegation memorandum, 'Anglo-French relations', 9. 1. 1922, AJ 323, CAB 29/35, TNA ; *DBFP*, ser. 1, vol. 19, pp. 86–7 ; compte-rendu d'une conversation entre Briand et Lloyd George, 10.1.1922, Z/GB/69, MAE.
(69) Suarez, *Briand*, tome 5, pp. 387–98.
(70) *Ibid.*, pp. 398–9 ; Projet de traité remis par Lloyd George à Briand, 11.1.1922, Z/GB/69, MAE ; Cmd. 2169, pp. 127–8.
(71) British delegation, 'Aide-Memoire of Statement made by Mr. Lloyd George on Behalf of the British Government to M. Briand', 17.1.1922, AJ 332, CAB 29/35 (also in CP 3622, CAB 24/132), TNA ; Cmd. 2169, pp. 114–20. この覚書が，4条件の記載されたロイド・ジョージ

覚書の最終版である。Orde, *Great Britain and International Security*, pp. 15, 19.

(72) Suarez, *Briand*, tome 5, pp. 399-410; Farrar, *Principled Pragmatist*, pp. 323-7.

(73) *DDB*, tome 1, pp. 451-3; Marks, 'Ménage à Trois', pp. 535-6.

(74) *DDB*, tome 1, pp. 455, 482.

(75) Curzon to Graham, 20.1.1922, W 613/432/4, FO 371/8239, TNA を参照。

(76) カーズンは1週間後に，英白協定は英仏協定に準じた内容になることが大前提だったため，「気づかなかった（I did not notice）」と述べている。Curzon to Graham, 20.1.1922, ibid.

(77) *DDB*, tome 1, pp. 456-7, 482; Marks, 'Ménage à Trois', pp. 536-7.

(78) Curzon to FO, 14.1.1922, W 468/432/4, FO 371/8239, TNA.

(79) Marks, 'Ménage à Trois', p. 537.

(80) *DBFP*, ser. 1, vol. 19, p. 129.

(81) Note of a conversation between Lloyd George and Poincaré, 14.1.1922, CP 3612, CAB 24/132, TNA; compte-rendu d'une concersation entre Poincaré et Lloyd George, 14.1.1922, Z/GB/69, MAE; Sylvester, *Real Lloyd George*, p. 76; Hardinge, *Old Diplomacy*, p. 267; Marks, 'Ménage à Trois', pp. 537-8.

(82) *DBFP*, ser. 1, vol. 17, pp. 576-82; Hardinge, *Old Diplomacy*, p. 267.

(83) 「ポルトガル化する（portugaliser）」とは，「政治的混乱に陥らせる」という意味の動詞である。1910年代から20年代にかけてのポルトガル政治の混迷を受けて，同時代のフランスで使用された表現である。Filipe Ribeiro de Meneses, *Salazar: A Political Biography* (New York: Enigma Books, 2009), p. 38.

(84) Saint-Aulaire à Poincaré, télégramme n° 52, 17.1.1922, Z/GB/69, MAE.

(85) Cabinet Conclusion 2 (22), 18.1.1922, CAB 23/29, TNA.

(86) Wilson's additional note to Worthington-Evans, 20.1.1922, CP 3619, CAB 24/132, TNA.

(87) Curzon to Grahame, 19.1.1922, W 543/432/4, FO 371/8239, TNA; *DDB*, tome 1, pp. 466-9; Marks, 'Ménage à Trois', p. 539.

(88) Grahame to Curzon, 19, 21, 24.1.1922, W 613, 710, 806/432/4, FO 371/8239, TNA; Marks, 'Ménage à Trois', pp. 539, 541-2.

(89) Hardinge to Curzon, 20, 22, 27.1.1922, Curzon to Hardinge, 25.1.1922, Hardinge papers, vol. 45, Cambridge University Library, Cambridge [以下 CUL と略記する]; Marks, 'Ménage à Trois', pp. 541-2.

(90) Poincaré à Saint-Aulaire, lettre n° 185, 23.1.1922, Saint-Aulaire à Poincaré, télégrame n°s 79-82, 85, 26.1.1922, Z/GB/70, MAE; *DD garanties*, pp. 113-26; Cmd. 2169, pp. 128-31; Curzon memorandum, 'French Draft of Proposed Anglo-French Treaty', 28.1.1922, CP 3664, CAB 24/132, TNA; Curzon to Hardinge, 28.1.1922, French draft of proposed Anglo-French treaty, 26.1.1922, W 937, 963/50/17, FO 371/8250, TNA.

(91) Smuts to Lloyd George, 28.1.1922, MSS Eur. F 112/242, Curzon papers, BL (IOR).

(92) Donald S. Birn, *The League of Nations Union: 1918-1945* (Oxford: Clarendon Press, 1981), p. 39.

(93) Cabinet, ‘Draft of King’s Speech’, 2.2.1922, CP 3675, CAB 24/132, TNA.

(94) House of Commons debates, 7, 8.2.1922, ser. 5, vol. 150, cc. 5–126, 141–266. 一方，貴族院では英仏・英白協定案に対する目立った反対論は説かれなかった。House of Lords debates, 7, 8.2.1922, ser. 5, vol. 49, cc. 1–52, 56–122.

(95) Mémondandum du gouvernement français, ‘concernant les modifications à apporter au projet britannique de traité entre la France et la Grande-Bretagne’, 1.2.1922, Z/GB/70, MAE ; same memorandum submited to the FO on 2.2.1922, W 1162/50/17, FO 371/8250, TNA ; *DD garanties*, pp. 127–35 ; Cmd. 2169, pp. 136–52.

(96) Curzon to Hardinge, 9.2.1922, C 2000/458/62, FO 371/7418, TNA ; Saint-Aulaire à Poincaré, télégramme n° 155, 9.2.1922, Z/GB/70, MAE ; Cmd. 2169, pp. 152–3; *DD garanties*, p. 135.

(97) *DDB*, tome 1, pp. 493–5 ; Grahame to Curzon, 9.2.1922, W 1325, 1356/432/4, TNA ; Marks, ‘Ménage à Trois’, p. 544.

(98) Curzon to Grahame, 13.2.1922, Moncheur to Curzon, 20.2.1922, W 1436, 1671/432/4, FO 371/8239, TNA ; *DDB*, tome 1, pp. 495–500 ; Marks, ‘Ménage à Trois’, pp. 544–5.

(99) Villiers minute, 13.2.1922, W 1325/432/4, FO 371/8239, TNA.

(100) Curzon memorandum, ‘The Anglo-French Agreement’, 17.2.1922, W 1693/50/17, FO 371/8250 (also in CP 3760, CAB 24/133), TNA.

(101) Derby to Lloyd George, 18, 20, 21, 24.2.1922, Lloyd George to Derby, 18.2.1922, F/14/5/38–42, Lloyd George papers, PA.

(102) *DBFP*, ser. 1, vol. 19, pp. 170–92 ; Poincaré à Saint-Aulaire, n° 503, 4.3.1922, Z/GB/70, MAE ; Fink, *Genoa*, pp. 82–7.

(103) Cabinet Conclusion 29 (22), 23.5.1922, CAB 23/30, TNA.

(104) Hardinge to Curzon, 1.3.1922, Curzon papers, MSS Eur. F 112/200, BL (IOR).

(105) Cabinet Conclusion 21 (22), 26.3.1922, CAB 23/29, TNA.

(106) Villiers minute, 20.3.1922, W 2375/50/17, FO 371/8251, TNA.

(107) Grahame to Curzon, 7.3.1922, Villiers minute, 9.3.1922, Grahame to Curzon, 28.3.1922, Kirkpatrick minute, 1.4.1922, Campbell minute, 1.4.1922, W 2263, 2795/432/17, FO 371/8239, TNA.

(108) *DDB*, tome 1, pp. 501–3.

(109) *The Times*, 28.3.1922, p. 7.

(110) General Staff memorandum, ‘Remarks on the Proposed Pact with France’, 28.3.1922, Campbell minute, 11.4.1922, Curzon minute, n. d., W 2996/50/17, FO 371/8251, TNA ; General Staff memorandum, ‘Remarks on the Proposed pact with Belgium’, 28.3.1922, Campbell minute, 11.4.1922, W 2997/432/4, FO 371/8239, TNA.

(111) *The Times*, 10.4.1922, p. 21.

(112) 亀井「ジェノア会議と戦後国際秩序の構築」131-9 頁。

(113) Fink, *Genoa*, pp. 217–20.

(114) Lee and Michalka, *German Foreign Policy*, pp. 55–7, 61 ; Peter Krüger, *Die Außenpolitik der Republik von Weimar* (Darmstadt : Wissenschaftliche Buchgesellschaft, 1985), S. 173–83.

(115) *DBFP*, ser. 1, vol. 19, pp. 565–71; Beneš memorandum to Lloyd George, n. d., F/199/3/5, Lloyd George papers, PA; Fink, *Genoa*, pp. 191–7. フランス世論については，*ibid.*, p. 197 を参照した。
(116) *DBFP*, ser. 1, vol. 19, pp. 982–7, 1019–26; Fink, *Genoa*, pp. 270–4, 277–8, 301.
(117) *DBFP*, ser. 1, vol. 20, pp. 954–5.
(118) Warterlow memorandum, 28.4.1922, C 6200/6200/18, FO 371/7567, TNA.
(119) Tyrrell minute, 29.4.1922, ibid.
(120) Curzon minute, 29.4.1922, ibid.
(121) Warterlow memorandum, 9.5.1922, Waterlow minute, 16.5.1922, Crowe minute, 17.5.1922, C 6875/6200/18, ibid.
(122) Cabinet Conclusion 29 (22), 23.5.1922, CAB 23/30, TNA.
(123) *The Times*, 20.5.1922, p. 18.
(124) *Ibid.*, 23.5.1922, p. 18.
(125) Saint-Aulaire à Poincaré, télégramme n° 487, 19.5.1922, Poincaré à Saint-Aulaire, télégramme n°s 901–2, 20.5.1922, Z/GB/71, MAE.
(126) Saint-Aulaire à Poincaré, télégramme n° 480, 16.5.1922, ibid.
(127) Saint-Aulaire à Poincaré, télégramme n°s 490–1, 21.5.1922, ibid.
(128) Saint-Aulaire à Poincaré, télégramme n°s 507–8, 26.5.1922, ibid.
(129) *The Times*, 30.5.1922, p. 7.
(130) Balfour to Hardinge, 30.5.1922, W 4880/50/17, FO 371/8251, TNA; Saint-Aulaire à Poincaré, télégramme n°s 519–20, 31.5.1922, Z/GB/71, MAE.
(131) *The Times*, 6.6.1922, p. 7.
(132) Villiers minute, 31.5.1922, Crowe note, n. d., Balfour to Hardinge, 13.6.1922, W 4880/50/17, FO 371/8251, TNA.
(133) Hardinge to Balfour, 16.6.1922, W 4995/50/17, FO 371/8251, TNA; Poincaré à Saint-Aulaire, n° 1432, 28.6.1922, Z/GB/71, MAE.
(134) Crowe minute, 12.6.1922, Balfour to Grahame, 15.6.1922, W 4959/432/4, FO 371/8239, TNA; *DDB*, tome 1, pp. 503–6.
(135) House of Lords debates, 27.6.1922, ser. 5, vol. 51, cc. 2–46.
(136) Poincaré à Saint-Aulaire, lettre n° 1538, 8.7.1922, Z/GB/71, MAE.
(137) Cheetham to FO, 18.7.1922, Campbell minute, 21.7.1922, W 5985/50/17, FO 371/8251, TNA.
(138) Kenneth O. Morgan, *Consensus and Disunity: The Lloyd George Coalition Government 1918–1922* (Oxford: Clarendon Press, 1979), pp. 347–50.
(139) Ibid., pp. 322–6; Taylor, *English History*, pp. 190–2.
(140) Morgan, *Consensus and Disunity*, pp. 236–54; Greg S. Parsons, 'British Conservative Opinion and the Problem of Germany after the First World War', *International History Review*, 35:4 (2013), pp. 876–8.
(141) Steed à Saint-Aulaire, 20.10.1922, Z/GB/50, MAE.
(142) Wilson, 'A Venture in "the Caverns of Intrigue"', p. 320.

(143) Stanislas Jeannesson, *Poincaré, la France et la Ruhr (1922–1924): Histoire d'une occupation* (Strasbourg: Presses Universitaires de Strasbourg, 1998), p. 137.

(144) *DBFP*, ser. 1, vol. 10, pp. 184–95; Maier, *Recasting Bourgeois Europe*, pp. 194–225.

(145) 高橋進『ドイツ賠償問題の史的展開——国際紛争および連携政治の視角から』岩波書店，1983年，26–7頁。

(146) Anthony Adamthwaite, *Grandeur and Misery: France's Bid for Power in Europe 1914–1940* (London: Arnold, 1995), p. 91.

(147) Lampson minute, 20.12.1922, C 17656/99/18, FO 371/7491, TNA.

(148) Elspeth Y. O'Riordan, *Britain and the Ruhr Crisis* (Basingstoke: Palgrave, 2001), p. 19.

(149) Crowe minute, 20.12.1922, C 17656/99/18, FO 371/7491, TNA.

(150) Leffler, *Elusive Quest*, pp. 75–9; United States, Department of State, *Papers Relating to the Foreign Relations of the United States, 1922*, 2 vols. (Washington, DC: US Government Printing Office, 1938) [以下 *FRUS 1922* と略記する], vol. 2, pp. 168–70; Jeannesson, *Poincaré, la France et la Ruhr*, pp. 137–43, 411–12.

(151) *DBFP*, ser. 1, vol. 20, pp. 49–55; *ibid.*, vol. 21, pp. 16–17, 204–6; Jeannesson, *Poincaré, la France et la Ruhr*, pp. 126–9. 高橋『ドイツ賠償問題の史的展開』62頁。

(152) O'Riordan, *Britain and the Ruhr Crisis*, p. 32.

(153) Great Britain, Command Paper, *Inter-Allied Conferences on Reparations and Inter-Allied Debts: Held in London and Paris, December 1922 and January 1923*, Cmd. 1812 (London: HMSO, 1923), pp. 112–19.

(154) *Ibid.*, pp. 120–37, 143–53, 154–61; Bonar Law to King and Cabinet, 4.1.1923, C 240/1/18, FO 371/8626, TNA.

(155) Crewe to Curzon, 3.1.1923, Curzon to Crewe, 5.1.1923, C/12, Crewe papers, CUL.

(156) Gilmour, *Curzon*, pp. 562–3.

(157) Hankey diary, 7.1.1923, HNKY 1/7, Hankey papers, CAC.

(158) Hermann J. Rupieper, *The Cuno Government and Reparations 1922–1923: Politics and Economics* (The Hague: Martinus Nijhoff, 1979), pp. 71–2; Schuker, *The End of French Predominance in Europe*, p. 24; Krüger, *Außenpolitik*, S. 195–7; Orde, *Great Britain and International Security*, p. 46; *FRUS 1922*, vol. 2, pp. 203–11; D'Abernon to Curzon, 2.1.1923, C 178/178/18, FO 371/8696, TNA.

(159) Leffler, *Elusive Quest*, p. 77.

(160) Cadogan minute, 11.1.1923, Curzon minute, 5.1.1923, C 432, 186/178/18, FO 371/8696, TNA.

(161) D'Abernon to Curzon, 4.1.1923, Dormer to Curzon, 13.1.1923, Granville to Curzon, 9.1.1923, C 432, 721, 908/178/18, ibid.

(162) Viscount D'Abernon, *An Ambassador of Peace: Pages from the Diary of Viscount D'Abernon (Berlin, 1920–1926)*, 3 vols. (London: Hodder and Stoughton, 1929–30), vol. 2, pp. 156–7.

(163) D'Abernon to Curzon, 4.1.1923, C 432/178/18, FO 371/8696, TNA.

(164) Cmd. 1812, pp. 68–72.

(165) 高橋『ドイツ賠償問題の史的展開』104–18頁。

(166) Cabinet Conclusion 1 (23), 11.1.1923, CAB 23/45, TNA.

(167) Saint-Aulaire, *Confession*, p. 650; Wilson, 'A Venture in "the Caverns of Intrigue"', pp. 320-1.

(168) O'Riordan, *Britain and the Ruhr Crisis*, p. 35.

(169) *Ibid.*, p. 37.

(170) *DDB*, tome 1, pp. 514-16.

(171) Villiers minute, 23.2.1923, Crowe minutes, 23.2.1923, W 1633/1585/17, FO 371/9394, TNA.

(172) Wilson, 'A Venture in "the Caverns of Intrigue"', pp. 321, 331-5. 5月にボールドウィンが首相に就任するまでに，提案された秘密会合が実際に開かれた可能性は低いという。

(173) Crewe to Curzon, 28.2.1923, Devonshire to the Governors General of the Dominions, 1.3.1923, W 1585, 1665/1585/17, FO 371/9394, TNA.

(174) Phipps to Curzon, 19.3.1923, Villiers minute, 20.3.1923, Crowe minute, 20.3.1923, Foreign Office memorandum 'The Proposed Anglo-French Pact', 26.3.1926, W 2080, 2380/1585/17, FO 371/9394, TNA.

(175) *Le Temps*, 26.3.1923, p. 1.

(176) Phipps to Curzon, 25.3.1923, Tyrrell minute, 26.3.1923, Crowe minute, 26.3.1923, Curzon minute, 26.3.1923, W 2261/1585/17, FO 371/9394, TNA.

(177) Phipps to Curzon, 27.3.1923, Campbell minute, 28.3.1923, W 2338/1585/17, ibid. フランスの国防最高会議については，Jean Vial, 'La défense nationale: son organisation entre les deux guerres', *Revue d'histoire de la Deuxième Guerre Mondiale*, 5:18 (1955), pp. 12-15; Jackson, *Beyond the Balance of Power*, pp. 41-6 を参照。

(178) *Le Temps*, 11.5.1923, p. 1; Crewe to Curzon, 10.5.1923, Kirkpatrick minute, 11.5.1923, W 3653/1585/17, FO 371/9395, TNA.

(179) D'Abernon diary, 18.1, 8.3.1923, D'Abernon, *An Ambassador of Peace*, vol. 2, pp. 157, 184-5; *DBFP*, ser. 1, vol. 21, pp. 173-5, 180-1; Auswärtiges Amt, *Akten zur deutschen auswärtigen Politik 1918-1945* [以下 *ADAP* と略記する], Serie A, Bd. 7 (Göttingen: Vandenhoeck & Ruprecht, 1989), S. 361-3, 393-6; Orde, *Great Britain and International Security*, p. 49.

(180) *Ibid.*, p. 50; D'Abernon diary, 9, 12, 26.4.1923, D'Abernon, *An Ambassador of Peace*, vol. 2, pp. 190-1, 200-1, 203-4; *ADAP*, Serie A, Bd. 7, S. 501-2.

(181) Memorandum handed to Curzon by Sthamer, 2.5.1923, C 7832/1/18, FO 371/8633, TNA; Orde, *Great Britain and International Security*, pp. 50-1.

(182) この頃には，ローザンヌ会議でトルコとの新たな講和条約に関する交渉が進んでおり，フランスから特別な協力を引き出すことへの関心が減退していた。また，ジェノヴァ会議の決裂とロイド・ジョージの失脚，ルール危機の勃発を経て，ヨーロッパ経済復興という壮大な計画よりも目下の賠償問題を解決することに政府の関心は移っていた。

(183) Western Department memorandum, 'Possibility of His Majesty's Government moving in the Direction of an Anglo-French Pact', 16.4.1923, Admiralty to FO, 18.4.1923, W 4136, 3012/1585/17, FO 371/9395, TNA.

(184) Nicolson, *George V*, pp. 375-7. 君塚『イギリス二大政党制への道』191-4頁。

(185) Churchill, *Derby*, pp. 502-3; Middlemas and Barnes, *Baldwin*, pp. 164, 167.

(186) David Dutton, *Austen Chamberlain: Gentleman in Politics* (Bolton: Ross Anderson, 1985), pp. 204–5.
(187) Gilmour, *Curzon*, p. 585.
(188) Gwynne to Baldwin, 13.6.1923, Box 114, Baldwin papers, CUL; Wilson, 'A Venture in "the Caverns of Intrigue"', pp. 321–2.
(189) Parsons, 'British Conservative Opinion', pp. 877–8.
(190) Smuts to Baldwin, 7.7.1923, CP 318 (23), CAB 24/161, TNA.
(191) Cecil note on 'Reparations' to Baldwin, 29.6.1923, MSS Add. 51080, Cecil papers, BL.
(192) O'Riordan, *Britain and the Ruhr Crisis*, pp. 76–7.
(193) Great Britain, Command Paper, *Correspondence with the Allied Governments respecting Reparation Payments by Germany*, Cmd. 1943 (London: HMSO, 1923), pp. 2–4. 高橋『ドイツ賠償問題の史的展開』184–5頁。
(194) *DBFP*, ser. 1, vol. 21, p. 320.
(195) *Ibid.*, p. 331.
(196) *Ibid.*, pp. 406–7.
(197) *Ibid.*, p. 430.
(198) *Ibid.*, pp. 442–4, 447–8; Cmd. 1943, pp. 25–46.
(199) O'Riordan, *Britain and the Ruhr Crisis*, pp. 79, 81.
(200) *Ibid.*, pp. 82–9.
(201) Cmd. 1943, p. 59.
(202) Cmd. 2169, pp. 173–4.
(203) Central Department, 'Memorandum on German Suggestions for a Solution of the Security Question', 21.1.1925, C 1000/459/18, FO 371/10726, TNA; *The Times*, 3.9.1923, p. 9; *DBFP*, ser. 1, vol. 21, pp. 503–6, 515, 517.
(204) Churchill, *Derby*, pp. 516–7; Baldwin to Curzon, 25.8.1923, Box 114, Baldwin papers, CUL; O'Riordan, *Britain and the Ruhr Crisis*, pp. 87, 93.
(205) *DBFP*, ser. 1, vol. 21, pp. 529–35; McDougall, *France's Rhineland Diplomacy*, p. 295.
(206) Jeannesson, *Poincaré, la France et la Ruhr*, pp. 297ff.; Pierre Miquel, *Poincaré* (Paris: Fayard, 1961), pp. 468–72; Jacques Chastenet, *Raymond Poincaré* (Paris: Julliard, 1948), pp. 248–53; J. F. V. Keiger, *Raymond Poincaré* (Cambridge: Cambridge University Press, 1997), pp. 303–5; Schuker, *The End of French Predominance in Europe*, pp. 26–7; McDougall, *France's Rhineland Diplomacy*, pp. 292–9; Boyce, *Great Interwar Crisis*, p. 127.
(207) Keiger, *Poincaré*, pp. 303–4; McDougall, *France's Rhineland Diplomacy*, pp. 305–11; Jeannesson, *Poincaré, la France et la Ruhr*, pp. 333–8.
(208) *DBFP*, ser. 1, vol. 21, pp. 586–9, 607, 612–3, 621, 626–7, 650–4, 656–60; O'Riordan, *Britain and the Ruhr Crisis*, pp. 111–17; McDougall, *France's Rhineland Diplomacy*, pp. 311–16.
(209) *Ibid.*, pp. 328ff.
(210) Adamthwaite, *Grandeur and Misery*, pp. 100–1.
(211) O'Riordan, *Britain and the Ruhr Crisis*, pp. 127–9; United States, Department of State, *Papers*

relating to the Foreign Relations of the United States, 1923, 2 vols. (Washington, DC: US Government Printing Office, 1938), vol. 2, pp. 68–73; *DBFP*, ser. 1, vol. 21, pp. 563–4, 574–6.

(212) ポアンカレが専門家委員会の立ち上げを受け入れた詳しい動機に関しては，Trachtenberg, *Reparation in World Politics*, pp. 331–3; Keiger, *Poincaré*, p. 304 を参照されたい。

(213) Taylor, *English History*, pp. 206–9.

第5章

(1) David Marquand, *Ramsay Macdonald* (London: Jonathan Cape, 1977), p. 300.

(2) Crowe and Corp, *Our Ablest Public Servant*, pp. 447–8.

(3) Richard W. Lyman, *The First Labour Government, 1924* (London: Chapman & Hall, 1957), p. 160.

(4) Cabinet Conclusion, 8 (24), 28.1.1924, CAB 23/47, TNA.

(5) *The Times*, 3.3.1924, p. 12.

(6) Marquand, *Macdonald*, p. 333.

(7) Nicolson minute, 8.2.1924, C 2028/1346/18, FO 371/9813, TNA.

(8) 同時期に外務省歴史顧問ヘッドラム＝モーリーがパリ講和会議におけるラインラント交渉に関する長文の覚書を提出している。そこにおいても，1919年に定められたラインラントに関する取り決めがうまく機能しなかった理由の筆頭に，英米による保障条約が無効となったことで，フランスの安全保障が満たされなくなったことが挙げられている。Headlam-Morley memorandum, 'The Territorial Settlement with Germany: The Left Bank of the Rhine', 13.2.1924, C 2924/2924/18, FO 371/9825, TNA.

(9) Sterndale Bennett, 'Memorandum on British Policy in the Rhineland', 5. 2. 1924, C 2028/1346/18, FO 371/9813, TNA. 駐仏イギリス大使館は，独仏間に相互的な非武装地帯を設置するべきだというスターンデール・ベネットの提案は，フランスが受け入れるはずがなく，実現不可能だと批判した。Memorandum by the British Embassy in Paris, 18.2.1924, C 2946/1346/18, ibid.

(10) D'Abernon to MacDonald, 11.2.1924, Lampson minute, 20.2.1924, Crowe minute, 20.2.1924, C 2564/737/18, FO 371/9801, TNA. ダバノンの「鉄のカーテン」構想については，濱口「ロカルノ体制成立の端緒」100–2頁に詳しい。

(11) Memorandum by the British Embassy in Paris, 18.2.1924, C 2946/1346/18, FO 371/9801, TNA.

(12) MacDonald minute, n. d., MacDonald to Addison, 26.2.1924, C 2564/737/18, ibid.

(13) MacDonald minute, 18.2.1924, Parmoor note, 1.3.1924, C 2028/1346/18, C 2028/1346/18, FO 371/9813, TNA.

(14) 'General Staff Memorandum on the Question of so Strengthening the Authority of the League of Nations that European Nations, with Special Reference to France, will be Content to Rely Largely upon that Body for Their Future Security', 24.6.1924, C 10067/2048/18, FO 371/9818, TNA.

(15) 'General Staff Memorandum on the Military Aspects of the Future Status of the Rhineland', 3. 1924, C 5185/1346/18, FO 371/9813 (original file in WO 190/23), TNA.

(16) 'Air Staff Memorandum on the Status of the Rhineland from the aspect of the Development of Air Warfare', 18.3.1924; Admiralty to FO, 22.3.1924, C 4640, 4893/1346/18, FO 371/9813, TNA.

(17) Lampson minute, 16.4.1924, Crowe minute, 16.4.1924, C 5185/1346/18, ibid.

(18) Hankey to Lampson, 22.5.1924, Sterndale Bennett minute, 23.5.1924, Lampson minute, 24.5.1924, Crowe minute, 24.5.1924, MacDonald minute, 25.5.1924, C 8275/2048/18, FO 371/9818, TNA.

(19) Marks, 'Ménage à Trois', p. 550; Phipps to MacDonald, 17, 18.3.1924, Phipps to Crowe, 19.3.1924, PHPP I 2/3, Phipps papers, CAC; Saint-Aulaire à Poincaré, 24, 27.3.1924, télégrame n°s 183–9, 199–200, Z/GB/71, MAE; MacDonald to Crewe, 24.3.1924, C 4992/32/18, FO 371/9730, TNA.

(20) Crowe minute, 25.2.1924, C 2842/2048/18, FO 371/9818, TNA.

(21) *DDB*, tome 1, pp. 518–19.

(22) Grahame to MacDonald, 4.6.1924, C 9123/2048/18, FO 371/9818, TNA.

(23) Poincaré to MacDonald, 14.5.1924, C 7960/70/18, FO 371/9745, TNA.

(24) Bariéty, *Les Relations franco-allemandes*, pp. 377–8; Pitts, *France and the German Problem*, pp. 4–7; Jackson, *Beyond the Balance of Power*, pp. 431–52. 前二者の研究が安全保障政策に関するポアンカレ政権とエリオ政権の連続性を説く一方で，ジャクソンの研究はエリオが国際協調に基づく安全保障政策を重視したという点においてポアンカレ政権との断絶を強調している。いずれにせよ，エリオが安全保障推進に力を入れていたということ自体については，これらの研究は一致している。

(25) Notes of a Conversation between Herriot and MacDonald, 22.6.1924, C 10345, 10810/70/18, FO 371/9749, TNA; Georges Suarez, *Herriot, 1924–32* (Paris: Tallandier, 1932), pp. 55–148.

(26) Notes taken during Anglo-French meetings, 8.7.1924, C 12031, 11468, 12828/10794/18, FO 371/9849, TNA.

(27) Great Britain, Command Paper, *Franco-British Memorandum of July 9, 1924 Concerning the Application of the Dawes Scheme*, Cmd. 2191 (London: HMSO, 1924), p. 5.

(28) *Daily Express*, 10.7.1924, p. 1.

(29) Troutbeck, 'Memorandum on French Security', 8.7.1924, Lampson minute, 16.7.1924, Crowe minute, 16.7.1924, MacDonald minute, 17.7.1924, Parmoor minute, 26.7.1924, C 11164/2048/18, FO 371/9818, TNA.

(30) 高橋『ドイツ賠償問題の史的展開』339–43頁。Marks, *The Illusion of Peace*, pp. 60–2; Steiner, *Lights that Failed*, pp. 240–50; 'Note by Sir J. Fischer Williams respecting the Security Pact and Possible "Sanctions" against Germany under the Treaty of Versailles', n. d., C 9150/459/18, FO 371/10735, TNA; Schuker, *The End of French Predominance in Europe*, pp. 295ff.

(31) *Ibid.*, p. 386.

(32) ヴェルサイユ条約に基づいて組織された監督委員会は，ドイツの軍縮が「完了」すれば解散することと定められていた。フランスは，国際連盟がドイツの軍備状況を監督す

る体制を整えるべきだと主張していた。

(33) Herriot to MacDonald, 11.8.1924, C 12870/2048/18, FO 371/9819, TNA.

(34) Sterndale Bennett minute, 12.8.1924, ibid.

(35) Lampson minute, 13.8.1924, MacDonald minute, 13.8.1924, ibid.; Hankey to Lampson, 25.8.1924, Trautbeck minute, 1.9.1924, Lampson to Hankey, 2.9.1924, C 13741/2048/18, ibid.

(36) 'General Staff Memorandum on M. Herriot's Letter to Mr. Ramsay MacDonald, dated August 11, 1924, dealing with French Security', n. d. [enclosed in letter from WO to Hankey, 29.9.1924], 516B, CAB 4/11, TNA.

(37) Nicolson minute, 9.9.1924, Lampson minute, 10.9.1924, C 14272/2048/18, FO 371/9819, TNA.

(38) Lampson minute, ibid.

(39) Sterndale Bennett minute, 13.10.1924, Nicolson minute, 15.10.1924, C 15288/2048/18, ibid.

(40) 1923年夏までは「相互保障条約（Treaty of Mutual Guarantee)」案と呼ばれていた。

(41) F. P. Walters, *A History of the League of Nations* (London: Oxford University Press, 1960), pp. 217-27; Kitching, *Britain and the Problem of International Disarmament*, pp. 60-3, 67-75; Johnson, *Lord Robert Cecil*, pp. 127-31; Great Britain, Command Paper, *Correspondence between His Majesty's Government and the League of Nations respecting the Proposed Treaty of Mutual Assistance*, Cmd. 2200 (London: HMSO, 1924), pp. 4-9; Orde, *Great Britain and International Security*, pp. 37-41; Jackson, *Beyond the Balance of Power*, pp. 420-3.

(42) Orde, *Great Britain and International Security*, p. 38.

(43) Admiralty memoranda, 'Proposed Treaty of Mutual Guarantee', n. d. [annexed to a letter from Admiralty to Hankey, 12.12.1922]; 'Proposed Treaty of Mutual Guarantee', 15.2.1923; Naval Staff memorandum, 'Treaty of Mutual Guarantee', n. d. [annexed to a letter from the Admiralty to Hankey, 14.3.1924], 381B, 405B, 484B, CAB 4/8-10, TNA.

(44) General Staff memoranda, 'Proposed Treaty of Mutual Guarantee', 1.1923; 'Draft Treaty of Mutual Assistance', 10.1923, 395B, 465B, CAB 4/9-10, TNA.

(45) Air Staff memorandum, 11.1923, 464B, CAB 4/10, TNA.

(46) Headlam-Morley note, 'Guarantee Treaties and Lord Robert Cecil's Proposals', 19.3.1923, 416B, CAB 4/9, TNA.

(47) Minutes of the 171st meeting of the CID, 11.4.1923, CAB 2/3, TNA.

(48) Cecil memorandum, 'Reduction of Armaments and Treaties of Mutual Guarantee', 15.6.1923, 431B, CAB 4/10, TNA.

(49) Crowe, 'Note on Lord R. Cecil's scheme of Guarantee Treaties and Disarmament', 24.6.1923, W 5047/30/98, FO 371/9419, TNA.

(50) Minutes of the 173rd meeting of the CID, 29.6.1923, CAB 2/3, TNA.

(51) Minutes of the 183rd meeting of the CID, 3.4.1924, CAB 2/4, TNA.

(52) Cabinet Conclusion 35 (24), 30.5.1924, CAB 23/48, TNA.

(53) Cmd. 2200, pp. 10-14.

(54) Walters, *A History of the League of Nations*, pp. 226-7; F. S. Northedge, *The League of*

Nations: Its Life and Times, 1920–1946 (New York: Holmes & Meier, 1986), p. 92.

(55) *The Times*, 7.8.1924, p. 12.

(56) Lyman, *The First Labour Government*, pp. 173–6; Marquand, *MacDonald*, pp. 352–4; Jackson, *Beyond the Balance of Power*, pp. 461–2; Walters, *A History of the League of Nations*, pp. 268–72; Great Britain, Command Paper, *League of Nations. Fifth Assembly. Arbitration, Security and Reduction of Armaments. Protocol and Resolutions Adopted by the Assembly, and Report by the First and Third Committees of the Assembly*, Cmd. 2273 (London: HMSO, 1924), p. 47.

(57) *Ibid.*, pp. 38–46; Orde, *Great Britain and International Security*, pp. 68–9; Walters, *A History of the League of Nations*, pp. 272–4.

(58) *Ibid.*, p. 275.

(59) Lyman, *The First Labour Government*, pp. 176–81.

(60) *Ibid.*, pp. 237–45.

(61) Middlemas and Barnes, *Baldwin*, pp. 279–83, 342ff.; Dutton, *Austen Chamberlain*, p. 231; Grayson, *Austen Chamberlain*, pp. 1, 4–5, 10–11.

(62) Goldstein, 'The Evolution of British Diplomatic Strategy for the Locarno Pact', pp. 127–8, 134–5; Grayson, *Austen Chamberlain*, p. 33; Dutton, *Austen Chamberlain*, p. 237; Neilson and Otte, *The Permanent Under-Secretary for Foreign Affairs*, p. 184.

(63) Middlemas and Barnes, *Baldwin*, p. 344; Neilson and Otte, *The Permanent Under-Secretary for Foreign Affairs*, p. 194.

(64) チェンバレン外相期の外務省の影響力拡大に関しては，B. J. C. McKercher, 'Austen Chamberlain's Control of British Foreign Policy, 1924–1929', *International History Review*, 6:4 (1984), pp. 570–91 を参照。

(65) Sterndale Bennett memo, 4.11.1924, Lampson minute, 5.11.1924, Chamberlain minute, 9.11. 1924, C 16913/2048/18, FO 371/9820, TNA.

(66) Crewe to Chamberlain, 11.11.1924, Orde minute, 12.11.1924, W 9781/134/98, FO371/10571, TNA.

(67) Campbell memorandum, 'A Review of the Protocol for the Pacific Settlement of International Disputes', 20.11.1924, 540–B, CAB 4/12, TNA.

(68) Crowe minute, 'The Geneva Protocol', 17.11.1924, Chamberlain minutes, 23.11.1924, W 9974/134/98, FO 371/10571, TNA.

(69) Cecil to Chamberlain, 17.11.1924, enclosing Cecil's 'Note on Geneva Protocol', n. d., Chamberlain to Cecil, 19.11.1924, FO 800/256, TNA.

(70) *DBFP*, ser. 1, vol. 26, p. 915.

(71) Chamberlain to Crewe, 14.11.1924, W 9880/134/98, FO 371/10571, TNA; *DDB*, tome 1, pp. 526–7.

(72) Grahame to Chamberlain, 14.11.1924, W 9992/9992/4, FO 371/10531, TNA.

(73) *DDB*, tome 1, pp. 527–9.

(74) *Ibid.*, pp. 530–1.

(75) Chamberlain to Grahame, 3.12.1924, enclosing Belgian memorandum, n. d., Villiers minute, 9.

12.1924, W 10544/134/98, FO 371/10572, TNA; *DDB*, tome 1, pp. 531–8.

(76) Foreign Office, 'Memorandum Respecting the Attitude of His Majesty's Government since January 1922 towards the Question of French Security', 1.12.1924, Lampson minute, 1.12.1924, Chamberlain minute, 2.12.1924, C 18186/2048/18, FO 371/9820, TNA.

(77) Chamberlain memorandum on conversation with Herriot, 5.12.1924, C 18401/1288/18, FO 371/9813, TNA; compte-rendu d'une visite de Chamberlain à Herriot, 5.12.1925, Z/GB/71, MAE.

(78) Minutes of the 3rd meeting of the 32nd session of the Council of the League of Nations, 9.12.1924, W 10823/134/98, FO 371/10572, TNA.

(79) Chamberlain's record of conversation with Mussolini, 7.12.1924, W 10747/134/98, ibid.

(80) Chamberlain's record of conversation with Briand, 9.12.1924, W 10867/134/98, ibid.; Besnard à Herriot, télégramme n°s 591–2, 9.12.1924, Z/GB/71, MAE.

(81) Chamberlain's record of conversation with Hymans, 10.12.1924, W 10865/9992/4, FO 371/10531, TNA; *DDB*, tome 2, pp. 31–2.

(82) Chamberlain's record of conversation with Beneš, 11.12.1924, W 10866/134/98, FO 371/10572, TNA.

(83) Joint memorandum by the Three Chiefs of Staff, 29.10.1924; Memorandum by the President of the Board of Trade, 24.11.1925; Treasury memorandum, 26.11.1924; Crowe minute covering Foreign Office memoranda, 17.11.1924; Hankey memorandum, 21.11.1924; Campbell (FO) memorandum, 20.11.1924; Memorandum by the First Lord of the Admiralty, 27.10.1924; Hoare memorandum, 1.12.1924, 527B, 536B, 537B, 538B, 539B, 540B, 541B, 542B, CAB 24/11–12, TNA.

(84) Minutes of the 190th meeting of the CID, 4.12.1924, CAB 2/4, TNA.

(85) Martin Gilbert, *Winston S. Churchill, vol. 5: The Prophet of Truth, 1922–1939* (1976; reprint, Hillsdale: Hillsdale College Press, 2009), p. 122; Churchill note, 11.1.1925, C 1787/459/18, FO 371/10727, TNA.

(86) Minutes of the 192nd meeting of the CID, 16.12.1924, CAB 2/4, TNA.

(87) Minutes of the 1st meeting of the Sub-Committee on the Geneva Protocol, 18.12.1924, CAB 16/56, TNA.

(88) Minutes of the 2nd and 3rd meetings of the Sub-Committee on the Geneva Protocol, 19.12.1924, ibid.

(89) Minutes of the 5th meeting of the Sub-Committee on the Geneva Protocol, 29.12.1924, ibid.

(90) Minutes of the 6th meeting of the Sub-Committee on the Geneva Protocol, 30.12.1924, ibid.

(91) Crowe to Hankey, 2.1.1925, GP (24) 8, ibid.

(92) Report of the Sub-Committee on the Geneva Protocol, 23.1.1925, 559–B, CAB 4/12, TNA.

(93) Hankey note, 23.1.1925, 571–B, CAB 4/12, TNA.

(94) Lampson to Hankey, 27.1.1925, Lampson minute, 29.1.1925, C 1218, 1493/459/18, FO 371/10727, TNA.

(95) たとえば，*ADAP*, Serie A, Band 11, S. 643。

(96) Richard J. Shuster, *German Disarmament after World War I: The Diplomacy of International Arms Inspection 1920–1931* (London: Routledge, 2006), p. 147.
(97) F. G. Stambrook, '"Das Kind": Lord D'Abernon and the Origins of the Locarno Pact', *Central European History*, 1:3 (1968), pp. 236–59; Krüger, *Außenpolitik*, S. 269–76; Jonathan Wright, *Gustav Stresemann: Weimar's Greatest Statesman* (Oxford: Oxford University Press, 2002), pp. 301–4.
(98) *DBFP*, ser. 1, vol. 27, pp. 282–5.
(99) Minutes by Sterndale Bennett, 21, 22.1.1925, Lampson, 22, 27.1.1925, and Crowe, 22, 27.1.1925, C 946, 980, 1143/459/18, FO 371/10726–7, TNA.
(100) Crowe minute, 27.1.1925, C 1143/459/18, FO 371/10726, TNA.
(101) Chamberlain to D'Abernon, 30. 1. 1925, Chamberlain to Crewe, 30. 1. 1925, C 1454, 1455/459/18, ibid.
(102) Orde, *Great Britain and International Security*, p. 89.
(103) Chamberlain minute, 4.1.1925, Crowe minute, 13.1.1925, W 362/9/98, FO 371/11064, TNA.
(104) Nicolson diary, 22. 1. 1925, Nigel Nicolson, ed., *Harold Nicolson Diaries and Letters, 1907–1964* (London: Phoenix, 2005), p. 41.
(105) Nicolson memorandum, 'British Commitments Abroad', 10.7.1920, 251–B, CAB 4/7, TNA.
(106) Campbell minutes, 28, 29.1.1925, Lampson minute, 29.1.1925, W 2035/9/98, FO 371/11065, TNA.
(107) Nicolson memorandum, 'Present Conditions in Europe', 23.1.1925, W 2035/9/98, ibid.
(108) Nicolson minute, 26.1.1925, and his marginal comment on Lampson minute, 29.1.1925, ibid; James Lees-Milne, *Harold Nicolson: A Biography, vol. 1: 1886–1929* (London: Chatto & Windus, 1980), pp. 226–7.
(109) Villiers minute, 29. 1. 1925, Lampson minute, 29. 1. 1925, Crowe minute, 31. 1. 1925, W 2035/9/98, FO 371/11065, TNA.
(110) エリオは1925年1月28日の議会演説で，いつの日か「ヨーロッパ合衆国（États-Unis d'Europe)」の実現を目にすることが彼の最大の望みであり，国際連盟がその雛形だと考えていると述べていた。*Le Matin*, 29.1.1925, p. 3; *Le Temps*, 30.1.1925, p. 4.
(111) Headlam-Morley, 'Memorandum on the History of British Policy and the Geneva Protocol', 12.2.1925, W 1252/9/98, FO 371/11064, TNA.
(112) Crowe minute, 18.2.1925, Chamberlain minute, 21.2.1925, ibid.
(113) Crowe minute, 24.2.1925, ibid.; Nicolson memorandum, 'British Policy Considered in Relation to the European Situation', 20.2.1925 [1月23日付覚書の修正版], Lampson minute, 17.2.1925, C 2201/459/18, FO 371/10727, TNA.
(114) Chamberlain to Crewe, 16.2.1925, C 2450/459/18, ibid.
(115) Chamberlain to Grahame, 26.2.1925, C 2854/459/18, ibid.
(116) Eric Goldstein, 'The Evolution of British Diplomatic Strategy for the Locarno Pact', pp. 123–4; Charles K. Webster, *The Foreign Policy of Castlereagh, 1815–1822: Britain and the European Alliance* (London: G. Bell and sons, 1925).

(117) Minutes of the 195th meeting of the CID, 13.2.1925, CAB 2/4, TNA.

(118) Naval Staff, 'Memorandum on the Proposed Pact with France', 8.12.1924, 545-B, CAB 4/12, TNA.

(119) Minutes of the 196th meeting of the CID, 19.2.1925, CAB 2/4, TNA.

(120) Curzon memorandum, 'The Geneva Protocol and Security', 19.2.1925, CP 105 (25), CAB 24/172, TNA.

(121) Chamberlain memorandum, 'British Foreign Policy and the Problem of Security', 26.2.1925, W 1604/1412/17, FO 371/11051 (also in CP 122 (25), CAB 24/172), TNA.

(122) Grayson, *Austen Chamberlain*, pp. 46, 48.

(123) Middlemas and Barnes, Baldwin, p. 350; Crowe to Chamberlain, 12.3.1925, AC 52/240, Chamberlain papers, BUL.

(124) General Staff memorandum, n. d., covering note by Worthington-Evans, 26.2.1925, CP 116 (25), CAB 24/172, TNA.

(125) Hoare memorandum, 'Reduction of Armaments; Pacific Settlement of International Disputes; French and Belgian Security', 27.2.1925, CP 121 (25), ibid.

(126) Churchill memorandum, 'French and Belgian Security', 24.2.1925, CP 118 (25), ibid.

(127) Cecil memorandum, 'Reduction of Armaments. Protocol for the Pacific Settlement of International Disputes. French and Belgian Security', 23.2.1925, CP 112 (25), ibid.

(128) Cabinet Conclusion 12 (25), 2.3.1925, Appendix, 'Rough Draft Formula on Security', CAB 23/49, TNA.

(129) Chamberlain to D'Abernon, 11.9.1930, AC 39/2/35, Chamberlain to Nicolson, 28.5.1934, AC 40/6/33, Chamberlain papers, BUL. 詳細については，大久保明「ロカルノ条約の起源とイギリス外交，1924-1925年」『法学政治学論究』第103号，2014年，161頁，注49を参照されたい。

(130) Amery diary, 2.3.1925, John Barnes and David Nicolson, eds., *The Leo Amery Diaries, vol. 1: 1896-1929* (London: Hutchinson, 1980), p. 399.

(131) Crowe, 'Draft Resolution', 3.3.1925, C 3458/459/18, FO 371/10728, TNA.

(132) Hankey diary, 22.3.1925, HNKY 1/7, Hankey papers, CAC.

(133) Chamberlain to D'Abernon, 11.9.1930, AC 39/2/35, Chamberlain papers, BUL.

(134) Jackson, *Beyond the Balance of Power*, pp. 482-3; 'Note sur les propositions allemandes', 26.2.1925, f°s 56-63, Z/GB/73, MAE.

(135) Chamberlain to Crewe, 4.3.1925, enclosing a record of conversations between Fleuriau and Crowe, 4.3.1925, and a note by Fleuriau, n. d., C 3170/459/18, FO 371/10728, TNA; Fleuriau à Laroche, 4.3.1925, f° 103; note [de Fleuriau], 7.3.1925, f°s 162-3; Fleuriau à Laroche, 11.3.1925, f° 187v, Z/GB/73; Fleuriau à Herriot, lettre n° 158, 16.3.1925, f°s 14v-15v, Z/GB/74, MAE.

(136) Lampson minute, 4.3.1925, C 3097/459/18, FO 371/10728, TNA.

(137) Cabinet Conclusions 13, 14 (25), 4.3.1925, CAB 24/49, TNA; Amery diary, 4.3.1925, Barnes and Nicolson, eds., *Amery Diaries, vol. 1*, pp. 399-400.

(138) Hankey diary, 22.3.1925, HNKY 1/7, Hankey papers, CAC.
(139) Grayson, *Austen Chamberlain*, p. 49.
(140) House of Commons debates, 5.3.1925, ser. 5, vol. 181, cc. 690–722.
(141) *The Times*, 5.3.1925, p. 11.
(142) House of Commons debates, 24.3.1925, ser. 5, vol. 182, cc. 339–41.
(143) Chamberlain to Crewe, 27.6.1925, AC 52/221, Chamberlain papers, BUL.
(144) Chamberlain to Crowe, 7, 8.3.1925, C 3367, 3368, 3569/459/18, FO 371/10728, TNA.
(145) Crowe to Chamberlain, 12.3.1925, AC 52/240, Chamberlain papers, BUL.
(146) Ibid.
(147) Bridgeman diary, 11.3.1925, Philip Williamson, ed., *The Modernisation of Conservative Politics: The Diaries and Letters of William Bridgeman 1904–1935* (London: Historians' Press, 1988), p. 182. なおブリッジマン自身は，ドイツの攻撃からフランスを守る協定を別個に結ぶことに賛成だったと述べている。
(148) Middlemas and Barnes, *Baldwin*, p. 354.
(149) Baldwin to Chamberlain, 12.3.1925, AC 52/80, Chamberlain papers, BUL.
(150) Chamberlain to Crowe, n. d., AC 52/244, ibid.
(151) Crowe to Chamberlain, 15.3.1925, ibid.
(152) Cecil to Baldwin, 12.3.1925, Box 115, Baldwin papers, CUL.
(153) Crowe to Chamberlain, 15.3.1925, AC 52/244, Chamberlain papers, BUL.
(154) Crewe to Chamberlain, 9.3.1925, Lampson minute, 11.3.1925, C 3380/459/18, FO 371/10728, TNA.
(155) ヘッドラム＝モーリーは低地諸国を，フランス北部を含む「ライン川下流と北海に挟まれた地域」として広く捉えた。
(156) Headlam-Morley memorandum, 'England and the Low Countries', 10.3.1925, W 2070/9/98, FO 371/11065, TNA.
(157) *League of Nations Official Journal*, 6:4 (1925), pp. 446–50.
(158) Chamberlain to Crowe, 15.3.1925, W 2211/9/98, FO 371/11065, TNA.
(159) Chamberlain memorandum, 9.3.1925, W 2096/9/98, ibid.; Chamberlain to Crowe, 12.3.1925, C 3726/459/18, FO 371/10728; Beneš to Chamberlain, 16.3.1925, C 3878/459/18, FO 371/10729, TNA.
(160) Graham to Chamberlain, 20.3.1925, C 4091/459/18, ibid.
(161) Chamberlain to Crowe, 14.3.1925, C 3753/459/18, FO 371/10728, TNA.
(162) Chamberlain memorandum of a conversation with Herriot, 16.3.1925, C 3921/459/18, FO 371/10729, TNA; compte-rendu d'une entrevue d'Herriot avec Chamberlain, 16.3.1925, f°s 17–19; Herriot memorandum, 16.3.1925, f°s 20–2, Z/GB/74, MAE.
(163) Chamberlain to Mrs Chamberlain, 19.3.1925, AC 6/1/605, Chamberlain papers, BUL.
(164) Chamberlain to D'Abernon, 18.3.1925, C 4171/459/18, FO 371/10729, TNA.
(165) Chamberlain minute, 19.3.1925, C 3539/3539/18, FO 371/10756, TNA.
(166) Chamberlain to D'Abernon, 19.3.1925, C 4008/459/18, FO 371/10729, TNA.

(167) Chamberlain to Crewe, 2.4.1925, FO 800/257, TNA.
(168) Fleuriau à Herriot, télégramme n° 157, 19.3.1925, f° 84, Z/GB/74, MAE.
(169) Middlemas and Barnes, *Baldwin*, p. 356; Chamberlain to Mrs Chamberlain, 23.3.1925, AC 6/1/606, Chamberlain papers, BUL.
(170) Cabinet Conclusion 17 (25), 20.3.1925, CAB 23/49, TNA.
(171) カーズンは3月5日に膀胱出血のために公務を離れ，20日に亡くなった。享年66歳であった。Gilmour, *Curzon*, pp. 598–9.
(172) Hankey diary, 22.3.1925, HNKY 1/7, Hankey papers, CAC.
(173) Goldstein, 'The Evolution of British Diplomatic Strategy for the Locarno Pact', pp. 134–5; McKercher, 'Austen Chamberlain's Control of British Foreign Policy', pp. 570–91; Neilson and Otte, *The Permanent Under-Secretary for Foreign Affairs*, p. 184.
(174) House of Commons debates, 24.3.1925, ser. 5, vol. 182, cc. 291–408.
(175) *The Times*, 2.4.1925, p. 19.
(176) Chamberlain to Crewe, 20.3.1925, Phipps to Crowe, 24.3.1925, C 4067, 4430/459/18, FO 371/10729, TNA.
(177) Chamberlain to Crewe, 26.3.1925, C 4349/459/18, ibid.
(178) Chamberlain to Graham, 1.4.1925, C 4638/459/18, FO 371/10730, TNA.
(179) D'Abernon to Chamberlain, 22, 23.3.1925, C 4109, 4174, 4289/459/18, FO 371/10729, TNA.
(180) Crewe to Chamberlain, 29.3.1925, C 4417/459/18, ibid.; Phipps to Crowe, 30.3.1925, C 4630/459/18, FO 371/10730, TNA.
(181) Grahame to Chamberlain, 27.2.1925, C 4416/459/18, FO 371/10729, TNA.
(182) Chamberlain to Grahame, 3.4.1925, Troutbeck minute, 7.4.1925, Lampson minute, 7.4.1925, Tyrrell minute, 7.4.1925, Chamberlain minute, 7.4.1925, C 4760/459/18, FO 371/10730, TNA.
(183) Headlam-Morley, 'Note on the Revision of the 1839 Treaties respecting Belgium in connection with the proposed Rhineland Agreement', 16. 4. 1925, Lampson minute, 27. 4. 1925, C 5227/459/18, ibid.
(184) Chamberlain to Crewe, 31.3.1925, C 4577/459/18, ibid.
(185) D'Abernon to Chamberlain, 3.5.1925, C 5969/459/18, FO 371/10731, TNA; *DBFP*, ser. 1, vol. 27, pp. 476–9, 480–3.
(186) Lampson minute, 7.5.1925, C 6296/459/18, FO 371/10731, TNA.
(187) Hurst, 'Draft Security Pact', 12.5.1925, Hurst note, 13.5.1925, C 6579/459/18, ibid.
(188) 'Draft Suggested by Central Department as Basis for a Security Pact', 13. 5. 1925, C 6580/459/18, ibid.
(189) Lampson minute, 14.5.1925, C 6583/459/18, ibid.
(190) Crewe to Chamberlain, 13.5.1925, enclosing French draft, 'projet de réponse au memorandum allemand', 12.5.1925, Sterndale Bennett minute, 14.5.1925, Lampson minute, 14.5.1925, C 6493/459/18, ibid.; Lampson minute, 26.5.1925, C 6951/459/18, FO 371/10732, TNA.
(191) Chamberlain memorandum, 14.5.1925, CP 245 (25), CAB 24/173, TNA.
(192) Chamberlain to Crewe, 14.5.1925, memorandum communicated informally by the French

Embassy on 18.5.1925, memorandum communicated informally by Chamberlain on 19.5.1925, C 6558, 6708/459/18, FO 371/10731; French reply to Chamberlain's informal memorandum, communicated on 25.5.1925, Chamberlain to Crewe, 25.5.1925, C 7063, 7064/459/18, FO 371/10732, TNA.

(193) Cabinet Conclusions 26, 27 (25), 20, 28.5.1925, CAB 23/50; notes on meeting of Committee of the Cabinet, 26.5.1925, Chamberlain to Crewe, 28.5.1925, C 7204, 7174/459/18, FO 371/10732, TNA.

(194) Phipps to Lampson, 21.5.1925, C 7296/459/18, FO 371/10732, TNA.

(195) Sterndale Bennett minute, 5.6.1925, C 7565/459/18, ibid.; Chamberlain to Baldwin, 5.6.1925, C 7806/459/18, FO 371/10733, TNA.

(196) Chamberlain to Briand, 8.6.1925, C 7743/459/18, FO 371/10732, TNA.

(197) Chamberlain to D'Abernon, 9.6.1925, C 7745/459/18, FO 371/10733, TNA.

(198) Chamberlain to Tyrrell, 10.6.1925, Chamberlain to Graham, 11.6.1925, C 7807, 8052/459/18, ibid.

(199) Great Britain, Command Paper, *Papers respecting the Proposals for a Pact of Security Made by the German Government on February 9, 1925*, Cmd. 2435 (London: HMSO, 1925), pp. 45-51.

(200) クロウは4月2日に病気療養に入り，同月28日に腎不全のために亡くなった。過労が大きな原因だったと言われる。享年60歳であった。Crowe and Corp, *Our Ablest Public Servant*, p. 488.

(201) Lampson minute, 19.6.1925, Tyrrell minute, 19.6.1925, Chamberlain minute, 22.6.1925, C 8701/459/18, FO 371/10735, TNA.

(202) Sterndale Bennett, 'Memorandum on the Reasons why it is impossible for His Majesty's Government to adopt a Policy of Isolation from European Affairs', 29.6.1925, Chamberlain minute, 30.6.1925, C 8702/459/18, ibid.

(203) *The Times*, 19.6.1925, p. 17.

(204) Minutes of the 200th meeting of the CID, 22.6.1925, CAB 2/4; Cabinet Conclusion 30 (25), 22.6.1925, CAB 23/50, TNA.

(205) House of Commons debates, 24.6.1925, ser. 5, vol. 185, cc. 1555-671.

(206) House of Lords debates, 6.7.1925, ser. 5, vol. 61, cc. 1018-51.

(207) *English Review* (June 1925), enclosed in C 8796/459/18, FO 371/10735, TNA.

(208) *The Times*, 13.7.1925, p. 13.

(209) Sterndale Bennett minute, 13.7.1925, Tyrrell minute, 14.7.1925, C 9458/459/18, FO 371/10736, TNA.

(210) Hurst, 'Draft Security Pact', 17.6.1925, Hurst note, 17.6.1925, C 8158/459/18, FO 371/10733, TNA.

(211) 'Draft Treaty of Mutual Guarantee', 26.6.1925, Sterndale Bennett minute, 26.6.1925, Lampson minute, 27.6.1925, C 8600/459/18, FO 371/10734, TNA.

(212) Chamberlain to Crewe, 26.6.1925, Lampson minute, 27.6.1925, C 8684/459/18, FO 371/10735, TNA.

(213) Chamberlain's covering note, 27.6.1925, CP 312 (25), CAB 24/174, TNA.

(214) Minutes of the 201st meeting of the CID, 1.7.1925, CAB 2/4, TNA.

(215) Cabinet Conclusion 33 (25), 3.7.1925, CAB 23/50; Chamberlain to Crewe, 4.7.1925, Chamberlain to Fleuriau, 4.7.1925, C 8861/459/18, FO 371/10735, TNA.

(216) Nicolson's record of conversation with Fleuriau, 6.7.1925, Chamberlain to Phipps, 17.7.1925, C 9186, 9530/459/18, FO 371/10736, TNA; Briand à Fleuriau, télégramme n° 928, 9.7.1925, Z/GB/79, MAE.

(217) Chamberlain to Grahame, 14.7.1925, Grahame to Chamberlain, 17.7.1925, C 9411, 9539/459/18, FO 371/10736, TNA.

(218) Lampson minutes, 6, 11.7.1925, Tyrrell minutes, 6, 11.7.1925, Chamberlain minutes, 6, 11.7.1925, Chamberlain to Fleuriau, 11.7.1925, Chamberlain to Crewe, 10.7.1925, C 9186, 9216, 9243/459/18, ibid.

(219) Chamberlain to Crewe, 14.7.1925, C 9367/459/18, ibid.

(220) Sthamer to Chamberlain, 20.7.1925, Sterndale Bennet minute, 21.7.1925, Lampson minute, 21.7.1925, Chamberlain to D'Abernon, 20.7.1925, C 9581, 9636/459/18, ibid.

(221) Lampson minute, 22.7.1925, Record of Meeting held in Foreign Office, 22.7.1925, C 9581, 9784/459/18, ibid.

(222) Lampson minute, 21.7.1925, Tyrrell minute, 21.7.1925, Sterndale Bennett memorandum, 21.7.1925, Record of Meeting held in Foreign Office, 22.7.1925, C, 9581, 9693, 9784/459/18, ibid.

(223) Record of conversation between Fromageot and Hurst, 23.7.1925, C 9801/459/18, ibid.

(224) Chamberlain to Phipps, 23.7.1925, C 9802/459/18, ibid.

(225) D'Abernon to Lampson, 20.7.1925, Sterndale Bennett minute, 29.7.1925, Lampson's marginal note and minute, 25, 30.7.1925, Tyrrell minute, 31.7.1925, Chamberlain minute, 31.7.1925, C 9886/459/18, FO 371/10737, TNA.

(226) Phipps to Chamberlain, 28.7.1925, minute by Sterndale Bennett, 29.7.1925, Lampson, 29.7.1925, Tyrrell, 29.7.1925, Chamberlain, 29.7.1925, Chamberlain to Phipps, 29.7.1925, C 9994/459/18, ibid.

(227) Note communicated by Fleuriau, 31.7.1925, C 10146/459/18, ibid.

(228) Foreign Office, 'Note on the French counter-draft of the proposed Treaty of Mutual Guarantee', 5.8.1925, C 10526/459/18, FO 371/10738; Cabinet Conclusion 43 (25), 5.8.1925, CAB 23/50, TNA.

(229) French draft reply to the German note, 2.8.1925, Lampson minute, 6.8.1925, Sterndale Bennett minutes, 6, 7.8.1925, revised French draft, 6.8.1925, C 10308, 10388, 10418/459/18, FO 371/10737-8, TNA.

(230) Notes of conversations which took place at the Foreign Office between representatives of Great Britain and France, 11, 12.8.1925, minute of the Central Department of the Foreign Office, 13.8.1925, C 10609. 10610, 10611, 10615/459/18, FO 371/10738, TNA.

(231) 'Proposed Treaty of Mutual Guarantee', 12.8.1925, CP 399 (25), CAB 24/174, TNA.

(232) Cabinet Conclusion 45 (25), 13.8.1925, CAB 23/50, TNA.

(233) Reply of the French Government to the German Government, 24.8.1925, D'Abernon to Chamberlain, 26.8.1925, Reply of the German Government to the French Government, 27.8.1925, C 11044, 11102, 11155/459/18, FO 371/10739, TNA.
(234) Report by Hurst, 4.9.1925, Hurst note, 5.9.1925, C 11425, 11426/459/18, ibid.; Orde, *Great Britain and International Security*, pp. 120–1.
(235) Chamberlain memorandum, 9.9.1925, C 11670/459/18, FO 371/10739, TNA.
(236) Chamberlain memorandum, 12.9.1925, C 11815/459/18, FO 371/10740, TNA.
(237) Crewe to Chamberlain, 18.9.1925, C 11937/459/18, ibid.
(238) Addison to Chamberlain, 15.9.1925, C 11848, 11950/459/18, ibid.
(239) Nicolson note, 21.9.1925, C 12119/459/18, ibid.
(240) Declaration handed to Chamberlain by Sthamer, 26.9.1925; Chamberlain to D'Abernon, 26.9.1925, C 12226, 12224/459/18, ibid.
(241) Chamberlain to D'Abernon, 30.9.1925, AC 52/297, Chamberlain papers, BUL.
(242) Chamberlain to Crewe, 26, 27.9.1925, C 12227, 12224/459/18, FO 371/10740, TNA.
(243) Crewe to Chamberlain, 29.9.1925; Chamberlain to Sthamer, 29.9.1925; note communicated by French Embassy, 30.9.1925, C 12345, 12378/459/18, FO 371/10740–1, TNA.
(244) Chamberlain memorandum, 'The Locarno Conversations', 2.10.1925, C 12491/459/18, FO 371/10741, TNA.
(245) British secretary's notes of the 1st meeting of the Locarno conference, 5.10.1925, C 12792/459/18, FO 371/10742; Chamberlain to FO, 5.10.1925, C 12598/459/18, FO 371/10741, TNA.
(246) Notes of a conversation between members of the British Delegation, 5.10.1925, C 12712/459/18, ibid.
(247) Note of the Meeting of the Lawyers, 6.10.1925, C 12713/459/18, ibid.; Minutes of the 3rd meeting between the British, Belgian, French, German and Italian Delegation, 7.10.1925, C 12943/459/18, FO 371/10742, TNA.
(248) Minutes of the 2nd meeting between the British, Belgian, French, German and Italian Delegation, 6.10.1925, C 12942/459/18, ibid.
(249) Chamberlain memorandum, 6.10.1925, C 12746/459/18, FO 371/10741, TNA.
(250) Notes of a conversation between members of the British delegation, 6.10.1925, Lampson memorandum, 7.10.1925, C 12749, 12748/459/18, ibid.
(251) Orde, *Great Britain and International Security*, p. 134.
(252) Hurst minute, 11.10.1925, Chamberlain minute, 11.10.1925, C 13634/459/18, FO 371/10744, TNA; Minutes of the 7th plenary session, 13.10.1925, C 13053/459/18, FO 371/10742, TNA.
(253) Minutes of the 4th meeting between the British, Belgian, French, German and Italian Delegations, 8.10.1925, C 13094/459/18, ibid.
(254) Minutes of the 6th meeting of the plenary session, 12.10.1925, C 13637/459/18, FO 371/10744, TNA.
(255) Minutes of the 9th (final) plenary session, 16.10.1925, C 13638/459/18, ibid.; Great Britain,

Command Paper, *Final Protocol of the Locarno Conference, 1925 (and Annexes) together with Treaties between France and Poland and France and Czechoslovakia, Locarno, October 16, 1925*, Cmd. 2525 (London: HMSO, 1925).

(256) ただし，フランスとポーランドおよびチェコスロヴァキアの間の相互援助協定を総称に含めない場合もあれば，ライン協定のみを指してロカルノ条約と呼ぶ場合もある。

(257) *League of Nations Official Journal*, 7:2 (1926), pp. 179–82.

(258) 植田『地域的安全保障の史的研究』64–5, 256 頁。

(259) Gibbs, *Rearmament Policy*, pp. 111–12.

(260) Marks, *Illusion of Peace*, pp. 78–82; J. B. Duroselle, 'The Spirit of Locarno: Illusions of Pactomania', *Foreign Affairs*, 50: 4 (1972), pp. 752–64.

(261) Gibbs, *Rearmament Policy*, p. 53.

(262) Barnett, *Collapse of British Power*, p. 332.

終　章

(1) 中西「安全保障概念の歴史的再検討」38 頁。

(2) Georges Clemenceau, *Grandeurs et misères d'une victoire* (Paris: Plon, 1930), pp. 92–3.

(3) Ferris, *Men, Money, and Diplomacy*, p. 186.

(4) Austen Chamberlain, 'Great Britain as a European Power', *Journal of the Royal Institute of International Affairs*, 9:2 (1930), p. 188.

(5) Talbot Imlay, 'The Making of the Anglo-French Alliance, 1938–39', in Martin S. Alexander and William J. Philpott, eds., *Anglo-French Defence Relations between the Wars* (Basingstoke: Palgrave Macmillan, 2002), pp. 99–113; Brian Bond, *Britain, France and Belgium, 1939–1940* (London: Brassey's, 1990), pp. 12–20.

(6) David Reynolds, 'Great Britain and the Security "Lessons" of the Second World War', in Ahmann, Birke and Howard, eds., *The Quest for Stability*, pp. 299–325; John W. Young, *Britain, France and the Unity of Europe, 1945–1951* (Leicester: Leicester University Press, 1984); P. M. H. Bell, *France and Britain, 1940–1994: The Long Separation* (London: Longman, 1997), pp. 76–84, 90–104, 122–6. 細谷雄一『戦後国際秩序とイギリス外交——戦後ヨーロッパの形成 1945–1951 年』創文社，2001 年。